Horst Johannes Tümmers

DER RHEIN

Horst Johannes Tümmers

DER RHEIN

Ein europäischer Fluß
und seine Geschichte

Verlag C.H.Beck München

Mit 65 Abbildungen

Die Deutsche Bibliothek – CIP-Einheitsaufnahme

Tümmers, Horst-Johannes:
Der Rhein : ein europäischer Fluss und seine Geschichte /
Horst Johannes Tümmers. – München : Beck, 1994
ISBN 3-406-37972-9

ISBN 3 406 37972 9

© C.H.Beck'sche Verlagsbuchhandlung (Oscar Beck), München 1994
Gesamtherstellung: Offizin Andersen Nexö Leipzig GmbH
Gedruckt auf säurefreiem,
aus chlorfrei gebleichtem Zellstoff hergestelltem Papier
Printed in Germany

Für Vilma Sturm
und unsere «lieben Flüsse»

Inhalt

Viertes Kapitel

Der Hochrhein:

Eine Grenze, die verbindet

Seite 82

Fünftes Kapitel

Der Oberrhein:

Zwei Länder, zwei Ufer

Seite 110

Sechstes Kapitel

Der Mittelrhein:
Romantik und Patriotismus
Seite 194

Siebtes Kapitel

Der Niederrhein:
Schiffahrt, Industrie, Altlasten
Seite 299

Achtes Kapitel
Die Mündung:
Kampf ums Überleben
Seite 367

Nachwort
Die Zukunft hat begonnen
Seite 398

Anmerkungen
Seite 409

Verzeichnis der abgekürzt zitierten Literatur
Seite 444

Wanderkarten und Schiffahrtsatlanten
Seite 451

Abbildungsnachweis
Seite 452

Register
Seite 453

Vorwort

Der Rhein ist seit zweihundert Jahren gezeichnet, gestochen, gemalt, photographiert und immer wieder, meist begeistert, beschrieben worden. Über jeden Fleck am Rhein und jedes Stück Ufer gibt es von der Quelle bis zur Mündung aus allen Wissensgebieten kenntnisreiche und gediegene Beiträge, auch Banalitäten und billige Bildbände. Dem Thema läßt sich, scheint es, nichts mehr abgewinnen.

Dennoch: Es gibt ein neues Interesse am Rhein. Es äußert sich demonstrativ, wenn dem Rhein eine neue Untat zugefügt wird oder wenn ein Denkmal an seinem Ufer zur Debatte steht. Dieses Interesse schlägt sich in ehrgeizigen Ausstellungen mit gewichtigen Katalogen nieder. Die «Rhein-Frage» scheint neu gestellt; sie beschäftigt Historiker ebenso wie Naturwissenschaftler, Ökologen, Ingenieure, selbst Politiker, die in den Regionen am Rhein Modelle für Europa sehen.

Aber merkwürdig: Kaum ein Rhein-Autor nimmt von dem anderen Fachgebiet Notiz. Wenige blicken über ihren Gartenzaun. Paul Hübner hat diesen Blick (1974) gewagt. Auch ihm war klar: Die Probleme des Rheins lassen sich unter einem einzelnen Aspekt nicht mehr bewältigen. Man muß das «Ganze» des Stromes ins Auge zu fassen versuchen. Ich war entschlossen, über meinen kunsthistorischen Gartenzaun zu blicken, mir trotz ungezählter Rheinveduten meine eigene Rhein-Ansicht zu bilden, mir über die Zukunft des Stromes Gedanken zu machen. Neugier kam hinzu, was denn die Archäologen, Germanisten, Musikhistoriker, Volkskundler zum Rhein zusammengetragen hatten, was Historiker Gelehrtes über ihn schrieben, was Geomorphologen über die Gerinnehydraulik und die Gesetze von Talbildungen wußten, was Ökologen von Taschenpoldern am Oberrhein hielten, wie Chemiker, Wasserbauer, Binnenschiffer mit dem Fluß umgingen.

Wie entstand dieses Buch? Beim Wandern. Ich wollte aus der eigenen Anschauung dessen, worüber ich schrieb, bescheidene Kompetenz gewinnen. So betrug denn mein täglicher Wanderweg, nach gutem römischem Vorbild, 20 bis 30 Kilometer. Auf ein Taschendiktiergerät sprach ich die Beobachtungen und die Fragen, denen ich daheim nachgehen wollte. Pfingsten 1985 begann ich, in bekömmlichen Portionen die Rheinufer von den Quellen bis zur Mündung, streckenweise an beiden Ufern, zu begehen, den Rhein auf seinem Leidensweg zu begleiten. Wenn irgendwo, dann gilt hier am Strom das Wort, das Heraklit zugeschrieben wird: Alles fließt. Meine Beobachtungen sind Momentaufnahmen, sie skizzieren Entwicklungen, deuten Trends an. Ich wünsche mir Leser, die diese Entwicklungen prüfen, kritisch verfolgen und helfen, den Lebensraum Rhein zu retten.

Wie bei meinem Buch «Rheinromantik» (1968) bekenne ich auch hier: Dies Buch ist keine Wissenschaft, aber es ist gewissenhaft. Es nennt seine Quellen. Ich gestehe auch: Das Buch ist parteiisch. Es nimmt für den Rhein Partei. Für seine und für die Zukunft unserer Kinder.

Es gibt Vorbilder. Ich habe zu Fontane hinübergeschielt, der sich die Mark Brandenburg erwanderte, der glaubte, eine Landschaft nur verstehen zu können, wenn er sie unter die Füße nahm. Da brauchte es nur noch Goethes Einsicht im Motto zu «Zur Naturwissenschaft überhaupt», 27. 5. 1817: «Was ich erlernt hab', das hab' ich erwandert». Das «Handbuch für Schnellreisende auf dem Rhein», wie 1828 der Professor J. A. Klein seinen Reiseführer nannte, aus dem sieben Jahre später der erste «Baedeker» wurde, erschien mir dazu gänzlich ungeeignet. Mit Schnell-Verkehrsmitteln wird Landschaft zur «Tarifzone», zur «Strecke», und wird zuletzt zur Strecke gebracht.

Es ergaben sich acht Kapitel: Quellen; Vorder-, Hinter- und Alpenrhein; Bodensee; Hochrhein; Oberrhein; Mittelrhein; Niederrhein; Mündung. (Abb. 1) Diesen acht Kapiteln ordnen sich, Zuflüssen gleich, die anderen acht Gegenstände des Buches zu: Mythologie; Geologie; Hydrologie; Flußmorphologie; deutsch-französische Geschichte; Rheinromantik; Wirtschaft und Industrie, Schiffahrt und Verkehr; Ökologie. Die Nebenflüsse wurden nur einbezogen, wenn sie zu den Problemen des Rheins eigene Beiträge lieferten.

Ich danke Vilma Sturm, die dieses Buch auf Wunsch der Beck'schen Verlagsbuchhandlung hätte schreiben sollen. Sie verzichtete und schlug für mich eine Brücke zu Beck-Lektor Dr. Günther Schiwy. Er hatte Geduld und drängte nicht. Er bewahrte das Buch vor Klippen; er half zuletzt dem über die Ufer tretenden Manuskript ins vorgegebene Format zurück. Meine Frau war meine erste und immer geduldige Zuhörerin. Ihre Kritik begleitete das Buch. Immer standen Blumen auf meinem Tisch.

Dankbar bin ich Chefarzt Dr. med. W. Ströker und Dr. med. A. Schlütz, damals im Marienhospital bei St. Kunibert in Köln; Prof. Dr. med. W. Hoeffken und Dr. med. Dipl. Phys. J. J. Jennissen, Strahleninstitut Prof. Hoeffken, Köln; Dr. med. W. Mertens, unserem väterlichen Hausarzt. Dr. med. G. Trott und das Paracelsus-Krankenhaus in Bad Liebenzell haben meine Arbeit an diesem Buch in ihre ganzheitliche Therapie hineingenommen. Wenn ich das Buch zu seinem Ziel bringen durfte, danke ich es diesem stillen Haus, seinen Ärzten und Pflegern, und Annemarie und Heinrich Böll, die dorthin die Verbindung knüpften.

Vielen Menschen bin ich auf meinen Wegen am Rhein begegnet. Aus einigen Begegnungen wurden Freundschaften. Besonders nennen möchte ich Dr. iur. Wilfried Bemm, Richter am Oberlandesgericht Köln a. D. und Mitglied des Rheinschiffahrtsobergerichts Köln; Frau Diplom-Bibliothekarin Ilse Lacour, Zentralbibliothek der Stadtbücherei Köln; Dr. Winfried Löschburg, Staatsbibliothek zu Berlin; Herrn Richard Nägler, Weingut Villa Gutenberg, Oestrich-Winkel; den Präsidenten der Wasser- und Schiffahrtsdirektion Südwest in Mainz, Herrn Dipl.-Ing. Claus Rost; Herrn Werner Rummel, Hotelier in Überlingen; Prof. Dr. Horst Vey, Direktor der Staatlichen Kunsthalle in Karlsruhe; Herrn cand. phil. Konzertmeister Martin Wulfhorst, Hamburg. Dankbar verpflichtet fühle ich mich folgenden Institutionen, bei denen ich zu Gast sein und Fragen stellen durfte: der Bundesanstalt für Wasserbau in Karlsruhe, ihrem Präsidenten und den wissenschaftlichen Mitarbeitern; der Haniel Reederei GmbH in Duisburg-Ruhrort und dem Sprecher ihres Vorstands, Herrn Dr. G. W. Hulsman, dem WWF-Auen-Institut in Rastatt, und vielen Bibliotheken im In- und Ausland. An den Kongressen und Exkursionen folgender Institutionen habe ich teilgenommen und nützliche Auskünfte heimgetragen: IAWR Internationale Arbeitsgemeinschaft der Wasserwerke im Rheineinzugsgebiet, Amsterdam; Rheinischer Verein für Denkmalpflege und Landschaftsschutz, Köln; Rhein-Kolleg, Speyer; Rhein-Museum, Koblenz.

Dr. Wolfgang Schleissing hat das Korrekturlesen übernommen und das Register angefertigt. Ihm, Reni Schleissing und ihrem gastlichen Haus in München-Harlaching sind meine Frau und ich dankbar verbunden.

Acht Jahre lang bin ich dem Rhein zur Seite gegangen. Ihm vor allem danke ich. Sein Schicksal liegt mir am Herzen.

Köln, im Herbst 1993   *Horst Johannes Tümmers*

Abb. 1: Einzugsgebiet des Rheins ist das vom Rhein durch Zuflüsse entwässerte, von Wasserscheiden umgrenzte Gebiet mit Vorder- und Hinterrhein (1), Alpenrhein (2), Bodensee (3), Hochrhein (4), Oberrhein (5), Mittelrhein (6), Niederrhein (7), Mündung (8).

Erstes Kapitel

Die Quellen des Rheins: Mythos und Wirklichkeit

Die Quellen des Vorderrheins: Statt Altäre – ein Kraftwerk

Der Tomasee im östlichen Gotthardmassiv gilt als eine der Quellen des Vorderrheins. Er ist in den Sommermonaten vom Oberalppaß aus auf einem gut markierten Pfad und nach einem zunächst sanften, auf dem letzten Wegstück steilen Anstieg zu erreichen.

Auf dem Richtungsweiser lese ich: «Naturschutzgebiet Tomasee. Lai da Tuma. 2343 m. Oberalppaß 2 3/4 Stunden.» Der Tomasee hat nichts Großartiges; eigentlich ist er nur ein mit Schmelzwasser gefülltes Becken, etwa 250 Meter lang, 100 Meter breit, 10 Meter tief. Gletscher der Eiszeiten haben diese Felsmulde zurückgelassen. Ungezählte Abflüsse von den Schneegipfeln sammeln sich darin. Wo das Wasser talwärts überfließt, kerbt es sich in jahrtausendelanger Arbeit ein. Zugleich räumt das abfließende Wasser den Erosionsschutt aus. (Abb. 2)

Der Tomasee ist also ein erstes Sammelbecken für Quellgewässer aus höheren Lagen; hinter der «Quelle des Vorderrheins» gibt es weitere Quellen. Wo ist ein Anfang? Sollte ich es genau nehmen und weiter an einem der Bäche hinaufsteigen, um an eine der ungezählten Quellen zu gelangen? Aber die Auswahl wäre zufällig, das Hervorquellen überdies nur ein beiläufiges Ereignis, denn im Sommer würde die «Quelle» trocken liegen, im Winter von Eis und Schnee überdeckt sein und im nächsten Frühjahr vielleicht an anderer Stelle fließen und sich ein anderes Bett wählen. Also wende ich mich dem Abfluß des Tomasees zu.

Durch die Abflußkerbe hindurch folge ich dem Wasser über einen Geröllhang 200 Meter hinunter zur Hochfläche Plidutscha, einer nassen, sumpfigen Wiese, auch sie eine Hinterlassenschaft des Würmeises. Der Bach durchquert die Hochfläche, wendet sich nach Norden und stürzt über eine Felskante ins Vorderrheintal hinunter. Der «Rein da Tuma» ist ein prächtiger Wasserfall geworden.

Dann aber, 150 Meter tiefer, ist er plötzlich vom Erdboden verschwunden. Ich klettere hinunter. Ein Stück betoniertes Bachbett und seitliche Fassungen fangen ihn ein und lenken ihn in einen unterirdischen Stollen. (Abb. 3) Das Kraftwerk Vorderrhein sammelt das Wasser des Rein da Tuma und vier anderer Zuflüsse des Vorderrheins östlich des Oberalppasses und führt sie durch einen Freispiegelstollen etwa 5,5 Kilometer weit in den Stausee Lai da Curnera (1956 Meter) und weiter durch einen

*Abb. 2: Der Tomasee (Lai da Tuma), 2343 Meter über dem Meeresspiegel,
mit einem seiner Zuflüsse und der Abflußkerbe, die der Rein da Tuma in den
Fels geschnitten hat.*

*Abb. 3: Der junge Rhein aus dem Tomasee verschwindet im Einlaßbauwerk
der Kraftwerke Vorderrhein.*

4,5 Kilometer langen Druckstollen in den Lai da Nalps (1908 Meter), der
noch weitere Bäche von den Südhängen des Vorderrheintals aufnimmt.
Die Wasser des Lai da Nalps schießen durch einen 3030 Meter langen
Druckstollen zum Wasserschloß auf der Alp Tgom und stürzen von dort
835 Meter tief durch einen gepanzerten Druckschacht mit 75 Prozent Gefälle auf die Turbinen des Kavernenkraftwerks Sedrun. Es liegt, wie alle
seine Zuleitungen, tief im Fels. (Abb. 4)

Seneca schrieb in seinen «Briefen an Lucilius»: «Wir verehren die
Quellen großer Flüsse. Wo ein gewaltiger Strom aus der Tiefe hervorbricht, stehen Altäre.» Von den Quellen des Vorderrheins müßte es
heißen: Wo ein gewaltiger Strom aus der Tiefe hervorbricht, stehen Kraftwerke.[1]

Heilige Quellen und Brunnen

An der Quelle eines Flusses, dem caput fluvii, glaubten sich Griechen und
Römer der Gottheit nahe. Sie huldigten dem Ort durch fromme Gaben.
Nymphen wohnten dort. War eine Quelle in einer feierlichen Opfer-
handlung geweiht, durfte ihr Wasser nicht mehr zu profanem Gebrauch
entnommen werden, es galt als jungfräulich.[2]

Oft wurde, in christianisierter Form, die Kunde alter heiliger Quellen
bis heute überliefert. Die Kirche St. Kunibert in Köln zum Beispiel, am

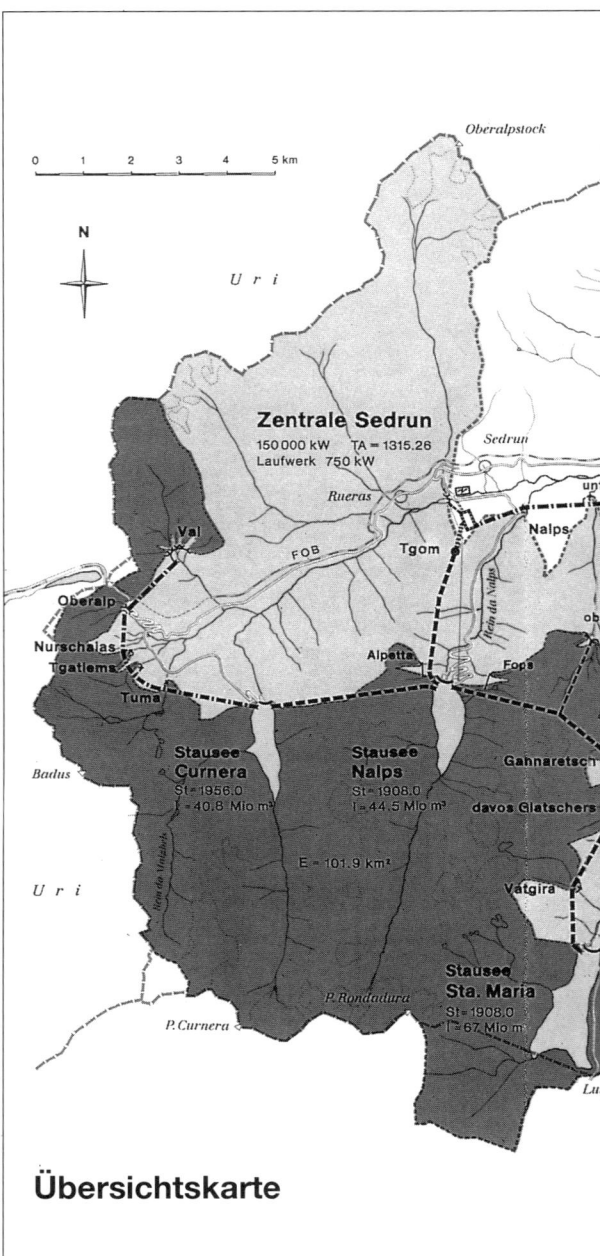

Abb. 4 (siehe auch Seite 20): Übersichtskarte und Längenprofil der Einlaufbauwerke, Verbindungsstollen und Stauseen der Kraftwerke Vorderrhein mit den Zentralen Sedrun und Tavanasa im Quellgebiet des Vorderrheins.

Übersichtskarte

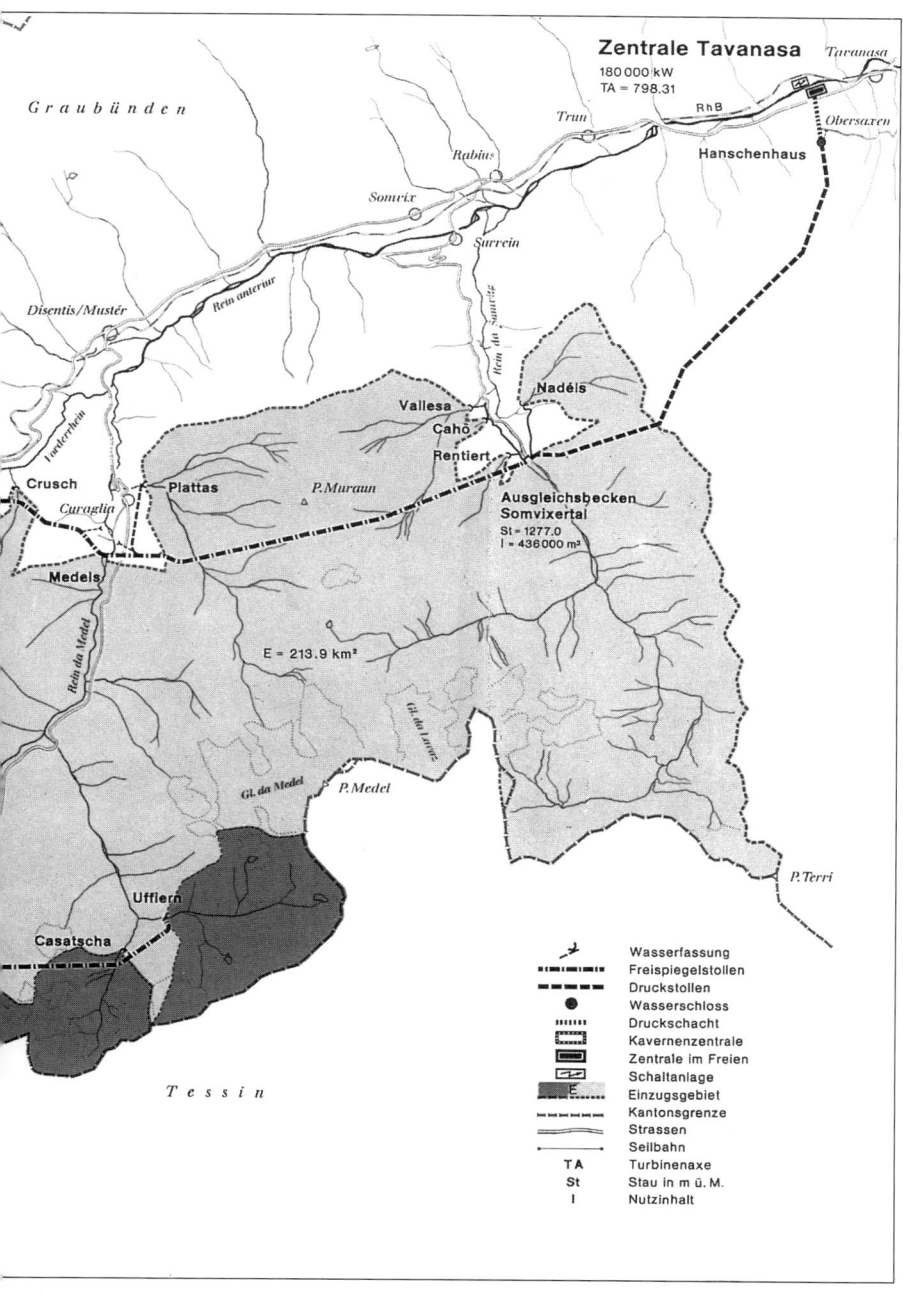

Zentrale Tavanasa

180 000 kW
TA = 798.31

Graubünden

Trun

RhB

Tavanasa

Obersaxen

Rabius

Hanschenhaus

Somvix

Surrein

Rein anterur

Disentis/Mustér

Rein da Somvix

Nadéls

Vallesa

Çahö

Rentiert

Crusch

Plattas

P.Muraun

Ausgleichsbecken
Somvixertal

St = 1277.0
I = 436 000 m³

Curaglia

Medels

Vorderrhein

E = 213.9 km²

Rein da Medel

Gl. da Cavel

Gl. da Medel

P.Medel

P.Terri

Ufflern

Casatscha

Tessin

	Wasserfassung
	Freispiegelstollen
	Druckstollen
	Wasserschloss
	Druckschacht
	Kavernenzentrale
	Zentrale im Freien
	Schaltanlage
	Einzugsgebiet
	Kantonsgrenze
	Strassen
	Seilbahn
TA	Turbinenaxe
St	Stau in m ü. M.
I	Nutzinhalt

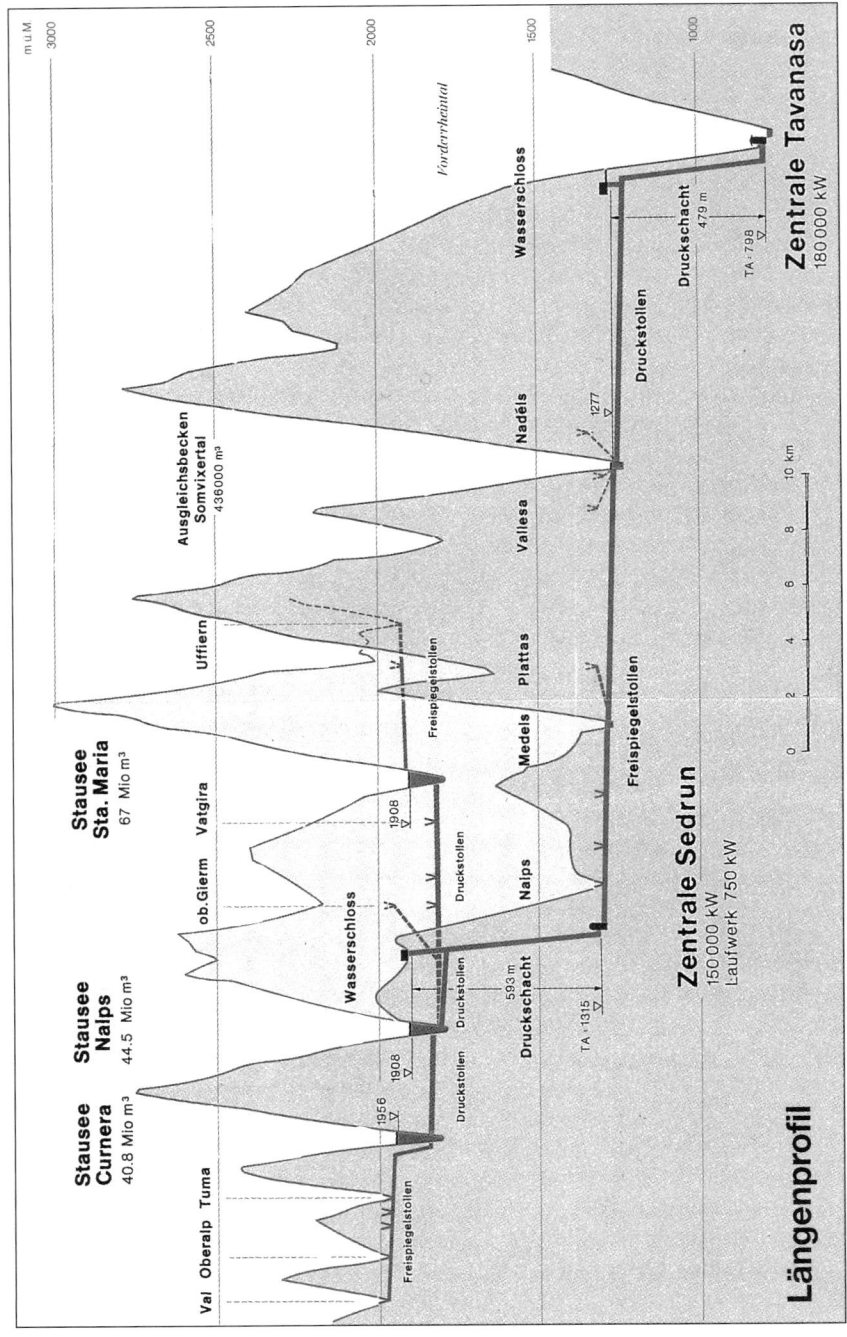

Längenprofil

Rheinkilometer 689, lag vor Zeiten außerhalb der Mauern der Stadt, vermutlich inmitten einer kleinen Gemeinde von Fischern und Schiffsleuten, die sich hier draußen, auf dem «Niederich», angesiedelt hatten. (Abb. 5) Eine Vorgängerin der Kirche war dem heiligen Papst und Märtyrer Clemens geweiht, der als Patron der Fischer und Schiffer gilt und Wasserwunder gewirkt haben soll.[3] Noch älter ist ein merkwürdiger Brunnen, der in der Kirche eine bevorzugte Lage hat, auf den, scheint es, der Bau ausgerichtet worden ist: Der Brunnen liegt in der Mitte der Vierung zwischen den beiden Türmen, in der Achse des Langhauses. Unter dem Ostchor, in einer Art Krypta, öffnet sich eine Nische zum Brunnenschacht.[4] Mit diesem Brunnen hat es seine Bewandtnis. Im Volksmund heißt er «Kunebe(r)tspötz».[5] Es wird erzählt, daß dort die Eltern ihre Neugeborenen holen.[6] Die Kinder sitzen am Grund des Brunnens um die Gottesmutter herum, die mit ihnen spielt und sie mit süßem Brei füttert. Das Wasser des Brunnens wurde als Tauf- und Weihwasser genutzt; es sollte zur Fruchtbarkeit in geistigem und leiblichem Sinne verhelfen.

Ähnliche Geschichten sind an anderen Orten bekannt. In der Gegend von Nierstein, südlich von Mainz, gab es eine prächtige Linde, unter deren Wurzeln eine Quelle floß. Wer dort das Ohr auf die Erde legte, der hörte das Wasser rauschen und das Gejauchze spielender Kinder. Die Eltern holten auch hier die Neugeborenen aus der Quelle. Beim Ausgraben der dortigen Schwefelquellen trat eine Inschrifttafel zutage, die dem Apoll und der Sirona gewidmet war. Die Kulte des Apoll bewirkten Reinigung und Sühne, hatten mit Heilen und Wahrsagen zu tun; Sirona war eine im Rheinland verehrte keltisch-römische Quellgöttin. Ihr Name taucht außer in Nierstein auf Inschriften in Kaiseraugst und Wiesbaden[7] auf; häufig steht sie in Verbindung mit Apollon-Grannus. In Baden heißt die Verehrte Visuna, in Bad Bertrich Vercana und Meduna, in Köln vielleicht Apareda. In der Literatur wird überliefert, daß auch an der Quelle des Hinterrheins einst ein Tempel «zu Ehren der heidnischen Göttinnen» gestanden habe.[8]

Die Quellen des Hinterrheins:
Statt Göttinnen – die Jünger des Mars

Beim Ort Hinterrhein (1620 Meter) biegt die neue Nationalstraße vom Ufer des Hinterrheins weg nach Süden ab und verschwindet im Tunnelmund des San Bernardino. Auch der alte Paßweg wendet sich vom Hinterrhein weg, quert zuerst die «Alte Landbrugg» von 1692 und steigt dann in Serpentinen zur Paßhöhe (2065 Meter) auf. Ich bleibe im Tal, folge dem Hinterrhein weiter hinauf und halte mich nahe dem Steilhang der linken Talseite.

Abb. 5: In Köln, am Stromkilometer 689, liegt die romanische Kirche St. Kunibert.
Ein alter Brunnen unter dem Ostchor, der «Kunebertspötz», geht vermutlich auf
keltisch-römische Ursprünge zurück. Die Sage weiß, daß die Mütter einst ihre
Kinder aus diesem Brunnen holten. Die Tradition eines heidnischen Wasserheilig-
tums am Rheinufer lebt in der Kunibertskirche fort, und mit ihr die Erinnerung an
heilige und lebenspendende Kräfte des Wassers.

Abb. 6: Der zum Schießplatz planierte Talboden des oberen Hinterrheintals mit dem begradigten Bett des jungen Hinterrheins.

Wer zu den Quellen des Hinterrheins vordringen will, wird mit Artilleriefeuer empfangen. Darauf bin ich vorbereitet. In Splügen habe ich die Aushänge mit den Schießanzeigen des Schweizer Militärs gelesen. Sonntags wird der Schießplatz nicht für militärische Zwecke genutzt. Ich darf ihn betreten. (Abb. 6) Eine Tafel warnt vor herumliegenden Geschoßteilen: «Nie berühren! Markieren, melden!» Es könnte sich um Blindgänger handeln; ich soll die Fundstelle kennzeichnen. Auf den Anruf «Halt!» soll ich stillstehen und den Weisungen der Truppe nachkommen: «Bei Mißachtung der einmal erteilten Anweisung macht die Truppe von der Schußwaffe Gebrauch». Aber kein Mensch ist zu sehen. Ich stapfe durch die Fahrspuren von schwerem Gerät. Hier werden Granaten aus 10,5-cm-Panzerkanonen verschossen, Infanteriewaffen und Sprengmittel erprobt. Der Talboden scheint eingeebnet und geräumt; die weite Geröll- und Kiesfläche bietet keine Deckungsmöglichkeit. Artillerie und Infanterie brauchen freies Schußfeld.

Zu beiden Seiten dieser Ödnis steigen steile, zerklüftete Felshänge empor. Oben auf ihren Schultern liegen Schneereste wie Epauletten auf alten Uniformröcken. Dahinter recken sich die Kammlinien der Dreitausender. Zerschossene Panzer liegen an meinem Weg, von Granaten durchschlagene Stahlplatten. Ich umgehe betonierte Beobachtungsstände

und Kugelfänge. Über mir hängen, an Drahtseilen aufgereiht, rotweiße
Bälle quer über dem Tal. Ich trete auf Granatsplitter und geborstene Me-
tallteile. Das Hinterrheintal: ein von Geschossen umgepflügter Schrott-
platz.

Ich setze mich ans Ufer des Hinterrheins. Seine Böschungen sind durch
Steinschüttungen befestigt. Er fließt schnell und kräftig, als habe er es
eilig, durch diesen Schießplatz hindurch und von ihm weg zu kommen.

Ich denke an den Tempel, der einstmals dort oben gestanden haben soll,
wo der Hinterrhein aus dem Zapportgletscher heraustritt. Ich verzichte
darauf, die Stelle zu suchen. Beim Archäologischen Dienst Graubünden
in Chur erfahre ich, daß über einen Tempel im oberen Hinterrheintal
nichts bekannt ist. Nachforschungen hat es nicht gegeben. So werden
denn weiterhin dort oben des Mars beflissene Jünger – statt freundlicher
Göttinnen – die Stunde regieren.

«Vater Rhein»

1911 wurde in Bonn am Rheinufer ein römisches Relief gefunden und
dem Rheinischen Landesmuseum übergeben. Das Steindenkmal zeigt
einen bärtigen Männerkopf, dessen reicher Haarschmuck in Locken das
Gesicht umfließt. An der Stirn wachsen zwei Hörner. Das Relief wird als
Rhenus bicornis[9] gedeutet. (Abb. 7) Auf einer Münze der römischen Kaiserzeit wird Rhenus als «Salus provinciarum» gerühmt, im alten mythischen Sinn als Nährgott und Heil der Provinzen.[10] Ovid erwähnt den
Rhenus cornibus fractis, den Rhein mit den gebrochenen Hörnern, dessen Anwohner von den Römern überwunden und in die Botmäßigkeit
gezwungen wurden, im Triumphzug Caesars 46 v. Chr.[11] Martial ruft den
Rhein als Vater der Nymphen und Bäche an: «Nympharum pater amniumque, Rhene!»; er spricht von den «cornibus aureis», den goldenen
Hörnern des Rhenus[12], eine Anspielung wohl auf die Goldgründe im
Flußsand des Rheins, eine Anspielung zugleich auf einen realen Befund
und nicht mehr nur auf mythische Vorstellungen.

Solange der Rhenus als Flußgott verstanden wurde, darf als sicher gelten, daß er göttliche Ehren empfing, denn er war, wie alle großen Flüsse
der Erde, ein Götterkind, Sohn des Titanenpaars Okeanos und Tethys.[13]
Sein Kult glich dem des Tiber, wenn er jenem auch im Range nachstand.
Hesiod schreibt Gebet und Reinigung beim Überschreiten eines Flusses
vor: Niemals solle man der ewig fließenden Ströme schön flutend Wasser
überschreiten ohne zu beten.[14] Der Kirchenvater Athanasios kritisiert die
Ägypter, die ihren Schmutz in den Fluß hineinwaschen, obwohl ihnen
Quellen und Flüsse heilig sind.[15] Herodot berichtet, daß die Perser sich
hüten, den Fluß zu verschmutzen.[16] In den Religionen Indiens ist das Wasser himmlischer Zeuge gegen Falschheit und Lüge: Weil er Wahrheit

Abb. 7: Rhenus bicornis, der «zweihörnige Rhein».
Kalksteinrelief aus dem 2. Jahrhundert nach Christus.
Bonn, Rheinisches Landesmuseum.

spricht, fährt Dilipa im Wagen über das Wasser[17]; der Ganges führt «heiliges Wasser»[18]. Flüsse hatten, wie die Quellen, die Gaben der Verwandlung und des Weissagens.[19] Römische Beamte ließen vor dem Überqueren eines Flusses die Auspizien vornehmen.[20] Caesar fand «am Rhein Frauen, die aus den Wirbeln des Flusses, aus den Windungen und dem Getöse weissagten».[21]

Frühe Darstellungen der griechischen Kunst zeigen den Flußgott als Stier mit menschlichem Oberkörper, das Gesicht von wallendem Haupthaar und Bart gerahmt, meist als Mischwesen.[22] Seit dem 5. Jahrhundert v. Chr. verdrängte in den Darstellungen die Menschengestalt den Tierkörper, nur die Hörner an der Stirn erinnerten noch an die Stiergestalt. Bicornis, zweihörnig, wurde der Flußgott häufig genannt und bicornis hieß ein Fluß, dessen Mündung ins Meer sich gabelte, also, wie der Rhein, ein Ästuar oder Delta bildete. Die hellenistische Kunst zeigte den Flußgott in menschlicher Gestalt mit den Stierprotomen, auf dem Grund des Flusses liegend, von Wellen umgeben. Oft lehnte er sich auf eine umgestürzte Urne, der Wasser entquillt. Seine Attribute waren auch das Schilfrohr oder Ähren und Füllhorn. Als Nährgott verkörperte er Fruchtbarkeit und Gedeihen der Provinzen, die er durchfloß. Als Andeutung der Schiffbarkeit und Nützlichkeit werden ihm gelegentlich Ruder und Schiffsprora beigegeben.

Spätere Generationen schienen unbefangener, gingen vertraulicher mit dem Numinosen um, wußten seinen Namen und riefen es um praktische Hilfe im Lebensalltag an. Die Flußgötter, einst mächtige Söhne von Göttern, erhielten menschliches Maß, handelten wie Menschen, fühlten wie sie, beteiligten sich an deren Taten und Überzeugungen. Sie magerten schließlich zu geographischen Begriffen ab und wurden nach siegreichen Kriegen als bloße Sinnbilder in römischen Triumphzügen mitgeführt. Göttermythen wandelten sich in mythische Pikanterien, die zu erzählen der geschwätzige Ovid nicht müde wurde. Später verfielen die Tempel über den Brunnen und Quellen. Gleichwohl haftete an diesen Orten eine Ahnung geheimnisvoller Mächte.

Die Profanisierung der Theogonien, der Heilsbotschaften und Göttergeschichten wurde begleitet vom wachsenden Erkenntnisdrang des Menschen. Im Maße das Numinose in den Naturgewalten erklärbar schien, geriet die Natur zum Objekt, zum Gegenstand der Neugier, wurde Laboratorium. Die Antike verstand sich schon früh auf lebenspraktische Nutzung des Wassers, von der Anlage kleinerer Bewässerungskanäle und Schöpfwerke bis hin zu technischen Großtaten wie der Trockenlegung des Fucinersees unter Claudius im 1. Jahrhundert oder dem Bau der Aquädukte.[23] Diesen Unternehmungen lagen geometrische Kenntnisse und genaue Beobachtungen zugrunde. Thales von Milet und die ionischen Naturphilosophen des 6. Jahrhunderts v. Chr. hatten dafür die Grundlagen geschaffen. Das mythische und das wissenschaftliche Weltbild drifteten auseinander. Zwar hielt sich die mythische Vorstellung von der Welt als Scheibe, die der Okeanos umfloß, viele Jahrhunderte lang bis ins Mittelalter hinein, wie die Kirchendecke in Zillis zeigen wird, aber mit der wissenschaftlichen Erhellung des Weltbildes verdunkelte sich zugleich der Blick in den Brunnen der Vergangenheit, rannen die Quellen ferner Überlieferungen spärlicher.

Das Christentum räumte den Götterhimmel der Antike aus und rückte seine Heiligen an deren Stelle. Fruchtbarkeitsgöttinnen, Nymphen und Dämonen, die in Quellen und Flüssen hausen, solle man mit dem Kreuzzeichen vertreiben, schrieb der heilige Athanasios. Die Missionare riefen die Jungfrau und Gottesmutter Maria gegen das elbische Unwesen an. Sie war der Quell wahrer Frömmigkeit, Brunnen des Seelengärtleins, fons pietatis, fons hortorum. So wurden denn die Quellen und Brunnen «vornehmlich dem Schutz der Gottesmutter übergeben, die über die heidnischen dämonischen Weiber am leichtesten siegen konnte, manche auch Christo geweiht oder kräftigen Aposteln wie Petrus oder Paulus, und dann einer Unzahl heiliger Männer und Frauen, die in der Landschaft zu besonderem Ansehen gekommen waren. Sie traten die Erbschaft der örtlichen Numina an und sie wurden gleich diesen verehrt mit Gebet und

Opfergaben. Nur die Namen hatten sich verändert, die Sache selbst war die alte.»[24]

Die Kirche St. Kunibert in Köln lag einst nahe dem Rhein. Nur die Stadtmauer und ein schmaler Uferstreifen trennten den Ostchor vom Wasser. Veduten aus dem 19. Jahrhundert zeigen noch diesen alten, ursprünglichen Zustand. Später haben Eisenbahngleise, dann die breite Uferstraße den Strom von der Kirche abgedrängt. Die Verlängerung der schmalen Straße, die am Ostchor vorbeiführt, heißt «Am alten Ufer». Es scheint, daß auch wir Heutigen uns von den alten Bedeutungen des Wassers, der Quellen, der Flüsse haben abdrängen lassen, daß wir, seit das Wasser in unseren Wohnungen mit einer Handdrehung verfügbar ist, und seit wir, gewiß zum Entsetzen Herodots, mit dem Wasser unseren Schmutz in die Flüsse spülen, zwar Bequemlichkeit gewonnen, aber Ehrfurcht verloren haben.

Zweites Kapitel

Vorderrhein, Hinterrhein, Alpenrhein:
Eine Urkraft wird gebändigt

Rheingeschichte – Erdgeschichte

Die Erde, versichern die Geologen, sei 4,5 bis 4,7 Milliarden Jahre alt. Den Rhein in seiner heutigen Gestalt gibt es erst seit dem Abklingen der letzten Eiszeit, seit etwa 10 000 Jahren. Die Geschichte des Rheins würde in einer Erdgeschichte von 230 Bänden zu je 1000 Seiten, wobei jede Seite 20 000 Jahre beschreibt, im letzten Band nur die letzte halbe Seite füllen.

Wie entstand der Rhein? Flußgeschichte gehört in den größeren Zusammenhang der Erdgeschichte. In ihren frühesten Anfängen raste die heutige Erde – eine Art Kugel aus hochverdichteter, glutflüssiger, mit Gasen angereicherter Schmelze von 3000 °C–5000 °C im Erdkern – mit hoher Geschwindigkeit um die Sonne. In ungezählten Jahrmillionen erkaltete ihre Außenhaut und bildete jene dünne Kruste von etwa 60 Kilometern Tiefe, die bis heute das glühende Magma des Erdinnern umschließt, im Vergleich nicht dicker als die Schale eines Apfels. Damals entstand auch das Wasser; es schlug sich aus der Atmosphäre als nicht enden wollender Regen auf die erkaltende Kruste nieder. Diese Kruste ist das Grundgebirge[1], das aus Kristallin besteht. Der Rhein wird im Kristallin des Gotthardmassivs entspringen, in den ältesten Gesteinen der Erde also. Diese bildeten den Urkontinent, Pangäa.

Als die Erdkruste in Bewegung geriet, zerbrach sie in Platten, in Teilkontinente, die wie Eisschollen auf dem glutflüssigen Magma des Erdinnern auseinandertrieben, sich verschoben, auch übereinander glitten und sich zu Gebirgen auftürmten. Damals, im Erdaltertum, vor 500 Millionen Jahren, entstanden Gneise, Granite, Glimmerschiefer, Marmor, Kalksilikatfels.

In der Gegend Mitteleuropas dehnte sich ein weites Meer, die Variskische Geosynklinale.[2] Geosynklinalen sind Meeresströge, «die in langen geologischen Zeiträumen ständig tiefer einsinken, sich mit Sedimenten füllen und in orogenetischen (gebirgsbildenden) Phasen zu Faltengebirgen umgeformt werden»[3]. In der Variskischen Geosynklinale lagerten sich mächtige Schichten von sandigen Sedimenten ab, wurden mehrmals aus dem Wasser emporgehoben, zusammengeschoben, verfaltet, verstellt, verschiefert.

Im Devon, Karbon, Perm, vor 400 bis 200 Millionen Jahren, entstanden so in der «Variskischen Faltung» die deutschen Mittelgebirge, im Bereich des Rheins der Schwarzwald und die Vogesen, der Odenwald, das

Rheinische Schiefergebirge. Die Mittelgebirge sind also älter als die Alpen. Trotz gelegentlicher Überflutungen im nachfolgenden Trias blieb das Rheinische Schiefergebirge fortan Festland und war somit der Verwitterung und Abtragung ausgesetzt. Die Niederrheinische Bucht begann abzusinken.

Die Variskische Faltung ergriff auch das Gebiet des heutigen Oberrheins und verformte den kristallinen Sockel. Bei dem Faltungsvorgang entstanden im Sockelgebirge ganze Bündel von Rissen und Schwächezonen, die später wie Sollbruchstellen wirken sollten. Der Zusammenhang von Schwarzwald und Vogesen blieb jedoch zunächst erhalten. Zugleich aber wurde auch hier das Gebirge nicht nur durch Erosion abgetragen und eingeebnet, sondern senkte sich auch weiträumig zu einem südlichen Randmeer ab. Ein Sedimentationstrog entstand, der nun auch den schweizerischen Jura und das schweizerische Mittelland umfaßte. Darin lagerten sich Schichten von Buntsandstein, Muschelkalk, Keuper, Gips, Salz, Malm ab.

Dieses südliche Randmeer war im Erdmittelalter Teil eines gewaltigen Meeresbeckens, des Ur-Mittelmeers, der «Tethys», auch die «Alpine Geosynklinale» genannt im Gegensatz zur älteren Variskischen Geosynklinale. Es trennte den Südkontinent (Afrika) vom Nordkontinent (Eurasien). In ihm bildeten sich über etwa 100 Millionen Jahre hinweg bis zum Ende des Erdmittelalters marine Sedimente: Kalk- und Dolomitmassen, insgesamt mehrere tausend Meter mächtig, das Baumaterial der Alpen.

Mit dem Eintritt in die Erdneuzeit, ins Tertiär, überstürzten sich – in geologischen Zeiträumen gesprochen – die Ereignisse. Die Landmassen des südlichen, afrikanischen Kontinents begannen nach Norden zu driften. Wo die Platten auf den eurasischen Kontinent aufbrandeten, entstanden mit ungeheurem Druck Stauchungen und Pressungen. Riesige Erdschollen wurden mehrere hundert Kilometer weit nach Norden verschoben. Die älteren Kristallin- und die jüngeren Sedimentdecken falteten sich zu Antiklinalwülsten auf, sie brachen, glitten übereinander, stapelten sich zu Deckenpaketen und wurden zu einem Gebirge emporgepreßt; die Alpen entstanden. Ein Ablagerungsraum von 500 bis 600 Kilometern Breite war auf 120 bis 150 Kilometer, dem heutigen Alpenquerschnitt, zusammengeschoben worden. Im Satellitenbild sieht der weite Alpenbogen mit seinen Faltengebirgen und Talzügen zwischen Marseille und Wien wie ein zu einer sanften Kurve zusammengedrückter, in Falten und Wülsten liegender Teppich aus.

Die geologischen Verhältnisse des Alpenraums waren durch diese Kontinentaldrift auf den Kopf gestellt, das Unterste war zuoberst gekehrt worden. Ältere Schichten lagen über jüngeren und waren obendrein mehrfach verfaltet oder versetzt. Die Hauptfaltung mit ihren Stauchungen, Abscherungen und Gleitungen, den Versenkungen und Emporwölbungen hatte im Gestein zu Hochdruckmetamorphosen geführt[4], und zwar besonders stark im Quellgebiet des Rheins: im Gotthardmassiv, im Vorderrheintal, in der Gegend des Lukmanierpasses. Hier finden sich bis heute besonders schöne Exemplare von wasserklaren Bergkristallen und braunen Rauchquarzen; die Landschaft ist ein bevorzugtes Explorationsfeld der Strahler (Kristallsucher) und Mineralsammler.

Durch diese dramatischen geologischen Vorgänge entstanden vor etwa 20 Millionen Jahren, im Oligozän/Miozän, die markanten Längstalfurchen der Alpen. Sie folgen den von Süden her aufgeschobenen Wülsten und Falten in der Längsrichtung des Gebirges, also von Westen nach Osten, so auch der Talzug Martigny – Chur mit Rhônetal, Furkapaß, Urserental, Oberalppaß und Vorderrheintal.

Bei der Überschiebung und Aufhäufung der Gesteinsschichten gab es auch seitliche Versetzungen, die dem nach Norden gerichteten Druck folgten: auf diese Weise entstanden die alpinen Quertäler, die senkrecht zu den Achsen der Längstäler verlaufen, wie das Alpenrheintal zwischen Chur und Bodensee.[5]

In diesem das Alpenmassiv durchziehenden System von längs- und quergerichteten Tälern und Furchen fanden Wasserläufe ihren natürlichen Weg. Sie wurden zugleich Transportbahnen für die mit der Alpenauffaltung einhergehende Erosion. Erhebliche Schuttmassen wurden abgetragen: fast die doppelte Höhe des jetzigen Gebirges. Weil sich aber die alpine Gebirgsbildung über einen langen Zeitraum erstreckte, werden Heraushebung und Abtragung durch Erosion einander die Waage gehalten haben; die Alpengipfel waren wohl nie höher als sie es heute sind. Hebung und Abtragung dauern an. Das Abtragungsmaterial lagerten die nördlich ablaufenden Flüsse im früheren Geosynklinaltrog am Alpennordrand ab. Im Schweizer Mittelland besteht das Sedimentgestein aus feinkörnigem Sand, Ton und Mergel, der heutigen Molasse; sie ist bis zu fünf Kilometer mächtig. Weiter nördlich nimmt sie bis auf wenige hundert Meter ab. Noch heute sind die gewaltigen Abtragungsprodukte der Nagelfluhfächer und der weichen Sandsteine im Molassegebiet des Bodenseeraums und des Hochrheins zu erkennen.

Während der etwa 80 Millionen Jahre des Tertiär hatten sich wichtige geologische Strukturlinien herausgebildet, denen der Rhein später folgen sollte. Aber noch gab es den Rhein nicht als zusammenhängendes Flußsystem. Etwa 1,8 Millionen Jahre vor unserer Zeitrechnung sanken die Temperaturen weltweit um 8–10 °C ab: Die Eiszeiten kündigten sich an. Im Alpengebiet erreichten sie mindestens viermal ein Kältemaximum. Die Geologen unterteilen die Eiszeit (Pleistozän) in die Günz-, Mindel-, Riß- und Würm-Kaltzeiten. Dazwischen liegen Warmzeiten, sogenannte Interglaziale, in denen das Eis abschmolz und die Gletscher sich zurückzogen. Die letzte Kaltzeit, die Würmeiszeit, begann vor 70 000 Jahren und wich vor 10 000–8000 Jahren der heute noch andauernden Warmzeit.

Im Pleistozän waren der skandinavische Raum und England von einer 2000 bis 3000 Meter mächtigen Eiskalotte bedeckt, deren Stärke nach Sü-

den zu abnahm. Ihre Südgrenze lag auf der Linie London–Amsterdam–
Niederrhein und Ruhr, berührte Dortmund, zog sich weiter nach Dresden–Krakau–Kiew, stieß also in ihrem Maximum in Mitteleuropa bis zum
50. Breitengrad vor. Dem Nordeis entgegen schoben sich aus dem Hochgebirge der Alpen ebenfalls Eisströme in die weiten Ebenen hinunter. Sie
fuhren die Täler entlang, breiteten sich im Alpenvorland zwischen Lyon
und Wien aus. Der Rheingletscher stieß über 80 Kilometer weit nach
Norden ins Alpenvorland; während des Rißhöchststandes überschritt er
die Donau auf breiter Front. Oben im Hochgebirge überfuhren die Gletscher die Sättel der Pässe und schlossen sich zu einem Netz von Eisströ-
men zusammen.[6]

Zwischen den nördlichen Inlandeismassen und den Gletschern im Alpenvorland lag eisfreies Gebiet, eine baum- und strauchlose Tundra im
Wechsel mit ausgedehnten Dauerfrostböden. Sie wurden überragt von den
deutschen Mittelgebirgen, die jedoch vom Eis frei blieben. Nur Schwarzwald und Vogesen waren lokal und zeitweilig vergletschert.

Der Wechsel von Warm- und Kaltzeiten, die Ausdehnung und Zunahme des Eises, das nachfolgende Abschmelzen und Abfließen, das mehr-
malige Vor und Zurück der Gletscher in den Talbahnen und Ebenen verstärkten die natürliche Erosion. Durch fortwährende Abtragung und
Aufschüttung entstanden vielfältige glaziale Formengruppen in der plei-
stozänen Landschaft. Zur abtragenden und umformenden Arbeit des Glet-
schereises zählen die Geologen das Abschleifen und Glätten der Felsen, das
Herausbrechen lockerer Felsteile, das Runden kantiger Formen und das
Vermahlen zu Geröll, Sand und Gesteinsmehl. An Felsoberflächen blieben
Gletscherschrammen, an Steinen feine Kratzer zurück; V-Täler wurden zu
U-Tälern ausgeschliffen, das Eis ließ im Fels Mulden (Karseen) zurück,
gerundete Trogschultern und Schliffborde, im Flachland Rundhöcker,
Sümpfe, Seen. Daran schloß sich das Abräumen und Zusammenschieben
des Schutts wie mit einem Schneepflug. Zu den glazialen Aufschüttungs-
formen gehören die Moränen. Jeder Gletschervorstoß veränderte die
Oberflächenformen des vorhergehenden, löschte sie ganz oder fügte neue
Einzelformen hinzu. Beispiel sind die von den Kaltzeiten im Alpenvorland
zurückgebliebenen Flußterrassen. Jede Eiszeit tiefte sich in die Schotter-
felder der vorhergehenden ein, so daß heute die ältesten Terrassen oben,
die jüngsten, die der Würmeiszeit, unten liegen.

Die Überformung des tertiären Formenschatzes durch die quartären
Kaltzeiten ist in den Flußlandschaften des Rheins auch heute noch zu erkennen, besonders deutlich, naturgemäß, die Hinterlassenschaft der jüngsten Vereisung, der Würmkaltzeit. Am Ende der Eiszeiten waren die
Strukturen der heutigen Rheinlandschaft festgelegt; das Grobrelief war
eingezeichnet und die Großformen waren aufgebaut.

Das Vorderrheintal:
Geformt vom Würmzeit-Eis

Heinrich Gutersohn lobt in seiner «Geographie der Schweiz» den eindrucksvollen Rundblick, den die Kuppe des Calmut (2309 m) über das Quellgebiet des Vorderrheins bietet.[7] Der Calmut wölbt sich in der Mulde des Oberalppasses empor. Von seinem Gipfelkreuz geht der Blick weit nach Osten ins Vorderrheintal hinunter, auf meinen Wanderweg. Eine stattliche Reihe Dreitausender steht dem jungen Rhein Spalier. Von ihren Hängen und vorgelagerten Bergen fließt das Wasser in tiefen Einrissen zum Vorderrhein hinunter und mit ihm, nahezu in gerader Linie, weiter nach Osten. (Abb. 8) Bei Reichenau, 58 Kilometer vom Calmut entfernt, vereinigen sich Vorder- und Hinterrhein zum Alpenrhein. Auf dieser gesamten Strecke liegt das Bett des Rheins in einem Alpenlängstal; bei Chur biegt es nach Norden um und folgt bis zum Bodensee einem Alpenquertal.

Zu Füßen des Calmut liegen Oberalppass und Oberalpsee. Autostraße und der Schienenstrang der Furka-Oberalp-Bahn steigen zum Paß auf und drüben wieder hinunter. Im Urserental bei Andermatt kreuzen sie eine bedeutende europäische Nord-Südverbindung: Die Gotthardstraße und die Gotthardbahn. Dieses Verkehrskreuz markiert zugleich einen zentralen Gebirgsknoten der Alpen, das Gotthardmassiv. Hier entspringen bedeutende Flüsse, die ihren Lauf in alle Himmelsrichtungen nehmen: der Rhein nach Osten und dann zum Nordmeer, die Rhône nach Westen und zum Mittelmeer, Aare und Reuß nach Norden und zum Rhein, der Tessin nach Süden zum Po und ins Adriatische Meer. Der Gotthard ist das Dach Europas, das hydrographische Zentrum der Schweiz, er ist Wasserscheide und trennt die Klimazonen und Kulturlandschaften des Nordens von denen im Süden.

Auch die jüngere Erdgeschichte läßt sich von der Kuppe des Calmut ablesen. Etwa eine Million Jahre lang bedeckten in den Eiszeiten Gletscher und gewaltige Eisströme die Alpen. Noch über der Höhe des Calmut war das Eis 300 Meter mächtig. Die Schliffgrenze des Eises zeichnet sich an den Felswänden des Tales ab; in 2500 bis 2700 Metern ist sie gut zu verfolgen. Oberhalb dieser Linie sind die Felsen schroff, gratig, scharf gezackt, darunter aber vom fließenden Eis geglättet und gerundet.

In der letzten, der Würm-Eiszeit, erhielt auch die Mulde des Oberalppasses ihre heutige Form. Die Transfluenz (das Gleiten) des Eises vom Urserental über den Paß hinweg und hinunter ins Vorderrheintal höhlte den Sattel zwischen Calmut und Pazolastock aus, hinterließ Karseen, wie den Oberalpsee, den Tomasee, und felsige Rundhöcker, wie den Calmut. Eis- und Schmelzwasser vertieften die Täler, gruben Talfurchen und bildeten im Vorderrheintal mehrere Sammelbecken, die wie Treppenstufen bis nach Chur hinunter absteigen. In die Haupttalfurche des Vorderrheins

Abb. 8: Der Vorderrhein fließt in einem Alpenlängstal nach Osten. Gletscher der Eiszeiten haben die Talformen gerundet. Darüber stehen Dreitausender Spalier. Im Talgrund ist der Vorderrhein kaum zu erkennen. Sein Wasser fließt tief im Fels und treibt Turbinen.

münden Seitentäler; sie sind auf der linken, der nördlichen Talseite, durchschnittlich 5 Kilometer lang, auf der südlichen wesentlich länger. Das Vorderrheintal hat also im Querschnitt eine unsymmetrische Form. Durch eines dieser südlichen Seitentäler, durch das Val Maighels, suchte einst der Rein da Tuma seinen Weg hinunter ins Tal des Vorderrheins. Jetzt fließt er, unsichtbar, in Druckstollen tief im Fels der südlichen Talseite.

Der junge Rhein als Stromlieferant:
Dem Talgrund droht Verkarstung

Der erste Ort am jungen Vorderrhein ist Tschamut (1667,2 m); er liegt auf einem Hügel, der die beiden Talwannen von Milez-Tschamut und Selva trennt. Gleich hinter Tschamut nahm der Vorderrhein einst den Rein da Curnera auf. Dessen Flußbett aber ist nahezu trocken: Sein Wasser hält ein Stausee zurück. Am Ufer lese ich auf einem Schild: «Warnung! Das Wasser kann durch den Kraftwerksbetrieb plötzlich stark anschwellen. Das Betreten des Flußbettes ist daher lebensgefährlich.»

Talwärts nimmt das Flußbett kleine Zuflüsse auf, die dem Kraftwerk entgangen sind, meist am rechten Ufer, bis es in der nächsten Talwanne, der von Sedrun, wieder soviel Wasser führt, daß es sich lohnt, einen Teich zu stauen. Auch dessen Wasser wird durch eine Druckleitung in die Kavernenzentrale Sedrun geführt und produziert dort Strom für den Eigenbedarf des Kraftwerks. Unterhalb der Staustufe ist das Bett des Vorderrheins wieder trocken.

Wenige Schritte neben der kleinen Wehranlage lehnt in der Felswand ein stattliches Gittertor. Die Inschrift daneben lautet: «Ovra Electrica Reinanteriur. Elektrizitätswerke Vorderrhein. Centrala Sedrun 1963.» Dahinter führt ein breiter, sanft geneigter Zugangsstollen 400 Meter weit im Fels hinunter zur Kavernenzentrale. Das Betriebswasser aus den Quellen und Stauseen des Vorderrheins treibt drei Maschinengruppen mit je zwei Peltonturbinen und einem Generator. Sie erzeugen 150 000 kW.

Nach getaner Arbeit darf der Vorderrhein keineswegs in sein angestammtes Flußbett zurück. Abermals verschwindet er in einen etwa 27,5 Kilometer langen Stollen, der weitere Zuflüsse am rechten Uferhang des Vorderrheintals anzapft, des Rein da Medel und des Rein da Sumvitg, und sie alle in die Zentrale Tavanasa leitet, wo die Wasserkraft des Vorderrheins ein zweites Mal die Turbinen treibt, die hier 180 000 kW erzeugen. Erst dort, nachdem er von den obersten Fassungen bei den Quellen fast 39 Kilometer weit durch unterirdische Stollen geflossen ist und zwei Kraftwerke beliefert hat, darf der junge Rhein in sein Bett zurück.[8] Bis zu dieser Stelle unterhalb Tavanasa ist das Vorderrheintal eine amputierte Landschaft, der das Lebenselement entzogen wurde. Dem Talgrund droht Verkarstung.

Das für die Vegetation und das Grundwasser zu geringe Restwasser des Vorderrheins wird in den Tagen meiner Wanderung noch zusätzlich durch Chemikalien vergiftet. Am 9. Juli 1985 meldet die Bündner Zeitung: «Sechshundert verendete Fische wurden zwischen Donnerstagabend und Samstag bei Tschamut im Bündner Oberland von Mitgliedern des Fischereivereins aus dem Rhein gezogen. Verursacht wurde das Fischsterben durch ein in den Rhein gelangtes Bindemittel, welches zur Abdichtung eines Tunnels der Furka-Oberalp-Bahn verwendet wird ... Durch die

Risse und Klüfte des Tunnelfelsens gelangte das für die Fische tödliche Bindemittel ins abfließende Wasser und in der Folge in den Rhein. Der Chef des Umweltschutzamtes Graubünden weist darauf hin, daß die Brühe den Fischen die Atemwege verbrannte … Die Baustelle sei nun stillgelegt worden … – Wie sich die Fischer im Tujetsch erinnern, fand vor 15 Jahren in derselben Gegend aus den gleichen Gründen ebenfalls ein Fischsterben statt. Auch damals fanden in diesem FO-Bahn-Tunnel Abdichtungsarbeiten statt …»

Einen Eindruck von der gesunden, ursprünglichen Wildheit dieser Landschaft gibt der Drunbach, von dem Sedrun seinen Namen hat (sidrun, räto-romanisch: auf dem Bach). Der Drunbach ist in seinem Oberlauf ein ungebärdiger, gefährlicher, weil unberechenbarer Wildling. Er muß, um den Ort zu schützen, in ein festes Bett gezwungen werden. Wütend rauscht er in einem tiefen, aus mächtigen Felsblöcken gefügten und vermauerten Bett mitten durch den Ort hinunter zum Vorderrhein. Doch auch der Drunbach endet undramatisch: in einer Kiesgrube. Er selbst hat ihr das Sand- und Steinmaterial in allen Korngrößen aufgeschüttet. Bagger, Muldenkipper, Förderbänder, Sortieranlagen erfüllen die Luft mit ihrem Lärm. Lastwagen fahren das Baumaterial mit heulenden Motoren bergan zur Straße.

Zwei Kilometer weiter mündet von rechts das Tal des Rein da Nalps in das des Vorderrheins. Auch sein Wasser hält der Stausee zurück. Einst haben gewaltige Wassermassen das Gefälle einer engen, steilen Talschlucht aus dem Gestein gebrochen und haushohe Felsblöcke ins Vorderrheintal geschleudert. In der Schlucht bleibt eine grandiose Trümmerlandschaft zurück.

In der Engnis von Cavorgia steigt der Weg den Hang hinauf; nach einer Biegung tritt er aus dem Wald hinaus auf eine Lichtung. Im Tal liegt Disentis im Blickfeld und über dem Ort das Kloster mit seiner doppeltürmigen Kirche.[9] Das Kloster hat in den letzten Jahren im Ortsbild traurige Konkurrenz bekommen: Hotelbauten von bemerkenswerter Scheußlichkeit.

Nach wenigen hundert Metern erreicht mein Weg den Ort Mompé Medel. Aus der kleinen Gartenwirtschaft sehe ich nach Disentis hinunter. Hier herauf stieg früher von Disentis der alte Saumweg zum Lukmanierpaß. Er umging die wilde Medelser Schlucht, durch die einst der Rein da Medel tobte. 1878 wurde die Schlucht durch eine kühn in die unzugängliche Engnis eingesprengte Straße erschlossen. Die Straße erhielt einen neuen, großzügigen Ausbau, als im oberen Medelser Tal von den Kraftwerken Vorderrhein der Stausee Santa Maria angelegt wurde. In ihm versanken die alte Lukmanierstraße, das Hospiz Santa Maria des Klosters Disentis und seine Kapelle.

Der Flimser Bergsturz

Als Bergstürze bezeichnen die Geologen plötzliche und rasch ablaufende Massenverlagerungen im Hochgebirge unter der Einwirkung der Schwerkraft. Sie sind den Steinschlägen und den Felsstürzen vergleichbar, jedoch von gewaltigerem Ausmaß. Der größte Bergsturz in Europa ereignete sich im unteren Vorderrheintal vor etwa 10 000 Jahren, am Ende der letzten Eiszeit: der «Flimser Bergsturz».[10] (Abb. 9)

Die Kantonalstraße von Disentis nach Reichenau-Chur verläuft bis nach Ilanz hinunter zumeist im Talboden. Dann aber liegen, hinter Ilanz, die Schuttmassen des Flimser Bergsturzes im Weg. Sie zwingen die Straße, vom Vorderrhein abzubiegen und auf den Schuttmassen 400 Meter hinauf nach Flims (1099 m) zu steigen.

Was löste den Flimser Bergsturz aus? Mit dieser Frage und der nach der Abrißnische, den Sturzbahnen und Ablagerungsräumen haben sich bereits drei Generationen von Geologen befaßt. Aber eine eindeutige Klärung der Vorgänge ist noch nicht gelungen. Vielleicht hatte nach den Eiszeiten das wärmere Klima alte Dauerfrostböden aufgetaut, auf denen nun die darüberliegende Felsmasse zu Tal glitt, vielleicht auch unterhöhlten Gletscher stützende Hänge, oder ein Erdbeben lockerte das Gestein. Jedenfalls rutschte auf einer 13°–15° geneigten Bergflanke eine 9 Kubikkilometer mächtige Schuttmasse zu Tal; ein ganzes Gebirge aus Malmkalken und Verrucanobreccie verschüttete das Vorderrheintal auf einer Länge von 12 Kilometern.

Sofort stauten sich die Reste des Vorderrheingletschers vor der Barriere zu einem See. Bäche von den seitlichen Hängen lagerten darin ihr Geschiebe ab. In einer letzten Kälteperiode stießen die Gletscher noch einmal vor, überfuhren die Schuttmassen des Bergsturzes und ließen auf ihr eine dünne Moränendecke zurück. Der See stieg an, floß über, kerbte sich in die lockere Gesteinsmasse ein und verschaffte sich einen schmalen Abfluß. Heute hat das Wasser den gewachsenen Fels am Boden der Schlucht wieder erreicht. Sein ausgeglichenes Gefälle, kleine Kiesflächen und Sandbänke («Islas»), die mit Erlengesträuch bewachsen sind, und die Bildung von Flußschlingen zeigen an, daß die Tiefenerosion beendet und in Breitenerosion übergegangen ist. Der Fluß pendelt, unterspült die Prallhänge, Gestein rutscht nach, das Wasser schiebt es weiter und lädt es am anderen Ufer, dem Gleithang, wieder auf. Die Prallhänge, die «Ruinas», steile, instabile, unzugängliche Hangpartien ohne Bewuchs, mit frischen Anrissen und schnell wechselnden Verwitterungsformen, haben dem Durchbruchstal den Namen Ruinaulta gegeben. Der Wanderer spürt die Eigenart des Geländes mit jedem Tritt: Der Boden ist mürbe, bröcklig, rutschig, an abschüssigen Stellen schwierig und nur mit Vorsicht zu begehen.

Es schien ein Wagnis, als die Rhätische Bahn 1902 ihre Trasse durch diese kaum zugängliche Schlucht legte. Aber sie brauchte für ihre einspu-

Abb. 9: Der Vorderrhein hat sich durch den Schuttkegel des Flimser Bergsturz-gebietes bis auf den felsigen Grund hinuntergearbeitet. Im Bild der Flußabschnitt bei Versam.

rige Strecke wenig Platz und sie konnte auf dem Fels des Talbodens gründen. Bis heute blieb die Bahn das einzige Verkehrsmittel, das die Ruinaulta in ganzer Länge durchfährt.

Oben auf dem Schuttfächer des Bergsturzgebietes dehnt sich ein waldreiches, bewegtes Gelände mit Kuppen und vereinzelten Mulden dazwischen, in denen sich das Wasser sammelt. Diese kleinen Seen und die dichten Bestände der Fichten, Weißtannen, Kiefern und stämmigen Bergbuchen geben der Landschaft den Charakter eines Parks.

Das Flimser Bergsturzgebiet hat sich denn auch zu einer Fremdenverkehrslandschaft entwickelt, die zahlreiche Kureinrichtungen, Hotels, Badegelegenheiten, Sport- und Spielplätze bietet. Saison ist in allen Jahreszeiten. Für den Wintersport stehen ganze Systeme von Loipen, Skiliften, Sesselbahnen und Pisten aller Schwierigkeitsgrade zur Verfügung. Die Übernachtungszahlen sind sprunghaft gestiegen. Und im Sommer gar organisiert das Verkehrsamt Flims-Laax Schlauchbootfahrten mit einem erfahrenen Bootsführer durch die Ruinaulta. In älteren Flußführern für Kajakfahrer wurde die Schlucht noch als «schwerstes Wildwasser» beschrieben. Damals wagten sich nur geübte und erfahrene Wildwasserfahrer auf diese abenteuerliche Flußstrecke. Gefürchtet war insbesondere das «Schwarze Loch», die Stelle, wo der Carreratobel einmündet. Nach Hochwassern trieb der Bach Geröll, Gesteinsschutt und Baumstämme durch sein enges Tal hinunter in die Schlucht. Der Vorderrhein wurde von ihm an die gegenüberliegende Steilwand gedrückt. Wildwasserfahrer verdrießt es nicht, daß sie hier bei jeder Fahrt andere Wasserverhältnisse vorfinden. Sie getrauen sich sogar im Winter hindurch. Wo der Fluß zugefroren ist, schwingen sie sich auf die Eisfläche hinauf und gleiten weiter, bis sie offenes Wasser erreichen. Sie bekommen von der wilden Ursprünglichkeit der Elemente noch den unmittelbarsten Eindruck.

Am Hinterrhein: Der Kampf gegen den Stausee Rheinwald

«Kampf gegen den Stausee Rheinwald 1941–1946. Konzessionsgesuch in den Gemeinden abgelehnt am 25. 7. 1942. Rekurs der Kraftwerke vom Kleinen Rat des Kantons Graubünden abgelehnt am 11. 3. 1944. Rekurs der Kraftwerke vom Bundesrat abgelehnt am 29. 11. 1946.»

Diese mageren Angaben auf einer Tafel im Heimatmuseum in Splügen erinnern an eine aufsehenerregende Auseinandersetzung. Das Rheinwald ist ein etwa 25 Kilometer langes Tal. Es sammelt die Quellwässer des Hinterrheins und führt sie in fast gerader Richtung nach Osten. Das Tal wird abgeschlossen von einer Felsenenge, der Roflaschlucht: Günstige Voraussetzungen für die Anlage eines Stausees.

Aus dem Talgrund steigen nach Süden hin zwei bekannte Paßstraßen auf: in Hinterrhein der San Bernardino (2065 m), in Splügen der Splügenpaß (2113 m). Jahrhundertelang war das Rheinwald Durchgangsland für den Handelsverkehr zwischen Nord und Süd. Der Weg über den Splügen wurde schon von den Römern genutzt. Als 1473 ein Pfad durch die Via Mala gebaut wurde und die Passage weniger gefährlich erscheinen ließ, zogen Reisende den Splügen anderen Paßwegen vor. Im 18. Jahrhundert begingen jährlich bis zu 30 000 Reisende den Paß. Den Transport von Menschen und Waren auf den schwierigen Saumpfaden übers Gebirge besorgten mit fast 500 Pferden die Säumer. Sie waren in Fuhrmannszünften, den Porten, organisiert und kamen zu beträchtlichem Wohlstand. Noch heute zeugen im Rheinwald stattliche Häuser und Palazzi von diesem einst blühenden Gewerbe und seinem Reichtum. Das Gästebuch des Posthotel Bodenhaus in Splügen, 1722 erbaut und seit 1822 Hotel, trägt die Namen vornehmer Reisender: Königin Victoria von England, Prinz Louis Napoléon Bonaparte, Lady Hamilton, Graf Tolstoi, Könige von Württemberg, Hohenzollernprinzen und russische Großfürsten nächtigten hier, ehe sie sich auf das Abenteuer des Paßweges einließen.[11]

Im Jahre 1830 brach der Alpentransit auf dieser Route zusammen. Die neue Straße über den St. Gotthard zog den Verkehr vom Splügen und Bernardino ab. Die Gotthardbahn 1882 schließlich ruinierte vollends das Transportgewerbe im Hinterrheintal. Die Landwirtschaft blieb fortan einzige Erwerbsquelle. Sie aber konnte nicht alle Menschen ernähren. Die Vegetationszeit ist in diesem hochgelegenen Tal kurz; Korn und Kartoffeln können nicht ausreifen. Noch vor 40 Jahren galt Brot den Bewohnern als Festessen. 1860 waren in der Talschaft 1294 Einwohner gezählt worden, 1950 waren es nur 818. Die Bürger wanderten aus. In den Orten bröckelten die einst prächtigen Fassaden der stattlichen Häuser. Das Rheinwald verarmte.

Ein Kraftwerk hätte den Wohlstand ins Tal zurückgebracht, allerdings zu einem hohen Preis. Voraussetzung wäre die Anlage eines riesigen Stausees im Taltrog des Hinterrheins gewesen.[12] Ein erstes Projekt von 1911/1914 ließ den Ort Hinterrhein im Wasser des Stausees untergehen. Ein wesentlich erweitertes Projekt 1930/31 sah sieben Speicherbecken im Rheinwald und in den Tälern des Avers vor mit fünf Zentralen in Nufenen, Sufers, Innerferrera, Andeer und Sils. Das Speicherbecken im Rheinwald hätte die Orte Splügen, Nufenen und Teile von Medels unter Wasser gesetzt. Ein Stück Geschichte und beträchtliche Areale an Kulturboden wären verlorengegangen. Die Betreiber des Kraftwerks hielten entgegen: Das Tal entvölkerte sich ohnehin und die Bewohner verarmten. Sie sollten angemessen entschädigt werden und es gäbe Pläne, sie ins Domleschg umzusiedeln, in einen begünstigten Landstrich mit guten Böden und freundlichem Klima.

In Graubünden besitzen die Gemeinden die Wasserhoheit. 1930 legten ihnen die «Rhätischen Werke für Elektrizität AG» Thusis als Betreiber des Projekts Rheinwald-Großkraftwerk das Konzessionsgesuch vor. Die Gemeinden Splügen, Medels und Nufenen hatten eine schicksalsschwere Entscheidung zu treffen. Im April 1930 lehnten sie das Großkraftwerk ab.

Neue Studien und Rekognoszierungen in den folgenden Jahren führten zu einem leicht reduzierten Dreistufenprojekt. Es sah nur noch für das Gebiet des Rheinwald Stauseen vor. Der Druck auf die Rheinwaldgemeinden verstärkte sich. Der Energieverbrauch der Schweiz war gestiegen und die Auslastung der schweizerischen Elektrizitätswerke näherte sich einer kritischen Grenze; sie mußten darauf bedacht sein, ihre Kapazität auszuweiten. Das Großprojekt im Rheinwald kam ihnen gelegen. Nach Ausbruch des Zweiten Weltkriegs steigerten der Kohlemangel und die Überbeschäftigung in der Industrie den Stromverbrauch zusätzlich. Die Elektrizitätsunternehmen erhielten außerordentliche Kriegsvollmachten. Sie schlossen sich zu einem Interessenverband, dem «Konsortium Kraftwerke Hinterrhein (KKH)» zusammen: für die verarmten Bauern im Rheinwald ein übermächtiger Gegner. Das Konsortium versuchte, beim Bundesrat sein Projekt durchzusetzen und verwies auf seine Kriegsvollmachten.

In der Kirche zu Splügen trat die außerordentliche Landsgemeinde zu einer denkwürdigen Beratung zusammen. Die Stimmbeteiligung lag bei 80 Prozent. Es waren ernste, sorgenvolle Männer, die sich in der Kirche drängten. Die öffentliche Meinung der Schweiz stand gegen sie; ihre Familien fürchteten die Not jedes Winters, ihnen blieb nur die Wahl zwischen dem Verlust der Heimat mit bescheidener Aussicht auf bessere Lebensumstände oder einem kargen Leben in der alten Heimat. Die Landsgemeinde entschied sich für ihre Heimat. Das Projekt Rheinwald wurde einstimmig abgelehnt. Der Bundesrat verwies das Konsortium auf den Rechtsweg. Die Landsgemeinde trat daraufhin noch einmal, am 25. Juli 1942, zusammen. Das Projekt wurde erneut abgelehnt. Diesmal mit einer Stimmbeteiligung von 93 Prozent.

In der Schweiz entbrannte der Kampf der Meinungen, der Argumente und Gutachten. Das Konsortium rekurrierte an den Kleinen Rat des Kantons Graubünden und berief sich auf das öffentliche Interesse an seinem Projekt. Dagegen kamen Bedenken, ob denn der hohe Stromverbrauch auch nach dem Kriege anhielte. Überhaupt wäre zu prüfen, ob der gestiegene Energiebedarf nicht auch auf andere Weise gedeckt werden könnte. Schließlich bedeutete das Projekt einen schweren Eingriff in die Natur und in die Kultur der bodenständigen Bevölkerung des Rheinwald. Der Kleine Rat wies den Rekurs am 11. März 1944 ab. Das KKH gab nicht auf und wandte sich an den Bundesrat; es erhob zugleich eine staatsrechtliche Beschwerde beim Bundesgericht. Das Rheinwald schien verloren. Expertenkommissionen wurden eingesetzt. Alle Fachleute beurteilten das vom KKH vorgelegte Projekt eines Stausees im Rheinwald als die geologisch und technisch günstigste Lösung. Aber sie nannten auch andere und ähnlich günstige Möglichkeiten. Das gab den Ausschlag. Der Bundesrat stellte sich hinter die betroffenen Gemeinden und wies in letzter Instanz am 29. November 1946 den Rekurs der Kraftwerksbetreiber ab. Das Konsortium zog wenige Tage später seine Beschwerde beim Bundesgericht zurück. Es fand, wie sich heute zeigt, eine vielleicht noch bessere, jedenfalls das Rheinwald schonende Lösung mit der Groß-Speicherung im Valle di Lei.[13]

Dennoch hat auch das obere Hinterrheintal sichtbare Veränderungen hinnehmen müssen. Vor der Roflaschlucht ist der Stausee Sufers entstanden. Er erinnert an das gescheiterte Projekt des ursprünglich um ein Mehrfaches größeren Speichersees im Rheinwald. Auch dieser kleine See hat die Landschaft verändert, aber mit Maßen. Talbewohner und nun auch die Kraftwerke Hinterrhein sind erleichtert, daß der See sich angenehm in die Landschaft eingefügt hat und der alte Ort Sufers erhalten geblieben ist.

Als folgenreicher erweist sich der moderne Straßenbau. Von 1961–1967 wurde die Autostraße N 13 von der Roflaschlucht her durch das Rheinwald und unter dem San Bernardino hindurch gebaut. Der Alpentransit, der seit Eröffnung der Gotthardstraße und der Gotthardbahn 140 Jahre lang das entlegene Rheinwald gemieden hatte, ergoß sich nun über den bequemen und schnellen Verkehrsweg. Der zunehmende Tourismus überzieht bereits die alten Ortsbilder mit dem Talmiglanz geschmackloser Modernisierungen. Die alten und stolzen, von schweren Zeiten gezeichneten Häuser und Höfe des 18. Jahrhunderts stehen einsam zwischen schicken Wochenendhäusern, deren schmiedeeisernes Geschnörkel an Fenstern, Balkonen und Zäunen die Landschaft mit einem modischen, nirgendwo beheimateten «Heimatstil» garniert. Mit ihren meist geschlossenen Fensterläden scheinen diese Neubauten blicklos, blind; sie bleiben Fremde im Tal. Aber der Geschäftsgeist entwickelt sich; Sesselbahnen und Kabinenseilbahn sind für Splügen im Gespräch.[14]

Eine gefährliche, wenn auch fast unsichtbare Veränderung hat die ursprüngliche alpine Landschaft des Hinterrheins hinnehmen müssen: Seit 1966 begleitet die Ufer des Hinterrheins und des Alpenrheins auf der gesamten Länge von Splügen bis hinunter zum Bodensee eine technische Großanlage: Die zentraleuropäische Ölpipeline, die den Mittelmeerhafen Genua mit den Ölraffinerien in Ingolstadt verbindet.[15] Ihre Rohre liegen unter der Erde und schonen also das Landschaftsbild. Nur der aufmerksame Wanderer entdeckt in Abständen ins Erdreich eingelassene Markierungssteine. Eine Ölpipeline mit all ihren Risiken für die Umwelt in einem geologisch schwierigen Gelände, wie es die Alpen sind, und wenige Meter neben einem Flußbett! Eine leichte Verschiebung im Erdreich, ein Materialfehler, eine undichte Schweißnaht würde eine Katastrophe auslösen. Die Oleodotto del Reno SA/Rheinische Ölleitung AG in Chur beeilt sich denn auch zu betonen, daß beim Bau der Pipeline die Vorkehrungen für die Betriebssicherheit der Anlage vornan gestanden hätten. Man habe getrachtet, die Leitung in rutschfestem und lawinenfreiem Gebiet zu verlegen, habe eine über den Normen liegende Stahlqualität mit der Wandstärke 9,5 bis 16 Millimeter gewählt, die Schweißnähte geröntgt und mit Ultraschall kontrolliert und eine hydraulische Prüfung mit hohem Druck vorgenommen. Kritische Stellen seien die Roflaschlucht, die Via Mala und das Grundwassergebiet im Churer Rheintal gewesen. Darum seien diese Gebiete aus Sicherheitsgründen umgangen und die Ölleitung sei zusätzlich in Stollen (Gesamtlänge 20 Kilometer) verlegt worden. Die Leitung werde sowohl durch Fernkontrolle als auch durch Begehung ständig überwacht. Die Oleodotto del Reno versichert, daß seit Inbetriebnahme keine Ölverluste aufgetreten seien. Sie folgert, daß Ölpipelines umweltfreundlich seien.

Die Ölpipeline als technisches Bauwerk und ihr hoher Sicherheitsstandard nötigen Respekt ab. Auch ist der Transport des Öls in Rohrleitungen dem auf der Straße mit seinen hohen Risiken vorzuziehen. Am Ende läßt sich auch mit der neuen Autostraße und dem Speichersee bei Sufers leben. Dennoch vergegenwärtigt man sich mit Sorge, daß Rohöl in Pipelines am Rhein hinunter (durch die Oleodotto del Reno) und am Rhein hinauf (von den Ölhäfen Rotterdams ins Ruhrgebiet und nach Köln) befördert wird. Wie hoch sind die Risiken?[16]

In den immerwährenden Sonnenschein der Prospekte des Verkehrsvereins von Splügen jedenfalls sind einige Schatten einzuzeichnen. Noch verdunkeln sie das Bild nicht. Den Bürgern des Rheinwald sind die Standfestigkeit und die demokratischen Tugenden ihrer Väter aus der Kirche in Splügen zu wünschen.

Aber die Tourismusbranche in Graubünden hat sich besonnen und sich zur Natur als wichtigstem Gut bekannt. Sie verpflichtete sich in einer «Umweltdeklaration», ihre Arbeit nach ökologischen Gesichtspunkten auszurichten. Einem Bericht der Arbeitsgruppe «Umwelt und Tourismus in Graubünden» ist zu entnehmen, daß nirgendwo in der Schweiz so viel Geld, Einfallsreichtum und Tatkraft in einen umweltverträglichen Fremdenverkehr investiert wird wie in Graubünden. Die Zahl der Gäste, die ihren Ferienort nach ökologischen Gesichtspunkten auswählen, wächst. Auch die Energiewirtschaft ist anderen Sinnes: Oberhalb von Disentis, nahe der Gondel-Bergstation Caischavedra, ging 1993 das größte Solarkraftwerk der Alpen ans Netz, ein Gemeinschaftsprojekt des Kantons Graubünden, der Nordostschweizer Kraftwerke (NOK) und des Schweizerischen Bundesamtes für Energiewirtschaft.

Die «Wasserkirche» in Zillis

Eine Alpenüberquerung war bis ins 19. Jahrhundert ein schreckenerregendes Abenteuer. Die Reisenden entschieden sich für die am wenigsten gefährliche, die am besten ausgebaute und in jeder Hinsicht günstigste Route. Wer vom Bodensee her und durch das Tal des Alpenrheins kam, konnte zwischen drei Paßwegen wählen: auf der «Oberen Straße», bei Bivio, zwischen dem Septimerpaß (2310 m) und dem Julier (2284 m), oder er konnte sich auf der «Unteren Straße» für den Splügenpaß entscheiden. Meist erhielt der Splügen den Vorzug, weil er in nur einem Aufstieg zu bewältigen und weil er niedriger war (2113 m). Aber auf dieser Route waren zwei gefährliche und gefürchtete Schluchten zu passieren: Die Roflaschlucht und die noch schrecklichere Via Mala. Das tobende Wasser in der dunklen Enge der senkrechten Felsen und der schmale, unsichere Pfad preßten das Herz auch des Mutigsten. Er wird sich als Christenmensch des Beistandes der himmlischen Mächte versichert haben.

Zwischen beiden Schluchten durchquerte der Reisende ein stilles Tal: das freundliche Schams, das den überstandenen Schrecken besänftigte. Am Wegrand lud in Zillis die Kirche St. Martin[17] zur Rast ein, zu Dank- und Bittgebet. Auch heute noch grüßt den Wanderer an der Westwand der Kirche das Fresko des heiligen Christophorus, des Schutzpatrons der Reisenden auf ihrem Weg durch die Welt, durch Schluchten und über gefährliche Wasser.

Im Innern der Kirche halten die 153 Bildfelder an der Decke[18] eine tröstliche Predigt: Christus ist der Herr der Welt, er leiht Schutz und Beistand auf der irdischen Pilgerfahrt. Auf den ersten Blick allerdings zeigt der Bilderzyklus eine dramatische Disposition: Gottes Schöpfung und sein Erlösungswerk sind bedroht von Finsternis und Verderben. Die Hölle läßt ihre Mächte los. Aus den Wassern (angedeutet durch das rings um die Decke laufende Wellenband) steigen fischschwänzige Ungeheuer, amphibische Doppelwesen, Drachen, Sirenen, Vögel mit Schuppenleibern. Mordlust treibt das Gezücht, es verbeißt sich ineinander, verschleppt Menschen. Ein wolfsköpfiger, fischschwänziger Dämon hat eine Lanze geschultert, ein nackter Mann ist daran gefesselt. Ein Bestiarium des Bösen und Unerlösten breitet sich aus. (Abb. 10) Christus aber triumphiert. In den Ecken der Decke stehen vier Engel. Sie halten große Tuben und sind Allegorien der Winde und der vier Himmelsrichtungen; sie sind die apokalyptischen Wächter der Herrschaft Gottes.[19] Zeichen dieser Herrschaft und des Sieges Christi über das Böse ist das Kreuz; ein Kreuz beherrscht die Decke mit jeweils zwei Ornamentstreifen in der Längs- und in der Querrichtung. Und in seinem Zeichen wird im inneren Feld auf 105 Tafeln die Geschichte vom Leben und Erlösungswerk Christi erzählt.[20]

Abb. 10: St. Martin in Zillis. Äußerer Zyklus der Bilderdecke mit Fabelwesen als Sinnbildern des Bösen.

Die pagane Bildwelt der Randzone der Kirchendecke von Zillis steht in der ikonographischen Tradition der Antike. Aus der griechischen und römischen Kunst sind Delphine, Meerfrauen, Fabelwesen mit Fischschwänzen und Schuppenleibern in großer Zahl bekannt; der Maler hat sich ihrer als Vorlagen bedient. Auch die mythische Vorstellung der Antike von der Welt als einer Scheibe wirkt in der Konzeption der Decke fort.

Die ehrwürdige Martinskirche in Zillis steht buchstäblich in antiker Tradition. Ihre Mauern gründen auf antiken, auf römischen Fundamenten, wie Ausgrabungen bestätigten. Über ihnen wurde im 5. oder 6. Jahrhundert ein frühchristlicher Bau, vielleicht ein Baptisterium, errichtet. Es sind römische Münzen und ein Baumsarg (heute im Museum Chur) gefunden worden. Von einem sagenhaften unterirdischen Gang (einer gefaßten Quelle oder einer Wasserleitung?) wird berichtet. Andere Bodenfunde der Gegend deuten auf eine Besiedlung des Schams schon in der Bronzezeit hin. Der Gedanke, daß auch St. Martin in Zillis ein alter Kultplatz, vielleicht, wie St. Kunibert in Köln, eine «Wasserkirche» ist, drängt sich auf und wird bestätigt durch ein weiteres Detail. Bei der Beschäftigung mit Quellen des Lebens in Kirchen stieß Günther Binding auf die Kirche St. Clemens in Essen-Werden.[21] Dort sind vier gefaßte und künstlich abgeleitete Quellen nachgewiesen worden. Die Kirche in Werden war ein Dreiapsidensaal. Einen Dreiapsidenchor aber besaß außer anderen Bündner Kirchen nicht nur St. Maria in Disentis und (vielleicht) St. Martin in Chur, sondern auch St. Martin in Zillis: Die dortige einschiffige Anlage aus der Zeit um 800 schloß im Osten mit drei runden Apsiden.

Es gibt also eine Beziehung zwischen diesen rheinischen «Wasserkirchen»: Ihnen sind gemeinsam Brunnenanlagen in der Kirche und/oder Hinweise auf einen vorgeschichtlichen Quellenkult.

Die Via Mala,
das Domleschg und der fleißige Nolla

«Der schauerlichste Felsenpaß in der ganzen Schweiz» sei die Via Mala, schrieb Marianne von Willemer am 2. November 1828 an Goethe.[22] Der Hinterrhein hat die sechs Kilometer lange Schlucht tief in den Bündner Schiefer eingesägt; sie ist stellenweise nur drei Meter breit und bis zu 80 Meter tief. (Abb. 11) Die Talwände steigen beinahe senkrecht auf. Die Flußsohle fällt von 920 auf 700 Meter. Die Historiker vermuteten lange, daß die Roflaschlucht und die Via Mala von den Reisenden früherer Jahrhunderte gemieden und westlich über den Schamsberg umgangen worden seien. Heute neigen sie der Meinung zu, daß durch die beiden Schluchten schon in römischer Zeit ein Steig geführt habe. 1473 wurde den Felswänden der Via Mala ein schmaler Pfad abgetrotzt; er hatte keine

Abb. 11: Die einst von Reisenden gefürchtete Passage der Via Mala hat durch kühne Brückenschläge und durch die Stauhaltungen der Kraftwerke ihre Bedrohlichkeit verloren. Dennoch blieb die Schlucht ein eindrucksvolles Naturdenkmal.

Abb. 12: Die Strudeltöpfe oder Gletschermühlen in der Via Mala entstanden durch Steine, die durch die Gewalt der tobenden Wassermassen in den Felsenlöchern der engen Schlucht herumgeschleudert wurden.

Brücke und blieb auf der Westseite der Schlucht. 1737–1739 ist der Weg verbreitert worden, und erstmals wagten es die Straßenbauer, zwei Brükken aus Stein über die Schlucht zu schlagen, eine weithin bewunderte Tat. Der Name des Baumeisters ist Christian Wildner aus Davos.

Die moderne N 13 schwingt sich auf einer eleganten Brücke nur einmal über die Schlucht, taucht aber in sechs Tunnel hinein. Mein Wanderᴛ weg führt auf der alten Kantonalstraße über drei Brücken und durch zwei Tunnel. Von ihr kann man seit 1903 auf einer Treppe mit 269 Stufen hinunter in die Schlucht steigen. Das Getöse der herabstürzenden Wassermassen ist auch beim heutigen, wesentlich niedrigeren Wasserstand gewaltig. Strudeltöpfe lassen ahnen, welche Kräfte einst hier wirkten. (Abb. 12) Die starke Drehbewegung des fallenden Wassers hat sie in das Gestein hinein gebohrt. Felsblöcke, die das Wasser in diese Strudeltöpfe hineinriß, wurden herumgeschleudert und verstärkten die Erosion, bis sie selbst zu runden Mahlsteinen abgeschliffen waren. Oben an der Straße gibt es den üblichen Kiosk mit Gartenstühlen, Grillwürstchen, Andenken. Die Via Mala ist nicht mehr schauerlich, kaum noch ein Nervenkitzel. Die Kraftwerke Hinterrhein regeln mit ihrer Stauhaltung am Stausee Sufers die Wasserführung.

Wo der Hinterrhein aus der Via Mala hinaustritt, öffnet sich das Domleschg. Die Geomorphologen beschreiben es als eine meridional verlaufende, etwa 10 Kilometer lange, vom Hinterrhein durchflossene Wanne, die beidseits von Bergzügen begleitet wird. Die sanften Talhänge sind mit Burgen auf rundlichen Kuppen und mit freundlichen Ortschaften reich besetzt. Obst gedeiht; das Tal gleicht einem Garten.

Eine Eigentümlichkeit zeichnet das Domleschg aus: Die Ortschaften meiden den flachen Talboden, sie bevorzugen höhere Lagen. Und obwohl hier unten der bequemste und kürzeste Weg durch das Tal führte, wählten die alten Transitrouten die seitlichen Talhänge, schlängelten sich über Bergrücken hinweg und nahmen dort die unvermeidlichen Steigungen in Kauf. Die Erklärung ist einfach: Der Talgrund war gefürchtetes Überschwemmungsgebiet, von Hochwassern des Hinterrheins und seitlicher Zuflüsse ständig bedroht. Es gab weder Weg noch Steg und keine Verbindung von der einen zur anderen Talseite. Der Rhein bildete im gemeinsamen Tal eine Grenze, die kaum zu überwinden, nur auf weitem Weg zu umgehen war.

Zu Anfang des 19. Jahrhunderts wurde einer der Zuflüsse, der Nolla, unversehens zu einem reißenden Wildbach. Aus Rutschungen und wilden Anrissen führte der Nolla gewaltige Schlamm- und Schuttmengen zu Tal, gefährdete Thusis und drängte den Hinterrhein nach rechts ab auf Sils zu, das nun fortwährend Äcker und Wiesen verlor. Gutersohn vermutet «die wichtigsten Ursachen für diese unheimliche Aktivierung der Erosion» in der «Übernützung des Waldes»; Kahlschläge, vereint mit dem Oberflächenwasser, könnten den ohnehin zu Rutschungen neigenden Boden in weiten Partien gelöst und abgeschwemmt haben.[23] Der Untergrund des Domleschg besteht aus Bündner Schiefer, der von Westen in schräger Schichtung zum Talboden hin abfällt. Er ist durchsetzt mit hartem Kalkstein und mit grauschwarzen Tonen und Mergeln, die stark verwittern. Die Böden sind also instabil, dazu um 20 bis 30 Prozent zum Talgrund hin geneigt. Erdschollen versetzen sich gelegentlich um 10 Zentimeter im Jahr, wenn es nicht, wie zu Anfang des 19. Jahrhunderts, auf feuchten, seifigen Tonschichten zu gefährlichen Sackungen kommt.

1832 begann die Korrektion des Hinterrheins im Domleschg nach einem Plan des Ingenieurs La Nicca, der sich die Erfahrungen des Kanderdurchstichs am Thunersee von 1713 zunutze gemacht und der von den Korrektionsarbeiten am Niederrhein und im Oberrheingraben gelernt hatte. Der Talgrund im Domleschg war damals eine stellenweise mit Auenwald überwachsene Kiesfläche. Darin suchte der Hinterrhein nach jedem Hochwasser ein neues Bett. Sollte der Talgrund vor Hochwasser geschützt sein, mußte der Hinterrhein in ein festes Bett gezwungen und gehindert werden, auszubrechen. Den Ablagerungen im Flußbett war Einhalt zu gebieten, damit der Fluß nicht, mit Geschiebe aufgefüllt, sich selbst den Weg verlegte. Sein gefährlichster Zufluß, der Nolla, war einer nützlichen Tätigkeit zuzuführen. Zunächst wurden von den seitlichen Hängen her Querdämme oder Wuhren in die Talebene vorgetrieben. Schmale Durchlässe blieben dort, wo der Rhein hinfort fließen sollte. Sie zwangen den Fluß, den ihm vorbestimmten Lauf in der Talmitte zu nehmen. Bei Hochwasser lagerte der Fluß an den Ufern hinter den Querdämmen seine Geschiebe ab, während sich gleichzeitig sein Bett durch die verstärkte, weil eingeengte Strömung vertiefte: Damit ging zugleich die Auflandung zwischen den Querwuhren zurück; sie endete, als deren Köpfe durch Längswuhren miteinander verbunden worden waren. Der Hinterrhein floß nun zwischen parallelen Dämmen. Im Laufe der Jahre bewaldeten sich die dem Fluß abgewonnenen Sand- und Kiesflächen durch natürlichen Anflug; das Wachstum des Hochwaldes wurde nicht mehr durch Überschwemmungen gestört. Die Korrektion des Hinterrheins im Domleschg war gelungen.

Aus den 60er Jahren des vorigen Jahrhunderts stammte der Gedanke, das jüngst gewonnene Gelände dauerhaft für die Landwirtschaft zu nutzen, eine «Integralmelioration» einzuleiten.[24] Dazu mußten auf die Kiesböden des ehemaligen Flußbettes mindestens 50 Zentimeter Erde aufgetragen werden. Diese Arbeit sollte weitgehend der Natur selbst überlassen bleiben; menschliche Arbeitskraft sollte das Unternehmen lenken und ihm nachhelfen. Der Plan ging dahin, den Talgrund mit dem fruchtbaren Nollaschlamm zu überziehen. 1892 begann der Bau des Nollakanals. Von Thusis her wurde der Nolla durch das Gebiet am linken Ufer bis nach Rothenbrunnen geführt. Er speiste nach beiden Seiten hin Zuleitungskanäle, die das Wasser des Nolla mit seinen Schwebstoffen auf die Kolmatie-

rungsfelder leiteten. Nach Hochwassern sieht das Nollawasser aus wie
grauschwarzer Brei; es führt dann etwa 84 Liter Schlamm je Kubikmeter
Wasser. Bei verminderter Fließgeschwindigkeit im Absetzbecken schlägt
sich der Schlamm nieder. Das Wasser wird abgeleitet. Die Dauer dieser allmählichen Kolmatierung wurde mit 18 Jahren angesetzt. Im Laufe der
Jahre bewirkte sie eine gegen das Talende bei Rothenbrunnen hin fort-
schreitende Aufschlämmung und Planierung. Der hohe Kalkgehalt des
Nollaschlamms nahm im Laufe der Jahre ab; mit Natur- und Kunstdün-
ger wurde nachgeholfen. In den aufgefüllten Schlammfeldern begann die
Kultivierung durch Rodung älterer Hoch- und Buschwaldbestände und
durch Anlage von Wirtschaftswegen. Dabei konnten die bisherigen Zu-
leitungsgräben nunmehr als Bewässerungsgräben genutzt werden.

*Abb. 13: Korrektion des Hinterrheins und «Integralmelioration» im Domleschg
heute. Gegen das Talende begleiten die Nationalstraße 13 und die Eisenbahn den
Hinterrhein.*

Ich durchwandere ein von Bergen gesäumtes Polder, eine künstliche Tallandschaft mit gradlinig laufenden Wegen, gradlinig geführten Gewässern (dem Hinterrhein, dem Nollakanal, den Bewässerungsgräben), gradlinigen Dämmen und Baumreihen. (Abb. 13) Diese Baumreihen ziehen sich quer durch das Tal und schützen das Kulturland gegen Winderosion. Das Getreide steht auf kräftigen Halmen; Obstkulturen und Hackfrüchte gedeihen. In einem der Waldstücke liegt linker Hand zwischen Talrand und Nollakanal die Staatsdomäne Realta. Sie hat erheblichen Anteil an der allmählichen Umwandlung der ursprünglichen öden Kiesfläche in ein blühendes und fruchtbares Land.

Der Transitverkehr meidet den Talgrund nicht mehr: Gegen Rothenbrunnen zu begleiten den Hinterrhein am linken Ufer die Rhätische Bahn, am rechten Ufer die N 13; sie laufen schnurgerade auf das Talende zu. In der rechtwinkligen Meliorationslandschaft beginnt die Natur bereits, den strengen Ordnungssinn des Menschen zu mildern. An den Ufern, Wegrändern, Dammhängen wachsen unbekümmert Kräuter, Blumen, Gesträuche, und wo sie nicht beschnitten, gestutzt oder gerodet werden, drängen sie wild und vielfältig vor, wie die Lebensverhältnisse es gestatten. Mitten hindurch fließt der graue, unansehnliche Nolla, das fleißige Gewässer.

Hinter Rothenbrunnen enden die rechten Winkel. Gleich mehrere Bergstürze haben einst dem Hinterrhein den Weg verlegt, und deren Reste beschäftigen ihn noch heute. Die im Domleschg beengenden seitlichen Wuhren lassen ihn frei, er lädt Kiesbänke auf und trägt sie ab, unterspült Prallhänge, die nachrutschen und ihm neues Geröll zuführen. Ein letztes Mal darf er die Freiheit auskosten, während er seinem Bruder, dem Vorderrhein, entgegenfließt.

Am Alpenrhein:
Bischofssitz Chur und Fürstentum Liechtenstein

Der Zusammenfluß von Vorderrhein und Hinterrhein bei Reichenau gleicht einem T, dessen Querbalken die beiden Zuflüsse bilden. Sie kommen sich entgegen, sie treffen einander ohne Kräftemessen, ohne Wogenprall und Schaumkronen; sie einigen sich. Die Kraftwerke und Stauseen haben beider Temperament gezügelt. Es gibt eine geringe Irritation des Wassers, kleine Wirbel, aber dann wenden sich die beiden, jeder um 90°, der eine nach rechts, der andere nach links, und fließen vereint als Alpenrhein nach Osten. (Abb. 14) Ein neuer Lebensabschnitt des jungen Flusses beginnt, gleichsam sein Jünglingsalter. Von diesem Punkt an heißt er «Rhein».

Ich kann die Stelle des Zusammenflusses umwandern: Sie ist eingerahmt von mehreren Brücken. Den Vorderrhein überquert der Bogen der alten Straßenbrücke von Schloß Reichenau nach Bonaduz/Rhäzüns.

Über den Hinterrhein führen zwei Brücken, die Gitterbrücke der Rhätischen Bahn von 1895 und die neue Straßenbrücke der N 13. Über den vereinigten Rhein aber gibt es gleich drei Brückenschläge: 100 Meter unterhalb des Zusammenflusses die Straßenbrücke von 1881 zum Bahnhof Reichenau, nach 600 Metern die Abzweigung der N 13 nach Flims – Disentis, und nach weiteren 500 Metern die Oleodotto del Reno. Die Geburtsstätte des Rheins ist ein Verkehrsknotenpunkt.

Wieder mahnt ein Schild, daß an dieser mir besonders lieben Uferpartie das Begehen der Böschung wegen der Schwankungen des Wasserspiegels mit Lebensgefahr verbunden sei. Diesmal ist es das Kraftwerk Reichenau AG, das jede Haftung für mich ablehnt. Denn der Rhein, kaum als solcher benannt, ist sogleich bis zur Kraftwerks-Zentrale bei Domat/Ems, vier Kilometer stromabwärts, «Stauraum». Hinter dem Bahnhof Reichenau/Tamins drängen sich am Ufer des Alpenrhein die Nationalstraße, darüber die Kantonalstraße mit meinem Wanderweg und noch einmal darüber der Gleiskörper der Rhätischen Bahn. Ich gehe auf Beton, und an mir vorbei rollt der Autoverkehr. Ich betrachte die Landschaft und erinnere mich an meine geologische Lektüre, die für dieses Wegstück eine Besonderheit versprach. Rundliche, 30–70 Meter hohe Hügel erheben sich vor mir aus der Ebene bis hinunter nach Chur. Sie erinnern an Vulkanlandschaften, wie ich sie bei Singen am Hohentwiel oder in Siegburg gesehen hatte. Sie heißen Tomahügel (lat. tumulus oder tumus, romanisch Tumma, Hügel) und sind Schutthügel, Reste des bei Bergstürzen in die Flußebene niedergegangenen und vom Wasser und von eiszeitlichen Gletschern überformten Gesteinsmaterials.[25]

Während ich diese Lesefrüchte rekapituliere, habe ich das freie Gelände der Emser Ebene erreicht. In der schwülen Luft riecht es lästig nach Chemie: die Ems-Chemie Domat/Ems, im zweiten Weltkrieg errichtet, wichtigster und größter Industriebetrieb im Kanton Graubünden für Kunststoffe, Synthesefasern, Feinchemikalien. Ich versuche, das häßliche Industriegelände zu umgehen; im Süden verspricht der Waldrand Schatten. Das erweist sich als Fehler, die Werksmauer und der staubige Weg wollen kein Ende nehmen. Erstmals auf meiner Rheinwanderung bin ich einer Produktionsstätte der chemischen Großindustrie begegnet. Noch viele Rheinkilometer Chemie werden folgen. Die restlichen fünf Kilometer bis Chur fahre ich mit der Rhätischen Bahn.

Seit ältesten Zeiten ist Chur Eingangspforte zu den Alpentälern. Vom Bodensee her stößt die Talfurche des Rheins, sich verengend und von 400 auf 590 m ü. d. M. leicht ansteigend, etwa 75 Kilometer weit ins Alpeninnere bis Chur vor. Am Churer Rheinknie mündet die Plessur. Der kräftige Fluß hat das Schanfigger Tal ausgeräumt und auf dem Talboden des Rheins einen Schwemmkegel aufgeschüttet, der einen Viertelkreis bildet. Auf diesem Schuttfächer pendelt die Plessur zum Rhein hinunter. Das Übersetzen über die Plessur war vor Zeiten schwierig, ein Brückenbau nur

Abb. 14: Zusammenfluß von Vorderrhein (vorn rechts) und Hinterrhein (hinten oben) bei Reichenau. Das Luftbild zeigt einen der letzten «natürlichen» Flußabschnitte des Hinterrheins. Im Hintergrund das meliorierte Domleschg. Nach links fließt der Alpenrhein in Richtung Chur.

möglich, wo die Plessur ein festes Bett hat: an der Stelle, wo sie aus dem Gebirge hinaustritt. Dort liegen die Plessurbrücke und die Stadt Chur. Das Gelände ist seit vier- oder fünftausend Jahren besiedelt; Grabungen stießen auf jungsteinzeitliche Siedlungsreste.

Vom Bahnhof kommend folge ich den vom Verkehrsamt auf das Pflaster gemalten roten Fußspuren durch die Altstadt, an der Rathaushalle und der Martinskirche vorbei zum Hof hinauf, der auf einer Bündner-Schiefer-Platte über dem rechten Ufer der Plessur liegt. Auch dort fanden sich Siedlungsreste bereits aus rhätischer und römischer Zeit. Chur war Sitz des Praeses der Raetia Prima; ein Kastell schützte die Curia Raetorum. Schon 451 sprachen Urkunden von einem Churer Bischof. Seit dem frühesten

Mittelalter lag die Bischofsburg auf dem Hof. Hier, auf dem Platz beim Brunnen, umgeben mich die Kathedrale, die bischöfliche Residenz, die Häuser der Domherren.[26] Fast tausend Jahre war der Bischof auch Stadtherr; sein Territorium erstreckte sich von der Einmündung der Landquart nördlich von Chur bis ins Italienisch sprechende Bergell, also entlang einer bedeutenden Transitroute. Als kluge Fürsten ließen sich die Churer Bischöfe die Pflege der Paßwege angelegen sein, denn von ihnen bezogen sie beträchtliche Einnahmen. Die Churer aber wollten, wie die Kölner, von der Herrschaft des Krummstabes frei sein. 1471 vereinigten sie sich mit dem «Grauen Bund» und dem «Zehngerichtebund» zum Freistaat; 1526 trat die Stadt zur Reformation über. Chur blieb jedoch Bischofssitz.

Ich verlasse Chur durch das frühere Untertor und folge der «Deutschen Straße» nach Norden, zum Bodensee. Das Tal des Alpenrheins ist ein Kastental; sein flacher Boden besteht aus Schotterpaketen von großer Mächtigkeit: Hinterlassenschaften der Rheingletscher. Darüber hinweg haben kräftige Abflüsse vom rechten Talhang und aus tiefen Anrissen gewaltige Schuttfächer abgelagert. Sie reihen sich aneinander, haben den Rhein an die harten Jura- und Kreidekalke des linken Talhanges gedrängt. Ich überschreite diese Schuttkegel, die nach rechts zum Talrand leicht ansteigen. Weingärten ziehen sich hinauf; Getreide und Edelobst gedeihen. Hier oben ist ältestes Bauernland; jahrhundertelang war nur am obersten Talrand Landwirtschaft möglich. Seit aber der Alpenrhein kanalisiert wurde, sind auch im Talboden landwirtschaftliche Produktionsflächen entstanden.

Bei Lanquart, wo am rechten Ufer Straße und Rhätische Bahn im Tal der Landquart nach Davos abzweigen, liegt im Gewässerschutzbereich nahe dem Rhein unübersehbar das Großtanklager des Verbandes ostschweizerischer landwirtschaftlicher Genossenschaften (VOLG), größte Tank- und Umschlagsanlage für flüssige Brenn- und Treibstoffe des Kantons Graubünden. Eine problematische Standortwahl: Die Folgen eines Katastrophenfalls wären für die Trinkwasserversorgung im Bündner Rheintal unabsehbar.

Zu dieser Industrielandschaft bildet das gegenüberliegende Rheinufer einen scharfen Kontrast: Dort ist, zwischen Untervaz und Mastrils, ein drei Kilometer langes Stück alter Flußauen erhalten geblieben.[27] Ich bleibe auf den Blockschüttungen am diesseitigen, gradlinig geführten Damm und sehe hinüber zu den Kiesinseln, Altwassern, Sandbänken, den Resten einer Urlandschaft. Ich will dort nicht stören. Die Weichholzaue drüben ist ein Vogelparadies; noch leben hier Mönchsgrasmücke, Kohlmeise, Amsel, Buchfink, Zilpzalp, Nachtigall und Zaunkönig. Hinter der Einmündung der Landquart aber und der 1529 erbauten Tardisbrücke, früher die einzige Rheinbrücke zwischen Reichenau und dem Bodensee, ist es mit der Freiheit des fließenden Wassers, der Pflanzen und Vögel bereits wieder vorbei: Von dort an bleibt der Rhein ein Kanal, von Dämmen eingeengt.

Hinter Lanquart berührt mein Weg die «Rohan-Schanze», die Herzog Heinrich Rohan, französischer Feldherr im Dreißigjährigen Krieg, zum Schutz gegen die Übergriffe aus dem Habsburgischen erbauen ließ. Ihre Umwallungen sind im Gelände gut zu erkennen. Die Bündner hielten sich damals an Frankreich in der Hoffnung, ihre Unabhängigkeit retten zu können. Sie erfuhren die bittere historische Wahrheit, daß, wer keine eigene Armee hat, eine fremde bekommt.

Während ich an Weingärten vorbei auf Maienfeld, das römische Magia, zu wandere, demonstrieren die Schweizer, daß sie aus solcher «historischen Wahrheit» gelernt hatten: Von der Höhe der Luziensteig hinter Maienfeld höre ich Detonationen und das Geknatter von Infanteriewaffen. Oben, vor der Grenze zum Fürstentum Liechtenstein, ist militärisches Übungsgelände der Schweizer Armee.

Am nächsten Morgen folge ich von Maienfeld am Weingut Schloß Salenegg vorbei weiter der «Deutschen Straße», die einst den Übergang über die Luziensteig der unsicheren Rheinniederung vorzog. Unter Geschützdonner begehe ich «Heidi-Wanderwege» und im Wald unter alten Eichen finde ich einen «Heidi-Brunnen». In Stein gehauen sitzt dort Heidi mit dem Zicklein und erinnert an Johanna Spyris Kindergeschichten. Der Gefechtslärm, vom Echo verstärkt, wird lauter und härter. Auf der Höhe (691 m) durchquere ich, vorsichtig auf der Straße bleibend, unter Gewehrsalven alte Befestigungsanlagen, Wälle, Gräben. Wanderwege sind nicht ausgewiesen; es empfiehlt sich auch nicht, seitlich ins Gebüsch auszuweichen, denn es knallt ringsum. Kürzlich hatte ein Nahkampfkurs der Schweizer Armee aus Raketenrohren auf benachbartem Liechtensteiner Territorium 200 Hektar Schutzwald in Brand geschossen. Das Feuer war schwierig zu löschen gewesen, weil ein Föhnsturm durchs Rheintal blies. Der Schweizer Verteidigungsminister mußte nach Vaduz anreisen und sich bei der fürstlichen Regierung entschuldigen.[28] Das war auch im Oktober 1992 angebracht, nachdem ein eidgenössischer Stoßtrupp versehentlich ein Privathaus auf benachbartem Territorium gestürmt hatte. Um die Mittagszeit gibt es eine Feuerpause. Ich getraue mich von der Straße hinunter in die Wiesen. Das Gelände fällt jetzt wieder ab. Zwanzig Schritt von meinem Weg erblicke ich in der Wiese eine Idylle: Ein Schweizer Soldat liegt auf dem Rücken, hat den Rock aufgeknöpft, den Helm neben sich gelegt, die Hände auf dem Bauch gefaltet. Er schläft fest und bemerkt meine Schritte nicht. Neben ihm steht ein Maschinengewehr; zu seinen Füßen liegen Munitionskästen. Ich unterdrücke die Versuchung, «Alarm!» zu brüllen, erfreue mich dieser Seite des Militärischen und entferne mich leise.

Am linken Ufer des Rheins ragt in der Ferne der schneebedeckte Säntis (2503 m) empor; am rechten Ufer erstreckt sich 25 Kilometer weit das Fürstentum Liechtenstein. Während hinter meinem Rücken das Schießen wieder beginnt, überschreite ich ohne Formalitäten die Grenze und rufe mir in Erinnerung, daß das Fürstentum seine letzten Soldaten bereits 1868 demobilisiert hat, daß Liechtenstein sich seither nicht in kriegerische Auseinandersetzungen hat verwickeln lassen.[29]

Hinter Buchs, dem großen Grenzbahnhof mit internationalen Anschlüssen, wo der Orientexpress das Rheintal quert, erlebe ich die Überraschung, die jeden erwartet, der auf der Kantonalstraße aus dem Lärm und Verkehr der Stadt ausschert und hinter dem Burgsee beim Gasthaus Rößli nur drei Schritte nach links tritt: Unversehens befinde ich mich im Mittelalter, im Burgstädtchen Werdenberg, das, 1289 erstmals erwähnt, nie durch Brand zerstört, 1979 von der «Europa Nostra», Dachverband der nationalen Heimatschutzgesellschaften in Europa, für seine vorbildliche Restaurierung des Ortes mit der Silbermedaille ausgezeichnet worden war. Werdenberg ist kein Museumsdorf, sondern bewohnt, und nicht bedroht von den Besitzern der Häuser, sondern eher von der Menge staunender Touristen.

Wie das St. Galler Rheintal hat auch Werdenberg in seiner Geschichte vielerlei Herrschaft kommen und gehen gesehen. Die Grafen von Montfort wurden vom Werdenberger Grafengeschlecht abgelöst, diese 1404 von den Herzögen von Österreich. Dann herrschten drei Jahrhunderte lang eidgenössische Landvögte. 1803 wurde Werdenberg dem Kanton St. Gallen eingegliedert. Der Traum, eine politisch eigenständige «Republik Rheintal» zu werden, zerrann, spukte aber noch lange in den Köpfen herum – wie auch flußabwärts am deutschen Rhein.

«Der Rhein kommt!»:
Hochwasserkatastrophen

Der Ur-Alpenrhein ist nicht immer geradewegs dem Bodensee entgegen geflossen; die Talformen lassen erkennen, daß er einstmals bereits bei Maienfeld oder Sargans nach Westen abbog und durch die Walenseefurche, die Linth, den Zürichsee ins Bett der Aare mündete. Als sich dann später die Wasserscheide bei Sargans/Mels hob, war ihm dieser Weg versperrt. Er hat dann erst über die Luziensteig, später im westlichen Bogen um den Fläscherberg herum sich eine Abflußbahn in Richtung Bodensee geschaffen. Die Schlucht bei Hirschensprung läßt heute noch ahnen, mit welch wilder Kraft die Wassermassen den Durchbruch erzwangen und ihren Weg freiräumten. Das Alpenquertal wirkte wie eine Entwässerungsrinne; durch sie hindurch schoß das Wasser zu Tal, zum Bodensee hinunter. Es hatte eine verderbenbringende Gewalt.[30]

Seit dem 11. Jahrhundert wurde von «Rheinnot», von «Föhnnot» oder «Rüfinot» im Alpenrheintal berichtet.[31] Hochwasser blieben bis um 1700 noch verhältnismäßig selten, waren gleichwohl schrecklich, hafteten im Gedächtnis von Generationen. Im 18. Jahrhundert aber nahmen die Kata-

strophenhochwasser zu. In den Jahren zwischen 1739 und 1799 trat der
Rhein achtzehnmal über die Ufer mit jeweils verheerenden Folgen. Das
Hochwasser 1762 ist in zahlreichen Berichten überliefert. Ende Juni jenes
Jahres fiel drei Tage und Nächte lang ununterbrochen warmer Regen; dessen Wassermassen verbanden sich mit Schmelzwasserströmen, die der Föhn
aus hohen Schneelagen abtaute. Hunderte von Häusern und Ställen verschwanden in der Flut. Besonders die Bewohner der Täler von Vorder-
und Hinterrhein, der Nebentäler von Landquart und Albula, von Moesa
und Plessur waren betroffen. Wasser und Geröll rissen von Andeer, Davos
und Langwies bis hinunter ins Alpenrheintal alle Stege und Brücken weg.
Als das Wasser sich verlief, blieb im gesamten Überschwemmungsgebiet
auf den verwahrlosten Äckern und Wiesen der Sand zurück, und damit
neue Gefahr, denn mit jedem Hochwasser erhöhten sich auch die Flußbetten. Das verhieß neue und größere Überflutungen. Schon zwei Jahre
später, 1764, kam das nächste Katastrophenhochwasser, und abermals 1769.
Im 19. Jahrhundert schließlich mußten die Menschen von Jahr zu Jahr mit
Überschwemmungen rechnen, die um so tückischer waren, als Ausmaß
und Dauer dieser Heimsuchungen nicht berechnet werden konnten.

Was waren die Ursachen dieser Katastrophen? Der Bodensee stand nach
dem Ende der Würmeiszeit im Alpenrheintal 60 Kilometer weit bis ins
Sarganser Becken hinauf. In die Talniederungen luden der Rhein und ungezählte Zuflüsse, Wildbäche und Abschwemmungen ihre Geschiebe ab.
Der Talboden hob sich. Immerzu änderte die Tallandschaft ihr Gesicht.
Untiefen und Furten, die sich zu Übergängen anboten, konnten schon am
anderen Morgen zu reißenden Stromschnellen geworden sein. Zu «Katastrophen» wuchsen sich diese Überflutungen aus, als die Bergbevölkerung
auf den fruchtbaren Talböden sich anzusiedeln suchte. Sogleich war sie
den besonderen Lebensbedingungen ausgesetzt, die in dieser Biosphäre
herrschten. Der Strom drängte sie zurück an den Talrand. Dort aber war
der Boden, der sich bearbeiten und nutzen ließ, knapp, und obendrein
drohten aus den Bergen Wildbäche und Murgänge. Und niemand konnte
wissen, ob nicht der Rhein plötzlich auch den Talhang unterspülte und
wegriß.

Die Überschwemmungen in den Alpentälern waren nicht zuletzt eine
Folge der jahrhundertelang üblichen Holzeinschläge. Um 1300 berichtete
eine Basler Chronik, daß die Kornernte mehrfach durch Überflutungen
vernichtet worden sei: eine Folge der Rodungen an den Berghängen, von
denen die Wassermassen des geschmolzenen Schnees und des Regens nun
ungehindert herabfließen könnten.[32] Seit der Mensch die Alpentäler be-
siedelte, hat er die reichen Waldbestände ausgebeutet, zuerst für den eigenen Bedarf: als Feuerholz, für den Hausbau, als Viehweide, bald auch zum
Verhütten von Erzen, dann für den Handel mit dem Unterland. Axt und
Säge haben im Laufe der Zeit Waldungen in den Bergtälern Graubündens
zuerst ausgedünnt, dann vertilgt; die Wiederaufforstung hielt nicht Schritt.

Waldboden und Moos wirken wie Schwämme, sie saugen die Nässe auf;
das Wurzelwerk der Bäume hält den Waldboden an den Hängen fest. Fehlt
der schützende Wald, spülen Regenfälle und Schneeschmelze den schutz-
losen Boden ab. An stabilen Berghängen treten Rutschungen und Sackungen auf. In den Taleinschnitten lösen sich Murgänge; Wasser, Schlamm,
Geröll und restliches Gehölz brechen ins Tal hinunter. Im Sommer aber
trocknet die Sonne die Böden und der Wind bläst sie aus.

Dieser Raubbau verschlimmerte die Auswirkungen der Hochwasser:
Jetzt wuchs sich die Überflutung zur «Rheinnot» aus. Im Alpenrheintal
lebten die Menschen fortan in der Angst vor dem Ruf: «Der Rhein
kommt!» Seit dem 11. Jahrhundert versuchten sie, sich zu schützen, so gut
sie es verstanden, bauten abermals und abermals aus Steinen und Holzstämmen bescheidene Dämme, die eine Weile hielten; sie hofften, durch
«Schupf-, Stupf-, Ruck- oder Wurfwuhre» das fließende Wasser vom
eigenen, gefährdeten Gestade zum Unterlieger oder hinüber zum anderen
Ufer zu «schupfen». Das mußte zu Streitigkeiten führen; die Akten und
Urkunden sind voll davon. Zuweilen trafen Nachbarn gütliche Vereinbarungen und besiegelten sie in sogenannten «Wurfbriefen», die außer
dem Schutz des eigenen Ufers auch Besitz und Leben anderer Betroffener
sichern sollten.

Dies aber waren nur vereinzelte, begrenzte Maßnahmen; den Angriffen
des «Talvogts Rhein» hielten sie nicht stand, schon gar nicht vermochten
sie ihn abzudrängen. Wie am Oberrhein und im Domleschg mangelten
auch im Alpenrheintal den Versuchen, sich zu schützen, System und Kon-
sequenz. Der ungeheure Geschiebetransport des Stroms und seiner Zuflüsse hatte im 18. und 19. Jahrhundert den Spiegel des Flusses so hoch ansteigen lassen, daß er über dem Talniveau lag, in Buchs um drei Meter.
Dort floß der Rhein bei Hochwasser auf der Höhe der Hausdächer. Die
Auswirkungen der Überflutungen wurden dadurch verstärkt, daß sich die
Seitenbäche zurückstauten, ebenfalls über die Ufer traten und Dämme
und Wuhren am Rhein auch von der Außenseite bedrohten. Bald ging
auch höher gelegenes Kulturland verloren. Zuletzt drohte durch Rückstau
ein Übertritt des Rheins aus dem Alpenrheintal über die Wasserscheide
von Mels in Richtung Walensee-Zürichsee und damit jene Situation, die
am Ausgang der Würmeiszeit bestanden hatte.

Die Rheinnot war gemeinsame Not des gesamten Alpenrheintals geworden. Die Einsicht wuchs, daß nur gemeinsames Vorgehen den Elementen Einhalt gebieten konnte, wie es beispielhaft im Domleschg, am
Oberrhein und lange schon in den Niederlanden geschah. Aber der Rhein
trennte nicht nur die Menschen im Tal voneinander, er war auch politische Grenze zwischen der Schweiz, Österreich und Liechtenstein. Das erschwerte wirkungsvolle Maßnahmen. 1790 bereits hatten die Herrschaft
Werdenberg und der Nachbar am anderen Ufer, das Fürstentum Liechtenstein, einen Vertrag geschlossen, der das Provisorium der Schupfwuhre

und der wirkungslosen Einzelmaßnahmen beenden sollte zugunsten eines
gemeinsamen Vorgehens. Aber die Diskussionen schleppten sich hin,
während ein Katastrophenhochwasser nach dem anderen das Rheintal
heimsuchte. Nach dem großen Hochwasser von 1830 erließ die österreichische Regierung das «Wasserbau-Memorial». Die nachfolgende em-
sige Wuhrarbeit schützte seither wenigstens das Vorarlberger Land. 1853
schlug der Kleine Rat des Kantons St. Gallen den eidgenössischen Bun-
desbehörden konkrete Maßnahmen vor, die 1854 die Grundlage des Bun-
desbeschlusses über eine durchgreifende Rheinkorrektion bildeten.

Diese Korrektion hatte zum Ziel: 1. die Eindämmung und Kanalisierung des Rheins von der Graubündner Kantonsgrenze bei Lanquart bis
nahe dem Bodensee und den Bau seitlicher Hochwasserdämme; 2. Durchstiche der Flußschlingen im Unterlauf, die eine Verkürzung der Stromstrecke um 10 Kilometer und dadurch einen beschleunigten und verstärkten Abfluß bewirken sollten; 3. den Bau von Binnenkanälen als Vorflutern
zur Aufnahme und Ableitung der seitlichen Zuflüsse im Rheintal; die Verbauung der Wildbäche auf ihrer Gebirgsstrecke wurde gleichzeitig ins
Auge gefaßt, denn die Bergbäche hatten mit ihrer Geschiebeführung
wesentlich zur Aufhöhung der Flußsohle im Rheintal beigetragen; 4. die
Regulierung des Wasserstandes im Bodensee.[33]

1865–1877 entstanden zwischen Tardisbrücke und Monstein die seither
mehrmals erhöhten, aber heute noch vorhandenen Dämme, sowie die
Binnenkanäle als Vorfluter der seitlichen Zuflüsse. Die Bauten waren noch
kaum begonnen, da suchten 1868, 1869, 1871 neue große Hochwasser
mit Dammbrüchen bei Bad Ragaz, Sevelen, Buchs und Montlingen das
Rheintal heim. Unter dem unmittelbaren Eindruck der Ereignisse schlossen Österreich und die Schweiz 1871 ein Präliminarabkommen in der Absicht, den Diepoldsauer und Fussacher Durchstich zu bauen. Aber die Arbeiten wurden hinausgeschoben, die Pläne lange erörtert, die Argumente
gewendet.[34] Abermalige schlimme Hochwasser 1888 und 1890 indessen
ließen keinen Zweifel, daß die bisherigen Arbeiten nicht hinreichten. Der
Rhein schüttete weiter auf, sein Wasser stieg. In den gerade erst kultivierten Wiesen wuchs Schilf, ein sicheres Zeichen, daß die Vernässung wieder zunahm.

Im Staatsvertrag von 1892 wurde zwischen den beiden Uferstaaten festgelegt, daß fortan gemeinsam vorzugehen sei, daß zuerst der untere, der
Fussacher Durchstich zu bauen, dann die Zwischenstrecke zwischen Fussacher und geplantem Diepoldsauer Durchstich anzuschließen sei und
endlich der Diepoldsauer Durchstich, der den Rheinbogen bei Hohenems
abschneidet, zu folgen habe.[35] Zuletzt sollte die obere Flußstrecke angeschlossen und normalisiert, sowie die Binnengewässer-Korrektion abgeschlossen werden. 1900 wurde der Fussacher Durchstich eröffnet. Er hatte
ein 110 Meter breites Mittelgerinne mit parallel zu den Binnendämmen
geführten beidseitigen Hochwasserdämmen. Die Arbeiten am Diepolds-

auer Durchstich verzögerten sich; erst 1923 konnte der Rhein in das neue Bett umgeleitet werden. Der Rheinlauf war um 10 Kilometer verkürzt, kanalisiert, das Gefälle verstärkt und die Schleppkraft des Wassers auf diese Weise erhöht worden. Die Erwartung ging dahin, daß die Hochwasser abliefen, ehe sie gefährlich werden könnten, und daß die Geschiebefracht nicht im Rheintal liegen bliebe, sondern in den Bodensee geschwemmt würde.

Diese Hoffnungen erfüllten sich nicht im erwarteten Umfang. Zwar vertiefte sich die Flußsohle zunächst und die Ausspülung setzte sich auch flußaufwärts bis zur Illmündung fort. Dann aber blieb das Geschiebe im Durchstich liegen, häufte sich an, staute sich stromaufwärts zurück und abermals hob sich die Flußsohle gefährlich. Das Mittelgerinne in der Strecke des Durchstichs war zu breit geraten, die Kraft der Wasserströmung erlahmte darin. Die Rinne mußte eingeengt und dadurch der Abfluß verstärkt werden.

Noch einmal bäumte sich der «Talvogt Rhein» gegen seine Fesselung auf: Im September 1927 verwüstete ein Rheinhochwasser das Unterland des Fürstentums Liechtenstein. Auf der Schweizer Seite blieb unterhalb der Dammkrone ein Freibord von nur 10 Zentimetern. Das genügte, um die Schweizer Ufer zu schützen. Auf der Liechtensteiner Seite aber war der Damm einige Zentimeter niedriger; er wurde überströmt und brach. Der Talboden lag dort unter dem Niveau der Flußsohle. Das Hochwasser überflutete meterhoch das Land, zerstörte die Eisenbahnbrücke der Österreichischen Bundesbahn, spülte den Bahndamm weg und schwemmte die Straßenbrücke Buchs-Schaan ab. Die Fluten konnten erst 15 Kilometer unterhalb der Bruchstelle wieder ins Flußbett zurückgedrängt werden und nur dadurch, daß eine Lücke in den Damm gesprengt wurde. Nach dieser Katastrophe wurden die Rheindämme um ein bis zwei Meter erhöht.

Der Rhein gab keine Ruhe. Die gefährliche Hebung der Talsohle dauerte an. Zwischen 1950 und 1971 wurde die Rheinsohle um 4,4 Meter durch Baggerungen abgesenkt. Gleichzeitig aber – ein bedeutender Nachteil – senkte sich der Grundwasserspiegel im Rheintal und zahlreiche Gießen trockneten aus. Die ausgehobenen Kiesmengen fanden u. a. beim Bau der unmittelbar neben dem Rheindamm liegenden Trasse der N 13 eine zweckmäßige Verwendung. Selbst bei einem Hochwasserstand wie 1927 blieb jetzt genügend Freibord bis zur Dammkrone.

Neue Untersuchungen, Varianten-Studien und Versuche am Modell begleiteten diese Arbeiten. Es entstand das «Umbauprojekt IIIb», das im Staatsvertrag 1954 besiegelt und bis zum Jahre 1975 realisiert worden ist. Es umfaßte folgende Baumaßnahmen: 1. Einengung des 110 Meter breiten Mittelgerinnes an den Durchstichen auf 90 Meter und vor der Mündung auf 70 Meter; dies ließ eine Verstärkung und Erhöhung des Abflusses erwarten. Daher war 2. die gleichzeitige Erhöhung der seitlichen Wuhre erforderlich. Das zog 3. die Hebung der vorhandenen Brücken

Abb. 15: Unterlauf des Alpenrheins zwischen St. Margrethen (CH) und Lustenau (A)
vor der Einmündung in den Bodensee: Beispiel des ausgebauten, kanalisierten
Flusses mit Mittelgerinne, Vorland und Hochwasserdämmen.

nach sich. Als Folge dieser Maßnahmen stabilisierte sich die Flußsohle abwärts der Illmündung bis 1978 auf einem ein bis zwei Meter tieferen Niveau und bot eine willkommene Reserve gegen zu erwartende Auflandungen.

Nach menschlichem Ermessen schien das Alpenrheintal sicherer geworden zu sein. Früher unwegsames, sumpfiges, von Hochwassern bedrohtes und oft überflutetes Gelände hatte sich nach umfassender Melioration in ein blühendes Kulturland verwandelt. Der Mensch vertraute den Schutzbauten und wagte sich in die Ebene vor, bewirtschaftete Äcker und Wiesen; Siedlungen, Straßen und Brücken sind gebaut worden, Industrie siedelte sich an. Neben dem Hochwasserdamm entstand die vom Bodensee durch das Alpen- und Hinterrheintal bis zum Bernardinopass geführte Autobahn und am Fuß des Dammes lag die Oleodotto del Reno. (Abb. 15)

Jüngstes Projekt sind die Rheinkraftwerke Schweiz-Liechtenstein.[36] Auf einer 27 Kilometer langen Rheinstrecke entlang der schweizerisch-liechtensteinischen Grenze und innerhalb der bestehenden Längsdämme sollen fünf Staustufen gebaut werden. Für die Energiegewinnung steht eine Fallhöhe von 53 Metern (10,5 Meter für jede Staustufe) zur Verfügung. Die Kraftwerksplaner argumentieren, daß es an der Zeit sei, vom Erdöl und von der Kernenergie auf regenerierbare, einheimische Energiequellen umzusteigen. Sie weisen darauf hin, daß die Dämme nur an den Staustufen um maximal 1,5 Meter erhöht werden müßten, daß Wasser aus dem Fluß nicht abgeleitet werde, daß eine gezielte Grundwasserregelung möglich sei und gleichzeitig die Erosion der Flußsohle kontrolliert und gesteuert werden könnte. Boots- und Fischtreppen würden gebaut und das ganze Projekt einer Umweltverträglichkeitsprüfung unterworfen werden.[37] Die Schweizerische Vereinigung zum Schutze des Rheins (VSR) hingegen äußerte Bedenken.[38] Sie sah insbesondere Grundwasserprobleme und fragte, ob es möglich sein werde, eine Vernässung der Böden einerseits, eine Verkarstung andererseits zu verhindern. Die VSR listete weitere Einwände auf. Die Naturschützer protestierten gegen die erneute Veränderung der Lebensbedingungen im Alpenrheintal; sie sprachen von einem «Erholungsraum». Davon aber kann angesichts einer ausgeräumten, der Natur längst entfremdeten Landschaft mit dem kanalisierten Rhein, den schnurgeraden Uferdämmen und Fahrradwegen keine Rede sein. Nun der Mensch einmal und dann immer wieder in diese Landschaft eingegriffen hat, kann – schlimm genug – gegen die Planung der Rheinkraftwerke wenig Grundsätzliches vorgebracht werden. Vielleicht aber ist ein «Mehrzweckprojekt» anzustreben, von dem im Alpenrheintal die Rede ist. Es strebt eine der Natur nähere Landschaft an, wobei dem Hochwasserschutz, der Energiegewinnung, den Außendämmen, den Brücken ihr Recht bleiben soll. Ein «Rückbau» also: Die linearen Strukturen der Landschaft sollen aufgelöst werden, der Fluß soll leben dürfen, mit seiner Landschaft wieder in Berührung kommen, seine Dynamik in Maßen entfalten können.[39]

Nach viertägiger Wanderung durch das Alpenrheintal stehe ich am Bodensee auf dem Damm des regulierten Alpenrheins bei Fussach und lese das Bauschild des österreichischen Bundesministeriums für Land- und Forstwirtschaft, Bauleitung Lustenau: «Internationale Rheinregulierung. Vorstreckung der Mündungsbauwerke». Der Strom wird die Ingenieure weiterhin beschäftigen; er wird von Reichenau bis hinunter zum Bodensee eine Baustelle bleiben. Seit die Holzeinschläge in den Alpen ein katastrophales Ausmaß angenommen haben, seit die Menschen den Berggewässern Kulturland abzutrotzen begannen, seit 1892 die «Internationale Rheinregulierung» einsetzte, seit also der Mensch, um das Land zu nützen und sich zu schützen, in das Regelsystem des Flusses eingegriffen hat, muß er um seine Bauten fürchten und auf die Reaktion des Flusses gefaßt sein. Die Wasserbauer weisen darauf hin, daß die Verbauung der Wildbäche im Einzugsgebiet des Rheins nie zu einem Abschluß kommen wird, daß die Rheinsohle laufend stabilisiert, der Grundwasserspiegel gesteuert und daß die Mündungsbauwerke im Bodensee an die Deltaentwicklung angepaßt werden müssen. Gibt es eine Kosten-Nutzen-Analyse? Am Mündungsdelta im Bodensee vergrößert sich die über dem mittleren

Seestand liegende Fläche jährlich um 3,3 Hektar. Der Flußlauf wächst jährlich um 23 Meter in den See hinaus. Über den Schuttkegel im Mündungsgebiet wird ein fünf Kilometer langer Kanal gebaut, damit der Geschiebetransport die großen Seetiefen erreicht.

Ich blicke zurück und ins Alpenrheintal hinauf. Nur an wenigen Stellen ist der Rhein unversehrt geblieben: Die Rheinauen des Hinterrheins zwischen Rothenbrunnen und Rhäzüns fallen mir ein, die Uferstrecken des Vorderrheins in der Ruinaulta zwischen Sagogn und Trin-Station oder das linke Ufer des Alpenrheins zwischen Untervaz und Mastrils. Wenig genug.

Die Flußlandschaft hat ihren ursprünglichen Charakter verloren, der Lebensraum für Pflanzen und Tiere ist zerstört, neuer Lebensraum für die Nutzung durch den Menschen ist gewonnen worden. Für die Wasserbauingenieure bietet der Alpenrhein eine Lebensstellung. Immerhin können sie darauf verweisen, daß gravierende Überschwemmungen im 20. Jahrhundert, außer 1927 und 1954, nicht mehr aufgetreten sind.

Drittes Kapitel

Der Bodensee:
«Wo sich der Rheinstrom westwärts wendet»

Entscheidung für die Nordsee

«Der Bodensee liegt so friedlich und geborgen da wie in der Hand Gottes.» Der freundliche Doktorand der Geologie neben mir auf der Bank am Seeufer in Lindau hört mir höflich zu und nickt: «Der Bodensee liegt eingebettet in die Sedimente des tertiären Molassebeckens. Die Oberflächenformen sind es, die Ihnen diese Landschaft so liebenswürdig erscheinen lassen. Die sanften Linien der Höhenzüge und die weitschwingenden Talmulden sind die Arbeit eiszeitlicher Gletscher. Sie haben die Landschaft modelliert, die Hügel gerundet, Moränenwälle aufgeschüttet und wieder geglättet.»[1]

Diese freundliche Seelandschaft sei allerdings Gegenstand gelehrten Streits gewesen. Eine ältere Forschergeneration habe die Ansicht vertreten, im Alpenrheintal und im Bodenseebecken sei eine Absenkung tektonischen Ursprungs anzunehmen, und der schmale Überlinger See zeichne vermutlich einen Grabeneinbruch ähnlich dem am Oberrhein nach. Seeablagerungen und Moränen hätten das Becken des Bodensees dann wieder bis zur heutigen Seetiefe von etwa 250 Metern aufgefüllt. «Man wird sagen dürfen», resümierte mein Banknachbar, «daß tektonische Verwerfungslinien und Faltungen die Bahn der späteren Erosionsströme vorgezeichnet haben. Die Theorie, der Überlinger See sei allein durch einen Grabeneinbruch entstanden, darf nach dem Ergebnis von Bohrungen als widerlegt gelten.[2] Es ist doch wohl so gewesen, daß die Strukturen von Alpenrheintal und Bodensee tektonisch angelegt wurden. Dann aber ist der Bodensee in der Molasse durch Fluß- und Gletschererosion herausgeformt, glazial übertieft, oder, bildlich gesprochen, ausgehobelt worden. Ihr heutiges Aussehen also erhielten das Seebecken und die Bodenseelandschaft durch den Rheingletscher, durch mehrere Vorstöße während der Eiszeiten und durch Rückzüge in den Zwischeneiszeiten.» Von seiner Entstehung bis heute sei der Rhein der Hauptwasserspender des Sees geblieben. Er durchfließe den Bodensee in ganzer Länge von Ost nach West und er sei auch der einzige Abfluß.

«Wo von den Alpen herab sich ergießend / der herrliche Rheinstrom westwärts wendet / den Lauf, wird er zum stattlichen Meere», fällt mir Walahfrid Strabo ein. Daß er sich westwärts wende, erfahre ich, sei das Ergebnis erdgeschichtlicher Vorgänge, und die Westrichtung sei ihm längst nicht immer selbstverständlich gewesen. Es habe Alternativen gegeben.

Der Rhein habe, wie Herakles am Scheidewege, lange geschwankt, ob er dem Mittelmeer, dem Schwarzen Meer oder der Nordsee seine Zukunft anvertrauen sollte.[3] Im Tertiär, vor etwa 60 Millionen Jahren, als der Gebirgssockel der Alpen sich emporhob und auffaltete, hätten sich im Becken am Alpennordrand gewaltige Schuttmassen aus den Alpen abgelagert. Zweimal hätten Meere von Salzwasser den Trog zwischen Alpen und Schwäbischer Alb mit Sedimenten gefüllt. Die Geologen nennen diese Ablagerungen Untere Meeresmolasse (UMM) und Obere Meeresmolasse (OMM). Zweimal seien den Salzmeeren Süßwassermeere mit ihren Sedimenten gefolgt, als Untere (USM) und als Obere Süßwassermolasse (OSM) bezeichnet. Ihre Folge wechselte: UMM-USM-OMM-OSM. Die Sedimente bildeten stellenweise eine mehrere Kilometer dicke Schicht von weichem Sandstein, eben die Molasse.

Dabei änderten sich auch die Abflußrichtungen der Bäche und Flüsse. Während der USM vor rund 32–23 Millionen Jahren mündeten sie in die vom Meer zurückgelassenen Flachwasserzonen und Schwemmebenen am Alpennordrand, die ihrerseits nach Osten, im Tal der Ur-Donau, ins Schwarze Meer abflossen. Dieses Abflußsystem Aare-Donau, das auch den Alpenrhein durch die Walenseesenke hindurch aufgenommen hat, ist in Resten alter Schotter nachweisbar. In der nachfolgenden Periode der OMM vor 23–15 Millionen Jahren senkte sich das Gelände, und das Meer drang wieder vor. Es entstand im Mittelland ein wenig bewegtes Wattenmeer. Erst in der OSM vor 15–2 Millionen Jahren geriet es nach erneuten Faltungsvorgängen und Hebungen in der Erdkruste in Bewegung. Vermutlich änderte sich jetzt auch die Abflußrichtung mitsamt den Flußläufen aus dem Alpeninnern, und zwar diesmal nach Westen. Die Strömungsrichtung wird der Linie Alpenrhein/Aare–Sundgau/Doubs–Rhône–Mittelmeer gefolgt sein. Allmählich klang nun die Gebirgsbildung ab, aber ein heftiger Faltungsvorgang hob insbesondere das westliche Molassebecken an. Damals bildete sich das 300 Kilometer lange, von SSW nach NNW streichende Faltenbündel des Jura, des jüngsten Ablegers der Alpen. Die Entwässerungsrichtung spaltete sich; sie orientierte sich wiederum nach Osten zur Donau, in Teilen aber auch nach Westen. Erst zu Beginn der nachfolgenden Eiszeiten bewirkten erneute Bewegungen der Erdkruste, daß im südlichen Oberrheingraben die Wasserscheide in der Gegend Istein/Kaiserstuhl gesenkt wurde: erstmals öffnete sich ein Abflußtor nach Norden! Die Wassermassen aus Alpenrhein, Bodensee/Hochrhein, Aare drangen nun mit Macht in das Senkungsgebiet des Oberrheingrabens. Der Rhein, der lange zwischen Ost und West, zwischen Donau und Rhône, Schwarzem Meer und Mittelmeer schwankte, hatte seinen Weg zum Nordmeer gefunden.

Ich blicke nach Bregenz zum österreichischen, nach Rorschach zum schweizerischen, nach Wasserburg zum deutschen Ufer hinüber und erzähle von meiner Rundwanderung um den See, davon, daß der Weg um

Abb. 16: Mündung des korrigierten Alpenrheins in den Bodensee mit der Altrhein-Mündung bei Altenrhein (rechts). Blick vom Bodensee nach Süden ins Alpenrheintal.

den Überlinger See, die ruhigen Waldwege am Bodanrück, auch die Abschnitte am Untersee die schönsten gewesen seien, das Schweizer Ufer aber mich enttäuscht habe, weil es industrialisiert sei. Eindrucksvoll dagegen seien die Mündungsbauwerke am Alpenrhein, auch wenn die Flußlandschaft dort das Bild eines gewaltigen Transportbandes für Alpenschutt biete. Mein Banknachbar nickt: «Der Bodensee ist bis heute ein Absatzbecken für die fluvialen Abtragungen aus dem Gewässersystem des Alpenrheins geblieben. Jährlich führt der Alpenrhein mit seinen 12 Milliarden Kubikmetern Wasser dem Bodensee zugleich 4 Millionen Kubikmeter Geschiebe zu: meist Sand und Schlamm. Die Fahne des grauen, kalkigen Wassers ist an der Mündung in den Bodensee im Luftbild gut zu erkennen. (Abb. 16) Wenn sich das aus den Alpen herangeführte Erosionsmaterial darin erst einmal abgesetzt, das Wasser sich geklärt hat, eignet es sich hervorragend als Trinkwasser. Der See versorgt selbst heute, unter so schwierigen Verhältnissen, über die noch zu reden ist, immer noch vier Millionen Menschen mit Trinkwasser. Eine Weile aber, vor zwanzig Jahren, schien es, als sei der Bodensee zu einer Abfallgrube geworden, nicht durch natürliche Ereignisse, nein, durch die Verunreinigung, die der Mensch ihm angetan hat. Das aber ist eine andere Geschichte.»

«Mord am Bodensee»?

Das Wasser im Obersee des Bodensees hatte durch Jahrtausende die Qualität besten Trinkwassers.[4] Bis 1945 waren weder Reinigung noch Aufbereitung nötig. Die Wasserwerke Romanshorn und Münsterlingen entnahmen dem Bodensee Trinkwasser ungefiltert. Gute Zeiten für die Wasserwerke, aber schlechte für die Fischer. Ihre Netze blieben leer. Das Bodenseewasser war so sauber, daß die Felchen wenig Nahrung fanden. Sie leben hauptsächlich von Daphnien, «Wasserflöhen», die aber nur im Frühjahr, wenn Phytoplankton zur Verfügung stand, eine ausreichende Population aufzubauen vermochten; nur in dieser Zeit fanden die Blaufelchen gute Nahrung. Der Obersee des Bodensees galt «als klassisches Beispiel des oligotrophen, d. h. in den oberen Wasserschichten nährstoff- und produktionsarmen, aber in der Tiefe sauerstoffreichen Seetyps». Der Sauerstoffgehalt der Tiefenschichten lag noch vor dem Ersten Weltkrieg im Obersee bei 75–80 Prozent der Sättigung. Ganz anders dagegen der Untersee, und insbesondere der Gnadensee: Er galt als «eutropher» See, der «an der Oberfläche produktiver und in der Tiefe sauerstoffärmer ist».[5] Dieser Gegensatz hängt mit der Natur der beiden Seetypen zusammen. Der Obersee hat eine Maximaltiefe von 252 Metern, eine mittlere Tiefe von 100 Metern; der Untersee dagegen ist maximal 46 Meter, im Mittel 28 Meter tief. Hier ermöglichen beträchtliche Nährstoffmengen eine stärkere Planktonproduktion. Wenn diese organischen Stoffe sterben, lagern sie sich auf dem eutrophen, also sauerstoffarmen Grund ab. Dort beginnt der See zu altern; er verlandet, wird zum Moor. Flache Seen altern schneller; tiefe Seen leben länger.

Die Fischarmut im allzu sauberen Obersee wuchs sich vor 60 Jahren zu einem Problem aus. 1920 war in Langenargen das «Institut für Seenforschung und Seenbewirtschaftung» gegründet worden. Zu seinen ersten Aufgaben zählte die Suche nach den Ursachen der Sauberkeit, bzw. des Nährstoffmangels im Obersee. Es zeigte sich, daß Phosphatmangel die eigentliche Produktionsbremse war. Damals fand sich nirgendwo, «weder an der Oberfläche noch in der Tiefe des Obersees, freies Phosphat».[6] Geheimrat Demoll, der Gründer des Langenargener Instituts, machte daher den Vorschlag, den See künstlich zu düngen, indem etwa die Abwasser größerer Städte in Spezialschiffen gesammelt und in den See eingeleitet

werden sollten.[7] Bei den Ufergemeinden war es seit eh und je der Brauch,
die Abwasser in den See laufen zu lassen, und der höhere Fischertrag der
Uferzone gab dieser Praxis recht.
Der Vorschlag des Geheimrats ist damals nicht verwirklicht worden. Das
war auch unnötig, denn bald darauf erhielt der See mehr Düngemittel, als
dem Langenargener Institut lieb sein konnte. Erste, schwache Spuren wurden nach 1948 gemessen. 1953 waren es 3 mgP/m³ Wasser, 1967 bereits
23 mgP/m³ Wasser. 1975/76 wurden im Obersee 80–90 mgP/m³ gemessen, im flacheren Untersee gar 1000 mgP/m³. Hier war der Sauerstoff aufgrund der ungünstigeren Verhältnisse aufgezehrt, der See tot, und selbst
eine radikale Sanierung und Unterbrechung der schädlichen Phosphat-
zufuhr hätte keine schnelle Abhilfe mehr bringen können. Im Obersee
vollzog sich dieser Prozeß langsamer. Aber die Folge war auch hier die
Eutrophierung. In Buchten und Uferzonen mit schwacher Strömung,
wo Abwässer eingeleitet wurden, breitete sich ein grüner Teppich aus.
Fadenalgen überwucherten alle anderen Pflanzen und erstickten sie; es
bildeten sich hygienische Gefahrenzonen; erste Badeverbote mußten ausgesprochen werden.
Auch draußen im See verstärkte sich die Plankton- und Algenproduk-
tion. Sie stieg am Obersee auf das 30- bis 100fache. Nach dem Absterben
sanken die Algen auf den Seegrund. Dort bildeten sie fäulnisfähige organische Substanzen. Bei mangelndem Sauerstoff in den Seetiefen – dieser
sank von 75–80 Prozent der Sättigung in der Vorkriegszeit auf nur 18 Prozent – kam es zu anaeroben Abbauprozessen, zu Fäulniserscheinungen.
Der Stoffwechsel auch des Obersees war nun nachhaltig gestört.
Aus dieser Entwicklung erwuchs jedoch zunächst ein Vorteil. Die
Netze der Fischer füllten sich wieder; vom nährstoffarmen und daher
fischarmen Gewässer im Bodensee war keine Rede mehr. Der Geheimrat
hatte recht behalten. Lag in den 20er Jahren die jährliche Fangquote bei
120 000 Kilogramm, so 1957 plötzlich bei 840 000 Kilogramm. Die Blaufelchen hatten jetzt «nicht nur mehr, sondern auch länger zu fressen. Sie
wuchsen daher schneller und brachten höhere Erträge, aber die Felchen-
fischerei geriet trotzdem in eine Krise.»[8] Das schnelle Wachstum der Blaufelchen bewirkte, daß immer mehr wohlgenährte Jungfische ins Netz gingen, die noch nicht gelaicht hatten. Die Jungfische wurden gefangen, ehe
sie sich vermehren konnten. Daher ging die Fangquote ebenso plötzlich
wieder zurück: Sie sank auf knapp 100 000 Kilogramm, weniger als vor
60 Jahren. Das natürliche Gleichgewicht des Lebensraums Bodensee war
gründlich gestört. Eine Änderung der Fischereigesetze und der Rat an die
Fischer, Netze mit größerer Maschenweite zu verwenden (35 Millimeter
statt wie bisher 30 Millimeter), bewirkten immerhin, daß die Fänge langsam wieder zunahmen. Aber nun zog für die Felchen eine neue Gefahr
herauf. Die am Seeboden abgelegten Blaufelcheneier drohten «aus Sauerstoffmangel zu ersticken oder einen größeren Prozentsatz verkrüppelter

Nachkomen zu liefern». In den Berichten war zu lesen, daß «durch das erhöhte Nahrungsangebot in der Tiefe bestimmte Strudelwürmer erheblich zugenommen (hatten), die jetzt die Blaufelcheneier anfraßen».[9] Der See begann zu kollabieren.

Die Ursachen sind ausgemacht. Mittelbar waren es sowohl der Bevölkerungsanstieg im Bodenseeraum, eine Verdoppelung zwischen 1950 und 1980, als auch der Fremdenverkehr mit jährlich 4,7 Millionen Übernachtungen, sodann die Zunahme der Industrieansammlungen, die Intensivierung der Landwirtschaft, nicht zuletzt auch die den Stoffwechsel im See erschwerenden meteorologischen und hydrographischen Bedingungen: Verringerung der Zuflüsse in Trockenjahren, bei Perioden der Windstille die verlangsamte Durchmischung des Wassers. Unmittelbarer Verursacher aber war eindeutig die Überdüngung des Bodensees mit Phosphaten. Diese stammten im Obersee zu 59 Prozent aus Waschmitteln, zu 20 Prozent aus Fäkalien, zu 12 Prozent aus Niederschlägen, zu 9 Prozent aus der Landwirtschaft und der natürlichen Grundfracht, den Gesteinsausschwemmungen.[10]

Nur langsam erwachte in der Öffentlichkeit das Bewußtsein der heraufziehenden Katastrophe. Unterdessen ging der Abbau nicht mehr nur der Natur, sondern jetzt auch ihrer Selbstheilungskräfte weiter. Mit den Freizeitmenschen kamen die Motorboote, verbreiteten Lärm und Gestank, belasteten das Wasser durch Öl und Treibstoff, trugen Unruhe in die wenigen verbliebenen Schilfgebiete am Ufer und vertrieben die dort nistenden Wasservögel. Die Vögel aber, oft Endglieder von Nahrungsketten und daher Indikatoren des Zustands der Natur, erlitten ein schlimmes Schicksal. Sieben Wasservogelarten gingen vollständig zugrunde, sie sind am Bodensee nicht mehr zu finden; 21 Arten haben stark abgenommen. Den Fischadler gab es am Bodensee schon lange nicht mehr. Nach dem letzten Krieg hatten Jäger auch das Schicksal des Birkhuhns besiegelt.

Warnende Stimmen erhoben sich. Der Bodensee geriet in die Schlagzeilen. Von sterbender Landschaft war zu lesen, vom «Mord am Bodensee», von totem Wasser. Das Bild der «Seekuh» ging durch die Presse, eines Spezialboots, das quadratkilometergroße Teppiche von Blaualgen von der Seeoberfläche aberntete, die wie eine dicke Spinatsuppe auf dem Wasser schwammen. (Abb. 17) Badende stiegen, mit grünen Fadenalgen behangen, aus dem Wasser, glitten auf glitschigen Steinen am Ufer aus. Die Übernachtungszahlen sanken. Das endlich mobilisierte die Öffentlichkeit. Die Politiker fanden sich aufgerufen. Die Forscher, die schon lange, aber, wie meist, mit schwacher Stimme, auf die drohenden Gefahren hingewiesen hatten, erhielten Unterstützung. Sie konnten auf den Zürichsee verweisen, der in seiner Eutrophierung dem Bodensee um 50 Jahre voraus war und von dem Sanierungserfahrungen vorlagen.

1953 begann der Ausbau der Abwasseranlagen. 1959 wurde in Wien die «Internationale Gewässerschutzkommission für den Bodensee» ins Leben

Abb. 17: Die «Seekuh» bei der Arbeit im Bodensee.
Das Spezialgerät erntet die Algen von der Seeoberfläche.

gerufen.[11] Diese brachte 1960 ein «Übereinkommen zum Schutz des Bodensees gegen Verunreinigung» zustande. 1967 erschienen die «Richt-
linien für die Reinhaltung des Bodensees». Nachdem die Phosphatfracht
erst einmal als Hauptursache der Gewässerverschmutzung erkannt war,
wurde für die Klärwerke zu der mechanischen und biologischen die
dritte, die chemische Reinigungsstufe, obligatorisch. Systematische
Untersuchungen der limnologischen Institute befaßten sich mit den
natürlichen Bodenseezuflüssen und den Abwassereinleitungen, mit der
Temperatur, dem Sauerstoffhaushalt, dem Phosphatgehalt, der Plankton-
dichte, den Veränderungen in der Lebenswelt der verschiedenen Tiefenschichten. Daraus ergaben sich die Maßnahmen zur Reinhaltung des
Bodensees: Bau von modernen Kanalisationsnetzen und Ufersammlern;
Bau großer, zentraler Abwasserreinigungsanlagen innerhalb einer Region
in entsprechender Dimensionierung; Anschluß auch industrieller und ge-
werblicher Abwässer; Bau von Rückhaltebecken zur Sammlung des verschmutzten Regenwassers und dessen Einleitung in die Abwasserreini-
gungsanlage; vollbiologische und zusätzliche chemische Reinigung der
Abwässer und Elimination der Phosphatanteile.
     Diese Maßnahmen sind inzwischen in fast allen Bodenseeuferstaaten
weit fortgeschritten. Mit beträchtlichem finanziellem Aufwand sind
moderne Ufersammler und Abwasserreinigungsanlagen gebaut worden.
Hinzu kommen die Maßnahmen der Raumordnung und der Landes-

planung. Ein Raumordnungskataster ist angelegt worden, in dem Vor-
rangzonen aus der Sicht der Landschaftsökologie ausgewiesen sind, wie
Wasserschongebiete, Natur- und Landschaftsschutzgebiete mit Feuchtgebieten, Vogelschutzgebieten, Fischlaichzonen. In der Presse erschienen
Erfolgsberichte.

Der weiteren Zerstörung der Natur wurde Einhalt geboten. Die Investitionen in Abwasseranlagen betrugen bis 1985 rund 4 Milliarden Schweizer Franken. Das Wasser wurde klar; man mag darin baden. Seit 1974/75
stiegen die Übernachtungszahlen wieder, was sofort vielfältige Probleme
aufwarf. Auch die Vögel kehrten allmählich zurück. Haubentaucher sind
häufig geworden; der Graureiher war zu beobachten. Am Wollmatinger
Ried, auf der Halbinsel Mettnau, im Ehinger Ried, auf dem Bodanrück
zeigten sich Erfolge, noch nicht im Rheindelta, am «Rheinspitz»[12]. Am
Mindelsee brütete sogar wieder die seltene Kolbenente, eine ornithologi-
sche Seltenheit.

Die Eutrophierung des Bodensees wurde angehalten; der Sauerstoffgehalt stieg sogar. Dennoch blieb der limnologische Zustand des Sees
labil. Weitere Schutzmaßnahmen waren notwendig, die insbesondere auf
die Einschränkung der Phosphatbelastung an der Stelle zielten, wo sie entstand. Sie entstand bei den Herstellern und den Verbrauchern von Waschmitteln. Diesen Verursachern war nicht allein durch defensive, durch
abwassertechnische Maßnahmen beizukommen. Inzwischen sind die
industriellen Produktionsabläufe auf weniger umweltschädliche Verfahren
umgestellt und insbesondere die Phosphatanteile in Waschmitteln verringert worden. Der Bodensee scheint die Geister, die der ahnungslose
Geheimrat rief, wieder los zu werden.

Ein vorgeschichtlicher «Ballungsraum»

Das Bodenseegebiet ist alter Siedlungsraum. Sein Klima ist günstig: Im
Herbst und Winter gibt der See die gespeicherte Wärme des letzten Sommers ab; im Frühjahr mildert er frühe Hitze. Er gleicht aus, und obwohl
die Sand- und Geröllböden der Molasse und Moränen karg sind, fördert
sein Klima das Wachstum in Obstkulturen und Weingärten.

Land und See ernähren ihre Bewohner vielfältig und abwechslungsreich. Bereits vor 6000 Jahren lebten die Menschen dieser Region nicht
nur vom Fischfang und der Jagd, von Beeren, Nüssen, Früchten, sondern
von fast vergessenen Getreidearten: von Emmer, Einkorn, Lein, Dinkel.
Woher weiß man das? Funde im Seegrund bei den alten Pfahlbausiedlungen brachten diese Kenntnis zutage. Die Reste von nahezu 100 Pfahlbausiedlungen rund um den See sind in den letzten Jahren entdeckt und kartiert worden. Bereits vor etwa 5000 Jahren war das Bodenseeufer
besiedelt.[13]

Abb. 18: *Junge Schilfpflanzen müssen vor dem Wellenschlag, den der Wind und vor allem Motorboote verursachen, geschützt werden. Flechtzäune aus Naturfasern schützen ihr Wachstum.*

Das erste prähistorische Pfahldorf wurde 1854 am Zürichsee entdeckt; 1856 ein anderes am Bodensee, in der Bucht von Wangen. Diese Entdeckungen galten als Sensation. Ein phantasievolles, frohgemutes Rekonstruieren hob an; die reizvolle Lebensweise in Pfahlbauten auf dem Wasser ermunterte die Vorstellungskraft; kein Heimatkundebuch ließ die Pfahlbauern vom Bodensee aus. Ihre Lebensweise stellte man sich wie diejenige in den Pfahlbaudörfern der Südsee vor. Das Pfahlbaudorf Unteruhldingen ist bis heute eine Touristenattraktion. Nur fanden sich an dieser Stelle keine Pfahlbaureste; das Dorf ist eine Neuanlage, die obendrein auf dem Forschungsstand der dreißiger Jahre beruht. Nach dem Ersten Weltkrieg stellte sich bei Grabungen am Federsee in Oberschwaben heraus, daß die Pfahlbauern wohl doch nicht das offene Wasser, sondern eher den Ufersaum bevorzugten, die Pfähle nur zur Sicherung ihrer Bauten nutzten. Das störte die alte Pfahlbauromantik empfindlich.[14] Aber es gab Verteidiger der «Pfahlbauten», die den Befürwortern der «Seeuferrandsiedlungen» nicht kampflos ihre Rekonstruktionen opfern mochten. Ihnen half der Fortschritt der Wissenschaft.[15] Neue Funde und Grabungen ergaben, daß die Anpassungsfähigkeit und das handwerkliche Geschick der Pfahlbauern doch wohl unterschätzt worden waren. Jüngste Einsicht: Pfahlbauten standen sowohl auf moorigen Böden und an Seeufern mit wechselnden Wasserständen, als auch über dem Wasserspiegel der Seen. Die Pfahlbauern richteten sich auf die gegebenen Verhältnisse ein: Wo die Vorzüge einer Lebensweise an (oder auf) fischreichen Gewässern mit denen der Ackerbauern sich verbinden ließen und den Speisezettel bereicherten, siedelten sie, am oder auf dem Wasser. Das ist gesicherte Erkenntnis.

Inzwischen haben Bodendenkmalpflege und Unterwasserarchäologie andere Sorgen: Hafenbauten für den Wassersport, Baggerungen, das Schilfsterben und die Erosion der Uferränder, die den schützenden Schlamm von den Pfahlbauresten abzieht und diese bloßlegt, haben die Forscher alarmiert. 1980 ist eine von der Deutschen Forschungsgemeinschaft und dem Landesdenkmalamt Baden-Württemberg finanzierte Bestandsaufnahme der Fundstätten in Gang gekommen, das «Projekt Bodensee–Oberschwaben». Sein Ergebnis: am deutschen Ufer des Bodensees sind immerhin etwa ein Drittel der Kulturschichten einigermaßen erhalten, während sie gegenüber am Schweizer Ufer fast alle zerstört sind. Aber auch auf deutscher Seite versprechen nur drei Felder nahezu vollständige, der Ausgrabung würdige Pfahlbaudörfer mit mehreren Bauperioden. Ein neues Projekt ist daher begonnen worden: die «Zukunftssicherung» wenigstens eines dieser Dörfer, dem in der Bucht von Wangen. Landesdenkmalpflege und Wasserwirtschaftsbehörden versuchen, das von der Erosion bedrohte Gebiet wieder mit schützenden Sedimenten zu bedecken, einen Schilfgürtel anzulegen und gegen den Wellenschlag von der Seeseite einen Kiesdamm zu ziehen. Was die Reste der Pfahlbauten am Bodensee schützt, dient auch dem Uferschutz.[16] (Abb. 18)

Ein moderner «Erholungsraum»

Wer vom Meersburger Schloß über den See zum Schweizer Ufer blickt, wird verstehen, warum das Nordufer des Bodensees, von Bregenz und Lindau bis zum Überlinger See, bei Besuchern in höherer Gunst steht als die Schweizer Seite: Es bietet zusätzlich zu seinem eigenen landschaftlichen Reiz das Alpenpanorama mit dem Säntis, bei klarer Föhnluft ein unvergleichlicher Anblick. Hier am Nordufer liegt wie eine Perlenschnur die Reihe berühmter Ausflugsziele und gesuchter Ferienorte: Lindau, Nonnenhorn, Wasserburg, Langenargen, Immenstaad, Meersburg, Überlingen, Sipplingen, Bodman. Moränenwälle und Molasse-Steilwände formten das Gesicht der abwechslungsreichen Uferstrecke. Vorgelagerte Inseln (Lindau, Mainau, Reichenau) und Halbinseln (Bodanrück, Mettnau), ausgedehnte Wälder, insbesondere um den Überlinger See, Reste schilfbestandener Flachwasserzonen und Riede, ein Wein frischen, fruchtigen Charakters aus den Lagen im Hagnau, um Meersburg, um Überlingen, dazu archäologisch Anziehendes wie die Pfahlbausiedlungen sind ebenso Ziele für den Massentourismus wie die Blumeninsel Mainau, deren Saison im Frühjahr mit der Tulpenblüte beginnt und im Herbst mit der Dahlienschau ausklingt.[17]

Das Schweizer Ufer ist eintöniger, es wird von einem flachwelligen Bergzug, dem «Seerücken» begleitet, einem wenig gegliederten Aufschüttungsgelände, heute eines der waldärmsten Gebiete der Schweiz, aber in intensiver Nutzung: Obstbaumkulturen, Industriegelände, Gewerbebetriebe erstrecken sich kilometerweit. Romanshorn, größter Hafen der Schweizer Seite, der von einem in den See vorspringenden Molassesporn gebildet wird, ist Ausgangspunkt der ins schweizerische Mittelland zielenden Fernstraße. Arbon, die alte römische Straßenstation Arbor felix, ist heute ein bedeutender Industrieort. Das alles bewegte nicht zu längerem Aufenthalt.

Das Nordufer war stets bevorzugter. Seit dem beginnenden 19. Jahrhundert erfuhr es die Zuneigung der Reisenden. Und seit regierende Fürstenhäuser am Seeufer ihre Sommerresidenzen einrichteten – die Großherzöge von Baden auf der Mainau, die von Württemberg in Friedrichshafen –, seit der Adel und das Großbürgertum am Bodensee ihre Villen bauten, setzte der Zustrom der Fremden ein. 1824 kreuzte das erste Dampfschiff auf dem See; 1847 stieß von Ulm her die Eisenbahn zum Bodensee vor. Am See entstanden Sanatorien für den Kur- und Badeaufenthalt, Hotelpaläste schossen empor – in Konstanz zwischen 1872 und 1875 gleich drei. Mit der wachsenden Zahl der Fremden änderte sich das Gesicht der Uferstädte und -gemeinden: Früh schon betrieben Verkehrsvereine den Bau von Uferpromenaden, Badeanstalten, Kursälen; mit dem Schwimmen im See wurde das Segeln, die Fahrt mit dem Motorboot modisch. Die Erholungsorte konkurrierten miteinander. Sie veranstalteten Mondscheinfahrten, Feuerwerke, Konzerte, Festspiele. Die Zersiedlung der Landschaft begann, die Bebauung des Seeufers. Heute sind die Orte in Ufernähe mit Hotels, Pensionen, Campingplätzen, Bootshäfen ganz auf den Tourismus eingestellt. Seit 1950 wuchs die Bevölkerung durch Zuzüge um das Doppelte. Der Bodensee erlitt das Schicksal aller Erholungslandschaften, die zugleich Ballungsräume wurden: Zur Erholung gehört eine ruhige Umgebung, die aber ist in dicht besiedelten Gebieten kaum zu finden. Eine Million Gäste buchen jährlich rund 4,7 Millionen Übernachtungen. In diesen Zahlen ist der Naherholungsverkehr nicht enthalten. Der Zustrom der Fremden mußte kanalisiert werden. Weil er in der Hauptsache auf den Individualverkehr entfiel, wurden Fernstraßen, Umgehungen, Brücken gebaut. Nicht immer mit Augenmaß und umweltverträglich.[18] Zwei Beispiele neueren Verkehrswegebaus, ein älteres und ein jüngeres, zugleich ein positives und ein negatives, mögen dies erläutern.

Um die Jahrhundertwende erhielt Überlingen seinen Eisenbahnanschluß.[19] Seither bieten sich vom Abteilfenster reizvolle Ausblicke auf den

See; die eingleisige Strecke nach Überlingen führt dicht am Ufer entlang. Es lag nahe, diese Trassenführung am Seeufer auch im Stadtgebiet von Überlingen beizubehalten und den Bahnhof zur Bequemlichkeit der Reisenden nahe der Stadtmitte und der Schiffslände anzulegen. Platz für die Gleisanlagen hätte sich gefunden. Einziger, aber entscheidender Nachteil: Die Gleisführung hätte den Ort mit seinem mittelalterlichen Kern vom Seeufer getrennt, zu dem hin das Leben der Stadt durch Jahrhunderte sich orientiert hatte. Man entschied sich für die schonende und weitschauende Lösung, nicht für die naheliegende und vielleicht auch billigere. Überlingen erhielt statt nur eines Bahnhofs, der vollkommen gereicht hätte, deren zwei: Überlingen-West und Überlingen-Ost, jeweils an den Ortsenden gelegen. Zwischen beiden Bahnhöfen biegt das Gleis vom See ab und verschwindet in zwei Tunnel, es umrundet die Stadt in weitem Bogen. Aus heutiger Sicht ist diese Lösung das Optimum dessen, was für die Stadt und ihre Landschaft erreichbar war, obwohl Überlingen dabei ein Mißgeschick widerfuhr. Gerade erst war ein Brunnen mit heilkräftigem Wasser erbohrt und gefaßt worden. Der versprach den Titel «Bad» vor dem Ortsnamen. Schon reiften Träume von Sanatorien, Parkanlagen und allgemeinem wirtschaftlichem Aufstieg. Da versiegte plötzlich, als die Arbeiten am Tunnel begonnen hatten, der Brunnen; die Quelle der Gesundheit und der erhofften sprudelnden Gewinne war auf rätselhafte und höchst ungerechte Weise verstopft, und bis heute haben die Quellen nicht wieder zu fließen begonnen. Aber die Stadt ist mit dieser Enttäuschung fertiggeworden; sie hat sich eine andere Quelle erschlossen: sie ist Kneippheilbad geworden.

Das gute Beispiel der Eisenbahn aber wirkte fort. Als in unseren Jahrzehnten Überlingen vom wachsenden Autoverkehr sich befreien wollte, der am Ufer entlang heranrollte und dann mitten durch die Stadt donnerte, wurde auch für die neue Bundesstraße eine Ortsumgehung gefunden, die zwar nicht in einen Tunnel verlegt wurde, aber teure Steigungen mit Kriechspuren und Brückenbauwerken erforderte. All dies, wie sich zeigt, zum Nutzen der Stadt: Vom Bahnhof West zum Bahnhof Ost können Fußgänger auf der Uferpromenade und vor der Stadt geruhsam promenieren, ihren Kaffee trinken und dem Sonnenuntergang zusehen. Die Fremdenverkehrsstatistik beweist es: Gäste bleiben hier länger und lieber als anderswo am See. Neuerdings trifft Überlingen Anstalten, den (zer)störenden Autoverkehr aus der alten Innenstadt gänzlich zu verbannen.

Ganz anders Konstanz. Die ehrgeizige (Haupt-)Stadt am Bodensee mit nahezu 78000 Einwohnern, ehrwürdige Tagungsstätte des Konzils 1414–1418 mit 50000 Teilnehmern bei damals nur 5000 Einwohnern, auch heute wieder bevorzugter Kongreßort mit junger Universität, Haupthafen der Bodenseeflotte der Deutschen Bundesbahn, Hafen der Fährverbindung mit Meersburg, wichtiger Grenzort – Konstanz war daran

Abb. 19: Die Schänzlebrücke in Konstanz, Denkmal einer Fehlplanung, aber auch
Beispiel eines Bewußtseinswandels.

gelegen, den grenzüberschreitenden Verkehr zwischen Nord und Süd an
sich zu ziehen, Verbindungsglied zwischen süddeutschem und schweize-
rischem Autobahnnetz zu sein. Zu einer Zeit, als Landschaftsplaner und
Straßenbauer ungehemmt Trassen und Schneisen durch Wälder und alte
Städte schlugen, ließ sich Konstanz eine Brücke über den Seerhein als Teilstück der erwarteten Autobahn Stuttgart–Singen–Konstanz–Schweiz
verordnen, die Schänzlebrücke.[20] (Abb. 19) Sechsspurig mußte sie sein.
Während der Bauzeit kamen Bedenken. Die geplante Straße würde dicht
an Wohnvierteln vorbeiführen, sie würde ausgerechnet einen Konstanzer
Stadtteil mit dem verheißungsvollen Namen «Paradies» durchschneiden.
Gerichte stoppten die vorgesehene Nutzung. Notdürftig wurde eine der
Brücken für den örtlichen Verkehr hergerichtet, die andere steht seit 1978
als Torso in der Landschaft. Die Diskussionen zogen sich hin; Gutachten

wurden angefertigt; eine Volksabstimmung sollte Klarheit schaffen. Zwar soll die Autobahn einmal gebaut werden, aber es geht um die Alternativen «Südeinführung» oder «Nordeinführung» der «B 33 neu», und es geht darum, wie das Naturschutzgebiet des Wollmatinger Rieds vor den Toren von Konstanz am besten geschützt werden kann. Das eigentlich Aufregende an diesen jahrelangen Auseinandersetzungen quer durch Parteien und Interessenlagen aber ist, daß zuletzt nicht mehr das Fassungsvermögen der Straße und der optimale Verkehrsfluß als maßgebende Gesichtspunkte die Diskussionen bestimmten, sondern vielmehr Fragen der Umweltverträglichkeit. Sogar die Kostenfrage trat zurück. Es sollte eine Lösung gefunden werden, die Menschen, Tiere und Landschaft schonte. Dieser Ausgang der Posse vermag mit den Torheiten der Verkehrsplaner zu versöhnen.

«An Heinrich Seuse vorbeigelaufen ...»

Zehn Jahre sei er an Heinrich Seuse vorbeigelaufen, ohne ihn zu erkennen, erzählt Martin Walser, der in Nußdorf nahe Überlingen wohnt. Vier Parkplätze auf der Hofstatt in Überlingen habe der Mystiker weggenommen, mit seinem achteckigen Brunnen und der Statue darauf. Erst seit die Autos verbannt worden seien und die Hofstatt Fußgängerzone wurde, fiele die Brunnenfigur auf der Platzfläche ins Auge: Das aufgeschlagene Buch und die Schreibfeder seien die Attribute des Dichters, des größten dieser Landschaft. Der Rosenkranz um den Kopf meine den frommen Mystiker, dem der Dornenkranz der irdischen Leiden zum himmlischen Rosenkranz geworden sei. Für Martin Walser ist Seuse «ein Inbegriff dieser Gegend». Das Schlimmste sei ihm zum Schönsten geworden. Er habe seine Leiden so dargestellt, «als sei alles, Schlag nach Schlag, sein, des mönchischen Schriftstellers Seuse wunderbarer Lebens- und Läuterungsplan, der da erfüllt werde. Jede eintreffende Gemeinheit, jede scheußliche Beleidigung, jede öffentliche Demütigung – er erfand allem einen schönen Sinn». Darin sei er ein «Inbegriff und Ausbund des Hiesigen ... Man kultiviert das Leiden. Man schmückt es. Seuse ist der Meister der Vergehenssüße, der Leidensgloriole, des Schmerzensschmucks». Und: er habe «Gott deutsch beigebracht»; Seuse habe den ersten Seelen-Entwicklungsroman der deutschen Prosaliteratur geschrieben.

Der Mystiker auf der Hofstatt in Überlingen sei ein Anachronismus. Wenige nur kennen ihn, kaum jemand beachte ihn. Denn die Entwicklung sei einen anderen Weg gegangen als Seuse ihn ging, nämlich «den der Verfestigung, der Verbarrikadierung, der Persönlichkeitsaufrüstung, der Ichauszeichnung ... Statt sich zu entgrenzen, definiert man sich ununterbrochen ... Wir kauern in den Ruinen unserer Individualitätsideologie ...» Darum war Seuse ihm der Beachtung wert. «Manche halten seit einigen Jahrzehnten den Weg nach Indien für kürzer als den nach Kon-

stanz. Bitte schön. Wann auch immer sie hierher zurückkommen: sein
(Seuses) Lager steht in grünem Schmuck.» Der dominikanische Mystiker
habe vorgelebt, «auf leidende Weise Herr seiner Geschichte zu werden;
aber nicht, um als bürgerlich-sieghaftes Individuum die Geschichte bei
sich selbst aufhören zu lassen und Andersdenkende unter scheinheiligen
Vorwänden zu verfolgen, sondern um das eigene Ich einem Prozeß an-
heim zu geben, der menschliche Geschichte heißt».[21] So Martin Walser.
    Die deutschen Dominikaner des 14. Jahrhunderts und die dominikani-
schen Frauenklöster knüpften den Rhein entlang ein Netz von Botschaf-
ten und Briefen, in denen sie sich in gegenseitiger Ermutigung Seelen-
frieden zusprachen und einander Licht und himmlische Erleuchtung
spendeten. Bis hinunter in die Niederlande, bis zu Gerhard Groot und zur
Devotio moderna, entzündeten sie in den Seelen eine asketisch-mystische
Bewegung. Seuses Mystik ist nicht nur «Inbegriff dieser Gegend» um den
Bodensee, sie ist, zu Seuses Zeit, Inbegriff einer rheinischen Form der
Geistigkeit und tiefen Frömmigkeit, anzutreffen in vielen Klöstern und
dritten Orden im Rheinland.
    Am Rhein war Heinrich Seuse zu Hause: in Überlingen, woher Seu-
ses Mutter stammen könnte, in Konstanz, vielleicht Seuses Geburtsort, gewiß seine Heimat, seine geistige zumal; er lebte im Dominikanerkloster
am Seeufer, das heute im Inselhotel Konstanz verbaut ist. Bei den frommen Dominikanerinnen im Kloster Katharinenthal, nahe Schaffhausen am
Hochrhein, war er oft zu Gast, und in Köln hat Seuse studiert und ge-
predigt.[22]

Die Wallfahrtskirche Birnau

Die Autos und Busse der Touristen steuern die Birnau von der Rückseite
an, von der neuen Bundesstraße, die höher liegt als die Kirche; sie fahren
zur Birnau hinunter und parken auf dem Platz neben der Kirche. So ver-
säumen sie die festliche Ouvertüre dieser barocken Landschaftsinszenie-
rung der Birnau.
    Die Birnau ist eine Wallfahrtskirche.[23] Salemer Zisterzienser ließen sie
1746–1750 von Peter Thumb erbauen und von Josef Anton Feuchtmayer
und Gottfried Bernhard Göz ausstatten. Der ursprüngliche Entwurf sah an
der Seeseite 26 Fensterachsen vor. Das erschien Abt Anselm II. denn doch
zu prächtig und dem zisterziensischen Ideal der Armut nicht gemäß. Er
verordnete bescheidenere 11 Fensterachsen. Der angemessene Weg, sich
der Kirche zu nähern, ist der vom See her: mit dem Schiff, oder auf dem
Uferweg. Die Pilger kamen einst über den See oder von den benachbarten Ufergemeinden. Vom Ufer her stiegen sie unter Gebet und Gesang zur
Kirche hinauf. Eine feierliche doppelläufige Treppenanlage war geplant,
ist aber ebenfalls nicht ausgeführt worden.

Abb. 20: Die Birnau über der Uferlandschaft des Bodensees.

Vom See her entfaltet der Auftritt der Birnau am Bodenseeufer zwischen Überlingen und Meersburg seine Festlichkeit, das froh Erhebende. (Abb. 20) Die Kirche wendet sich mit dem Turm und den beiden seitlichen Probstei-gebäuden dem See zu, und der See liegt zu ihren Füßen; ihm zuliebe gibt sie gar die strenge, in christlichen Gotteshäusern übliche Orientierung nach Osten auf. Der Hügel am Ufer hebt sie empor; die Weingärten der Ufer-hänge wachsen zu ihr hin; die Reihen der Rebstöcke laufen zur Kirche hin. Über die Dächer der Probsteigebäude ragen die drei Geschosse des Turmes hoch hinauf; er wird in der Höhe lichter, wechselt vom Viereck in das Achteck und wird gekrönt von der dreifach gestuften Haube und der Laterne. Aus der Nische in der Mitte der Fassade grüßt die Statue der Maria Immaculata; der Turm erhebt sich wie ein Baldachin über ihr.

Die Illusion des Innenraums ist vollkommen; die Architektur scheint entmaterialisiert, vom Lastenden, Begrenzenden befreit. Alle Architektur-

teile, die Malerei, die schmückenden Skulpturen und Ornamente, sie alle
ordnen sich, wie die Instrumente eines Orchesters, dem festlichen, viel-
stimmigen, sich steigernden Klang des Kirchenraums ein. Zum Altar hin
wird die Malerei reicher; die Decken scheinen sich in den Himmel zu öffnen: ihre Malerei führt die Linien der Architektur fort, läßt sie wachsen
und sich durch die Wolken hindurch ins Unendliche entgrenzen. Der
Himmel ist offen. Dort verehren Engel die Gottesmutter, und dorthin erhoben sind auch die Mönche Salems mit ihren Äbten, Stephan II. und Anselm II., Bauherren der Birnau. Selbst der Maler ist dieser Erhöhung gewürdigt worden: in einer Gruppe von Pilgern, von Siechen und Armen,
die zur Gottesmutter ihre Zuflucht nehmen, hat er sich mit Krücke und
Pinseln selbst dargestellt.

Noch einen beglückenden Augenblick hält die Birnau für den Besucher
bereit, vielleicht an einem Sommerabend, nach einem Konzert der «Bir-
nauer Kantorei», – wenn er dann vor die Kirche hinaustritt, an der Brü-
stung des Vorplatzes steht und auf die Fläche des Sees blickt, auf den dunklen Bodanrück drüben, die heitere Mainau, und, weit im Süden über dem
See, auf die Schneegipfel der Alpen. Nirgendwo am ganzen Ufer rings um
den See klingen die Landschaft und das Werk der Menschen zu solchem
Wohllaut zusammen.

Ein Zweiglager von Dachau

Nahe der Birnau, dicht am vorbeibrausenden Verkehr der Bundesstraße
31, stehen, zwischen Rebzeilen eingefriedet, Grabkreuze in Reihen. Sie
tragen keine Namen, nur Zahlen. Die Zahlen 1 bis 97. Ein Gedenkstein
am Eingang gibt die Erklärung: «97 Namenlose des Lagers Aufkirch,
Zweiglager von Dachau, haben hier + + eine menschenwürdige Ruhestätte gefunden. Sie arbeiteten im Winter 1944/45 in den Stollenbauten
bei Überlingen und starben an leiblicher und seelischer Not in einem
nationalsozialistischen Zwangslager. – Doch Friede den Menschen, die
guten Willens sind.»[24]

Auf der anderen Straßenseite haben die Straßenbauer eine Haltebucht
angelegt, nicht der Ruhestätte der Namenlosen, sondern der schönen
Aussicht wegen. Aber private Initiative hat den Touristen mit einer Tafel
den Blick verstellt. Darauf wird in die Erinnerung gerufen, was eine Generation, die es angeht, gerne verdrängt: «Im Oktober 1944 wurde in
Überlingen ein Außenlager des Konzentrationslagers Dachau errichtet.
Ca. 800 Häftlinge mußten unterirdische Stollen in den Felsen beim Überlinger Westbahnhof sprengen, in denen die Produktion der Rüstungs-
betriebe sichergestellt werden sollte. Mindestens 168 Häftlinge starben an
den Folgen der harten Zwangsarbeit, an Unterernährung und brutaler
Mißhandlung. Zunächst wurden die Toten im Krematorium Konstanz

verbrannt. Später wurden 97 namenlose Opfer der nationalsozialistischen Politik in einem Massengrab im Waldstück ‹Degenhardt› verscharrt. Im April 1946 wurden sie auf Anordnung der französischen Militärbehörden hier beigesetzt.» Auch am Stolleneingang beim Überlinger Westbahnhof weist eine Tafel auf die Ereignisse des letzten Kriegswinters hin.

Vom KZ-Friedhof Birnau folgen die Gedanken dem Rhein bis hinab zu jenem KZ Westhofen, südlich von Mainz, das Anna Seghers in ihrem Roman «Das siebte Kreuz» beschrieben hat.[25] Von den sieben aus dem Lager ausgebrochenen Häftlingen war nur dem einen, Georg Heisler, die Flucht gelungen. Er kam durch. Versteckt an Bord eines Rheinschiffs. Auch aus dem Stollen bei Überlingen gelang zwei Häftlingen die Flucht.[26] Am Ende ihrer Kräfte blieb ihnen nur, von den Hunden der schwarz uniformierten Bewacher und Antreiber zerrissen, oder auf der Flucht getötet zu werden. Während einer Nachtschicht im März 1945 versteckten sie sich unter Steinen und Sand in einer der Kipploren und entkamen. Vier Nächte brauchten sie bis zur rettenden Schweizer Grenze. Einer der beiden war Wassilij Sklerenko, damals 21 Jahre alt.

Überlinger Bürger, denen sein Schicksal nicht gleichgültig war, fanden 1991 Wassilij Sklerenko in einem Dorf bei Kiew und luden ihn, eine Geste der Wiedergutmachung, nach Überlingen ein. Im Oktober 1992 stand er wieder im Stollen.[27] Der alte Mann rang um Fassung. Dann erzählte er von den Kameraden, die an Erschöpfung starben oder von herabstürzendem Gestein erschlagen wurden, und von den Hunden. Ein deutsches Wort war ihm im Gedächtnis geblieben. Es kam wie aus der Pistole geschossen: «33639», seine Häftlingsnummer.

In der diesem Wiedersehen folgenden Nacht – Zufall oder Absicht? – sprühten Unbekannte Nazisymbole auf die Gedenktafel nahe dem Stolleneingang. Auf dem KZ-Friedhof bei der Birnau schlugen sie alle Kreuze in Stücke. Auch das mußte Wassilij Sklerenko erleben. «Was wollen diese Menschen von den Toten», flüsterte er, fassungslos, auf dem geschändeten Friedhof.[28]

Viertes Kapitel

Der Hochrhein:
Eine Grenze, die verbindet

Klöster und ein Wasserfall

Zwei Brücken begrenzen meine Hochrhein-Wanderstrecke: die in Stein am Rhein, wo der Rhein den Untersee des Bodensees verläßt, und die Alte oder Mittlere Brücke in Basel, im «Rheinknie», wo der Rhein nach Norden, in den Oberrheingraben, sich wendet. Zwischen diesen beiden Brücken fließt der Hochrhein unter vielen Brücken hindurch, hölzernen, steinernen, stählernen. Überhaupt ist der Hochrhein ein Fluß der Brückenschläge. Von Schaffhausen sagte Goethe: «Die Stadt selbst liegt wie eine Brücke zwischen Deutschland und der Schweiz.»[1]

Stein am Rhein hat, wie die berühmten Orte am Bodensee, die Bus-, Bahn-, Schiffs- und PKW-Ladungen von Touristen zu ertragen. Der Wanderer tritt aus der Stille und dem Schatten des Uferweges in die lärmende Geschäftigkeit eines Marktplatzes hinaus, steht vor alten Hausfassaden klickenden und surrenden Kameras im Weg, verzichtet darauf, den letzten freien Stuhl eines Gasthauses in Anspruch zu nehmen, und beschließt, das, was er wissen will über diesen schönen Ort, in seinem Kunstführer und in einem Bildband nachzublättern.

Aber da ist, dicht am Ufer, das alte Pfarrhaus, in dem Peter Noll, Jurist und Professor für Strafrecht an den Universitäten Mainz und Basel, seine Kindheit verlebte. Es sei «das schönste Pfarrhaus in der Schweiz», schrieb er in sein Tagebuch. In diesem Tagebuch protokollierte er sein Sterben, als er, vom Krebs gezeichnet, es abgelehnt hatte, den Prozeduren einer fragwürdig gewordenen Therapie sich auszusetzen. Acht Monate später war er tot. Max Frisch hielt dem Freund die Grabrede.[2]

Hinter Stein am Rhein ist es still auf dem Uferweg. Das Gasthaus Schuffen steht vertrauensvoll nahe dem Fluß. Hochwasser muß es nicht fürchten. Es blitzt vor Sauberkeit. Bei Kaffee und ofenwarmem Apfelkuchen sitzt es sich gut in der Stube mit dem Blick auf den Rhein. Alle Ortschaften liegen dicht am Ufer, kein Damm schützt sie. Der Hochrhein ist nicht der «Talvogt» Rhein, der im Alpenrheintal Jahrhunderte hindurch seine Schreckensherrschaft errichtet und die Menschen das Fürchten gelehrt hat. Dort war kein Brückenschlag möglich, hier aber hielten sich zerbrechliche hölzerne Brücken lange.

Am Brückenkopf in Dießenhofen, beim schweizerischen Zoll, beobachte ich ein Ausflugschiff, das von Schaffhausen her den Fluß heraufkommt. Besorgt sehe ich, daß die Durchfahrtshöhe unter der Holzbrücke nicht reichen wird. Aber die Schiffsleute legen mit wenigen Griffen das Steuerhaus und den Sonnenschutz zurück, und die Fahrt geht ohne Aufenthalt weiter. Das Schiff ist für diesen Flußabschnitt zwischen Konstanz und Schaffhausen gebaut, und auf den Wasserstand scheint Verlaß. Der Fluß ist ein Freund des Menschen, sie vertrauen ihm. Die Wiesen und Äcker neigen sich zum Wasser hinunter; dicht ans Ufer treten die Wälder heran. Das Sedimentgestein der Molasse führt den Fluß in einem festen Bett. Sein Wasser ist klar, die Farbe ein helles Grün. Die Trübnis aus der Gebirgsstrecke hat er im Bodensee zurückgelassen.[3]

Diese freundliche, stille Landschaft fördert Einkehr und Betrachtung, in ihr lebt die Mystik Heinrich Seuses fort, des Konstanzer Dominikaners, der, weil er Schwierigkeiten mit der kirchlichen Obrigkeit hatte, eine Weile hier in Dießenhofen lebte. Das Kloster der Dominikanerinnen St. Katharinenthal liegt ein Stück flußabwärts. Die Frömmigkeit und Kraft dieses Frauenklosters wirkten den Rhein hinunter bis zum Niederrhein. Albertus Magnus, der Kölner Gelehrte und Lehrer Thomas von Aquins, hat das Kloster um 1260 geweiht, als er in Regensburg Bischof war. Katharinenthal ist heute kantonales Pflegeheim.

Nachdenklich folge ich dem Talweg des Flusses zu einem anderen Kloster: «Paradies» hieß es, gegründet 1253 für die strenge Observanz und die Weltabgeschiedenheit der Klarissen, im gleichen Jahrzehnt wie Katharinenthal. Wie jenes wurde es im 19. Jahrhundert säkularisiert. Der Schaffhauser Bürger Johann Georg Fischer erwarb das Anwesen und richtete an diesem Ort der Stille eine Hammerschmiede ein. Ein kräftiger Bach im ehemaligen Klostergarten ließ sich stauen und als Antrieb für ein Wasserrad nutzen. Aus der Hammerschmiede entwickelte sich ein Weltunternehmen, der schweizerische Gießerei- und Maschinenbaukonzern Georg Fischer AG Schaffhausen. Die Nachfolger des Gründers zeigten sich um Erhaltung und Pflege der Klosterbaulichkeiten und Gärten besorgt. Im Kloster selbst richteten sie Schulungsräume, das Werksarchiv und die «Eisenbibliothek» ein, eine internationale Fachbibliothek für Metallurgie.

Kloster Paradies liegt vor den Toren von Schaffhausen. Nach der Stille des Uferwegs hat die Stadt es schwer, dem Wanderer zu gefallen. Er wird, im Museum Allerheiligen, einige Belehrung und Erbauung erfahren und dann dem Wasserfall zustreben. Seit dem 18. Jahrhundert ist der Wasserfall eine Attraktion; Goethe und all die anderen berühmten Reisenden haben ihn beschrieben, waren begeistert oder enttäuscht. Praktischer Sinn wußte die Wasserkraft schon früh, seit dem 11. Jahrhundert, für Radwerke wie Mühlen, Stampfen, Walken zu nutzen. Um 1704 hatte sich das Eisenwerk Laufen angesiedelt mit Schmelze und Hammer. Zur Erinnerung daran ist 1976 ein unterschlächtiges Wasserrad am rechten Ufer installiert worden; es dreht sich um sich selbst, nutzlos, aber von Touristen bestaunt. 1888 gingen Werkstätten und Schmieden des Eisenwerks Laufen in das Eigentum der Aluminium-Industrie-Aktiengesellschaft (Alusuisse) über, die hier als erste in Europa begann, auf elektro-chemischem Wege Rohaluminium zu erzeugen. Zu dieser umweltfeindlichen Beschäftigung war das Unternehmen auf eine leistungsstarke Energiequelle angewiesen: die bot der Wasserfall. Es entstand in der Folge eine häßliche Ansammlung von Fabrikhallen, Schuppen und Werkstätten. 1945 wurde das Werk stillgelegt. 1956 ließ die Aluminium-Industrie-AG das Gelände abräumen, «vom Wunsche geleitet, durch die Erstellung der Grünanlage zur Verschönerung des Landschaftsbildes beizutragen», rühmt eine Inschrift.

Der Wasserfall entstand durch einen geologischen Zufall.[4] Der Rhein fand nach der letzten Eiszeit in der veränderten Niederterrasse seine frühere Abflußrinne nicht wieder; statt wie ehedem bei Flurlingen rechts abzubiegen, geriet er geradeaus nach Süden auf eine harte Jurakalkplatte, schwenkte dort endlich rechts ein, fast bis in die Gegenrichtung nach Norden, dabei aber stürzte er über den Rand der Platte, zum Glück in sein altes Bett. Dem folgte er nun in scharfem Knick nach Süden und räumte den Rinnenschotter allmählich wieder aus. So entstand, vor etwa 6000 Jahren, der heute 21 Meter hohe und 150 Meter breite Wasserfall. Das Wasser stürzt nicht im freien Fall herab, sondern über mehrere Stufen; der «Fall» gleicht also eher einer Kaskade. Er wirbelt Wolken von Gischt auf, in dem bei Sonnenschein prächtige Regenbogen stehen. Dieses Schauspiel hat auch Goethe genossen und notiert, daß der Fluß «im Fortfließen seine grüne Farbe» behielt.[5] Er braucht nach dem Sturz und Getose eine Weile, bis er sich beruhigt und die Richtung, in die es weitergehen soll, wiedergefunden hat. «Trümmlig isch em worde», beschrieb Johann Peter Hebel das umeinandergewirbelte Wasser, das flußabwärts langsam sich sammelt und dem Stau des Kraftwerks Rheinau zutreibt.

Es lohnt, vor dem Weiterwandern den Blick noch einmal zurückzulenken. Über dem Wasserfall, bevor das Wasser die ersten Felsstufen erreicht, führt, vom aufgewirbelten Gischt zuweilen verhüllt, die Eisenbahnbrücke der Strecke Winterthur–Schaffhausen über den Rhein. (Abb. 21) Sie ist ein Architekturdenkmal. Ihre Rekognoszierung, Trassierung und Gründung im Flußbett, dicht an der Absturzkante des Wasserfalls, war ein riskantes Unternehmen. Es fanden sich Stellen, die eine sichere Gründung der Fundamente für die «eiserne Fahrbahn» erlaubten, und man entschloß sich zu einer steinernen Brücke, die in neun Bogenschlägen das Gleis in zehn Metern Höhe über den Fluß trägt. Die Bogenweite ist unterschiedlich und mußte sich den Bedingungen des felsigen Grundes anpassen. Aber gerade diese, von der Natur vorgegebene, gelinde Unregelmäßigkeit im Bogenrhythmus fügt die Brücke der Landschaft glücklich ein. Sie beherrscht sie nicht, sie versteckt sich auch nicht, sie gehört dazu.[6]

Die Brücke hält für den Fahrgast der SBB eine Überraschung bereit. Von Winterthur kommend sollte er sich in Fahrtrichtung an ein Fenster der linken Seite des Wagens setzen. Hinter der Station Dachsen fährt der Zug in den Schloß-Laufen-Tunnel (66 Meter). Über sich weiß der Fahr-

Abb. 21: Die Rheinfallbrücke bei Schaffhausen. Der Bau der Brücke dicht am Wasserfall war 1856 eine technische Sensation; ein erfreulicher Anblick ist sie noch heute, weil sie Landschaft und Technik harmonisch verbindet.

gast das Schloß Laufen, das hoch auf dem Felsen dicht am Wasserfall steht. Dunkelheit umgibt ihn, bevor der Vorhang sich hebt. Der Zug fährt aus dem Tunnel heraus und sogleich auf die Brücke. Das Wasser kommt unten in glatter Bahn heran, wird schneller und stürzt über die ersten Katarakte; das Tosen und Schäumen beginnt, von Sturz zu Sturz, – aber schon ist es wieder dunkel, der Vorhang geschlossen, der Zug auf der Schaffhauser Seite. Dieser Ausblick auf den Rheinfall läßt sich auch gemächlicher, zu Fuß, genießen. Vom Schloß Laufen führt ein Pfad zur Brücke hinunter; sie ist auf dem seitlichen Fußgängersteg in Muße zu begehen. Mit Respekt liest der Wanderer die Inschrift «Erbaut 1856. Renoviert 1958» und gratuliert der SBB und der Landschaft zu diesem gelungenen Brückenbauwerk. Sein lange vergessener Erbauer trat erst in unseren Tagen wieder aus alten Akten ans Tageslicht: Es war der königlich-bayerische Regierungsrat und Ober-Ingenieur Carl Ruland.

Der Hochrhein zapft die Donau an

Bis Reckingen (D) führt den Hochrhein die tertiäre Molasse; er fließt zwischen steilen Sandsteinwänden. Dann sind bis Basel hinunter die glazialen Kiese und Sande sein Bett.[7] In diesem Abschnitt entstand eine Folge flacher, teils enger, teils auch sich dehnender Schotterebenen, mit sanften Moränenwällen und flachen Mulden. Bei entsprechender Humusauflage wechseln Wiesen- und Ackerfluren mit Wäldern. Der Hochrhein zieht darin weite Bögen; an den Einmündungen der Töß und der Aare paßt er sich der Stoßrichtung der Nebenflüsse an und reagiert mit scharfen Richtungswechseln. Die Hauptrichtung nach Westen aber behält er bei. Quer durch diese Talweitung ziehen sich, vom Schwarzwald her nach SSW einfallend, die harten Gesteine des Tafeljuras. Sie widersetzen sich an einigen Stellen der nagenden Kraft des Wassers. Der Fluß trifft auf Schwellen im anstehenden Fels: Am Rheinfall bei Schaffhausen überquert er erstmals eine Juraklippe; der Koblenzer Laufen bei Kandelburg besteht aus Muschelkalk, ebenso das «Gewild» mit dem «Höllhaken» bei Rheinfelden. Die Laufenburger Stromschnellen liegen im Gneis.

Der Hochrhein hat sein Flußnetz systematisch ausgebaut. Am linken Ufer nahm er Töß und Aare auf, die den alten Schmelzwasserströmen aus den Alpen folgen; auf seinem rechten Ufer hat er alle Abflüsse vom Schwarzwald eingesammelt: Wutach, Steina, Schwarza, Alb, Murg, Wehra flossen dem Hochrhein zu, dem Oberrhein die nach Westen und Norden abfließenden Gewässer Wiese, Klemmbach, Dreisam, Elz. Wie ein Festungsgraben hat sich der Rhein zwischen Waldshut und Breisach um den südlichen Schwarzwald gelegt und Tribut von dessen Gewässernetz eingefordert.

Dabei aber geriet er in Konflikt mit dem Flußregime der Donau. Quellfluß der Donau aus der Gegend des Feldbergs war der Schwarzwaldgletscher. Vielleicht haben dessen Schmelzgewässer mit ihren Schottermassen sich selbst den Weg verlegt, innegehalten und nach freiem Abfluß gesucht, jedenfalls ergriff der Rhein das Gesetz des Handelns. Er war im Vorteil, denn sein Bett lag erheblich tiefer als das der Feldberg-Donau; sein Wasser entwickelte mit der niedrigeren Erosionsbasis auch die stärkere Erosionskraft. Mit der Wutach, die bei Waldshut in den Rhein mündet, griff er an.[8] Die Wutach arbeitete sich rückschreitend, Bachläufe an sich ziehend, sich verstärkend, zum Albrand empor. Dort erreichte sie, bei Achdorf, die Gutach-Aitrach und damit das Flußregime der Feldberg-Donau. Sie zapfte das Bett der Gutach-Aitrach an und nahm deren Wasser auf, das damit der Donau verloren ging. Nur eine Rest-Aitrach blieb der Donau erhalten. Aber auch die ist bedroht, denn die Erosion der Wutach schreitet fort. Wenn es ihr gelänge, auch die Rest-Aitrach zu erreichen und deren Lauf umzukehren, wäre die Donau in ihrem Oberlauf gefährdet, sie verlöre ihr bisheriges Quellgebiet im Schwarzwald an die Wutach und damit an den Hochrhein.

Derzeit hat die Wutach von Grimmelshofen an aufwärts durch ihr kräftiges Gefälle eine fast 35 Kilometer lange und bis 200 Meter tiefe Schlucht gegraben. Darin sind eine reiche Pflanzen-, Insekten- und Vogelwelt erhalten geblieben. 1400 Käfer- und 570 Schmetterlingsarten sind dort gezählt worden. Die Wutachschlucht ist 1939 zum Naturschutzgebiet erklärt worden. Als nach dem Krieg hier ein Staubecken für das Schluchseewerk errichtet werden sollte, haben entschiedene öffentliche Proteste diese Pläne verhindern können.

Die Donau aber muß dem Hochrhein weiteren Tribut zollen. Wenige Kilometer unterhalb der Aitrach-Mündung verliert die Donau abermals ihr Wasser an den Rhein. Auf dieser Strecke fließt sie im Karstgebiet der Schwäbischen Alb. In deren klüftigem Kalk, bei Immendingen, Tuttlingen, Fridingen, ist das Donauflußbett undicht; hier liegen sogenannte Schwinden, die Donauversickerungen.[9] Das in die Tiefe versunkene Wasser fließt durch ein weitverzweigtes, unterirdisches Höhlensystem und tritt 12 Kilometer südlich im Aachtopf bei Aach, nördlich Singen, wieder ans Tageslicht. Diese Karstquelle ist die größte der Bundesrepublik; bis zu 20 000 Liter pro Sekunde vermag sie zu spenden – auf Kosten der Donau, die hier, durch den Aachtopf, über die Radolfzeller Aach und den Bodensee, abermals ihr Wasser dem Hochrhein zufließen lassen muß.

Gestärkt durch die Zuflüsse nimmt der Hochrhein zu an Kraft und Wasserführung. Die südlichen Zugaben von Thur, Töß, Glatt und Aare verdoppeln sein Mittelwasser. Der mittlere Abfluß des Hochrhein beträgt bei Konstanz 333 Kubikmeter je Sekunde; wenn der Hochrhein bei Koblenz (Schweiz) am Stromkilometer 102,5 die Aare aufgenommen hat, sind es bereits 1004 Kubikmeter je Sekunde – mehr als die Elbe in Hamburg und die Donau in Passau führen.

Diese Zahlen, die hydrologischen Verhältnisse und die geologische Struktur des Hochrheinbettes legen die intensive Nutzung der dargebotenen Wasserkräfte nahe. Der Hochrhein besitzt zwischen Konstanz, Rheinbrücke (Stromkilometer 0; nach der amtlichen Zählung), und Basel, Mittlere Brücke (Stromkilometer 166,6), ein nutzbares Gefälle von etwa 150 Metern; seine Wassermenge verdreifacht sich durch Zugaben der Nebenflüsse zwischen Konstanz und Basel.[10] Seine gleichmäßige Wasserführung verdankt der Hochrhein dem Bodensee, der als Wasserspeicher dient und eine ausgleichende Wirkung hat. Das markante Hochwasser des Jahres 1910 brachte dem Bodensee einen Zufluß von ca. 4700 Kubikmeter je Sekunde; der Abfluß dagegen betrug nur ca. 1000 Kubikmeter.[11] Weil der Bodensee außerdem die Gerölle und Sande aus dem Alpenrhein aufnimmt, ist das Wasser des Hochrheins hinter Konstanz von grüner Färbung und frei von Geschiebe; es führt durch die Nebenflüsse im Unterlauf eine geringe Menge an Schwebstoffen. Das entlastet den Betrieb der Wasserkraftwerke.

Wasserkraft und Kernenergie

Die Klöster waren die ersten, die das Wasser des Hochrheins technisch zu nutzen verstanden und es auf ihre hölzernen Wasserräder lenkten. Nachweislich betrieb das Kloster Allerheiligen in Schaffhausen schon im 11. Jahrhundert Mühlen, Eisenschmieden, Schleifen.[12] Andere Klöster, die in Konstanz, in Rheinau, in Säckingen, folgten. Matthäus Merian zeigt auf seinem Prospekt der Stadt Koblenz (Schweiz) von 1644 mehrere Radwerke. Der Schaffhauser Heinrich Moser (1805–1874) wurde ein Pionier der Kraftnutzung. Er baute ein Stauwehr, den «Moserdamm», quer durch den Rhein und leitete das Wasser auf mehrere Turbinen, er sammelte die Wasserkraft und konzentrierte sich auf eine Stelle.[13] Dadurch wurde er von schwankenden Wasserständen weitgehend unabhängig. Schwierigkeiten aber entstanden dadurch, daß seine Turbinenzentrale mitten im Fluß lag. Die Bewegungsenergie, die er gewann, mußte über aufwendige Transmissionen, über Räder, Zahnkränze, Seile zum Ufer geleitet werden. Trotz des damit verbundenen Energieverlustes konnten in Schaffhausen seit 1866 zahlreiche Manufakturen und Fabriken mit Antriebskraft versorgt werden. Sie zahlten dafür 120 Franken pro Pferdekraft und Jahr: ein erstes Kraftwerk war entstanden und ersparte den Verbrauchern die kostspielige Anschaffung von Dampfmaschinen. Die mechanische Kraftübertragung und der mit ihr verbundene Energieverlust blieben jedoch ein Problem. Erst als am Ende des Jahrhunderts Kraft in Form von elektrischer Energie auch über weite Strecken und fast ohne Verlust übertragen werden konnte, war diese Frage gelöst. Alsbald wurde auch das Moser'sche Kraftwerk auf Generatoren umgestellt. Ein neuer Abschnitt in der Geschichte des Hochrheins begann. Bisher hatte der Hochrhein das Bild eines natürlich und frei sich entfaltenden Flusses geboten. Schutzmaßnahmen gegen plötzliche Überschwemmungen waren nicht erforderlich gewesen, Verbauungen wurden nur an wenigen Stellen vorgenommen.[14]

Das änderte sich mit dem Bau der Kraftwerksanlagen. Die «Kraftübertragungswerke Rheinfelden AG», erbaut 1895–1898, waren das erste elektrische Energie erzeugende Unternehmen am Rhein und damals die größte hydroelektrische Anlage Europas.[15] In der Folge entstand eine ganze Treppe von Stauhaltungen und Kraftwerken – bis heute sind es zwölf Laufkraftwerke und mehrere mit dem Hochrhein verbundene Pumpspeicherwerke.[16] Der Vergleich der einzelnen Kraftwerke gibt interessante Aufschlüsse über die allmählich verbesserte Ausnutzung der Wasserkraft, die Entwicklung technischer Neuerungen und über den Wandel der Kraftwerksarchitektur. Nach Rheinfelden wurden bis zum Ersten Weltkrieg die Rheinkraftwerke Augst-Wyhlen(1907–1912) und Laufenburg (1908–1914)[17] in Betrieb genommen. Damals bereits gab es Erwägungen, die Nutzung der Wasserkraft des Hochrheins in einen Gesamtplan einzuordnen, also eine für die Kraftnutzung günstige Stufeneinteilung zu erreichen und dabei auch die Bedürfnisse einer späteren Großschiffahrt auf dem Hochrhein bis zum Bodensee zu berücksichtigen. Fortan wurden bei allen weiteren Staustufen Reserven für entsprechend dimensionierte Schleusenanlagen eingeplant. Nach dem Ende des Ersten Weltkrieges folgten bis zum Ausbruch des Zweiten Weltkrieges die Kraftwerke Eglisau (1915–1920), Ryburg-Schwörstadt (1927–1932), Albbruck-Dogern (1929–1933) und Rekingen (CH;1938–1941).

Für den Fluß und seine Ufer hatte diese Treppe von Staustufen erhebliche Konsequenzen. (Abb. 22) Der gleichmäßige Abfluß des Wassers wurde immer wieder aufgehalten und verlangsamt. Vor jeder Staustufe stieg der Wasserstand. Die gefährliche Stromstrecke des «großen Lauffen» bei Laufenburg, eine rauhe Schlucht, verschwand 1914 nach Sprengungen und Dammbauten unter der trägen Fläche des Staus vor dem Kraftwerk. Die malerische, zur Hälfte überdachte Holzbrücke mußte der widerstandsfähigeren neuen steinernen Brücke weichen. Einsprachen, auch die des deutschen Bundes Heimatschutz, wurden zurückgewiesen. Die Bürger in Laufenburg feierten den Genehmigungsbescheid für das Kraftwerk mit Umzug und Feuerwerk. Auch die meisten anderen Stromschnellen ertranken in den Stauhaltungen. Der Energiebedarf der Schweiz stieg weiter: 1950–1955 entstand das Kraftwerk Birsfelden in der Nähe von Basel, 1952–1955 folgte das Kraftwerk Rheinau.

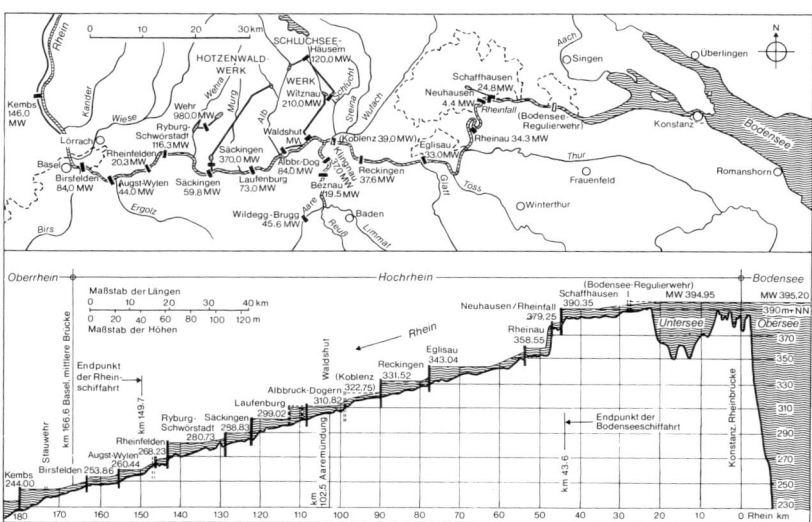

Abb. 22: Die Wasserkraftwerke und ihre Stauhaltungen haben den Hochrhein aus einem Fluß in eine Seentreppe verwandelt.

Hier erstmals regten sich lautstarke Bedenken, ob nicht das geplante
Kraftwerk eine seit Jahrhunderten von Menschenhand unberührte Landschaft beeinträchtigen werde. Diese Sorgen schienen angebracht, denn die
Konzessionsstrecke (die Strecke, die eine Stauhaltung zur Erzielung einer
günstigen Fallhöhe benötigt) betrug 12 Kilometer; sie reichte bis hinauf
zum Rheinfall bei Schaffhausen. Ängstliche Naturfreunde fürchteten bereits, daß auch der Rheinfall eingestaut werde und daß er wie der in Laufenburg verschwände. Dies war nun nicht zu befürchten; aber die Unruhe
in weiten Kreisen der Bevölkerung ließ es die Kraftwerksbetreiber fortan
geboten erscheinen, mit der Natur rücksichtsvoller umzugehen.[18]

Das Kraftwerk Rheinau hat denn auch eine Besonderheit: zwei 400
Meter lange unterirdische Stollen leiten das Betriebswasser, die fünf Kilometer lange Stromschleife um Rheinau abschneidend, wieder in den Fluß
zurück. Dabei ist gewährleistet, daß die alte Stromschleife 5 Kubikmeter
je Sekunde Dotierwasser erhält, also nicht verlandet, sondern ständig unter Wasser bleibt, und somit das Kloster Rheinau seine enge Nähe zum
fließenden Wasser behält.

Auch das 1959–1966 in der Nachfolge des Moserdamms und zweier
kleinerer Elektrizitätswerke in Schaffhausen errichtete Kraftwerk profi-
tierte von den Aufregungen um Rheinau: Es entstand ein Deckelkraft-
werk, d. h. sein Maschinenhaus ist in die Wehrbrücke eingefügt und diese
überragt den Oberwasserspiegel nur um 4 Meter. Ein für Revisionsarbei-
ten benötigter, 13 Meter hoher Kran kann in eine Nische in der Böschung
des linken Ufers gefahren werden, damit das Bild von Stadt und Strom
nicht gestört wird.[19] Auch für das zuletzt gebaute Kraftwerk Säckingen
wurde die Deckelbauweise gewählt, die das Landschaftsbild schont. Allerdings waren hier umfangreiche Ausbaggerungen im Flußbett vonnöten
und eine Konsolidierung der Fundamente der alten Holzbrücke.

Als nächstes Kraftwerk am Hochrhein sollte die Stufe Koblenz
(Schweiz) vor der Aaremündung gebaut werden. Die Arbeiten hatten bereits begonnen, als sie, 1966, plötzlich eingestellt wurden. Die allgemeine
Überzeugung war, daß nicht den Wasserkraftwerken, sondern den Kernkraftwerken die Zukunft gehöre, der Bau von Laufkraftwerken in der
Schweiz dagegen abgeschlossen sei. Seither sind in der Nähe des geplan-
ten Standorts des Wasserkraftwerks Koblenz vier Kernkraftwerke in Betrieb genommen worden: Beznau 1, Beznau 2, Gösgen-Däniken und
zuletzt, 1984, Leibstadt, dessen Dampfschwaden mit der hier vorherrschenden Windrichtung, zum Ärger der deutschen Nachbarn, über den
Rhein hinüber zum anderen Ufer ziehen. Der «Spiegel» berichtete, beim
Bankett zur festlichen Einweihung des Kernkraftwerks sei ein sinnreiches
«Dessert surprise» gereicht worden: «ein kleiner Kühlturm mit einer
Dampffahne aus Zuckerwatte».[20] In der Gemeinde Leibstadt – vor 40 Jahren ein stilles Dorf, 90 Bauern; heute nur noch 20 bäuerliche Betriebe –
hat niemand etwas gegen das «KKL». Das Kraftwerk hat Geld ins Dorf ge-

bracht, und der Strom ist praktisch gratis. Seit das Kraftwerk dampft, seit 1984, ist die arme Gemeinde reich geworden. «Mer mönd scho chli uufpasse, daß Leibschtadt no Leibschtadt bliibt», sagt der alte Gemeindeamtmann. Und wie lebt sich's mit dem «Atom» nebenan? Naja, es gibt Verhaltensmaßregeln. Wenn die Sirenen heulen, «dann sofort, aber au sofort Türen, Fenster und Fensterläden schließen, Apparate und Herdplatten ausschalten, offene Feuer löschen, Radio einschalten (DRS 1), nicht telefonieren, Heubelüftung abstellen (max. zwei Tage), und dann defig ab in Chäller.» Weitere Regeln: «Der Aufenthalt im Keller (oder Schutzraum) kann max. ein bis zwei Tage dauern. Nach der Entwarnung ist zur Alltagsarbeit zurückzukehren (Heubelüftung wieder einschalten). Wir danken für Ihr Verständnis.» Die Besichtigung ergibt, daß der Betrieb normal läuft; keine Probleme, hoher Sicherheitsstandard. Tschernobyl? Mildes Lächeln: «Hier nicht!»

Inzwischen hat die Kernkrafteuphorie erhebliche Dämpfer erhalten.[21] Es mehren sich die Stimmen, durch bessere Ausnutzung der Wasserkräfte vorhandener Kraftwerke eine Energielücke – wenn es sie denn gibt – zu schließen. Dies könnte durch Nachbesserungen der Maschinenausstattung, durch eine ergiebigere Führung des Betriebswassers, durch Ausbaggerungen und Ergänzungsanlagen geschehen. Die Verbraucher sollen motiviert werden, Energie zu sparen.

Was ist aus dem Fischereigewerbe geworden? Wie alle Flüsse war auch der Hochrhein einst ein fischreiches Gewässer. Eine Urkunde von 876 belegt, daß das Kloster Rheinau – es führt einen Salm im Wappen – schon damals Fischereirechte besaß. Dasselbe Kloster beschwerte sich 1704, daß die oberhalb des Klosters am Schaffhauser Rheinfall von der Eisenhütte betriebene Erzwäsche das Rheinwasser trübe. Unterhalb des Rheinfalls lagen besonders ergiebige Fischgründe: Die den Fluß aufsteigenden Salmen mußten vor dem Hindernis des Wasserfalls resignieren; ihre Züge flußaufwärts stauten sich hier. Heute sind die Fischgründe leer. Wirtshäuser, die «Zum Hecht» oder «Zum Salmen» heißen, erinnern überall am Hochrhein an ein zu Grunde gegangenes Gewerbe.[22] Einige wenige Salmenwaagen und Fischergalgen sind am Ufer erhalten geblieben. Ihre Balken reichen aufs Wasser hinaus und tragen am freien Ende an zwei überkreuz gelegten Stangen das Netz. Zum Schutz gegen das Wetter bauten sich die Fischer bei ihren Salmenwaagen kleine Hütten, die heute gern als Wochenendhäuschen genutzt werden. Die Stauhaltungen hindern die Lachse, den Rhein hinauf zu steigen. Einige Kraftwerke haben eine Fischtreppe. Aber oft liegt sie ungünstig, so daß die Fische sie nicht finden können. Geraten sie gar in die Turbinen, haben nur kleinere Fische eine Chance, durchzukommen; Aale werden zerstückelt.

Die Kraftwerkstreppe von Schaffhausen bis nach Basel hinunter ist nicht nur für die Salmen, sondern auch für die Schiffahrt ein Hindernis. Die Bergfahrt auf dem Rhein endet bei Rheinfelden am Stromkilometer

149,2, nahe Basel. Die Bodenseeschiffahrt endet oberhalb des Wasserfalls
bei Schaffhausen. Dazwischen liegen Stromkilometer, die einstmals, soweit es die Verhältnisse gestatteten, von der Schiffahrt genutzt wurden.
Mittelalterliche Urkunden belegen einen lebhaften Schiffsverkehr zur
Messe nach Zurzach und die Verflechtung mit dem transalpinen Handel;
sie schildern die Abenteuer bei der Bewältigung der Stromschnellen. An
der Schiffslände Schaffhausen wurden die vom Bodensee kommenden
Schiffe ausgeladen, die Waren «gestapelt» zum Verkauf feilgeboten, ver-
zollt und vom «oberen Wasser» zu Lande ans «niedere Wasser» gebracht.
Gleich unterhalb des Wasserfalls, beim Schlößchen Wörth, das, wie
Schaffhausen, gleichfalls Stapelplatz und Zollstätte war, wurde das Han-
delsgut wieder aufs Schiff verladen. Noch heute verläuft hier die Grenze
des Geltungsbereichs internationaler Schiffahrtsverträge für die Bodenseeschiffahrt einerseits und die Rheinschiffahrt andererseits.[23]
    Der «große Lauffen» bei Laufenburg, einst eine «Enge» mit reißenden,
300 Meter langen und nur 35 Meter breiten Stromschnellen, galt als kaum
passierbar für Schiffe und Flöße. Sie mußten daher wiederum ausgeladen
oder geteilt und von den «Lauffenknechten» an Seilen vom Steilufer aus
durch die Schnellen gesteuert werden, ein gefährliches Unternehmen.
Dennoch war die Schnelligkeit der Schiffahrt sprichwörtlich. Sie betrug
talwärts, also mit dem Gefälle, immerhin 12 Kilometer in der Stunde.[24]
    Diese frühe Form der Hochrheinschiffahrt wurde durch den Bau der
Wasserkraftwerke beendet. Aber in den Konzessionen zum Bau der Rheinkraftwerke wurde festgelegt, daß auf den Ausbau des Hochrheins zur Großschiffahrtsstraße Bedacht genommen werden solle. Diese Pläne sind nicht
neu. 1609 wollte eine flämische Handelsgesellschaft durch Sprengungen in
den Rheinfällen und Laufen einen durchgehenden Schiffahrtsweg schaffen und aus Konstanz ein zweites Amsterdam erstehen lassen.[25] Im 19. Jahrhundert betrieben schweizerische und badische Behörden unter dem Eindruck der Oberrheinregulierung entsprechende Studien. Gutachten und
Entwürfe bestätigten die technische Realisierungsmöglichkeit und den
wirtschaftlichen Nutzen, insbesondere für die Ostschweiz. Eine Studie aus
dem Jahre 1945 offenbarte massive wirtschaftliche Interessen.[26]
    Bisher kam es nicht zum Ausbau des Hochrheins. Der Teilausbau we-
nigstens bis zur Aaremündung aber hat weiterhin einflußreiche Befürworter bei den Schiffahrtsverbänden und bei einigen Kantonen.[27] Vorerst endet die Großschiffahrt bei Rheinfelden und die Bodenseeschiffahrt in
Schaffhausen. Wirtschaftlichen Notwendigkeiten genügen die am schweizerischen und am deutschen Ufer dem Strom parallel geführten Bahnlinien und Straßen. Dem zur Kraftwerkstreppe verwandelten Hochrhein
aber mögen die weißen Ausflugsschiffe, die geruhsamen Fähren und die
mit Frohsinn und eidgenössischem Ernst betriebenen Vergnügungen der
«Pontonnier- und Fahrvereine» erhalten bleiben, und das freundliche Bild
der an den Uferstegen beschaulich dümpelnden hölzernen Weidlinge.[28]

Komplizierte Flußmorphologie

«Ragen Klippen / Dem Sturz entgegen, / Schäumt er unmutig / Stufen-
weise / Zum Abgrund /» – diese Zeilen aus Goethes «Gesang der Geister
über den Wassern» waren keine Hilfe für den Ingenieur, der um 1908 dem
Naturschauspiel der Stromschnellen bei Laufenberg zusah und sich seine
Aufgabe vergegenwärtigte, ausgerechnet an dieser Stelle des Flusses Stauwehr und Kraftwerk zu bauen, es in der Felsenenge mit den gefürchteten
«Lauffen» aufzunehmen. Er brauchte Daten über Wasserstände, Durch-
flußmengen und Fließgeschwindigkeit, er mußte die Beschaffenheit der
Felsen und die Standfestigkeit des Untergrundes kennen und wissen, was
er seinen Baumaterialien an Widerstandskraft zumuten konnte.

Im gleichen 18. Jahrhundert, als Goethe den «Gesang der Geister über
den Wassern» schrieb, begann die wissenschaftliche Beschäftigung mit
dem Wasser[29], lagen die Anfänge der Hydrologie, der Lehre vom Wasser,
und der Hydromechanik, der Lehre von der Bewegung des Wassers. Die
Naturforscher begannen, einzelne Elemente des hydrologischen Kreislaufs
vom Land ins Meer und vom Meer durch Verdunstung wieder aufs Land
zu messen und das Verhalten von Flüssigkeitskontinua in Gesetze zu fassen. Die Flußmorphologie, eine Geowissenschaft, deren Gegenstand die
Formen der Flußlandschaften und die Kräfte und Vorgänge sind, die sie
geschaffen haben, hat bis ins 19. Jahrhundert hinein morphographisch-
beschreibend gearbeitet, verfeinerte zugleich ihre Beobachtungen und
Kriterien, fand Gesetzmäßigkeiten und formulierte sie. Galileo Galileis
Aufforderung, alles zu messen, was meßbar ist, trug auch hier Früchte und
rüstete die Ingenieure des 19. und beginnenden 20. Jahrhunderts für ihre
Aufgaben.[30]

Auf empirischem Wege waren neue Erkenntnisse sowohl des Ober-
flächenabflusses, als auch der Grundwasserbewegung gewonnen worden.
1780 gab es ein mitteleuropäisches Meßnetz, das Daten über Niederschlagsmengen sammelte. Am Rhein (und an anderen europäischen Flüssen) wurden die Wasserstände beobachtet und notiert, in Emmerich seit
1770, in Köln seit 1782. Die Abflußmengen wurden bestimmt und auf-
gezeichnet, am Oberrhein seit 1809, und dies aus aktuellem Anlaß: Die
große Flußkorrektion des Oberrheins begann. Auf die mythologische und
die philosophische Beschäftigung mit dem Wasser, schließlich auf die be-
obachtende und messende Tätigkeit folgte die Nutzanwendung, der Eingriff in das System des Wasserkreislaufs.

Die Gerinnehydraulik beschäftigt sich mit der Wasserbewegung in Flüssen. Eine ihrer Aufgaben ist die Berechnung der Abflußmenge, eine
Größe, die bei der Projektierung und Dimensionierung von Wasserbauten benötigt wird. Diese Berechnung erscheint zunächst einfach, wenn
man von einem gleichbleibenden Flußquerschnitt in der Meßstrecke und

von einer gleichmäßigen Geschwindigkeit des Wassers ausgeht.[31] Die Durchflußmenge Q (in Kubikmeter je Sekunde) ist dann gleich dem Produkt aus Geschwindigkeit v (in Meter je Sekunde) und Fließquerschnitt F (in Quadratmeter). Demnach gilt: $Q = v \times F$. Diese Zusammenhänge hatte bereits um 120 v. Chr. Heron von Alexandria und nach ihm Leonardo da Vinci erkannt. Die Formel $Q = v \times F$ aber geht von idealen Verhältnissen aus, die es in der Natur nicht gibt.

Die Geschwindigkeit des Wassers ist in der Regel ungleichförmig; sie ist an der Flußsohle eine andere als am Wasserspiegel, am Ufer eine andere als im Stromstrich. Im Stromstrich, der Verbindungslinie der größten Oberflächengeschwindigkeiten, fließt das Wasser, für das Auge sichtbar, am schnellsten. Bei Hochwasser gar wölbt sich das Wasser im Stromstrich auf. Diese Erhöhung kann beträchtlich sein. 1857 wurden im Po bei Causale Monferrato bei 300 m Flußbreite 1,5 m Überhöhung gemessen, in der Loire 1866 bei 165 m Breite 2,4 m. Der gegenteilige Effekt tritt ein, wenn der Wasserstand sinkt: Die Wölbung sinkt von der Konvexen in die Konkave. In Flußkrümmungen beschleunigt sich die Strömung am Außenufer, am Innenufer wird sie langsamer. Außerdem sinkt der Spiegel am Innenufer ein, am Außenufer hebt er sich als Folge der Fliehkraft. Es entsteht ein Druckgefälle zur Kurveninnenseite. Daraus erfolgt eine schraubenartig gewundene Strömung mit einem Verlust an Strömungsenergie. Ferner ist die Erosion am ausgebogenen Ufer (dem Prallhang) stärker als am gegenüberliegenden (dem Gleithang), wo Anlandungen des Geschiebes erfolgen. Das Flußbett wird asymmetrisch. In einer Folge von Flußkrümmungen komplizieren sich diese Zusammenhänge und ihre Berechnung. Eine weitere Schwierigkeit kommt hinzu.

Dem baltischen Gelehrten K. E. von Baer war im vorigen Jahrhundert aufgefallen, daß bei den großen Tieflandflüssen in Rußland, aber auch am Rhein und am Nil, das rechte Ufer steiler ausgebildet ist als das linke Ufer. Die Erosion schien am rechten Ufer stärker als am gegenüberliegenden. 1860 veröffentlichte er über seine Beobachtungen eine Abhandlung in den Berichten der Petersburger Akademie der Wissenschaften mit dem Titel «Über ein allgemeines Gesetz in der Gestaltung von Flußbetten». Er erklärte die rätselhafte steile Form des rechten Ufers und die flache des linken aus der Erdrotation, der sogenannten Corioliskraft.[32] Tatsächlich wird jede Bewegung eines Körpers auf der Erde abgelenkt, und zwar auf der Nordhalbkugel der Erde nach rechts, auf der südlichen Halbkugel nach links. Von Süden nach Norden fließende Ströme der Nordhalbkugel, wie der Rhein, haben östliches Steilufer, von Norden nach Süden fließende Ströme, wie Wolga oder Don, haben dagegen westliches Steilufer. Baers These, als «Baersches Gesetz» bekannt, war lange umstritten, ist aber heute anerkannt; die Größe dieser Ablenkung darf ein Wasserbauingenieur bei der Ermittlung von Daten über das Verhalten von Flüssigkeitskontinua nicht vernachlässigen.

Die eingangs aufgestellte ideale Formel läßt noch einen anderen Faktor außer acht, den Widerstandsbeiwert. Mit ihm bezeichnet man den Reibungswiderstand, die Bremswirkung, die in einem Gerinne von der Rauhigkeit des Flußbettes (ob glatter Fels oder Kiesbett) und der Beschaffenheit und Menge des mitgeführten Gerölls ausgeht. Das Wasser in Flüssen enthält, läßt man Verunreinigungen beiseite, gelöste natürliche Stoffe und natürliche Beimengungen. Es ist selten klar, sondern mehr oder weniger trübe. Die Beimengungen heißen Feststoffe. Diese werden nach der Art ihrer Fortbewegung im Fluß unterteilt. Das «Geschiebe» (Schotter oder Kies) wandert an der Flußsohle zu Tal; die «Schwebstoffe» treiben schwebend dahin.

Geologen haben in Filmaufnahmen die Vorgänge an der Flußsohle festgehalten. Dabei zeigte sich, daß das Geschiebe gleitend, rollend oder hüpfend transportiert wird. Turbulenzen heben es von der Flußsohle ab, schleudern es empor und laden es talwärts wieder ab. Bei hoher Fließgeschwindigkeit werden Lockermaterialien auch bedeutender Korngröße, selbst grobe Blöcke, transportiert. Sie schleifen sich gegenseitig an der festen Sohle ab und zeigen oft schon nach 10 Kilometern kräftige Zurundungen, nach 50–200 Kilometern eine Verkleinerung des Durchmessers um die Hälfte.[33] Das Ausschleifen und Tieferlegen von Flußbetten besorgt nicht das fließende Wasser, sondern das mitgeführte Geschiebe. Es ist auch an der Ausbildung von wannenartigen Kolken und Strudellöchern beteiligt, die am Boden der Flüsse, besonders in Flußengen, unterhalb von Wasserfällen und an Wänden von Engtälern (Klammen) entstehen. Kolke im Rheindurchbruch an der Loreley sind bis 15 Meter tief. Durch diese fluviale Erosionsarbeit sind auch die Strudeltöpfe oder Gletschermühlen in der Via Mala entstanden. Bei Energieüberschuß des fließenden Wassers tritt nicht nur verstärkte Erosion ein, das Flußbett wird nicht nur vertieft, auch die Menge des flußabwärts wieder aufgelandeten Geschiebes nimmt zu und zugleich beginnen aufgeschüttete Kiesbänke zu «wandern», sie werden abgetragen und unterhalb wieder angelegt. Die Kies- und Sandbänke des Oberrheins verlagerten sich vor der Regulierung dieser Stromstrecke jährlich um 500 Meter.

Bei häufigen Hochwassern verstärkt sich die Erosions- und Akkumulationsleistung des Flusses. Es entstehen Turbulenzen mit ungeordneten Bewegungen (Wirbeln, Wallungen, Pulsationen); Wasserwalzen mit horizontaler Achse und gegenläufigem Drehsinn wirbeln Kies und Schotter auf und treiben das Geschiebe in «Wolken» weiter. Das Wasser leistet also Transportarbeit und verbraucht dabei seine Energie. Im Flachland läßt bei langsamer fließendem Wasser die Transportkraft nach; die Feststoffe, zuletzt auch das Schwebgut, werden abgelagert.

Endpunkt des Geschiebe- und Schwebstofftransports der Flüsse, und damit deren Erosionsarbeit, sind Binnenseen oder Meere. In ihnen erlahmt die Fließbewegung, das Wasser kommt zur Ruhe, die Erosion geht in Ak-

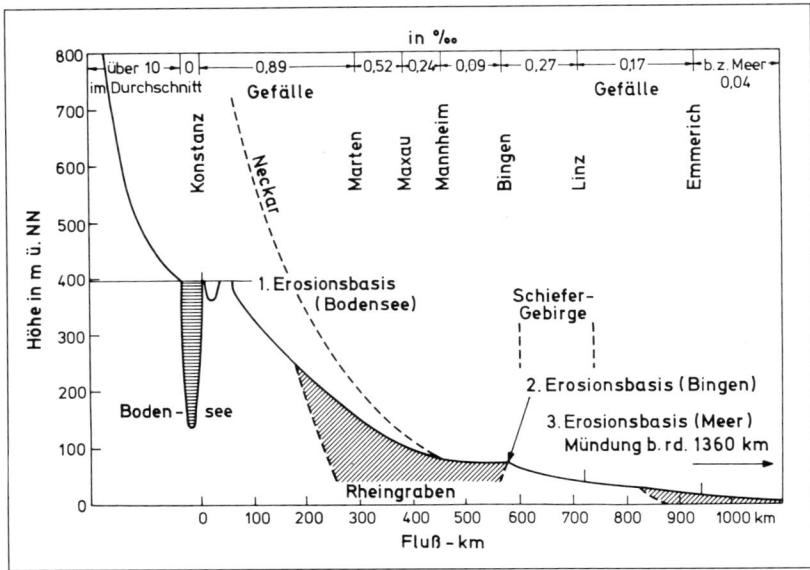

Abb. 23: Das Längsprofil des Rheins zeigt drei natürliche Gefällebrüche (oder Erosionsbasen, Geschiebedepots): Bodensee, Binger Loch und Nordsee. Zusätzlich wirken die Staustufen als Erosionsbasen.

kumulation über. Erosionsbasen des Rheins sind der Bodensee, den der Rhein als geschiebefreier Fluß bei Konstanz wieder verläßt, und die Nordsee. Dazwischen wirkt die Schwelle des Binger Lochs in beschränktem Maß als Erosionsbasis. Als künstliche Erosionsbasen wirken die Staustufen der Kraftwerke. (Abb. 23)

Seit 200 Jahren befassen sich Wissenschaftler und Ingenieure mit der Ermittlung korrekter und gültiger Größen für diesen Widerstandsbeiwert; es sind mehr als 30 Formeln vorgeschlagen worden, aber sie alle nähern sich der Realität nur ungefähr, bleiben also ungenau.[34]

Flüsse werden in gestreckte, verzweigte und gewundene Läufe eingeteilt. Einen geometrisch geraden gestreckten Fluß kennt die Natur nicht; er ist stets das Ergebnis der regulierenden Eingriffe der Menschen. Verzweigte Flüsse dagegen sind häufig. Das Wasser teilt sich in mehrere Rinnen, die auseinanderstreben und wieder zusammenfließen. «Während eine Rinne zugeschüttet wird, bahnt sich das Wasser daneben einen neuen Weg, bis das nächste Hochwasser auch diesen wieder verkümmern läßt und eine andere, vorher unbedeutende Rinne zum Hauptarm mit der augenblicklich stärksten Wasserführung erweitert. Dazwischen sind meist vegetationslose und in dauerndem Umbau begriffene Kiesbänke oder Inseln eingestreut.»[35] Die fortwährend aus sich selbst sich erneuernde Formenvielfalt verzweigter Flüsse hat trotz ihrer scheinbaren Regellosigkeit ihre Regeln. Deren Gesetzmäßigkeit aber ist trotz Beobachtung und experimenteller Messung im Wasserbaulaboratorium noch nicht durchschaut.

Gewundene Flußläufe oder Flußmäander scheinen ein alltägliches Phänomen: Ein Bach in einer Wiese hat meist einen gewundenen Lauf. Jeder Blick in die Landkarte trifft auf Flußmäander; sie sind geradezu Merkmale eines frei fließenden Gewässers. Der Übergang vom verzweigten zum gewundenen, mäandrierenden Fluß ist bisher nicht mit befriedigender Genauigkeit erklärt worden. Die Wasserbauer helfen sich wieder einmal mit empirischen Regeln, die auf Beobachtungen und Modellversuchen fußen. Der kleinasiatische Fluß Maiandros gab mit seinen vielen Windungen nicht nur einem Ornamentband in vorgeschichtlichen, in altamerikanischen Kulturen und insbesondere in der griechischen Kunst den Namen, sondern auch einem geomorphologischen Begriff. Flußmäander gehen auf freie Fließvorgänge des Wassers selbst zurück; sie sind «dynamischer Ausdruck des Gleichgewichts zwischen Bewegungsenergie des Gewässers und Bodenwiderstand».[36] Mäanderbögen haben die Eigenschaft, zu wandern. Ihre Schwingungen holen beständig weiter aus, unterschneiden Prallhänge und füllen Gleithänge auf, bis sich die Mäanderbögen berühren und durchbrechen. Im alten Flußbett bleiben halbmond- und hufeisenförmige Altwasser zurück. Die ideale Landschaft für freie Mäander bieten gefällearme Schwemmlandebenen, die aus Sand und Lehm aufgeschüttet sind, wie der Oberrhein oder der Niederrhein vor der Korrektion des Flusses.

Mäander sind Beispiele, daß die Natur Formen hervorbringt, die sich den Formeln physikalischer Gesetze (vorerst) versagen. Von Galileo Galilei stammt der Satz, er habe weniger Schwierigkeiten in der Entdeckung der Bewegung der Himmelskörper gefunden, ungeachtet ihrer Entfernung, als in den Untersuchungen über die Bewegung des fließenden Wassers, die doch unter unseren Augen vor sich gehe. So spielen im Wasserbau vorerst Erfahrung und Intuition eine Rolle – ein Eingeständnis, das Ingenieuren Unbehagen bereitet. Emil Mosonyi, der als bester Kenner des internationalen Wasserbaus gelten darf, dem das Fach ein zweibändiges Standardwerk über Wasserkraftwerke[37] verdankt, hielt 1975 einen Vortrag unter dem bezeichnenden Titel: «Wasserbau, Technik oder Kunst?» Darin sagte er, daß «die Struktur und die Gesetze der Bewegung des Wassers – bezüglich ihrer technologischen Anwendungen – noch immer nicht so genau bekannt (seien) wie die der festen Körper, der Elektronen, des Lichts …» Und weiter: Der Mechanismus der Flußbettbildung sei trotz breiter naturwissenschaftlicher Kenntnisse, trotz moderner mathematischer Planungsmethoden und leistungsfähiger Rechenanlagen «noch immer nicht befriedigend bekannt. Die in Alluvium eingebetteten, bzw. die geschiebeführenden Flußstrecken bereiten uns noch immer unerwartete Schwierigkeiten».[38]

Also sind, darf gefolgert werden, alle künstlichen Eingriffe in das Gleichgewicht fließender Gewässer in ihren Folgen nicht vollständig berechenbar und daher mit Risiken behaftet. Die Wasserbauten am Alpenrhein und am Oberrhein sind Beispiele. Allerdings hat der Wasserbau aus seinen Erfahrungen gelernt. Das Gesichtsfeld der Hydrologie und der Flußmorphologie hat sich in der zweiten Jahrhunderthälfte erweitert. Nicht zuletzt durch interdisziplinäre Forschung, durch das Zusammenwirken von Geologen, Meteorologen, Biologen, Physikern, Ökologen, durch gemeinsame Analyse hydrologischer Abläufe. Dabei wuchs die Einsicht in die Vielfalt von Abhängigkeiten, die alle Erscheinungen in der Natur in ein Geflecht von Beziehungen einbindet.

Es ist Wissensstand, daß der Naturraum Fluß Teil eines Regelkreises ist, in dem ein ständiger Form-, Stoff- und Energiewechsel abläuft, der zu Ausgleich und Gleichgewicht tendiert, zu einem sogenannten Fließgleichgewicht. Fünf Komponenten sind am Aufbau dieses Gleichgewichts beteiligt[39]: 1. die Tektonik: aus dem Erdinnern wirkende, endogene, das Relief verändernde Kräfte; 2. die Groß- und Kleinformen der Erdoberfläche: Gesteine, Böden, Geschiebe, Schwebstoffe; 3. das Klima: Regen, Sonne, Wind; 4. die Vegetation: Wälder, Wiesen, landwirtschaftlich genutzte Flächen; 5. anthropogene Veränderungen, Kunstbauten am und im Fluß: Dämme, Kanäle, Brücken, Häfen, Kraftwerke usw. Diese Komponenten und ihre gegen unendlich laufenden Variationen und Kombinationsmöglichkeiten beeinflussen die Bewegungsabläufe in einem Fließgewässer. Aus ihnen folgen die Dimensionen und die Formenvielfalt der Gerinnegeometrie: im Längsschnitt eines Flusses (Gefälle), im Querschnitt (Tiefe, Breite, Talformen), im Grundriß (gestreckte, verzweigte, gewundene Flüsse).

Seit Anfang des Jahrhunderts gibt es die wasserbaulichen Versuchsanstalten, die kritische Stromabschnitte maßstäblich nachbauen und – unter Laborbedingungen – die Vorgänge in Flüssigkeitskontinua beobachten. Großrechner erlauben umfangreiche Rechenoperationen, das Extrapolieren extremer Situationen und den Aufbau mathematischer Strömungsmodelle. Meist aber erweist sich die Natur als erfindungsreicher, müssen soeben noch gefeierte Errungenschaften korrigiert werden. Noch läßt die Natur sich nicht nachbauen, sie läßt sich nicht durchschauen. Die Analyse ist noch komplizierter geworden, seit der Mensch das Gesicht der Erde zu verändern begonnen hat.

Flußmorphologen erzählen sich folgende Anekdote.[40] Hans Albert Einstein, Sohn des Nobelpreisträgers, arbeitete in der Versuchsanstalt für Wasserbau der ETH Zürich. Der Vater erkundigte sich nach dem Forschungsgebiet des Sohnes. Er befasse sich mit Geschiebetrieb und Widerstandsbeiwert, war die Antwort. Der Vater darauf: «Laß die Finger davon. Das ist viel zu kompliziert!»

Grenzgänge und der R(h)einfall bei Sandoz

Der Hochrhein ist Grenze zwischen der Schweiz und der Bundesrepublik Deutschland. Die Grenze verläuft auf weiten Strecken in der Flußmitte; viermal aber greift sie aufs rechte Ufer, ins badische Land hinüber. In diesem schweizerischen Gebiet am badischen Ufer ist gelegentlich ein deutsches Einsprengsel erhalten geblieben: so der kleine Ort Büsingen, zwischen Stein am Rhein und Schaffhausen gelegen. Seinetwegen mußte eigens ein Staatsvertrag geschlossen werden. Das deutsche Konstanz liegt ebenfalls am schweizerischen Ufer.

Der kuriose Grenzverlauf am Hochrhein hat historische Gründe. Geschichte ist in diesem Landstrich die Geschichte von Klöstern, Bischöfen, königlichen Beamten, adligen Geschlechtern und ihrem Grundbesitz; seit dem 13. Jahrhundert die Geschichte selbstbewußter Städte und, seit 1415, der Streitigkeiten mit dem Hause Habsburg.[41] Basel und Schaffhausen hatten sich schon früh der Eidgenossenschaft angeschlossen. So entgingen sie der Vormacht Österreichs am Hochrhein, die das Haus Habsburg fünf Jahrhunderte lang behauptete. Nahe dem Hochrhein hatten die Habsburger ihre Stammburg; ihr Hoheitsgebiet am Hochrhein reichte am linken Ufer von der Aaremündung bis vor die Tore Basels; am rechten Ufer wahrten die vier Waldstädte Waldshut, Laufenburg, Bad Säckingen und Rheinfelden die habsburgischen Ansprüche. Wo man heute am Hochrhein in einem Gasthof «Zum Adler» einkehrt, ist gewiß der österreichische Doppeladler gemeint. 1803 änderten sich auch hier die politischen Verhältnisse mit einem Schlag: Die Säkularisierung hob die Klöster und ihre Besitztümer auf; am nördlichen Rheinufer entstand das Großherzogtum Baden; die politische Trennung von den Schweizer Kantonen wurde vollzogen, der heutige Grenzverlauf, der auf historisch gewachsene Gegebenheiten Rücksicht nimmt, festgelegt. Er nötigt den Wanderer, sich häufig zu legitimieren. Ich erfuhr, daß ich in dieser abgelegenen Grenzlandschaft eine auffallende Erscheinung war.

Ich habe das Auto an der Bahnstation Altenburg-Rheinau (auf deutschem Gebiet) abgestellt, um den Keltenwall in der Rheinschlinge bei Altenburg und das Kloster Rheinau zu besuchen. Dann wandere ich am linken (dem schweizerischen) Ufer entlang nach Eglisau. Am Abend nehme ich in Eglisau den Zug, um zum Auto zurückzukehren. Reisende, welche die Grenzen wechseln möchten, setzen sich in den für den Grenzverkehr bestimmten Wagen. Der deutsche und der schweizerische Zollbeamte kommen gemeinsam, der Kontrolleur der SBB tritt hinzu. Ich weise Paß und Fahrkarte vor. Der deutsche Zollbeamte gibt dem Schweizer Kollegen meinen Paß weiter mit der strengen Bemerkung: «Das ist er!» Dann, zu mir gewandt, sich straffend: «Sie haben nach Altenburg gelöst?» – «Ja.» – «Sie fahren einen Pkw mit Kölner Kennzeichen?» – «Ja.» – «Den am

Bahnhof Altenburg?» – «Ja.» – «Wir haben Sie in die Fahndung gegeben.»
Mir fällt ein, daß ich einen der zahlreichen Bunker am Schweizer Ufer bestieg, dessen Schießscharten betrachtet und festgestellt habe, daß das
Schußfeld den Strom hinauf und hinunter sorgfältig von Bewuchs frei gehalten wird. Ich habe das aufs Taschendiktiergerät gesprochen und hinzugefügt: «Die Schweizer können bei ihren nördlichen Nachbarn nicht
wachsam genug sein.» Habe ich militärische Geheimnisse ausspioniert?
Das Diktiergerät steckt in meiner Hosentasche ... Aber das ist es nicht.
Mein Auto, das einen ganzen Tag lang auf einem leeren Parkplatz an einem
wenig benutzten Bahnhof herumsteht, ist in dieser aufgeräumten, ordentlichen Grenzlandschaft aufgefallen. Die beiden Zollbeamten lassen sich
herbei und nehmen neben mir Platz zu einer Plauderei. Erleichtert erzähle
ich von meiner Rheinwanderung und erhalte eine Reihe von Vorschlägen, was in Kaiserstuhl und Zurzach am nächsten Tag anzusehen sei. So
schnell, denke ich, während ich am Bahnhof Altenburg ins Auto steige
und den Beamten noch einmal zuwinke, gerät der unbescholtene Bürger
in die Fahndungscomputer! Bleibe ich nun in den Dateien?

Das kleine Erlebnis zeigte, dies ist keine Ferienlandschaft. Nur wenige
Touristen halten sich mit den stillen Hochrheinufern auf. Hier reist man
«durch» auf dem Weg in den Süden. Dabei ist der Talabschnitt zwischen
Eglisau und Basel trotz der zunehmenden Industrialisierung eine Reise
wert. Besonders die vier «Waldstädte» Waldshut, Bad Säckingen, Laufenburg und Rheinfelden. Sie alle liegen in ruhigen Winkeln. Der Fernver-
kehr konzentriert sich auf wenige Rheinübergänge: auf Schaffhausen, wo
durch die geographische Gunst mehrere Talzüge natürliche Verkehrswege
heranführen und schon in alter Zeit sich ein lebhafter Marktplatz entwickelte, daneben auf die Aaremündung, nahe Waldshut – hier bündeln
sich gleichfalls mehrere Fernstraßen, dann aber auf Basel. In Basel liegt der
Schlüssel zum Hochrhein.

Am südlichen Ende des Oberrheingrabens gelegen, der meridionalen
europäischen Verkehrsachse, ist Basel Eingangstor bedeutender schweize-
rischer Importe, Dreiländereck, Basis gleich für mehrere zentralalpine
Verkehrsrouten. Seit 1855 kreuzt hier der nordsüdliche den westöstlichen
internationalen Eisenbahnverkehr, und seit den 20er Jahren unseres Jahrhunderts wuchs die Bedeutung Basels auch als Binnenhafen. Von Basel aus
begleiten auf beiden Ufern Bahnlinien und Straßen den Hochrhein. Und
von Basel her wuchern industrielle Ansiedlungen den Fluß hinauf und in
die Landschaft hinein. Die Schotterebene des Talgrundes und der Fluß
bieten Standortvorteile: Ausdehnungsmöglichkeiten und günstige Verkehrsanbindungen.

Zwischen den Transversalen aber und insbesondere zwischen Stein am
Rhein und Waldshut liegen lange Strecken wenig getrübter Wander-
freude. Die Freude mindert sich, je näher man Basel kommt. Nach den
schattigen Uferpfaden, den friedlichen Städtchen mit ihren alten Häusern

und den hölzernen Brücken, den einsamen Wäldern am Wasser, den letzten Salmenwaagen, folgt hier und da ein asphaltiertes Wegstück, liegen Kieslöcher zwischen Äckern, wandeln sich bunte Wiesen in Grünflächen, in banale Eigenheimidyllen und behördliche Uferanlagen, unterbricht der Maschendraht um ein Industriegelände das freundliche Landschaftsbild, kündigen Fabrikschlote und Kühltürme über den Baumwipfeln die Nähe technischer Großanlagen an. Die eindrucksvolle Eisenbahnbrücke von 1895/97 in Eglisau, die in 50 m Höhe und auf 440 m Länge auf schlanken steinernen Pfeilern und hohen Bogen – eine eiserne Kastenbrücke – den Hochrhein überquert, scheint das Eingangstor zu diesem Wegabschnitt bis Basel zu sein.

Düsenlärm erfüllt die Luft; in knappen Abständen schweben Flugzeuge nach Zürich-Kloten ein: Die Einflugschneise quert das Rheintal. Vor Kaiserstuhl (gemeint ist der kleine schweizerische Ort am Hochrhein) treten die Talränder zurück; die Niederterrasse bildet eine weite Fläche; darin gähnt eine Kiesgrube von erschreckendem Ausmaß. Betreiber ist die «Weiacher Kies AG». Wie alle Auskiesungen auf ergiebigen Schotterterrassen schlägt auch diese der Tallandschaft eine schlimme Wunde. Wird sie, nach vollendeter Ausbeutung, offen liegen bleiben? Ein paar Warnschilder und rostende Drahtseile schützen die Ausbeuter vor Schadensersatzansprüchen unvorsichtiger Besucher. Wer schützt die Landschaft vor ihren Ausbeutern?

Beim schweizerischen Rekingen ragen die hohen Betonkuben der Zementwerke mit ihrem rotweißen Schornstein aus der Flußlandschaft auf; vor Zurzach stört die Sodafabrik Solvay das Bild. Das in dieser zwei Kilometer breiten Talweitung geförderte Natriumchlorid wird in einer Pipeline zu den Chemiewerken bei Rheinfelden geführt. An den Salinen hinter Zurzach beschreibt der Hochrhein einen großen Bogen um Rietheim herum; am rechten Ufer liegt Kadelburg. An einem klaren, windstillen Sommermorgen steht im Westen eine hohe weiße Wolke. Dies ist der Wasserdampf aus dem Kühlturm des Kernkraftwerks Leibstadt. Auf der anderen, der deutschen Rheinseite, steigt schmutzigbrauner Qualm aus den Anlagen der Lonzawerke bei Waldshut-Tiengen auf. In Kaisten beim schweizerischen Laufenburg berührt der Wanderweg eine Produktionsstätte der Ciba-Geigy mit eindrucksvoller Kläranlage am Rheinufer, bei Sisseln den Werkskomplex der Hoffmann-La Roche. Vor Stein dann, gegenüber Bad Säckingen, abermals Ciba-Geigy, am deutschen Ufer bei Rheinfelden: Degussa (Deutsche Gold- und Silberscheideanstalt), Aluminiumhütte, Dynamit-Nobel, etwas weiter, in Grenzach-Wyhlen, wieder Hoffmann-La Roche.

Die Masten der Elektrizitätsversorgung durchqueren mit ihren Fernleitungen die Landschaft. Der Hochrhein ist ein bedeutender Energieproduzent; er muß nicht nur zwölf Wasserkraftwerken zu Diensten sein, sondern auch das Kühlwasser des Kernkraftwerks Leibstadt aufnehmen und

die Nähe der Kernkraftwerke Beznau I und II ertragen. Nahebei liegt
Würentingen, wo ein Zwischenlager für schwach- und mittelradioaktive
Abfälle und Uranvorratslager geplant war. Am Ufer stehen auf manns-
hohen Stangen Metallkörbe. Es sind «Umweltmeßstationen»; sie in diesem Gebiet aufzustellen scheint angebracht.

Nach dem Besuch der Ausgrabungen in Augst, dem römischen Augusta Raurica, sollte der Wanderer den Rucksack abschnallen und sich dem
Schiff der Basler Personenschiffahrts-Gesellschaft anvertrauen. Es ist gut,
zu sitzen, wenn Schweizerhalle in Sicht kommt, wenn die Namen der Che-
miegiganten Revue passieren, die als Wohltäter der Menschheit galten bis
zum 1. November 1986, bis zur Katastrophe bei Sandoz.

Seit am Rheinknie hugenottische Einwanderer die Seidenbandweberei
betrieben, hat die chemische Industrie hier Tradition.[42] Im 19. Jahrhundert ließen sich Textilmanufakturen nieder. Für ihre Färbereien nutzten sie
das weiche Wasser aus dem Schwarzwald, das Wasser der Wiese und vom
Riehenteich. Aus den Färbereien, den Walken und Bleichen entstand die
chemische Großindustrie. Ihr kam zugute, daß 1836 in Schweizerhalle,
später auch an anderen Plätzen, unter den Schotterpaketen der Talebene
des Hochrheins in 120 bis 400 m Tiefe zum Teil dutzend Meter mächtige
Salzschichten der Trias entdeckt wurden. Die Vereinigten Schweizerischen
Rheinsalinen bauten sie ab, indem sie Grundwasser hinunterpumpten, die
salzgesättigte Sole förderten und reinigten.[43] Die chemische Industrie
braucht das Salz als Rohstoff für ihre Produkte: Farbstoffe, Kosmetika,
Pharmazeutika, synthetische Stoffe. Für ihre Abwasser bot sich als praktischer Vorfluter der Rhein an. Auch Sandoz ist eines dieser traditionsreichen Unternehmen.

Sandoz hatte gerade das Jubiläum seines Stammhauses gefeiert und dafür
das vielsagende Motto gewählt: «Hundert Jahre für ein Leben mit Zukunft», als am 1. November 1986 die Vergangenheit das Unternehmen
einholte. Der «Schicksalstag», so der Geschäftsbericht 1986 des Unternehmens, «der Großbrand von Schweizerhalle (schien) mit all seinen Auswirkungen das eben noch erklärte Ziel unserer industriellen Tätigkeiten
in Frage zu stellen».[44]

Was war geschehen? Nach dem Bericht über die Ursachen des Brandunglücks bei Sandoz in Schweizerhalle, den der Wissenschaftliche Dienst
der Zürcher Stadtpolizei ein halbes Jahr später vorlegte, war ein zunächst
flammen-, rauch- und geruchloser Glimmbrand des Farbstoffs «Berliner
Blau» die wahrscheinlichste Ursache. Der in Papiersäcken abgefüllte Farb-
stoff war am Tag vor dem Ausbruch des Brandes mit einer Kunststoffolie
überzogen worden. Diese wird mit Hilfe eines Gasbrenners zum
«Schrumpfen» gebracht, um sie auf Paletten zu fixieren. Die Arbeiter hatten entgegen den Empfehlungen eines Brandverhütungsdienstes das Ab-
kühlen nicht abgewartet, sondern die Paletten sofort eingelagert, und zwar
in einer Halle, deren Ausstattung mit Feuermelde- und Löschanlagen

mangelhaft war. Aus dem Schwelbrand entwickelte sich in der Nacht eine Feuersbrunst. Als der Brand entdeckt wurde, die Feuerwehr anrückte und ihre Rohre aufdrehte, flossen mit dem Löschwasser 30 bis 40 Tonnen insektizid wirkende und zunächst unbekannte Chemikalien in den Rhein. Vielleicht hätte, bevor die Feuerwehr den Befehl «Wasser marsch!» erhielt, das Ausmaß der Katastrophe noch eingegrenzt werden können, wenn man die Chemikalie hätte herunterbrennen lassen, statt mit dickem Wasserstrahl hineinzuhalten.

Der Bericht der Zürcher Stadtpolizei über das Unglück bei Sandoz bot Anlaß, gegen «die verantwortlichen Personen» des Chemiekonzerns ein Strafuntersuchungsverfahren einzuleiten wegen «fahrlässiger Verursachung einer Feuersbrunst, fahrlässiger Gewässerverschmutzung, Tierquälerei und anderer Folgedelikte».[45]

Die unmittelbare Folge des Brandunglücks und der Bemühungen der Feuerwehr war ein Massensterben von Aalen und Äschen im Oberrhein. Bis hinunter nach Karlsruhe wurden 150 000 tote Aale aus dem Rhein gezogen. Und bis nach Holland mußten Wasserwerke abgeschaltet, Brunnen geschlossen, Tiere vom Ufer ferngehalten werden.[46] In einzelnen Rheinorten brach die Trinkwasserversorgung zusammen. Die teilweise Vernichtung wirbelloser Tiere führte für manche Fischarten zu einem erheblichen Nahrungsdefizit. Für die Wiederherstellung dieser Wirbellosen-Biozönosen im Rhein wurde eine Zeitspanne von drei Jahren angesetzt. Bald nach dem Unfall begann eine deutliche Regeneration der Fauna, aber Spätschäden konnten nicht ausgeschlossen werden. Zu Beginn des Jahres 1987, einige Monate nach dem Sandoz-Unfall, gab es bei Basel ein Entensterben. In den Körpern der verendeten Tiere wurden sandozspezifische Schadstoffe entdeckt.

Die schweren ökologischen Schäden, die der Oberrhein davontrug, setzten sich am Mittelrhein und Niederrhein nicht in gleicher Stärke fort. Der hohe Wasserstand des Rheins, die erhebliche Verdünnung und die Streckung der Giftwelle mögen hier Schlimmeres verhütet haben.[47]

Mehr noch als über die Umweltschäden grämte sich die chemische Industrie über den Verlust an Vertrauen, den ihr der Sandoz-Unfall in der öffentlichen Meinung eingebracht hatte. Ausgerechnet in jenen Katastrophentagen hatte die chemische Industrie in einer aufwendigen Presseaktion großformatige Anzeigen geschaltet, die einen kapitalen Hecht zeigten und dazu den Text: «Lieber Fisch. Es wird Dir guttun, daß die chemische Industrie die organische Belastung der Gewässer in den letzten zwanzig Jahren um mehr als 90 Prozent gesenkt hat.» Prompt folgte der Brand in Schweizerhalle. Der Verband der chemischen Industrie versank in betretenes Schweigen. Dann getraute er sich mit der kleinlauten Anzeige hervor: «Liebe Mitbürger, das Unglück in der Schweiz ist ein Rückschlag ...» Aber es war nicht nur die Schweiz, nicht nur Sandoz – plötzlich gerieten sie alle in die Schlagzeilen, die Ciba-Geigy, Hoffmann-

La Roche, Lonza, BASF, Hoechst, Bayer; die Chemieunfälle schienen sich
unversehens zu häufen; von Basel den Rhein hinunter folgte eine Kata-
strophenmeldung der anderen. Es bestätigte sich, was Besorgte argwöhnten: Der R(h)einfall bei Sandoz war kein Einzelfall, sondern Alltag am
Rhein, das gewohnte Bild. Schlimmer noch: Das Unglück in der Firma
Sandoz hätte leicht verhindert werden können, wenn beizeiten Vorkehrungen getroffen worden wären. Lange vor der Katastrophe ist das Unternehmen gewarnt worden. Fünf Jahre vor dem Unglück wurde in einem
Versicherungsbericht beschrieben, was dann am 1. November 1986
tatsächlich eintrat: «In Basel wird das Oberflächenwasser aufgefangen und
im Normalfall in den Rhein geleitet. Starke Regenfälle oder Löschwasser
werden ebenfalls direkt in den Rhein geleitet. Während eines Brandes ...
können also brennbare, explosive und giftige Stoffe ... zusammen mit erheblichen Mengen Löschwasser in den Rhein gelangen.» Ein Bericht in
der FAZ schloß mit der Bemerkung: «Nachdem der tatsächliche Hergang
so genau vorweggenommen wurde, wird es nicht leicht sein, auf das be-
liebteste aller Entlastungsargumente zurückzugreifen und auf Unvorher-
sehbarkeit zu plädieren. Das, unter anderem, begründet den ungewöhn-
lichen Charakter des Falles Sandoz und macht verständlich, warum die
öffentliche Aufmerksamkeit über das rein Ökologische weit hinaus-
reicht.»[48]

Das Mißtrauen saß nun tief. Als der Konzern Hoffmann-La Roche
einen Laborneubau plante, hagelte es sogleich fünfzig Einsprüche aus der
Bevölkerung. Mehr als 800 waren es, als Ciba-Geigy etwas über eine neue
Verbrennungsanlage für Sondermüll auf ihrem Werksgelände verlauten
ließ. Da half auch das Argument nichts, daß die Schadstoffbelastung geringer sein werde als die einer traditionell befeuerten Heizkesselanlage.
Die Behauptung, daß doch gerade erst, vor Jahresfrist, die Dioxin-Abfälle
der Katastrophe von Seveso an gleicher Stelle verbrannt worden seien,
ohne daß sich jemand erregt habe oder die Umwelt gefährdet worden sei,
fruchtete nicht, riß im Gegenteil den Graben zwischen der Chemie und
der Bevölkerung noch tiefer auf.

Seither spielt die Chemie auf Zeitgewinn. Durch eine sanfte Beeinflus-
sung der Öffentlichkeit, durch Serien sorgfältig formulierter und plazier-
ter Anzeigen versichert sie immerzu, sie sei bereit, in Umweltschutz und
Sicherheit Millionen zu investieren – was nicht ausschließt, daß sie gelegentlich anmerkt, ihre Wettbewerbsfähigkeit müsse erhalten bleiben,
andernfalls drohe Gefahr für die Produktion auch am Standort Basel.

Schleunigst und großzügig wurden die Schadensersatzansprüche geregelt. Noch im November 1986, dem Katastrophenmonat, erhielten die
baden-württembergischen Rheinfischer 3,6 Millionen Mark Schadensersatz. Das schaffte in der Öffentlichkeit sogleich ein anderes Klima. Ein
halbes Jahr nach der Katastrophe waren 350 Schadensfälle geregelt,
100 Millionen Franken sanft über die Wunden gebreitet. Das fiel Sandoz

um so leichter, als der Konzerngewinn im Jubiläums- und Katastrophenjahr 1986 satte 541 Millionen Franken betrug und noch um zwei Prozent
über dem des Vorjahres lag.[49] Auf der Generalversammlung meldete sich
ein Aktionär zu Wort und stellte den Antrag, auf die vorgeschlagene Di-
videndenerhöhung von zwei Prozent zu verzichten, weil er es als Provo-
kation empfinde, von diesem Unglücksjahr auch noch Profit zu ziehen.
Der Gewinn sei schließlich nicht das Wichtigste: «Es geht nicht darum,
wieviel Umweltschutz wirtschaftlich tragbar ist, sondern wieviel Wirtschaft für die Umwelt.»[50] Natürlich ergab die Diskussion, daß die Divi-
dendenausschüttung sachlich nichts mit der Katastrophe zu tun hätte, Sandoz kein Institut für angewandte Psychologie wäre und man im übrigen
sein «Batzeli» zusammenhalten müsse – wer weiß, welche Unfälle noch
kämen. Die Abstimmung brachte eine überwältigende Mehrheit für die
erhöhte Dividende, nur zwanzig Stimmen waren dagegen.

Erasmus von Rotterdam: Weltbürger in Basel

Die Niederlande waren seine Heimat und das Land seiner Jugend, der
Oberrhein wurde im letzten Lebensabschnitt seine geistige Heimat –
wenn Erasmus denn überhaupt irgendwo sich heimisch gefühlt hat.[51] Zwischen den Niederlanden, Frankreich, England und Italien hat er zeitlebens
ein Wanderleben geführt, der Rhein war gleichsam die Achse, um die sein
Leben kreiste. In Rotterdam um 1469 geboren, hat er in Deventer die Ka-
pitelschule besucht, trat ins Kloster Stein bei Gouda ein und erhielt 1492
die Priesterweihe. Ein guter Lateiner, wurde er 1493 Sekretär des Bischofs
von Cambrai, bekam die Erlaubnis, Theologie zu studieren und ging nach
Paris, wo er bis 1499 blieb. «Im Jahre 1499 faßte Erasmus den Plan, nach
Rom zu gehen. Statt dessen ging er nach England, wo er sich vor allem in
London und Oxford aufhielt. Auch in den folgenden Jahren reiste er viel;
er lebte 1499–1500 in England, 1500–1501 in Paris und Orléans,
1501–1504 in den Niederlanden, 1504–1505 wieder in Paris, 1506–1509
in Italien», wo er in Turin den theologischen Doktorgrad erwarb,
«1509–1514 wiederum in England. Allein diese Aufzählung seiner Le-
bensorte zeigt, wie weit Erasmus sich aus seinem ursprünglichen Milieu
entfernt hatte.»[52]

Als er im Sommer 1514 England verließ, war er ein weithin berühmter
Mann, ein an den Fürstenhöfen Europas gesuchter und von den Humanisten hochverehrter Gelehrter und Schriftsteller. Basel war erstmals sein
Reiseziel. Diese Reise den Rhein hinauf «wurde zum Triumphzug.
Glanzvoll wurde Erasmus in Mainz, Straßburg und Schlettstadt von Humanisten wie Jakob Wimpfeling, Jakob Sturm, Beatus Rhenanus und Ulrich von Hutten empfangen».[53] In Basel lernte Erasmus Johann Froben

kennen, der sein wichtigster Drucker werden sollte. Ein halbes Jahr später
reiste Erasmus auf dem Rhein und nach England zurück. Wieder wurde
er, wo sein Schiff anlegte, von den rheinischen Humanisten gefeiert. 1515
war er abermals in Basel, wo er Hans Holbein traf und Editionen des
Hieronymus und des Neuen Testaments vorbereitete. Ein letztes Mal,
1517, kehrte er nach England zurück, fuhr erneut nach Basel und ließ sich
schließlich, 1521, in Basel nieder.

Dort war er Mittelpunkt eines Kreises befreundeter Humanisten. In
einer Briefstelle bekannte er über diese glücklichen Jahre in Basel: «Ich
kann kaum sagen, wie sehr mir diese Basler Atmosphäre gefällt, wie sehr
der Menschenschlag – es gibt nichts Freundschaftlicheres, nichts Aufrich-
tigeres.»[54] Dann allerdings trübten die Begleiterscheinungen der Reformation zunehmend seinen Aufenthalt in Basel; 1529 wich er nach Freiburg im Breisgau aus; 1535 kehrte er nach Basel zurück und zog in das
Haus seines Freundes Froben. Dort starb er 1536. Er fand in der Münsterkirche zu Basel seine letzte Ruhestätte. (Abb. 24)

Ad fontes war seine und der Humanisten Parole, zu den Quellen nicht
nur der paganen Überlieferungen der Antike, sondern auch der christlichen Theologie, außer der Bibel auch der Kirchenväter. Sein Ziel war
«die Vereinigung von bonae litterae und sacrae litterae», und «daß die Aus-
übung der Theologie verbunden wird mit Kenntnis der Sprachen und der
gebildeten Literatur»[55]. Das aber trug ihm die Gegnerschaft der herkömmlichen Theologie ein, insbesondere der Scholastiker.

Das katholische Lager sah in ihm einen Lutheraner, einen Abtrünnigen;
Luther aber nannte ihn einen Aal, den niemand zu fassen vermöchte,
außer Christus. Erasmus, angefeindet und persönlich bedrängt, versuchte
dennoch, sein Blickfeld freizuhalten, von den Parteien nicht sich einneh-
men zu lassen und sein eigenes, unabhängiges Urteil zu behalten. Die Entwicklung trieb auf den Höhepunkt zu. Kurfürst Friedrich der Weise von
Sachsen hatte aus Rom die päpstliche Forderung erhalten, die Schriften
Luthers zu verbrennen, diesen selbst aber auszuliefern. Ehe der Kurfürst
antwortete, «wollte er mit Erasmus reden. In aller Eile wurde ein Treffen
(in Köln) arrangiert. Der Kurfürst begann das Gespräch mit einer Erörte-
rung der Frage, aus welchem Grunde Luther verurteilt worden wäre. Erasmus gab nach einigem Zögern die berühmt gewordene Antwort: ‹Luther
hat schwer gesündigt, er hat die Bäuche der Mönche und die Krone des
Papstes angetastet›. Es blieb aber nicht bei diesem Bonmot. Erasmus lehnte
auch jetzt die Heftigkeit und Anmaßung Luthers ab»[56]. Zugleich aber weigerte er sich, gegen Luther Stellung zu beziehen, gegen Luther zu schreiben, wie es Rom von ihm forderte. Dem Kurfürsten gab er den Rat, Luther vor päpstlichen Gerichten zu bewahren. Er sah in Luther ein
«notwendiges Übel, das Beste, was zu diesem Zeitpunkt möglich war»[57].

Erasmus, der Niederländer, der den Oberrhein als Wirkungsstätte vorzog, obwohl er stets und noch im hohen Alter Heimweh nach seiner Hei-

Abb. 24: Hans Holbein d. J.: Erasmus von Rotterdam. Um 1530.

mat fühlte, Erasmus würde es abgelehnt haben, als Rheinländer bezeichnet zu werden: Er wollte Weltbürger oder Nichtbürger bei allen sein. Dennoch nehme ich ihn für das Rheinland in Anspruch, verstehe ihn als christlichen Denker, der im Rheinland unter Freunden lebte und dort ein Mahner zu gegenseitigem Verstehen, zur Liebe, zum Frieden war. Eine Botschaft, die dem Rhein, der auf weiten Strecken Grenzfluß ist, und seinen Menschen wohl ansteht.

Ein Fluß der Brückenschläge

Von der Mittleren Brücke in Basel, den lästigen Lärm der Autos und das gemütliche Rumpeln der Straßenbahn im Rücken, schaue ich zur Wettsteinbrücke hinüber, der Nachbarin der Mittleren. Brücken sind den Baslern ein wichtiger Gegenstand. Sie waren imstande, zehn Jahre über die neue Wettsteinbrücke zu streiten und 1990 eine Volksabstimmung zu veranstalten. Ich beobachte die Seilfähren, von denen die Basler nicht lassen können, obwohl sie allem Fortschritt Hohn sprechen. Nein, denke ich, während sie langsam, von der Strömung getrieben, am Seil geführt, hinüber gleiten: Dieser freundliche, geduldige Fluß trennt die Menschen nicht, achtsam folgt er seinem uralten Bett, nimmt, anders als der Alpenrhein, niemandem ein Stück Ufer weg, allenfalls der Donau ein wenig Wasser; bedroht die nicht, die seine vertrauten Nachbarn sind. Mit seinen hundert oder auch zweihundert Metern Breite möchte er, trotz wehrhafter Bunker und Straßensperren, dennoch den Austausch beider Seiten nicht verhindern, – willig treibt er, wie seit Jahrhunderten, Fähren, rund sechzig sind es, zwischen den Ufersiedlungen hinüber und herüber. 34 feste Brücken verklammern die Ufer – die Übergänge an den Stauwehren der Kraftwerke nicht mitgerechnet. Er hat es hingenommen, daß sein Bett in eine Kraftwerkstreppe umgewandelt worden ist, daß an die Stelle der wilden Laufen und Stromschnellen Wehre, Einlaufkammern und Turbinen getreten sind, die er anzutreiben hat und durch die er hindurch muß. Er ist den Menschen willig und nützlich.

Der merkwürdige Verlauf der politischen Grenzen muß ihm wie reine Willkür erscheinen. Kaum etwas spricht für sie, allenfalls 500 oder 600 Jahre politischer Geschichte. Was ist das schon gegen 10000 Jahre Flußgeschichte? Die alten Ortsbilder am linken gleichen denen am anderen Ufer; das Aargauer Haus erkennt man in dem des Hotzenwaldes wieder; hüben und drüben sind gleiche Ortsnamen häufig, hört man alemannische Laute, gibt es familiäre Beziehungen, sind Fastnachtsbräuche ähnlich. Alle Klöster, wie das in Säckingen, hatten Besitz auf beiden Seiten des Rheins. Wallfahrt und Messe in Zurzach hatten Zuzug nicht nur vom linken Ufer, sondern auch vom rechten und von weither aus dem Schwarzwald.

Die alten Gemeinsamkeiten wirkten in die Gegenwart weiter. Die Absprachen, die vor Jahrhunderten verbrieft und besiegelt waren – die älteste Beurkundung reicht in das Jahr 1438 zurück –, sollten weiter gelten und wurden nun in Staatsverträgen bekräftigt. Eine «Übereinkunft zwischen der Schweiz und dem Großherzogtum Baden betreffend den Wasserverkehr auf dem Rhein von Neuhausen (bei Schaffhausen) bis unterhalb Basels» aus dem Jahre 1879 verpflichtet im Artikel 5 die beiden Staaten, «... dafür zu sorgen, daß keine Anlagen vorgedachter Art sowie überhaupt keine Bauten, welche auf den Wasserabfluß eine erhebliche Einwirkung ausüben könnten, im Fluß oder an dessen Ufer, soweit dasselbe innerhalb des Bereiches des höchsten bekannten Wasserstandes (Inundationsgebiet) liegt, errichtet oder wesentlich geändert werden, bevor der zuständigen Behörde des anderseitigen Staates die Pläne zur Geltendmachung der in Betracht kommenden Interessen und zur tunlichsten Herbeiführung eines Einverständnisses mitgeteilt worden sind»[58].

Danach verfahren bis heute die beiden Uferstaaten. Und weil die Wasserhoheit unteilbar ist, nur von beiden Staaten gemeinsam ausgeübt werden kann, wurden seit 1895 Finanzierung, Bau und Betrieb der Rheinkraftwerke in gegenseitiger Abstimmung vorangetrieben; auch die Energie wird anteilig genutzt und steht zu 56 Prozent der Schweiz, zu 44 Prozent dem Land Baden-Württemberg zu. Die schweizerisch-deutsche Zusammenarbeit am Hochrhein hat sich, in alter Tradition, bewährt, und findet auch darin ihren Ausdruck, daß Arbeitsplätze auf beiden Ufern Schweizern und Deutschen offenstehen.

Der Hochrhein – zwischen Stein am Rhein und Basel – ist ein Fluß der Brückenschläge, kein trennender, ein verbindender Fluß. Gottfried Keller, der, in Zürich geboren, viele seiner jungen Jahre nördlich des Rheins, in München, Heidelberg, Berlin verbracht hatte, hat es so gesagt:

«Da rauscht das grüne Wellenband
Des Rheines Wald und Au entlang;
Jenseits mein liebes Badnerland
Und hier schon Schweizer Felsenhang,
(…)
Wohl mir, daß ich dich endlich fand
Du stiller Ort am alten Rhein,
Wo ungestört und ungekannt
Ich Schweizer darf und Deutscher sein.»

Fünftes Kapitel

Der Oberrhein:
Zwei Länder, zwei Ufer

Zwischen Deutschland und Frankreich

Im Aussichtsrestaurant «Zur weiten Fahrt» am Basler Hafenbecken Hüningen I, Stromkilometer 170, ist am frühen Morgen nicht viel los. Die Touristen kommen erst später. Ein paar Lkw-Fahrer sitzen herum, frühstücken, lesen die Zeitung, während ihre Camions beladen werden. Sie verschwenden keinen Blick auf den Hafen. An der Spitze der Mole steht ein Denkmal, das wie ein zusammengefalteter Regenschirm aussieht. Oder wie eine Rakete. Es trägt die Farben der Schweiz, Frankreichs, Deutschlands. Signalisiert es die Zukunft, das vereinigte Europa? «Europa entscheidet sich am Rhein», hatte 1928 René Schickele, der elsässische Schriftsteller, geschrieben.

In den Reden der Politiker wird das Dreieck Basel–Straßburg–Freiburg gern als Pflanzgarten Europas, Keimzelle des Kommenden zitiert. Solche vollmundigen Erklärungen häufen sich vor Präsidentschaftswahlen oder in Landtagswahlkämpfen. Hernach wird es stiller. In Wahrheit sieht es im Dreiecksland nicht so aus, als würde Europa ausgerechnet hier zuerst Wirklichkeit.

Ich bezahle den Kaffee und beginne meine Wanderung am Oberrhein. Auf beiden Ufern Kaianlagen, Verladekräne, Lagerhallen. Ich stolpere über Schienen, warte auf rangierende Güterzüge und weiche Lastwagen aus, die ihre Anhänger zurücksetzen und unter die Kräne an der Hafenmauer dirigieren. Hafenalltag. Auf dem Strom nur geringer Schiffsverkehr; Koppelmanöver von Schubmotorschiffen, Zollboote.

Am Friedlinger Zoll verlasse ich Schweizer Boden. Jenseits der Grenze beginnt auf der deutschen Seite, am rechten Ufer des Oberrheins, der «Rheinauenweg». Drüben am anderen Ufer des Rheins liegt der «Port Rhénan de Huningue». Dort ist Frankreich. Die «Palmrainbrücke» überquert den Rhein; die Trikolore weht auf der Brückenmitte. Die Uferböschungen sind durch Betonplatten befestigt; Fugen und Schadstellen werden sorgfältig gedichtet. Auch die Flußsohle ist betoniert. Bis zur Abzweigung des Rheins am Schleusenoberkanal Kembs verläuft die Staatsgrenze Deutschland–Frankreich in der Strommitte. Am Stromkilometer 173,55 verläßt der Rhein deutsches Gebiet. Sein Wasser fließt im Grand Canal d'Alsace.

Das alte Rheinbett ist durch einen massiven Staudamm, den Barrage de Kembs, verschlossen. Ein Meter Freibord bleibt. Hinter dem Wehr, acht

Meter tiefer, liegt die Flußsohle des alten Rheins weithin trocken. Ein spärliches Rinnsal sucht zwischen Kiesinseln und Sandbänken seinen Weg. Nahe dem Staudamm, der dem Rhein sein ursprüngliches Bett verschließt, steht am deutschen Ufer ein zerstörter Bunker aus dem letzten Krieg. Tiefe Einschußlöcher, geborstener Stahlbeton, rostende Armierungen. Dieser Bunker ist auf meinem Weg das erste der Monumente vieler Heimsuchungen, die diese Grenzregion ertragen mußte. Am deutschen und am französischen Ufer wird die Kette der zerstörten Schanzungen und Forts, der gesprengten Bunker, der niedergebrannten Ortschaften, der zerschossenen und wiederaufgebauten Städte, der geschleiften Festungen, der Soldatenfriedhöfe, Gedenksteine und Kreuze nicht abreißen. Meist waren es sinnlose Kriege, ein blutiges, verlustreiches Hin und Her, das ohne Ergebnisse und, am Ende, auch ohne Sieger blieb.

Die Umleitung des Rheins in den Grand Canal d'Alsace, hinüber auf französischen Boden, die Trennung eines französischen von einem deutschen Rhein und die allmähliche Wiedervereinigung der getrennten Flußbetten hinter Breisach – dies ist das jüngste Kapitel eines langen Kampfes um den Rhein, der die Geschichte zweier Völker bestimmte, die darüber im 19. Jahrhundert zu «Erbfeinden» wurden; der eine grub dem andern das Wasser ab. Auf dem 51 Kilometer langen Stück von Kembs bis Breisach fließt der Rhein in Frankreich. Die Franzosen haben den Fluß und seine Uferzonen in einen Kanal mit Staustufen und Schleusenanlagen, in eine Kraftwerkstreppe verwandelt. Eine Industriezone folgt der anderen, mit planierten Kiesflächen und Brachen dazwischen, die der Ansiedlung weiterer Industrieanlagen harren.

Am deutschen Ufer herrscht die forst- und landwirtschaftliche Nutzung vor. Kiesgruben sind auch hier, wie am französischen Ufer, zahlreich. Und der südliche Landschaftsteil zwischen Basel und Breisach ist nicht mehr vom Fluß und vom Grundwasser durchströmte Aue, er nähert sich – Folge der Eingriffe des Menschen – einer Steppe mit schütteren Bäumen, magerem Grün.

Der Rheinauenweg am deutschen Ufer steigt zum Isteiner Klotzen hinauf und folgt in nördlicher Richtung der «Römerstraße» durch das Markgräfler Hügelland. Nach zwei Kilometern erreicht er den Ort Blansingen, ein Bauerndorf, von dem kein Aufhebens zu machen wäre, besäße die alte Pfarrkirche nicht bemerkenswerte Wandmalereien aus der Mitte des 15. Jahrhunderts. Am nördlichen Ortsausgang verdient ein Kriegerdenkmal Beachtung, weil es auf das Pathos der Totenmale, auf gedämpften Trommelwirbel, auf Heldenverehrung, sogar auf die gängigen Attribute der Eisernen Kreuze, Stahlhelme, der gesenkten Trikoloren verzichtet. Das Denkmal ist «von der Gemeinde Blansingen ihren gefallenen Helden gewidmet». Es trägt die Namen der toten Soldaten, deutsche Namen, und deutsche Namen nennt auch das Ehrenmal in Ottmarsheim drüben im Elsaß: Lang, Schmidt oder Gärtner hießen die Familien, die ihren Sohn, ihren Gatten, den Vater im Krieg verloren. Sie sprachen hüben und drüben den gleichen alemannischen Dialekt, und sie haben aufeinander schießen müssen.

Geologie des Oberrheingrabens:
Spaltet sich Europa?

«Spaltet sich Europa? Treiben Deutschland und Frankreich auseinander?», wurde Professor Illies nach einem Vortrag über die geologischen Vorgänge im Oberrheingraben gelegentlich gefragt. «Folgt auf die kontinentale Zerreißung eine Kontinentaldrift?» Professor Illies pflegte zu beschwichtigen: Dieses Problem gebe keinen Anlaß zur Sorge, wenn man es in seinen geologischen Zusammenhängen betrachte, mit dem Maßstab vieler Jahrmillionen. Die Geschwindigkeit des Auseinanderrückens der seitlichen Flanken des Grabens liege etwa bei 0,5 Millimeter im Jahr, der Betrag des Absinkens der Grabensohle erreiche an einigen Stellen 0,7 Millimeter im Jahr. Im Laufe eines Jahrhunderts also entferne sich der Schwarzwald von den Vogesen nur um 5 Zentimeter und die Grabensohle sinke um 7 Zentimeter ab. Acht Universitätsinstitute und fünf geologische Landesanstalten, die alle im Oberrheingraben beheimatet seien, hätten, und das nun schon seit Generationen, dieses Phänomen beobachtet und erörtert; sie seien zu dem Ergebnis gekommen, daß gegenwärtig kein Grund zu erkennen sei, «weshalb sich der Graben in näherer (geologischer) Zukunft mehr beeilen sollte»[1].

Seit dem Eozän ist der Oberrheingraben um 4 bis 5 Kilometer in die Tiefe gesunken, seine Ränder sind um 4 bis 5 Kilometer auseinandergerückt. Aber das hat 50 Millionen Jahre gedauert. Die Fachleute interessiert: Was ist die Ursache, was löste den Grabenbruch aus? Wie lief er ab? Und wohin geht die Entwicklung?

Hunderte von Schächten und Tausende von Bohrungen wurden zwischen Schwarzwald und Vogesen niedergebracht; zahlreiche geophysikalische Kampagnen beschäftigten sich mit Tiefgang und Fundament, Struktur und Aufbau des Oberrheingrabens. Bahnbrechende Arbeiten von Forschern wie Henning Illies[2] und Hans Cloos[3] enthüllten einen dramatischen erdgeschichtlichen Vorgang. Das Wort «Graben» (oder «rift system») wurde schließlich zum internationalen wissenschaftlichen Fachbegriff für einen geologischen Strukturtypus.[4] (Abb. 25)

Die Oberrheinebene zieht sich wie ein schwaches, gegenläufiges S zwischen Basel und Mainz, vom Schweizer Faltenjura bis zum Rheinischen Schiefergebirge, durch Westeuropa. Sie ist 300 Kilometer lang, 36 Kilometer breit und stellt sich heute dar wie eine schmale, flache Schotterflur, in die hinein der Oberrhein sein Bett geschnitten hat. Die Bezeichnung

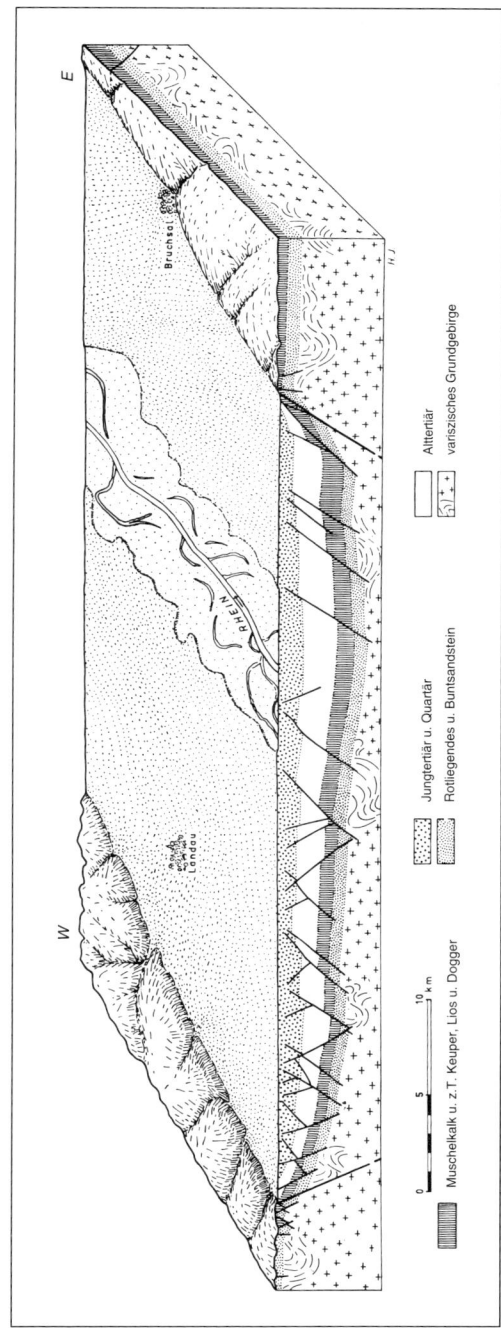

Abb. 25: Blockdiagramm des Oberrheingrabens nördlich von Karlsruhe. Die Grabenschultern des Pfälzer Wäldes im Westen und des Kraichgaues im Osten haben sich gehoben und wurden durch Erosion wieder abgetragen; der abgesunkene und in Schollen zerbrochene Graben hat sich mit jungtertiären und quartären Sedimenten gefüllt.

«Tal» sei falsch, korrigieren die Geologen, denn nicht die Erosionskraft des Flusses habe diese markante Erdfurche geschnitten und ausgeräumt, vielmehr sei sie durch endogene Kräfte des Erdinnern, durch tektonische Vorgänge entstanden. Der Fluß habe sie vorgefunden und sich ihrer als Abflußrinne bedient, nachdem Felsschwellen zwischen Isteiner Klotzen und Kaiserstuhl überwunden waren. Der Begriff «Graben» sei also angemessener. Wie aber entstand er? «Ein Span der irdischen Kruste ist abgesunken, hat sich an konvergierenden Brüchen keilförmig in die Tiefe gezwängt», erläutert Henning Illies, vereinfachend und zusammenfassend, das Geschehen.[5]

Es bereitete sich vor im Erdaltertum. In den Graniten und Gneisen des Grundgebirges bildeten sich Scherrisse, die zum Teil den späteren Grabenrändern parallel verliefen. Während der variskischen Faltung im Karbon und Perm, als die europäischen Mittelgebirge entstanden, blieb dieses Fundament noch starr und verklemmt; die Spannung der Gebirgsfaltungen hielt es zusammen. Zur Zeit der alpinen Gebirgsbildung im Tertiär nahm die Spannung im Erdmantel zu, die Erdkruste wölbte sich leicht auf, kleinere Vulkangruppen wurden tätig, ein Zeichen aktivierter Bruchtektonik.[6] Vor 45 Millionen Jahren, im Mitteleozän, trat ein Spannungsausgleich ein. Der Landstreifen zwischen Basel und Frankfurt zerbrach entlang der alten Verwerfungslinien in Schollen, die sich nun gegeneinander verschoben. Das alte Kluftgitter der Schwächezonen im Oberrheingebiet wirkte als vorgezeichnete Bewegungsbahn. Diese Massenversetzungen verliefen gegenläufig, und zwar sowohl vertikal als auch horizontal, – vertikal als Senkung des Grabeninnern und als Hebung der Grabenschultern, zugleich in der Horizontalen: nach SSW, bzw. gegenläufig nach NNO. Das Senkungsmaximum wanderte vom südlichen Grabenende nach Norden. Von Norden her antworteten ähnliche Senkungsbewegungen: Die Bruchtektonik bewirkte das Einsinken der Niederrheinischen Bucht und anschließend, als eine Art Zwischenglied zum Oberrheingraben, des Neuwieder Beckens. Vor 10 Millionen Jahren verlangsamte sich die Senkung im Oberrheingraben allmählich, ohne allerdings ganz zur Ruhe zu kommen.

In der vereinfachenden Skizze wirkt das Grabengeschehen im Oberrheingebiet wie ein in die Erdkruste getriebener, stumpfer Keil – ein Vergleich, der nicht stimmt, und der nachvollziehende Laborversuch verdeutlicht es: Die Kräfte wirkten nicht von oben, von außerhalb der Erde auf die Kruste ein, sondern lagen im Erdinnern, waren tellurischen, tektonischen Ursprungs. Diese Vorgänge sind durch die Kontinentalverschiebungstheorie Wegeners erklärt und seither bestätigt worden.[7] Zu deren Folgeerscheinungen gehören die horizontalen Verschiebungen (wie das Aufdriften des afrikanischen Kontinents auf den nördlichen, mit der Auffaltung der Alpen als unmittelbarer Folge) und eben auch die großen Grabenbruchsysteme der Erde (das Rote Meer, die ostafrikanischen Grä-

ben, der Rheingraben). Ihre Bewegungsmechanismen gleichen einander:
Die anfänglich nur zerbrochene und gelockerte Kruste wird an den Rissen und Scherzonen entlang durch fortgesetzte Zerrungen, Dehnungen,
Wölbungen, durch Auffüllung «hängender» Eintiefungen mit Sedimenten und durch Gewichtszunahme völlig durchtrennt. Krustenteile sinken
ein, andere heben sich und versetzen sich, gleiten voneinander weg.

In unserem Beispiel: Der Oberrheingraben hat Europa in nordsüdlicher
Erstreckung gespalten. Der Riß beschränkt sich nicht auf die 300 Kilometer des Rheingrabens zwischen Basel und Mainz, er setzt sich nach
Norden und Süden fort. Nach Norden hin gabelt er sich wie ein Y in

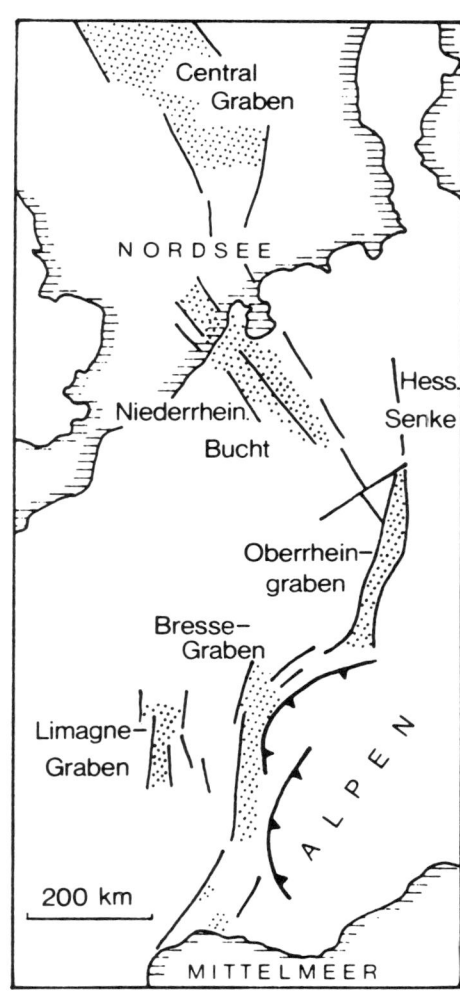

Abb. 26: Oberrheingraben und Niederrheinische Bucht sind Teile des «Rheinischen Lineaments»: So bezeichnen die Geologen die Bruchlinien im Rheingebiet, die durch tektonische Spannungen im Untergrund entstanden und zwischen Mittelmeer und Nordsee horizontale und vertikale Massenversetzungen auslösten.

einen westlichen und einen östlichen Arm. Den westlichen Arm markieren in Richtung Nordsee die Einbruchzonen des Neuwieder Beckens und der Niederrheinischen Bucht; der östliche Arm setzt sich über das Mainzer Becken fort in der Hessischen Senke und im Leinegraben. Nach Süden hin folgt das Grabensystem, bei Basel seitlich nach Westen versetzt, der von Sâone und Rhône markierten Furche zum Mittelmeer. Dieses «Rheinische Lineament» (oder «Rheinische Richtung») ist «bedeutendste Zerfallslinie Mittel- und Westeuropas»[8]; sie bildet auf 2000 Kilometer Länge einen tektonischen, in der Erdtiefe wirkenden und bis an die Oberfläche durchbrechenden Störungs- und Verwerfungskorridor. (Abb. 26)

Die Zeit vermochte diese Wunde oberflächlich zu schließen, wenn auch nicht zu heilen. Sie ist tief. Sie erreicht in ihrem Maximum 4400 Meter Sprunghöhe (die Differenz zwischen den angehobenen Grabenrändern und der Grabensenke). Der Graben wurde noch im Tertiär mit Sedimenten gefüllt. Im Quartär ergänzte der Rhein diese Arbeit. Gleichzeitig wurden die Grabenränder von der Erosion abgetragen und in den Graben geschüttet. Im heutigen morphologischen Erscheinungsbild ist daher nur noch etwa ein Viertel der anfänglichen Sprunghöhe zu erkennen: rund 1000 Meter. Der seit dem Tertiär in Gang gekommene Prozeß wirkt fort: Der Graben sinkt weiter ab und die Ränder bewegen sich voneinander fort.

Wie sieht die Zukunft des Oberrheingrabens aus? Das Beispiel eines anderen Grabensystems beantwortet diese Frage. Es zieht sich vom Jordantal über Totes Meer, Rotes Meer und Äthiopien nach Ostafrika. Ein Teilstück dieses ebenfalls nordsüdlichen Systems, das Rote Meer, ist nicht nur siebenmal so lang (2000 Kilometer) und achtmal so breit (300 Kilometer) wie der Oberrheingraben (bei etwa gleicher Sprunghöhe), es zeigt auch ein fortgeschritteneres Stadium. Illies beschreibt die Geschichte des Roten Meeres so: «Während des Oligozän bestand an dieser Stelle ein kontinentaler Graben, wie der Oberrheingraben heute. Seit dem Miozän begann die geschwächte kontinentale Epidermis Stück um Stück zu reißen. Von Süden her bemächtigten sich die Wasser des Indischen Ozeans des sich öffnenden Spalts. Heute sind die einander gegenüberliegenden Bruchstufen Afrikas und Arabiens 200 bis 350 Kilometer voneinander entfernt. Zwischen ihnen klafft ein über 2000 Meter tiefer, ozeanischer Spalt. Die Klammer kontinentalen Zusammenhalts ist geborsten. Aus einer kontinentalen Zerreißung ist eine Kontinentaldrift geworden ...»[9] – und Illies erinnert daran, daß der Vorgang der Kontinentalverschiebung zwischen Afrika und Südamerika am Ende des Mesozoikums auf die gleiche Weise begann wie im Oberrheingraben: durch ein Zerreißen der Kruste und einen Grabeneinbruch.

Geschichte am Oberrhein

Fünf römische Jahrhunderte

Im Westen von Ottmarsheim, wo die sanften Hügel des Sundgau flußabwärts zum Elsaß hin auslaufen, bei Mülhausen, schlug Caesar 58 v. Chr.
die Sueben unter Ariovist und zwang sie über den Rhein zurück. Diese
Demonstration der militärischen Präsenz Roms am Rhein war notwendig
geworden, seit die Kelten dem wachsenden Druck der aus den Wäldern
des Ostens andrängenden Germanen nachgaben. Weil die Kelten nicht
mehr als Puffer zwischen Germanen und den in Gallien stehenden Römern dienen konnten, mußte Rom selbst nach dem Rechten sehen. Mit
Caesars Sieg über Ariovist trat der Rhein in die Geschichte ein.[10] Die Aufgabe der Sicherung der Nordgrenze des Römischen Reiches löste Caesar
gründlich und mit imperialer Strategie. Er schuf Ordnung auf seine Weise:
Die Helvetier im Süden wies er in die Schweiz zurück, unterwarf im Norden die Nervier und Veneter (57–56) und ging zweimal über den Rhein
(55 und 54 v. Chr.), um auch am anderen Ufer zu verdeutlichen, wer am
Rhein von den Alpen bis zum Meer der Herr sei. Im strategischen Konzept Caesars hatte der Rhein den Charakter einer natürlichen Grenze. Für
ein halbes Jahrtausend war der Anspruch Roms auf die nördlichen Provinzen errichtet. Wer Zweifel hatte, wurde belehrt: Das zweimalige Übersetzen Caesars nach Britannien und die endgültige Niederwerfung des
Galliers Vercingetorix (52 v. Chr.) in Alesia bedeutete: Rom war die Ord-
nungsmacht auf dem Kontinent. Es war allgegenwärtig. Aber nur bis zum
Rhein und bis zum Limes.

Caesar wußte von älteren römischen Geographen, daß jenseits des
Rheins mit unbekannten wilden Völkern zu rechnen war. Als er mit seinen Legionen am Rhein stand, wird er ein Vorurteil seiner Zeitgenossen
bestätigt gefunden haben: Vor ihm lag eine unwirtliche Gegend, eine
weite, sumpfige, von ungezählten Wasserläufen durchzogene und von
Hochwassern heimgesuchte Ebene. Drüben im Osten, hinter dem
Höhenzug des Schwarzwaldes und weiter nach Norden bis zu den Bata-
vern am Nordmeer, lag unbekanntes Land. Dort staute sich, in den unabsehbaren Wäldern verborgen, eine andere, noch gefährlichere Flut: die der
Barbarenvölker der germanischen Stämme.[11]

Das Zeugnis, das die römischen Schriftsteller dem Rhein ausstellten, ist
nicht schmeichelhaft.[12] Aber der ungeliebte Strom war im Nordabschnitt
Grenze des Römischen Reiches nach Osten und, im Südabschnitt, Basis
vorgeschobener Standorte und Grenzwälle, des Limes, also von erheb-
licher politischer Bedeutung. Im Jahre 15 v. Chr. hatten Tiberius und
Drusus, die Stiefsöhne des Augustus, das Gebiet der Alpen erobert und die
Provinz Rätien errichtet. Bald säumte, oft an älteren keltischen Sied-
lungsplätzen, ein System von befestigten Legionslagern, Auxiliarkastellen

und Siedlungen das linke Rheinufer. Damals begann die Geschichte rheinischer Städte. Die Römer nutzten den Rhein als Basis für ihre Opera-
tionen nach Germanien hinein und als rückwärtige Auffanglinie. Acht
Legionen standen hier, vorübergehend elf, die bis zum Jahr 259 immer
wieder einmal über den Rhein vorstießen. Auch wenn die Jahre von 70
bis 250 verhältnismäßig ruhig blieben, so gab es doch fortwährend Trup-
penbewegungen und militärische Maßnahmen. Rom demonstrierte
Macht, legte Wert auf sichtbare Präsenz. Die auctoritas des Imperiums
stand auch in den Provinzen vor aller Augen. Eroberung hieß zugleich Errichtung einer Infrastruktur mit straffer Verwaltung, Landvermessung,
Stadtplanung, Straßenbau, Anlage von Wasserleitungen. Die Mauern und
Tore der Städte dienten nicht nur dem praktischen Zweck der Verteidigung; jedem, der sich ihnen näherte, waren sie Symbol der Macht und
Größe des Reiches. Das linke Rheinufer wurde lateinischer Boden. An
den Ufern des Rheins entstand zugleich mit den Garnisonen und Colo-
nien ein Netz von Straßen und Wegen. Von Augst (Colonia Augusta Raurica) über Straßburg (Argentorate), Mainz (Mogontiacum), Koblenz
(Confluentes), Bonn (Bonna), Köln (Colonia Claudia Ara Agrippinensium), Neuß (Novaesium), Xanten (Colonia Ulpia Traiana) bis nach Nijmegen (Noviomagus) und Utrecht (Traiectum) im Norden verband die
alte linksrheinische Römerstraße die Legionslager und Städte am Rhein
miteinander. Diese Orte waren zugleich Verkehrsknotenpunkte in einem
Netz gut ausgebauter Heerstraßen des Hinterlandes. In den Häfen am
Rhein lagen Handelsschiffe und die Schiffe der römischen Flotte, die den
Verkehr auf dem Fluß und an den Ufern schützten. Der Fischreichtum des
Rheins brachte Abwechslung auf die römische Tafel; im milden Klima gedieh der Wein. Landgüter, freundliche Gärten und die hochgeschätzten
warmen Quellen ließen auf weiten Uferstrecken das Bild einer buko-
lischen Landschaft entstehen. Dieses neue, freundlichere Bild des Rheins
fand sich nun auch in der römischen Dichtung wieder. Im 4. Jahrhundert
pries Decimus Magnus Ausonius die Landschaft an Mosel und Rhein; in
seinem Gedicht «Mosella» schlug er geradezu hymnische Töne an.[13]

   Der Rhein in seinen fünf römischen Jahrhunderten war ein Landstrich
mit pulsierendem Leben, blühender Kultur, Teil des Orbis Romanus. Im
4. und 5. Jahrhundert verstärkte sich der Druck der aus dem Osten andrängenden Germanenvölker. Rom vermochte nicht mehr standzuhalten
und mußte eine Bastion nach der anderen aufgeben. Als im Norden die
Franken und im Süden die Alemannen längst bis zum Rhein und über ihn
hinweg in römische Reichslande hinein vorgestoßen waren, hielt sich im
mittleren Abschnitt immer noch Köln. Als letzte römische Stadt am Rhein
fiel auch sie im Jahre 454 nach Christus. Die Völkerwanderung begann.

Des Reiches Kraft und Schwäche

Das Reich Karls des Großen dehnte sich von den Pyrenäen über den Rhein hinweg bis zur Elbe und Saale; es reichte vom Nordmeer über die Alpen bis nach Mittelitalien. Im Jahre 800 wurde Karl in Rom zum römischen Kaiser gekrönt und war damit Schutzherr der abendländischen Christenheit. Unter seinen Söhnen zerfiel das Reich. Im Vertrag von Verdun 843 wurde in den Grundzügen jene Grenze zwischen dem Reich Lothars (Mittelfranken mit Lotharingien und Burgund) und dem Reich Karls des Kahlen (Westfranken) festgeschrieben, die während des Mittelalters Grenze zwischen Deutschland und Frankreich blieb. Sie verlief westlich des Rheins von der Scheldemündung im Norden entlang der Maas zur Rhônemündung im Süden.[14]

Die Vormacht in Europa ging nach dem Auseinanderbrechen des Reichs Karls des Großen zunächst auf die deutschen Könige und römischen Kaiser über. Das 11. Jahrhundert sah sie unter den salischen Kaisern, mit Heinrich III., auf der Höhe ihrer Macht, allerdings auch am Beginn ihres Abstiegs. Der Investiturstreit brach aus; Heinrich IV. trat den Gang nach Canossa an (1077). Noch einmal, unter den Staufern, im 12. Jahrhundert, behaupteten sich die deutschen Kaiser gegen das Papsttum, sicherten sie ihre hegemoniale Stellung in Europa. Am Rhein standen die Dome und Pfalzen des Reichs, fanden glanzvolle Reichstage statt; am Oberrhein war das salisch-fränkische Kaisergeschlecht begütert und zu Hause, hier fanden sie ihre letzte Ruhe. Die Stammburg der Habsburger lag an der Aare, nicht weit von der Mündung in den Hochrhein. Der staufische Chronist und Bischof Otto von Freising rühmte das Land am Rhein, «wo bekanntlich die stärkste Kraft des Reiches beruht». Aber diese «maxima vis regni» verbrauchte sich in gewaltigen Machtproben mit der anderen europäischen Zentralgewalt, dem Papsttum. Zwischen der hohen Idee eines kaiserlichen Schutzherrn der Christenheit und der baren Notwendigkeit, in den eigenen, angestammten Ländern Ordnung zu wahren, festen Stand zu halten und alle Kräfte unter dem königlichen Banner zu versammeln, mußten sie ihre Anstrengungen einmal der einen, dann der anderen Aufgabe widmen, mit dem Ergebnis, daß sie beiden Aufgaben nicht gerecht wurden. Die Päpste wollten die Hegemonie der geistlichen Gewalt über die weltliche; die deutschen Könige, um dies zu verhindern, brauchten im eigenen Land die Hilfe oder auch nur das Stillhalten ihrer weltlichen und geistlichen Lehensträger. Die aber ließen sich ihre Treue mit Reichsgütern und Königsrechten bezahlen. Die Könige wurden von den Fürsten abhängig. Seit der Goldenen Bulle 1356 trat der König sein Amt nicht mehr als Erbe seiner Väter an: Die sieben Kurfürsten wählten ihn. Deren Egoismus ruinierte das Reich. Vier rheinische Fürsten hatten im Kollegium die Mehrheit: Die Erzbischöfe von Mainz, Trier und Köln und der Pfalz-

graf bei Rhein. Sie gaben bei der Königswahl den Ausschlag. Die Kraft
und die Schwäche des Reiches lagen am Rhein. Mit dem Schwinden der
Macht der Krone nahm auch die Idee der Einheit des Reiches Schaden.
Seit dem 13. Jahrhundert vermochten die deutschen Könige und römischen Kaiser ihrer Herrschergewalt weder den Päpsten gegenüber, noch
auch vor dem Selbstbewußtsein der Territorialfürsten im eigenen Land
hinreichend Geltung zu verschaffen. Das Reich zerfiel.

Wie überall im Reich zersplitterte auch am Rhein die alte Einheit in
kleine und kleinste Gebiete. Eigeninteressen wucherten; Fürsten, Grafen,
Erzbischöfe, Bischöfe, Äbte, Reichsritter, Städte und Städtchen verfolgten
ihre lokale Politik. Am Rhein zwischen Basel und Rotterdam mußte
62mal Zoll entrichtet werden, und die Stapelplätze Straßburg, Mainz und
Köln waren da nicht mitgerechnet.[15]

Die Schweizer Eidgenossenschaft sah sich vom Reich im Stich gelassen,
griff zur Selbsthilfe und erklärte ihre Unabhängigkeit. Das Herzogtum
Burgund löste sich aus dem Reich, stieg im 15. Jahrhundert zu einem
mächtigen Staat auf und erneuerte, wenn auch nicht auf Dauer, das karo-
lingische Lotharingien. Auch die rheinischen Städte sicherten sich dem
Reich gegenüber ihre Privilegien, setzten die Selbstverwaltung durch. Mit
ihrem Reichtum wuchs ihr Einfluß. Sie schlossen sich gegen die Fürsten
zusammen; der Rheinische Städtebund entstand. Köln war die größte
Stadt des Mittelalters.

Die Landkarte des Deutschen Reiches nahm sich wie ein bunter
Flickenteppich aus. Ganz anders dagegen die Karte des benachbarten
Frankreich. Sein Territorium erweiterte sich und wurde eine Einheit.
Während in Deutschland die politischen Kräfte auseinanderstrebten,
schlossen sie sich dort zusammen, wurden gebündelt von der Macht der
Krone. Während der Stern des deutschen Kaisertums sank, stieg seit dem
13. Jahrhundert Frankreich zum mächtigsten Staat des Kontinents auf.

Deutsch-französische «Erbfeindschaft»?

Bis ins 13. Jahrhundert lebten Deutschland und Frankreich ohne ernsthafte
Konflikte nebeneinander.[16] Der Beginn eines deutsch-französischen Ge-
gensatzes läßt sich fixieren: es ist die Schlacht von Bouvines 1214, ein
Datum, das französische Schüler lernen, deutsche Schüler selten. Damals
besiegte der französische König Philipp II. August den Welfenkaiser
Otto IV., der seinem Verbündeten, dem englischen König Johann ohne
Land, zu Hilfe kommen wollte. Es war der erste historische Zusammen-
stoß zwischen Frankreich und Deutschland. Noch spielte dabei der Rhein
kaum eine Rolle; erst als die neue große Auseinandersetzung, die Feindschaft der Häuser Bourbon und Habsburg, die europäische Politik zu beeinflussen begann, geriet der Rhein, insbesondere der Oberrhein, in die
Interessensphäre der beiden Mächte.

Deutschland und Frankreich waren aus dem Reich Karls des Großen hervorgegangen. «Karl der Große ist auch heute noch der Kaiser der Franzosen und der Deutschen. Die einen lernen ihn in der Schule als französischen, die anderen als deutschen Kaiser kennen.»[17] Lange lebten Franzosen und Deutsche eher in brüderlicher als in feindlicher Nachbarschaft. Ihre gesellschaftlichen Strukturen aber entwickelten sich in verschiedene Richtungen. Die deutsche Geschichte strebte ins Große, steigerte sich in weitreichende geistliche und politische Kämpfe hinein, ließ sich zugleich aber in kleinliche territoriale Streitigkeiten verwickeln. Die französische Geschichte war auf das Praktische und das Zweckmäßige gerichtet; den französischen Königen schien es sinnvoll, zunächst ihre Macht im eigenen Lande durchzusetzen, die kecken Territorialfürsten sich zu unterwerfen und dem Königshaus das erbliche Thronrecht zu sichern. In Frankreich erfuhr die Zentralgewalt des Königs eine ständige Stärkung. «Fast jeder König und alle Regierungen mit Ausnahme der kurzlebigen Zweiten Republik haben bis 1870 das Staatsgebiet vergrößert.»[18] Zugleich haben sie Frankreich zu einen zentralisierten Einheitsstaat geformt mit straffer Verwaltung und einheitlicher Rechtsprechung. Paris wurde im 11. Jahrhundert Hauptstadt und sie blieb es, war königliche Residenz und Sitz der Verwaltung; auf Paris ist bis heute das nationale Straßennetz ausgerichtet; in Paris kulminiert das kulturelle Leben. Die deutschen Kaiser regierten nicht in ihrer Residenz wie die französischen Könige in Paris, wie die Päpste in Rom, sondern aus dem Sattel und von ihren Pfalzen aus; ihr Königtum forderte von ihnen Omnipräsenz in allen Teilen des Reichs. Die Macht und das Ansehen der deutschen Könige waren auf Schlachtenglück und auf die Treue der Vasallen, also auf Sand gebaut.

Frankreichs Grenzen im Süden, Westen, Norden sind natürliche Grenzen: Küsten und Gebirge. Sie zu gewinnen und zu halten blieb lange politisches Ziel der französischen Krone. Im Osten ist die Grenze undeutlich, hier schien Frankreich verwundbar; Paris war mit berittenen Truppen von Aachen und Trier aus in drei bis vier Tagen zu erreichen. Deutsche Grenzverläufe sind ein eigenes Kapitel.[19] Französische Geographen sprachen bei der Kartierung deutscher Grenzpfähle von einer ‹crux geographorum›: 1648, nach dem Westfälischen Frieden, umschlossen die deutschen Grenzen 343 souveräne Fürsten, Städte und Landesteile. Das erwies sich von Vorteil für alle Nachbarn Deutschlands. Alle weitschauenden europäischen Staatsmänner haben den deutschen Partikularismus zu nutzen gewußt. Anderseits haben deutsche Staatsmänner wie Bismarck die Geschichte einzuholen und das deutsche Staatengebilde zur Einheit zu formen gesucht. Jedesmal dann mußte Frankreich den Nachbarn im Osten fürchten und ihn einzudämmen suchen, mußte danach trachten, sich auch im Osten hinter einer natürlichen Grenze zu schützen. In seiner offenen Grenze nach Deutschland sah Frankreich jahrhundertelang ein Problem, das sich zu einem französischen Trauma auswuchs, aber ebenso zu einem

Abb. 27: Deutsch-französische Grenzverläufe 1648, 1740, 1812 und nach 1815.

deutschen, und das in einen tragischen, für beide Völker verhängnisvollen Konflikt führte. (Abb. 27)

1589 bestieg in Frankreich das Haus Bourbon den Königsthron. Es behielt ihn bis zur französischen Revolution (1792). In Deutschland regierten bis zum Ende des «Heiligen Römischen Reiches Deutscher Nation» im Jahre 1806 die habsburgischen Kaiser.[20] Die Habsburger heirateten mit geschickter Familienpolitik ein Weltreich zusammen: Die Niederlande, Burgund, Böhmen, Ungarn und Spanien mitsamt seinen überseeischen Besitzungen fanden sich unter dem Doppeladler vereint. Das mußte Frankreich beunruhigen. Es war in eine lebensbedrohliche Umklammerung geraten. Dieser Lage sah sich Kardinal Richelieu gegenüber, als er 1624 Minister Ludwigs XIII. wurde. Sein erklärtes Ziel war es, die Grenzen Frankreichs gegen die habsburgisch-spanische Einkreisung zu sichern, die Einheit des Staates zu festigen und dem König den Platz zu verschaffen, der ihm im eigenen Lande gegenüber dem Hochadel und unter den europäischen Staaten zustand. Er taktierte vorsichtig, aber entschieden. Im Dreißigjährigen Krieg schloß er ein Bündnis mit den Schweden gegen die spanisch-habsburgischen Positionen am Rhein. Er fand es zweckmäßig, vorbeugend linksrheinische Reichsgebiete zu besetzen: Lothringen z. B. und die Trierer Festungen. Deren Besitzer, der Trierer Erzbischof und Kurfürst, hatte um französischen Schutz gebeten. Eine am französischen Hof willkommene Bitte, denn man brauchte Faustpfänder für die Verhandlungen des Westfälischen Friedens 1648 zu Münster. Dieser Friedensschluß hat die politische Landkarte am Rhein grundlegend geändert: Frankreich behielt, nach dem Verzicht Habsburgs, einen großen Teil des südlichen Elsaß – außer Straßburg, aber mit Breisach als Brückenkopf auf dem rechten Rheinufer und mit Besatzungsrecht im rechtsrheinischen Philippsburg. Außerdem erhielt es endgültig Metz, Toul und Verdun. Die Vereinigten Niederlande und die Eidgenossenschaft gewannen ihre Unabhängigkeit: Die Quelle des Rheins und das Mündungsgebiet lagen nicht mehr auf reichsdeutschem Boden.

Frankreich hatte seine Ostgrenze behauptet, mehr noch: Es war mit dem Besitz im Elsaß erstmals bis zum Rhein vorgestoßen. Am deutschen Ufer hielt es Brückenköpfe von großer strategischer Bedeutung. Das Ziel, das sich Richelieu 1629 in seinem politischen Programm gesteckt hatte, war weitgehend erreicht, nämlich: «... Pforten sich zu bauen und sich zu öffnen, um in die Nachbarstaaten eintreten und sie vor der spanischen Erdrückung bewahren zu können. Zuerst muß man daran denken, sich in Metz stark zu machen und womöglich bis Straßburg vorzurücken, um einen Eingang nach Deutschland zu gewinnen. Das muß langsam geschehen, mit viel Vorsicht.» Richelieu bewies diese Vorsicht, der es dennoch nicht an Energie und Zielstrebigkeit mangelte. Man wird Richelieu auch unterstellen dürfen, daß seine Absichten ausschließlich auf die Verteidigung Frankreichs und die Sicherung seiner Grenzen gerichtet waren. Historiker haben dies gelegentlich bezweifelt; sicher ist, daß er die Grundlage für weitergehende Ansprüche Frankreichs an dessen Ostgrenze schuf. Ludwig XIV. zögerte nicht, diese Ansprüche zu erheben. Außer der Eindämmung Habsburgs war insbesondere der Gewinn der Rheingrenze das Ziel seiner Politik. In absolutistischer Machtvollkommenheit nutzte er alle seine diplomatischen und militärischen Möglichkeiten: Mit den Schweden, den Polen, den Türken schloß er wechselnde Bündnisse; er machte sich durch ein System von Pensionszahlungen deutsche Fürsten gefügig, wie den Erzbischof und Kurfürsten von Trier; er erhob – wie vor ihm schon Phillip IV. – durch seine Réunionskammern fragwürdige Rechtsansprüche auf rund 600 deutsche Städte und Dörfer, die er kurzerhand besetzen ließ. Sein eindrucksvolles Machtmittel war ein stehendes Heer von 140 000 Soldaten; seine Regimenter trugen nicht mehr die Farben ihrer Obersten, sondern erstmals den «Rock des Königs». In einer Art Sendungsbewußtsein führte Ludwig XIV. drei Eroberungskriege: 1667–1668 gegen Spanien; 1672–1678 gegen die Niederlande; 1688–1697 gegen die Pfalz. Dazwischen, 1681, mitten im Frieden, überfiel er die Stadt Straßburg. Diese Feldzüge wurden stets jenseits der französischen Grenzen, auf fremdem Boden und mit grausamer Härte geführt. Sie brachten dem Rheinland schlimme und bis heute unvergessene Notzeiten. Den Erfolg seiner Kriege sicherte Ludwig XIV. durch eine wirkungsvolle Diplomatie: Auch nach Bataillen mit offenem Ausgang fuhren die geschickt geführten Verhandlungen am Ende doch die Ernte in die französischen Scheuern ein; Stück um Stück riß Ludwig XIV. aus deutschen Territorien heraus. Die Rheinländer durchschauten den Hochmut und die Selbstherrlichkeit des französischen Königs. Flugblätter nannten die kurzlebigen «Friedensschlüsse» von Nijmegen (1678/79), Rijswijk (1697) und Utrecht (1713): «Nimm-weg», «Reiß-weg», «Unrecht».

Das französische Königshaus schien auf dem Gipfel seiner Macht. Die französische Sprache wurde die Sprache der Diplomatie. Der Friedensvertrag von Münster war noch in lateinischer Sprache ausgefertigt worden, der von Rijswijk in französischer Sprache. Alle Welt blickte auf Paris. Es bestimmte die Mode. Auch kleine Hofhaltungen sahen in Ludwig XIV. ihr Vorbild. Jeder deutsche Duodezfürst wünschte sich Schlösser und Gartenanlagen wie die in Versailles. Aber der äußere Glanz Frankreichs täuschte. Das Land war ruiniert, seine Kraft erschöpft; die Kassen waren geleert. Und am Ende seiner Regentschaft hatte Ludwig XIV. sein Ziel, den Rhein als französische Ostgrenze zu besitzen und durch einen vorgeschobenen Festungsgürtel am rechten Rheinufer zu sichern, doch nicht erreicht. Schlimmer: Die französische Hegemonie auf dem Kontinent ging verloren. Der Rhein war Ludwig XIV. zum Verhängnis geworden. Das Elsaß blieb ihm zwar, aber auf dem rechten Rheinufer mußte er alle Eroberungen wieder herausgeben. Paul Sethe schrieb 1952: «Der Rhein ist der wahre Strom des Unheils für Frankreich. Er hat dieses Land um ein

Stück Weltherrschaft gebracht.»²¹ Joseph Rovan resümierte die Folgen dieser Kriegszüge: «Die großen Kriege Ludwigs XIV. und seine als solche gebrandmarkten Übergriffe mobilisierten zum ersten Mal in der Geschichte der beiden Völker eine Welle von antifranzösischer nationaler Entrüstung, besonders nach der beispiellosen systematischen Zerstörung der Pfalz und des mittelrheinischen Deutschlands. Zwischen 1635, da Frankreich in den Dreißigjährigen Krieg militärisch einzugreifen beginnt, und dem Sturz Napoleons gab es nur wenige Jahrzehnte, in denen französische Truppen nicht auf deutschem Boden Krieg führten, mit den unvermeidlichen Folgen für die Zivilbevölkerung.»²²

Die Französische Revolution beseitigte das unumschränkte Königtum. Das Volk gab sich eine Verfassung, deren Grundsätze Volkssouveränität und Gleichheit vor dem Gesetz waren; es hob die Privilegien des Adels auf. Auch das Privileg des Königs, Kriege zu führen, übernahm das Volk. Es war schon bald dazu genötigt. Die über das Schicksal ihrer königlichen Vettern beunruhigten und um ihre eigene Zukunft besorgten europäischen Fürsten suchten das Feuer der Revolution zu ersticken, ehe es übergriff. Die Preußen gingen 1792 über den Rhein und drangen in die Champagne ein. Der Herzog von Braunschweig erließ ein drohendes Manifest. Nach der Kanonade von Valmy 1792 kehrten alle kleinlaut wieder zurück. Die Franzosen aber eroberten im Gegenstoß Mainz. Zwar nahmen die Preußen im Jahr darauf Mainz wieder, zogen sich aber, trotz ihrer Siege bei Kaiserslautern, über den Rhein zurück. Die französischen Revolutionsarmeen besetzten Aachen und Köln. Damals eroberte ein unbekannter korsischer Offizier namens Napoleon Bonaparte Toulon. Im Frieden zu Basel 1795 verzichtete Preußen auf seine linksrheinischen Besitzungen und verpflichtete sich zur Neutralität. Bonaparte schlug einen Aufstand gegen den Konvent nieder. Sein Stern stieg. Hoche und Moreau drangen über den Rhein vor. Im Frieden von Campo Formio 1797 trat Österreich Belgien ab; es besiegelte ebenfalls die Abtretung des linken Rheinufers. Dort waren die geistlichen und weltlichen Herrschaften längst davongelaufen und hatten sich auf das andere Ufer gerettet. Die rechtsrheinischen Fürsten dienerten vor den Siegern. Der Zusammenbruch des alten deutschen Reiches kündigte sich an.

Den Revolutionsarmeen gelang, was Ludwig XIV. versagt blieb: Sie schoben die französische Ostgrenze bis zum Rhein vor. Nach dem Frieden von Lunéville war der Rhein in seiner gesamten Länge in französischer Hand: von seiner Quelle in der Helvetischen Republik bis zur Mündung in der Batavischen Republik. Für eine Weile gar schien es, als sollte das «Grand Empire» Karls des Großen noch einmal Wirklichkeit werden: als Napoleon, nunmehr Kaiser der Franzosen, sich 1804 in Aachen huldigen ließ.

Napoleon gab den revolutionären Energien des französischen Volkes ein Ziel; er setzte die Eroberungskriege Ludwigs XIV. fort, nun aber in kon-

tinentalen Maßstäben. Auch er überspannte den Bogen. Von dem verheerenden Aderlaß des Winterfeldzugs in Rußland erholte sich Frankreich
nicht mehr. Napoleons Stern erlosch. In der Neujahrsnacht 1813/14
überschritt Blücher mit der schlesischen Armee den Rhein bei Kaub und
stieß nach Frankreich hinein vor.

Fortan stritten am Rhein nicht mehr absolut regierende Territorialher-
ren, nun befeindeten sich zwei Völker. «Es kann kein Zweifel darüber aufkommen, daß zum Aufbruch der deutschen Nationalbewegung zu Beginn
des 19. Jahrhunderts die französische Fremdherrschaft nicht nur die Ver-
anlassung, sondern auch die unmittelbare Ursache gestellt hat ... Die Bedeutung der Tatsache (soll) nicht unterschätzt werden, daß die Deutschen
im Erlebnis der nationalen Erniedrigung und der nationalen Erhebung ihr
Zu-sich-selbst-Kommen vollendet haben. Die Feindschaft gegen Frankreich wurde damit zum konstitutiven Element des deutschen National-
bewußtseins», schrieb Rovan.[23]

Die Franzosen sahen sich mit der Gefühlslage Heinrich von Kleists kon-
frontiert, der reimte: «Schlagt sie tot, das Weltgericht / fragt euch um die
Gründe nicht.» Und Ernst Moritz Arndt predigte: «Ich will den Haß gegen die Franzosen für immer. Dann werden Deutschlands Grenzen auch
ohne künstliche Wehren sicher sein. Dieser Haß glühe als die Religion des
deutschen Volkes, als ein heiliger Wahn in allen Herzen und erhalte uns
immer in unserer Treue, Redlichkeit und Tapferkeit. Die beiden Völker
haben beieinander nichts zu tun ...» Die Aufgabe müsse mit Eisen gelöst
werden. Das 19. und das 20. Jahrhundert hallten wider von solchen Lö-
sungsversuchen. Die patriotische Begeisterung der einen mobilisierte die
der anderen Seite. Die Volkstribunen hatten ihren Auftritt. Die National-
staaten und ihr Sendungsbewußtsein beherrschten die Szene.

Der Wiener Kongreß und auch der zweite Friede von Paris hatten Elsaß-Lothringen bei Frankreich belassen. Das lieferte politischen Zünd-
stoff, obwohl Preußen eigentlich nur widerstrebend Gebiete am Rhein
übernommen hatte: die Rheinprovinz mit Jülich und Berg, Aachen, Kur-
trier, Kurköln, Saarlouis und Saarbrücken.

Frankreich und Preußen grenzten nun unmittelbar aneinander. Zwischen beiden stand als ungelöstes Problem die Rheinfrage. Für den
Außenminister Chateaubriand war es bereits 1823 eine ausgemachte Sache, daß Frankreich das linke Rheinufer zurückgewinnen müsse.[24] In der
Erregung der internationalen Krise 1840 ergriff Kriegsbegeisterung die
Franzosen. Der Minister Thiers wollte die Rheingrenze zurückerobern
und so die Schmach der Verträge von 1815 tilgen. Das Gewitter zog noch
einmal vorüber; die Stimmung in Frankreich beruhigte sich. König Louis
Philippe rief den Minister Thiers ab.

Es folgten, von einer gewissen Nervosität während der vorrevolu-
tionären Welle 1848 abgesehen, ruhige Jahre in den Beziehungen beider
Völker. Kaiser Napoleon III. bestritt Absichten auf den Rhein. Madame

de Staëls idyllisches Deutschlandbild wirkte nach; französische Intellektuelle mischten sich unter die zahlreichen Rheintouristen jener Jahre. Die «Revue Germanique» war gegründet worden (1827/1828 und 1829–1837) und die «Revue des Deux Mondes». Von einer «Brücke über den Rhein für den Austausch zwischen beiden Völkern» war die Rede[25]; es gab wirtschaftliche Verflechtungen hinüber und herüber. Frankreich und der deutsche Zollverein wurden bedeutende Handelspartner. Sogar Jacques Offenbachs Operette «Die Großherzogin von Gerolstein» (1867) trug dazu bei, ein freundliches Deutschlandbild in Frankreich zu verbreiten.[26] Aber der Wunsch, den Rhein als Grenze wiederzugewinnen, blieb in Frankreich wach, wie öffentliche und vertrauliche Äußerungen in der Krise des Jahres 1860 verrieten.[27] Preußen war alarmiert und zog 132 000 Mann zwischen Wesel und Frankfurt zusammen. Aber die Situation entkrampfte sich abermals. Auf der Weltausstellung 1867 in Paris war Preußen gern gelitten, auch wenn es sich bemüßigt fühlte, ausgerechnet dort ein Monstrum von einer Krupp-Kanone vorzuführen.

Bismarck betrieb seine Politik der deutschen Einheit. Frankreich mußte damals wie heute diese Einheit fürchten und den Gebrauch, den die Deutschen davon machen würden. Frankreich suchte diese Einheit zu verhindern. Außerdem wollte es die Rheingrenze. Im April 1868 erklärte Bismarck dem bayerischen Ministerpräsidenten Hohenlohe-Schillingsfürst beiläufig, daß ein Krieg unvermeidlich sei.[28] Am 19. Juli 1870 brach er aus. Bismarck hatte eine diplomatische Ungeschicklichkeit Frankreichs ausgenutzt und über die «Emser Depesche» die öffentliche Meinung in Harnisch gebracht. Mit seinem Sieg über Frankreich gewann Deutschland zugleich seine nationale Einheit. Frankreich verlor seine Vormachtstellung in Europa; es verlor das Elsaß und das deutschsprachige Lothringen einschließlich Metz, dazu seine Hoffnung auf die Wiedergewinnung der Rheingrenze.[29]

Das Elsaß protestierte gegen seine Auslieferung an Deutschland. Der Sundgau gehörte seit 1648, das Elsaß als Ganzes seit dem Frieden von Rijswijk (1697) zu Frankreich. Das Elsaß als Province étrangère de la France hatte, im Gegensatz zum deutschen Rheinufer, zwei friedliche Jahrhunderte im Schutz von Vaubans Festungen erlebt, und es hatte sich längst an Bourbonen, Sansculotten, den korsischen Kaiser und die Bürgerkönige gewöhnt. Im Februar 1871 protestierte es feierlich bei der französischen Nationalversammlung: «Elsaß und Lothringen wollen nicht abgetrennt werden … Frankreich kann der Abtretung von Lothringen und dem Elsaß weder zustimmen noch sie unterzeichnen …»[30] Der Protest blieb ohne Erfolg. Man hatte in Paris andere Sorgen. Die Elsässer und Lothringer wiederholten ihn, ebenso erfolglos, am 2. März 1871: «Wir erklären noch einmal für null und nichtig den Vertrag, der über uns ohne unsere Zustimmung verfügt.»[31] Eine Abstimmung sollte den Willen der Elsässer und Lothringer vor aller Welt zum Ausdruck bringen. Zu dieser Abstimmung der Elsässer und Lothringer ließ die Augsburger Allgemeine Zeitung am 31.8.1870 wissen: «Hübsch: Die Kinder sollen abstimmen, ob sie Kinder ihrer Mutter seien ... Mit der Rute müssen wir leider anfangen. Die entarteten Kinder müssen unsere Faust fühlen. Der Züchtigung wird die Liebe folgen, und diese wird sie wieder zu Deutschen machen.» Viele Elsaß-Lothringer, 8,5 Prozent der Bevölkerung, entschlossen sich zur Auswanderung, um nicht Deutsche werden zu müssen.

Frankreich hatte eine tiefe Demütigung erfahren. Die schnelle, beschämende Niederlage gegen die auf Paris vorstürmenden Deutschen und den Verlust seiner Stellung in Europa, die Abtretung Elsaß-Lothringens vermochte es kaum zu verwinden. Das Bewußtsein, bedingungslos kapituliert zu haben, stiftete Haß gegen die hochmütigen Sieger, vergiftete abermals die Beziehungen der beiden Völker; seither glomm in den Herzen der Franzosen «Le feu sacré de la revanche»[32].

Unterdessen betrieb das deutsche Kaiserreich in Elsaß-Lothringen eine harte Germanisierungspolitik. Es verweigert Elsaß-Lothringen den Status eines gleichberechtigten Bundeslandes. Poidevin spricht von regelrechter Diktatur: «Die französische Sprache wurde in der Öffentlichkeit untersagt, die französische Presse zurückgedrängt ...».[33] Frankreich schmiedete gleichzeitig einen Schutzschild an der gemeinsamen Grenze mit Deutschland: Es errichtete zwei Sperrgürtel und acht rückwärtige Feldlager, Vorläufer der späteren Maginotlinie.[34] Dennoch gab es um 1900 Anzeichen einer Entspannung, einer vorsichtigen deutsch-französischen Annäherung. Sie war nicht von langer Dauer.

Bezeichnend für das sich erneut verschlechternde Klima war in der zweiten Marokko-Krise die Entsendung des deutschen Kanonenboots «Panther» in den Hafen von Agadir am 1. Juli 1911. «Mit diesem ‹Panthersprung› wollte Berlin ein Pfand nehmen und ‹mit der Faust auf den Tisch schlagen›.»[35] Die «Kanonenbootpolitik» des zweiten Wilhelm mobilisierte sogleich den Nationalismus der Franzosen und brachte auch das Problem Elsaß-Lothringen wieder auf die politische Tagesordnung. Die deutschen Behörden in Elsaß-Lothringen hatten sich über die Krieger-Gedenkfeiern auf den alten Schlachtfeldern, über das Festhalten an der französischen Kultur, über die Karikaturen, die die Deutschen lächerlich machten, und über die ungezählten kleinen Bekundungen geärgert, die zeigen sollten, daß Elsaß-Lothringen seiner französischen Vergangenheit treu sei und alle Germanisierungsbemühungen fruchtlos bleiben sollten. Wie vor 1870 machte sich vor 1914 abermals «auf beiden Seiten des Rheins ... ein erbitterter Nationalismus bemerkbar; die Bemühungen der Pazifisten konnten ihn nicht eindämmen ... In ein Netz von Bündnissen verstrickt, unternahmen beide Staaten während der Juli-Krise 1914 nichts, um den Krieg zu vermeiden.»[36] Beide Nationen trieben auf den Kriegsausbruch zu, beide sahen ihn kommen, in beiden Ländern richteten die Besonnenen nichts mehr aus. Deutschland in seiner Überheblichkeit wollte die

*Abb. 28: Auf den Friedhöfen am Hartmannsweilerkopf, nahe Cernay im Elsaß, liegen
60 000 französische und deutsche Soldaten. Sie fielen im Kriegsjahr 1915.
Ihr Sterben war militärisch ohne Sinn. Keine Seite erzielte bis Kriegsende einen
Geländegewinn.*

Hegemonie auf dem Kontinent behaupten, Frankreich sie wiedergewin-
nen. Kopfloser Nationalismus, verbrämt als «Nibelungentreue», führte in
die Katastrophe eines Weltkrieges.

Im Elsaß gab es keine erheblichen Veränderungen des Frontverlaufs.
Um wenige hundert Meter Geländegewinn, um ein paar Höhen wurde
erbittert gekämpft. Am Lingekopf, Gazon du Linge, einem strategisch un-
bedeutenden Gefechtsfeld, starben 30 000 Soldaten, am Hartmannsweilerkopf 60 000 Soldaten – ohne daß die Stellungen hätten vorverlegt oder
gar der Kriegsverlauf hätte beeinflußt werden können. (Abb. 28) Sinnlos
all das, schlimmer noch, daß, nachdem der Krieg beendet war, sogleich
die Saat für den nächsten über die alten Schlachtfelder gesät wurde. Das
«Feuer der Revanche» glomm nun auf der anderen Seite.[37]

Frankreich forderte beim Waffenstillstand sofort die Rückgabe von Elsaß-Lothringen und den Rückzug deutscher Truppen aus allen linksrheinischen Gebieten. Lloyd George und Wilson schlossen sich den von Clemenceau vertretenen Forderungen nicht in ihrem vollen Umfang an. Der
Versailler Vertrag schrieb zwar die Rückgabe Elsaß-Lothringens fest und
gab Frankreich das Recht, am Oberrhein den Rheinseitenkanal zu bauen,
schränkte aber die Besetzung des linken Rheinufers in eine zeitweilige ein:
Die drei Besatzungszonen Köln, Koblenz und Mainz sollten nach fünf,
zehn und fünfzehn Jahren geräumt werden. Die linksrheinischen Gebiete
und ein fünfzig Kilometer breiter Streifen auf dem rechten Ufer wurden
entmilitarisiert. Vor der französischen Grenze entstand so eine Sicher-
heitszone, die tief in deutsches Gebiet hineinreichte und den Rhein ganz
in die Hand Frankreichs gab.[38]

Das Problem der Zugehörigkeit von Elsaß-Lothringen tauchte noch
einmal, aber nur am Rande, auf. Abermals wurde, wie im Sommer 1870,
ein Plebiszit der Elsaß-Lothringer gefordert; sie sollten selbst über ihre
nationale Zukunft entscheiden. Diesmal war es die französische Seite, die
diesen – völkerrechtlich vernünftigen – Vorschlag vom Tisch wischte.
Das Diktum des Ministerpräsidenten George Clemenceau von 1917 galt:
«Wir haben ein Recht auf Elsaß-Lothringen, das uns mit Gewalt geraubt
worden ist. Wir können in dieser Frage ein Plebiszit nicht zulassen.»[39]
Damit war das Problem Elsaß-Lothringen erledigt und kein Gegenstand
des Streits mehr; es war (bis 1940) weder eine Frage der Tagespolitik noch
nationaler Emotionen. Im Vordergrund standen die Erfüllung der Reparationen, ihre Höhe und die sonstigen Wiedergutmachungen, die
Deutschland auferlegt worden waren. Deutschland geriet in Verzug
und forderte Aufschub der Zahlungen und der Kohlelieferungen. Frankreich, selbst in wirtschaftlichen Schwierigkeiten, bestand auf Erfüllung
und entschloß sich zur Besetzung des Ruhrgebiets (1923), um seinen
Forderungen Nachdruck zu geben. Deutschland antwortete mit passivem
Widerstand, mußte diesen aber aufgeben, als sich im Rheinland separa-
tistische Tendenzen zeigten. An Rhein und Ruhr drohte ein Chaos;
Männer wie Konrad Adenauer hielten «die Bildung eines von Preußen
und vielleicht sogar vom Reich getrennten Rheinischen Staates für unvermeidlich; Stresemann verweigerte den Rheinländern die Gründung
eines vom Reich getrennten Staates ...».[40] Eine solche rheinische Republik hätte als Pufferstaat mehr gegenseitige Sicherheit vor dem «Erbfeind»
bedeutet; Frankreich unterstützte daher entsprechende Bestrebungen.
Am 29. Oktober 1923 rief Dorten die «Rheinische Republik» aus –
ohne praktische Wirkung; sechs Wochen später war er bereits wieder von
der Bildfläche verschwunden; am 9. Januar 1924 wurde J. Heinz-Orbis,
der eine «Autonome Regierung der Pfälzischen Republik» gebildet
hatte, ermordet. Der Gedanke einer Rheinischen Republik war vorerst
vertagt.[41]

In den Jahren 1924–1930 kündigte sich ein zaghafter Frühling der deutsch-französischen Beziehungen an; der Weitblick und das politische Geschick von Staatsmännern wie Aristide Briand und Gustav Stresemann berechtigten zu schönen Hoffnungen.[42] Diese Hoffnungen zerstörten die Nazis. Im Bund mit Deutschnationalen und dem Frontkämpferbund «Stahlhelm» gelang es Hitler,«… in der Atmosphäre der Weltwirtschaftskrise, die Arbeitslosigkeit, Not und Unzufriedenheit mit sich brachte, … den Groll der frühen zwanziger Jahre gegen die Reparationen und das ‹Diktat› von Versailles wieder anzufachen»[43]. Frankreich und andere Nationen schienen mit Blindheit geschlagen; sie sahen nicht, oder wollten nicht sehen, was sich in Deutschland anbahnte. Die zunächst geheime, später offene Aufrüstung der Reichswehr, der Austritt aus dem Völkerbund, die Remilitarisierung des Rheinlandes: das hätte Mißtrauen wecken müssen. Es kam Schlag auf Schlag: Bau des Westwalls, Einmarsch der Wehrmacht in Österreich, ins Sudetenland, Annexion Böhmens und Mährens. Die Tschechoslowakei war ein Allianzpartner Frankreichs; in der Münchner Konferenz am 29. September 1938 sah sich der französische Ministerpräsident Daladier gezwungen, um des Friedens in Europa willen die Tschechoslowakei zu verraten. Selbst dieser Frankreich zutiefst kompromittierende Schritt war vergebens. Am 3. September 1939 begann der Zweite Weltkrieg.

Am Rhein blieb es zunächst ruhig. Frankreich vertraute auf die Maginot-Linie; Deutschland war in Polen beschäftigt. Dann aber, am 10. Mai 1940, brach die deutsche Offensive am Rhein los. Und schon am 22. Juni 1940 unterzeichnete Frankreich den Waffenstillstand. Dies war eine überraschend schnelle und fast vollkommene Niederlage. Sie weckte Erinnerungen an 1870 und sie sollte sich für Frankreich zu einem Trauma entwickeln. Der Sieg von 1918 war vertan. Verloren war wiederum auch Elsaß-Lothringen. Die Deutschen annektierten es vollständig und begannen erneut und mit brutaler Gewalt eine zweite Germanisierung. Sie zwangen junge Elsässer und Lothringer zum Dienst in der deutschen Wehrmacht.[44] Die französische Vergangenheit im Elsaß sollte ausgelöscht werden: Die französische Sprache wurde verboten; Inschriften wurden abgeschlagen, Denkmäler, wie das Klébers in Straßburg, Rapps in Colmar, vom Sockel geholt.

1945 war Elsaß-Lothringen wieder französisch – innerhalb von 75 Jahren hatte es dreimal zu Frankreich und zweimal zu Deutschland gehört. Nach diesen Erfahrungen mußte 1945 de Gaulle, wenn er bei Verstand war, strikt gegen die Wiederherstellung eines einheitlichen und zentralisierten deutschen Reichs sein.[45] Ein geteiltes und föderalistisch gegliedertes Deutschland war für Frankreich und für die Siegermächte eine Sicherheitsgarantie, eine Lebensnotwendigkeit. De Gaulle verlangte Sonderregelungen an Rhein, Ruhr und im Saargebiet. Das linke Rheinufer sollte, vom übrigen Deutschland getrennt, unter die politische und mili-

tärisch-strategische Kontrolle der Alliierten gestellt werden. Wieder gab
es, wie nach 1918, Meinungsverschiedenheiten unter den Siegermächten;
Frankreich geriet in eine schwierige Situation. War Frankreich überhaupt
eine Siegermacht? War es nicht 1944 von den späteren Siegern befreit
worden? Hatten nicht französische Bürger mit den Deutschen kollabo-
riert? Zu den großen Friedenskonferenzen der Alliierten in Jalta, Potsdam
und London war Frankreich nicht eingeladen worden. Diese Fragen und
Erinnerungen schmerzten jeden Franzosen tief.

Das Problem einer deutschen Wiederbewaffnung, das sich durch die
zunehmenden Ost-West-Gegensätze und die Blockbildungen seit 1950
stellte, mußte Sorgen bei den Franzosen hervorrufen. Es gab flammende
Proteste, aber auch Stimmen des Ausgleichs und der Vernunft. Bereits
1945 hatte de Gaulle in der französischen Besatzungszone erklärt, daß
«… die Zeit verstreichen wird und die Wunden sich wieder schließen
werden …»[46]. In Straßburg sagte er: «Der Rhein war eine Barriere, eine
Grenze, eine Kampflinie …, er kann wieder ein Bindeglied für Westeuropa werden.» In den Jahren um 1960, in seiner zweiten Amtszeit, entwickelte de Gaulle die Vorstellung, auf der Grundlage der deutsch-französischen Freundschaft das neue Europa zu bauen. 1962 sah man de Gaulle
und Adenauer nebeneinander in der Kathedrale von Reims. Im gleichen
Jahr trat de Gaulle eine Reise durch Deutschland an. Er wurde herzlich
begrüßt und begeistert gefeiert. Vor Politikern in Bonn rühmte er das fran-
zösisch-deutsche Bündnis; er rehabilitierte Deutschland und nannte die
Deutschen ein großes Volk, das seine internationale Rolle wiederfinden
müsse. In Hamburg betonte er vor der Bundeswehr, daß Deutsche und
Franzosen die Pflicht hätten, «Brüder zu sein». Die alte «Erbfeindschaft»
schien endlich beigelegt; normale Beziehungen bahnten sich an. Dennoch
blieb das deutsch-französische Verhältnis eine schwierige Allianz, belastet
mit mancherlei Empfindlichkeiten, trotz zunehmender Kooperation auf
politischem, kulturellem und wirtschaftlichem Gebiet. Bayer-Leverkusen
arbeitete mit Rhône-Poulenc zusammen, Hoechst mit Roussel-Uclaf, in
der Zivilluftfahrt, beim Bau des Airbus, bahnte sich eine Zusammenarbeit
an. Industrieverträge zwischen der EdF («Électricité de France») und den
RWE («Rheinisch-Westfälische Elektrizitätswerke») oder der «Badenwerk
AG» wurden abgeschlossen: Diese Unternehmen waren am Bau und Betrieb der Kraftwerke am Oberrhein maßgeblich beteiligt. Dennoch schien
Paris beunruhigt, als sich deutsche Investitionen in Elsaß-Lothringen häuften, ausgerechnet in dieser lange umstrittenen Grenzregion. Man wünsche
eine gleichmäßigere Verteilung über die französischen Regionen, ließ
man über diplomatische Kanäle wissen.[47]

Bei diesem latenten, eingewurzelten französischen Mißtrauen, das vielleicht nur ein Unbehagen vor dem Nachbarn ist, erscheint es wie ein
Wunder, daß Frankreich der deutschen Einigung zugestimmt hat. Es mag
die Einsicht gewesen sein, daß ein politischer Prozeß europäischen, ja in-

ternationalen Ausmaßes in Gang gekommen war, den aufzuhalten, gegen
den sich zu stemmen, aussichtslos wäre. Es ist aber wohl auch das Vertrauen in den Nachbarn jenseits des Rheins gewachsen, in dessen junge,
aber verläßliche Demokratie. Enge Freunde sind sie deshalb noch nicht
geworden. Freundschaft setzt gegenseitiges Verstehen voraus, auch der
Sprache des andern. Es gibt noch Verständigungsschwierigkeiten. Aber
Feinde, gar «Erbfeinde», sind die beiden Völker nicht mehr.

Städteschicksale, Menschenschicksale

Das Schicksal der Städte, Dörfer, Klöster, festen Plätze am Oberrhein im
17. und 18. Jahrhundert ist ein trauriges Kapitel. Von Belagerungen, Eroberungen, Brandschatzungen ist in den Akten immerzu die Rede. Seit
Beginn des Dreißigjährigen Krieges waren die Oberrheinlande umkämpf-
tes Grenzland. Fast alle Dörfer und Städte sind wenigstens einmal, mei-
stens mehrmals zerstört worden. In der Landschaft der alten Kurpfalz, des
Hochstifts Speyer, im Badischen gibt es heute kaum noch ein mittelalterliches Stadtbild; kein Haus aus der Zeit vor 1700 ist erhalten geblieben.
Die Bevölkerungszahl verringerte sich an manchen Orten um 75 bis 80
Prozent. Die Bürger Philippsburgs erduldeten allein im Dreißigjährigen
Krieg fünfmal Belagerung, Eroberung, Plünderung, Mord und Totschlag.
In zweihundert Jahren wurden sie zehnmal mit Krieg und Zerstörung
überzogen. Einer kurzen Wiederaufbauzeit nach dem Dreißigjährigen
Krieg von nur 25 Jahren folgte eine neue Kette von Kriegen; die schlimm-
sten Zerstörungen brachte der Pfälzische Erbfolgekrieg seit 1688. Das
Niederbrennen war üblich bei Belagerungen und Eroberungen. Aus Vi-
sitationen der Zeit um 1700 ist zu entnehmen, daß die Dörfer nur zum
Teil bewohnt waren, die Menschen sich versteckt hielten, geflohen waren,
oder nicht mehr lebten. Ihre Häuser waren ausgebesserte Ruinen. Fast alle
Burgen und Schlösser lagen zerstört, auch die Kirchen, Rathäuser, Zehnt-
scheuern. Die Stadt Germersheim wurde 1717 als ein «desolates und de-
populiertes Stättlein» beschrieben mit einer «enervierten Bürgerschaft».
1577 hatte es 1100 Einwohner gehabt; 1643, im Dreißigjährigen Krieg,
nur noch 120 Einwohner. 1674 von den Franzosen eingenommen, wurde
es von den Eroberern buchstäblich dem Boden gleichgemacht, selbst das
Straßenpflaster wurde ausgebrochen. Blühende Äcker lagen brach, Wü-
stungen nahmen zu. Gebüsche, Hecken drangen in das alte Kulturland
vor; die kostbaren Wälder wurden ausgeschlagen und geplündert, weil sie
als Lieferanten von Bauholz herhalten mußten. Ein Beispiel für viele: das
Schicksal der Stadt Speyer.
   Der Dom zu Speyer steht an bevorzugtem Platz: auf einer erhöhten
Landzunge dicht am Rhein, nahe der Einmündung des Speyerbachs, an
der Stelle, die schon ein keltisch-römisches Heiligtum und einen karolingischen Kirchenbau getragen hatte. An diese Tradition des Platzes knüpfte

der Bauherr an: Der Salier Konrad der Ältere, der 1024 zum deutschen
König, 1027 in Rom als Konrad II. zum römischen Kaiser gekrönt worden war. Er besaß in Speyer ein stattliches Hofgut. Hier, in seiner Heimat
am Rhein, begann er um 1025 nach seiner Königskrönung eine neue Kirche zu bauen. Sie sollte ein Zeichen sein der weltlichen Macht und der
geistlichen Würde seines Amtes. Die Dimensionen dieser damals größten
romanischen Kirche in Deutschland waren achtunggebietend. Die Bau-
aufgabe überstieg die Spanne eines Menschenlebens. 1039 starb Kaiser
Konrad II.

Er wurde an der Stelle in der Kirche beigesetzt, die er für sich und sein
Geschlecht bestimmt hatte. Sein Sohn, Kaiser Heinrich III. (1039–1056),
führte den Bau fort, nach ihm dessen Sohn Heinrich IV. (1056–1106).
1061 wurde die Kirche geweiht. Die Zeitgenossen verstanden die gewaltige, über die Rheinebene aufragende und weithin sichtbare Gottesburg
als ein Symbol der gottgewollten Ordnung: Der Kaiser war christlicher
Herrscher; ihm oblag der Schutz der Christenheit. Der Papst war Stell-
vertreter Gottes auf Erden. Beide hatten den gleichen hohen Rang, sie
saßen gemeinsam den Konzilien und Synoden vor. Bei Staatsgottesdien-
sten saß der Kaiser im Westchor, im Ostchor stand der Altar, Thronsitz
Christi und seines geistlichen Stellvertreters auf Erden.

Zwanzig Jahre nach Vollendung des majestätischen Bauwerks – nur Alt-
St. Peter in Rom übertraf seine Ausmaße – begann Kaiser Heinrich IV.
den Dom seiner Väter von Grund auf umzubauen, und das in einem
Augenblick, als der Investiturstreit seine Macht schon zu bedrohen begann und deren Wurzeln im eigenen Land durch die aufständischen Sachsen und die deutschen Fürsten tief geschädigt wurden. Wie ein Menete-
kel schien es, daß der Rhein mit seinen Hochwassern den Fundamenten
am Ostchor gefährlich wurde. Heinrich IV., in schweren politischen Be-
drängnissen, wird, um in seinen Nöten gleichsam die Hilfe Gottes und
der Jungfrau Maria herabzubeschwören, einen Neubau gelobt haben. Er
rief seinen Freund und baukundigen Vertrauten, Bischof Benno II. von
Osnabrück, herbei. Der drängte mit mächtigen Felsschüttungen den
Rhein zurück. Bischof Benno war es auch, der, mit den kaiserlichen Vorstellungen vertraut, seinem Bauherrn den Umbauplan vorlegte. Er ließ
Fundamente und aufgehendes Mauerwerk verstärken, gliederte die
Wandflächen, krönte sie mit der schönen, umlaufenden Zwerggalerie,
plante für das Westwerk und das Ostwerk die stolzen Turmgruppen.
Benno also, von seinem kaiserlichen Herrn bestärkt und gestützt, dachte
ins Große und wagte das damals Ungeheure: Er überspannte Mittelschiff
und Querschiff mit gewaltigen Kreuzgratgewölben. Seit der Antike hatte
niemand mehr solche Dimensionen zu überwölben gewagt. Bischof
Benno († 1088) hat die Vollendung des Baus nicht mehr erlebt, aber seine
Nachfolger, dem kaiserlichen Willen folgend, hielten sich an Bennos
Planung.

Der Kaiserdom zu Speyer wurde die bevorzugte Grablege der deutschen Könige und römischen Kaiser. Nach Kaiser Konrad II. wurden hier beigesetzt seine Gemahlin Gisela († 1043), Kaiser Heinrich III. († 1056), Kaiser Heinrich IV. († 1106) und seine Gemahlin Bertha († 1087), Kaiser Heinrich V. († 1125), mit dem das Geschlecht der Salier im Mannesstamm ausstarb, ferner Beatrix von Burgund, Gemahlin Kaiser Friedrichs I. Barbarossa, und Agnes, ihre Tochter († 1184), König Philipp von Schwaben, Sohn Barbarossas († 1208), König Rudolf I. von Habsburg († 1291), König Adolf von Nassau († 1298), König Albrecht I. von Österreich († 1308).

Im Herbst 1688 drangen Truppen Ludwigs XIV. in kölnische und pfälzische Gebiete ein. Der französische König begründete diesen Vorstoß mit fragwürdigen Erbansprüchen auf Teile der Kurpfalz. Der Überfall sollte ihm außerdem den Kölner Kurfürstensitz einbringen, den er mit dem ihm ergebenen Straßburger Bischof Franz Egon von Fürstenberg besetzen wollte. Sein politisches Ziel war die Rheingrenze. Dieser dritte Raubkrieg (1689–1697) zog eine breite Spur zerstörter Städte durch die Länder am Rhein. Mainz, Oppenheim, Worms, Mannheim, Frankenthal, Dürkheim wurden niedergebrannt, das Heidelberger Schloß zerstört – es blieb bis heute Ruine. Zu Pfingsten 1689 loderten auch in Speyer die Flammen. An allen Ecken hatten die Franzosen die alte freie Reichsstadt angezündet. Das Feuer fraß sich durch die Straßen und Gassen und erreichte nach drei Tagen den Dom. Die Glut drang in die Dächer, in die Turmhauben, zerstörte die Glocken; die Gewölbe barsten. Die Eroberer zerschlugen Skulpturen, erbrachen die Königsgräber, raubten die Beigaben, entehrten die Gebeine; sie bohrten Sprenglöcher und legten Minen an die noch stehenden Mauern und Pfeiler. Die westlichen Mittelschiffjoche waren bereits gesprengt, da verhinderte ein Befehl zu kurzfristigem Abzug die völlige Zerstörung. Neun Jahre lagen die Ruinen menschenleer. Erst 1698 begannen die Bürger einen mühsamen, schrittweisen Wiederaufbau. Am Dom wurden die Ostteile notdürftig für den Gottesdienst hergerichtet. Nach 1770 setzte die eigentliche Wiederherstellung des ganzen Doms ein.

1794 erschienen erneut die Franzosen; diesmal waren es die Heere der Revolution. Im Dom lagen die Altäre zerschlagen; die barocke Neuausstattung war geraubt. Der Kaiserdom fand, wie der Dom in Köln und andere Kirchen, eine Verwendung als Magazin für Vorräte und Kriegsmaterial. 1804 ordnete Paris den Verkauf auf Abbruch an. Schon war der Versteigerungstermin angesetzt, da verhinderten im letzten Augenblick die Vorstellungen des Mainzer Bischofs Colmar den Abriß des Mainzer und des Speyerer Doms.

1986. Die FAZ berichtet von einem Veteranentreffen elsässischer und südbadischer Kriegsteilnehmer auf dem Soldatenfriedhof Lörrach: Fahnenträger, Trommeln, Trikolore, Ordensschmuck, Abordnungen der Bundeswehr.[48] Aus einem der alten Männer bricht es heraus: «An der Maginot-Linie sind wir von den Deutschen mit Flammenwerfern raus-

geholt worden.» Es ist Maurice Reffel, der dies ausspricht, Alterspräsident
des 42. Regiment Infanterie Forteresse, des Marckolsheimer Festungs-
regiments, das am 16. Juni 1940 in Marckolsheim gegen die deutsche
221. Infanterie-Division stand. Er erzählt: «Und dann ging es, in deutscher
Uniform, ab nach Rußland: So ist es mit uns gegangen.» Zweimal wurde
er schwer verwundet. Journalisten hören ihm zu. Maurice Reffel blickt
über sie hinweg zu den Gräbern hinüber: «Schön, daß das noch jeman-
den interessiert.» Er kann nicht vergessen.

Monsieur Ernest Bruckert lebt in Riedisheim bei Mülhausen/Elsaß.
Von seinem Haus ist es nicht weit zu dem Schlachtfeld, wo 58 v. Chr. Cae-
sar die Scharen des Ariovist schlug und über den Rhein zurücktrieb. Über
Schlachtfelder hat Monsieur Bruckert eine Menge zu erzählen. Er ist
Vizepräsident des oberelsässischen Rats der ehemaligen Frontsoldaten, der
Union Nationale des Anciens Combattants UNC. Der Großvater, erzählt er, war Soldat unter Napoleon III. Sein Vater wurde 1871 preußischer Untertan; in Arolsen hat er gedient; 1918 war er wieder Franzose,
1940 abermals Deutscher. Der Sohn, Monsieur Ernest, war Lehrer in
Thann am Fuß der Vogesen, als die Deutschen 1940 zurückkehrten.
«Raus mit dem welschen Plunder», sei die Parole gewesen; was an Frankreich erinnerte, sei, wie 1871, vernichtet, Denkmäler beseitigt, Bücher
verbrannt worden. Ernest Bruckert mußte sein Vogesental verlassen und
sich einer «Umschulung» unterziehen. 1941 erhielt er eine Lehrerstelle
drüben bei Weil am Rhein. 1943 kam der Gestellungsbefehl zur Wehrmacht. Dienstrang: Unteroffizier, wie zuvor auch in der französischen Armee. Bis 1944 lag er immerzu in Rußland. Erst seien sie vergewaltigt, dann
als unsichere Kantonisten gehänselt und zuletzt im Osten verheizt worden.
Es sei ein Unrecht an den Elsässern gewesen: «Das wird man schwerlich
auslöschen können.» Ernest Bruckert wurde in Rußland schwer verwundet. Nach seiner Genesung sei er nicht wieder zur Truppe zurückgekehrt;
er habe sich tief im elsässischen «Schnokeloch» versteckt gehalten und auf
die Amerikaner gewartet. Ernest Bruckert weiß von elsässischen Familien,
deren ältester Sohn, vor den Deutschen geflüchtet, in der französischen
Armee gedient habe, deren zweiter Sohn von der Wehrmacht zwangs-
rekrutiert worden sei. Sind sie im Feld einander begegnet? Haben sie aufeinander geschossen? Und dann, stockend, nach tiefem Atemholen,
spricht er von der größten Demütigung, die Frankreich je in seiner Geschichte habe hinnehmen müssen: Die Schnelligkeit und die scheinbare
Mühelosigkeit des deutschen Sieges 1940, die wilde Flucht vor den deutschen Invasoren. «Noch heute», sagt Ernest Bruckert, «wagt hier niemand
darüber zu sprechen.» Und das beschämende Schauspiel der Kollabora-
tion, und in Jalta und Potsdam habe man sie nicht dabei haben wollen, die
Franzosen, eine Siegermacht zweiter Klasse. Von Indochina und Algerien
spricht er erst gar nicht, auch nicht von den politischen und wirtschaftlichen Problemen Frankreichs in der Nachkriegszeit, während der deut-

sche Nachbar mancherlei Genugtuung erlebte: Das Wunder seines wirtschaftlichen Wiederaufbaus und seine wachsende Respektierung als Nato-
Partner. So manche Empfindlichkeit und Besorgnis des Nachbarn am anderen Rheinufer müsse den Deutschen doch verständlich sein.
Kanonenfutter unsinniger Kriege seien sie gewesen – von Deutschen und
Franzosen zwar als Landsleute beansprucht, dennoch aber mißtrauisch betrachtet, gleichwohl für wechselseitige nationale Zwecke ausgenutzt worden. Sie mußten wechselnden Herren dienen; über ihr Land sei in den
letzten hundert Jahren dreimal der Feuersturm sinnloser Kriege nieder-
gegangen. Überall im Land ständen auf den Soldatenfriedhöfen die Kreuze
in langen Reihen, zeugten die Trümmer der Bunker und Stellungen von
schweren, mit allen militärischen Mitteln geführten Kämpfen. Nein, im
Elsaß könne man nicht vergessen, und man wolle es auch nicht. Aber endlich, endlich solle Frieden über den Gräbern sein.

Tulla und die Folgen

Auenlandschaft und Rheingold

Wenige Kilometer hinter Basel verlegt der aus dem Schwarzwaldmassiv
nach Westen in die Oberrheinniederung vortretende Isteiner Klotzen dem
Rhein den Weg. Der Fluß muß ihm ausweichen; erst hinter dem Klotzen
gewinnt der Rhein, gewinnen Rheinauenweg, Fernstraßen und Bahnlinien ihre allgemeine Nordrichtung durch den Oberrheingraben. Der
Isteiner Klotzen ist harter Jurakalk. Er war im Tertiär, vielleicht mit dem
weiter nördlich gelegenen Vulkanmassiv des Kaiserstuhls, eine der Barrieren, die dem Rhein den Abfluß nach Norden versperrten und ihn zwangen, im Bett der Rhône ins Mittelmeer zu fließen. Als sich im unruhigen
jüngeren Tertiär die Felsenschwellen in der Gegend Istein/Kaiserstuhl allmählich senkten, wurde der Weg ins Nordmeer frei.[49] Der Klotzen stand
in der tobenden Flut, hielt ihr stand, aber die Spuren, die dieser Kampf
hinterließ, sind dem Felsensporn anzusehen. Das drängende, jagende Wasser hat in vielen Jahrtausenden das Gestein des Klotzen an seinem Fuß ausgeschliffen, ihn unterhöhlt, ohne ihn ins Wanken bringen zu können.
    Heute steht der Felsen im Trockenen. Statt des Wassers umbrandet ihn
der Autoverkehr der Landstraße und der Autobahn. Er mußte es hinnehmen, daß seine Flanke angebohrt und die Eisenbahnlinie Basel–Karlsruhe
im Tunnel durch ihn hindurchgeführt wurde. Einst war der Standhafte
eine Zuflucht der Menschen vor dem Hochwasser, vor Überschwemmungen.
    Auf der Höhe des Isteiner Klotzen (349 Meter) liegt eine Aussichts-
plattform. Den trefflichen Rundblick, den sie bietet, nutzte zu Anfang des
19. Jahrhunderts der Maler Peter Birmann für sein Panorama des Ober-

Abb. 29: Peter Birmanns Gemälde (mit dem Blick vom Isteiner Klotzen nach Süden, gegen Basel) zeigt die Auenlandschaft des Oberrheins, wie sie noch zu Anfang des 19. Jahrhunderts vor den Eingriffen Tullas bestand.
Basel, Öffentliche Kunstsammlung.

rheingrabens. Er wählte den Blick nach Süden, in Richtung auf seine Heimatstadt Basel. Peter Birmanns Gemälde (Abb. 29) zeigt die ursprüngliche Landschaft des Oberrheins, wie sie auch dem unternehmenden Ingenieur Tulla vor Augen trat, als jener seinen Generalstabsplan entwarf, um den wilden Wassern beizukommen. Es war der Anblick einer amphibischen Landschaft. Im Tertiär hatte ein schmales Meer mit Lagunen und flachen Seen hier Lockersedimente, Sedimentgesteine, Kalisalze und den Erosionsschutt aufsteigender Gebirge abgelagert. Als die Kalkschwelle beim Klotzen soweit abgesunken war, daß der Talweg des Rheins nach Norden hin frei wurde, schütteten im Quartär die Schmelzwasser der Eiszeiten und der Rhein eine bis zu 300 Meter mächtige Schottermasse über den tertiären Schutt hinweg. Die tertiären Sedimente sind zusammen mit denen des Quartär 3000 bis 4000 Meter mächtig. Sie gleichen heute die Tiefe des Grabenbruchs (im Maximum 4400 Meter) bis auf 1000 Meter (der Differenz zwischen den Grabenschultern und der Senke) aus.

Seit der jüngsten, der Würmeiszeit, überragte der Klotzen eine gewaltige, strudelnde Wasserfläche. Das Bett dieses verzweigten Rheinabschnitts erstreckte sich bis hinüber zu den Vogesen und blieb bis zu der Zeit etwa, als Birmann sie malte, eine von ungezählten Rheinarmen und Neben-

wassern durchströmte Inselflur. Der Rhein nutzte die eiszeitlichen Aufschüttungen der Niederterrasse als Geschiebedepot, aus dem er seiner
Schleppkraft entsprechend sich versorgte, daraus Kiesbänke und Inseln
baute oder das Geschiebe stromabwärts transportierte. Auf Rheinkarten
vom Anfang des 19. Jahrhunderts sind bis Straßburg/Kehl, auf einer
110 Kilometer langen Strecke, mehr als 1600 Inseln zu zählen, bis zur
Murgmündung oberhalb Karlsruhe über 2000.

Im Querschnitt stellen sich die landschaftlichen Elemente des Oberrheingrabens so dar[50]: An die Hänge des Schwarzwaldes schließt die Vorbergzone an; sie geht in die Niederterrasse mit dem Hochgestade über; es
folgen die Rheinniederung oder die Aue, dann das Flußbett, und in um-
gekehrter Folge anschließend auf elsässischer Seite: Aue, Niederterrasse
(die im Elsaß breiter ist), Vorbergzone, Vogesen. (Abb. 30)

Zur Besiedlung taugte das Gelände der Niederung, der periodischen,
weiträumigen Überschwemmungen wegen, wenig. Aber der vom Rhein-
schlick bedeckte, mit Humus angereicherte Boden ist sehr fruchtbar. Die
Menschen haben denn auch immer wieder versucht, vom Hochgestade
her in die Niederungen vorzudringen und Landstreifen zu kultivieren. Auf
höher gelegenen Schotterwällen konnten Ansiedlungen auch wohl im
ständigen Kampf mit den Hochwassern gehalten werden. Aber der Strom
folgte seinen eigenen Gesetzen und zerstörte, «seinen Lauf fortwährend
verändernd bald hier, bald dort ausschweifend, fruchtbare Gelände und
Ortschaften». Das Vulkangestein des Breisacher Münsterbergs ragte über
die Rheinniederung auf und war zwar vor den Fluten des Rheins geschützt, aber das Wasser umfloß ihn im Laufe der letzten zweitausend Jahre
sowohl an seiner Ostseite, als auch der Westseite und an beiden Seiten.
Honsell berichtete, daß viele Ortschaften oder Ortsteile «gänzlich zerstört
oder wegen beständiger Bedrohung verlassen und an geschützteren Stellen wieder aufgebaut» wurden; «hierher gehören die Städte Neuenburg

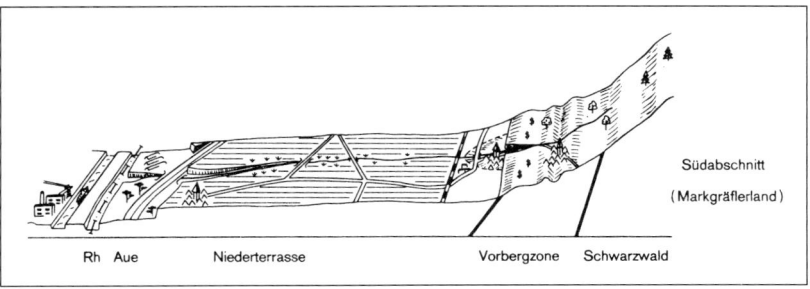

Abb. 30: Schematisches Querprofil des Oberrheingrabens im Südabschnitt mit
Schwarzwaldhängen, Vorbergzone, Niederterrasse, Aue, Rheinbett,
Grand Canal d'Alsace.

und Rheinau, erstere im 15., letztere im 16. Jahrhundert vom Rhein
verschlungen, die Dörfer Wittenweiler, Goldscheuer, Grauelsbaum, Gref-
feren, Söllingen, Plittersdorf u. a. Manche Orte und Gehöfte sind ganz
verschwunden».[51]

Der verzweigte Lauf des Oberrheins zwischen Basel und der Murg geht
abwärts der Einmündung der Murg, in der Gegend von Karlsruhe, in
einen gewundenen Lauf über; der Strom sammelt sich und beginnt zu
mäandrieren, er schwingt aus und seine Bögen wandern talwärts. In diesen Bögen stauten sich, so Honsell, «Hochwasser und Eisgänge und verursachten verheerende Überschwemmungen. In den scharfen Krümmen
riß der Strom fort und fort die Ufer ein, bis er auch hier – oftmals plötzlich die Landzungen durchbrechend – seinen Lauf änderte ... Große
Flächen mit fruchtbarem Boden bedeckten Landes waren versumpft»,
schrieb Honsell, «der Verkehr mit den Rheinorten zu Wasser wie zu Land
war überaus erschwert, die Bewohner litten fast überall unter Fieber-
krankheiten»[52]. Honsell sammelte Argumente, um die technische Großtat
seines Vorgängers Tulla zu feiern und seine eigene Leistung ins Licht zu
rücken.

Drei Faktoren bestimmten die Auenlandschaften und ihre Vegetation in
der Rheinniederung zwischen Basel und Karlsruhe bis zu der Zeit, als Birmann das Panorama malte: das Wasser, der Boden (seine Qualität, sein Relief) und das Klima.[53] Die Aue wurde periodisch überschwemmt: im Juli,
wenn die Schneeschmelze sich auswirkte, und meist im November nach
den Herbstniederschlägen in den Alpen. Die Hochwasser überfluteten die
Niederung fast vollständig; bei Niedrigwasser fielen große Teile der Altrheine trocken. Diese großen Schwankungen der Wasserstände bewirkten
einen ganzjährig hohen Grundwasserstand, und sie sorgten für die Zufuhr
von Nährstoffen. Bei jeder Überflutung lud das langsamer fließende oder
ablaufende Flußwasser Sedimente, Minerallösungen, Treibsel, organische
Substanzen und Eiweiß aus ungezählten Tierleichen, Larven, Würmern
ab. Diese Stickstoffverbindungen reicherten sich in den über Kies und
Sand aufgeschwemmten hellen, schluffigen und kalkhaltigen Böden an
und bewirkten seine außerordentliche Fruchtbarkeit. Diese Deckschich-
ten sind im oberen Teil des Grabens mittelgründig (30–60 Zentimeter),
im unteren Teil meist tiefgründig (60–120 Zentimeter). Wo in den alten
Rheinläufen Schilf wuchs, zum Beispiel in den Schlickdecken der Hoch-
gestadebuchten, bildete sich eine bis 3 Meter mächtige Torfschicht. Das
Klima im Graben ist ausgeglichen und mäßig warm; der südliche Oberrheingraben ist das wärmste Gebiet Deutschlands. Eine geschlossene
Schneedecke hält sich nie lange, dagegen liegen häufig Nebel über den
Wasserflächen. Die Niederschläge (im langjährigen Schnitt zwischen 600
und 850 Millimeter) spielten für die Vegetation keine Rolle.

Der schroffe Wechsel von Überflutung und Trockenheit schuf extreme
Lebensbedingungen für die Pflanzengesellschaften und führte zu einer

harten Auslese unter den Arten. Wo die Böden an rund 100 bis 200 Tagen im Jahr vom Wasser bedeckt waren, auf tieferen, also feuchten, sumpfigen Standorten, gedieh der Weichholzauenwald mit seinem charakteristischen Baum, der Silberweide. Ihre schmalen, spitzen Blätter sind an der Unterseite dicht behaart; wenn der Wind sie bewegt und wendet, leuchten sie silbrig auf. Auch Erlen und Pappeln ertragen wie die Weiden einen langen und hohen Wasserstand. Wo das Bodenrelief ein bis zwei Meter erhöhte und trockenere Standorte bot, auf den «Inseln», wuchs die Hartholzaue. Ihre braunen, tiefgründigen Kalkauenböden wurden von Stieleiche, Esche, Feldulme, Silberpappel und Grauerle bevorzugt. An den Ufersäumen gediehen Röhricht- und Großseggengesellschaften, im tieferen Wasser vielerlei Laichkräuter, wie die Seekanne, die Wassernuß, das Nixenkraut. Auf periodisch trockenfallende Gewässerbereiche hatten sich das Schlammkraut, der Fremde Ehrenpreis, der Nickende Zweizahn und das Sternenlebermoos spezialisiert; auf Kiesbänken der Auen gedieh der Blaugrüne Gänsefuß und ein stumpfblättriger Knöterich. Die vielfältigen und widerstandsfähigen Pflanzen- und Tiergesellschaften hatten sich in Jahrtausenden gebildet und gehalten. «Das Auenwaldgefüge war stabil.»[54] Und ein Forstmann urteilte: «Mit ihrem üppigen, oft fast tropisch zu nennendem Wachstum bilden die Auenwaldungen unsere holzartenreichsten Wälder mit über dreißig Holzarten ...», die oberrheinischen Auen waren von «... seltener Ursprünglichkeit und Schönheit, erfüllt von Wasser, Wald und Sumpf, von verschiedenen Bäumen und üppig wuchernden Schlinggewächsen, einer reichen Vogelwelt und großem Fischreichtum»[55]. Die Auenwälder wurden jahrhundertelang als Weide- und Fischgründe genutzt, sie lieferten Futter und Streugras, man schnitt Schilf und Bindeweiden, sammelte Brennholz. Die Forstwirtschaftler sprechen von der «hohen Massen- und Wertproduktion» des Auenwaldes; die Auenwirtschaft gilt als «hohe Schule des Waldbaus»[56].

Damals bot dieser Lebensraum mit seinen fließenden und stehenden Wasserflächen reiche Fischgründe: im Strom, an seinen Ufern und in den Buchten, in den Altrheinen, in Bächen, Lachen, Fischlöchern.[57] Auf alten Abbildungen, auch auf Birmanns Gemälde, gehören die flachen Waidnachen der Fischer zum typischen Landschaftsbild. Dieser Fischreichtum war Lebensgrundlage einer ganzen Zunft. Zumeist im Besitz der Landesherren und der klösterlichen Grundherrschaften, verpachteten diese die Fischgründe an die Fischer, die ihrerseits die Salmengründe sorgfältig zu pflegen und freizuhalten hatten, damit die guten Laichbedingungen gesichert blieben.[58] Eine Fischerordnung von 1399 aus der Ortenau legte die Zulassungsbedingungen der Zunft fest, regelte die Arbeitszeit (es gab ein Verbot, sonntags zu fischen) und beschrieb die Fischereipraktiken wie das Eisfischen, den Lachsfang, den Gebrauch der Fanggeräte. Große Aufmerksamkeit galt damals schon der Fischhege; an die Schonzeiten und Fangmaße hatte sich jedes Zunftmitglied gewissenhaft zu halten. Gefan-

gen wurden im Rhein seit den Zeiten der Römer Wanderfische wie Salmen (oder Lachse), Maifische, Aale, dazu Barsche, Nasen, Schleie, Barben,
Forellen und natürlich Raubfische wie Hechte, die solche reichen Beute-
gründe anzogen. Prachtexemplare wie jener Stör von 1,05 Metern Länge
und 105 Kilogramm Gewicht, den Ortenauer Fischer noch am 1. Juli 1916
im Rhein fingen, waren keine Seltenheit. Insbesondere die Klöster hatten
in langen Fastenzeiten großen Bedarf an Fischen, auch an der landesherr-
lichen Tafel waren sie geschätzt, und bei jedermann in Stadt und Land.
Der Straßburger Fischmarkt, zu seiner Zeit berühmt, bot stets einen überreich gedeckten Tisch aus den Fanggründen des Oberrheins. Dort wurden manchmal an einem einzigen Tag über hundert Salmen angeboten.
Die Kanalisationsarbeiten des 19. Jahrhunderts, das Verschwinden naturnaher Uferstrecken mit Kiesbänken und Flachwasserzonen, und die Che-
mieabfälle des 20. Jahrhunderts haben den Fischen ihren Lebensraum, der
Zunft der Fischer ihren Beruf genommen.[59]

Einen sagenhaften Ruf genoß das Rheingold.[60] Strabo nannte um Christi Geburt den Rhein den ‹Goldreichen›; Athenaios berichtete zwei Jahrhunderte später von der Goldwäscherei im Rhein; im 5. Jahrhundert bezeichnete Nonnos den Rhein als den Spender des Goldes.[61] 868 wußte
Otfried von Weißenburg, daß man im rheinischen Frankenlande Gold aus
dem Sand gewann, und der Mönch Rogkerus gar gab um 1100 Anweisungen, wie das Gold zu waschen und zu verarbeiten sei. Den vier rheinischen Kurfürsten war in der Goldenen Bulle 1356 das königliche Recht
der Goldmünzung zugestanden worden. Die seltenen Rheingolddukaten
bezeugten in Bild oder Inschrift «Aus Rheinsand» ihre angebliche Herkunft aus dem Rheingold. Sie sind Sammlerstücke und waren ursprünglich geschätzte Ehrengaben des Herrscherhauses. Die Schürfrechte wurden von den Landesherren an die Goldwäscher verpachtet. 1838 sind in
Baden noch 400 Goldwäscher gezählt worden. Von 1804 bis 1834 wurden 145,5 Kilogramm Gold an die Münze in Karlsruhe abgeliefert.[62]

Die Methode des Goldwaschens blieb seit keltisch-römischen Zeiten
die gleiche.[63] Das Geschiebe des Rheins führt neben Quarz, Glimmer
und Feldspat winzige Goldplättchen, die mit einiger Geduld und Ge-
schicklichkeit aus dem Rheinsand durch ihr spezifisches Gewicht ausge-
schlämmt werden können. Die millimetergroßen Goldflitter strahlen unter den anderen Mineralien in der Waschpfanne, wenn das Sonnenlicht
darauf fällt, wie ein Sternenhimmel. Die besten Fundstellen sind die
Köpfe der Kiesbänke, wo die groben Gerölle abgelagert werden. Dort
sammelt sich das Blattgold in sichelförmigen Säumen, zu «Goldseifen» an-
gereichert. Ein Nebenprodukt der Goldwäscherei war der Streusand, der
früher zum Ablöschen der Tinte benutzt wurde, bis das Löschpapier ihn
ersetzte.

Im 19. Jahrhundert begannen die Korrektionsarbeiten am Oberrhein.
Sie veränderten die Wasserdynamik und suchten die Bildung von Sand-

und Kiesbänken, die die Schiffahrt gefährdeten, zu verhindern. Damit blieb auch die Anreicherung von Goldseifen aus. Die Wäscherei war fortan kein lohnendes Geschäft mehr. Nur noch Hobby-Geologen und -Goldwäscher betreiben sie. 1874 hatte der letzte berufsmäßige Goldwäscher am Oberrhein seine Waschbank in die Scheuer gestellt.

In der Flußlandschaft des Oberrheins war immer alles «im Fluß»; die ihr eigentümliche Fauna und Flora überlebte, weil sie auf Wechsel eingerichtet war. Als der Mensch in die Auen vordrang, wollte er Dauer statt des Wechsels. Er wollte gesicherten Besitz, auch gegen die Natur. Er begann damit, um kleine, in Nutzung genommene Flächen herum Schutzwälle gegen das Wasser aufzuschütten. Wo aber die vereinzelten Schutzmaßnahmen zu längeren Uferstrecken zusammenwuchsen, die Ringwälle sich weiteten, engte sich die Wasserfläche ein, und das bedeutete, daß die Gewalt der Wassermassen sich bündelte, die Hochwasserstände stiegen, der Strom unberechenbarer wurde, seine Stoßkraft zunahm. Wenn die Wälle von Gräsern und Weidengebüsch überwachsen waren, verfestigte das Wurzelwerk der Pflanzen und Bäume die Schlickböden und Dämme.

Nun aber begann der Mensch, sich selbst in die Quere zu arbeiten. Er schädigte den schützenden Busch- und Baumbestand durch übermäßigen Aushieb, trieb Haustiere ein oder entnahm Gras und Streu. Mit dieser ungeregelten Nutzung stieß er unwissend das, was er aufgebaut hatte, selbst wieder um. Der Wald, der jahrtausendelang dem Wasser getrotzt hatte, wurde für Schutzmaßnahmen geopfert, die am Ende sinnlos waren. Nach jedem Hochwasser wurden Faschinen in großen Mengen und an vielen Orten gebraucht.[64]

Die Schäden entstanden nicht nur durch unzweckmäßige Dammbauten oder durch den Vieheintrieb, sie waren auch eine Folge der unruhigen Zeitläufte, der kriegerischen Durchzüge, des Niederbrennens der Städte und Orte. Für deren Wiederaufbau wurde Bauholz in großen Mengen gebraucht und aus den Wäldern herausgeschlagen. Besonders die kostbaren Eichenbestände lichteten sich. Schließlich mußten die Kriegsschulden des Landesherrn bezahlt werden. Auch dazu bot sich der Rheinwald an. Über drei Jahrhunderte lang gehörten die den Rhein hinuntertreibenden großen Flöße mit «Holländerstämmen»[65] zum Bild des Stromes; sie illustrierten einen Raubbau von ungeheurem Ausmaß. Von der Hauptnutzung des Waldes als Brennholz ganz zu schweigen.

Der zunehmenden Übernutzung der Auenwälder in der Zeit vor Tulla, dem allgemeinen Kahlschlag, hielten vereinzelte Neuanpflanzungen nicht stand. Die Hochwasserkatastrophen nahmen zu, fanden immer mehr Angriffsflächen und wirkten sich immer verheerender aus. Erst zu Anfang des 18. Jahrhunderts waren die Landesherren imstande, das Forstwesen neu zu ordnen. Das aber half nicht mehr, das selbstgeschaffene Dilemma zu beseitigen. Der «große Winter» 1740 leitete eine neue Kette von Hochwas-

sern ein, die bis ins 19. Jahrhundert reichte. 1740 war das Wasser sogar in
die relativ hoch gelegene Stadt Philippsburg eingedrungen. Damals hieß
es, der Rhein sei zwischen Seltz und Mannheim an so vielen Stellen ein-
gebrochen, daß man sich darauf beschränken mußte, die gefährlichsten zu
schützen. Zwischen Linkenheim und Leimersheim, ein Beispiel nur, wurden für Schutzbauten fast 20 Jahre lang bis 1769 gewaltige Mengen von
Faschinen verbaut, allein 1762 waren es 65 000 Stück. Die Eindämmun-
gen hielten nie lange.

Die Schwierigkeiten wurden hier, wie überall am Oberrhein, erst recht
unüberwindlich, als der Rhein, eine Folge der jährlichen Hochwasser,
vom Oberstrom her immer stärker aufzuschütten begann, das Flußbett
infolgedessen anstieg und von den Ufern landeinwärts ein Gefälle sich herstellte.[66] Die überfluteten Gebiete verbreiterten sich immer mehr, die Wasserfläche war beim Hochstand des Wassers unüberschaubar geworden. Die
Anstrengungen, des Wassers Herr zu werden, sich gegen die Fluten behaupten zu können, mußten ständig gesteigert, die Schutzdämme weiter
erhöht, neue Uferabschnitte eingedeicht werden. War aber das Hochwasser einmal da, konnte es der vielen neuen Dämme wegen nicht mehr abfließen und ins Flußbett zurückfinden. Weite Landstriche versumpften.
Die Stoßkraft des Wassers stieg in den eingeengten Hochflutprofilen noch
mehr an. Viele Ortschaften mußten aufgegeben und verlegt werden. Die
Lage war zu Anfang des 19. Jahrhunderts unhaltbar geworden. Entweder
gab man die Auen als Kulturlandschaft auf und überließ sie wieder dem
Rhein, oder aber es mußte eine durchgreifende Verbesserung der Lage am
Oberrhein eintreten.

Die Stunde Johann Gottfried Tullas war gekommen.

Johann Gottfried Tullas «Rhein Rectification»

1822 schrieb Johann Gottfried Tulla: «In der Regel sollten in kultivierten
Ländern die Bäche, Flüsse und Ströme Kanäle sein und die Leitung der
Gewässer in der Gewalt der Bewohner stehen.»[67] Tulla war 1804 als Ober-
ingenieur mit dem Titel eines Hauptmanns in die Dienste des Markgra-
fen von Baden getreten und hatte die Leitung des Rheinbaus und des Ausbaus der badischen Nebenflüsse des Rheins übernommen. Seine Studien
hatten ihn an die Bergakademie Freiberg/Sachsen, nach Hamburg, nach
Norwegen, Frankreich und in die Niederlande geführt. In den Niederlanden gab es seit dem Mittelalter Erfahrungen, wie Überschwemmungen
zu begegnen und Deichbauten auszuführen seien. Tullas Aufmerksamkeit
war nicht entgangen, daß bereits der Große Kurfürst und nach ihm Friedrich der Große sich den Sachverstand der Niederländer bei den großzügigen Flußkorrektionen und Meliorationen in ihren Ländern zunutze
gemacht und verläßliche Wasserbaumeister und Ingenieure nach Preußen
gezogen hatten.

Tulla sah sogleich, daß der jahrhundertelange, mühsame Kampf der Bewohner in der Flußniederung des Oberrheins gegen den verwilderten Strom nutzlos bleiben mußte, weil er ungeordnet war und der Koordinierung ermangelte. Tulla nahm Messungen vor und stellte hydraulische Berechnungen an. Der Satz: «Kein Strom oder Fluß, also auch nicht der Rhein, hat mehr als ein Flußbett nötig ...»[68], galt damals noch als kühne Behauptung. Tulla aber begann, nach ihm zu handeln. Mit der Prämisse, daß die Rektifikation des Rheins für alle Uferstaaten nützlich sein müsse, steckte Tulla das Ziel: Die Bändigung des wilden Rheins, seine Zusammenfassung in einem geschlossenen Bett, den Hochwasserschutz, die Absenkung der Wasserstände, Entsumpfung und Landgewinn, dazu die Korrektur der Mündungsstrecken der Nebengewässer. Dies alles wollte Tulla mit einer einzigen, allerdings groß angelegten Baumaßnahme erreichen: ein umfassendes, damals Aufsehen erregendes Unternehmen.

1809 war er erstmals mit seinen Vorschlägen zur Korrektion des Rheins hervorgetreten, 1812 folgte eine ausführliche Abhandlung in Form eines Berichts an das badische großherzogliche Ministerium der auswärtigen Angelegenheiten. Tullas Pläne sahen vor, daß «dem Rhein ein ungeteiltes, in sanften der Natur anpassenden Bögen oder auch ... da, wo es tunlich, ein in gerader Linie fortziehendes Bett angewiesen wird». Von politischem Instinkt zeugte dieser Satz: «Die Rektifikationslinie des Rheins wird als Eigentumsgrenze zwischen Frankreich und Baden, der Talweg aber als die Hoheitsgrenze angenommen.» Eine «Rheingrenzberichtigungs-Kommission», in der Tulla mitarbeitete, stellte fest, daß die Rektifikation des Rheinlaufs für beide Uferstaaten eine nützliche Sache sei. Frankreich erkannte dies 1818 an.[69]

Tullas Pläne sahen für die Strecke zwischen Basel und der badisch-hessischen Grenze (damals südlich Worms) vor, daß der in seinem Oberlauf verzweigte, im unteren Teil mäandrierende Fluß ein einheitliches, geschlossenes Flußbett von 200 bis 250 Metern Breite erhielte. Dieses einheitliche Flußbett sah in seiner Linienführung talwärts eine Begradigung vor, so daß sich ein gestreckter, in sanften Krümmungen geführter Flußlauf ergab. Die zahlreichen Windungen und engen Flußschlingen unterhalb der Einmündung der Murg müßten durchstochen werden. Diese Arbeiten hatten eine Verkürzung des Talwegs zur Folge; sie betrug zwischen Basel und der Lautermündung rund 31 km (14 Prozent), zwischen der Lautermündung und der hessischen Grenze rund 50 km (37 Prozent). Zwischen Basel und der hessischen Grenze wurde der Rheinlauf also von 354 auf 273 km, um insgesamt 81 km (23 Prozent) verkürzt.

Nach den Überschwemmungen und Zerstörungen 1816 und 1817 begannen die Arbeiten nach den Plänen Tullas noch im Jahre 1817. Die ersten Durchstiche wurden bei Neupfotz (1817) und Wörth (1818) unternommen. (Abb. 31) Als bei der Rheinflut 1824 der Bereich der neuen Durchstiche verschont blieb, wurden weitere Durchstiche vereinbart. Bei

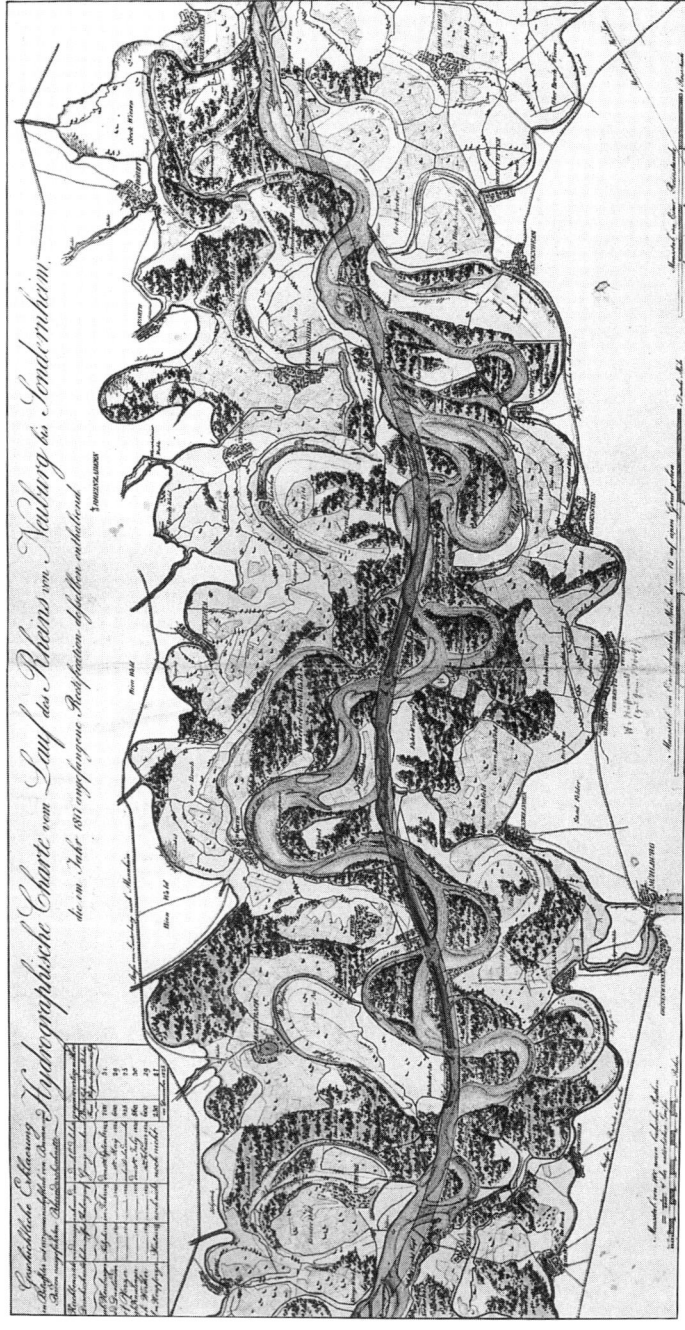

Abb. 31: Karte des Rheinlaufs von Neuburg bis Sondernheim mit den von Tulla 1817 begonnenen Durchstichen und «Rectificationen».

Knielingen leistete die mißtrauische Bevölkerung Widerstand, so daß Militär in den Ort gelegt werden mußte. Eine zusammenhängende Korrektionsstrecke bei Kehl wurde zwischen 1821 und 1825 gebaut. Auch hier gelangen alle Arbeiten zur Zufriedenheit. Nunmehr stimmte auch Bayern, das die Kurpfalz besaß, der Fortführung der Rheinkorrektionen zu.

Tullas Prinzip war, die Arbeiten in der Hauptsache durch die Kraft des Stromes selbst verrichten zu lassen. Dem Fluß blieb es überlassen, sich zwischen den Leitwerken allmählich einzutiefen und sich so selbst ein festes Bett zu geben. Die Durchstiche auf der badisch-bayerischen (der pfälzischen) Rheinstrecke wurden in der Weise vorgenommen, daß in der Durchstichstrecke ein 18 bis 24 Meter breiter Leitgraben ausgehoben wurde, der dann bei höherem Wasserstand an beiden Enden zum alten Flußbett hin geöffnet wurde. Das einströmende Wasser nahm sogleich den kürzeren Weg und das stärkere Gefälle. Es erweiterte allmählich den Leitgraben.[70] Hatte er die gewünschte Breite erreicht, wurden die Ufer in der gewohnten Weise befestigt. Wo zähe Lettenbänke der Abschwemmung widerstanden, verzögerte sich zuweilen die Verlegung des neuen Talweges in den Durchstich, wie beim Neupfotzer Durchstich von 1817, wo der Rhein erst 1828 das neue Bett aufzusuchen sich bequemte.

In der Folge verzögerten Einsprüche die Korrektionsarbeiten. Am Mittelrhein und am Niederrhein befürchtete man Auswirkungen, die nicht hinreichend bedacht worden seien. Die wasserbaukundigen Niederländer und das in Strombaumaßnahmen gleichfalls nicht mehr unerfahrene Preußen befürchteten, daß insbesondere das von Felsen eingeschlossene Rheintal durch Hochwasser und die Zunahme des Geschiebes Schäden erleide, daß die Bundesfestung Mainz bedroht werde, indem der Natur Gewalt angetan werde, das Uferland ausdörre, neuer Abbruch der Ufer veranlaßt werde und überhaupt Nachteil entstehe. Tulla erhob in zwei Denkschriften von 1822 und 1825 seine Gegenvorstellungen. An der Beantwortung einer preußischen Note wirkte er, 1827 schwer erkrankt, noch mit. 1828 starb er. Damals waren nur Bruchteile seines Planes verwirklicht. Als nach der neuen Übereinkunft zwischen Baden und Bayern 1832, und nachdem der Rheingrenzvertrag zwischen Baden und Frankreich abgeschlossen worden war, schließlich auch Preußen seine Bedenken zurückgestellt hatte, setzte lebhafte Bautätigkeit ein. 1879 war die Oberrheinkorrektion abgeschlossen.[71]

Die Einengung des Wildflußbettes des Rheins von fast 4000 Metern auf das Korrektionsbett von 200 Metern (von Basel bis zur Mündung des Leopoldkanals), bzw. 225–250 Metern (bis zur Lautermündung), hatte eine Tiefenerosion zur Folge. Diese war in beschränktem Umfang erwünscht. Sie gewährleistete, daß der Rhein «durch Tulla ... zum segenspendenden Vorfluter der Rheinebene»[72] wurde. Die Überschwemmungen hörten auf und damit die Zerstörungen. Die Niederungen wurden verläßlich entwässert. Das Grundwasser sank in eine günstige Lage zur Geländeoberfläche. Das bedeutete Fruchtbarkeit; gute Ernten standen zu erwarten. Dies war die optimale Phase der Niederung. Im Oberrheingraben ging die Häufigkeit der Malariafälle zurück; das in den Rheinorten endemische Wechselfieber, Ruhr und Typhus hörten auf. Die Besiedlung bisher als feucht und gesundheitsschädlich gemiedener Flächen war möglich geworden. Insbesondere dieser sanitäre Erfolg der Rheinkorrektion ist unbestreitbar ein Verdienst Tullas.[73]

1853 errichtete Markgraf Max von Baden am Rheinufer in Karlsruhe, der hauptsächlichen Wirkungsstätte Johann Gottfried Tullas, wo er 1807 eine Ingenieurschule gegründet hatte, die zur Vorgängerin der heutigen Technischen Universität wurde, wo er die badische Wasser- und Straßenbauverwaltung aufgebaut hatte, einen Gedenkstein mit der Aufschrift: «Dem grossh. badischen Ingenieur Oberst I.G.TULLA, dem verdienstvollen Gründer der zum großen Nutzen aller Uferbewohner unter der segensreichen Regierung des Großherzogs Carl Friedrich unternommenen Rhein Rectification zum ehrenden Andenken von Markgraf Max von Baden 1853.»

Die Verdienste Tullas, die Vorteile der Rektifikation lagen vor aller Augen. Aber es gab auch Nachteile, und bereits Tullas Nachfolger waren gezwungen, ihnen zu begegnen.[74] Die von Tulla angestrebte Tiefenerosion hielt nicht an der erwünschten Tiefenmarke an, sondern setzte sich fort. Die Entwicklung verließ bald schon die Optimalphase in den Oberrheinniederungen, und ihr folgte eine bis heute weniger günstige Phase. Nach den ersten großräumigen und radikalen Eingriffen in das Ökosystem des Oberrheins stellten sich nachteilige Folgen ein, die den Wasserbauern zu schaffen machen sollten.

Der regulierte Strom und ein neues Kapitel deutsch-französischer Beziehungen

Tullas Rheinkorrektion war eine Begradigung des Flußlaufs; sie bezweckte den Hochwasserschutz, die Sicherung der Existenz und der Gesundheit der Bewohner; sie brachte erheblichen Landgewinn. Aber sie erfüllte nicht die Erwartungen der Schiffahrt. Zwar lag der Flußlauf fest und die Flußstrecke hatte sich verkürzt, aber im neuen Flußbett hatte der Rhein zu pendeln begonnen, er wechselte zwischen den Ufern; an manchen Übergängen fiel der Strom fast senkrecht vom einen zum anderen Ufer ein. Kiesbänke und Kolke säumten ihn, verlagerten sich und wanderten talwärts. Damals war Mannheim für die Bergfahrt der Endpunkt der Großschiffahrt. Die Fahrrinne oberhalb Mannheims blieb der Kiesablagerungen und Untiefen wegen unsicher.

In der «Mannheimer Akte» von 1868 war in Aussicht genommen worden, die Schiffahrt bis Straßburg und Basel weiterzuführen. Das Ziel sollte sein, ganzjährig gute Schiffahrtsverhältnisse zu schaffen und die Uferlandschaften zu erschließen, Häfen zu bauen, Handel und Industrie zu fördern.

Seit 1906 wurden die im Flußbett talwärts wandernden Kiesbänke durch Buhnen und Grundschwellen nach Honsells Plänen so fixiert, daß im Korrektionsbett Tullas eine regelmäßig gewundene Niederwasserfahrrinne im Talweg sich herstellte. Die Fahrwasserbreite bis zur Mündung der Murg betrug 98 Meter, oberhalb der Murg bis Straßburg 88 Meter. Derart eingeengt (Tullas Flußbett war 200 bis 250 Meter breit gewesen) begann der Fluß, statt in die Breite, weiter in die Tiefe zu erodieren; auf diese Weise sollte die erwünschte Fahrtiefe von zwei Metern erreicht werden. 1924 waren die Arbeiten zwischen Mannheim und Straßburg/Kehl abgeschlossen; 1931–1956 folgte der Ausbau zwischen Straßburg/Kehl und Istein.[75] Der Hafen Breisach ging 1930 in Betrieb, der Hafen Basel 1936. Die Schiffahrt und die neuen Rheinhäfen waren mit dieser ersten Regulierung der Rheinkorrektion Tullas zufrieden. Der Umschlag nahm zu.

Aber auch die Probleme der Wasserbauer nahmen zu. Denn nicht überall ließ sich das Ausbauziel einer einheitlichen Fahrtiefe erreichen. Dort, wo sich der Abflußquerschnitt verbreiterte, also an Wendeplätzen, an Hafeneinfahrten oder Mündungen von Nebenflüssen, mußte ständig nachreguliert werden. 1889 bis 1922 betrug die erodierte Geschiebemenge zwischen Kembs und Breisach im Mittel 616 000 Kubikmeter jährlich, von 1923 bis 1946 etwa 520 000 Kubikmeter jährlich. Es ergaben sich auf diesem Abschnitt Sohlenvertiefungen von 6 bis 8 Metern.[76] Dadurch wurde der Grundwasserspiegel im oberen Graben abgesenkt. Das Wurzelwerk der Pflanzen und Bäume vermochte den Grundwasserbereich nicht mehr zu erreichen. Aus den ursprünglichen Auen entwickelten sich stellenweise Trockengebiete.

Die Wissenschaftler des Aueninstituts Rastatt sind heute der Meinung, daß die Eingriffe, die der Oberrhein durch Tullas Korrektion und Honsells Niederwasserregulierung hundert Jahre lang hat hinnehmen müssen, zwar das ökologische Gleichgewicht ins Schwanken gebracht haben, daß aber die natürlichen Kräfte des Ökosystems ausgereicht hätten, wieder eine Gleichgewichtslage herzustellen, wenn auch auf verändertem, und, was ihren natürlichen Reichtum und die ursprüngliche Artenvielfalt betrifft, auf verarmtem Niveau. Was der Landschaft aber in den letzten 60 Jahren zugefügt worden sei, stelle alles Vorangegangene in den Schatten und habe die ursprüngliche Landschaft zerstört.

Frankreich stand 1918 und 1945 im Lager der Sieger. Im Friedensvertrag von Versailles 1919 ließ es sich im Artikel 358 das Recht zusichern, «zur Speisung der bereits gebauten oder noch zu bauenden Schiffahrts- und Bewässerungskanäle oder für jeden anderen Zweck Wasser aus dem Rhein zu entnehmen»; ferner erhielt es «das ausschließliche Recht auf die durch die Nutzbarmachung des Stroms erzeugte Kraft mit dem Vorbehalt, daß die Hälfte des Wertes der tatsächlich gewonnenen Kraft an Deutschland vergütet werden muß». Das Deutsche Reich hatte diese Bedingungen zu akzeptieren.

Frankreichs Ziel war die Gewinnung elektrischer Energie und die weitere Verbesserung der Schiffahrt. Es plante auf dem linken Ufer, also auf eigenem Territorium, den Bau eines Seitenkanals zwischen Kembs (Stromkilometer 173,55) und Straßburg (Stromkilometer 292): der Grand Canal d'Alsace. Seit 1902 hatte der französische Ingenieur René Koechlin sich mit diesen Plänen beschäftigt und den Bau eines Seitenkanals mit Kraftwerksstufen vorgeschlagen. Das Gefälle zwischen Kembs und Straßburg beträgt rund 110 Meter. Nunmehr sollte aus dem Bett des alten Rheins eine Wassermenge von 850 Kubikmeter je Sekunde (später erhöht auf bis zu 1200 Kubikmeter je Sekunde) abgeleitet, die Strecke bis Straßburg in acht Staustufen unterteilt und jede Stufe mit einem Kraftwerk und zwei Schleusen ausgerüstet werden. Dem «Restrhein» wäre, falls überschüssiges, von der Schiffahrt und den Kraftwerksturbinen nicht benötigtes Wasser blieb, praktisch also nur bei Hochwasser, eine Wassermenge von 20–50 Kubikmeter je Sekunde verblieben. Das bedeutete, daß das alte Rheinbett während der meisten Monate des Jahres bis auf ein schmales Rinnsal trocken lag. 1928 begannen die Arbeiten an der Staustufe Kembs; 1932 waren sie beendet. Die Anlagen der Staustufe sind großzügig dimensioniert worden. Der Querschnitt des Kanals mit 12 Metern Wassertiefe, 80 Metern Sohlenbreite und 150 Metern Wasserspiegelbreite übertraf den des Suez-Kanals und des Panama-Kanals. Die Kanalsohle wurde betoniert; ein Austausch mit dem Grundwasser fand nicht mehr statt. Wegen der Radboote und der damals üblichen Schleppschiffahrt erhielten die beiden Schleusen eine Breite von 25 Metern und eine Länge von 100 bzw. 185 Metern. Ein unbezweifelbarer Vorzug für die Schiffahrt war die Überstauung der gefürchteten Isteiner Felsenschwelle. Die Energieproduktion des Kraftwerks Kembs mit seinen sechs Kaplanturbinen betrug 840 Millionen kWh p. a. – eine Energiemenge, für die damals gar kein Bedarf bestand und die also auch zunächst gar nicht abgesetzt werden konnte. Der Weiterbau des Kanals bis nach Straßburg hinunter wurde daher zurückgestellt und das Rheinwasser unterhalb des Kraftwerks dem korrigierten Rheinbett Tullas wieder zugeführt. Sofort setzte dort talwärts eine kräftige Sohlenerosion ein, die sich bis Breisach fortsetzte. Bergwärts aber, im Restrhein, der die festgelegte Wassermenge an den Kraftwerkskanal hatte abgeben müssen, fiel der Wasserstand noch einmal um 2 bis 3 Meter ab. Schlimmer: Das alte Korrektionsbett Tullas wirkte nun als Entwässerungsgraben. Der Grundwasserspiegel in den früheren Auen sank gleichfalls.[77]

Nach dem Zweiten Weltkrieg wurde der Kanalbau fortgeführt. Der Bedarf an elektrischer Energie war gestiegen. In Folge entstanden die Staustufen Ottmarsheim (1952), Fessenheim (1957), Vogelgrün (1959). Die drei Kraftwerke waren nur noch mit je vier Kaplanturbinen ausgestattet; die Jahresleistung aller vier Kraftwerke betrug rund 3,5 Milliarden kWh. Die Schleusenkammern erhielten entsprechend dem Rückgang der

Schleppschiffahrt und dem Aufkommen der Motorschiffe eine Länge von 185 Metern und eine Breite von 23 Metern in der großen, von 12 Metern in der kleinen Schleuse.

Die Ableitung des Rheinwassers führte nun über eine Kanalstrecke von 52,95 Kilometer. Die Kanalsohle war abgedichtet. Der Grundwasserspiegel im südlichen Oberrheingraben sank immerzu weiter, drohte bis zum Gebirgsfuß des Schwarzwaldes sich auszuwirken und den Zusammenhang von Grundwasser und Vegetation endgültig zu zerstören. Das hätte Folgen für die Wasserversorgung, für die Landwirtschaft und für die Forstwirtschaft gehabt. Die beginnende Austrocknung der einstmals an Grund- und Quellwasser reichen und regelmäßig überfluteten Auen ließ sich bereits kartieren.[78] Man sprach von «Versteppung». Die Weiterführung des Seitenkanals über die vierte Staustufe hinaus hätte außerdem den Hafen Breisach, der sich durch die Rheinregulierung günstig entwickelte, und zahlreiche Verladestellen am Rhein mit lokaler Bedeutung von der Schifffahrt abgeschlossen; sie hätten aufgegeben werden müssen. Die deutschen Rheinanlieger begründeten ihre Einwände gegen die französischen Pläne mit ausführlichen Untersuchungen über die zu erwartenden Folgen und Schäden, die ein Weiterbau des Rheinseitenkanals nach sich ziehen mußte.

Es kam zu Verhandlungen, die durch die sich anbahnende Verständigung zwischen der französischen Nation und ihrem deutschen Nachbarn erleichtert wurden. 1956 wurde der «Vertrag zwischen der Bundesrepublik Deutschland und der französischen Republik über den Ausbau des Oberrheins zwischen Basel und Straßburg» unterzeichnet.[79] Politischer Realismus siegte über nationale Animositäten. Nach dem Vertrag von 1956 behielt Frankreich zwar das ausschließliche Recht auf Nutzung der Wasserkraft des Oberrheins, aber es verzichtete auf den Weiterbau des Grand Canal und stimmte der sogenannten «Schlingenlösung» zu. Diese sah vor, daß für die unterhalb der Staustufe Vogelgrün zu bauenden neuen Staustufen jeweils an der für das Kraftwerk vorgesehenen günstigsten Stelle ein Hauptwehr im Tulla'schen Rheinbett errichtet werde und der Abschnitt oberhalb des Hauptwehrs auf dem linken Ufer mit einem Ableitungskanal (einer «Kanalschlinge») versehen werde. In diesem Ableitungskanal sollten das Kraftwerk und die Schleusen mit ihren Vorhäfen liegen. Unterhalb von Kraftwerk und Schleusen mündete der Ableitungskanal wieder in den Rhein. Von Breisach an also blieb der Rhein in seinem Bett und wurde nur an den Staustufen in die Kanalschlingen umgeleitet. Der Hafen Breisach und die anderen kleinen Verladestellen waren gerettet.

Nach diesem Schema wurden die vier Kraftwerksstufen Marckolsheim (1961), Rheinau (1963), Gerstheim (1967) und Straßburg (1970) gebaut. (Abb. 32) Dabei sind die Gesichtspunkte der Umweltverträglichkeit nach damaligem Verständnis weitgehend berücksichtigt worden. Aufgrund der Erfahrungen mit dem Grand Canal d'Alsace wurden auf der Höhe der

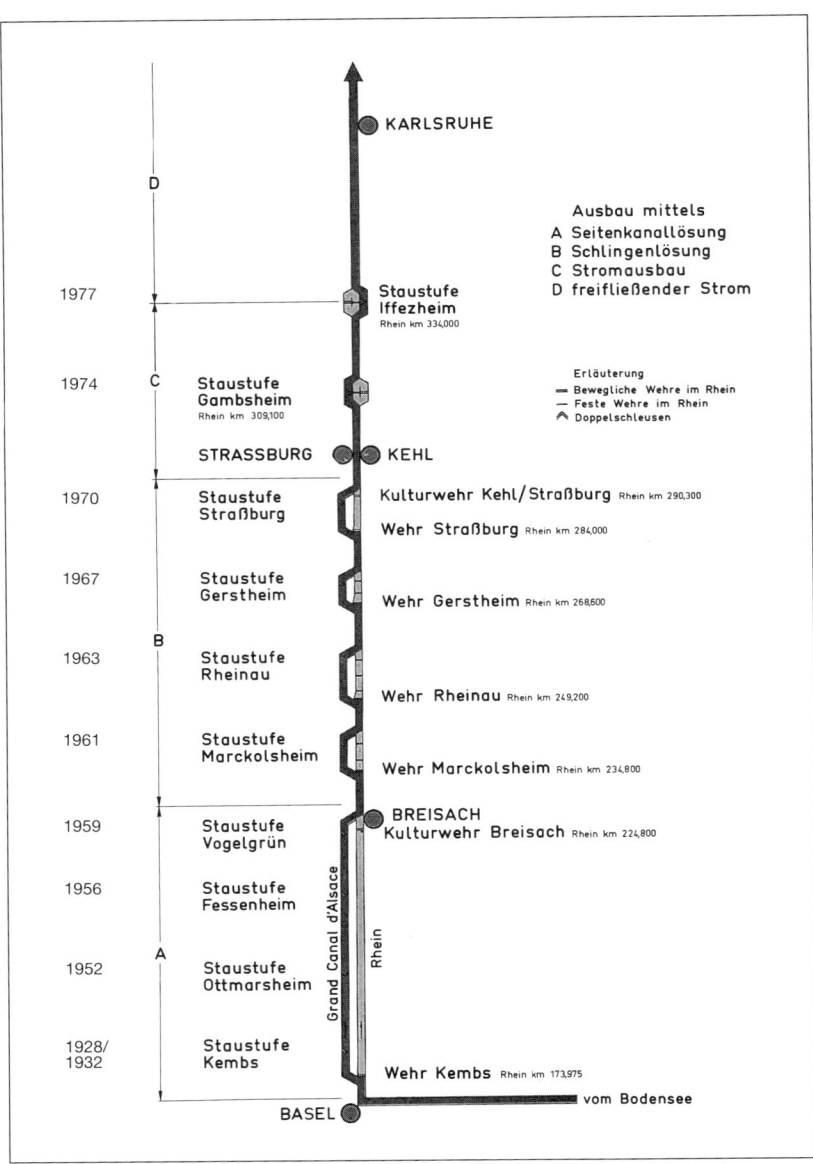

Abb. 32: Übersichtsschema zum Ausbau des Oberrheins. Der Bau des Rheinseiten-kanals und der zehn Staustufen von 1928/32 bis 1977 begleitet und illustriert die Stufen der deutsch-französischen Aussöhnung und das zunehmende ökologische Bewußtsein.

Kanalschlingen im Rheinbett Tullas feste Schwellen eingebaut, um dort den Wasserstand und damit den Grundwasserspiegel zu halten. Bei Breisach entstand ein bewegliches Kulturwehr, das die Aufgabe hatte, die im oberen Teil des Oberrheingrabens durch den Bau des Canal d'Alsace bereits entstandenen Trockenschäden zu mildern. Es sollte die Mindestwassermenge im Restrhein auffangen und sammeln, um so den Grundwasserstand auch oberhalb Breisachs wieder zu heben.

Schiffahrt, Kraftwerksbetreiber und Wasserbauer lobten den Ausbau des Oberrheins: Der Bau der Staustufen mit ihren Kraftwerken und Schleusen habe nicht nur neue Energiekapazitäten geschaffen, sondern auch die Schiffahrt erleichtert und ganzjährig ermöglicht. Der Aufenthalt in den Schleusen fiel bei der Fahrzeit nicht ins Gewicht, denn die Stauhaltungen sorgten für ruhigere Strömung und sicheres Fahren. Das glich den Zeitverlust aus. Der Kraftstoffverbrauch verringerte sich sogar.

Am Beispiel des Weiterbaus der Kraftwerksanlagen am Oberrhein ließ sich die allmähliche Verbesserung des politischen Klimas verfolgen. Man baute nicht mehr gegeneinander, wie beim Grand Canal d'Alsase, oder nur einvernehmlich, wie bei der Schlingenlösung, sondern fortan gemeinsam. Die acht Staustufen und Kraftwerke oberhalb Straßburgs waren ausschließlich von der staatlichen EdF, der Electricité de France, Paris, gebaut worden. Bei den beiden untersten Staustufen Gambsheim und Iffezheim wurde alles anders. Am 4. Juli 1969 war zwischen den beiden Staaten vereinbart worden, daß der Rhein fortan gemeinschaftlich ausgebaut werden sollte.[80] Die Kanalisierung des Stroms und die Erzeugung elektrischer Energie würden ein deutsch-französisches Gemeinschaftswerk sein. Immerhin aber sollte die Landschaft am Oberrhein möglichst erhalten bleiben und insbesondere der fortschreitenden Sohlenerosion entgegengewirkt werden. Die durch die Bauarbeiten und das verbreiterte Strombett mitgenommene Landschaft wurde in Zusammenarbeit mit den Landschaftsschutzämtern nach besten Kräften rekultiviert. Gambsheim wurde von der EdF gebaut und betrieben, Iffezheim von der deutschen Badenwerk AG. Das Gesellschaftskapital der beiden Kraftwerke teilten sich die beiden Unternehmen, ebenso die Energieerzeugung. In Gambsheim liegen die Schleusenanlagen auf dem französischen, die Wehranlagen auf dem deutschen Ufer; in Iffezheim ist es umgekehrt; dort liegen die Schleusenanlagen auf dem deutschen, die Wehranlagen auf dem französischen Ufer.[81] Wehr, Rheinabschlußdamm, Kraftwerk, Schleusen sind im verbreiterten Strom zusammengefaßt, und zwar in der gleichen Querachse. Diese Anordnung wurde hier erstmals am Rhein angewendet. Beide Kraftwerke sind mit vier horizontalen Rohrturbinensätzen ausgestattet. Diese technische Lösung erlaubt eine flache, elegante, das Landschaftsbild schonende Anordnung der Gesamtanlagen. Das Klima in den Planungsgremien, in der Bauleitung, beim Betrieb der Staustufen entwickelte sich freundschaftlich.

An der Staustufe Gambsheim steht neben der Straße, die über die Anlagen hinweg die beiden Ufer verbindet, eine Skulptur. Sie trägt als Inschrift ein Zitat Robert Schumans, des französischen Europäers: «Europa
entsteht nicht von heute auf morgen, auch nicht nach einem fertigen Plan.
Es entsteht durch sichtbare Werke, die zunächst eine Gemeinschaft der Tat
schaffen.»

Der «Gemeinschaft der Tat» war das Problem der Sohlenerosion erhalten geblieben.[82] Es war von der Staustufe Kembs, wo sie am Oberrhein
zuerst auftrat, die gesamte Kraftwerkstreppe hinunter weitergeschleppt
worden. Hinter jeder neuen Kraftwerksstufe setzte sie ein, so auch im Un-
terwasser der untersten Staustufe Iffezheim, und in der gleichen Stärke wie
einst bei allen anderen Staustufen. Schon erscholl der Ruf nach einem
weiteren Kraftwerksbau; die Gegend von Neuburgweier/Lauterburg war
bereits in Aussicht genommen und auch vom französischen Partner favo-
risiert worden. Die deutsche Seite suchte jedoch nach anderen Möglichkeiten, dieses Problems der Sohlenerosion Herr zu werden.

1967 hatte der Bundesminister für Verkehr die Bundesanstalt für Wasserbau in Karlsruhe beauftragt, die mit der Sohlenerosion zusammenhängenden morphologischen Gesetzmäßigkeiten zu erforschen und
Empfehlungen für den weiteren Ausbau des Oberrheins auszuarbeiten,
einschließlich einer Prognose der aus den Vorschlägen folgenden voraus-
sichtlichen weiteren Entwicklung der Rheinsohle. Die Bundesanstalt kam
nach gründlichen Studien und Vergleichen, nach Versuchen am Modell
und in der Natur zu einem interessanten Ergebnis. Sie diagnostizierte
zunächst: 1. Das Absinken der Sohle gefährdet die Fundamente der Ufer-
und Strombauwerke; 2. dem Absinken des Flußwasserspiegels folgt das
Grundwasser mit allen Nachteilen für die Land- und Forstwirtschaft;
3. die Schiffahrt und die betroffenen Häfen haben gravierende Schäden zu
gewärtigen. Die BAW faßte folgende mögliche Maßnahmen gegen die
Sohlenerosion ins Auge: 1. Fortführung der Kanalisierung mit Errichtung
neuer Staustufen. 2. Sohlenpanzerung mittels einer Abdeckschicht aus
größeren Steinen. 3. Errichtung von Grundschwellen. 4. Das Ersetzen der
abtransportierten Sohlenmassen durch Nachschüttungen von Kies (sogenannte «Geschiebezugabe»).[83]

Der Bau einer weiteren Staustufe sollte vermieden werden. Er hätte eine
halbe Milliarde Mark und 350 Hektar Auenwald gekostet und die Erosion
dennoch nicht behoben, sie vielmehr nur stromabwärts verlagert. Dies galt
auch für die Sohlenpanzerung: Unterhalb der gepanzerten Strecke hätte
die Erosion wieder eingesetzt. Grundschwellen, die dritte Möglichkeit,
vermochten zwar den Wasserspiegel anzuheben, nicht aber die Erosion zu
verhindern, sie hätten im Gegenteil die Fahrt der Schiffe beeinflußt. Auch
hier hätte die Sohlenerosion am Ende der Ausbaustrecke wieder eingesetzt. Blieb die Geschiebezugabe. Die Bundesanstalt gab dieser Lösung den
Vorzug und der Bundesminister für Verkehr folgte der Argumentation.

Die Zentralkommission für die Rheinschiffahrt stimmte 1977 dem Versuch der Geschiebezugabe unterhalb der Staustufe Iffezheim zu.[84] Die französische Schiffahrtsverwaltung folgte 1978. Im gleichen Jahr wurde mit der Geschiebezugabe beim Rheinkilometer 336,2 begonnen. Am Ufer und an Bord von Meßbooten wurden moderne Meßgeräte für maßstabsgetreue Querprofilaufnahmen und Geräte zur Datenspeicherung und -verarbeitung installiert. Zwei selbstfahrende Hydraulikklappschuten mit einem Ladevermögen von 170 Kubikmetern Kies wurden entwickelt und gebaut. Der Versuchsablauf brachte günstige Ergebnisse. Behinderungen der Schiffahrt traten nicht auf. Veränderungen in der Fahrrinne wurden weder im Zugabebereich noch unterhalb festgestellt. Der Wasserspiegel konnte gehalten werden. Die Methode der Geschiebezugabe hatte sich bewährt. Seither laden zwei Klappschuten, dirigiert von zwei Peilbooten, jährlich rund 166 000 Kubikmeter Kies aus nahegelegenen Kiesgruben in der von der Sohlenerosion bedrohten Flußstrecke ab.

Der interessierte Zuschauer, der die Versuchsanordnungen in der Bundesanstalt für Wasserbau bewundert, der am Strom die sorgfältige Einweisung der Klappschute durch das Zielboot beobachtet, sodann dem Verklappen des Kieses zugesehen hat (die Klappschute klappt in ihrer Längsrichtung auseinander und entleert den Kies während der Fahrt), – er wird das Bedenken nicht los, daß hier, trotz der Umweltverträglichkeitsprüfung, ein Loch mit dem anderen gestopft wird. Die Wasserbauer haben ihr Problem gelöst, aber der Aufwand ist groß. Im günstigsten Fall wird der Kies aus dem Rheinbett entnommen. Stammt er aber aus den oberrheinischen Kieslöchern, bleibt einzuwenden, daß die Auskiesung der Aue ein Eingriff in eine gefährdete Landschaft ist, in der Summierung sogar ein sehr schlimmer, wie man sehen wird. Überdies wird hier die von den Naturschützern mißbilligte Kiesausbeutung durch eine obere Bundesbehörde geradezu sanktioniert. Die Natur hat das Erosionsproblem bis vor 200 Jahren ganz allein und ohne gelehrte Anstalten gelöst, ohne menschliche Hilfe; sehr viel preiswerter hat sie das natürliche Gleichgewicht der Landschaft erhalten. Jeder Eingriff in eine Landschaft hat ökologische und ökonomische Folgen. Die Kosten der Geschiebezugabe betragen jährlich 5,5 Millionen Mark.

Während die Wasserbauer die Hoffnung hegen, mit der Geschiebezugabe das Problem der Sohlenerosion des Oberrheins gelöst zu haben, hat sie ein anderes Problem wieder eingeholt, das sie seit Tullas Tagen gern vergessen hätten: die Hochwassergefahr. Vor 200 Jahren war das Hochwasser ein natürliches Ereignis wie die Schneeschmelze nach dem Winter oder zunehmende Niederschläge im Herbst. Die Niederungen hatten sich dem Wechsel des Wassergangs angepaßt, Flora und Fauna warteten geradezu auf die regelmäßigen Überschwemmungen mit fließendem Wasser. Arten, die diesen Lebensbedingungen nicht gewachsen waren, siedelten sich an trockeneren Standorten an. So auch der Mensch. Solange er sich

diesen Gesetzen fügte, blieb die Natur im Gleichgewicht und beschenkte
ihn mit ihrem Reichtum.

Seit Tulla den Strom in die Mitte der Niederung zusammendrängte, seinen Lauf begradigte und durch Dammbauten fixierte, seit seine Nachfolger den Strom noch einmal einengten, um genügend Fahrtiefe zu bekommen, erst recht, seit der moderne Ausbau mit Staustufen begann, ist
die Hochwassergefahr, die schon gebannt schien, wieder da. Weil der Fluß
nicht mehr ausufern kann, sich vielmehr mit seinen Wassermassen auf eine
schmale Rinne konzentrieren muß, steigt der Hochwasserscheitel. Das
Hochwasser schwillt nicht nur an, es erhält auch eine enorme Beschleu-
nigung. Vor dem Ausbaubeginn 1955 brauchte der Scheitel des Hochwassers für die Strecke von Basel bis Maxau (bei Karlsruhe) 65 Stunden; heute durcheilt er diese Strecke in weniger als der Hälfte der Zeit, in
30 Stunden. Das wiederum hat zur Folge, daß sich der Hochwasserscheitel des Rheins mit den Hochwasserscheiteln der Nebenflüsse überlagert.
Früher trafen die Hochwasserspitzen von Rench, Acher, Kinzig, Murg,
Ill, Moder, Sauer, Neckar vor der Hochwasserspitze des Rheins ein, der
mit der Masse seines Wassers noch in Überflutungsgebieten verweilen
konnte. Heute fallen die Abflußganglinien des Oberrheins und seiner Nebenflüsse zusammen und haben eine deutlich erhöhte Abflußspitze zur
Folge: Dies ist die Ausgangslage für die gefürchteten Katastrophenhochwasser. Die Wahrscheinlichkeit eines Katastrophenhochwassers lag früher
bei einem statistischen Intervall von 200 Jahren. Dieses Intervall ist durch
die Ausbaumaßnahmen und auch durch andere Ursachen, wie zum Beispiel das Waldsterben in den Hoch- und Mittelgebirgen, erheblich verkürzt worden; die Folge: die statistische Wahrscheinlichkeit eines Jahr-
hunderthochwassers tritt heute alle 50 Jahre ein. Damit ist die Lage für alle
Unterlieger der ausgebauten Oberrheinstrecke prekär geworden.[85] «Besonders gefährlich ist die Situation für die Doppelstadt Mannheim/Lud-
wigshafen am Zusammenfluß von Rhein und Neckar», wo die Folgen
eines Hochwassers der dort massierten chemischen Industrie wegen unabsehbar wären, – «aber auch andere Städte am Rhein, von Karlsruhe bis
Köln, sind einer deutlich erhöhten Hochwassergefahr ausgesetzt»[86].

Die Einsicht, daß etwas getan werden müßte, kam spät. 1968 bildeten
Deutschland, Frankreich, Österreich und die Schweiz die «Hochwasser-
Studienkommission für den Rhein» (HSK). In ihr sollten Experten die
Hochwasser und ihre Entwicklung vom Beginn der Aufzeichnungen an
und die Einflüsse des Ausbaus des Rheins, seiner Nebenflüsse und Seen
auf das Hochwasser untersuchen. Sie sollten den Stand des Hochwasser-
schutzes feststellen und «Empfehlungen für die Maßnahmen gegen die
durch die Ausbaumaßnahmen vergrößerte Hochwassergefahr» ausarbei-
ten. Die Kommission kam 1978 zu dem Ergebnis, daß «der vergrößerten
Hochwassergefahr durch Sonderbetrieb der Rheinkraftwerke, durch den
Einsatz von Retentionswehren und durch Rückhaltung in Poldern be-

gegnet werden» kann.[87] Emil Dister, der Leiter des Aueninstituts in Rastatt, erläutert: «Beim Sonderbetrieb der Rheinkraftwerke wird die Durchflußmenge im Rheinseitenkanal und in den Kanalschlingen gedrosselt; das Wasser wird größtenteils in das Tulla'sche Rheinbett umgeleitet und dort abgeführt. Die dadurch erreichte Verzögerung des Abflusses zielt auf die Entkoppelung von Rhein- und Nebenflußwellen ab und soll einem Retentionsvolumen von 45 Millionen Kubikmetern entsprechen. Im Bereich der Kanalschlingen werden beim Sonderbetrieb der Rheinkraftwerke auch Vorländer großflächig überflutet, die ansonsten kaum mehr von Überschwemmungen betroffen sind.»[88] Ein zusätzliches Rückhaltevolumen von 100 Millionen Kubikmetern soll der Einsatz von Retentionswehren liefern. Dabei werden die im Tulla'schen Rheinbett gebauten beweglichen Wehre (derzeit die Kulturwehre in Breisach und oberhalb Straßburg/Kehl)[89] aufgerichtet und wirken so abflußverzögernd. «Bei den Taschen-Poldern handelt es sich um eingedeichte Räume entlang des Rheins, die mit Ein- und Auslaufbauwerken versehen werden und bei Katastrophenhochwassern gezielt überflutet werden sollen; im Grunde sind es also seitlich angeschlossene Hochwasserrückhaltebecken. Sie werden entweder als starre oder als flexible «Polder» betrieben. Im ersten Fall bedeutet dies, daß der «Polder» dauernd wasserfrei gehalten und nur in Katastrophenfällen, also wenige Male im Jahrhundert, gefüllt wird. Bei den flexiblen «Poldern» ist dagegen vorgesehen, die Ein- und Auslaufbauwerke im Sommer (ab Juni) grundsätzlich offen zu halten und damit die Wasserstände im Polder mit dem natürlichen Gang des Rheinwasserspiegels schwanken zu lassen. Im Winter bis einschließlich Mai sollen dagegen die Einlässe geschlossen bleiben, da in dieser Zeit mit Katastrophenhochwassern gerechnet wird und die Polder für diesen Fall weitgehend leer sein müssen.»[90]

Mit diesen Maßnahmen soll das erforderliche Rückhaltevolumen von 211 Millionen Kubikmetern erreicht werden. Betroffen sind das Elsaß und die Bundesländer Baden-Württemberg und Rheinland-Pfalz. Die Fragen der Verteilung der Rückhaltevolumina und der Finanzlast sind zwischen Frankreich und Deutschland in Vereinbarungen geregelt. Der Bund hat ebenfalls Vereinbarungen mit den Bundesländern getroffen, in deren Kompetenz der Hochwasserschutz fällt.

1978 waren die Ergebnisse der Untersuchungen der Hochwasser-Studienkommission veröffentlicht worden. Ihr bleibendes Verdienst war die Analyse des veränderten Abflußgeschehens im Oberrheingraben und die Information der Öffentlichkeit. Die neuen Probleme und Gefahren drangen ins Bewußtsein weiter Kreise. Seither sind allerdings auch die Mängel der Untersuchung deutlich geworden. Ein Mangel war, daß die für die Schutzmaßnahmen vorgeschlagenen Polder nicht auf ihre Eignung untersucht worden waren. Die Kommission hatte keine Bedenken, den gleichen Verbrauch an Landschaft zu betreiben wie die Wasserbauer und

Kraftwerksbetreiber. Die meisten Projekte der Kommission riefen denn
auch starke ökologische Einwände hervor, wie es sich überhaupt als ein
Fehler herausstellte, daß in der Studienkommission kein ausgewiesener
Ökologe mitgearbeitet hatte. Ein weiterer Mangel war es, daß die Kommission ihre Untersuchungen auf das Einzugsgebiet bis Worms beschränkt
hatte. Eine neuere Studie ergab inzwischen, daß «auch unterhalb von
Worms mit einer erheblichen Verschärfung der Hochwassergefahr gerechnet werden muß» und daß «zusätzlich auf der Strecke zwischen
Worms und Mainz wahrscheinlich 150 Millionen Kubikmeter Wasser
zurückgehalten werden» müssen.[91]

Die Lage, die «vor Tulla» bestand, die Tulla hatte bessern wollen, sucht
den Oberrhein «nach Tulla» wieder heim. Dazu der Kommentar des Ra-
stätter Aueninstituts (Dr. Dister): «Die Probleme sind hausgemacht.»

An der Staustufe Iffezheim steht auf einem dekorativen Findling ein pas-
sendes Goethe-Zitat:

> «Seele des Menschen,
> wie gleichst du dem Wasser!
> Schicksal des Menschen,
> wie gleichst du dem Wind!»

Das französische Ufer

Bei Basel beginnen die Probleme

Die Fachleute sind sich einig: Bei Basel beginnen die Probleme mit dem
Rheinwasser, und gleich auf beiden Ufern. Auf der Fahrt mit dem Motorschiff «Rheinfelden» der Basler Personenschiffahrts-Gesellschaft zieht
zwischen Rheinfelden und Basel Rheinhafen eine eindrucksvolle Reihe
von Namen international agierender Chemie-Konzerne vorüber. Alle
diese Namen sind mit Skandalen verbunden, die sich in den letzten Jahren ereigneten. Damit nicht genug. Am Basler Rheinknie hat sich eine erste Städteagglomeration ergeben, der den Rhein hinunter weitere folgen
werden. Bei Basel beginnt die Verschmutzung des Rheins.

Ein Blick in das «Wasserbuch» beim Regierungspräsidenten in Freiburg, eine Lektüre der Einleitungsbescheide «bei Nachweis von berech-
tigtem Interesse» genügt. Das Werk Grenzach der Ciba-Geigy AG zum
Beispiel (vor Basel, Stromkilometer 160, am deutschen Ufer) hat die
offizielle Genehmigung, in Mengen von einigen Kilogramm bis zu drei
Tonnen jährlich einzuleiten: Blei, Gesamtchrom, Quecksilber, Cadmium,
halogenartige Oxidantien, Cyanide, Arsen, Gesamt-Phosphor, Aromate.
Ein Beispiel von vielen. Ein anderes: Zwischen Grenzach und Märkt (hinter Basel; deutsches Ufer) liegen aufgegebene Müllkippen mit Chemie-
abfällen. Fünf sind es allein bei Grenzach. Diese Altlasten bedrohen das

Grundwasser und den Rhein. Am Ölumschlaghafen Basel sind 1987/88 Zuwachsraten an Benzolen und (vermutlich kanzerogenen) aromatischen Substanzen entdeckt worden. Die Stuttgarter Landesanstalt für Umweltschutz hat in einem Schreiben vom 5. Februar 1987 an das Landwirtschaftsministerium auf eine extrem hohe Belastung des Flußbetts mit dem vermutlich kanzerogenen Insektenvertilgungsmittel Hexachlorbenzol (HBC) hingewiesen; ferner seien Lindan, Spuren von Okta-Dioxin und DDT (dessen Herstellung und Gebrauch, weil hochgiftig und vermutlich erbanlagenverändernd, verboten ist) gefunden worden.[92]

Natürlich gibt es Abwasserreinigungsanlagen (ARA). Es sind moderne kommunale und industrieeigene Anlagen. Die ARA Basel («Pro Rheno») für 1,2 Millionen Einwohnergleichwerte[93] ist 1984 eingeweiht worden. Im gleichen Jahr begann im Tal der Wiese die ARA Lörrach für 380 000 Einwohnergleichwerte ihre Arbeit. Die ARA Breisgauer Bucht hat eine Kapazität für 600 000 Einwohnergleichwerte. 1988 arbeiteten im Rheineinzugsgebiet bereits rund 40 moderne biologische Kläranlagen der Chemie und noch bedeutend mehr mechanische und chemische Abwasserreinigungsanlagen.[94] Auch auf französischen Boden begann der Bau von Kläranlagen. 1988 ist die ARA Straßburg mit einer Kapazität für 1,0–1,5 Millionen EGW in Betrieb genommen worden. Eindrucksvolle, aber immer noch zu geringe Anstrengungen. Herkömmliche Klärwerke mit mechanischer und biologischer Stufe halten Salze, Phosphat und schwer abbaubare organische Stoffe nicht oder nur ungenügend zurück. «Quecksilber», sagt der Referatsleiter Gewässerschutz und Abwasserbeseitigung beim Regierungspräsidenten Freiburg, «das marschiert voll in die Nordsee durch.»[95]

Indessen kann die Lösung des Abwasserproblems nicht allein bei den Abwasserreinigungsanlagen der Kommunen und der Industrie liegen. Sie sind das letzte Glied der Kette. Die Reinhaltung des Wassers obliegt den Verursachern der Belastungen des Ökosystems, zuerst und vor allem den Verbrauchern, die mit ihrem Konsumverhalten der Industrie und den Politikern die Motivation liefern.

Bei Basel, am Beginn der legalen Rheinvergiftung, kommen dem Wanderer am Rheinufer nach den ersten Kilometern bedrückender Beobachtungen auf den deutschen, schweizerischen und französischen Uferstrecken trübe Ahnungen. Statt amphibischer Landschaften und grüner Auenwälder erwartet ihn im Elsaß ein Industriegebiet.

PEC, Rhône-Poulenc, EDF

Gleich hinter der französisch-schweizerischen Landesgrenze (Kilometer 168,45) beginnt eine «Zone industrielle». Hier liegt die Verladestelle von Ciba-Geigy, es folgt die Tankverladestelle der Total-Est-Mineralöl. Hinter der Palmrainbrücke (Kilometer 171,33) folgt der Werkskomplex der So-

ciété Chimique Roche S.A. Village-Neuf, dahinter Tank- und Contai-
nerverladestationen. An der Einfahrt zum Grand Canal d'Alsace spritzen
Arbeiter ungerührt die Betonfugen der Uferplatten mit Pflanzenvernich-
tungsmitteln ab. Die gleiche Beobachtung mache ich an elsässischen Landstraßen: Straßenarbeiter spritzen Gift um Kilometersteine und Telefon-
masten am Straßenrand, das erspart das Mähen. Hinter Kembs, beim
Stromkilometer 187, reihen sich die Industriezonen de Petit-Landau, de
Hombourg, die «Zone industrielle» mit dem Port rhénan de Mulhouse-
Ottmarsheim und der Umschlagplatz der Rhône-Poulenc. Die Reihe endet nach zwölf Kilometern bei Chalampé, Stromkilometer 199. Großunternehmen, kleinere Firmenniederlassungen wechseln mit eingeebne-
ten Kiesflächen, die auf weitere Industrieansiedlungen warten.

Eine brachliegende Ödnis begleitet meinen Weg, eine Serie von Problemfällen. Erster Fall, bei Hombourg, die Sondermülldeponie «Tredi».
Das Schild an der Einfahrt deklarierte: «Centre de Traitement et de Dé-
chets industriels. Etablissement industriel». In diesem privaten Unternehmen werden Industrieabfälle verarbeitet, darunter hochgiftige Stoffe. Besorgte deutsche Umweltschützer haben behauptet, nur eine dünne Folie
verhindere das Versickern der hier gelagerten Abfälle ins Grundwasser, in
der Bundesrepublik sei eine doppelte Drainageschicht vorgeschrieben.
Wenige Kilometer weiter treffe ich drei der vier nachweisbar schlimmsten
Umweltverschmutzer im Elsaß. Von der französischen Agence de l'Eau
Rhin-Meuse sind sie beim Namen genannt worden:[96] die PEC Rhin in
Ottmarsheim, Rhône-Poulenc in Chalampé und, ein Stück landeinwärts,
hinter Mulhouse, Les Mines de potasse d'Alsace M.D.P.A., die Kaligruben. Sie alle liegen, weil es so praktisch ist, unmittelbar am Rhein oder
sind durch ihre Abwässerkanäle mit dem Rhein verbunden.

Die Société PEC Rhin in Ottmarsheim ist eine Tochter der deutschen
BASF und der französischen CDF Chimie-AZF. Aus rotweiß gestriche-
nen Schornsteinen qualmt es. Auf mächtigen Behältern lese ich die Aufschrift Acide nitrique. Das Unternehmen produziert Stickstoffdünger,
Phosphatdüngemittel und phosphorhaltige Säuren. Im Fabrikationsgang
fällt je Tonne Endprodukt als Nebenerzeugnis die zehnfache Menge Gips
an. Dessen Lagerung und Verwertung ist problematisch. Es läge nahe, auch
diesen Abfall dem Rheinwasser beizumischen. Aber das Werk hat einen
Ausweg gefunden: Es stellt in einem benachbarten Betrieb Gipsplatten für
die Baustoffindustrie her. Diese Nachricht erfreut den Wanderer. Bedenklich stimmt ihn: An dieser Stromstrecke sind im Rheinwasser
Schwermetalle gefunden worden, unter anderem Cadmium, das Krebs-
erkrankungen hervorrufen soll. Gibt es Zusammenhänge mit PEC Rhin?

Gleichfalls dicht am Canal liegt das Werk Chalampé der Rhône-Poulenc Chimie de Base. Das Werk stellt die Grundstoffe für synthetische Fä-
den und Fasern und für die Fabrikation von Kunststoffen her. Die Jahres-
produktion liegt bei 400 000 Tonnen; das Werk bietet 1400 Arbeitsplätze.

Es ist ein Wirtschaftsfaktor für das Elsaß. Und ein Umweltfaktor. Bis 1979 nahm Rhône-Poulenc Chalampé mit der Menge seiner Emissionen und Einleitungen organischer und toxischer Blausäureverbindungen den ersten Platz aller französischen Umweltverschmutzer ein. Allein die Menge der organischen Stoffe, die in den Rhein flossen, entsprach mehr als drei Millionen Einwohnergleichwerten: Das zweieinhalbfache dessen, was die ARA Basel «Pro Rheno» zu bewältigen vermöchte. Seither aber hat das Unternehmen, unterstützt und gefördert von der Agence de l'Eau, bedeutende Anstrengungen unternommen, sich seines traurigen Ruhms zu entledigen. In Spezialöfen werden die organischen Stoffe in Kohlendioxyd, Stickstoff und Wasserdampf zersetzt. Das Laboratorium des Unternehmens untersucht laufend die restlichen Einleitungen in den Grand Canal und meldet die Ergebnisse der Werksleitung. Geschieht etwas, wenn die Werte kritisch sind? Untersucht das Labor auch Emissionen? In der Luft sind Stickoxyde festgestellt worden. Nach der Waldschadenskartierung Baden-Württembergs gibt es einen ursächlichen Zusammenhang mit den in der Hauptwindrichtung liegenden Kahlflächen im badischen Münstertal/Schwarzwald, das sich von Staufen/Breisgau zum Schauinsland hinaufzieht. Die Werksleitung von Rhône-Poulenc Chalampé gibt demgegenüber zu bedenken, daß die Beseitigung der restlichen Verunreinigungen technisch immer schwieriger werde, ökonomische Auswirkungen nach sich ziehe, die Wettbewerbsfähigkeit des Unternehmens beeinträchtige und Arbeitsplätze gefährde. Diese Argumentationskette ist bekannt. Im Schaukasten des Rathauses von Chalampé hängt ein Faltblatt, finanziert von der chemischen Industrie des Departements: «Que faire en cas d'alerte à la pollution atmosphérique?» – Was tun im Falle eines Alarms wegen Luftverschmutzung, also eines Gasalarms? Es folgen handliche Regeln von der Art: Bitte die Fenster schließen usw. Der Ort Chalampé lebt mit der Gefahr einer Giftgaskatastrophe.

Immerhin: Bei Rhône-Poulenc in Chalampé und bei PEC Rhin in Ottmarsheim sind deutliche Anstrengungen zu beobachten, die einer Besserung der Situation am Grand Canal gelten. Dagegen bleiben die Einleitungen des Kernkraftwerks Fessenheim der Electricité de France (EDF) beunruhigend. Das Kraftwerk hat die Erlaubnis, bis zu 2000 Curie radioaktiven Wassers in den Rhein einzuleiten. Das mag im Rahmen des Üblichen liegen. Aber Fessenheim ist nicht das einzige Kernkraftwerk am Rhein. Und es bleibt auch nicht bei diesen genehmigten Einleitungen. Immer wieder macht die Fessenheimer Energiezentrale der EDF unliebsam von sich reden, sei es, daß radioaktiv verseuchtes Wasser unkontrolliert austritt, Dampf aus schadhaften Ventilen aufsteigt, Schrauben sich in den Halterungen der Brennstäbe lösen, ungewöhnliche Vibrationen zu Abschaltungen führen, daß Korrosionen am Leitungssystem, gar Haarrisse in den Stahlwänden des Druckbehälters beobachtet werden. In einem einzigen Monat (April 1987) mußte das Kraftwerk viermal abgeschaltet wer-

den.[97] Die ehrwürdige Anlage, eine der ältesten Frankreichs, die mit ihren
beiden 900-Megawatt-Blöcken 1977 ans Netz gegangen war, produziert
Atomstrom um ein Drittel billiger als ein deutsches Kernkraftwerk, das
(aus französischer Sicht) unter überflüssigen Sicherheitsauflagen seufzt.
«Nous n'accepterons pas ce risque», «Wir werden dieses Risiko nicht dul-
den», protestierten 1990 elsässische und badische Bürgerinitiativen.

Salzeinleitungen aus oberelsässischen Kaligruben

Alles am Rhein Übliche wird in den Schatten gestellt durch den *scandale
permanent* um die Salzeinleitungen der oberelsässischen Kaligruben.

In der Landschaft zwischen Mülhausen und Chalampé und neben der
Straße D 52, die den Grand Canal d'Alsace begleitet, strudelt in offenen,
betonierten Rinnen eine braune, schwach schäumende und streng rie-
chende Brühe. Im Winter stehen Dampfwolken über dem Bach. An klei-
neren Wehren läßt sich Wasser aus dem Grand Canal zugeben, um die
Fließgeschwindigkeit konstant zu halten oder die Rinne zu durchspülen.
Irgendwo bei Fessenheim verschwindet das trübe Gemisch unter dem
Damm hindurch im Grand Canal. Folgt man der Rinne aufwärts zu ihrem
Ursprung, so gelangt man zu den Kalibergwerken im Westen von Mülhausen. Sie sind von weitem an den Fördertürmen und den hohen Ab-
raumhalden zu erkennen, von den Elsässern «Kalimandscharos» und
«Kleine Vogesen» genannt. (Abb. 33)

In 1000 Metern Tiefe liegen etwa 30 Millionen Jahre alte, unteroligo-
zäne Kalisalzlager. Sie stammen aus der Zeit, als sich im einsinkenden
Oberrheingraben ein flaches, tertiäres Randmeer erstreckte und Meeressedimente abgelagert wurden. Heute sind über den Kalisalzlagern drei
Gruben in Betrieb: Amélie I, Marie-Louise und Théodore. Sie bieten
5000 Arbeitsplätze. Das geförderte Material fällt in fester Form an. Nur
ein Viertel taugt als Kalisalz für landwirtschaftliche Düngemittel oder als
Rohstoff für die chemische Industrie. Drei Viertel der Fördermenge wandern als Abraum auf die Halden oder fließen, in Wasser gelöst, als brauner
Salz- und Erdbrei an Wiesen vorbei dem Rhein entgegen. Jeder Liter dieser Brühe enthält 200 Gramm Salz, das Vierfache des durchschnittlichen
Salzgehalts der Weltmeere.

Das kann die Niederländer nicht erfreuen. Sie haben ohnehin Schwierigkeiten mit ihrer Trinkwassergewinnung. Der Rhein liefert ihnen außer
Schmutz und Giften auch noch 12 Millionen Tonnen Salz (im Jahre 1986).
Das störte die Franzosen nicht, denn sie haben diese Sorgen nicht: Im Elsaß gibt es ausgezeichnete Trink- und Mineralwasservorräte.

Im April 1963 war die Internationale Kommission zum Schutz des
Rheins gegen Verunreinigung (IKSR) gegründet worden. Außer den
Niederlanden, der Schweiz, Deutschland und Luxemburg war auch
Frankreich Mitglied. Der Druck auf Frankreich verstärkte sich. Im Okto-

Abb. 33: «Kalimandscharos» nennen die Elsässer die Abraumhalden der Kaligruben M. D. P. A. Regen hat die Hänge gefurcht. Weil die älteren Aufhaldungen unsachgemäß vorgenommen wurden, drang Salz in die tieferen Bodenschichten und ins Grundwasser ein.

ber 1972 wurde in Den Haag auf der ersten Ministerkonferenz der Rhein-Anliegerstaaten der «Salzvertrag» ausgehandelt. Er auferlegte Frankreich, seine Salzeinleitungen ab 1975 um 60 Kilogramm in der Sekunde zu drosseln. Alle Rheinanlieger erklärten sich bereit, die Frankreich entstehenden Kosten zu tragen. Die Internationale Rheinkonvention vom Dezember 1976 schrieb die Notwendigkeit der Verminderung der Salzbelastung des Rheins und das Einlagern der Rückstandssalze in den elsässischen Untergrund fest. Deutschland überwies einen Solidaritätsbeitrag von 40 Millionen Franken nach Paris. Es selbst erteilte fortan keine Genehmigungen mehr für Großeinleitungen deutscher Unternehmen, die mehr als 1 Kilogramm je Sekunde betrugen. Es ratifizierte den Vertrag 1978. Die Ratifizierung der Verträge durch die französische Nationalversammlung ließ auf sich warten. Das Abkommen konnte also nicht in Kraft treten. Derweil behielt Frankreich die Praxis der Chlorideinleitungen unverändert bei.

Drei niederländische Großgärtnereien strengten 1974 erstmals gegen die M.D.P.A. eine Klage auf Schadensersatz vor dem Rotterdamer Landgericht an.[98] Sie fühlten sich an ihrem Eigentum geschädigt. Das dreiste, hinhaltende Taktieren der staatlichen Kaliminen im Elsaß hatte sie provoziert. Den drei Privatklägern gesellte sich eine niederländische Bürgerinitiative hinzu, die Stiftung Reinwater. Nach der Klärung der Frage der Zuständigkeit des Gerichts und nach einem komplizierten Beweiserhebungsverfahren wurden die Beklagten 1983 zum Schadenersatz verurteilt. Die Berufung der Kaliminen beim Gerichtshof Den Haag blieb erfolglos. Neben dem Zivilrecht wurde 1981 von zehn niederländischen Klägern, darunter abermals die Stiftung Reinwater, auch das Verwaltungsrecht bemüht. In einem Prozeß gegen den französischen Umweltminister, vertreten durch den Präfekten des Departements Oberrhein, vor dem Tribunal Administratif in Straßburg blieben die Kläger 1983 ebenfalls erfolgreich: Die Rechtswidrigkeit der französischen Einleitungsgenehmigungen war festgestellt. Die Berufung der Beklagten beim Obersten Gerichtshof Frankreichs, dem Conseil d'Etat, wurde 1986 abgewiesen. Dieselben niederländischen Kläger beschritten nun auch den Weg des Strafrechts. Sie strengten 1983 in Mülhausen beim Tribunal de Grande Instance ein Strafverfahren gegen die M.D.P.A. an.

Unterdessen hatte Frankreich in neuen langwierigen Verhandlungen eine Modifizierung der Konvention von 1976 erreicht. Ein ergänzender Briefwechsel versetzte Frankreich in die Lage, die festgeschriebenen Termine zeitlich zu dehnen und anzupassen, außerdem nach einem anderen Versenkungsort als dem vorgesehenen bei Reiningue (westlich Mulhouse) zu suchen. Als 1983 die französische Nationalversammlung den Salzvertrag endlich ratifiziert hatte, legte sich Staatspräsident Mitterand vor der Königin Beatrix mächtig ins Zeug: Der Salzvertrag werde eingehalten! Aber das Gegenteil war richtig: Die Salzfracht nahm weiter zu. Sie erreichte 1985 sogar einen neuen Höchststand.

Plötzlich aber zeigten sich auch die Elsässer sehr umweltbewußt. Als 1975 die Grube Amélie der staatlichen M.D.P.A. sich gemäß der Rheinkonvention auf benachbarten Reininger Grund zu schaffen gemacht und Probe-Einspritzungen in den Untergrund vorgenommen hatte, rief das die Reininger, ihren Bürgermeister und allmählich die ganze Gegend auf den Plan.[99] 1977 fand sich ein «Verteidigungskomitee» zusammen. Im Jahr darauf, 1978, gab es die große Reininger Demonstration. Noch heute werden die Augen der Reininger hell, wenn sie davon erzählen. Sie erinnern sich an die Kolonnen von Traktoren, an würdige Amtspersonen mit Schärpe, an Drohgebärden gegen Paris. Damals lief die Zivilklage der niederländischen Gemüsebauern gegen die Salzeinleitungen in den Rhein bereits. Nun erhob der oberelsässische Präfekt, beklatscht von seinen Mitbürgern, seinerseits Klage gegen die amtliche Erlaubnis, das Abfallsalz statt, wie üblich, in den Rhein zu leiten, nunmehr in den elsässischen Boden zu verpressen. Der Klage wurde prompt stattgegeben. Das Abfallsalz kam wieder in den Rhein.

Eine unangenehme Situation für die Kaliminen und ihren Eigentümer, den französischen Staat. Die Regierung war den Nachbarländern gegenüber im Wort; die eigenen Bürger aber bedrängten sie, bei der gewohnten Praxis der Einleitungen zu bleiben. Paris brauchte einen Ausweg. 1984 wurden bei Chalampé Bohrtrupps gesichtet. Eine stille Insel zwischen dem Grand Canal und dem Altrhein, dicht an der deutschen Grenze, schien ein unproblematisches Explorationsfeld. Beim «Verteidigungskomitee» aber schrillten die Alarmglocken. Den Leuten von Chalampé, die mit der ständigen Bedrohung durch Chemieunfälle leben müssen, reichte es nun. Sie besetzten kurzerhand das Bohrgelände. Sie nahmen es den offiziellen Bekundungen nicht ab, daß die Verpressungen ihr Trinkwasser nicht gefährden könnten. Sie hatten Beispiele bei der Hand. Die Bohrtrupps zogen sich auf das Gelände des nahen Chemiekonzerns Rhône-Poulenc (im Staatsbesitz) zurück und bohrten von dort die prospektierten Schichten seitlich an. Nun ging die Sache richtig los. Aus vierzig Dörfern der Umgebung kamen sie mit Schriftbändern, Sprechchören und Plakaten: «Non aux injections». «Nein zur Verpressung». Auf der Insel schlugen sie ein Zeltlager auf. Die Protestwelle schwappte auch aufs andere, aufs deutsche Rheinufer über. Badische Landwirte, Umweltschützer, Wissenschaftler fürchteten des zerklüfteten Untergrundes und der gegeneinander versetzten Schichten wegen für ihr darüber liegendes Grundwasser und die Mineralwasservorkommen, selbst wenn das Salz in 1800 Meter Tiefe gedrückt würde. Die französischen Behörden hatten sich ausgerechnet, daß die Auswirkungen der Salzverpressung 22 Quadratkilometer weit ins Badische hineinreichen würden. In Stuttgart aber, bei der baden-württembergischen Landesregierung, sogar in Bonn, wiegte man bedenklich die Köpfe.

Während all dieser elsässischen Auseinandersetzungen floß weiter das Salz in den Rhein, warteten die Niederländer darauf, daß ihnen Recht widerführe. Die Franzosen aber gewannen Zeit. Ein Gutachten der Sozialisten, mit Bedacht nach den Parlamentswahlen veröffentlicht, kam zu dem Ergebnis, Reiningen sei doch kein so schlechter Platz für die Salzinjektionen. Im Handumdrehen waren die Reininger wieder auf dem Plan: Man werde ebenfalls den Bauplatz besetzen, man werde dazu mobilisieren, was im Elsaß Beine habe. Nun trat der Premierminister Jacques Chirac in Person vor das Volk. Seinen Gaullisten waren im Elsaß die Wähler in Scharen davongelaufen. Die Salzverpressung, so befand er 1986, lassen wir bleiben. In Richtung Bonn und Den Haag ließ er gleichzeitig vernehmen: «Frankreich hält seine Verträge»![100] Ab Januar 1987 würden die staatlichen Kaliminen im Elsaß je Sekunde 20 Kilogramm Salz weniger in den Rhein leiten, also statt 129 «nur» 109 Kilogramm je Sekunde!

Wie das, fragte man sich im Elsaß. Die Produktion drosseln? Das gebe gewaltigen Ärger, prophezeite Maurice Hoffner, Vorsitzender der kommunistischen Gewerkschaft: Das Elsaß sei ein strukturschwaches Revier. Um jeden Arbeitsplatz werde gekämpft. Und die Salzeinleitungen? Aber das sei doch immer so gewesen! Seit 75 Jahren! Verträge? Verträge könne man ändern. Dazu seien die in Paris da. Die Produktion liefe weiter. Punktum. Also mußte eine andere Lösung her. Den Elsässern schwebte etwa vor, aus der Salzlauge reines Salz zu gewinnen und dieses zu verkaufen. Das bringe dem Elsaß neue Arbeitsplätze und obendrein Gewinn. Es gab aber weltweit eine Überproduktion an Salz. Kenner des Marktes fürchteten um das mühsam hochgehaltene Preisniveau.

Es gab eine dritte Lösung. Sie war in Kalibergwerken anderswo der Stand der Technik. Sie sah vor, die Salzrückstände dorthin zurückzubringen, wo sie herkamen, in die ausgebeuteten Stollen nämlich. Dies empfahl sich auch für das Elsaß, wo die Salzabfälle in trockener Form anfallen. Diese Art der Abfallbeseitigung wird «Versatz» genannt. Frankreich befand jedoch, daß, was überall möglich wäre, im eigenen Land sich nicht empfahl. Es zitierte seine Experten, die technische Komplikationen wegen der differenzierten geologischen Verhältnisse im elsässischen Untergrund befürchteten. Deutsche Ingenieure sahen keine unüberwindlichen Schwierigkeiten; in der Versatztechnik wären große Fortschritte erreicht worden. Es waren also weniger technische als finanzielle Probleme. Der Rücktransport der Abfälle in stillgelegte Stollen und Gänge würde etwa zehn Mark je Tonne kosten. 34 000 Tonnen fielen jährlich an. Da war es allemal billiger, die Abfälle weiter in den Rhein zu spülen. In zwanzig Jahren würden die Kalivorkommen im Elsaß ohnehin ausgebeutet und erschöpft sein. Bis dahin würde man eben ein paar Kilo Salz weniger in den Rhein kippen.

Seit dem 1. Januar 1987 beobachteten und verglichen Meßstationen am Rhein interessiert ihre Ergebnisse. Tatsächlich sei Anfang 1987 «wenigstens der erste kleine Schritt zur Verringerung der Salzfracht gemacht worden», stellte der Präsident der Internationalen Arbeitsgemeinschaft der Wasserwerke im Rheineinzugsgebiet (IAWR) fest.[101] Aber er fügte gleich hinzu: «Die Rückhaltung von 20 Kilogramm je Sekunde Chlorid bei den französischen Betrieben an Rhein und Mosel fällt allerdings angesichts einer 1986 weiter angestiegenen durchschnittlichen Gesamtfracht von 374 Kilogramm je Sekunde (an der die französischen Kaligruben mit ca. 40 Prozent beteiligt sind) kaum ins Gewicht. An den nachteiligen Folgen der Rheinversalzung für die Trinkwasserversorgung … ändert sich dadurch praktisch nichts.» Die IAWR strebte eine Gesamtfracht von höchstens 220 Kilogramm je Sekunde an; sie drängte daher darauf, «daß die Verringerung der Salzeinleitung durch die Kaligruben um weitere 40 Kilogramm je Sekunde ab Januar 1989 vereinbarungsgemäß erfolgt und erhofft sich davon bereits eine gewisse Erleichterung der Situation». Vorerst wurde das seit Anfang 1987 zurückgehaltene Salz auf Halde gelegt, und zwar auf einen asphaltierten Sockel, damit nichts versickerte. Dies könnte, argwöhnten Mißtrauische, gleich auch die endgültige Lösung des Problems sein. So war es. Es blieb beim altbewährten, bequemen Einleiten und Aufhalden.

In den Niederlanden wird uns das Problem der Salzeinleitungen der elsässischen Kaliminen noch einmal begegnen.

Die Betonrinne mit der braunen Brühe führt mich zum Rheinufer zurück: zu weiteren Problemfällen. Hinter Neuf-Brisach (Neu-Breisach) liegen zwischen Straße und Rhein (Kilometer 228 bis 232) die beiden Unternehmen «Rhenalu» und «Cartonnerie de Kaysersberg Group Beghin Say». Auf dem ausgedehnten Werksgelände bei Rhenalu mit 1000 Arbeitsplätzen lagern Rollen flach gewalzter Aluminium-Bänder transportfertig. Auf der Höhe der Papier- und Kartonnagenfabrik Kaysersberg gerieten 1985 die Meßwerte der «Beluga» ins Schwanken, als das Bordlabor den Ph-Wert des Wassers und seine elektrische Leitfähigkeit testete.[102] Alles nichts, schien mir, gegen Straßburg und sein Müllproblem.

Straßburg, Kehl und der Müll

Straßburg, mit weltbrühmter und von Touristen umlagerter Münsterkirche, Sitz des Europaparlaments, des Palais de l'Europe, ist ein neuer Tiefpunkt dieser Oberrheinwanderung: Straßburg ist – nach amtlichen französischen Ermittlungen – die Stadt mit der schmutzigsten Luft in ganz Frankreich.

Eine Overtüre gleichsam zum Straßburger Rheinpanorama ist an diesem Apriltag 1988 die Müllverbrennungsanlage «Utom» (Usine de Traitement des Ordures Ménagères) Altrim (Société Alsacienne de Traitement des Résidus Industriells et Ménagers) der Communauté urbane de Strasbourg. Sie liegt, mit ihren rot-weißen Schornsteinen unübersehbar, nahe dem Schleusenkraftwerk Straßburg (Stromkilometer 287,56) und «entsorgt» jährlich 250 000 Tonnen Müll. Offiziell soll es nur Hausmüll sein, aber es sind «unsortierte Stoffe», die auf Rosten verbrannt werden, mit viel zu geringer Temperatur, denn die Anlage ist technisch veraltet; folglich können hochgiftige Dioxine in die Luft entweichen. Die Filter halten nur gröberen Staub zurück. Halden mit verbranntem Material lagern hier dicht an der Straße und nahe dem Rhein. Zur Nachbarschaft gehört «General Motors France. Usine de transmissions automatiques».

Dann folgt, ein neuer Höhepunkt, sinnigerweise nahe dem geplanten «Port de plaisance», auf der Höhe des Stromkilometers 292–293, «Stracel», in der Windrichtung am Geruch unverkennbar, «La Cellulose de Strasbourg». Das Forschungsschiff «Beluga» von Greenpeace hatte hier im Rhein bei einer Stichprobe 1985 hohe Anteile an polychlorierten Biphenylen gefunden.[103]

Am «Quai Jacoutot», Stromkilometer 296,5, beim Ölhafen, liegt die Sondermüllverbrennungsanlage «Tredi». Die Verbrennungsmenge beträgt 50 000 Tonnen im Jahr: Farben, Lacke, Schlämme, industrielle Abfälle. Eine Filterung der Abluft gibt es zwar, eine Rauchgaswäsche nicht. Das wäre zu teuer, denn dann könnte das Unternehmen die deutsche Konkurrenz nicht mehr unterbieten. Das Geschäft floriert; der Ausbau auf 90 000 Tonnen Kapazität ist beschlossen. In jenem April 1988 ist eine neue Halle (21 420 Quadratmeter) im Bau. Alles sieht sehr privat und harmlos aus: Gleich nebenan eine Idylle: Ein Anglerverein hat einen Fischteich angelegt; Enten und Schwäne schwimmen herum.

Gegenüber, am deutschen Ufer, Stromkilometer 295–297,5, der Hafen Kehl mit Industrieanlagen, Lagerhallen (Klöckner-Draht, Raiffeisen) und großen Freiflächen. Diese Freiflächen sind das Problem, das die Bürger in Straßburg und Kehl alarmiert. Dort soll vis-a-vis der elsässischen Müllverbrennungsanlage Tredi das deutsche Pendant erbaut werden. Denn auch die Landesregierung Baden-Württemberg hat Müllprobleme. Die Entsorgung kann mit der Produktion des Mülls nicht Schritt halten. Man habe bereits einen Rückstau bis in die Fabriken, wird in Stuttgart argumentiert. Also müsse eine groß dimensionierte Sondermüllverbrennungsanlage her. Für den Standort im Hafen spräche, so die Einlassung des zuständigen Ministeriums und seiner Gutachter, daß hier «von eventuellen Evakuierungsmaßnahmen weniger Einwohner betroffen» wären (badische Einwohner, versteht sich, die Straßburger drüben zählen nicht), daß hier der Fluß das gereinigte Abwasser aufnehmen könnte und daß – den Bürger soll es erfreuen – sich das erforderliche Areal bereits im Landesbesitz befände. Also scheint alles in bester Ordnung und die Planung läuft. Die Kapazität soll 90 000 Tonnen Sondermüll jährlich betragen. Auch eine Anlage zur thermischen Behandlung kontaminierter Böden werde angegliedert werden, ja, und weil das Ganze den letzten Stand der Technik repräsentieren soll, werde gleich auch ein Werk zur Entsorgung von jährlich

300 000 Tonnen hochtoxischer flüssiger Stoffe gebaut werden. Warum regen sich die Leute auf? Schließlich werde, ehe die Großanlage in Betrieb gehe, eine Umweltverträglichkeitsprüfung vorgenommen.

Kommentar von der anderen Rheinseite: «Complètement débile!» Völlig verrückt nennt man im Chemischen Institut der Universität Straßburg diese Pläne. Der Straßburger Bürgermeister rief aufgebracht über den Rhein hinüber: «Hier wohnen eine Million Menschen!» Ob man die vergessen hätte? Die «Région de Strasbourg» und ihre Lebensinteressen vermisse man im badischen Gutachten. Im Jahr gäbe es hier im Oberrheingraben 70 Nebel- und 80 Frosttage, eine Hitzeglocke im Sommer, mit extrem austauscharmer Luft. Die Immissionsmaxima entständen über den Straßburger Stadtvierteln Neuhof, Neudorf, Meinau, in Kehl über dem Süden der Stadt. Auf der Hornisgrinde im Schwarzwald, hinter Achern, Bühl, Baden-Baden, wohin der hier vorherrschende SSW-Wind weht, «wächst seit Jahren kein Baum mehr».[104] Auf den Gedanken, daß die Entsorgung von den Verursachern vorgenommen werden müsse, mochte niemand kommen. An der Zufahrtsstraßen nach Kehl lese ich Schilder am Straßenrand: «Luftkurort Kehl. Bitte Fenster schließen!!» – «Skandal der Standortwahl!» – «Keine Giftmüllverbrennung in der Ortenau!»

Die Mitglieder der «Bürgerinitiative gegen die Giftmüllverbrennungsanlage in Kehl e. V.» taten sich mit den Straßburger und den elsässischen Freunden zusammen. Dort hatte die AFRPN eine Aktion in Schulen, Apotheken, Krankenhäusern und in der Öffentlichkeit gestartet unter dem Motto: «Strasbourg malade de l'air qu'elle respire – Straßburg ist krank an der Luft, die es atmet.» Straßburg ist auf dem Weg, die «Müllhauptstadt Europas» zu werden. In Kehl hagelte es 160 000 Einsprüche. Nach der Landtagswahl 1992 in Baden-Württemberg war die Müllverbrennungsanlage in Kehl nicht mehr durchzusetzen, Straßburg und Kehl konnten aufatmen. Und St. Florian eine Kerze anzünden. Denn das eigentliche Problem bleibt auf der Tagesordnung.

Schönes, mißhandeltes Elsaß

Das Elsaß ist schön, aber nicht am Rheinufer. Auf meiner Wanderung am elsässischen Rheinufer habe ich Kanalbauten, Staustufen, Schleusen, Kraftwerke, chemische Großindustrie, Müllverbrennungsanlagen kennengelernt: keine Flußauen und Altwasser, kein schönes, ein mißhandeltes Elsaß. Erst im Norden, nahe der Grenze, zwischen Seltz und Lauterbourg, am Ende des elsässischen Rheinuferweges, fand ich Restbestände des einst berühmten elsässischen Rieds.

Aber auch hier, im Mündungsgebiet der elsässischen Nebenflüsse Sauer und Lauter, ist das Ried durchsetzt mit zwei riesigen Sand- und Kiesgruben, mit Häfen, Verladeanlagen für schweres Stückgut. Hier auch hat sich, in bester Uferlage am Rhein (Stromkilometer 349,5), die unter den elsäs-

sischen Umweltverschmutzern, nach Rhône-Poulenc, an zweiter Stelle
liegende Société Rohm et Haas France S.A. Lauterbourg angesiedelt. Das
Chemieunternehmen hat zwar bedeutende Anstrengungen unternommen, eine saubere Technologie zu entwickeln, aber die biologische Aufbereitung und sichere Deponierung des Abfallschlamms in einem Auf-
fangbecken steht 1986 noch aus.

Am Restrhein sehe ich einem alten Elsässer beim Angeln zu. Er erzählt
von ausgedehnten Riedgebieten, die es noch zu Anfang dieses Jahrhunderts gab. Er erinnert sich an das Vogelkonzert, das so laut gewesen sei, daß
sein Vater die Stimme habe erheben müssen, wenn er mit ihm im Nachen
durch die ungezählten Wasserläufe gefahren sei. Man habe sich darin ver-
irren können. Der Rhein mit seinem Hochwasser und die Bäche und
Flüsse aus den Vogesen haben dieses paradiesische Ried gespeist. Sie
durchflossen dichte, urwüchsige Laubwälder. In breiten, gleichmäßigen
Streifen erstreckten sie sich bei Colmar, Schlettstadt, Herbsheim, von
Breisach bis Neuhof südlich Straßburg[105], von der Illmündung nördlich
Straßburg bis nach Seltz. Es war eine üppige Landschaft mit hoher som-
merlicher Boden- und Luftfeuchtigkeit und mit klaren, kalten, aus dem
reichen Grundwasser sprudelnden Quellen, wie dem Donnerloch im
Ried von Herbsheim, heute seltenen hydro-biologischen Naturdenk-
mälern. Die Natur schien noch im Gleichgewicht, obwohl ihr Wasserhaushalt längst beeinträchtigt wurde durch die große Rheinbegradigung
des 19. Jahrhunderts. Immer noch war der jahrtausendealte ursprüngliche
Charakter der Landschaft erhalten geblieben, bestanden die breiten Streifen von Ufer- und Galeriewäldern; waren die eigenartigen elsässischen
Riede sich selbst überlassen.

Doch die Alten haben auch das erlebt: Nach dem Ersten Weltkrieg (das
Elsaß war wieder zu Frankreich zurückgekehrt) wurde das paradiesische
Ried, ihre Heimat, als unproduktiv und rückständig erklärt. Das Ried lie-
fere kein Nutzholz. Das Ried müsse weg. Die Zukunft läge in der Industrialisierung. Rodungen begannen. Aufforstungen mit Nutzholz mißrieten jedoch auf den Kahlflächen und mußten aufgegeben werden. Eine
landwirtschaftliche Nutzung des Riedes war erst nach durchgreifender
Entwässerung und Drainierung möglich. Diese Gelegenheit bot nach dem
Ersten Weltkrieg die Umleitung des Oberrheins in sein neues Bett auf
französischem Boden. Nun war es möglich, das Land zu entwässern und
dem Elsaß landwirtschaftliche Produktionsflächen und geeignete Indu-
striestandorte abzugewinnen und die Grenzprovinz zu einer nützlichen
Tochter Frankreichs zu erziehen.

Die staatliche Electricité de France (EDF) begann 1928 den Bau des
Grand Canal d'Alsace. Die unmittelbare Folge des Kanalbaus war das Absinken des Grundwasserspiegels auch im Elsaß. Das Wasser in der ausbe-
tonierten Rinne des Grand Canal ist ohne Verbindung zur Landschaft, in
der es fließt.

Dies war nur der Auftakt. Von dem, was dann folgte, vermochte sich das Elsaß nicht mehr zu erholen. Zunächst wurden entlang der kanalisierten Wasserstraße tausende Hektar restlicher Uferwälder kahlgeschlagen. Dieser großflächigen Abholzung folgte die Anlegung der «Zones industrielles» und die Ansiedlung umweltschädlicher Industrien. Weite Ödflächen blieben für zukünftige Ansiedlungen frei. Es war, als hätte die elsässische Landschaft mit System ruiniert werden sollen. Was nicht als Industriestandort taugte, brachte wenigstens als Baggerloch einen Ertrag. Die präfektoralen Genehmigungen zur Auskiesung und damit zur weiteren Schädigung des Grundwasservorrats wurden großzügig erteilt. Was in der elsässischen Riedlandschaft noch zu zerstören war, blieb der (übrigens schon vor 1914 von den Deutschen geplanten) Flurbereinigung vorbehalten. Fragen des Naturschutzes wurden nicht beachtet. Es ging ausschließlich um die Zusammenlegung und wirtschaftliche Erschließung, um die Begradigung von Bach- und Flußläufen, um die Anlage von Entwässerungsgräben. Zwischen 1955 und 1977 wurden 60 Prozent der Auen und Riedflächen trockengelegt. Eine Vorschrift von 1959, als man es bereits hätte besser wissen können, verfügte, an Bachläufen Bäume und Sträucher zu entfernen, damit Traktoren und landwirtschaftliche Maschinen nicht behindert würden. «Tatsächlich ist die Geschichte der Rheinufer nichts anderes als die lange Beschreibung der Zerstörung des Flusses und seines Waldes … Von den ursprünglichen 100 000 Hektar Wald, die sich über 2 bis 6 Kilometer zu beiden Seiten des Flusses erstreckten, waren 1945 im Elsaß noch 40 000 Hektar verblieben. Heutzutage sind es nur noch 7000 Hektar, und davon blieb praktisch fast keine Parzelle unbewirtschaftet, so daß die Waldfläche rheinischer Prägung auf einige 2500 Hektar zurückgedrängt wurde.»[106]

Nur mit gutem Willen lassen sich die Motive dieses brutalen Umbaus einer Landschaft respektieren. Das Ziel war die wirtschaftliche Entwicklung einer strukturschwachen Region in einer Randlage des französischen Mutterlandes. Aber der Umbau fand gegen die Natur statt, nicht mit ihr, und er hat sein Ziel nicht einmal erreicht; er ist nicht in dem Maße gelungen, wie es in Paris erwartet wurde.

Das deutsche Ufer

«Versteppung» des südlichen Oberrheingrabens

Die Betonrinne des Grand Canal ist das dritte Bett des Oberrheins: Das erste konnte er sich frei wählen, das zweite gab ihm Tulla, das dritte bestimmten ihm die Franzosen. Tullas bewunderte Großtat, seine Rektifikation, liegt 50 km lang wie eine Ruine in der Landschaft – ein technisches Denkmal.

Als ich dort wanderte, im Spätsommer 1985, hätte im Restrhein unterhalb der Absperrung bei Village-Neuf/Märkt, vom Rheinkilometer 173,55 an, nicht einmal ein Paddelboot genügend Wasser unter dem Kiel gehabt. Weiter unterhalb sorgten die nachträglich eingebauten festen und beweglichen Wehre für gestautes Wasser.

In welchem Verhältnis steht der Nutzen all dieser wasserbaulichen Maßnahmen zum angerichteten Schaden? Tulla übersah die Folgen nicht, die französischen Ingenieure auch nicht. Übersehen wir sie?

Der Vegetationswandel im Oberrheingraben ging nach den ersten Eingriffen des Strombaus schrittweise vor sich. Norbert Wein, der die Änderungen im Landschaftshaushalt des südlichen Oberrheingrabens in ausgewählten Untersuchungsräumen verfolgt hat, schilderte den Gang der Ereignisse: Schon bald nach der Begradigung verwandelte sich der Weichholzauenwald «in den weniger feuchtigkeitsabhängigen Hartholzauenwald (mit seinen Eichen, Eschen, Ulmen). Das war, im Sinne der Bodennutzung und hoher Holzerträge, die Optimalphase der Land- und Forstwirtschaft». Sie wurde abgelöst von einer weniger günstigen Entwicklung, von der Degradationsphase: «Um die Jahrhundertwende deuteten … Bioindikatoren eine zunehmende Verschlechterung der haushaltlichen Situation an: Wipfeldürre und weitere Trockenschäden zeigten an, daß die Bäume mit ihren Wurzeln das Grundwasser nicht mehr erreichten. In dem grobkörnigen Bodensubstrat war das bereits der Fall, als das Grundwasser bis etwa 3 Meter unter Flur abgesunken war. Der Auenwald starb nun immer mehr ab. Heute sind nur noch auf den besseren der ‹sandigen bis schluffigen› Standorte Reste des ehemaligen Hartholzauenwaldes zu finden, und auch der in stark degenerierter Form. Kein Baum, der nicht irgendwelche Trockenschäden aufweist – bis hin zu ‹Baumruinen›, die auch im Sommer kein Blatt mehr tragen.» Dafür haben nun «zwei trockenheitsliebende Pflanzenformationen … in der ausgetrockneten Niederung Fuß gefaßt und besetzen die vom Auenwald mehr und mehr aufgelassenen Flächen. Es handelt sich um den Trockenbusch (vor allem aus Sanddorn bestehend) und den Trockenrasen (eigentlich Halbtrockenrasen, Mesobrometum, vereinzelt aber auch echter Trockenrasen, Xerobrometum)». Wein stellt abschließend fest, daß die Landschaft des südlichen Oberrheingrabens innerhalb zweier Generationen von einem Extrem ins andere gefallen sei.[107]

Erst nach 1880 begann die staatliche Forstverwaltung eine geordnete Bewirtschaftung der Auenwälder. Seit Ende des 19. Jahrhunderts wurden kanadische Pappeln angepflanzt, hauptsächlich auf Loslinien und meist in Reinbeständen. Die Pappel beherrscht heute an feuchten Standorten in eintönigen Reihungen das Feld und ist kein Schmuck der Landschaft. Sie ist aber die einzige wasserfeste Baumart, die einen relativ hohen Ertrag bringt; sie gilt als «Wirtschaftspappel». In den Pappelanlagen breitet sich allerdings schnell das nicht überall willkommene hohe Indische

Springkraut aus; Brennesselgesellschaften, Ackerdistel und Goldrute gedeihen.

Die beiden Weltkriege verursachten durch Bunker- und Stellungsbauten, Beschuß, Brand und wilden Holzeinschlag schwere Schäden in der restlichen Auenlandschaft. In den fünfziger Jahren unseres Jahrhunderts, als die Aue sich weithin in ein Trockengebiet verwandelt hatte, der Vollausbau des Oberrheins desungeachtet verstärkt voranschritt, begannen die Behörden, nach Anpflanzungen zu suchen, die der fortschreitenden Austrocknung gewachsen waren. Aber die Auswahl war nicht groß; es blieb nur die «ultima ratio» der Forstleute, die Anpflanzung von Kiefern. Aber selbst dieser Anbau mißriet, weil die flachgründigen und trockenen Böden nicht einmal für diese anspruchslosen Bäume taugten. Auf der Höhe von Grißheim berührt der Auenweg im Trockenbuschgebiet eine Reihe von Versuchspflanzungen der Forstverwaltung. In den Jahren nach 1959 wurden hier auf günstigen Standorten Kiefernforste angelegt. Auf den Ausschilderungen las ich «Pinus maritima», «Pinus corsica», «Pinus calabria», «Pinus austriaca», «Norddeutsche Tieflandkiefer, Herkunft Aurich». Die Bäume machten keinen gesunden Eindruck; sie waren nur wenige Meter hoch gediehen, trugen auf dünnen Stangen schüttere Kronen; sie litten unter Schädlingsbefall. Die Versuche, Kiefern anzusiedeln, waren offensichtlich nicht erfolgreich. Später seien, berichtete Wein[108], Versuche mit einer Laubholzbestockung, mit Robinien und Birken unternommen worden. Aber 1975 waren die erst kniehohen Bäume bereits von der robusten Goldrute überwuchert, die von den Birkenforstflächen immer mehr Besitz ergriff. So mußten weite Flächen als Trockenbuschsteppe liegen bleiben.

Anfang der siebziger Jahre ergab die von der «Bundesanstalt für Vegetationskunde, Naturschutz und Landschaftspflege» vorgenommene «Ermittlung und Untersuchung der schutzwürdigen und naturnahen Bereiche entlang des Rheins» für die Rheinauen zwischen Basel und Breisach einen Austrocknungsgrad zwischen sehr stark bis mäßig.[109] Der Wasserhaushalt wurde als sehr trocken bis mäßig trocken bezeichnet. Seit den Strombauten des 19. Jahrhunderts gebe es hier keine der für die Auenlandschaft lebensnotwendigen Überflutungen mehr. Es herrschte ein Mosaik von Trockenrasen mit Buschgruppen aus Sanddorn, Berberis, Liguster und vereinzeltem Eichen-Linden-Trockenwald vor. Im Bereich der Stauhaltung Breisach dagegen, und insbesondere unterhalb des Kulturwehrs Breisach, auch im Bereich der Schlingenlösung, besserte sich die Situation des Waldes etwas durch die teils künstliche Überstauung (Kilometer 242–250). Hier war der Austrocknungsgrad mittelmäßig bis gering, die Wasserhaushaltsstufe wurde als mäßig trocken bis wechsel-feucht beschrieben. Auf dieser Strecke waren an günstigen Standorten auch wieder Weiden-Ulmen-Auenwald, Eichen-Hainbuchenwald und Hartholzauenwald zu finden. In den periodisch überfluteten Bereichen «des mittleren

Oberrheins (Strecke Kaiserstuhl–Mannheim), besonders im Taubergießengebiet, stockten noch ausgedehnte Auenwälder. Gleichwohl sind auch
hier vielfach Pappelkulturen an ihre Stelle getreten».

Am nördlichen Oberrhein (Mannheim–Mainz), so ergaben die Ermittlungen, «ist Aue, was den bodenständigen Baum- und Strauchbe-
wuchs betrifft, auf weiten Strecken fast völlig ausgeräumt. Hingegen besitzen fast alle Inseln des Rheingaus noch die natürliche oder doch
naturnahe Gehölzvegetation, meist allerdings nur in der Randzone»[110].

Nach den Trockengebieten unterhalb des Isteiner Klotzen, die besonders durch die Strombauarbeiten geschädigt wurden, erfreut es mich, daß,
je näher ich Breisach und dem Massiv des Kaiserstuhls komme, das Bild
sich wandelt. Der Wald steht geschlossener da, die Bäume sind höher und
gesunder gewachsen. Ich sehe Buchen, Eschen, Eichen, Ahornbäume in
dichtem Unterholz. Kiefern haben 40 cm Durchmesser. Die Karte meldet
kleine Teiche, durchfeuchtete Böden, Wasserläufe in der Aue. Die Stauhaltung vor dem Kulturwehr Breisach wirkt sich auf das Grundwasser und
die Vegetation der Aue aus.

Die «Rebenfestung» Kaiserstuhl

Breit in die Ebene gelagert ragt der Kaiserstuhl über der Schotterfläche des
Oberrheingrabens auf. Er ist eine geologische Besonderheit. In seinen östlichen Teilen besteht das Massiv aus harten Gesteinen, aus Phonolithen
und Tephriten, Eruptivgesteinen also, Relikten des unruhigen Tertiär, als
der Graben abzusinken begann, Schwarzwald und Vogesen gehoben wurden und aus Bruchlinien und Erdspalten glutflüssiges Magma an die Oberfläche drang. Der flachere Ostteil des Kaiserstuhls dagegen baut sich aus
mesozoischen und tertiären Sedimenten auf. Zuletzt, wohl in den wär-
meren und trockeneren Zwischeneiszeiten, bliesen westliche Winde Staub
und Sand heran, bis ein Lößmantel die beiden Bauteile des Kaiserstuhls
überdeckte. Der Löß ist an einigen Stellen zwanzig bis dreißig Meter
mächtig.

Der Kaiserstuhl ist ein altes Weinbaugebiet; der erste urkundliche
Nachweis stammt aus dem 8. Jahrhundert. Der Wein gedeiht, bei hoher
Durchschnittstemperatur und geringen Niederschlagsmengen, vorzüglich. Die Sonne verwöhnt ihn mit einer langen Reifezeit im Spätsommer
und Frühherbst.

In das Landschaftsbild des Kaiserstuhls hat der Mensch zweimal eingegriffen. Einmal, im Mittelalter, sanft und nur dort, wo mit geringen Korrekturen eine bessere Ausnutzung des Sonnenscheins sich erreichen ließ.
Er legte in die steilen, der Sonne zugewandten Hügel schmale, von Bruch-
steinmauern gestützte und talwärts geneigte Terrassen, die oft nur zwei bis
drei Rebzeilen Platz boten und auf engen Pfaden und Treppen erreichbar
waren. Das Landschaftsbild war kleinteilig, vielfältig; die Terrassen fügten

sich den großen Linien der Landschaft ein. Der zweite Eingriff erfolgte in den siebziger Jahren unseres Jahrhunderts. Er war brutal und durchgreifend, ein Ergebnis wissenschaftlicher Planung. Diesmal wurde nicht mehr der Weinbau der Landschaft, sondern die Landschaft dem Weinbau angepaßt. Über das Für und Wider dieser Rebflurbereinigung ist lange und heftig gestritten worden.[111] Der Weinbau im Kaiserstuhl war immer wieder einmal, zuletzt noch in den zwanziger Jahren, in eine Krise geraten. Die Dörfer boten einen ärmlichen Eindruck. Bis heute sind reine Weinbaubetriebe selten; die meisten Betriebe erzielen Einnahmen auch aus anderen landwirtschaftlichen Zweigen. 1924 wurde die erste örtliche Winzergenossenschaft als eine Art Notgemeinschaft gebildet; viele Weinbauorte folgten. Die Genossenschaften übernahmen die Vermarktung des Weines, bald auch das Keltern und die Beratung. Das Prinzip bewährte sich. Die Zentralkellerei Badischer Winzergenossenschaften in Breisach ist heute die größte Gebietskellerei in Europa. Die Genossenschaften strebten von ihrer Zweckbestimmung her die Existenzsicherung der angeschlossenen Betriebe an, darüberhinaus aber deren Modernisierung und vor allem die Produktionssteigerung. Sie zählten zu den eifrigsten Befürwortern einer Flurbereinigung im Kaiserstuhl. Mit gutem Grund: Die Zersplitterung des Besitzes durch jahrhundertelange Realteilung erschwerte die Arbeitsorganisation. Die kleinen Parzellen waren nur mit der Hand zu bearbeiten, sie lagen zerstreut und waren schlecht zu erreichen. Ihr Vorzug: sie gewährleisteten sowohl die hohe Qualität des Weins, als auch seine von Kennern geschätzte lagenspezifische Individualität. Außerdem verminderte der verstreute Besitz bei lokalem Schädlingsbefall oder bei Unwetter das Risiko eines völligen Ernteausfalls.

In die Diskussion der Flurbereinigung mischten sich die Ökologen, Naturschützer, Mitglieder des Schwarzwaldvereins. Sie fürchteten um das geologisch interessante, seiner Fauna wegen gern besuchte Wandergebiet. In diesem großen Buckelgarten mit seinen Rebterrassen und Hohlwegen gibt es rund 500 Kilometer Wanderwege mit hinreißenden Ausblicken über die Rheinebene bis hin zu den Vogesen, auf die Münstertürme in Breisach, Freiburg, Straßburg. Die Älteren unter den Wanderern erzählen von wildwachsenden Orchideen, von Smaragdeidechsen und mehreren hundert Schmetterlingsarten.

Damit war es vorbei, als im Kaiserstuhl die Räumfahrzeuge auffuhren. Jahrelang hörte man das Dröhnen der schweren Motoren. Die Planierraupen räumten ab, verschoben Erdmassen, schütteten Terrassen auf, sie versetzten Berge.[112] Mit System: Es gab einen penibel ausgearbeiteten Rebenaufbau-Plan. Er wies Areale aus, die «flurbereinigt» werden mußten; er grenzte das Rebland neu ein, legte die Sortenauswahl und die jeweilige Anbautechnik für Parzellen und Parzellenverbände fest und erfaßte sie kartographisch. Jede Erweiterung der Rebfläche mußte vom Regierungspräsidenten fortan genehmigt werden. Auf etwa der Hälfte des Rebareals des

Kaiserstuhls entstanden so 50 bis 60 Meter breite, bis zu 5 Hektar große planierte Terrassen mit teilweise 20 Meter hohen Böschungen. Sie tragen 40 bis 80 Meter lange Rebzeilen, im Abstand von 150 Zentimetern. Sie können mit Fahrzeugen erreicht und mit Maschinen bestellt werden. Die Gesichtspunkte dieses Umbaus einer Landschaft waren Rationalisierung, Optimierung der Bewirtschaftung, Produktionssteigerung. Das alles erfuhr, bei einer Eigenbeteiligung der Weingüter, großzügige staatliche Subventionierung. Es entstand eine Retortenlandschaft. In ihr wirken die alten Weinorte mit ihren engen Gassen antiquiert, denn sie sind weder maschinen- noch autogerecht. Ihnen fehlt das Styling der Kaiserstuhl-Landschaft. (Abb. 34)

Die Nutzungsparzellen wurden mit einheitlichem Rebgut gemäß der Sortenfestlegung des Regierungspräsidenten bepflanzt: Die Spezialitäten bestimmter Lagen lassen sich nicht mehr herausschmecken. Die Zahl der Parzellen hat sich um rund 70 Prozent verringert; die Größe der Einzelparzelle ist entsprechend gewachsen. Terrassenaufschüttungen, Wirtschaftswege und Kanalisationen beanspruchen 8 bis 10 Prozent der Rebfläche.

Zur Vesperzeit schlotzen die Alten ihren Kaiserstühler lieber in der kleinen Wirtschaft als in der neuen Probierstube der Genossenschaft. Sie erzählen mir, daß sie als junge Burschen dem Vater helfen mußten, den Dung auf dem Rücken in die steilen Lagen hinauf zu schleppen, und daß sie die Ernte in der Kiepe ins Tal hinuntergebracht hätten. Damals mußten sie 2000 Arbeitsstunden im Jahr für jeden Hektar rechnen. Ihre Söhne hätten es jetzt besser, der Aufwand an Arbeitszeit beträgt nur noch 800 Stunden. Nein, Absatzsorgen, wie sie ihre Väter vor dem Krieg hatten, gebe es nicht mehr. Sie haben ein Beispiel bei der Hand: In Bickensohl drüben habe sich die Bilanzsumme der Genossenschaft in 20 Jahren, seit man zum Qualitätsweinbau übergegangen sei, verneunfacht, bitte schön. Und mit den Weinskandalen der letzten Jahre hätten sie im Kaiserstuhl nichts zu tun. Ihr Wein ist so gut, daß er eine solche Aufbesserung nicht braucht. Dann ist also alles eitel Sonnenschein im Kaiserstuhl? Das nun auch wieder nicht. Das habe man allein schon an der Sache mit Wyhl gesehen. Aber man wolle auch nicht wie die grünen Weltverbesserer, die Wanderer und Hohlgassenschwärmer daherreden. Und es stimme auch nicht, daß es unter den Kaiserstühler Weinen keine Spezialitäten mehr gebe, daß der Kaiserstuhl eine Getränkeindustrie geworden sei, wo große Mengen billiger Weine maschinell abgefüllt würden. Aber Bischoffingen? Naja, Bischoffingen, räumen sie ein, mit seiner Kelterstation, vollautomatischen Abfüll- und Verpackungsanlagen, seinem Handelsnetz, sei nicht weit von industrieller Mengenproduktion entfernt, von der Zentralkellerei in Breisach ganz zu schweigen, die vermöchte 1,6 Millionen Hektoliter zu speichern. Dennoch sei die Handarbeit am Weinstock geblieben: das Schneiden, Biegen, die Laubarbeit, die Lese. Allerdings werde sie

Abb. 34: Rebenfestung Kaiserstuhl. Im Hintergrund die alten, der Landschaft angepaßten, inzwischen aufgelassenen Lagen. Auch sie brachten, mit Handarbeit, einen guten, lagenspezifischen Wein. Die neuen Großterrassen erlauben den Einsatz von Maschinen.

heute nach wissenschaftlich ausgearbeiteten Zeitplänen vorgenommen, also gut. Beklagen sie sich? Nein. Fortschritt und gesicherter Wohlstand haben ihren Preis. 1983, rückt einer der Wirtshaushocker beim vierten Viertele heraus, seien nach Unwettern in den neuen Großterrassen Abspülungen, Rutschungen und erhebliche Schäden aufgetreten. Davon habe man früher, bei den alten Kleinterrassen, nichts gehört. Ich gebe mein angelesenes Wissen wieder: Klimatologische Messungen im Gelände wiesen nach, daß sich auf den zum Berg hin geneigten Großterrassen Kaltluft sammle; man spreche von «Kälteseen», die bei Spätfrösten gefährlich werden könnten. Man habe festgestellt, daß die Strahlungsbilanz ungünstiger sei als auf herkömmlichen Terrassen, daß kleinräumige Windströmungen sich an den Terrassenkanten ungünstig auswirkten, daß überhaupt Trauben- und Fruchtzuckergehalt leicht zurückgingen und dadurch eine Qualitätsminderung eintrete. In der Runde mag man das nicht gänzlich ausschließen, aber es bleibe eben der Vorteil des Maschineneinsatzes und einer größeren wirtschaftlichen Sicherheit. Ich getraue mich, unter diesen bedächtigen und sachverständigen Praktikern von der ästhetischen Bewertung der Kaiserstuhllandschaft zu sprechen: Angesichts der Zerstörung des alten Landschaftsbildes gehe von einer «Rebenfestung» die Rede. Die Naturschützer seien enttäuscht über die Beseitigung vieler Lößhohlwege, der Hecken, mit denen die Nistplätze der Vögel verschwanden, die wiederum für die Schädlingsbekämpfung unentbehrlich waren. Statt dessen würden nun vermehrt Chemikalien versprüht ... Also, bekomme ich zu hören, die Stare seien auch nicht gerade die Freunde der Weingärtner. Und ob denn der Staudamm am Rhein und das Kulturwehr in Breisach schöner aussähen? Überhaupt: Ihre Väter hätten auch schon Terrassen gehabt, und eine Baustelle sehe nirgendwo einladend aus. Über Geschmack lasse sich streiten. Jemand in der Runde zitiert den Vorsitzenden der Fremdenverkehrsgemeinschaft Kaiserstuhl-Tuniberg, der gesagt haben soll, daß die alten Weinberge zwar schöner fürs Auge gewesen seien, aber daß die Weingärtner heute eben auch mit dem Auto zur Arbeit fahren wollten, wie jedermann. Einer in der Runde bringt es auf den Punkt: Was den Elsässern drüben ihre Salzbäche und Kalihalden seien, sei ihnen ihre «Rebenfestung». Schön sei das alles nicht, weder die Halden noch die Großterrassen, aber eben nützlich.

Das Viertele Gutedel aus den Großterrassen, ich kann es nicht leugnen, schmeckt mir gut, eigentlich wie vor Jahren das Viertele aus den Kleinterrassen. Ich habe mir noch ein Viertel bestellt und versuche, darüber nachzudenken, ob eine Flurbereinigung nur wirtschaftlichen Nutzen bringen müßte, ob sie nicht auch den Orchideen, den Schmetterlingen und Vögeln ein Lebensrecht einräumen könnte ...

1991, als ich diese Erinnerungen an Wanderungen und Weinabende im Kaiserstuhl niederschrieb, las ich, daß die Natur längst begonnen hat, die Wunden der Kaiserstuhllandschaft zu heilen. An den steilen Böschungen horsten Falken; in ökologischen Nischen blühen wieder Orchideen. Zoologen entdecken Schnecken und Käfer, smaragdgrüne Eidechsen und die Gottesanbeterin.[113] Es ist nicht leicht, das Für und Wider der Rebflurbereinigung abzuwägen. Die Verluste wiegen doch wohl schwerer.

Wyhl und die «Akzeptanz»

1973 ging es mit «Wyhl» los. Im Kaiserstuhl sprach es sich herum, daß dort, vier Kilometer von den nördlichen Weingärten entfernt und nahe dem Rhein, ein Kernkraftwerk gebaut werden sollte. 1975 wurde die erste Teil-Errichtungsgenehmigung für das geplante Kernkraftwerk erteilt, in einem Waldstück auf Wyhler Gemeindeboden der Bauplatz gerodet.

Die Weingärtner fürchteten für den Weinbau, ihre Lebensgrundlage, und sie sahen ihre Gesundheit bedroht. Sie reklamierten «standortspezifische Gründe» – und räumen heute ein, daß es das «Floriansprinzip» war. Aber es kamen Ungeschicklichkeiten der Behörden hinzu. Bei kritischen Anfragen und Erörterungsterminen nahmen die Offiziellen zu obrigkeitlicher Arroganz und zu Drohgebärden ihre Zuflucht. Eine Bürgerinitiative bildete sich. Die Leute vom Kaiserstuhl, Weingärtner, Hausfrauen, Bauern, Naturschützer zogen zum Bauplatz und besetzten ihn. Mit Holzstämmen, Traktoren, Anhängern, Jauchefässern errichteten sie ein Bollwerk gegen das Kernkraftwerk. Und die Freunde aus dem Elsaß kamen auch. Eine Stimmung wie vor einem Bauernkrieg habe geherrscht, erinnern sich die, die dabei waren. Man habe sich für lange Zeit eingerichtet und verproviantiert. Ein «Hüttendorf» sei errichtet worden. Junge und Alte, Badische und Elsässer seien zusammengestanden, es sei eine wunderbare Gemeinschaft gewesen, ein unvergeßliches Erlebnis. Und über dem Hüttendorf habe das Schild gestanden: «Für das Leben, gegen den Profit!» Die Umweltbewegung in der Bundesrepublik hatte ihr erstes Symbol.

Beim Verwaltungsgericht Freiburg bestritten die Kaiserstühler die Rechtmäßigkeit der ersten Teil-Errichtungsgenehmigung. Sie begründeten ihre Klage damit, daß sie eine Qualitätsminderung des Weins zu gewärtigen hätten, weil das Kühlwasser den Rhein aufheize, dadurch eine verstärkte Nebelbildung einsetze, die Dampffahne des Kühlturms die Sonneneinstrahlung schmälere, und daß sie überhaupt in ihrem Grundrecht «auf Leben und körperliche Unversehrtheit» gemäß Artikel 2 des Grundgesetzes sich verletzt fühlten. Mehrere Gemeinden im Kaiserstuhl, die als Kläger selbst nicht zugelassen waren, verbürgten sich für die Prozeßkosten ihrer Mitbürger. «Wyhl» wurde zu einem Begriff, zu einer Volksbewegung. Der Landesvater Filbinger verkündete mit sorgenumwölkter Stirn, in den 80er Jahren gingen in Baden-Württemberg die Lichter aus, wenn nicht gebaut werde.

1977 kam das Urteil des Verwaltungsgerichts; es war eine Sensation. Das Gericht lehnte die erste Teil-Errichtungsgenehmigung ab; es sah, bei einem Bersten des Reaktordruckbehälters, eine «nationale Katastrophe» kommen und forderte einen zusätzlichen Berstschutz. Im Kaiserstuhl gab es Begeisterungsstürme. Aber das Land Baden-Württemberg als Genehmigungsbehörde ging in die Berufung. 1982 hob die nächsthöhere Instanz, der Verwaltungsgerichtshof in Mannheim, das Urteil wieder auf. Die Kaiserstühler gaben nicht auf.

Nicht einmal mehr das Urteil in letzter Instanz, das die FAZ auf ihrer Titelseite mit der Schlagzeile verbreitete: «Wyhl darf gebaut werden», beunruhigte die Kaiserstühler. Denn der Untertitel des FAZ-Artikels lautete: «Dennoch ein Teilerfolg der Kläger».[114] Die Sache war durchgestanden. Auch die Badenwerk AG, mit den Kernkraftwerken in Fessenheim und Cattenom im Vertrag, sah jetzt keine Eilbedürftigkeit mehr. Wyhl ließe sich nur durchsetzen, gab der Vorstandsvorsitzende zu verstehen, wenn sich «die Akzeptanz für ein Kernkraftwerk in dieser Region verbessere».[115] Womit nicht zu rechnen war.

Die Sache mit Wyhl hatte ein Nachspiel. Im November 1986 waren auf der Breisacher Rheinbrücke dreißigtausend Menschen aus dem Kaiserstuhl und dem Elsaß zusammengekommen. Tschernobyl und die Folgen hatten sie mobilisiert. Die Leute aus Baden hatten Marktkarren voller Kopfsalat,

Spinat und Rettiche dabei. Die Universität Konstanz und das Ernährungs-
ministerium in Stuttgart hatten empfohlen, das Gemüse 20 bis 30 Zentimeter tief unterzupflügen. Französischer Milch und französischem Gemüse
aus dem Elsaß dagegen schien Tschernobyl nichts anhaben zu können.
Dann aber waren die elsässischen Bauern aus Village-Neuf, die seit hundert Jahren ihren Stand auf dem Markt in Basel hatten, mit ihrem Spinat
von den Schweizern zurückgeschickt worden. Da hatten die Colmarer Präfekten zugeben müssen, daß die Wolke aus Tschernobyl doch nicht an der
französischen Grenze Halt gemacht hätte. Das empörte die Elsässer: Nichts
hätten sie erfahren, man habe sie für dumm verkauft.

Zehn Jahre nach Wyhl: Plötzlich war es wieder so wie damals. Man sah
die bekannten Gesichter aus dem Hüttendorf, Winzer, Bauern, Hausfrauen, Pfarrer; aus Reiningen waren sie gekommen, aus Marckolsheim,
Chalampé und die Leute vom «Verteidigungskomitee»! Man begrüßte
sich und faßte sich um die Schulter. Aus dem Wyhler Wald hatten sie ein
großes Holzkreuz mitgebracht und hoch aufgerichtet, damit alle lesen sollten, was darauf stand: «Wo die Schöpfung gefährdet wird, wird Gott ge-
kreuzigt.»[116]

Wyhl, alsbald «Tschernowyhl» genannt, gab der Anti-Atomkraft-Be-
wegung Impulse, es stärkte das Umweltbewußtsein, die Heimatgefühle,
vor allem aber: Es verband die beiden Ufer über die Grenzen hinweg.

Naturschutzgebiet «Taubergießen»

Dem Wanderer ist der Zutritt ins Naturschutzgebiet «Taubergießen»,
das größte zusammenhängende Auenwaldgebiet[117] am Gesamtrhein, ver-
wehrt – aus Gründen, die jeder Einsichtige gutheißen wird. Ein
Schild am Rheindamm mahnt: «Liebe Besucher! Erst nach ca. 5,5 Kilometern besteht erstmals die Möglichkeit, vom Rheinuferweg abzuwei-
chen, um einen zurückführenden Weg einzuschlagen. Das Naturschutzgebiet kann vorher nicht durchquert werden. Regierungspräsidium
Freiburg.»

Zu früher Morgenstunde im Sommer liegen im feuchten Wald dichte
Nebel. Die aufsteigende Sonne wirft Lichtbahnen hindurch, über das
Dickicht und über umgestürzte Baumstämme, die in Tümpeln vermo-
dern. Tautropfen glitzern in Spinnweben. Vom Wegrand aus scheint die
Wildnis undurchdringlich. Nur wenige Spuren der hegenden mensch-
lichen Hand sind zu erkennen: eine Meßlatte, ein Grundwassermeßrohr,
Rheinwasserdurchlässe, ein Nachen des Wasserwirtschaftsamtes Karlsruhe.
Die Natur im Schutzgebiet bleibt sich selbst überlassen. Nur in einem
Kahn mit einem ortskundigen Bootsmann an Bord läßt sich das Reich der
Wasserlinsen, der blättrigen Algen, der Teppiche aus blühendem Wasser-
hahnenfuß, der Schilfsäume, Schachtelhalme und Lianen, des manns-
hohen rosaroten Indischen Springkrauts durchqueren. Jede Störung soll

von den Brutplätzen der Pirole, Haubentaucher, Graureiher, der Kormorane und Eisvögel ferngehalten werden.

Ärgerlich genug, daß im Norden des Taubergießen, wo die Rheinauer Kanalschlinge und der Tulla'sche Restrhein sich wieder vereinigen, ein brutaler Eingriff ins gehegte Naturschutzgebiet dem Wanderer den Weg verlegt: Die Kiesgrube auf der Höhe von Rheinkilometer 259,3 bis 260,8.[118]

Das Naturschutzgebiet hat sich mancherlei Eingriffe zu erwehren. Bei einem Kontrollgang fiel dem Naturschutzwart Schwörer aus Wyhl am 27. April 1971 eine Veränderung am «Blauloch» auf.[119] Das «Blauloch» ist ein Naturdenkmal, ein natürlicher Quellsee im Norden des Schutzgebiets. Sein Auslauf war mit einem engmaschigen Sieb abgesperrt worden. Er teilte diese Beobachtung der zuständigen Bezirksstelle für Naturschutz und Landschaftspflege mit und fügte hinzu, daß die Absperrung nach seiner Meinung einem fischereilichen Experiment diene. Das rief das ungläubige Staunen der Naturschützer hervor. Gegen das Fischen im Schutzgebiet war an sich nichts einzuwenden, aber das Blauloch war als ein Quellgewässer bekannt, in dem keine Fische leben konnten. Hier tritt aus mehreren Quellen tiefblaues, kristallklares Wasser aus. Das Einzugsgebiet des Quellwassers liegt weit oberhalb des Taubergießengebiets. Auf seinem Weg talwärts durch die Schotterschichten der Rheinaue ist es so sehr «gereinigt» worden, daß es als «kaltstenothermes, klar-oligotrophes» Grundwasser austritt; das heißt: Das Wasser ist kalt und wunderbar klar, mit reichem Kalkgehalt, aber sehr arm an Sauerstoff, und es fehlen ihm Nährstoffe. Folglich ist es kein Lebensraum, in dem Pflanzen, die sauerstoffbedürftigen Crustaceen oder Insektenlarven ihr Dasein fristen möchten. Daher finden auch Fische hier keine Nahrung.

Das Staunen der Naturschützer war also verständlich, als sie erfuhren, daß im Blauloch eine Lachsaufzucht begonnen werden sollte und zu diesem Zweck das Sieb am Auslauf des Quellsees diente. Sie ermittelten den Pächter und erfuhren, daß dieser das Blauloch nicht als eine selten gewordene Naturerscheinung ansah, sondern als «totes Gewässer», in dem selbst Pflanzen abgestorben seien, das folglich «regeneriert» werden müsse. Das Wasser brauche Nährstoffe. Er habe eine französische Firma beauftragt, das Blauloch mit dem Präparat «Nautex» zu düngen, mit 10 bis 20 Tonnen, etwa einer Lastwagenladung voll.

Die Naturschützer holten die Stellungnahme der Wissenschaftler ein. In ihrem Sinne, gegen jegliche künstliche Eutrophierung, entschied das Regierungspräsidium Südbaden am 11. Februar 1972. Es leitete ein Ordnungswidrigkeitsverfahren gegen den Pächter ein; der nahm von seinen Plänen Abstand, das Verfahren wurde eingestellt.

Rheinhausen (Baden) liegt am Rand der Niederterrasse. Der Weg zum Taubergießengebiet führt über die Geländekante etwa fünf Meter hinunter in die ehemalige Aue. Dort erstrecken sich bis zum Hochwasserdamm

und zum Auenwald riesige Maisfelder. Aber nicht nur hier, auf der Höhe
des Taubergießen, wandere ich immerzu an eintönigen Maisfeldern vorbei, seit Basel war das so, und nicht nur auf der badischen, auch auf der
elsässischen Seite. An diesem frühen, aber bereits warmen Morgen im
September ist die Ernte in vollem Gang.

Der Anbau von Körnermais und von Weizen hat auf den Niederterras-
senflächen und im Auengebiet am Oberrhein, ebenso am Niederrhein,
stark zugenommen. Dieser hohe Spezialisierungsgrad deutet auf ebenso
spezialisiert arbeitende Tierhaltungsbetriebe: 80 Prozent der Maisernte
dienen der Verbreiterung der Futterbasis in der Schweinemast. Es gibt Betriebe, die sich ausschließlich auf die Vermehrung des Saatgutes spezialisiert haben. Niederterrasse und Auengrund begünstigen den Maisanbau:
Der Mais braucht mindestens 8 Grad zur Keimung und bevorzugt trockenen Grund. Der steht seit der Flußkorrektion ausreichend zur Verfügung.
Diese Intensivnutzung bringt weit höheren Gewinn als die frühere
Trockenwiese. Die Bedenken der Staatlichen Versuchsanstalt für Grün-
landwirtschaft und Futterbau (Aulendorf) gegen den Maisanbau fruchte-
ten da wenig. In einem Gutachten hatte die Versuchsanstalt darauf hingewiesen, «daß der aus einseitig aktuellen, betriebswirtschaftlichen Erwägungen propagierte Maisanbau auf ehemaligem Grünland dem Prinzip
nach fragwürdig» sei. Unbestreitbar bringe er in den ersten Jahren höhere
Erträge als die extensiv genutzte Wiese, doch sei es fraglich, ob eine
Monokultur, die sich zudem auf eine biologisch fragwürdige Bodenverar-
beitung stütze, indem sie zur Überdüngung neigt und Herbizide verwendet, auf Dauer bestehen könne.[120]

Der Wind treibt den Staub, den die Erntemaschinen aufwirbeln, zu mir
herüber. Die Ackerkrume ist trocken; der Boden liegt bloß und ist zwischen den Stoppeln kahl. Auf dem Feld und ringsum an seinem Saum, wo
gern vielerlei Wiesenkräuter und Blumen siedeln, wächst kein Halm. Der
Bauer hat gründlich gedüngt und unbesorgt Herbizide versprüht. Der
Mais ist gegen Herbizide resistent. Selbst eine Dusche mit Atrazin macht
ihm nichts aus.[121] Kräuter und Feldblumen dagegen haben keine Chance.
Der Bauer spart das mühsame Jäten. Das Gift ist so gründlich, daß auf dem
Acker vorerst, außer Mais, kein Halm mehr wächst. «Unkräuter» aber halten mit ihrem Wurzelwerk die Ackerkrume fest. Werden sie vernichtet,
bläst der Wind den Boden aus oder der Regen spült ihn ab.

Die Herbizide vernichten außer Kräutern auch Orchideen. Das Taubergießengebiet, aber auch der Kaiserstuhl, der Schönberg und die Wiesen einiger kleiner Schwarzwaldtäler sind berühmte Orchideenstandorte.[122]
Auf den Halbtrockenrasen entwickelte sich geradezu ein Treffpunkt der
Orchideenflora, mit heute immer noch etwa 60 Arten. Auf ihnen blühen
von Mai bis Juni Knabenkräuter (Orchidaceae) wie das Helm-Knaben-
kraut, das Brandknabenkraut und, an feuchteren Standorten, das Fleisch-
rote Knabenkraut, ferner der echte Sumpfstengel, die Hummel-Ragwurz,

die Bienen-Ragwurz und viele andere. Die Halbtrockenrasen tragen auch weniger wertvolle Blütenpflanzen, die aber gerade in ihrer Vielfalt die liebenswerte Pracht einer natürlichen Wiese bilden: Margeriten, Wiesen-Salbei, Zottiger Klappertopf, Kleiner Wiesenknopf, Zittergras. Sie sind der ideale Lebensraum für Insekten, aber bedroht. Obwohl die Orchideen in Deutschland seit dem Naturschutzgesetz von 1935 vollkommen geschützt sind, gehen ihre Standorte drastisch zurück.

Das Glück der Mesobrometen im Taubergießen und ihrer Orchideen war viele Jahre lang, daß sie ungestört auf einem Gelände wuchsen, das der französischen Gemeinde Rhinau gehörte. Die elsässischen Bauern hatten einen weiten Weg zu ihren Grundstücken, sie mußten den Rhein und die Grenze überqueren. Dann aber, 1967, entschloß sich die Gemeinde Rhinau, aus ihrem Besitz am deutschen Ufer Kapital zu schlagen und die Wiesen neu zu verpachten, und zwar ohne Nutzungsbeschränkungen, unter klarer Umgehung der deutschen Landschaftsschutzbestimmungen. Den größten Teil des Geländes übernahm der Landwirt R. aus Rhinau. Er beabsichtigte, zusammen mit zwei deutschen Landwirten die Wiesen umzupflügen und dort Mais anzubauen. Die neuen Pächter gingen sofort ans Werk. Ende Mai 1967 berichtete das Forstamt Ettenheim, daß bereits 2–3 Hektar ehemaliger Trockenwiese umgebrochen waren und Mais eingelegt wurde. Allmählich reagierten die deutschen Stellen. Zwar sprach die Rechtslage eindeutig zugunsten des Landschaftsschutzes, aber das schwierige deutsch-französische Verhältnis, die aufkeimende Freundschaft hinüber und herüber vertrug nach deutscher Auffassung keine Störung. Man appellierte zunächst an die Einsicht der Pächter. Diese reagierten nicht.

Das Landratsamt Lahr, der Kreisbeauftragte für Naturschutz und die Staatliche Versuchsanstalt wiesen die Eigentümer und Pächter darauf hin, daß die für den Maisanbau notwendige intensive Düngung auch den oligotrophen Zustand der Gewässer im Schutzgebiet, unter anderem den des bereits erwähnten Blaulochs, beeinträchtigen müsse, ganz abgesehen von den riskanten Folgen der Anwendung von Herbiziden. Der Freiburger Regierungspräsident Dr. Person versuchte es mit einem persönlichen Brief an seinen französischen Kollegen, den Präfekten Verdier. Er wies auf die Rechtslage hin, nach der es untersagt sei, Veränderungen im Schutzgebiet vorzunehmen, die Orchideenstandorte schädigten. Dennoch hätte der elsässische Landwirt R. mehrere Grundstücke umgepflügt und Mais eingesät. Man könnte es auf deutscher Seite nicht hinnehmen, daß kostbare Orchideenstandorte systematisch vernichtet würden. Man dürfe erwarten, daß die Gemeinde in der Frage des Maisanbaus Einsicht zeige. Der Gemeinderat der Gemeinde Rhinau brachte diese Einsicht nicht auf. Er beharrte auf den Ausbauplänen seiner Mitbürger. Damit war die gütliche Regelung gescheitert.

Der Landrat in Lahr rief die Gerichte an. Am 30. November 1971 erging das Urteil des Verwaltungsgerichts Freiburg.[123] Es enthielt ein entschiedenes Verbot der geplanten Intensivbewirtschaftung. Eine Berufung gegen dieses Urteil wurde nicht eingelegt. Es wurde daher am 18. Februar 1972 rechtskräftig. Der Maisanbau unterblieb. Die deutsch-französische Aussöhnung ist daran nicht gescheitert.

Die Stechmückenplage

Kaum ein Gespräch mit einem Grillfreund am Wanderweg oder einem badischen Schoppenstecher, bei dem nicht die Rede auf die Mückenplage kommt. Sie beginnt alljährlich zu Pfingsten und wütet den Sommer hindurch. Ich war auf meiner Wanderung ziemlich verschont geblieben. Mir hatten in den Auen an schwülfeuchten Tagen die Zecken mehr als die Mücken zugesetzt. Das aber sprach gegen jede Erfahrung. Ob ich mich mit Nelkenöl einriebe oder mit Dieselöl, ob ich Pyrethrum-Präparate nähme oder Obstessigwasser, oder ob ich ein akustisches Gerät bei mir trage? Nichts dergleichen. Ich war erst im Spätsommer und Herbst unterwegs gewesen, und auch bei warmem Wetter hielt ich Nacken, Beine und Arme bedeckt, und ein paar Mückenstiche machten mir nichts aus. Ja, nur ein paar Mückenstiche, aber hier: und jemand hielt mir das Photo seines Enkelkindes vor, dessen Gesicht und Ärmchen von roten Pusteln verquollen waren. Hier am Oberrhein seien Grillparties an lauen Sommerabenden oder ein geruhsamer Schoppen abends draußen im Wirtshausgarten unmöglich geworden. Ein Apotheker, der seine Klassiker gelesen hatte, wies darauf hin, daß im «Schnakenloch», wie die Elsässer ihre oberrheinische Heimat nennen, die Mückenplage dazugehöre; auch der Straßburger Student Goethe sei bei seinen Schäferstündchen mit Friederike von den Plagegeistern gestört worden, die «entsetzlichen Rheinschnaken» hätten beide aus den Rheinniederungen vertrieben. Im Beisein von Friederikens Vater, des Pfarrers, habe Goethe sich gar zu «gotteslästerlichen Reden» hinreißen lassen und zu der Äußerung, daß diese Schnaken ihn von dem Gedanken abbringen könnten, «ein guter und weiser Gott habe die Welt erschaffen». Der «alte fromme Herr» rief Goethe zur Ordnung und hielt den Kommentar bereit, «daß diese Mücken und anderes Ungeziefer erst nach dem Falle unserer Eltern entstanden seien.»[124] Ein anderes Beispiel aus den Auengebieten im brandenburgischen Oderbruch überliefert Theodor Fontane.[125]

Die wissenschaftlichen Erforscher des Phänomens registrierten bis zu achthundert Anflüge innerhalb von zwei Minuten auf eine Versuchsperson. Es handele sich in erster Linie um das Insekt «Aedes vexans», zu Deutsch lästiger Quälgeist oder Überschwemmungsmücke, um die Fiebermücke «Anopheles» und um «Culex pipiens», zu Deutsch summende Mücke oder Hausmücke, deren Tonlage in einer feinsinnigen Dissertation als «Kammerton a» oder «Stimmgabel – a» (440 Doppelschwingungen) bestimmt worden war.[126]

Dieses Forschungsergebnis wirkte nicht einmal auf musische Menschen beruhigend. Zwischen Kehl und Mainz wurde gegen die Quälgeister mobil gemacht. Die «Kommunale Arbeitsgemeinschaft zur Bekämpfung der Stechmückenplage e. V.» (KABS) wurde gegründet; die Universität Heidelberg sah sich gefordert. Die Brutplätze der Blutsauger wurden kartiert, Einsätze mit Tornisterspritzen für die lokale, mit Hubschraubern für die großflächige Bekämpfung geplant. Die Strategie lief darauf hinaus, die Anflüge auf 25 bis 50 je Minute zu reduzieren. Die Bekämpfung zielte auf die Larven im Wasser. Die Pfützen und Lachen, Tümpel und Teiche der Rheinauen sind die Brutplätze. Mückeneier überdauern oft jahrelang im Trockenen; bei der richtigen Kombination von Feuchtigkeit und Wärme aber schlüpfen die Larven und entwickeln sich an der Wasseroberfläche binnen acht Tagen zu stechlustigen Blutsaugern.

Die Anwendung von DDT (Geigy) gegen die oberrheinische Mückenplage verbot sich; es darf seit 1971 in der Bundesrepublik nicht mehr verwendet werden. Ohnehin hatte es unter den Insekten resistente Stämme gezüchtet. Auch die chemischen Kampfstoffe «Abate» und das von der BASF entwickelte «Fenetcarp» bewährten sich nicht, weil sie, außer Mückenlarven, gleich auch andere Kleinlebewesen beseitigten. Dann wurde jahrelang «Liparol» versprüht, eine Fraktion des Erdöls, das auf der Wasseroberfläche einen leichten Fettfilm bildet und die Mückenlarven ersticken sollte. Auch das «Liparol» zeigte unerwünschte Nebeneffekte auf Insekten wie Wasserwanzen und Wasserkäfer, die wichtige Freßfeinde der Stechmücken sein können. Seit 1981 nun schwören alle auf «BTI» oder «Bacillus thuringiensis israelensis» (Serotyp H-14), und selbst die Naturschützer stimmen, wenn auch zögernd, zu.[127] Das BTI ist ein biologisches Produkt, das in Mückenbrutplätzen in der Negev-Wüste entdeckt wurde. Es infiziert die Schnakenlarven mit einer auch in der Natur bekannten Krankheit, die das Darmgewebe der Larven zerstört und diese innerhalb weniger Stunden tötet. Andere Lebewesen reagieren offensichtlich nicht auf das BTI. Die Biologen sprechen vorsichtig von einer «eingeschränkten Selektivität» dieses biologischen Mittels, warnen aber vor der Überkonzentration.

Unsere Vorfahren hatten ein probateres Mittel gegen die Plagegeister: Sie hielten sich den häufig überschwemmten und als ungesund geltenden Auen fern. Seit Tullas Korrektionsarbeiten aber drangen die Siedler in die Niederungen vor; in der Nähe restlicher Feuchtgebiete und Altarme setzten sie sich den stechenden Insekten aus. Die Korrektionsarbeiten hatten auch die natürlichen Feinde der Schnaken vertrieben, die Fische. In den wenigen, auch heute noch reichbesetzten Fischgewässern ist kaum Stechmückenbrut auszumachen. Die Barsche, Aale oder Rotfedern räumen, zusammen mit Fröschen, Molchen, Kaulquappen, als natürliche Freßfeinde mit ihnen auf. Gut beratene Gemeinden versuchen, solche Fischgründe durch Gräben mit den Altarmen und Stechmückenbrutgewässern zu verbinden, die von den Larven bevorzugten stehenden Gewässer durch «ökotechnische Maßnahmen» in fließende umzuwandeln; sie kaufen ein paar tausend Moderlieschen, die früher in allen Bächen zu finden waren, und setzen sie aus.

Die Mückenplage ist also, was man am Oberrhein nicht überall laut äußern darf, zum Teil auch selbstverschuldet. KABS aber hat weltweit Aufmerksamkeit erregt; Studiengruppen reisen an; in Sri Lanka gab es eine Tagung, in Heidelberg einen internationalen «Schnakenkongreß», die Weltgesundheitsorganisation zeigte sich interessiert. Sogar aus China kamen sie an den Rhein, um Methoden und Erfolge von KABS zu studieren. In den Reisfeldern der Provinz Hubei, im Schwemmland des Jangtsekiang, sind Millionen Chinesen von der Malaria bedroht. Die Krankheit wird von der Fiebermücke «Anopheles sinensis» übertragen. Die aber ist durch den massenhaften Einsatz von Chemiegiften resistent geworden.

Die freundlich lächelnden Gäste aus dem Osten hörten den KABS-Leuten aufmerksam zu und gaben sich beeindruckt. Sie schöpften Hoffnung, denn schließlich ist die heimische Fiebermücke ein gefährlicher Krankheitserreger. Die oberrheinische Stechmücke dagegen ist zwar ein lästiges, aber eher harmloses Insekt. Die Chinesen waren höflich genug, nicht den Kopf zu schütteln: Der Kampf gegen die Stechmücken am Oberrhein muß ihnen als die reine Verschwendung erschienen sein.

Abschied von den Auen am Oberrhein

Am Stromkilometer 352, nahe Lauterbourg, biegt die französische Grenze nach Westen ab. Der Rhein bleibt bis zur niederländischen Grenze auf deutschem Gebiet. Von diesem Punkt meines Wanderweges an, im nördlichen Teil des Oberrheins, hat die Landschaft auf weiten Strecken ihre Natürlichkeit und Ursprünglichkeit verloren.[128] Der Rhein floß hier einst in der breiten Niederung in weit geworfenen Mäanderbögen. Sie wurden durch Tullas Begradigung des Flußbetts abgeschnitten. Die Altrheine verlandeten und viele von ihnen sind durch Kieslöcher entstellt. Die Aue mit ihrer bodenständigen Vegetation ist fast völlig ausgeräumt. Aber hier ist dem Oberrhein wenigstens der Ausbau zur Kraftwerkstreppe erspart geblieben; er darf sogar ein wenig ausufern und sich kleine, auenähnliche Uferstrecken schaffen.

Der Weinbau mit seinen berühmten Lagen im rheinpfälzischen Anbaugebiet zwischen Oppenheim und Mainz allerdings hat jede Romantik verloren; mein Weg führt viele Kilometer lang auf asphaltierten Wegen durch Rebplantagen mit schnurgeraden, über die Hügel laufenden, maschinengerecht angelegten Rebzeilen. Rationalisierter Weinbau – für die Lese im Herbst, Höhepunkt im Jahreslauf des Winzers, stehen Erntemaschinen bereit.

In dieser eintönigen Landschaft sind die kunsthistorischen Pilgerstätten Karlsruhe, Speyer, Worms, Oppenheim, Mainz eine reiche Entschädi-

gung. Zwischen ihnen aber nötigen die Industriekonglomerationen zu
weiten Umgehungen oder zu Aussparungen. Die nördliche Oberrhein-
landschaft wird belastet insbesondere durch die chemische Industrie, durch
Raffinerien, Kernkraftwerke, Häfen, Abgrabungen (meist Auskiesungen)
und durch die Verdichtungsräume um Karlsruhe, Mannheim—Ludwigshafen—Worms, Darmstadt—Frankfurt, Rhein—Main.

Einen erholsamen Tag jedoch, einen Tag am Wasser, im schattigen
Wald, mit Vogelstimmen, in friedlicher Stille, schenkt eine Wanderung im
hessischen Naturschutzgebiet Kühkopf-Knoblochsaue (Rheinkilometer
469—478); dies ist zugleich ein Abschied von den Auen am Oberrhein,
den wenigen, die übriggeblieben sind.

Wo der Wanderweg im Naturschutzgebiet Kühkopf an der Krönkes-
insel vorbei auf den Rhein trifft, hat wieder alles die vom Menschen bestimmte Ordnung. Der Fluß ist ein Kanal, seine Ufer sind durch Stein-
wurf, Parallelwerke und Buhnen befestigt, und auf dem Damm stehen in
eintöniger Reihung schnellwüchsige Schwarz-Pappeln. Die Forstleute
und Wasserbauer müssen diesen Baum, der allerdings ein vorzüglicher Bo-
denbefestiger ist, geliebt haben, wie einst Napoleon, von dem es heißt, daß
er ihn an langen Alleen als Begrenzung und Schattenspender habe an-
pflanzen lassen. Er wurde, wo es sich anbot, am Rhein hinunter bis zum
Niederrhein und noch an der Rheinmündung angesiedelt.

Zu gemeinsamen Ufern?

Ein westeuropäischer «Kernraum»

Die oberrheinische Tiefebene war seit Beginn der Zeitrechnung ein
Durchgangsraum, ein bedeutender Verkehrsweg schon für die römische
Verwaltung, für ihre Militäradministration und den Fernhandel. Bis heute
folgen der nordsüdlichen Erstreckung des Oberrheingrabens auf beiden
Ufern alle wichtigen Verkehrslinien: Die Wasserstraße selbst mit ihren be-
gleitenden Kanälen und den Häfen, die Eisenbahnen, die Autobahnen und
Landstraßen. Die Querverbindungen sind weniger stark ausgeprägt; sie
konzentrieren sich auf die Übergänge Colmar—Breisach, Straßburg—Kehl,
auf Karlsruhe und den Raum Ludwigshafen—Mannheim. Die Städte am
südlichen und am nördlichen Ende des Oberrheingrabens dagegen wirken als Drehscheiben und Verteiler der gebündelten nordsüdlichen Ver-
kehrsströme zu den Alpenpässen im Süden, den Küsten und Häfen im
Norden. Der Oberrheingraben als Verkehrsachse ist eingeflochten in ein
großräumiges, kontinentales Verkehrsnetz; er ist ein Kernraum Westeuropas. Hier, wenn irgendwo, müßte das zukünftige, vereinigte Europa zuerst
Gestalt annehmen.

Deutsch im Elsaß

Das besiegte Deutschland bekam bald nach 1945 die Chance eines neuen Anfangs. Frankreich, obwohl auf der Seite der Siegermächte, nicht. Die Schwierigkeiten in Indochina wuchsen sich bald zu einem Krieg aus, der zum Fall von Dien Bien Phu (1954) und dem Verlust der französischen Besitzungen führen sollte.

Frankreichs Deutschlandpolitik ließ zunächst kaum Ansätze zu einem Neubeginn erkennen. Im Elsaß begann eine rigorose Politik der Umerziehung – alles wie gehabt, ob unter deutschen oder nun unter französischen Vorzeichen. Wieder verschwand die deutsche Sprache aus den Grundschulen. Deutsche Straßenschilder wurden verboten. Deutschsprachige Zeitungen durften nicht mehr erscheinen; zweisprachige Elsässer Zeitungen mußten französische Titelköpfe tragen; Sportteil, Jugendteil, Familienanzeigen mußten in Französisch abgefaßt sein. Wer sich des gewohnten «Elsässerditsch» bediente, bekam den Vorwurf zu hören: «Vous parlez boche!» Die französische Politik im Elsaß führte zu einem dramatischen Rückgang der elsässischen Mundart und der sie tragenden deutschen Hochsprache. Eine Untersuchung kam zu dem Ergebnis, daß «die deutsche Standardsprache fast keine soziale Existenz mehr» habe, daß im Elsaß «die deutsche Sprache als Fremdsprache empfunden wird»[129]. Fragt man vorsichtig nach, ob es unter den Deutschen besser war: Um Himmelswillen, kein Elässer wünscht sich die deutsche Staatsangehörigkeit zurück. Die Grenzpfähle sind tief eingerammt, sie scheinen Wurzeln geschlagen zu haben. Nein, die Elsässer wollen französisch sein und bleiben. Es gibt eine große Zurückhaltung gegenüber allem, was deutsch ist; es sind Berührungsängste. «Unser Kreuz ist gebrochen», sagte André Weckmann, «wir mußten zu schnell auf die jeweils andere Seite springen, und dann mußten wir immer auch noch die besseren Patrioten sein, egal auf welcher Seite.» Nein, sie wollen Franzosen sein, und sie wollen es endlich auch bleiben. «Das hier wird nie wieder ein deutschsprachiges Land.»[130]

Das Elsaß will französisch sein, aber: Es will auch seine Eigenart bewahren dürfen. «Le Schwob ne t'a pas eu, le Welche ne t'aura pas», schrieb Weckmann in einem Gedicht: Der Deutsche hat dich nicht gehabt, und der Franzos' wird dich auch nicht kriegen.[131] Die Elsässer wollen alemannische Franzosen, französische Alemannen sein. Das althergebrachte «Elsässerditsch» findet zwar nicht die offizielle Billigung, wohl aber die Förderung durch jene im Elsaß, die ihre Muttersprache lieben, die auf den Äckern und Wiesen in Fessenheim und Wyhl ihre Zusammengehörigkeit entdeckten und die sich nun zu Mundartbühnen, Mundartcabarets, Liedergruppen zusammenfinden. Es hat sich eine Art Bürgerinitiative entwickelt, die von Autoren wie André Weckmann, von Lehrern, vom «René-Schickele-Kreis», von der Vereinigung «Unsere Gerachtigkeit» und anderen getragen wird. Seit 1972 darf im Elsaß wieder Deutschunterricht erteilt werden. Aber er ist nicht Pflichtfach; die Teilnahme bleibt freiwillig. Seit 1982 erscheint monatlich «D'Heimet – zwesche Rhin un Vogese»; 1986 hatte die Zeitschrift 2100 Abonnenten und ist das Organ der 1984 gegründeten Gesellschaft «Heimetsproch un Tradition».[132] Das Blatt erhielt in Paris sogar einen Preis: für seine Verdienste um die Bewahrung der (von Paris her gesehen exotischen) regionalen Besonderheiten im fernen Osten der Nation. Der elsässische Schriftsteller René Schickele hat den Rhein nie verstehen mögen als einen Fluß, der die beiden Ufer trennt, sondern als vereinigenden Falz zwischen den zwei Seiten eines aufgeschlagenen Buches. – Aber eben als einen Falz.

Die Straßburger Bürgermeisterin Catherine Trautmann hatte 1991 die Idee, auf den Straßenschildern den französischen Bezeichnungen die historischen deutschen Straßennamen hinzuzufügen. Es hagelte Proteste; viele Bürger befürchteten eine neue «Germanisierung». Die Stadt Straßburg fand einen Kompromiß: Die Straßenschilder erhielten nicht den deutschsprachigen Zusatz, sondern den elsässischen Dialektnamen, wie in Colmar, wo die «Rue des Prêtres» den Zusatz «Pfaffegaß» trägt.[133]

Europa-Visionen, Regio-Realitäten

Am Oberrhein bleiben viele Ungereimtheiten. Offizielle Bekundungen stehen in scharfem Kontrast zur Realität. Seit von Europa die Rede ist, vom europäischen Binnenmarkt, wird die Regio gern als «Herzkammer», als «Pflanzgarten» Europas bezeichnet. Politiker aller drei Nationalitäten und ihrer politischen Färbungen lieben diese Formulierung: In der Regio entstehe «ein Modell des kommenden Europa».

Das «Modell» sieht auch so aus: Die Schweizer gehen nicht am Bettelstab, beileibe nicht; man darf feststellen, daß Schweizer Bauern gut bei Kasse sind. Aber sie sind, als Bewohner eines Berglandes, arm an landwirtschaftlicher Nutzfläche. Im benachbarten Elsaß und im südlichen Baden ist es umgekehrt: dort steht genug Ackerfläche zur Verfügung, aber den elsässischen und badischen Bauern geht es nicht rosig. Was liegt näher, als daß die Schweizer Bauern aus dem Grenzort Schönenbuch sich drüben bei ihren elsässischen Nachbarn umsehen und mit ihren harten Fränkli ein paar Hektar pachten? Mittlerweile haben alle sechzehn Bauern aus Schönenbuch Felder im elsässischen Hagenthal-le-bas, in Neuwiller, in Hegenheim gepachtet. Sie zahlen gern das Doppelte, auch das Vierfache dessen, was Elsässer als Pachtzins erübrigen können, obendrein bar und auf zehn Jahre im voraus. Die Schweizer Bauern machen trotzdem ein Geschäft: Ihre Währung steht besser da als die französische. Außerdem erhalten die Schweizer kräftige Subventionen: fast dreimal mehr als drüben ihre EG-Kollegen.[134] Die Invasion nimmt Formen an. Auch ins Badische drangen die Schweizer ein. Am Hochrhein hatten sie 1971 etwa 738 Hektar

unter dem Pflug. 1988 waren es bereits knapp 1600 Hektar. Im badischen
Grenzgebiet stehen 70 bis 80 Prozent der Landwirte im Hauptberuf vor
der Pleite. Eine Gelegenheit für die betuchten Schweizer. Im deutschen
Stühlingen, 10 Kilometer vom schweizerischen Schaffhausen entfernt,
sind deutsche Bauern schon in der Minderheit. Die Schweizer streben für
die Eidgenossenschaft Selbstversorgung mit landwirtschaftlichen Produk-
ten an; sie wollen von Einfuhren unabhängig sein. Erträge beim Nachbarn, aber auf eigener Scholle, kommen ihnen gelegen. Obendrein ist der
Bonner Landwirtschaftsminister erleichtert über jeden Acker, den er aus
der (Über-)Produktion nehmen kann. Im Grenzland aber gab es böses
Blut. Aufgebrachte badische Bauern gingen mit ihren Traktoren gegen
Kollegen aus der schweizerischen Nachbarschaft vor. Die Schweizer gif-
teten zurück: Was denn mit dem einträglichen Gemüsestand der elsässischen oder badischen Kollegen auf dem Basler Markt sei? Und ob man vor
den 17 000 Elsässern und den 7 200 Südbadenern, die in den beiden Basler Kantonen einen Arbeitsplatz gefunden hätten, etwa den Schlagbaum
schließen solle?[135] Eben. Die Arbeitslosigkeit in den elsässischen und badischen Grenzgebieten erreicht zweistellige Prozent-Zahlen.

Ein anderes Beispiel. Wenn es einmal in Neuf-Brisach brennt, stehen
die Feuerwehrleute drüben am anderen Ufer in Breisach dumm herum
und sehen zu. Die Anschlußstutzen ihrer Fahrzeuge passen nicht auf die
Schläuche der Kollegen drüben.[136] Der Rhein ist Grenze für eine Fülle unterschiedlicher technischer Normen, Verwaltungsbestimmungen, Rechts-
begriffe, Steuer- und Zollvorschriften. Sie zu ändern, gar aufzugeben, das
bedeutete, einen Souveränitätsverzicht zu leisten!

Dabei fehlt es nicht an Erklärungen, daß sich nun alles zum Besseren
wenden solle. Zum Beispiel mit dem grenzüberschreitenden Schienenverkehr. Nichts dergleichen geschah. Im «Pflanzgarten Europas» bietet
Basel weiterhin das Kuriosum dreier Bahnhöfe, den SBB-Bahnhof, den
SNCF-Bahnhof gleich nebenan und den «Badischen» am andern Ufer.
Am Bahnhof Mulhouse studierte ich das Schaubild mit den europaweiten
direkten Verbindungen au départ de Mulhouse: nach Straßburg, Basel,
Paris, auch nach Brüssel, Luxemburg, Ostende, Innsbruck, Rom – aber
keine direkte Verbindung nach Deutschland, auch nicht mit Freiburg
schräg gegenüber. In Straßburg endet die Planung für die neue Straßenbahn an der Rheinbrücke nach Kehl – «als beginne dahinter die Wüste»[137].

Europa? Wo soll es beginnen, wenn nicht hier am Oberrhein, am
Grenzübergang von Kehl nach Straßbourg, wo das europäische Parlament
seinen Sitz hat. Warum mußten jahrelang hier auf dieser Brücke, die
«Europabrücke» heißt, ausgerechnet französische Zollbeamte aus Gua-
deloupe ihren Dienst tun? Hätte es nicht auch ein Kollege sein können,
der ein paar Worte deutsch sprach? Mit dem Wunsch, diese besonders
ärgerlichen Kontrollen auf der «Europabrücke» abzuschaffen, hatten jene
diplomatischen Aktivitäten begonnen, die 1985 zum «Schengener Ab-

kommen» führten. Mit dem Vollzug des Abkommens wurde es 1990 nichts. Und bei all den ungelösten Rechtsfragen sieht es (1993) auch mit dem Europäischen Binnenmarkt, der den freien Verkehr von Personen, Waren, Dienstleistungen, Kapital bringen sollte, nicht gut aus.

Nein, es steht trotz aller gegenseitigen Beteuerungen nicht zum Besten zwischen Deutschland und Frankreich, den alten Rivalen und neuen Freunden. Im Wechsel fühlte man sich immer wieder einmal voneinander angezogen oder abgestoßen. In Versailles hielt 1986 der Historiker Rudolf von Thadden, der in Paris und in Göttingen lehrt, einen Vortrag. Von deutschen und französischen Zuhörern erhielt er Zustimmung, als er feststellte, daß die beiden, doch füreinander aufgeschlossenen Nationen, dennoch in vitalen, nach Antwort verlangenden Fragen, aneinander vorbeilebten: «Warum ist die Friedensbewegung in Deutschland stärker als in Frankreich? Warum interessiert man sich diesseits von Rhein und Saar mehr für Umweltprobleme als jenseits? Warum reagieren die beiden Völker so verschieden auf die Folgen der nuklearen Katastrophe von Tschernobyl? Warum war grüner Salat in Colmar eßbar und in Freiburg nicht?»[138] Über das Elsaß und die gemeinsame deutsch-französische Zukunft befragt, äußerte er 1987: «Europa gewinnt im Elsaß nicht Gestalt». Und niemand widersprach, als er feststellte: «Nein: Europa verliert dort sein Gesicht.»[139]

Zu gemeinsamen Ufern!

Ein Straßburger Institut für Statistik und Wirtschaftsstudien hat ermittelt, daß 40 000 Elsässer zum Broterwerb über die Grenzen wechseln, mehr als die Hälfte davon arbeiten in deutschen Großunternehmen und in mittelständischen Betrieben.[140] Inzwischen gibt es Orts- und Städtefreundschaften, Schülertreffen, man feiert gemeinsame Feste. Auf einem deutsch-französischen Bürgermeister-Treffen sagte ein Staatssekretär aus Stuttgart, es seien «die kleinen Schritte, die uns voranbringen»[141]. Aber die Politiker lahmen. Im südlichen Oberrheingraben hatte sich 1963 die «Arbeitsgruppe Regio Basiliensis» gebildet. Seit 1971 arbeitet die «Ständige deutsch-französisch-schweizerische Konferenz für regionale Koordination» («Conférence tripartite»), seit 1975 die «Commission tripartite», der Vertreter der drei Außenministerien angehören. Diese haben einen «Dreiseitigen Regionalausschuß» («Comité tripartite») gebildet. Weiter nördlich ist ein zweiseitiger Planungsausschuß («CIMAB») um einen Interessenausgleich zwischen dem Breisgau und dem mittleren Elsaß bemüht. Man hört von einer «Konferenz Oberrheinischer Regionalplaner» (KOR), die Planungen grenzüberschreitend koordinieren soll. Brandneu ist eine «Deutsch-Französisch-Schweizerische Oberrheinkonferenz» (seit 1991). Die Befürchtung, daß es all diese Ausschüsse, Komitees, Kommissionen, Konferenzen bei zweiseitigen und dreiseitigen Bekundungen freundlicher Absichten belassen, ist begründet, denn ihnen fehlen Entscheidungsbefugnisse.[142] Was die Bürgermeister, von ihren Aufsichtsbehörden beargwöhnt, und was Bürgerinitiativen für die gute Sache tun, ist da allemal handfester.

1965 gründeten Naturfreunde die private «Association Fédérative Régionale pour la Protection de la Nature» (AFRPN) mit Sitz in Mulhouse (Section du Haut-Rhin) und Strasbourg (Section du Bas-Rhin).[143] Unter diesem Dach haben sich 60 Vereinigungen von Biologen, Botanikern, Forstleuten, Juristen, Lehrern, Naturfreunden zusammengeschlossen. Ihr Ziel ist, die Restbestände der Uferwälder zu schützen, die letzten Altwasser zu erhalten, neu zu beleben und auch am deutschen Ufer liegende Riedgebiete und Gießen mit einzubeziehen, ferner zu erreichen, daß die geplanten industriellen Zonen am Rhein auf die projektierten Parzellen unterhalb der Kraftwerke beschränkt bleiben. Mitglieder der AFRPN waren 1974 bei der Besetzung der Baustelle des geplanten deutschen Bleichemiewerks in Marckolsheim dabei; sie demonstrierten Arm in Arm mit ihren deutschen Freunden aus Baden. 1975–1976 protestierten sie gegen die Nukleartechnik. 1976 traten sie in Straßburg mit 3000 Mitgliedern und Freunden für den Schutz der Auenwälder am Rhein ein, 1984 für die Verteidigung der Ufer der Ill, eines Nebenflusses des Rheins. 1985 veranstaltete AFRPN in Straßburg eine Aktion gegen Luftverschmutzung und gegen das Waldsterben. 1986 protestierte AFRPN mit mehr als 20 000 Menschen in Breisach auf dem badischen Ufer dagegen, daß Tschernobyl in den französischen Medien totgeschwiegen wurde.

Im nördlichen Elsaß versucht der örtliche Verein der Freunde des Sauer-Deltas die Auen des unteren Sauertales zu retten. Der Europarat hat diesem Feuchtgebiet internationalen Wert zuerkannt. 1973 ist das Gebiet in das Inventar der Naturschönheiten des Departements Bas-Rhin aufgenommen worden.

In einer Pressemitteilung nach dem Frühjahrshochwasser des Rheins 1988 wies das WWF-Auen-Institut zum wiederholten Male darauf hin, daß seit 1986 eine WWF-Konzeption vorläge, wie durch die Renaturierung früherer Auen auf beiden Seiten des Rheins (als natürlicher Überschwemmungsgebiete) Schutz gegen Hochwasser zu erzielen sei. Das Aueninstitut forderte, die Fehler der Vergangenheit, die auf beiden Ufern bei der Entwässerung der Auen, bei Bachbegradigungen, Flurbereinigungen, Versiegelung des Bodens begangen wurden, rückgängig zu machen. Kern des Konzepts ist, die natürlichen Überschwemmungsgebiete der Flüsse und Bäche durch Rückverlegung der Dämme zu erweitern, natürliche Retentionsräume, wie es sie vor Tulla gab, zu schaffen, dem Fluß und seinen Wassermassen wieder Raum zu geben, die Hochwasserspitzen zu dämpfen. Dadurch werde auch eine Verbesserung der Grundwassersituation erreicht und der bedrohte Lebensraum «Aue» mit vielen gefährdeten Tier- und Pflanzenarten werde wieder vergrößert. Das Institut schlug vor,

dazu auf ehemalige Auenwälder und Auenwiesen zurückzugreifen, die im
Besitz der öffentlichen Hand sind.[144]

Goethe schilderte in «Dichtung und Wahrheit»[145] den Blick vom Straßburger Münster hinab auf die Oberrheinauen: «Und so sah ich denn ...
die schöne Gegend vor mir, in welcher ich eine Zeitlang wohnen und
hausen durfte: die ansehnliche Stadt, die weitumherliegenden, mit herrlichen dichten Bäumen besetzten und durchflochtenen Auen, diesen auf-
fallenden Reichtum der Vegetation, der, dem Laufe des Rheins folgend,
die Ufer, Inseln und Werder bezeichnet.»

In der von elsässischen Literaturfreunden würdig hergerichteten Gedenkstätte neben dem Pfarrhaus in Sesenheim las ich ergriffen eine Inschrift: «Mit der Sesenheimer Gedenkstätte huldigt Frankreich dem größten Sohn Deutschlands und dem Menschen, der zum Streben in Liebe als
höchstem Prinzip und Gewähr des Heils aufgerufen hat. Sesenheim birgt
diese hohe Stätte des Geistes, weil das Dorf die Liebe Friederike Brions,
eines seiner Kinder, und Goethes, des Straßburger Studenten, gesehen hat.
Die Inschrift an der Mauer erinnert an Glanz und Leid des Erlebnisses.»

Sechstes Kapitel
Der Mittelrhein:
Romantik und Patriotismus

Zwischen Bingen und Koblenz, auf der Gebirgsstrecke, hat der Rhein keine Möglichkeit, auszuufern. Das Mittelrheintal ist ein Durchbruchstal, im Vergleich mit dem Oberrhein oder dem Niederrhein eine Talenge. Diese Talenge aber hat einen um so breiteren Strom geistesgeschichtlicher Phänomene ausgelöst, sie hat wie kein anderer Rheinabschnitt die Sänger inspiriert, die Feder der Dichter und den Zeichenstift der Vedutenmaler bewegt. Seit 1802 begann, was man in Deutschland «Rheinromantik» zu nennen sich gewöhnt hat.[1] Seit 1802 reiste man hierzulande zum Mittelrhein; wie kein anderer europäischer Strom wurde er zu einer touristischen Attraktion. Warum war es plötzlich «am Rhein so schön», und warum ausschließlich am Mittelrhein? Warum seit 1802 und nicht früher? Es bedarf der Erklärung, daß unversehens künstlerische Seelen am Rhein ins Schwärmen gerieten, daß diese poetische Begeisterung aber tragische patriotische Begleiterscheinungen zeitigte, die in dem Kriegsruf gipfelten: «Es braust ein Ruf wie Donnerhall/ Wie Schwertgeklirr und Wogenprall:/ Zum Rhein, zum Rhein, zum deutsche Rhein!»

War die Rheinromantik eine rein deutsche Angelegenheit? So sieht es fast aus, – dabei waren es nicht einmal die Deutschen, die ihren Rhein entdeckten, sondern die reisenden Engländer ...

Die reisenden Engländer

«Sind Briten hier? Sie reisen sonst so viel, / Schlachtfeldern nachzuspüren, / Wasserfällen, / Gestürzten Mauern, klassisch-dumpfen Stellen;/ Das wäre hier für sie ein würdig Ziel», läßt Goethe den Mephisto in der Klassischen Walpurgisnacht (Faust II,2) sagen. In der Tat, sie reisten viel, die Briten. Auf dem Kontinent gehörten sie im 18. und 19. Jahrhundert fast zur Landschaftsstaffage. In Frankreich, in der Schweiz, in Italien und Griechenland wurden die «reisenden Engländer» ein sprichwörtlicher Begriff. Mit seinen Schlachtfeldern, Wasserfällen, Ruinen war auch das Rheintal «für sie ein würdig Ziel». (Abb. 35) Alle Welt wunderte sich über die britische Begeisterung für Ruinen und pittoreske Landschaften, über den sportlichen Ehrgeiz, Berge zu besteigen, über die klaglose Bereitschaft, Unbequemlichkeiten weiter Reisen auf sich zu nehmen. Andererseits sah man die Engländer gern, denn sie brachten Geld ins Land; man erwartete sie geradezu wie einen warmen Regen nach langer Dürre.

Abb. 35: Titelblatt zu Edward Bulwer Lytton: The Pilgrims of the Rhine, 1834.
Der Stahlstich zeigt die Burgen Liebenstein und Sterrenberg in einem Rahmen
aus gotischen Architekturelementen. Köln, Kölnisches Stadtmuseum.

1787 reiste der italienische Abbate Bertola am Rhein.[2] Er erzählt, daß
ihm, als er das Siebengebirge besteigen wollte, zwei reisende Engländer
den ihm empfohlenen wegekundigen Führer vor seiner Nase weg ange-
mietet hatten. Im gleichen Jahr bereiste der englische Reverend John
Gardnor den Rhein. Er veröffentlichte seine Eindrücke in 32 Aquatinta-
blättern, die in seinem Erinnerungsbuch «Views Taken on and near the
River Rhine» erschienen (London 1791). 1794/95 befaßten sich trotz der
Kriegsereignisse auf dem Kontinent gleich drei englische Reisebeschreibungen mit dem Rhein[3].

Die Reiselust der Engländer hatte Tradition. Eine frühe Rheinreisende
war die von der Legende verklärte Heilige Ursula. Spätgotische Tafelbil-
der berichten die Geschichte der britischen Königstochter, die zur Zeit
Diokletians mit ihren Gefährtinnen – 11 000 Jungfrauen, weiß die Legende: eine Frühform des modernen Massentourismus also – zu Schiff den
Rhein hinauf nach Basel fuhr und weiter gen Rom pilgerte.[4] (Abb. 36)
Später zogen Columban und die iroschottischen Mönche, diese «struppi-
gen Berserker des Christenglaubens» (Arno Borst[5]), auf den Kontinent
und gründeten bis nach Oberitalien ihre Klöster. Die Missionare bevorzugten die westeuropäischen Flußtäler als bequeme Reisewege, die
Seine/Rhône, die Somme, die Schelde, die Maas und den Rhein. Am
Rhein wirkten Pirmin, Wendelin, Arbogast; ihnen folgten Bonifatius und
die anderen, am Rhein hochverehrten angelsächsischen Missionare wie
Willibrord, Suidbert, Lullus.

Abb. 36: Die heilige Ursula und ihre Gefährtinnen erlitten nach der Legende auf der Rückkehr von ihrer Pilgerfahrt nach Rom vor Köln das Martyrium. Das Altarbild entstand um 1411 und zeigt eine frühe Kölner Stadtansicht mit der Darstellung des Ursulamartyriums. Es befindet sich im Wallraf-Richartz-Museum in Köln.

Im 17. und 18. Jahrhundert gehörte die Tour d'Europe oder Grand Tour in den adligen und gebildeten Ständen zur Erziehung und galt als ihr Abschluß. Die Bildungsreise zum Kontinent verschaffte dem jungen Aristokraten Beziehungen zu ausländischen Höfen und Fürstensitzen, weitete seinen Gesichtskreis, gab ihm Weltläufigkeit und seinen gesellschaftlichen Fähigkeiten den letzten Schliff.[6] Auch die Gebildeten des bürgerlichen Standes reisten, oft als Reiseführer und Tutoren der Fürstensöhne; später, im 19. Jahrhundert, kam der weniger gebildete, aber durch Handel und industrielle Unternehmungslust reich gewordene Mittelstand dazu, dessen Nachahmungstrieb die Rheinreise zur Mode werden ließ.

Das besondere Interesse der englischen Rheinreisenden galt antiquarischen Gegenständen, Schauplätzen der Geschichte, mittelalterlichen Burgen und Ruinen. Bereits im 16. Jahrhundert war in England eine nationale Leidenschaft erwacht, die historischen Schätze des Landes zu erschließen – eine Leidenschaft, die auch heute noch im National Trust fortlebt, einer britischen Institution, die sich kulturhistorischer und technischer Denkmäler annimmt. Die Altertumsforscher vereinigten sich 1718 in der Society of Antiquaries. Eine Reihe großer, nunmehr illustrierter Werke begann zu erscheinen.[7] In der Tradition dieser Ansichtenwerke stehen auch die Rheinansichten des John Gardnor.

Warum hatte England eine Rheinromantik, ehe es eine in Deutschland gab, warum konnten um 1800 Ansichtenwerke vom Rhein in England auf lebhafteres Interesse rechnen als auf dem Kontinent? In den älteren eng-

lischen Rheinreisebeschreibungen war Natur noch die eingefriedete, in
Rabatten geordnete, zu Hecken kunstvoll gestutzte, dem Menschen nützliche Natur. Die geometrischen Gartenanlagen des Barock hatten die weitere Umgebung durch Alleen und Sichtschneisen in den Gartenprospekt
einbezogen und auf die Schloßachse hin geordnet. Im 18. Jahrhundert
wandelte sich dieses Naturverständnis. In England wurde unter dem Einfluß Jean Jacques Rousseaus und der School of Taste des empfindsamen
Earl of Shaftesbury die Natur entdeckt. «Das neue Naturgefühl, die Emp-
findung der Landschaft als Stimmungsspiegel bei Rousseau und Macpherson (Ossian) und die Entdeckung der wilden Landschaft als pittoresk» verbanden sich. «Noch vor der Rheinlandschaft wird in England eine
englische wilde Landschaft entdeckt … der Lake District, (der) … bis dahin als rauh, unheimlich, menschenfeindlich oder auch uninteressant ver-
achtet wurde.» Nun aber geriet diese Gegend plötzlich in Mode. Eine
ähnliche Kulisse entdeckten die empfindsamen Reisenden auch am Mittelrhein. Dieser Stromabschnitt zeigte «… ein Nebeneinander von Lieb-
lichkeit und Wildheit: eben dieser Kontrast machte den Rhein so schnell
populär»[8].

Zu den ästhetischen Voraussetzungen der englischen Rheinromantik
gehörte außer der Bevorzugung wilder Natur das Verhältnis zur gotischen
Baukunst und zur gotischen Dichtkunst. Seit dem hohen Mittelalter war
in England gotisch gebaut worden. Auch in der Zeit der Aufklärung und
des Klassizismus standen die mittelalterlichen Bauten und Ruinen vor aller Augen. In den fünfziger Jahren des 18. Jahrhunderts begann Horace
Walpole den Bau seines «gotischen» Schlosses Strawberry Hill. Es wurde
das erste Bauwerk der neuen Mode, des Gothic Revival. Es ermöglichte
den Erfolg der Romane Walter Scotts. Von England her kam das Gothic
Revival nach Deutschland und wurde als Neugotik ein bevorzugter Bau-
stil des Historismus.

Dieses sich aufgeklärt gebende, der Vernunft und dem Rationalismus
huldigende Zeitalter hat gleichzeitig die Empfindsamkeit gepflegt. Auf
dem Höhepunkt dieser sentimentalen Mode erschienen (1760) die ossia-
nischen Gedichte. Alle Welt glaubte in ihnen die elegischen Gesänge Ossians, eines sagenhaften gälischen Helden und Barden, zu erkennen. Später stellte sich heraus, daß der Autor dieser Dichtung der schottische
Lyriker James Macpherson war, der die alten Balladen nachgeahmt hatte.
Einen noch größeren Erfolg erzielte Walpole mit seinem Roman «The
Castle of Otranto» (1764), der erstmals die Motive des Schauerromans verwendete. 1768 erschien Laurence Sternes «A sentimental Journey through
France and Italy», der sentimentale Roman einer «Reise des Herzens».
Darin waren Ruinen, Friedhöfe, alte Burgen, Schloßtürme für melan-
cholische Empfindungen die bevorzugte Staffage. Diese und alle anderen
pittoresken Elemente entdeckten die englischen Reisenden am Rhein.
Hier fanden sie die gotischen Kirchen und Burgen, Ruinen über schrof-

fen Felsen, stürzende Wasserfälle, die Sagen und Legenden des Mittelal-
ters. Erste englische «rheinromantische» Reisebeschreibung war William
Beckfords «Dreams, Waking Thoughts and Incidents» von 1783. Bei
Beckford wurde die Rheinlandschaft zur «Seelenlandschaft der Träume»[9].
Beckford romantisierte die Landschaft; gotische Burgen, Schlösser und
Ruinen dienten ihm dazu, «mit Gestalten der Phantasie oder Freunden im
Geiste bevölkert zu werden ...»[10].

Damals behaupteten sich in Deutschland «durchaus noch die trockenen
Reiseberichte im Stil der Aufklärung, die weniger von der Landschaft als
vielmehr von der Bevölkerung, der Geschichte der Städte und der Fruchtbarkeit des Bodens schreiben ...», sieht man von Ausnahmeerscheinungen
(wie Goethes Lahneckgedicht von 1774 oder Briefen Heinses 1780) ab.
Auch hat die frühere englische Rheinromantik die deutsche kaum beeinflußt; weder Brentano noch Schlegel sind unmittelbar von der englischen
Rheinromantik inspiriert worden – wohl sind sie es mittelbar: durch
Shakespeare, Ossian und die Volksballadenbewegung.[11]

Nach der Niederringung der Kontinentalsperre drängten die Engländer
in hellen Scharen zum Kontinent. Unter ihnen war ein Großer der englischen Literatur: Lord Byron. 1816 reiste er nach Süden. In «Childe Harold» besingt Byron die Landschaft und die Geschichte des Rheins. Leit-
motive sind die Natur, die «heilige Mutter», ihre «Schönheit, Mild und
Pracht», und ein «großer Geist, der Ruhm aus alten Tagen»[12]. Diese Motive kennzeichnen die Rheindichtung seit der romantischen Bewegung.
Selten aber klingen sie in dem herben Moll eines tiefen, ganz persönlichen
Schmerzes, der einmündet in die große Trauer, die um alles Endliche in
dieser Welt ist. Lord Byron hatte den Geschmack der Zeit getroffen;
«Childe Harold» gehörte fortan zum Reisegepäck der Rheintouristen.

Ein Jahr nach Byron, 1817, kam der berühmteste der Maler, die am
Rhein gezeichnet und gemalt haben: Joseph Mallord William Turner.[13] Von
dieser ersten Rheinreise brachte er ein Skizzenbuch und 51 Aquarelle mit.
Die Motivwahl Turners stützt die Vermutung, daß er John Gardnors «Views
Taken on and near the River Rhine» von 1791[14] zur Hand hatte. Aber seine
Malerei ist eine völlig andere als die der trockenen, älteren Veduten: Turner verklärt, ähnlich Byron, die Landschaft; mit zarter Malerei, wechseln-
dem Licht und tiefen Schatten taucht er den Rhein in atmosphärische Stimmung. Turners Malerei nahm den Impressionismus vorweg; sein Einfluß
auf die englischen Landschaftsstahlstiche war außerordentlich.

Auch in dem berühmtesten der englischen Schauerromane, in Mary
Shelleys «Frankenstein or the modern Prometheus»[15], durfte die Rheinlandschaft nicht fehlen. Auf der Flucht vor seinem Monster durchquert
Frankenstein mit dem Freund Henry Clerval das Rheinland. Clerval ist
entzückt von der Schönheit der Landschaft und begreift nicht den von
Angst gepeinigten Frankenstein. Am Rhein darf Frankenstein Hoffnung
schöpfen, dann aber nimmt die Tragödie ihren Fortgang.

Alsbald glich der Ansturm der Engländer auf das Festland und den
Rhein, wie Thomas Hood erzählt, einer «geographical panic»[16]. Es waren
nun nicht mehr nur die privilegierten Schichten der Gesellschaft, die ihre
Grand Tour zur Vervollkommnung der Bildung antraten, sondern alle, die
es sich leisten konnten: Die Rheinreise wurde eine Form der Selbstdarstellung der Emporgekommenen; man mußte den Rhein gesehen haben,
wollte man daheim etwas gelten.

Im Rheinland war der reisende Engländer als zahlender Gast hochwill-
kommen; er belebte die Szene nicht nur, er bereicherte sie in jeder Hin-
sicht. Die Szene war reif für den Auftritt der Parodisten. Samuel Taylor
Coleridge weilte 1828 gemeinsam mit William Wordsworth am Rhein.
Während Wordsworth den Kölner Dom in einem Gedicht feierte und die
Hilfe der Engel herabrief für dessen Vollendung[17], zeigte sich sein Freund
Coleridge nicht im mindesten ergriffen:

> «In Köln, der Stadt der Mönche und Gebeine,
> Mit einem Pflaster mörderischer Steine,
> Der Stadt der Lumpen, Weiber, Dirnenränke,
> Dort zählt' ich zweiundsiebenzig Gestänke,
> Wohl unterschieden, und Gerüche noch –!
> Ihr Nymphen in Kloake, Pfuhl und Loch –!
> Der Fluß, so wie er's immer tat,
> Er wäscht und spült euch eure Stadt;
> Doch sagt mir, Himmelsmächte, wer allein
> soll waschen dann den armen Rhein?»

William Thackerey ironisierte in «Legend of the Rhine» (1845) die Rheinromantik und die Byron-Schwärmerei seiner Landsleute; George Mere-
dith schrieb mit seinem Märchenroman «Farina» (1875) eine Persiflage
rheinischer Sagen und Richard Harris Barham, Kanonikus an St. Paul's in
London, gönnte sich das Vergnügen, unter dem Pseudonym Thomas
Ingoldsby die «Ingoldsby Legends» zu publizieren, burleske, reichlich def-
tige Verserzählungen, in denen Ritterromantik und Rheintourismus ka-
baretttreif verspottet wurden.[18] Wunderglaube und Reliquienverehrung,
wie sie im katholischen Rheinland anzutreffen waren, lieferten ihm den
Stoff zu «Sir Rupert der Furchtlose, eine Legende aus Deutschland».

Spätere Besucher schienen ernüchtert und vom Rhein enttäuscht. Sie
romantisierten die Landschaft nicht mehr. Einer der Jüngeren suchte vergeblich «die unberührte Natur und die Romantik mittelalterlicher Burgen und Klöster, den Schauplatz alter Sagen und Legenden. Statt dessen
fand er nur geschmacklos renovierte Burgruinen, befestigte Flußufer ...»[19]
Hier zeigte sich, daß die preußische Mittelalterschwärmerei, die neugotischen Wiederherstellungen der Burgen Rheinstein und Stolzenfels, die
Restaurierung des Rolandsbogens und die Eisenbahndämme am Rheinufer auch Kritiker hatten.

Ansichten vom Rhein

Von Vergil bis Johann Georg Forster

Jahrhundertelang hatte der Rhein niemanden zu poetischen Ergüssen stimuliert. Antiken Schriftstellern flößte er, wenn er ihnen überhaupt eine Vorstellung war, eher Schrecken ein. Vergil bereitete Lykoris, die ihrem Geliebten nach Germanien folgte, auf die kommenden Schrecken vor: «Wehe, den Schnee des Alpengebirgs und Fröste des Rhein-Stroms / Schaust du allein, und ich bin fern. So tue der Reif dir / Niemals weh, …»[20] Für Lucan war der Rhein mit seinen eisigen Wogen ein arktischer Strom, «Rhenus gelidis undis».[21] Dieses Bild vom eisigen Rhein in den unwirtlichen Ländern des kalten Nordens hielt sich von der Antike bis in die Neuzeit hinein. Noch bei Torquato Tasso lag der gefrorene Rhein «vicino al polo», nahe dem Pol[22], und der Portugiese Luiz de Camões rief in seinen «Lusiaden»: «O Rheno frio». Immerhin pries Martial im 1. Jahrhundert den Rhein als Vater der Nymphen und Ströme («… Nympharum pater amniumque, Rhene! …»), aber dies ist der übliche Topos für die hymnische Benennung antiker Flußgottheiten.[24] Erst Decimus Magnus Ausonius (4. Jahrhundert) befreite sich in seinem Gedicht «Mosella» von diesen literarischen Versatzstücken. Bei ihm erhielt die antike Vorstellung vom Rheinland Farbe und Leben. Ausonius pries den Strom: «pulcherrime Rhene», o du wunderschöner Rhein, ein Ausruf, der bis in die Schlager unserer Tage lebt.[25]

Erst tausend Jahre später hielt wieder ein großer Dichter ein farbigeres Bild rheinischen Lebens fest. Petrarca beobachtete in der Johannisnacht des Jahres 1333 in Köln die Anmut der Mädchen, die ihre weißen Arme in das Wasser des Rheins tauchten; er beneidete die Kölner um ihre heitere Zufriedenheit und bewunderte den Torso der hohen Domkirche.[26] Enea Silvio Piccolomini, der spätere Papst Pius II., stimmte nach einer Rheinreise ein Preislied besonders auf den Mittelrhein an, und Antonio de Beatis, der 1517/18 den Kardinal Luigi d'Aragona auf einer Reise an den Rhein begleitete, lobte angesichts der engen Städtchen und ihrer Weinberge den Rhein als den schönsten der Ströme. Von Sebastian Brant, Rats- und Stadtschreiber in Straßburg, Autor des «Narrenschiffs», gibt es eine Beschreibung des Rheins und seiner Nebenflüsse. Sebastian Münster benutzte in seiner Cosmographia universalis (1543; in deutscher Sprache 1544) den Rhein als Leitlinie für seine Gruppierungen der deutschen Landschaften, indem er zuerst die linksrheinischen, hernach die rechtsrheinischen Städte und Landschaften beschrieb. In diesem Werk finden sich von Manuel Deutsch gezeichnete Stadtansichten, die alle bedeutenden Bauwerke der Städte wiedergeben. Das Werk erlebte bis 1650 vierundvierzig Auflagen und Neudrucke – Anzeichen für ein zunehmendes, aber doch wohl mehr geographisches Interesse.

1555 und 1558 erschien die erste Rheinkarte. Caspar Vopell, ein Kölner, hatte sie herausgebracht. Der Holzschnitt zeigte fast den gesamten
Rheinlauf und gab ihn ziemlich genau wieder. Selbst kleine Orte wurden
genannt. Den unteren Rand zierte eine ausführliche Legende. Man vermutet in Vopells Rheinkarte die erste Sonderdarstellung eines Strom-
systems überhaupt.[27] Bis ins 18. Jahrhundert wurde die Karte mindestens
neunmal nachgedruckt.

1570 erschien eine erste Darstellung des Stromlaufs in literarischer
Form: Bernhard Mollers «Rhenus et eius Descriptio elegans» (Colonia,
apud Joannem Birckmannum).[28] Moller beschreibt die Stromstrecken und
notiert Entfernungen. Daran schließt sich in Form von Distichen eine
Aufzählung allgemeiner historischer und kirchengeschichtlicher Begebenheiten.

Damals, am Oberrhein des 16. Jahrhunderts, setzten erste Versuche ein,
rheinische Landesgeschichte zu schreiben. Dies ist das Verdienst elsässischer Humanisten. Im 18. Jahrhundert wurde die «Alsatia Illustrata» des
Johann Daniel Schöpflin, den der junge Goethe noch kennengelernt und
gewürdigt hat, «Vorbild einer geschichtlichen Landeskunde am Rhein»[29].
Im 17. Jahrhundert begannen Rheinreisebeschreibungen zu erscheinen.[30]
Sie alle würdigen die großen geschichtlichen Ereignisse, die der Strom an
seinen Ufern sah. Der Rhein selbst aber und seine Landschaften, seine
natürlichen Vorzüge, blieben blaß. Die Autoren griffen bei der Schilderung der Landschaft auf die Wendungen und Worthülsen zurück, die der
Geschmack der Zeit liebte. Der Rhein wurde geehrt als «der edle Rhein-
Strom», als die «edle Fluß-Perle», als «fürtrefflicher Ströme-Printz». Noch
fehlten der Blick und die Vokabeln für seine Besonderheit, für seine «Romantik».

In der bildenden Kunst hat die naturgerechte Darstellung der Landschaft seit Leonardo da Vinci, Konrad Witz, Albrecht Dürer eine Tradition. In der Renaissance wurde die Landschaft selbständiges Thema der
Malerei. Neben die Ideallandschaft trat die einen Naturausschnitt realistisch wiedergebende Landschaftsmalerei, die Vedutenmalerei.[31] Der
Rhein ist seit dem späten Mittelalter in der Malerei und Graphik dargestellt worden.[32] Meist waren es holländische und flämische Maler des
17. Jahrhunderts, die eine Rheinlandschaft zu ihrem Gegenstand wählten.
Lambert Doomer, ein Schüler Rembrandts, hat auf seinen Reisen zahlreiche Rheinansichten gezeichnet. Ein anderer, Hermann Saftleven d. J.,
hat nach rheinischen Motiven, die er in Zeichnungen festhielt, seine
Gemälde komponiert und mit Figurenstaffagen ausgestattet. Ein anderer,
der Holländer J. Finckenbaum, lieferte um 1660 «bis ins Detail genaue Ansichten» von niederrheinischen Bauten.[33] Wenzel Hollar, 1607 in Prag geboren, lebte mehrere Jahre im Rheinland. Zahlreiche Skizzen vom Rhein,
seinen Ufern, den Städten und Dörfern sind überliefert. Im 18. Jahrhundert wurde die Rheinlandschaft zur arkadischen Landschaft, zum Park und

Fond für galante Szenen. Die Landschaftsmalerei fügte sich der gleichen Konvention, die auch die Dichtung des Rokokozeitalters beherrschte. Aus all diesen Konventionen brach der junge Goethe aus. In seinen Landschaftsschilderungen aus dem Elsaß, in den Sesenheimer Gedichten erhielt die Landschaft eigene Züge, belebte sie sich wie ein Antlitz; Gedankliches drückte sich in ihr aus. Im Jahr 1772 fuhr Goethe in einem Nachen die Lahn hinunter. Diese Reise glich anfangs einer Flucht. Er hatte Wetzlar überstürzt verlassen. Die Erschütterungen der Sommermonate wirkten nach; sie sollten später zur Niederschrift des «Werther» führen. Der Schmerz war noch frisch. Bald aber übte die Landschaft ihre wohltätige Wirkung auf ihn und seinen Zustand aus. Nach einem Aufenthalt bei der Familie La Roche in Ehrenbreitstein fuhr er weiter den Rhein hinauf bis Mainz. Auf dieser Fahrt hatte er fleißig gezeichnet, um sich «die tausendfältige Abwechslung jenes herrlichen Ufers» fester einzudrücken – noch schwankte er zwischen seiner Begabung zum Zeichnen und Malen oder der zum Dichten. Zwei Jahre später, im Juli 1774, kam Goethe abermals, diesmal in Gesellschaft Lavaters, Basedows und des Malers Schmoll, an den Rhein. Wiederum fuhr er, von Bad Ems kommend, aber in fröhlicher Gesellschaft, zu Schiff die Lahn hinab. Als der Nachen an der Ruine Lahneck vorbeiglitt, diktierte Goethe (wohl dem Maler Schmoll) einen schnellen Einfall ins Stammbuch, wie sich zeigen sollte, ein Stück Weltliteratur:

«Hoch auf dem alten Turme steht
Des Helden edler Geist,
Der, wie das Schiff vorübergeht,
Es wohl zu fahren heißt.

Sieh, diese Sehne war so stark,
Dies Herz so fest und wild,
Die Knochen voll von Rittermark,
Der Becher angefüllt;

Mein halbes Leben stürmt' ich fort,
Verdehnt die Hälft' in Ruh',
Und du, du Menschenschifflein dort,
Fahr immer, immer zu.»

Hier ist die Landschaft nicht mehr, wie in der Dichtung des Rokoko und noch beim jungen Goethe der Leipziger Jahre, ein «nützlicher und künstlicher Garten» mit Schäferinnen und Hirten. Das Gedicht atmet die Kraft der Genieepoche, des «Sturm und Drang».

Ende März 1790 fuhr in Gesellschaft Alexander von Humboldts der Humanist und Weltreisende Johann Georg Forster zu Schiff rheinabwärts.[34] Er zeigte sich wenig beeindruckt von den Vorzügen der nachmals so sehr gerühmten Flußlandschaft: «Auf der Fahrt durch das Rheingau hab' ich, verzeih es mir der Nationalstolz meiner Landsleute! eine Reise nach Borneo gelesen ...»

Nichts vermochte ihn, den Gebildeten und Weitgereisten, «für die Nacktheit des verengten Rheinufers unterhalb Bingen» zu entschädigen. In Bacharach und Kaub stieß ihn die Armut der Bevölkerung ab, und er wunderte sich, sie dennoch behaglich und zufrieden zu finden. Erst recht schreckten ihn die Übernachtungsmöglichkeiten in den Gasthöfen. In Boppard, wo er für die Nacht ein Bett suchte, fand er das beste Wirtshaus besetzt, im zweiten alle Fenster eingeworfen, im dritten stieß ihn die bloße Schilderung der Unreinlichkeit ab, im vierten endlich erhielten er und seine Reisegesellschaft in einer kalten Kammer ein gemeinsames Lager. Noch sah man sich am Rhein nicht gedrängt, den Ansprüchen von Touristen Rechnung zu tragen.

Persönliche und lebendige Erzählungen wie die Forsters waren in der älteren Literatur der Rheinreisen selten, in einem aber gleichen sich fast alle Berichte, die vor 1800 erschienen sind: Sie beurteilen die Rheinlandschaft nach ihrer Nützlichkeit, nach ihren Bodenschätzen, ihrer Fruchtbarkeit, der künstlichen Verzierung durch Gärten und Bauten, nach den Lebensumständen, dem Fleiß und dem Wohlstand der Bewohner. Die gesellschaftlichen Verhältnisse interessierten sie und die Bestrebungen der Landesfürsten. Forster widmete der Geologie des Rheintals, den Mineralien, dem Klima und den Möglichkeiten des Weinbaus seine Überlegungen; er vermißte allerdings Manufakturen; den Bewohnern kreidete er mangelnden Gewerbefleiß an, der ihre Lage hätte bessern können.

Kaum ein Reisender versäumte es, vom Wasser des Rheins zu berichten, das damals, noch köstlich klar und von grünlicher Färbung, der ganze Reichtum der Fischer war und ihnen half, ein zufriedenes Leben zu führen. In einem Reisebericht aus dem Jahre 1621 erzählte der Reisende von einem erfrischenden Bad, das er in der Gegend von Rüdesheim im Rhein genommen habe. Er sprach von «herrlich klaren Gletscherfluten, die im Rhein bis hierher von den Maynfluten zu unterscheiden» seien. Forster fand am Ende des 18. Jahrhunderts das Rheinwasser «erquickend grün» und J. J. von Gerning[35] unterschied 1819 im Wasser des Rheins bis in die Gegend von Lorchhausen gleichfalls «die rötliche Nahe und den falben Main, zwischen welchen der grünliche Rhein fortströmt.»

Noch deutet nichts in all diesen Texten auf die alsbald ausbrechende Rheinbegeisterung.

Unterm Krummstab war gut leben

An einem freundlichen Tag im Mai des Jahres 1792, in dem Preußen in der Kanonade bei Valmy eine Niederlage hinnehmen, der französische General Custine Mainz erobern sollte, waren der Zeichner Lorenz Janscha und der Stecher Johann Ziegler um die Mittagsstunde aus Bonn hinausgewandert und auf den nahen Kreuzberg gestiegen.[36] Ein Gehilfe hatte ihnen das Zeichengerät hinaufgetragen, hatte die Staffelei zurechtgestellt, ein frisches Blatt der Mappe entnommen und aufgezogen. Sie besprachen ihre Arbeit. Zu ihren Füßen lag Bonn. In ihrem Ansichtenwerk, das 1798 erschien, notierten Janscha und Ziegler: «Bonn ist nicht sehr groß, aber ziemlich bevölkert. Man rechnet die Zahl der Einwohner auf 12 000 Köpfe, von denen die meisten zum Hofe des Churfürsten gehören. Ohne den Wohnsitz des Hofes würde diese Stadt eine traurige Figur machen …»

Eine traurige Figur machten damals alle rheinischen Städte; die Zustände im Rheinland glichen durchaus nicht denen eines Musterstaates. Andererseits aber waren sie auch nicht unbedingt beklagenswert, etwa so, daß sie unter den Rheinländern Aufstand und Revolution provoziert hätten. Man richtete sich ein. Bei allgemeinem Schlendrian und liebenswertem Klüngel ließ sich leben. Handel und Verkehr beschränkten sich auf die geringen Entfaltungsmöglichkeiten, die ihnen die engen Landesgrenzen, veraltete Zunftordnungen und überständige Privilegien ließen. Die Künste und die Wissenschaften fanden an den Hofhaltungen eine bescheidene Pflege. Eine Vorliebe für kleine und kleinste Lebenskreise bildete sich aus. Warum Änderungen fordern? Im Rheinland, so mögen Bürger und Landmann geahnt haben, konnten Änderungen nur Verschlechterungen bedeuten. Mochte es bei behaglicher Anarchie bleiben. Fünfundzwanzig Friedensjahre waren ein seltenes Geschenk, das es zu genießen und nicht zu gefährden galt.

Die beiden Vedutenzeichner auf dem Kreuzberg in Bonn werden sich kaum Rechenschaft über den Stand der Künste und Wissenschaften im Kölner Kurfürstentum gegeben haben. In gewohnter Manier und Routine brachten sie die Bildgegenstände aufs Papier, darauf bedacht, es dem Kölner Kurfürsten und Erzbischof Maximilian Franz aus dem Hause Habsburg recht zu machen. Die beiden Künstler kamen aus Wien, waren also Landsleute des Kurfürsten. Dieser kannte ihre Fähigkeiten und ließ es sich angelegen sein, auf das entstehende Rheinansichtenwerk Einfluß zu nehmen.

Es entstand ein historisches Dokument, ein Bildbericht aus den letzten Tagen der rheinischen Krummstabslande. Die «Fünfzig malerischen Ansichten des Rhein-Stromes von Speyer bis Düsseldorf» halten zum letztenmal den Blick auf eine Bühne fest, über die der alsbald der Vorhang fiel. Das revolutionäre Frankreich hatte am 20. April 1792 Österreich den Krieg erklärt; die Bonner Ansichten entstanden Ende Mai 1792. 1794

sollte Kurfürst Maximilian Franz seine Bonner Residenz fluchtartig verlassen und auf dem rechten Rheinufer Zuflucht suchen. Bonn sah er nicht
wieder. 1801 starb der depossedierte Fürst.

Ernst Moritz Arndt, gebürtiger Pommer, protestantischer Bauernsohn,
ein der Lobrederei unverdächtiger Zeitgenosse, stellte in einem Reisebericht dem Kölner Erzbischof und Kurfürst ein gutes Zeugnis aus: «Seit
Max aus dem Hause Österreich, dieser menschliche und freie Fürst, re-
gierte, schien neues und frisches Leben sich über seine Untertanen zu ergießen. Alle Künste des Friedens nahm er edelmütig unter seinen Schutz,
pflegte die junge Pflanze, die Universität (Bonn), gab dem menschlichen
Geiste, nach dem Beispiel seines großen Bruders (Kaiser Joseph II.), seine
heiligen Rechte zurück, suchte Manufakturen und Fabriken zu beleben
und zeigte sich mit Abwertung alles Pomps, der nur der Schwäche nötig
ist, als den ersten Bürger seiner Staaten.»[37]

Aber auch des Maximilian Franz geistliche Kollegen in Trier und Mainz
suchten das Ihre zu tun, die alte Zeit zu retten; sie betrieben die überfäl-
ligen Reformen der Volksschulen und Gymnasien, förderten die Manufakturen, verbesserten die Fürsorge für die Armen und für die Kranken.[38]
Auch jene Kreise rheinischer Gelehrter und Dichter, die sich in Köln um
den Kanonikus Ferdinand Franz Wallraf scharten, den letzten Rektor der
Kölner Universität vor dem Einfall der Franzosen, nahmen, wenn auch
spät, Anteil an den Gedanken des aufgeklärten Jahrhunderts, soweit diese
von draußen in die provinzielle Enge des Rheinlandes drangen. In dem
Musensitz Pempelfort bei Düsseldorf versammelte sich ein Kreis Gleich-
gesinnter um den Philosophen Jacobi. Der diesem Kreis befreundete
Goethe hielt seinerseits mit den Freunden um Sophie La Roche in Ehrenbreitstein enge Verbindung. Aber die Fortschrittlichkeit war auf literarische Salons und philosophische Zirkel beschränkt und blieb politisch un-
wirksam. Noch ließ sich «in breiten Schichten der Bevölkerung kein
wirklicher Aufschwung und Fortschritt erkennen»[39]. Gleichwohl aber war
in all seiner Beschränktheit und Selbstgenügsamkeit, nach dem Zeugnis
Ernst Moritz Arndts, «das kölnische Land eines der glücklichsten geworden, als der Krieg ausbrach und sich verheerend über die schönen Rheinländer stürzte».

Noch im Jahr 1792 standen die französischen Revolutionsheere in
Aachen, in Speyer, Worms, Mainz und Frankfurt. Der alte Kontinent hatte
dem, was da in Frankreich losbrach, nicht viel entgegenzusetzen; weder
war er politisch, noch militärisch gerüstet. Max Braubach berichtet über
den kurfürstlichen Hof in Mainz, «… daß die dortige Armada zwar nur
aus rund 3000 Mann bestand, dafür aber von zwölf Generalen und einem
Hofkriegsrat mit zwei Präsidenten und sechs Räten betreut wurde, und
daß man in den Bastionen der Festung Reben, in den Gräben Spinat angepflanzt hatte, es dementsprechend auch von der Bewilligung des Hof-
gärtners abhing, ob die Ingenieuroffiziere die Werke betreten durften»[40].

Abb. 37: Laurenz Janscha und Johann Ziegler: Ansicht der Stadt Mainz und der Churfürstlichen Favorite (1792). Ein Jahr später lag das Schloß in Trümmern.

Desungeachtet verstand der Mainzer Hof, Feste zu feiern. Der Glanz des dem Kurfürsten liebgewordenen Schlosses Favorite, seines Sommersitzes, wo die Durchlaucht ihren Gästen auf das Nobelste aufzuwarten verstand, gab, im Gegensatz zu den Fortifikationen, zu Tadel keinerlei Grund. (Abb. 37) Der Mainzer Kurfürst war zugleich des Reiches Erzkanzler und hatte in jenen Tagen des Jahres 1792 dem gerade in Frankfurt zum Deutschen Kaiser erkorenen Habsburger Franz II., dem preußischen König Friedrich Wilhelm II. und allen deutschen Fürsten aufzuwarten. Zum letzten Mal traf sich das alte feudale Europa zu Fest und Feier. Noch einmal bot der Mainzer Erzbischof von Erthal, ganz im Bewußtsein seiner Würde als Vorsteher des Kurfürstenkollegiums und als «reichster Prälat der Christenheit», den hohen Gästen zu Ehren die festliche Illumination von Schloß Favorite. Da – als das Fest seinen Höhepunkt erreichte, blies ein plötzlich aufkommender Wind die Beleuchtung aus. Niemand mochte in diesem Vorfall ein schlimmes Vorzeichen sehen.

Dem Blatt mit der Ansicht von Mainz fügten Janscha und Ziegler folgende Beschreibung nachträglich an: Man erblicke «... hier zur Rechten die außerhalb der Stadt gelegene Favorite. Dieses Sommergebäude, welches von Lotharius aus dem Hause Schönborn erbaut und von dem jetzigen Kurfürsten ungemein verschönert wurde, ward im Jahre 1792 (richtig: 1793) von den Franzosen (richtig: bei der Beschießung und Rückeroberung durch die Reichsarmee) von Grund aus zerstört, so daß noch jetzo die Trümmer davon im Rhein zu sehen sind. Man genoß hier der reizenden Aussicht nach der über den Rhein geworfenen Schiffbrücke, die nach dem Städtchen Cassel führt, das auch Castel genannt wird ...»[41] Die Ansicht von Schloß Favorite und Mainz entstand im Sommer 1792; sie zeigt die Stadt so, wie der Mainzer Kurfürst sie verlassen sollte, kurz vor der Einnahme durch die französischen Truppen. Goethe vermochte 1793 nach der Beschießung die kurfürstliche Favorite fast nicht wiederzufinden.

Mit dem Zusammenbruch der fürstlichen Hofhaltungen und der Flucht der geistlichen Kurfürsten brachen in Trier, Mainz, Bonn Welten zusammen. Mit harten Folgen auch für die bescheidene Kulturpflege, die von den Höfen betrieben wurde.[42] Die Koblenzer Hofmaler des Clemens Wenzeslaus und die in Köln und Mainz verloren mit der Flucht des Kurfürsten ihre Existenz und waren brotlos. Schlimmer noch: Über Nacht ging ihnen das Repertoire der barocken Ikonographie und Emblematik mit seinen überlieferten Formeln und Themen verloren, von den Apotheosen des Fürsten über die Schäferidyllen und Pastoralen bis hinunter zu den Routinearbeiten, wie den Darstellungen des fürstlichen Reitstalles, der Falknerei, den Dekorationen – für all diese Auftragsarbeiten gab es nun weder Bedarf noch Gelegenheiten. Zwei bedeutende Baumeister, Jakob Ignaz Hittorf und Franz Christian Gau, verließen damals ihre rheinische Heimat und gingen nach Paris. Januarius Zick, Hofmaler am Hofe Wenzeslaus', Haupt einer Künstlerkolonie in Ehrenbreitstein, überlebte den Zusammenbruch des kurtrierischen Staates nur um drei Jahre.

Die jüngeren der in Koblenz, Ehrenbreitstein oder am Mittelrhein geborenen Maler verließen das Rheinland. Sie lernten an der Düsseldorfer Akademie oder in Paris bei David oder Gérard; sie gingen später nach München, nach Düsseldorf, Italien und schlossen sich den dortigen Künstlerkreisen und -vereinigungen an. Nur einzelne von ihnen, wie Simon Meister und Johann Adolf Lasinsky, kehrten ins Rheinland zurück.

Den Musikern im Rheinland erging es nicht besser.[43] Die fürstlichen Kapellen hörten auf, zu bestehen. Die Domkapellen lösten sich auf. Produktive junge Musiker mußten außerhalb des Rheinlandes einen Wirkungskreis und neue Brotherren suchen. Schon vor dieser allgemeinen Verwirrung, die für die Musiker auf eine Existenzvernichtung hinauslief, hatte einer von ihnen seine rheinische Heimat verlassen: Beethoven. Er ging 1792 nach Wien.

In Koblenz fand sich 1808 ein Chor- und Instrumentalverein, das sogenannte «Musikinstitut», zusammen. 1812 folgte Köln mit der «Musikalischen Gesellschaft», aus der 1827 nach der Vereinigung mit dem «Singverein» die «Konzertgesellschaft» hervorging. Ähnliche Gründungen gab es in anderen Städten: in Bonn, Krefeld, Düsseldorf. Nach der Auflösung der fürstlichen Hofkapellen übernahmen musikbegeisterte Dilettanten in häuslicher Übung und öffentlicher Veranstaltung die Musikpflege; ein soziologischer Prozeß der Demokratisierung der Musik. «Der eigene musi-

kalische Betätigungsdrang, die ererbte Sangesfreudigkeit und der angebo-
rene Geselligkeitstrieb ...» des Rheinländers verband Berufsmusiker und
Laien, «... Gleichgesinnte und Gleichgestimmte zu engen Gemeinschaften ...»[44] Diese Vereinigungen wagten sich in ihren Aufführungen an
Haydns «Schöpfung», später sogar an Beethovens «Missa solemnis» und an
die «Neunte». Diese Musikbegeisterung der Bürger half, die musikalische
Tradition des Rheinlandes in das neue Jahrhundert hinüberzuführen.

«*Nur erhabene Gegenden können schön sein*»: Romantiker am Rhein

Im Frühling des Jahres 1802 – das linke Rheinufer war fest in französischer
Hand – kam Friedrich Schlegel auf dem Weg nach Paris in das Rheinland.
Die Tage, die er am Rhein verbrachte, hinterließen einen tiefen Eindruck;
sie bestärkten ihn zur Wiederkehr, schließlich zu einem längeren Aufenthalt am Rhein (1804–1808) und 1818 noch einmal zu einer Rheinreise
mit dem Bruder August Wilhelm. In den «Briefen auf einer Reise durch
die Niederlande, Rheingegenden, die Schweiz und einen Teil von Frankreich», die 1805 erschienen, erzählt Schlegel, warum ihm zwischen Koblenz und Bingen der Rhein am schönsten erschien: «Für mich sind nur
die Gegenden schön, welche man gewöhnlich rauh und wild nennt; denn
nur diese sind erhaben, nur erhabene Gegenden können schön sein, nur
diese erregen den Gedanken der Natur.»[45] Doch er fährt fort: «Überall
belebt durch die geschäftigen Ufer, immer neu durch Windungen des
Stroms, und bedeutend verziert durch die kühnen, am Abhange hervor-
ragenden Bruchstücke alter Burgen, scheint diese Gegend mehr ein in sich
geschlossenes Gemälde und überlegtes Kunstwerk eines bildenden Geistes
zu sein, als einer Hervorbringung des Zufalls zu gleichen.»
Diese beiden Elemente: Landschaft und Geschichte, bzw. Natur und
Kultur, fügten sich am Rhein zu einem Gemälde, einem Kunstwerk.
«Nichts aber vermag den Eindruck so zu verschönern und zu verstärken,
als die Spuren menschlicher Kühnheit an den Ruinen der Natur, kühne
Burgen auf wilden Felsen: Denkmale der menschlichen Heldenzeit, sich
anschließend an jene höheren aus den Heldenzeiten der Natur. Die Quelle
der Begeisterung scheint sich sichtbar vor unseren Augen zu ergießen, und
der alte vaterländische Strom erscheint uns nun wie ein mächtiger Strom
naturverkündender Dichtkunst ...»
Friedrich Schlegel sah den Rhein mit anderen Empfindungen als die
Reisenden vor ihm. Er sah ihn als Romantiker. Seine Phantasie verklärte
eine Wirklichkeit, die ältere Reisende abgestoßen oder kalt gelassen hatte.
Er fügte der altbekannten Szenerie des Rheinstroms eine neue Dimension
hinzu, die der Geschichte, der Zeit also, und damit der Unendlichkeit. Mit
seinen Gedanken belebte er die Landschaft, mit seinen Empfindungen be-
seelte er sie. Der Rhein wurde Sinnbild tieferer Zusammenhänge. Novalis hat die Eigenart des romantischen Sehens beschrieben: «Indem ich dem

Gemeinen einen hohen Sinn, dem Gewöhnlichen ein geheimnisvolles
Ansehen, dem Bekannten die Würde des Unbekannten, dem Endlichen
einen unendlichen Schein gebe, so romantisiere ich es …».[46] Ricarda Huch
befand folgerichtig, daß die Romantik «den Rhein … eigentlich entdeckt, ja man kann sagen, geschaffen (hat). Es gibt kaum ein besseres Beispiel für die Übermacht der Phantasie …»[47]. Mit Friedrich Schlegel begann die Rheinromantik, genauer: Friedrich Schlegel brachte 1802 die
Romantik an die Ufer des Rheins. Er «romantisierte» den Rhein.
   In dem gleichen Jahr 1802, in dem Friedrich Schlegel das Rheinland
für die Romantik entdeckte, zog im Juni ein Freundespaar den Rhein
hinab[48]: Achim von Arnim und Clemens Brentano. In der Erinnerung
schrieb Brentano später:

> «Es setzten zwei Vertraute
> zum Rhein den Wanderstab,
> der braune trug die Laute,
> das Lied der blonde gab.»

Brentano hatte als Student in Jena zwischen 1798 und 1800 enge Beziehungen zum Kreis der älteren Romantik um die beiden Schlegel, um
Tieck, Novalis und ihre Zeitschrift «Athenäum». 1801/02 erschien der
«Godwi», Brentanos «verwilderter Roman». Der Rhein begeisterte das
Freundespaar; hier fanden die beiden die Kulisse für all das, was ihre poetischen Gemüter bewegte. Achim von Arnim schwärmte im «Wintergar-
ten» von diesen Sommerwochen am Rhein: «Die blaue Blume[49] auf Dei-
ner Gitarre, wie Du in fröhlichen Liedern zum erstenmal die Gegend mir
ausgedeutet, klingend und singend zu den schwebenden Schäflein auf
Himmelsblau wie in die schwarze Tiefe bei Osteins Felsenburg[50], glänzend
Deine Augen zum prasselnden Donner, zum brausenden Regen, der uns
in alten Ritterburgen belagert hielt, spielend Deine Worte am warmen
stillen Abend vor den Türen in Weinlauben am rauschenden Ufer, wenn
Du den schönen Töchtern des Städtleins neue Melodien lehrtest für ihre
alten Lieder.»
   Die beiden sangen «neue» Melodien, zugleich aber schrieben sie die
alten, im Volk lebenden Lieder auf, überrascht von der Schlichtheit und
Tiefe des Gefühls, und begannen, sie zu sammeln. 1806 erschien, Goethe
gewidmet, der erste Teil von «Des Knaben Wunderhorn» mit dem Untertitel: «Alte deutsche Lieder». 1808 folgten ein zweiter und dritter Teil.
Auch das Sammeln von Märchen und Sagen kam mit den Liedsammlun-
gen in Mode: 1811 veranstaltete Niklas Vogt eine Ausgabe von Rheinsagen, 1812 folgten Aloys Schreiber und im gleichen Jahr Amalie von Im-
hoff. Die «Kinder- und Hausmärchen» der Brüder Grimm erschienen
1812 und 1815; die «Deutschen Sagen» folgten 1816–1818. Die Reihe
der Rheinsagen setzte sich mit immer neuen Auflagen und Bearbeitungen
fort und reicht bis in unsere Tage. Sagen und Legenden vom Rhein wur-

den Besitz des ganzen Volkes. Die bekanntesten Sagen, die Drachenfels-sage, die Rolandssage, die Loreleysage (eine Neuschöpfung) wurden auch von englischen und französischen Dichtern aufgenommen und literarisch verarbeitet.

In jenen Sommertagen des Jahres 1802 lebten Arnim und Brentano wie in einem Rausch. Arnim erinnerte sich in einem Brief an die Gräfin Schlitz (1802): «In einen alten Mantel gehüllt, ohne Plan mit einem Freunde und einem Buch umherirrend, im Gesang der Schiffer von tausend neuen Anklängen der Poesie berauscht, ohne Tag und Nacht zu sondern, frei von Sturm und Ungewitter ... so möchte ich wohl noch einmal leben; das Leben war frisch angebrochen wie die echte Quelle des rheinischen Weines. Wir trafen viele frohe Menschen und wurden in ihre Fröhlichkeit eingeweiht ... Ich fühle jetzt recht, daß eine gewaltige Dichtung durch die ganze Natur weht, bald als Geschichte, bald als Naturereignis hervortritt, die der Dichter nur in einzelnen schwachen Widerklängen aufzufassen braucht, um ins tiefste Gemüt mit unendlicher Klarheit zu dringen. Denn sehe ich nun herab ..., so braust unter mir zwischen den Binger Felsen der starke Rhein und schäumt unwillig über den nutzlosen Widerstand; aber die Berge scheinen noch immer sich an ihn drängen zu wollen, die sinkenden Felsstücke mit den alten Schlössern auf ihren Spitzen fallen in ihn hinab, auch die Bäume auf der Höhe und die Weinstöcke tieferhin saugen ihm sein feuriges Blut aus – und wir in der Höhe nähren uns von allem dem, als wenn es aus uns hervorgegangen wäre, als aus dem ewigen schöpfenden Geiste ...»[51] Dichtung und Natur nähren sich aus den gleichen tiefen Quellen der Schöpfung. Und die Dichter sind berufen, aus diesen Quellen zu schöpfen.

Als die beiden Freunde am Ende ihrer Rheinwanderung sich in Koblenz trennten, da waren jene Töne angeschlagen, die fortan in den Liedern, Gedichten, Bildern der Rheinromantik wiederkehren sollten.[52]

Seit 1803 versammelte sich in Heidelberg, wo die vom Großherzog von Baden reformierte Universität und nicht zuletzt die schöne Neckarlandschaft Dozenten und Studenten anlockte, ein Kreis romantischer Dichter und Gelehrter. Als Dozent war hier seit 1806 der junge Görres zu hören, der sogleich großen Zulauf hatte. Arnim und Brentano waren mit ihm befreundet; mit den Grimms bestanden ein reger Briefwechsel und Gedankenaustausch; 1806 kam von Halle, wo Napoleon die Universität aufgehoben hatte, Eichendorff herüber.

Dieser Kreis der jüngeren Romantik unterschied sich von dem der älteren Romantik in Jena. Das geistige Leben in Jena hatte einen mehr spekulativen Zug, es äußerte sich in Reflexionen und metaphysischen Systemen. Heidelberg dagegen war Mittelpunkt jüngerer Dichter. Durch sie trat der Rhein in aller Bewußtsein. Rheinbegeisterung ergriff die jungen Dichter. «An der Rheindichtung beteiligten sich Arnim (rheinische Teile der ‹Päpstin Johanna›, Schilderungen des ‹Wintergartens›), Friedrich

Schlegel (mit seiner Rheinballade ‹Das versunkene Schloß› 1807 und seinen Darlegungen über die Gotik am Rhein), Eichendorff, Schenkendorf,
der junge Uhland, Fouqué und eine große Zahl der Taschenbuch- und
Zeitschriftendichter.»[53] Erst 1823 gesellte sich ihnen Heinrich Heine
hinzu, dann allerdings mit einem Lied, das Höhepunkt und Inbegriff der
deutschen Rheinromantik wurde, mit seiner «Loreley».

Auch die Maler und Vedutenzeichner sahen nun den Rhein – fast immer ist es der Mittelrhein – mit neuen Augen. Was sie in ihren Skizzen-
büchern und Tagebuchnotizen festhielten, hatte jetzt einen völlig anderen
Charakter als Janschas und Zieglers Rheinansichten. Auf einer Rheinreise
1835 schrieb der Maler, Arzt und Naturphilosoph Carl Gustav Carus in
sein Tagebuch: «… Längst war ich durch früher betrachtete Abbildungen
gespannt, die merkwürdigen Ruinen der Wernerikirche zu sehen, und
ich ließ es deshalb meinen ersten Gang sein, um noch, bevor der Abend
tiefer herabsänke, mich an diesen alten Baulichkeiten zu weiden … Wie
ich nun da oben stand … und durch die Fensterbogen der Ruine den
Rhein erblickte, als nun das sonore, den Sonntag ankündende Abendläu-
ten näher und ferner erklang, da ergriff mich ein Gefühl tiefer nachhalti-
ger Rührung … Gewiß, ich gestehe, ein so sonderbares, neues, und doch
so heimatliches Gefühl nie gehabt zu haben! Es war mir, als habe ich nun
erst ein Vaterland, mein Vaterland gefunden. Hier ist ja dasselbe, was uns
in Italien so mächtig ergreift: eine großartige Natur, ein weltgeschicht-
licher Boden und bedeutende Monumente, in deren Fortbildung, wie in
deren Zerstörung mannigfaltige vorübergegangene Perioden einer großen
Zeit ihre tiefsinnigen Lettern gegraben haben! – Ja, mir ist es mehr als Italien, denn es ist mein Land, es ist Deutschland, und nimmer werden römische Bauwerke so zu unserem Geist sprechen, als der unserem Volk ganz
eigene, in ihm geborene, mysteriöse reine Stil, wie er in diesen Bogen
noch atmet und in der kleinsten Fensterrose sich noch spiegelt!»[54]

Später, nach vielen anderen Reiseerlebnissen, ging Carus die Erinne-
rung an den Abend im Rheintal bei Bacharach immer noch nach: aus der
Zeichnung im Skizzenbuch wurde ein Gemälde. (Abb. 38) Schwermut
und Melancholie sprechen aus den Motiven der Ruine und des dunklen
Stromes. Wie einem Monument hat Carus seinem Gemälde, das zu einem
Bekenntnis wurde, das feierliche, spitzbogige Format gegeben.

Der Aufgang der deutschen literarischen Rheinromantik ist auch ihr
Höhepunkt. Sie verlor schnell ihren Rang und hohen Anspruch, stieg
hinab in literarische Niederungen, erreichte zugleich aber immer weitere
Kreise. Die Befreiung des Rheins vom napoleonischen Joch beflügelte die
patriotisch fühlenden Deutschen. Aus der literarischen wurde eine politische Rheinromantik, eine Volksbewegung.

Abb. 38: Carl Gustav Carus: Die Ruine der Wernerkapelle bei Bacharach, 1836. Sammlung Georg Schäfer, Schweinfurt.

Der Patrioten Lieblingsstrom

«Der Rhein, der Deutschen Lieblingsstrom» hieß eine Schrift von Wilhelm Buchner.[55] Dieser Lieblingsstrom der Deutschen befand sich viele Jahre in der Hand des «Erbfeindes». 1795, mit dem Frieden von Basel, war Frankreich Herr des linken Rheinufers geworden. Preußen hatte das gutheißen müssen. Im Frieden von Campoformio 1797 willigte auch Österreich in die Abtretung des linken Rheinufers, und der Frieden von Lunéville 1801 bestätigte die französische Ostgrenze am Rhein. Die linksrheinischen Departements sahen sich dem französischen Reich eingegliedert. Aber auch das rechte Rheinufer geriet in die Interessensphäre Frankreichs. Vorerst sicherte sich Napoleon Brückenköpfe in Wesel und Mainz-Kastel. 1806 wurden St. Goarshausen und Langenschwalbach französischer Besitz. Der Reichsdeputationshauptschluß von 1803 bewirkte in den rechtsrheinischen Territorien Tauschaktionen und Arrondierungen. Das Herzogtum Berg wurde an einen dem französischen Kaiser genehmen Fürsten abgetreten; dieser neue Landesherr war der Reitergeneral Joachim Murat, ein Schwager Napoleons. Der Rheinbund schließlich, in dem sich 1806 die süd- und westdeutschen Fürsten zusammenfanden und sich dem Protektorat Napoleons unterstellten, vollendete den Untergang des alten deutschen Reichs. Franz II. legte die römisch-deutsche Kaiserwürde nieder und nannte sich «Franz I. Kaiser von Österreich». Der Rheinbund hatte 63 000 Soldaten für Napoleons raumgreifende militärische Unternehmungen zu stellen. Nach Jena und Auerstedt (1806) war bald auch das mit Rußland verbündete Preußen am Ende. Im Tilsiter Frieden 1807 verlor es den preußischen Teil des Niederrheins und alles Land bis zur Elbe mit Magdeburg und einigen Festungen jenseits der Elbe. Es hatte an Napoleon 140 Millionen Franken Kriegskosten zu zahlen.

Was empfanden damals die Rheinländer, als dieser Sturm über sie hereinbrach, Dynastien, Fürstentümer und Grenzpfähle hinwegfegte und alle Verhältnisse auf den Kopf stellte? Als der General Custine die Korporationen der Stadt Mainz zusammenrief, um sie auf die neue französische Verfassung einzuschwören, wanden sich die ehrbaren Mainzer vor Verlegenheit. Eifrig beteuerten sie ihre Verehrung für Frankreich, bekannten aber andererseits «ihr natürliches Phlegma» und mochten eigentlich zu waghalsigen politischen Veränderungen sich nicht entschließen. Das zeugt nun keineswegs von revolutionärer Begeisterung, allerdings auch nicht von trotzigem Widerstand gegen die welschen Eroberer, schon gar nicht von tapferer patriotischer Parteinahme für die deutsche oder wenigstens die kurfürstliche Sache. Das Rheinland befand sich in einer unangenehmen mittleren Position, es war unentschieden und mochte es mit keiner Seite verderben. Im eigenen Lager gab es einander widerstrebende Meinungen. Mainz sah im Jahre 1793 das kurze Zwischenspiel der «Mainzer Repu-

blik». Die nur etwa 500 Mitglieder der «Gesellschaft der Freunde der Freiheit und Gleichheit», die «Klubisten» um Georg Forster, riefen auf, die
alten Fesseln des Feudalismus abzuwerfen. Die Rheinländer waren sich
dieser Fesseln kaum bewußt. Und die Sanskulotten erschienen nicht so
vertrauenerweckend, daß man sich mit ihnen hätte verbrüdern mögen. So
kam es, daß dieser denkwürdige erste Versuch eines demokratischen Ge-
meinwesens auf deutschem Boden nach kaum zwei Wochen schon wieder beendet war – einmal, weil kaiserliche Truppen Mainz 1793 noch
einmal zu entsetzen vermochten, aber auch, weil eine Mehrheit im
Rheinland «wohl eine Staatsreform, nicht aber eine radikale Umwälzung»
billigte.[56] Die an manchen Orten im Rheinland aufgerichteten Freiheits-
bäume blieben eine Episode.

Nicht ohne Bewunderung blickten die Rheinländer zu ihrem neuen
Souverän Napoleon auf. Das war einmal ein anderer Kerl als ihre geistlichen Herren und Oberhirten! Im Glanz seiner Siege reiste der Kaiser
1804 durch das Rheinland und ließ sich huldigen. Die Kölner spannten
die Pferde vor dem Wagen Napoleons aus und zogen den Triumphator in
ihre Stadt. Der Kanonikus Ferdinand Franz Wallraf, verdienstvoller Sammler alter Kunst, stellte seine Fertigkeit als Verfasser lateinischer Lapidarin-
schriften in den Dienst der offiziellen Feierlichkeiten. Auf Triumphbogen
und Festdekorationen pries er den französischen Kaiser als unbesiegbaren,
unsterblichen neuen Herkules, der die Augiasställe des alten Europa rei-
nigte. Beim zweiten Besuch Napoleons 1811 war die unterwürfige Begeisterung der Rheinländer kaum geringer. Die Rheinländer fanden sich
in die veränderte Lage, gewöhnten sich allmählich, ja, sie erfreuten sich
der besseren Ordnung, neuer Straßen und besonders: gutgehender Geschäfte. Wie hätten sie nicht die vielfältigen Neuerungen bewundern sollen, die ihnen die Franzosen ins Land brachten. «Die Grundlagen für die
Zusammenfassung der rund 150 verschiedenen Herrschaften, für die Beseitigung der zahlreichen Grenzen, für die Neueinteilung in Departements, Arrondissements und Kantone, für die Neuordnung des Gerichts-
wesens, für die Umschichtung der Gesellschaft durch Aufhebung des
Adels, Enteignung der Klöster, Abschaffung der Abhängigkeitsverhältnisse
und aller Feudalrechte waren (auf dem linken Rheinufer) bereits durch Er-
lasse ... Anfang 1798 geschaffen worden.»[57]

Die einheitliche und zentral geleitete Verwaltung war entschieden
leistungsfähiger als die umständlichen, schlafmützigen Behörden in den
alten, zersplitterten Territorien es sein konnten. Mochte auch jetzt nicht
immer alles nach Wunsch gehen, so sahen und spürten die Rheinländer
doch das Wirken einer Reihe vorzüglicher französischer Beamter, die ihre
Sache verstanden. Die neuen Herren im Rheinland hatten die Zunftrechte
aufgehoben und die Gewerbefreiheit eingeführt – eine unerhörte Neuerung. Denn die Rheinländer konnten nunmehr frei ihren Beruf wählen
und ihren Geschäften nachgehen. Auf dem Land fanden sich die Bauern

von ihren wirtschaftlichen Lasten und von der Abgabe des Zehnten befreit. Stadt und Land waren der französischen Gemeindeverfassung entsprechend einander rechtlich gleichgestellt. Diese Gleichstellung empfanden die Rheinländer als außerordentlichen Vorzug, den sie später auch
unter preußischer Verwaltung nicht mehr missen mochten. Eine Neuerung besonders hat die Rheinländer für ihre französische Obrigkeit eingenommen: die Gleichstellung aller Bürger vor dem Gesetz, ob hoch oder
niedrig, geistlich oder weltlich. Dieser Grundsatz des 1804 im Rheinland
eingeführten «Code civil», der außerdem auch die mündliche und die öffentliche Gerichtsverhandlung – wenn auch in französischer Sprache und
bei hohen Gebühren – gewährleistete, wurde später auch von Preußen
übernommen.

Ungewohnt war für einige rheinische Landesteile die Toleranz, die sie
nunmehr in religiösen Angelegenheiten walten lassen sollten. Unter
Napoleon gestand ein Gesetz den Juden die Gleichberechtigung zu, die
allerdings bald auch wieder eingeschränkt wurde.[58] Die christlichen Konfessionen erhielten gleichen Rang. Noch am Ende des 18. Jahrhunderts
hatten die Kölner den Bau zweier protestantischer Bethäuser, der vom Rat
offiziell genehmigt worden war, zu verhindern gewußt. Auf dem Friedhof Melaten durften um 1810 nur Katholiken, nicht aber Protestanten und
Juden beerdigt werden.[59] Die Protestanten waren den Franzosen dankbar
für ihre allmähliche Gleichstellung und sie zeigten sich als deren eifrige
Gefolgsleute. Die katholische Geistlichkeit freilich sah sich aus manchen
bequemen Vorrechten und Pfründen vertrieben. Das Konkordat, das Napoleon 1801 mit dem Heiligen Stuhl schloß, dehnte die in Frankreich bereits durchgeführte Säkularisation nun auch auf das linke Rheinufer aus.
Der kirchliche Besitz wurde von den Franzosen konfisziert und zum Verkauf gestellt. Die depossedierten Kirchenfürsten sollten auf dem rechten
Rheinufer entschädigt werden. Nach dem Reichsdeputationshauptschluß
verloren sie auch diese Ländereien.

Die Rheingrenze bewirkte nicht nur unterschiedliche politische, juristische, kulturelle Verhältnisse auf den beiden Ufern, sondern zeitigte,
nunmehr auch Zollgrenze, Folgen für Handel und Gewerbe. Die gut flo-
rierende rechtsrheinische Eisen- und Textilindustrie verlor ihre Absatzge-
biete auf dem linken Rheinufer, darüberhinaus in Frankreich und allen
Ländern, in die Frankreich selbst zu exportieren wünschte. «La France
avant tout», war das Prinzip der französischen Politik. Als die Franzosen
während der Kontinentalsperre die Küstengebiete besetzten, waren die
rechtsrheinischen Fabrikanten auch von ihren Märkten in England und in
Übersee ausgeschlossen. Sie gingen dem Ruin entgegen. Die linksrheinischen Unternehmer dagegen waren auf angenehme Weise der englischen
Konkurrenz ledig und prosperierten dementsprechend. Im Maße das Ma-
nufaktur- und Fabrikwesen auf dem linken Rheinufer Fortschritte ver-
zeichnete, wuchs die Begehrlichkeit der Händler und Fabrikanten auf dem

rechten Rheinufer. So entstand 1810 jene Eingabe von Remscheider Fabrikanten, die zu dem erstaunlichen Schluß kam: «Das Wort Vereinigung mit Frankreich wird das Wort sein, das uns das Leben zurückgeben wird.»[60] Diese Petition zeugt von gutem Geschäftssinn, aber sie stellt den Petenten auch das Zeugnis mangelhafter patriotischer Gesinnung aus. Die allerdings mangelte den Rheinländern überhaupt. Viele rechtsrheinische Unternehmer, Gewerbetreibende und Arbeiter zogen damals über den Rhein, um auf französischem Territorium ihr Brot zu verdienen.

Im allgemeinen blieben die wirtschaftlichen Verhältnisse auf beiden Ufern unsicher. Dies zeigt auch das Beispiel der Rheinschiffahrt. Zwar wurden die meisten der alten Rheinzölle aufgehoben, aber «der Rhein selbst (war) in seinem ganzen Lauf zur streng überwachten Zollinie zwischen Frankreich und den rechtsrheinischen Landen» geworden.[61] Auch wenn diese Maßnahme den Schmuggel hinüber und herüber kaum zu unterbinden vermochte, so waren die Auswirkungen auf den Handel doch erheblich. Im Kölner Hafen betrug der Umschlag 1789 bei herrschendem Stapel 1,5 Millionen Zentner.[62] 1793 bis 1797 ruhte er des Krieges und der französischen Besatzung wegen fast ganz. Während der Handel sank und die Leinpfade verfielen, stiegen die Frachtkosten und die Reisezeiten. Die Kölner Handelskammer entrüstete sich 1799, daß ein Mainzer Gildenschiffer auf der Talfahrt von Frankfurt bis Köln zwei Sommermonate gebraucht habe. Nach der Milderung der Zollformalitäten hob sich der Güterumschlag im Kölner Hafen auf zwei Drittel des Umschlags von 1789, wegen der erneut ausbrechenden Feindseligkeiten fiel er jedoch 1803 wieder. Der Oktroivertrag von 1804 hob den Schiffsverkehr; als jedoch die Kontinentalsperre verhängt wurde, ging er abermals stark zurück. 1813, im Jahr der Völkerschlacht bei Leipzig, sank der Güterumschlag in Köln auf 500 000 Zentner: das war ein Drittel des Umschlags von 1789.

Die Verärgerung und allgemeine Unzufriedenheit mit der Obrigkeit im Rheinland begann, als die Weltmachtpolitik des großen Korsen und seine weiträumigen militärischen Unternehmungen die Steuern emportrieben. Immer neue «Kontributionen» wurden verhängt. Das Rheinland, das sich als Grenzland nach Frieden und ruhigen Verhältnissen sehnte, mußte in den gefürchteten «Konskriptionen» für die Kriegszüge des Kaisers seine Söhne rekrutieren und ins Feld schicken. Pressezensur und ein geheimes, zuverlässiges Spionage- und Spitzelsystem erhöhten den Unwillen.

1813 kam es in Solingen, Remscheid, Elberfeld zu Aufständen. Nachrichten von der Niederlage Napoleons auf den Schneefeldern Rußlands waren trotz scharfer Zensur durchgesickert. Der französische Kommissar Beugnot in Düsseldorf hatte mit Unruhen gerechnet, aber nicht in den bergischen Städten, sondern eher in den früheren preußischen Gebieten am Niederrhein. Dort war die grundsolide preußische Verwaltung unter dem Freiherrn vom Stein noch in guter Erinnerung. Dieser aufrechte Mann hatte sich die Achtung und Verehrung der Bevölkerung erworben.

Stein lebte nun am Zarenhof und betrieb die Allianz gegen Napoleon. Aber der Aufstand brach nicht unter den rheinischen Anhängern Preußens aus, sondern im Gebiet der bergischen Manufakturen und Fabriken, und es waren nicht nationale Begeisterung oder rheinischer Patriotismus, die ihn auslösten, sondern allgemeine Unzufriedenheit und wirtschaftliche Not. Die verhaßten Kontributionen hatten aus dem verarmten Land noch einmal und noch einmal das Letzte herausgepreßt. Die Stimmung schlug um.

Die Franzosen wurden mit den aufständischen Arbeitern schnell fertig. Es gab standrechtliche Erschießungen und Einkerkerungen. Aber das Feuer der Empörung war nicht erloschen, es schwelte weiter, weil Not und Armut nicht beseitigt waren. Auch die Fabrikherren und die Besitzenden schlugen sich auf die Seite der Arbeiter. Als patriotische Bewegung können diese Unruhen jedoch nicht bezeichnet werden: «… wirtschaftliche Not, noch nicht nationale Selbstbesinnung (war also) die Ursache dieser zunächst nur von Arbeitern getragenen Bewegung …»[63] Max Braubach beurteilt die Situation ähnlich: «Das Ende der französischen Herrschaft kam für die Masse der rheinischen Bevölkerung überraschend. Man wird nicht sagen können, daß sie dazu erheblich beigetragen hat.»[64] Im Gegenteil: «Die Überzeugung, daß das deutsche Volk als Ganzes das Recht und die Pflicht habe, als sicheren Hort seiner eigenen Kultur den nationalen Staat zu schaffen, wurde am Rhein nicht laut … Der Drang, den nationalen Gedanken zur Tat werden zu lassen, wurde vielmehr im inneren Deutschland, und zwar in dem durch die Männer der Reform erneuerten Preußen, lebendig.»[65] Dort hatte sich ein Staatsbewußtsein schon gebildet. Die Verbundenheit mit dem Herrscherhaus war seit Generationen gewachsen. Dort konnte patriotische Begeisterung aufflammen und in vielen Herzen sich entzünden, nicht aber im Rheinland, dem bislang vaterländische Empfindungen fremd geblieben waren, das seine nationale Identität noch nicht gefunden hatte. Die Führer der patriotischen Erneuerung waren Männer wie Ernst Moritz Arndt, Johann Gottlieb Fichte, Wilhelm von Humboldt und, allen voran: Karl Freiherr vom Stein, der Reformer Preußens und unermüdliche Rufer zum Befreiungskampf gegen Napoleon. Sie alle aber waren keine Rheinländer.

Damals, 1814, erschien Ernst Moritz Arndts Weckruf «Der Rhein, Teutschlands Strom, aber nicht Teutschlands Gränze.» Arndt rief die Deutschen auf, ihre Augen und Herzen dem Rhein zuzuwenden. «Was seht ihr? Was fühlt ihr? Ihr sehet das Land, das euch an die herrlichsten Arbeiten und Kämpfe eurer Väter mahnt, ihr sehet die Ursprünge und Anfänge eures Volkes, die ältesten und heiligsten Erinnerungen des Reiches der Deutschen, die Wiege eurer Bildung, die Städte, wo eure Kaiser gewählt, gekrönt und gesalbt wurden, die Grüfte, wo eure Kaiser, eure Erzkanzler, eure Erzbischöfe schlafen, die Denkmäler eures Ruhmes und eurer Größe, wohin ihr blicket, wohin ihr tretet …» Mit glühender

Abb. 39: Wilhelm Camphausen: Blücher bei Kaub. Rheinübergang der Schlesischen Armee am 1. Januar 1814. Das Gemälde (1860) befand sich in der Nationalgalerie zu Berlin.

Beredsamkeit und eindringender Überzeugungskraft brachte Arndt in kraftvollen Bildern seine Argumente, nämlich daß nicht ein Fluß, wie der Rhein, sondern nur die Sprache, die zwei Völker trenne, natürliche Grenze sein könne. Die Sprachgrenze aber laufe von Dünkirchen in gerader Linie bis Basel. Frankreichs Besitz am Rhein sei wie ein vorgebeugtes Knie, das Frankreich, wann es ihm beliebe, auf Deutschlands Nacken setzen und womit es dasselbe erwürgen könne. Das Rheinland, so faßt Arndt seine Gedanken zu einem flammenden Aufruf zusammen, «... dieses Ehrwürdigste, dieses Deutscheste soll nicht französisch werden!» Die Schrift Arndts hatte eine kaum zu beschreibende Wirkung. Sie zündete in den Herzen das Feuer der Begeisterung für die Befreiung des Rheins, des deutschen Vaterlands vom napoleonischen Joch.[66]

1813/14 veränderten die politischen und militärischen Ereignisse die Lage im Rheinland schlagartig. Napoleon hatte in Rußland jene Niederlage erlitten, die sein Schicksal besiegeln sollte. England, das Zarenreich, Preußen, später auch Österreich schlossen sich zusammen. Im März 1813

erließ der preußische König Friedrich Wilhelm III. seine Aufrufe «An
mein Volk» und «An mein Kriegsheer». Im Oktober des gleichen Jahres
wurde Napoleon in der Völkerschlacht bei Leipzig geschlagen.
In der Neujahrsnacht zum Jahre 1814 stand der alte Fürst Blücher mit
der schlesischen Armee vor Kaub am Rhein. Mit dem Glockenschlag
zwölf Uhr rückten seine Soldaten gegen den Fluß vor und begannen, zum
anderen, dem französischen, Ufer überzusetzen. (Abb. 39)
    Damals, als E. M. Arndts Weckruf erschien, schrieb Max von Schen-
kendorf, aus Tilsit gebürtig, «Das Lied vom Rhein»[67]. Es schließt mit dem
feierlichen Chorgesang:

> «Wir huldgen unserm Herrn,
> Wir trinken seinen Wein.
> Die Freiheit sei der Stern!
> Die Losung sei der Rhein!
> Wir wollen ihm aufs Neue schwören;
> Wir müssen ihm, er uns gehören.
> Vom Felsen kommt er frei und hehr,
> Er fließe frei in Gottes Meer!»

Nun endlich stimmte auch ein rheinischer Poet, Clemens Brentano, in die
Sieges- und Sangesfreude ein und ließ zum Übergang Blüchers auf das
französische Ufer seinen «Kriegsrundgesang» vernehmen. Friedrich Leopold Graf zu Stolberg fragte:

> «Du Grenze? Nein, nicht Grenze, Du alter Rhein!
> Du Lebensblut, dem Herzen Teutoniens
> Entströmend (…)»

– was geographisch nicht richtig ist, aber wer fragte in der allgemeinen
Hochstimmung danach! Rückert schrieb seine «Geharnischten Sonette»
und August von Platen schloß seine Verse «Am Ufer des Rheins» mit den
Strophen:

> «Wird nun die Tyrannenmacht untergehn
> Durch unsre bewaffnete Hand?
> Wird endlich die Freiheit wieder erstehn
> Im alten deutschen Land?
> O rede Rhein! Ihr Fluten sprecht!
> Doch, wenn's der Himmel euch wehrt:
> Wir trau'n auf unser gutes Recht
> Und unser gutes Schwert!»

Neben Brentano war aus dem Rheinland die Stimme Joseph Görres' zu
vernehmen. Wie Johann Georg Forster hatte er einst zu den mit der Französischen Revolution sympathisierenden Kreisen gehört. Forster starb, un-
glücklich und enttäuscht, in französischen Diensten. Joseph Görres hatte

eine diplomatische «Sendung nach Paris» übernommen. Die Wirklichkeit, die er dort vorfand, stimmte nicht mit seinen Idealen überein. «Ich sah die Schauspieler entkleidet hinter den Kulissen», schrieb er. Aus dem «Jakobiner» Görres wurde ein unermüdlicher Rufer zum Kampf gegen Napoleon. Als Physiklehrer in Koblenz tätig, glaubte er, im französischen Rheinland «von der Stickluft erwürgt zu werden», und wich 1806 an die Universität Heidelberg aus. Am 23. Januar 1814 zeigte das in Koblenz erscheinende offiziöse Blatt «Mercure du Rhin» ein neues Gesicht. Der Titel lautete jetzt: «Rheinischer Merkur». Sein Redakteur war Joseph Görres.

Mit Görres und mit Brentano ist zunächst der Beitrag des Rheinlandes zur patriotischen Rheinromantik erschöpft. Das Rheinland ließ sich seine Befreiung 1814 wohl gefallen; es atmete auf, als der immer unerträglichere Druck von ihm genommen wurde. Aber «... von einer allgemeinen Volkserhebung war nicht die Rede», notierte Heinrich von Treitschke über die Situation am linken Rheinufer.[68] Im Rheinland regten sich weder vor noch nach dem Sieg über Napoleon patriotische Gefühle; es gab keine Begeisterung für ein rheinisch-preußisches Vaterland. Hier fehlte das Bewußtsein einer kulturellen Einheit und politischen Zusammengehörigkeit mit Preußen-Deutschland. «Jetzt schon ließ sich erkennen, wie viel schwere Arbeit dereinst noch nöthig sein würde, um diese halbverwälschten Krummstabslande wieder einzufügen in das neue deutsche Leben», grollte Heinrich von Treitschke.[69] «Im Rheinland waren ältere Sympathien für Preußen nur in den ehemals preußischen Gebieten am Niederrhein, sonst überwog das Gefühl, daß man durch soziale Gliederung, durch Sitten und Religion von Preußen verschieden sei.»[70] Dieses Gefühl schien beiderseitig. Noch in den fünfziger Jahren nahm man sich bei einer heftigen Debatte in der zweiten Kammer in Berlin heraus, von den rheinischen Gebieten als «eroberten Provinzen» zu sprechen und ihnen mangelnden Patriotismus vorzuhalten. Nicht ganz zu Unrecht, denn obwohl das Rheinland seine Befreiung Preußen zu danken hatte, blieb die Reserve gegen die «Litauer» bestehen, wie am Rhein die aus den östlichen Gebieten Preußens stammenden Beamten genannt wurden. Den wortgewaltigen Görres hatte Preußens Verzicht auf das Elsaß enttäuscht; er beklagte, daß aus den siegreich bestandenen Befreiungskriegen kein neues, starkes deutsches Reich entstanden war. Damals begann Görres seinen Kampf gegen das «bittere Preußentum» und für «die Erhaltung und ungehinderte Entfaltung der rheinischen Eigenart im preußischen Staate»[71]. Der Kampf endete mit dem Verbot des «Rheinischen Merkur» (1816) und mit Görres' Flucht nach Straßburg (1819).

Die Rheinländer trugen den Preußen gegenüber ein gesundes Selbstgefühl zur Schau, durchaus in dem Bewußtsein, daß ihre Errungenschaften denen der Ostelbier überlegen waren. Sie waren jetzt stolz auf ihre große Geschichte, neben der sich das jüngere Preußen wie ein Emporkömmling ausnahm, stolz auf den Code Civil, stolz auf ihre leistungsfähigen Manufakturen.[72] Bezeichnend für des Volkes Stimme und Meinung ist die Bemerkung, die dem Kölner Bankier Schaaffhausen zugeschrieben wird. Als dieser von der drohenden Vereinigung der Rheinlande mit Preußen erfuhr, soll er gesagt haben: «Jesses, Marja, Josef! Do hirohde mer in n'ärm Famillich!»[73] Das liberale Rheinland sah sich – aus seiner Perspektive – wieder einmal befreit, ohne sich das unbedingt gewünscht zu haben. Unter dem Habsburger hatte sich im Erzbistum Köln gut leben lassen. Mit den Franzosen verstand man sich zu arrangieren. Mit den trockenen Preußen würde das schwierig sein; die Preußen ihrerseits hatten sich nicht gedrängt, das Rheinland zu adoptieren.

Am 5. April 1815 ergriff der preußische König Besitz von seinen neuen Ländern; am 15. Mai 1815 nahm er in Aachen die Huldigungen der Rheinlande entgegen. Bei der Neueinteilung in Provinzen und Kreise setzte Preußen das neue Rheinland «rittlings auf den Rhein»[74], beide Ufer miteinander verklammernd. Durch diese, den kulturgeschichtlichen und ethnologischen Gegebenheiten Rechnung tragende Gebietseinteilung konnte endlich in der Zukunft am Rhein ein Zusammengehörigkeitsgefühl entstehen.

Die ursprünglich nur literarische und ästhetische Zuneigung eines kleinen Kreises romantischer Dichter zum Rhein wurde durch die Befreiungskriege und durch die vaterländische Begeisterung aus dem Innern des Reiches millionenfach verstärkt. «Wunderbarer Kreislauf der Geschicke!», schrieb Heinrich von Treitschke, ein zurückhaltender Beobachter rheinischer Mentalität: «Von diesen schönen rheinischen Landen war vor einem Jahrtausend unsere Geschichte ausgegangen; jetzt fluthete der mächtige Strom des deutschen Lebens aus den jungen Colonistenlanden des Nordostens wieder nach Westen zurück in sein verschüttetes altes Bette.»[75] Im Jubel über seine Befreiung und mit dem Stolz der Sieger über den lange als unüberwindbar geltenden Napoleon wurden der Rhein, seine Schönheit, seine vaterländische Geschichte allerorten in Deutschland bejubelt. In patriotischer Begeisterung und mit neuem Selbstbewußtsein priesen die Deutschen ihn als uralten Besitz.

Die Franzosen waren anderer Ansicht. Victor Hugo stand in Gedanken versunken vor dem Gedenkstein des französischen Generals Hoche (nahe Andernach) und glaubte eine Stimme zu hören, die ihm zuflüsterte: «Il faut que la France reprenne le Rhin»: Frankreich muß den Rhein zurückholen! Die Beschlüsse des Wiener Kongresses, welche Frankreich hinter die Grenzen von 1792 zurückdrängten, es, außer im Elsaß, vom Rhein fernhielten, erschienen ihm als Unrecht, denn: «... cette rive gauche appartient naturellement à la France», dieses linke Ufer gehört seiner Natur nach zu Frankreich. Victor Hugo pries den Rhein vor allen anderen Flüssen. Er sei reißend wie die Rhône, geschichtsträchtig wie der Tiber, königlich wie die Donau, geheimnisvoll wie der Nil, sagenumwoben wie ein Fluß Asiens. In ihm vereinige sich alles; er verkörpere die Geschichte

Europas.[76] Es erfüllte ihn mit Bitterkeit, daß dieser Strom nicht mehr zu Frankreich gehören sollte.

1840 zeigte sich, daß viele Franzosen so empfanden wie Victor Hugo.[77] Im Januar 1840 hatte der Dichter Alphonse de Lamartine in einer Rede vor der französischen Kammer erneut die Ansprüche Frankreichs auf den Rhein angemeldet. Im gleichen Jahr waren die Gebeine Napoleons von St. Helena nach Paris geholt und im Panthéon beigesetzt worden. Die Erinnerungen an eine glorreiche Zeit, an den Sieger in hundert Schlachten, lösten in Frankreich lebhafte patriotische Empfindungen aus; sie drängten auch die Rheinfrage wieder in den Vordergrund. Der Kriegsminister unter Louis Philippe, Thiers, schürte die Stimmung. Auf die gleiche Tonlage gestimmt war ein Pamphlet Edgar Quinets mit dem sprechenden Titel: «1815 et 1840». In der Pariser Presse erschienen Meldungen von Rekrutierungen und Rüstungen. Besorgt berichtete der Korrespondent der «Augsburger Allgemeinen», Heinrich Heine: «Das Nationalgefühl ist aufgeregt bis in seine abgründigsten Tiefen, und der große Akt der Gerechtigkeit erscheint den Franzosen als eine Rehabilitation ihrer verletzten Nationaleitelkeit, als ein nachträgliches Pflaster für die Wunde von Waterloo …»

In dieser für Deutschland bedrohlichen Situation des Jahres 1840 erschien ein Gedicht, das die Lage schlagartig wenden sollte. Es war Nikolaus Beckers Rheinlied:

> «Sie sollen ihn nicht haben,
> Den freien deutschen Rhein,
> Ob sie wie gierge Raben
> Sich heiser danach schrein …»

Am 16. September 1840 erschien es zuerst in der «Trierischen Zeitung» und war sogleich in aller Munde. Am 8. Oktober druckte es das führende deutsche Blatt, die «Kölnische Zeitung»; am 10. vertonte es der soeben nach Köln berufene Konradin Kreutzer; am 15. Oktober wurde das Lied im Kölner Theater in Anwesenheit König Friedrich Wilhelms IV. vorgetragen und von den Zuhörern in überwallender Begeisterung mitgesungen. Überall in Deutschland war die Wirkung ähnlich.[78] Das Rheinlied wurde nachgedruckt, in Flugblättern verbreitet und mehrfach vertont.[79] Die «Leipziger Zeitung» verstieg sich zu dem Vorschlag: «Man sollte das überall gesungene ‹Rheinlied› des Nikolaus Becker zur deutschen Nationalhymne erheben und als Erwiderung auf die Marseillaise die ‹Colognaise› nennen!»[80] Beckers, des unbekannten Poeten, Lied inspirierte Ernst Moritz Arndt zu seinem «Es klang ein Lied vom Rhein»; Georg Herwegh gab es die Anregung zu seinem «Rheinweinlied» von 1841:

> «Hurra! Hurra! Der Rhein,
> Und wär's nur um den Wein,
> Der Rhein soll deutsch verbleiben.»

Da ist er, der Hurra-Patriotismus, der damals den Deutschen recht aus der Seele klang, der viel deutsches und französisches Blut kosten sollte. Für dieses Mal sahen sich die Franzosen veranlaßt, zurückzustecken. Grollend zwar ließ sich noch am 1. Februar 1841 Alfred de Musset mit seiner Antwort auf das Lied von Becker vernehmen: «Nous l'avons eu, votre Rhin allemand …», Wir hatten ihn, euren deutschen Rhein!

Nur langsam beruhigten sich die Gemüter. Alphonse de Lamartines «Friedensmarseillaise» vom 28. Mai 1841, auch sie eine Antwort auf Beckers Rheinlied, klang bereits versöhnlicher. Heinrich Heines Berichte aus Paris gaben sich erleichtert. Nach Thiers' Rücktritt glaubte er, daß vorderhand Frieden herrschte und daß König Louis Philippe das Lob gebühre, «daß er zur Erhaltung des Friedens ebensoviel Mut aufgewendet (habe), als Napoleon dessen im Kriege aufwendete.» In «Deutschland. Ein Wintermärchen» (1844) läßt Heinrich Heine den Rhein sprechen:

> «Zu Biberich hab' ich Steine verschluckt,
> Wahrhaftig, sie schmeckten nicht lecker![81]
> Doch schwerer liegen im Magen mir
> Die Verse von Niklas Becker.»

Nach Bismarcks Worten dagegen war die Begeisterung, die Beckers Rheinlied auslöste, Armeen wert. Der eiserne Kanzler soll das Lied «zu den Imponderabilien gezählt haben, die den Erfolg unserer Einigkeitsbestrebungen vorbereitet und erleichtert haben.»

Die kritischen Tage des Jahres 1840 befestigten die Popularität des Rheins im deutschen Volk. Kein anderer deutscher Strom kam ihm fortan in der Schätzung und Liebe aller Volkskreise gleich. Derjenige aber, der das Rheinlied geschrieben hatte, Nikolaus Becker, war ein Rheinländer, ein Bonner. In einmütiger Begeisterung sahen sich Rheinländer und Preußen brüderlich vereinigt. Trotz aller Differenzen, trotz der Unterschiede rheinisch-liberaler und preußisch-konservativer Politik schien es nun doch, daß das Rheinland deutsch und gar preußisch sein wollte. Dies war die eigentliche Überraschung des Jahres 1840.

Auf die Dauer trug die solide preußische Verwaltung des Rheinlandes ihre Früchte. Sie schuf ein Gefühl der Einheit und Zusammengehörigkeit und befestigte es dauerhaft. Preußen hat das Rheinland in die Lage versetzt, seine politische Identität zu finden, ein Staatsbewußtsein zu entwickeln und patriotisch zu empfinden.[82] Viele der eingewurzelt scheinenden Vorbehalte gegen Preußen schwanden.

Die patriotische Stimmung des Jahres 1840 wiederholte sich beim Ausbruch des deutsch-französischen Krieges 1870/71. Wiederum sammelten sich die vaterländischen Empfindungen in einem Lied, das von allen Deutschen begeistert gesungen wurde. Es war die «Wacht am Rhein» des Schwaben Max Schneckenburger. Beckers Rheinlied hatte ihm 1840 den Text eingegeben; 1854 erhielt es von Karl Wilhelm die zündende Melodie, die das Gedicht durchsetzte und es zum meistgesungenen Lied in der Kriegsbegeisterung von 1870 machte.[83] Die «Wacht am Rhein» sangen die deutschen Soldaten, als sie über den Rhein in den Feldzug nach Frankreich zogen. Der siegreich beendete Krieg befestigte zugleich auch den Ruhm des Liedes. Noch beim Ausbruch des nächsten Krieges mit Frankreich, 1914, mußte die «Wacht am Rhein» dazu herhalten, die Kriegsbegeisterung erneut zu stimulieren.

«Es braust ein Ruf wie Donnerhall
Wie Schwertgeklirr und Wogenprall:
Zum Rhein, zum Rhein, zum deutschen Rhein!
Wer will des Stromes Hüter sein?
Lieb Vaterland, magst ruhig sein:
Fest steht und treu die Wacht, die Wacht am Rhein!»

Vor diesem «Ruf wie Donnerhall» klingt Max von Schenkendorfs «Lied vom Rhein» aus dem Jahre 1814 leiser und zurückhaltender; dort ist ernste, männliche Begeisterung, die sich getragen weiß von der Überzeugung, im Recht zu sein, in der Befreiung des Landes das Rechte zu tun. In der «Wacht am Rhein» aber kommen die Zeilen daher wie eine Marschkolonne. Text und Melodie wollen mitreißen; sie wollen überstimmen, überschreien. Alles ist übersteigert: es braust wie Donnerhall, wie Schwertgeklirr, wie Wogenprall, es zuckt, die Augen blitzen voll Kampfeslust – starke, akustische und optische Signale. Dazu das dreimalige Feldgeschrei: zum Rhein, zum Rhein, zum deutschen Rhein. Nicht um die Wiederherstellung der Freiheit geht es, sondern um den pathetischen Begriff des Vaterlandes, einem mit verschwommenen Empfindungen beladenen unklaren Begriff. Es sind Klischees, Prachtstücke nationalen Kitsches, die das Lied verwendet. Sein Hurra-Patriotismus wurde im Rheinland zu einem Denkmal monumentalisiert: dem Niederwalddenkmal.[84]

Freiherr vom Stein befand[85], daß sich in Heidelberg, im Freundeskreis der jüngeren Romantik, ein gut Teil des Feuers entzündet habe, das dann die Franzosen verzehrte. Es verzehrte, läßt sich im Rückblick hinzufügen, auch die Deutschen. Erst 1945 war es endgültig mit dieser Art Rheinromantik vorbei. «... schade, daß ihm ein Ruf wie Donnerhall anhaftet. Denn (der Rhein) ist ein europäischer, ein wirklich verbindlicher Fluß», schrieb 1959 Taddäus Troll.[86] Und Erich Kästner steuerte nach dem Ersten Weltkrieg den Kommentar bei:

«Wenn wir den Krieg gewonnen hätten,
mit Wogenprall und Sturmgebraus,
dann wäre Deutschland nicht zu retten
und gliche einem Irrenhaus.
...
zum Glück gewannen wir ihn nicht!»[87]

Dampfschiff und Eisenbahn:
Der Beginn des Massentourismus

Im Frühling des Jahres 1816, während Byron am Genfer See den dritten Gesang von «Childe Harold» niederschrieb, bot sich den Kölnern auf dem Rhein ein nie zuvor gesehenes Schauspiel. Die «Kölnische Zeitung» berichtete am 13. Juni 1816 über das Ereignis des Vortages: «Ein ziemlich großes Schiff, ohne Mast, Segel und Ruder (dies die eigentliche Sensation), kam mit ungemeiner Schnelle den Rhein heraufgefahren (also auch noch gegen die Strömung). Die Ufer des Rheins und die hier vor Anker liegenden Schiffe waren in einem Augenblick von der herbeiströmenden Volksmenge bedeckt. Das die allgemeine Neugierde reizende Schiff war ein von London nach Frankfurt reisendes englisches Dampfboot ...». Das Blatt hat den Namen des ersten Dampfbootes auf dem Rhein nicht überliefert; es muß sich um «The Defiance» gehandelt haben.[88] Die Erkundungsfahrt sollte bis Frankfurt gehen, aber Kohlenmangel und eine zu starke Strömung vereitelten diese Absicht – die Maschine schaffte nur etwa 14 Pferdestärken. Dennoch oder gerade deswegen war die Fahrt rheinaufwärts bis Köln eine beeindruckende Leistung. Für die Strecke Rotterdam–Köln hatte der Dampfer nur viereinhalb Tage benötigt! Die am Niederrhein gebräuchlichen breitbrüstigen Beurtschiffe[89] brauchten für diese Strecke bei gutem Wasserstand und günstigem Wind unter Zuhilfenahme von zwanzig bis dreißig Zugpferden mindestens vierzehn Tage. Die Personen-Jachten kamen mit zwei bis drei Zugpferden aus. Aber auch bei ihnen galten vierzehn Tage als besondere Leistung. Als durchschnittliche Fahrzeit wurden sechs Wochen angesehen. Unter diesen Umständen war die viertägige Fahrzeit des ersten Rheindampfers ein großer Fortschritt. Die Ausnutzung der Dampfkraft und ihre Anwendung als Antriebsmittel war, zumindest theoretisch, seit langem bekannt. Der Engländer Hull baute 1736 das erste Dampfschiff, eine Art Hafenschlepper. Aber erst das Dampfboot des Amerikaners Robert Fulton (1807) bewährte sich und war praktisch verwendbar. Nach der Niederlage Napoleons hatten sich die Engländer sogleich darangemacht, mit den in ihrem Land gebauten neuen Dampfbooten die Küste des europäischen Festlands und den Rhein stromaufwärts zu erkunden. Auch auf der Seine und der unteren Elbe erschienen in diesem Jahre die ersten Dampfschiffe. Bereits 1817 versuchte abermals ein Dampfboot die Fahrt rheinaufwärts. Diesmal war es die «Caledonia» des James Watt jr. Sie war ausgerüstet mit zwei Maschinen von zusammen fünfzig Pferdestärken. Es gelang ihr, bis Koblenz vorzudringen.[90] Eine Schulchronik in Königswinter erwähnt das Ereignis: «Königswinter sah das ... Dampfschiff auf den Fluten des staunenden Rheins aufwärts fahren am 11. November 1817, gegen 5 Uhr nachmittags, bei vergeblich sich widersetzendem Südwinde.»

«Der Wunsch in die freie Welt …», so hatte Goethe es in den Annalen zum Jahr 1815 ausgedrückt: die Möglichkeit, nach vielen Jahren des Krieges, der Okkupation und der Blockaden nun endlich wieder aufatmen und ungehindert ins befreite Rheinland reisen zu können – das wird der Grund für die nun plötzlich am Rhein seit 1814 sich häufenden Reisen und Begegnungen berühmter Namen gewesen sein.

Im Sommer des Jahres 1814 verbrachte Goethe einen mehrwöchigen Badeaufenthalt in Wiesbaden. In Frankfurt stand er seit 17 Jahren wieder vor seinem Vaterhaus, besuchte die Brentanos im Rheingau, empfing viele Besucher und begegnete Marianne, der nachmaligen Frau von Willemer, der Suleika des «Divan»; er nahm am Rochusfest in Bingen teil und ließ sich in Heidelberg von den Brüdern Boisserée deren Sammlung mittelalterlicher Gemälde zeigen. Im darauffolgenden Jahr weilte Goethe abermals an Rhein, Main und Neckar. Wieder standen viele Besuche auf dem Programm; es gab Ausflüge, Begegnungen, Betrachtungen von Kunstdenkmälern und privaten Sammlungen, – und wieder der Austausch der Gefühle und Gedichte mit Marianne-Suleika. Der preußische Staatsminister Freiherr vom Stein lud ihn auf seinen Familiensitz in Nassau; gemeinsam reisten die beiden Männer durch die zurückeroberten Gebiete den Rhein hinunter nach Köln. Dort traf Goethe sich mit Arndt, in Koblenz mit Görres.[91]

Diese frische Reiselust stieß alsbald auf jene technische Neuerung, der eine große Zukunft bevorstehen sollte: die Dampfmaschine.[92] Mit ihr begann ein neues Kapitel, nicht nur der Geschichte moderner Technik, sondern auch der Rheinromantik. Die Industrialisierung trat ihren Siegeszug an. Am Rhein lösten die neuen Verkehrsmittel, das Dampfschiff und die Dampfeisenbahn, den Massentourismus der poetisch-politischen Rheinromantik aus.

Nach den ersten Explorationsfahrten der beiden Dampfboote 1816 und 1817 war auf dem Rhein zunächst eine Ruhepause eingetreten. Die Jahre bis 1824 waren gekennzeichnet von Versuchen, für den Rhein eine Dampfschiffahrtsgesellschaft zu gründen und technische Verbesserungen an den noch sehr störanfälligen Maschinen vorzunehmen. In Köln begannen weitschauende Männer wie Heinrich Merkens und Bernhard Boisserée (ein Bruder der beiden Kunstsammler Boisserée), sich für die Dampfschiffahrt zu interessieren.[93] Zu ihnen stieß der Stuttgarter Buchhändler und Verleger Cotta, der bereits eine Dampfschiffahrtsgesellschaft auf dem Bodensee mitbegründet hatte. Bernhard Boisserée und Cotta wurden Aktionäre einer niederländischen Dampfschiffahrtsgesellschaft.

Im März 1824 kam wieder ein Dampfer den Rhein herauf bis Köln. Es war die «James Watt», die spätere «Stadt Köln».[94] Bernhard Boisserée regte bei der niederländischen Gesellschaft an, eine Explorationsfahrt weiter stromaufwärts zu machen, um das Fahrwasser zu erkunden und festzustellen, ob eine regelmäßige Dampfschiffverbindung bis Mainz möglich sei.

Die niederländische Gesellschaft ging auf den Vorschlag ein und schickte Ende Oktober 1824 den Dampfer «De Zeeuw» (Der Seeländer). Das Schiff war 35 Meter lang, 5 Meter breit, hatte 1,25 Meter Tiefgang und trug 120 Fahrgäste. Es war, wie alle Rheindampfer bis etwa 1840, aus Holz gebaut. Teilnehmer an dieser Versuchsfahrt war neben Bernhard Boisserée und dem Verleger Cotta auch Sulpiz Boisserée, der darüber einen anschaulichen Bericht hinterließ: «31. Oktober 1824: Wir haben gestern das Dampfschiff um 1/2 5 Uhr gegen den Berg heraufkommen sehen und sind sogleich an Bord gegangen. Herr von Cotta, seine Frau, unsere beiden Nichten, unser Neffe Nikolas und ich …» An Bord lernten sie den technischen Leiter des Unternehmens, den früheren Marineoffizier und jetzigen Ingenieur Gerhard Moritz Röntgen aus der berühmten Neuwieder Kunsttischlerfamilie kennen. «Es war wirklich wie eine Zauberei, als wir uns auf einmal so in die fremdeste Gesellschaft versetzt fanden, die in der elegantesten holländisch-englischen Umgebung sich auf alle Weise gütlich tat, während das Geräusch der Räder uns erinnerte, daß wir durch eine Maschine die Wellen bekämpften, daß wir uns in einer Art schwimmender Mühle befanden. Der Tag war über die Maßen stürmisch gewesen; das Wasser war über drei Schuh gewachsen …» Am anderen Morgen schrieb er: «Jetzt sind wir seit 1/2 7 Uhr wieder im Fahren; in der Nacht ist das Wasser noch drei bis vier Schuh gewachsen, und es fragt sich, ob wir die Reise bis Mainz und Frankfurt fortsetzen können, oder ob wir von Koblenz zurückkehren. Da mich nun einmal das Dampfwesen auch ergriffen hat, so weiß ich nicht, was daraus werden kann … Um euch einen Begriff von der Eleganz und Bequemlichkeit des Schiffes zu geben, brauche ich nur zu sagen, daß das Getäfel und alle Möbel von Mahagoniholz ist, daß zwei Küchen vorhanden sind, daß vier Aufwärter für alle Bedürfnisse sorgen, alles mit Wachs beleuchtet ist und was der angenehmen Eitelkeiten mehr sind … Wir sind erst um 1/2 1 Uhr nach Koblenz gekommen, weil während unserer Fahrt das Wasser jede Stunde um einen halben Fuß gewachsen, und eine wahre Überschwemmung eingetreten ist.»

Sulpiz Boisserée vermerkte das Hochwasser des Rheins so nachdrücklich, um damit die Leistung des Dampfbootes herauszustreichen. Die herkömmliche Schiffahrt lag unter solchen Verhältnissen still. Am 2. November schrieb der Reisende aus St. Goar: «Das Wasser war seit unserer Ankunft und während der Nacht noch um 6 Fuß gewachsen. In unserem Gasthof ‹Zu den drei Schweizern› waren wir morgens durch ein gewaltiges Gepolter von Tischen und Stühlen geweckt worden, weil man die Zimmer der Überschwemmung wegen räumen mußte. Trotz alledem machten wir die Reise hierher in nur 6 Stunden.»

Das war ein großartiger Erfolg. Er wurde erzielt unter den extremen Bedingungen eines starken Hochwassers und trotz technischer Unzulänglichkeiten: das dem Rhein entnommene Kesselwasser führte Schlamm, der sich im Kessel niederschlug und die Dampfentwicklung behinderte; das

Brennmaterial gab nicht genügend Heizkraft; zwei Nietnägel lockerten sich. Dies führte zu verminderter Maschinenleistung und geringeren Umdrehungszahlen. Dennoch, so berichtete Boisserée, glich die Fahrt «einem Triumphzug. Es war ein wahrer Freudenzug … Überall kamen die Einwohner, jung und alt, an das Ufer und staunten das wunderbar einherrauschende Mühlenschiff an, welches bei einer der größten Überschwemmungen, wo kein Schiff mit Pferden gezogen werden kann, seinen Weg durch die mächtigen Wasserwogen ruhig fortsetzte.»

Von diesem Erfolg bestärkt, versuchte der Schiffsführer Röntgen, auch die reißenden Stromverhältnisse oberhalb St. Goars zu bewältigen. Es gelang. Mit Hilfe eines reinen Holzfeuers wurden 32 Umdrehungen in der Minute erzielt, während bei St. Goar nur 22 1/2 Umdrehungen in der Minute möglich gewesen waren. Das Schiff stieß bis oberhalb der Pfalz gegenüber Bacharach vor. Dann wendete es und man war in 2 Stunden 20 Minuten wieder in Koblenz. Die Böllerschüsse lockten die Koblenzer an den Rhein und diese vermochten sich vor Staunen nicht zu fassen, als das Schiff bei einem Wasserstand von 27 Fuß in die reißende Mosel hineinfuhr, ein Stück flußaufwärts dampfte und in wenigen Minuten wieder auf dem Rhein zurück war. «Das war ein eigentlicher Triumphstreich, von unserem Kölner Steuermann Urban mit aller Meisterschaft und Kunst ausgeführt», berichtete der begeisterte Sulpiz Boisserée.

Diese denkwürdige Erkundungsfahrt unter dem Ingenieur Röntgen löste an den Ufern des Rheins nicht nur Hurra-Rufe und begeistertes Mütze-Schwenken aus. Allmählich dämmerte den Schiffern am Rhein, was die Stunde geschlagen hatte. Der Argwohn erwachte und ihr Widerstand. Die Dampfschiffahrt entwickelte sich schnell. Im September des folgenden Jahres, 1825, befand sich König Friedrich Wilhelm III. von Preußen in seinen rheinischen Ländern. Die Kölner Handelskammer, die an den Plänen für eine Preußisch-Rheinische Dampfschiffahrtsgesellschaft arbeitete, wußte sich des Königs Anwesenheit zunutze zu machen. Sie erbat von der niederländischen Gesellschaft das eben fertiggestellte neue Dampfboot «De Rijn» und lud den König zu einer Dampferfahrt ein. Der König ging am Morgen des 14. September in Koblenz an Bord. Führer des Schiffes war wiederum der Ingenieur Röntgen.[96] Die Fahrt des Königs wurde eine großartige Werbung für den Gedanken der Dampfschiffahrt auf dem Rhein. Das Dampfschiff «De Rijn» erhielt einen Monat später den Namen des Königs «Friedrich Wilhelm». Endgültig überwunden wurden alle Bedenken und Widerstände gegen die Dampfschiffahrt durch die noch im gleichen Monat September ohne Zwischenfälle unternommene Fahrt desselben Dampfbootes unter Ingenieur Röntgen stromaufwärts bis Kehl gegenüber Straßburg. Nicht nur die als besonders schwierig und gefährlich geltende Stromstrecke zwischen St. Goar und Bingen wurde bewältigt, auf der Rückfahrt vollbrachte Röntgen ein besonde-

res Kunststück, indem er (Zitat nach einem zeitgenössischen Bericht[97]):
«... von Koblenz ab aus Gefälligkeit die Wasserdiligence, die mühselig gegen den äußerst heftigen Nordwestwind kämpfte, bis Bonn an das
Schlepptau genommen hat.» Wenn es noch eines Beweises für die Überlegenheit des neuen Verkehrsmittels bedurft hätte – hiermit war er geliefert worden.

Am 11. Juni 1826 wurden die Satzungen der «Preußisch-Rheinischen
Dampfschiffahrtsgesellschaft» von der preußischen Regierung genehmigt;
am 1. Mai 1827 eröffnete die Gesellschaft den regelmäßigen Schiffsverkehr auf der Strecke Köln–Mainz mit dem Dampfboot «Concordia».[98]
(Abb. 40) Unter den ersten Fahrgästen der «Concordia» war der Dichter
Friedrich von Matthisson, der im Morgenblatt für gebildete Stände über
das Dampfschiff und seine Reiseeindrücke berichtet hat.

Als zweites Dampfboot der neuen Dampfschiffahrtsgesellschaft nahm
die «Friedrich Wilhelm» ihren Dienst am 8. Juni 1827 auf derselben
Strecke auf.[99] 1832 übernahm die «Preußisch-Rheinische» die 1825 in
Mainz gegründete «Dampfschiffahrts-Gesellschaft von Rhein und Main».

Am 22. 9. 1836 erhielt in Düsseldorf die «Dampfschiffahrts-Gesellschaft
für den Nieder- und Mittelrhein» die Konzession. Mit den Schiffen «Herzog von Nassau» (später «Adolf von Nassau») und «Erbgroßherzogin von
Hessen» (später «Gutenberg») eröffnete die Gesellschaft im März 1838
ihren Betrieb. Die Kölner und die Düsseldorfer Gesellschaft gerieten sogleich in einen wütenden Konkurrenzkampf. Die Düsseldorfer Schiffe
gaben ein ausgezeichnetes Essen und guten Wein zu billigem Preis – die
Kölner mußten mithalten und ihre Preise herabsetzen. Die Fahrkosten
wurden gegenseitig unterboten und lagen zeitweilig unter dem Selbstko-
stenpreis. Für den Reisenden war dieser Wettbewerb der konkurrierenden
Gesellschaften angenehm, konnte sich aber auch zur Gefahr für Leib und
Leben auswachsen. Denn die Kapitäne lieferten sich Wettfahrten, bei denen jeder Vorteil der Stromverhältnisse oder der Maschinenkraft ausgenutzt wurde. Gelegentlich versagten es sich die Schiffsführer, an den vorgesehenen Haltepunkten anzuhalten und Reisende aussteigen zu lassen,
um nicht ins Hintertreffen zu geraten.[100] 1840 einigten sich die Kölner und
die Düsseldorfer Gesellschaft über eine ökonomische Abstimmung ihrer
Betriebsweise. 1853 schlossen sie einen Einigungsvertrag, aus dem die
noch heute bestehende «Köln-Düsseldorfer Rheindampfschiffahrtsgesell-
schaft» hervorging.[101]

Die Schiffergilden allerdings unterlagen im Kampf gegen die Errichtung der Dampfschiffahrtsgesellschaften. Ihre Einsprüche gegen die
Dampfschiffe wurden vom König «gerechtest zurückgewiesen». Sie hatten argumentiert[102]: Der Zeitgewinn, der durch die schnellfahrenden
Dampfschiffe zu erzielen sei, sei für sie uninteressant. Denn das Frachtgut
habe sich ja keineswegs vermehrt, also sei es auch nicht nötig, mehr Fahrten zu unternehmen. Das war, volkswirtschaftlich gesehen, kurzsichtig.

Abb. 40: Das Dampfboot «Concordia» eröffnete 1827 den regelmäßigen Schiffsverkehr zwischen Köln und Mainz. Der luxuriösen Ausstattung des Schiffes zollte der Dichter Friedrich von Matthisson ein begeistertes Lob. Köln, Kölnisches Stadtmuseum.

Denn tatsächlich hob der schnellere Verkehr auch den Handel und damit den Güterumschlag. Diese Entwicklung gab nun vielmehr der Kölner Handelskammer recht, die in ihrem Satzungsentwurf vom September des Jahres 1825 die «Abnahme der Schiffahrt auf dem berühmtesten und schiffbarsten aller Ströme Europas, dem Rheine, der Teuerung und der Langsamkeit der Schiffsbewegung» zugeschrieben hatte. Aber die Schiffergilden verhärteten sich in ihrer Abwehr gegen die Dampfschiffe. In den Satzungen der «Preußisch-Rheinischen Gesellschaft» war vorgesehen, einen Teil der Aktien an «Personen des Schifferstandes» auszugeben mit der Absicht, «so viele Individuen, als tunlich» zu beteiligen, «denn die Sache (könne) dadurch nur um so gemeinnütziger werden, je mehr sie das Eigentum von vielen werde.» Aber die Schiffer am Rhein haben die dargebotene Hand nicht ergriffen. So versäumten sie es, sich der Entwicklung und dem Fortschritt anzupassen. Die Folge war, daß das Großkapital, das die Chance besser zu nutzen verstand, sich der Sache annahm. Die Dampfschiffahrt geriet so in die Hände der Großunternehmer.

Der Widerstand der Schiffer aber nahm zuweilen den Charakter einer Tragikomödie an.[103] So berichtet ein alter Soldat der 7. preußischen Infanteriebrigade: «Nicht weit von Neuwied liegt am linken Rheinufer das Dorf Weißenthurm. Hier wohnten viele sogenannte Halfen, die mit ihren Pferden die Segelschiffe von Köln nach dem Oberrhein zogen. Als nun die Dampfschiffe immer mehr zum Transport von Gütern und Passagieren benutzt wurden, sahen sich diese Halfen benachteiligt und suchten sich dadurch zu entschädigen resp. zu rächen, daß sie am linken Rheinufer einen kleinen Wall mit Schießscharten aufwarfen, und dahinter einige kleine Kanonen (sog. Böller) aufstellten und auf die vorbeifahrenden Dampfschiffe mit ihren scharf geladenen Geschützen feuerten. Aber dieses Vergnügen sollte nicht lange dauern, denn am andern Morgen früh fuhr eine Kompagnie in Pünten und Kähnen über den Rhein und wurde solange in Weißenthurm einquartiert, bis die ganze Weißenthurmer Artillerie und deren Kommandeur von der königlichen Staatsanwaltschaft ermittelt und das Nötige von letzterer bestens besorgt war ...» Der «Fortschritt» war auch mit Kanonen nicht mehr aufzuhalten.

Der Verkehr auf dem Rhein nahm ständig zu. Die beiden Kölner Dampfschiffe hatten 1827, in ihrem ersten Betriebsjahr, 129 Fahrten zwischen Köln und Mainz unternommen und zusammen 33 352 Reisende befördert. Die Zahlen stiegen. Am 17. 4. 1829 berichtete die Kölner Handelskammer[104], durch die ungeahnte Frequenz der Fremden – ihre Zahl hatte sich seit der Einrichtung der regelmäßigen Dampfschiffahrt London–Mainz verzehnfacht – habe sich der Wohlstand der ganzen Provinz gehoben. Die Hälfte aller Passagiere seien Engländer.

Gegenüber dem Personenverkehr blieb der Güterverkehr zunächst im Rückstand. Im Jahre 1804 hatte der zwischen Deutschland und Frankreich abgeschlossene sogenanne Oktroi-Vertrag die Rheinzölle zwar auf 12 Erhebungsstellen (statt früher 32) vermindert[105], belebte aber keineswegs den Handel, sondern brachte eine für rheinische Verhältnisse ungewohnte bürokratische Regulierung mit Verfahrensvorschriften und Formularen. Der Wiener Kongreß wollte im Rahmen der Neuordnung Europas die Freiheit der Schiffahrt auf dem Rhein bis zur Mündung. Die Gebühren sollten einheitlich sein, die Hebestellen vermindert, die Stapelrechte abgebaut werden. Jeder Anliegerstaat sollte auf seinem Territorium für den Zustand des Fahrwassers und des Leinpfades sorgen. Ein langer verkehrspolitischer Kampf hinderte die schleunige Umsetzung dieser Absichten in die Wirklichkeit. Die Niederländer hatten mit der Rheinmündung den Schlüssel zur Nordsee. Sie waren in der angenehmen Lage, den Rheinschiffern zu deren Ärger die Fahrt zur Nordsee zu verschließen oder diese doch zu behindern, zum Beispiel durch Transitzölle. Weil sie diese auch tatsächlich erhoben, ernteten sie rheinaufwärts den lebhaftesten Widerspruch, denn dieses Verhalten ging den Oberliegern an den Geldbeutel und stand im Gegensatz zur Wiener Schlußakte. Die Kölner schäumten: Wenn sie schon auf ihren jahrhundertealten Stapel verzichten sollten, dann wollten sie, angesichts eines solch dreisten Verhaltens ihrer Nachbarn, selbst Seehafen sein, und zwar, wenn die Niederländer ihnen den Weg versperrten, durch eine Verbindung an den Niederlanden vorbei zu einem belgischen Seehafen. Zwei Ereignisse ließen diesen Gedanken realistisch erscheinen: die Abspaltung Belgiens vom Vereinigten Königreich der Niederlande – beide Staaten konkurrierten sofort miteinander – und die Nutzung der Dampfkraft für die neue Eisenbahn. Die Dampfmaschine schien auch hier als Traktionsmittel von Nutzen zu sein; sie vermochte auf einem eisernen Schienenweg Massengüter über weite Strecken zu transportieren. Friedrich Harkort, Unternehmer in Wetter an der Ruhr, schrieb damals (1825): «Man verbinde Elberfeld, Köln und Duisburg mit Bremen und Emden, und Hollands Zölle sind nicht mehr ...». Pläne für die neue Eisenbahn nahmen denn auch bald Gestalt an. Sie zielten allerdings nicht auf die deutschen Nordseehäfen, sondern, weil Belgien sich aus durchsichtigen Motiven lebhaft interessiert zeigte, nach Antwerpen. 1843 wurde der durchgehende Schienenverkehr Köln–Antwerpen aufgenommen.

Unter diesen Umständen lenkten die Niederlande ein. Ohnehin war 1831 die Mainzer Rheinschiffahrtsakte in Kraft getreten und hatte die Schiffahrt auf dem Rhein für alle Rheinuferstaaten freigegeben. Der Umschlagszwang (das alte Stapelrecht) und die Schiffergilden wurden aufgehoben. Auf die Zölle mochte man zunächst nicht vollständig verzichten, weil die Arbeiten in der Fahrstraße große Summen verschlangen, aber sie wurden herabgesetzt. Die revidierte Mannheimer Akte von 1868 beseitigte auch diese Gebühren und ordnete auf der Grundlage völliger Abgabenfreiheit das Schiffahrtswesen ganz neu.[106] Sie erklärte den Rhein zur internationalen Schiffahrtsstraße: Nicht mehr nur die Rheinuferstaaten, sondern alle Nationen haben bis heute das Recht, den Rhein gebührenfrei zu befahren. Nachfolgende Revisionen haben daran in wesentlichen Punkten nichts mehr geändert. Alle Hemmnisse für die Entwicklung des Handels und Verkehrs auf dem Rhein waren damit beseitigt.

Der Rhein war frei. Er war ein europäischer Strom geworden. Er trennte die Völker nicht mehr, er verband sie. Er zog die Menschen an, stärker als andere europäischen Ströme.

Die neuen Dampfboote waren das ideale Verkehrsmittel. Sie trugen eine ständig wachsende Zahl von Reisenden, die aus allen Nationen und aus verschiedenen Motiven, aber mit dem gleichen Ziel, herkamen. Rheinromantik und Massentourismus verbanden sich. 1844 beförderte die Kölner Gesellschaft mit ihren 23 Schiffen etwa 600 000 Passagiere. Die mit der Kölner inzwischen kooperierende Düsseldorfer Gesellschaft besaß zehn Schiffe und beförderte 1852 über 300 000 Personen. Nach dem Zusammenschluß der beiden Unternehmen 1853 zur «Köln-Düsseldorfer» pendelten sich die jährlichen Fahrgastzahlen zwischen 1860 und 1890 bei einer Million ein. Die Dividenden betrugen in diesen guten Jahren erfreuliche 10 Prozent. Die beiden Gesellschaften hatten sich anfänglich außer der Personenbeförderung auch des Eilgüterdienstes angenommen. Als aber im Frachtverkehr die Schleppschiffahrt aufkam und überdies die Konkurrenz der Eisenbahn fühlbar wurde, deren Transportleistung schnell wuchs, verlegte sich die Köln-Düsseldorfer auf den reinen Fahrgastverkehr; die Fracht- und Stückgutbeförderung überließen sie einer niederländischen Gesellschaft.

Das Reisen auf dem Rhein wandelte sich. Die reine Zweckbestimmung trat zurück. Das Reisen selbst wurde Zweck, wurde zum Vergnügen. Die Kurzreisen, wie der Ausflugsverkehr zu romantischen Orten am Rhein, nahmen zu und wurden immer beliebter. Ein Nachteil dieser Entwicklung war deren Saisoncharakter: In den Sommermonaten war der Andrang kaum zu bewältigen und zwang dazu, die Schiffe zu überladen oder die Flotte zu vergrößern. Im Winter lagen die Schiffe ungenutzt in den Sicherheitshäfen. Seit den 50er Jahren des 19. Jahrhunderts standen immer größere und bequemere Dampfschiffe für die modischen Rheinreisen zur Verfügung; es gab Doppeldeckschiffe, Schnelldampfer und Salon-Dampfer – sie alle verwöhnten den Rheinreisenden mit eindrucksvollem Komfort.

Beim Ausbruch des Ersten Weltkrieges besaß die Köln-Düsseldorfer 32 Schiffe, mit denen 1913 rund 1,92 Millionen Personen den Rhein befuhren. 1928 gelang ein Rekord mit 2,649 Millionen Fahrgästen. Nach dem Ende des Zweiten Weltkrieges war von 28 Schiffen nur noch eines fahrtüchtig. Es spricht für die trotz Kriegs- und Notzeiten ungebrochene Beliebtheit der Rheinreise, für den abermals erwachten «Wunsch in die freie Welt» (und nicht zuletzt für die Leistungsfähigkeit des Unternehmens), daß die Köln-Düsseldorfer 1951 bereits wieder 2 Millionen Rheinreisende beförderte. In den folgenden Jahren – die Gesellschaft hatte 1976 ihr 150jähriges Bestehen gefeiert – wurden zwar die Fahrgastzahlen der Vorkriegszeit nicht wieder erreicht, dafür aber wartete die Köln-Düsseldorfer mit einem vielfältig erweiterten und differenzierten Programm an Tagesausflugsfahrten und insbesondere mit mehrtägigen Rheinreisen an Bord komfortabler Kabinenschiffe auf. Der Ehrgeiz der traditionsreichen Reederei geht nicht mehr dahin, die Schiffe mit Touristen vollzuladen, sondern hochwertige Gastronomie zu bieten. So sahen die vornehmen Kabinenschiffe der Köln-Düsseldorfer Gäste aus 70 Ländern, unter ihnen viele Staatsgäste – kein Wunder, daß die Schiffe der Köln-Düsseldorfer bei Staatsbesuchen im Protokoll der Bundesregierung eine Rolle spielten.[107] Nach der Vereinigung der beiden deutschen Staaten erweiterte die Köln-Düsseldorfer ihr Liniennetz bis zur Elbe.

Als Schiffsantrieb wurde im 19. Jahrhundert zunächst die Dampfmaschine benutzt. Um die Jahrhundertwende setzte sich der Verbrennungsmotor als Antriebsmittel durch.[108] Dampfmaschine und Verbrennungsmotor (Dieselmotor) haben auch der Eisenbahn zu ihrem beispiellosem Siegeszug verholfen. Diese Fortschritte im Verkehrswesen der Neuzeit gingen zu Lasten überkommener und altgewohnter Gewerbe. Die Personenbeförderung und die Schleppschiffahrt mittels Dampfschiffen hatte die Halfen am Rhein brotlos gemacht; die Dampfeisenbahn nahm den Kutschern und Fuhrleuten ihren Lebensunterhalt. Es dauerte nicht lange, da traten auch Rheinschiffahrt und Eisenbahn miteinander in Wettbewerb.[109] Unternehmende Männer – oft dieselben, die auch in den jungen Dampf-schiffahrtsgesellschaften die treibende Kraft gewesen waren – gründeten nun Eisenbahngesellschaften, allen voran der Westfale Friedrich Harkort, der früh für eine Eisenbahn-Verbindung von Rhein und Weser eintrat. Nach seinen Plänen wurden später die Köln-Mindener-Eisenbahn und die Bergisch-Märkische Eisenbahn gebaut. Diese ersten Bahnlinien im Rheinland leiteten auf ihren eisernen Wegen den Verkehr wie Neben-flüsse zum Rhein hin; sie waren Querverbindungen. Die dem Strom par-allel geführten Längsverbindungen wurden erst später gebaut. Die frühe-ste der neuen Zuleitungen zum Rhein war die Strecke Erkrath–Düsseldorf (1838), es folgten Thann–Mülhausen im Elsaß (1839) und Frankfurt–Wiesbaden (1840). In der preußischen Rheinprovinz waren es David Hansemann und Ludolf Camphausen, die mit der «Rheinischen Eisenbahn-Gesellschaft» die Verbindung des Rheins von Köln über Aachen (1841; ein erstes Teilstück war 1839 eröffnet worden) mit den bel-gischen Eisenbahnen herstellten. Die Verbindungen Amsterdam–Utrecht und Heidelberg–Mannheim folgten 1843. Im Jahre 1847 war ein durch-gehender Schienenverkehr von Berlin zum Rhein eröffnet worden – eine bedeutende politische (und insbesondere militärisch-strategische) Errun-genschaft.

Erst 1844 wurden einige dem Strom parallel geführte Bahnlinien in Betrieb genommen; es waren dies die linksrheinischen Strecken Bonn–Köln, Basel–Mülhausen–Straßburg und die rechtsrheinische Verbindung Offenburg–Karlsruhe. Karl Friedrich Nebenius, badischer Staatsrat und Minister, förderte die Planung für die Eisenbahn Basel–Mannheim. Als treibende Kraft (später als Präsident der Hessischen Ludwigsbahn) setzte Anton Humann die Bahnlinie Mainz–Oppenheim–Worms (–Ludwigs-hafen) durch.

Sogleich bekamen die Schiffahrtsgesellschaften die Konkurrenz zu spüren. Die Bonn-Kölner Bahn beförderte im ersten Betriebsjahr (1844) schon fast eine halbe Million Menschen. Die Beförderungszahlen der Dampfschiffe zwischen Bonn und Köln sanken dagegen um ein Drittel. Die Bonn-Kölner Bahngesellschaft ließ dieser Erfolg sofort an die Wei-terführung ihrer Linie nach Koblenz denken.[110] Die Uferbahnen am Rhein entstanden nun in schneller Folge. Es wurden eröffnet: 1845 die Strecken von Köln-Deutz nach Düsseldorf, von Freiburg nach Offenburg, von Arnheim nach Utrecht. 1847 erreichte die erste Bahnlinie von Ulm her den Bodensee in Friedrichshafen. 1863 bereits erreichte der Bahnrei-sende auf einem durchgehenden Schienenstrang von Konstanz aus am Rhein entlang Rotterdam, und auf weiten Strecken konnte er die Linie auf dem linken oder die auf dem rechten Ufer wählen.[111] Nun nahmen die Ingenieure auch den schwierigen Streckenbau im Gebirge in Angriff. 1859 hatte die Schweiz die Rheintalstrecke am Alpenrhein in Betrieb ge-

Abb. 41: Der Bau der linksrheinischen Eisenbahnlinie zwischen Koblenz und Bingen
stieß im engen Rheintal auf große technische Schwierigkeiten. Hier die Eröffnungsfahrt
der Rheinischen Eisenbahn-Gesellschaft im Dezember 1859 durch den Bet-Tunnel
gegenüber der Loreley.

nommen. 1897 erreichte die Rhätische Bahn von Landquart aus Chur und
Reichenau, 1912 auch Disentis am Vorderrhein. Die Furka–Oberalp-
Bahn stieß 1926 zum Oberalppaß hinauf und in Richtung Andermatt ins
Quellgebiet des Vorderrheins vor. Damit waren seit 1926 die Rheinufer
in ihrer ganzen Länge von der Quelle bis zur Mündung mit der Eisenbahn
befahrbar. (Abb. 41)

Dem alten, natürlichen Verkehrsweg des Flusses waren an seinen beiden Ufern zwei neue, künstliche Verkehrswege attachiert worden. Die
Fahrpläne der Schiffe und der Züge wurden einander angepaßt, An-
schlüsse und Übergänge ermöglicht. Zwischen den Bahnhöfen, den An-
legestellen der Schiffe und den Hotels und Gasthöfen beförderten Fuhr-
werksunternehmer die Reisenden und deren Gepäck. Sackträger fanden
eine zusätzliche Einnahmequelle: An den Steigern der Schiffe oder auf den
Perrons der Bahnhöfe stürzten sie über die Reisenden und deren Habe
her, betrachteten diese durchaus als ihre Beute und schleppten und zogen
beide zu den Hotels, wo sie von den Reisenden Entlohnungen (und von
den Wirten eine Prämie) kassierten. Der Zustrom der Reisenden weckte
im Mittelrheintal Unternehmungslust und Gewinnstreben. Die Rhein-

länder begriffen schnell, daß mit dem Massentourismus der Rheinromantik gute Geschäfte in Aussicht standen. Die Dampfschiffahrtsgesellschaften
hatten kaum den regelmäßigen Personen- und Eilgüterdienst zwischen
Köln und Mainz aufgenommen, da annoncierte auch schon der Gastwirt
A. Trimborn aus Plittersdorf bei Godesberg in der «Cölnischen Zeitung»:
«Da nunmehr das Dampfboot hier in der Nähe meines Gartens zum Aus-
schiffen und zur Aufnahme der Passagiere von Godesberg stille hält, so
beehre ich mich hierdurch, die ergebenste Anzeige zu machen, daß ich
zum bequemen Aufenthalt der Passagiere zweckmäßige Einrichtungen
getroffen habe und empfehle mich denselben aufs beste.» Dieser Eifer war
angebracht, denn das rheinische Hotelgewerbe stand zu dieser Zeit keineswegs in gutem Ruf. Manche Wirte wurden als rücksichtslose Macht-
haber mit einem Hang zur Ausbeutung beschrieben. Der Table-d'Hôte-
Zwang war wenig beliebt. In anderen Quartieren ließ sich das Personal nur
zögernd herbei, auf Wünsche der Gäste einzugehen, was allerdings stets
auf erhebliche Trinkgelderwartungen schließen ließ. Die Engländer bevorzugten Dorfschenken, die zwar einfach, aber sauber und obendrein
billig waren. Gelegentlich mußten sie mit einem Lager in der Wirtsstube
vorlieb nehmen. Das den Engländern ungewohnte Federbett wurde als
angenehm im Winter, aber als zu warm im Sommer empfunden. Oft waren die Betten zu kurz. Die Füße des Dichters Percy B. Shelly ragten über
das Bettende hinaus, beklagte seine Schwester.[112] Thomas Campbell zog
überhaupt ein Nachtlager auf Stroh dem etwas teureren Federbett vor.

Gegenüber den neuen Verkehrsmitteln geriet die traditionelle Postkut-
sche ins Hintertreffen. Ihre Kundschaft zog das Reisen mit den weitaus be-
quemeren, schnelleren, pünktlichen und alsbald auch billigen Schiffen und
Bahnen vor. Kein Wunder: in den Berichten von Reisen mit der Post-
kutsche klagen die Gepeinigten über die schwerfälligen und unbequemen
Reisewagen.[113] Sie kamen nur langsam voran; Steine, Wasserlöcher oder
tiefer Sand auf den Straßen behinderten die Fahrt. Oft geriet der Wagen
zum Entsetzen der Passagiere in Gefahr, umzustürzen; immer wieder einmal brachen Rad oder Achse, was zu unliebsamen Aufenthalten führte.
Die zeitgenössischen Reiseberichte sind voll solcher Abenteuer.[114] Die
wenigen befestigten Straßen hatte man mit unbehauenen Steinen gepflastert, welche die Reisenden durchschüttelten und ihnen blaue Flecken
schlugen. Der Umgang mit dem phlegmatischen Postillion brachte immerzu Ärger; er rauchte ständig, war eigensinnig und mundfaul. Die Fahrgäste waren Luft für ihn; Beschimpfungen prallten an ihm ab. Er unter-
brach die Fahrt, wann es ihm paßte. Lady Shelley beklagte zusätzlich, daß
die Postillione ihre Ohren beleidigten, weil sie auf ihrem Horn schlecht
und falsch bliesen.

Die Dampfschiffe und ihr Personal kamen im Urteil der Reisenden besser weg. Ein gedruckter Reiseführer aus dem Jahre 1828 durfte behaupten, ohne Widerspruch zu ernten: «Die innere Einrichtung dieser Schiffe

Abb. 42: Englische Touristen waren auf dem Rheindampfer nicht zu übersehen.
Stich nach einer Zeichnung von Benjamin Vautier, 1875.
Köln, Kölnisches Stadtmuseum.

ist höchst geschmackvoll, Speisen und Wein sind billig und gut, die Be-
dienung ist gefällig und rasch, die Reisegesellschaft ist in der Tat stets sehr
gut und ausgesucht gewesen und man hat noch von keiner einzigen Roh-
heit und Plumpheit gehört, die auf einem Dampfschiffe vorgefallen
wäre.»[115] (Abb. 42)

Ein Zeitgenosse, Karl Simrock, schildert das muntere Leben, das damals,
in der Mitte des 19. Jahrhunderts, an den Rheinufern zwischen Mainz und
Köln sich entfaltete[116]: «Nirgend ist der Völkerverkehr lebendiger; die
stündlich abgehenden Schnellposten mit ihren Beiwagen, die goldglän-
zenden Dampfschiffe, vor deren umgeschwungenen Rädern der Strom
nicht zur Ruhe kommt, die Eisenbahnen, die ihn auf beiden Ufern begleiten, die geräumigen, mit der verschwenderischen Pracht der Paläste
eingerichteten Gasthöfe wissen die Menge der Reisenden nicht fortzu-
schaffen, die Zahl der Fremden nicht unterzubringen. Man ist nicht mehr
in Deutschland, man fühlt sich in der großen Welt. Für die Bedürfnisse der
Reisenden, für alle erdenklichen Bequemlichkeiten wird mit einem Raf-
finement gesorgt, das man ohne Lächeln nicht wahrnehmen kann. Reisebücher, Karten, Panoramen, malerische und plastische Darstellungen einzelner Gegenden wie größerer Strecken, Sagensammlungen in Versen und
Prosa, und tausend andere Reisebehelfe sind in allen Kunst- und Buch-

läden in solcher Fülle zu Kauf, daß zwischen Mainz und Köln kaum ein Haus, kaum ein Baum gefunden wird, der nicht schon eine Feder oder einen Grabstichel in Bewegung gesetzt hätte. Diese Gegend ist so vielfältig beschrieben, abgebildet und dargestellt, daß man zuletzt das Postgeld schonen und sie mit gleichem Genuß in seinen vier Wänden bereisen kann.»

«Warum ist es am Rhein so schön?»
Rheinromantik einst und jetzt

Geomorphologie und Rheinromantik: Das Binger Loch

Der Oberrhein trifft bei Mainz auf den Taunus, eine Gebirgsschwelle, die ihm den Weg nach Norden verlegt. Er wendet sich nach Westen, ein paar Grad sogar in die Gegenrichtung, um dann bei Bingen und Rüdesheim wiederum umzubiegen, diesmal nach Norden, und gegen das Gebirge anzurennen. Wie entstand das romantische Durchbruchstal, die Mittelrheinstrecke?

Im Erdaltertum sammelten sich im Oberrheingraben Gewässer und flossen über das auf variskischem Sockel aufliegende Schiefergebirge träge nach Norden; dabei wechselten sie häufig ihr Bett. Auch im Erdmittelalter war das Rheinische Schiefergebirge mit seinem breiten Urstromtal ein Flachlandgebiet; es war von Wasser umgeben und ragte kaum über den Meeresspiegel hinaus.[117]

In der Erdneuzeit (Tertiär) wurden Mittel- und Niederrhein von den Auswirkungen der Kontinentaldrift und der damit zusammenhängenden alpinen Gebirgsbildung erfaßt. Die Rumpfscholle des Schiefergebirges hob sich, und zwar im Süden, im Hunsrück und Westerwald-Taunus, stärker als im Norden – wenn auch nicht zu vergleichbaren Höhen wie die Alpen. Diese Vertikalbewegung im Rheinischen Schiefergebirge hätte den nach Norden fließenden Gewässern des Urrhein den Weg verlegt, wenn die Hebung abrupt sich vollzogen hätte. Aber das Rheinische Schiefergebirge stieg nur langsam und nicht gleichmäßig empor. So vermochte der Urrhein bei Bingen allmählich durch die harte Quarzitschwelle des Hunsrück-Taunus sich hindurchzusägen und seine Nordrichtung durch langsame Tiefenerosion beizubehalten, sein Bett in Zeiten geologischer Ruhe auch durch Seitenerosion zu verbreitern. Dieses Urstromtal läßt sich auf der Hochfläche des Schiefergebirges an den Ablagerungen von Sand, Kies und Geröll heute noch erkennen. Die Geologen nennen sie die Hauptterrasse. In diese Hauptterrasse hat sich später der Altrhein noch einmal um 90 Meter eingeschnitten, als die Hebung fortschritt. Ihr folgte sogleich die Abtragung, sodaß die Höhe des Gebirges annähernd gleich blieb. Der Altrhein floß nun in der Mittelterrasse. Gleichzeitig brach mit dem Oberrheingraben auch die alte Senkungszone des Neuwieder Beckens und der Niederrheinischen Bucht ein. Sie zog Wasser an: von Süden das ablaufende Wasser des Rheinischen Schiefergebirges mit dem Rhein, von Norden drängte das Meer heran. Im Küstenstreifen von Südengland über Aachen und Köln bis Oberschlesien dehnten sich weite Sumpfflächen: die heutigen ergiebigen Kohlenflöze. Das Tertiär war mit diesen komplizierten und unruhigen geologischen Ereignissen zugleich eine Zeit verstärkter vulkanischer Tätigkeit. An Bruchstellen, randlichen Verzerrungen, in Spannungszonen wurden Vulkane tätig: in der Eifel, im Westerwald, im Siebengebirge.

In den nachfolgenden Eiszeiten feilte sich der heutige Rhein dann bis zu 200 Meter in die Rumpfscholle des Rheinischen Schiefergebirges ein. Das heutige enge Rheinbett liegt in dieser Niederterrasse. Die dem heutigen Talboden parallel laufenden Kanten von Mittel- und Hauptterrasse sind mit dem Auge gut zu erkennen. An den Talwänden kommt überall das anstehende Gestein heraus: am großartigsten in den Felsen der Loreley. Die Sandsteinschichten und Schieferbänke dort liegen zwar nicht mehr wie bei ihrer Entstehung waagerecht, sondern sind infolge der nachträglichen tertiären Auffaltung schräg geneigt.

Wie es hier (vereinfachend) geschildert wurde, scheint die Geschichte der Entstehung des Mittelrheintals plausibel zu sein. Aber diese in großen Zeiträumen ablaufenden erdgeschichtlichen Vorgänge annähernd zu klären hat die Wissenschaft viel Kopfzerbrechen gekostet. Durchbruchstäler sind ein schwieriger Forschungsgegenstand.[118] Es gibt verschiedene Deutungsmöglichkeiten: Tektonische Vorgänge im Erdinnern könnten Klüfte aufgerissen und den Fluß durch das Gebirge gelenkt haben – so die «Klafftal- und Spaltentheorie». Diese Theorie wird im Rheinischen Schiefergebirge durch die Terrassen widerlegt, die auf eine erosive Entstehung des Rheintals deuten. Der Rhein könnte sich aber auch vor der Taunusquarzitschwelle zu einem See aufgestaut haben, an der niedrigsten Stelle übergeflossen sein und sich dort eingekerbt haben: Dies wäre die «Überlauftheorie», die Georg Forster (1790) und Goethe (1814, bei der Schilderung des Rochusfestes) sich zu eigen machten.[119] Aber Forster und Goethe irrten: Am Taunushang lassen sich bis zur Höhe der Gebirgsschwelle keine Seeablagerungen und Seeterrassen finden. Eine dritte, die unwahrscheinlichste, Erklärung: Der Ur-Niederrhein habe sich durch rückschreitende Erosion eine Kerbe bis hinauf zum Oberrheingraben geschaffen; der Rhein flösse demnach in einem «Regressionsdurchbruchstal». Diesen Theorien gegenüber läßt sich mit größerer Wahrscheinlichkeit nach Mordziol (1910) im Mittelrheintal ein antezedentes (vorher schon bestehendes) Durchbruchstal vermuten[120]: ein flacher, sehr breiter Flußlauf also, der bereits vor der tektonischen Hebung des Rheinischen Schiefergebirges bestand. Die Forschung ließ sich denn auch inzwischen durchgängig auf diese Deutung ein, allerdings mit Varianten und Nuancierungen.

Auch den Archäologen gibt der Mittelrhein Rätsel auf. An den Uferstrecken oberhalb und unterhalb des Binger Lochs häufen sich hochinter-
essante Funde: eindeutig dem Fluß zugedachte Opfergaben. Sie zeigen die
typischen Spuren langer Lagerung im fließenden Wasser: Abschleifungen
und Abrundungen. Die Archäologen stellen in Rechnung, daß die Strömung die Fundstücke eine Strecke weit flußabwärts transportiert hat.

In bestimmten Epochen bevorzugten die prähistorischen Menschen
solche Flußopfer, in der Urnenfelderzivilisation der jüngeren Bronzezeit
(1250/1200 bis 750/700 v. Chr.), in der Latènezeit (seit 500 v. Chr.) und
dann wieder in der römischen Kaiserzeit (seit 30 v. Chr.). Die Wissenschaftler suchen nach den Gründen, warum gerade an dieser Flußstrecke
im Binger Loch die Opfergaben zahlreich sind. Zweifellos erfreuten sich
einzelne Flußabschnitte der besonderen Verehrung; von den Quellen war
schon die Rede. Aber auch Mündungen sind solche bevorzugten Orte,
und zwar nicht nur die Mündung eines Flusses ins Meer, sondern auch die
Einmündungen von Nebenflüssen in den Hauptstrom.[121] Älteste rheinische Städte sind meist auch Opferplätze gewesen und sie liegen an oder
gegenüber von solchen Einmündungen. Auch an Furten, Fährstellen und
Brücken häufen sich die Funde: dort wurden seit der Kaiserzeit Münzen
geopfert. Ein Flußübergang war gefährlich: Der Reisende bat die Götter
um Schutz und sichere Überfahrt.

Darüber hinaus aber scheinen auffällige, von der Natur ausgezeichnete
Flußstrecken mit Opfergaben bedacht, als kultische Weihestätten bevorzugt worden zu sein, wie zum Beispiel Rheinau am Hochrhein, Basel,
Mainz und eben Bingen, Orte, die außer an Einmündungen auch an einer
Flußkrümmung oder einem Rheinknie liegen. Eine geheimnisvolle An-
ziehungskraft besaßen auch «träge und schnelle Wasser, die Bildung von
Wirbeln, eine leise oder laute Flußmelodie, dunkle und helle Farben und
ihre Vermischung, gewiß auch sonderbare Uferlandschaften, etwa die tiefen, engen Nebentäler vor einer breiten Ebene»[122]. Das Binger Loch ist
zweifellos durch viele dieser Sonderbarkeiten der Natur ausgezeichnet.
Der unvermittelte Eintritt des Flusses aus der breiten oberrheinischen
Ebene in die Engnis des Schiefergebirges, sein Wandel vom behäbig da-
hinströmenden Flachlandstrom zum schmalen, schnellen, gefährlichen
Gebirgsfluß, vor allem das Binger Loch, das in der Vorzeit einem Wasserfall geglichen haben mag – all diese «natürlichen» Erscheinungen beeindruckten die vorgeschichtlichen Menschen zutiefst.

Spätere Generationen hatten weniger Ehrfurcht vor dem Numinosen.
Die Verehrung des Stroms hinderte nicht das Bestreben, ihn für die Schifffahrt und den Transport von Personen und Waren zu nutzen.

Wie diese Schiffahrt zur Zeit der Kelten und der Römer aussah, über-
liefern der Grabstein des Schiffers Blussus bei Mainz-Weisenau und das
Neumagener Weinschiff. Im 9. Jahrhundert gehörte die Nutzung der
Flüsse zu den Regalien, den Rechten des Königs. Von den Zöllen, die von

*Abb. 43: Untergang der «Stadt Mainz» am 14. Februar 1831 am Mäuseturm-Riff.
Das Schiff war mit 2000 Maltern Getreide beladen.
Köln, Kölnisches Stadtmuseum.*

der Schiffahrt auf dem Rhein zu erheben der König berechtigt war, sollten das Fahrwasser und die Leinpfade, die zum Treideln der Bergfahrt unentbehrlich waren, instandgehalten werden. Mit dem Zerfall der königlichen Zentralgewalt gingen die Zollrechte an die Landesherren über.
Erzbischof Siegfried II. von Mainz erhob seit 1220 den Ehrenfelser Zoll.
Der Platz war gut gewählt: Vom Ehrenfels herab ließ sich die Schiffahrt an
dieser Gefahrenstelle vorzüglich kontrollieren. Ein Grund mehr für die
Schiffer, ihre Transportgüter auszuladen und auf dem Landweg die gefährlichen Stromschnellen und die Zollgebühren zu umgehen. Dennoch
entwickelten sich der Ehrenfelser Zoll und die vielen anderen Rheinzoll-
stellen zu einträglichen Finanzquellen für die fürstliche Hofhaltung. Hin
und wieder werden die Einnahmen auch zur Unterhaltung des Leinpfades auf dem rechten Ufer der Binger-Loch-Strecke (unterhalb von
Ehrenfels) verwendet worden sein, denn die Bergfahrt war hier ohne ihn
nicht möglich. Bis zu vierzig Pferde mußten auf der Uferstrecke zwischen
Aßmannshausen und Rüdesheim vorgespannt werden, um schwer be-
ladene Frachtschiffe das Gefälle hinauf und durch die Stromschnellen
zu ziehen. Bei der Talfahrt war statt der Zugkraft das Geschick und das
Glück der Schiffsführer vonnöten, um Menschen und Güter in der Strömung heil durch den gefährlichen Engpaß zu bringen. Sowohl Bergfahrt
als auch Talfahrt konnten die Schiffer nur bei günstigen Wasserständen
wagen. (Abb. 43 und 44)

Abb. 44: Das Binger Riff bei Niedrigwasser um 1960. Ein Motorschiff passiert mit voller Maschinenkraft das «Loch». Die Aufnahme verdeutlicht die Gefahren der nur dreißig Meter breiten Durchfahrt durch das Riff vor der Verbreiterung auf 120 Meter.

Schiffer und Handelsherren wünschten, die im Rhein bei Bingen drohenden Gefahren wenn nicht zu beseitigen, so doch wenigstens zu mildern.[123] Im 18. Jahrhundert hatten Frankfurter Handelsherren unter großen Gefahren und mit erheblichen Kosten den Durchlaß in der Felsenbarriere auf eine Sohlenbreite von 15 Fuß (ca. 4,5 Meter) bringen lassen. Die nach oben sich verbreiternde, nun «Binger Loch» genannte Öffnung gestattete (bei mittleren Wasserständen) Schiffen und Flößen bis zu 6,5 Metern Breite die Passage. Diese von Schiffern und ihren Passagieren gefürchtete Gefahrenstelle hatte bis in unsere Tage ungezählte Schiffsunfälle zu verzeichnen. Bei der Durchfahrt zogen die Schiffer den Hut und sprachen ein Gebet. Mit ihren Passagieren stimmten sie nach glücklich bestandener Durchfahrt das Lob Gottes an.

Als sich nach den Befreiungskriegen auch am Rhein Handel und Wandel belebten, als die ersten Dampfschiffe gesichtet wurden, die alsbald die Binger-Loch-Passage überwanden und bis Kehl und Mannheim vorstießen, als fortan für die Belebung der Schiffahrt auf dem Rhein berechtigte Aussichten bestanden, erhob sich der Wunsch, das Nadelöhr bei Bingen zu erweitern, die Gefahren zu mildern und der Schiffahrt freie Bahn zu schaffen. 1830 begannen die Arbeiten in der Fahrstraße. Sie gestalteten sich äußerst mühselig. Von einem Arbeitsfloß aus wurden hinter einem Stauschild von Hand Bohrlöcher in das Quarzitgestein geschlagen, die Bohrlöcher mit Schwarzpulver gefüllt und nach erfolgter Sprengung die

Felstrümmer mit zangenartigen Geräten herausgehoben. Mit diesem Verfahren wurden bis 1832 der große Lochstein und zwei weitere Erhebun-
gen (insgesamt 49 Kubikmeter Fels) abgetragen und das «Binger Loch»
verbreitert. Am linken Ufer, neben der Bundesstraße 9, erinnert ein
Denkmal an diese kühnen Arbeiten. Seine Inschrift lautet: «An dieser
Stelle des Rheins verengte ein Felsenriff die Durchfahrt. Vielen Schiffen
ward es verderblich. Unter der Regierung Friedrich Wilhelm III., König
von Preußen, ist die Durchfahrt nach dreijähriger Arbeit auf 210 Fuß, das
Zehnfache des Früheren, verbreitert worden. Auf gesprengtem Stein ist
dieses Denkmal errichtet, 1832».

Der Verkehr auf der Wasserstraße nahm zu, die Schiffe wurden größer,
die Schleppschiffahrt kam auf. Schon 1839 und 1841 mußte nachgebes-
sert werden: weitere 76 Kubikmeter Fels vom Binger Riff wurden entfernt. Auf die Verbreiterung folgte die Vertiefung des Fahrwassers. Aber
da gab es Probleme. Die Felsbarriere im Binger Loch wirkte wie ein natürliches Wehr und staute das Wasser zurück. Die Verbreiterung der Fahrrinne und die Vertiefung der Flußsohle des Binger Lochs hat zur Folge,
daß der Wasserspiegel im Rheingau absinkt. Folglich mußten in den Jahren von 1850 bis 1900 zugleich Maßnahmen getroffen werden, die diese
Nebenwirkung tunlichst verhinderten. Dies geschah durch eine Einengung des Stromquerschnitts: Am linken Ufer zwischen der Nahemün-
dung und Trechtingshausen wurden Buhnen quer in den Strom vorgebaut
und hernach (1860–1864) die Buhnenköpfe durch ein Längswerk verbunden. 1867 entstand an dieser Stelle ein zweites Fahrwasser durch ein
parallel geführtes zweites Längswerk. Als aber 1893/94 das Binger Loch
auf 30 Meter verbreitert und wiederum vertieft wurde, fiel der Wasserspiegel knapp oberhalb des Binger Lochs um 25 Zentimeter, und am Binger Pegel, zwei Kilometer oberhalb, immer noch um 10 Zentimeter.

Trotz all dieser Maßnahmen und Gegenmaßnahmen blieb die Binger-
Loch-Strecke eine Gefahrenstelle; sie stellte weiterhin hohe Anforderungen an die Navigationskunst der Schiffsführer. Mit jeder Veränderung des
Wasserstandes änderten sich Gefälle, Fließgeschwindigkeit und die gefürchteten Querströmungen. Seit den 1870er Jahren waren daher für die
Passage Bingen–Kaub und Kaub–Bingen Lotsen erforderlich, besonders
geprüfte Schiffssteuerleute. Zusätzlich brauchten Schleppzüge bei der
Bergfahrt Vorspannboote mit kräftigen Maschinen, weil sie mit ihren Kähnen nicht gegen das Gefälle und die Strömung ankamen.

Die Schiffahrt blieb mit den erreichten Verbesserungen unzufrieden.
Sie sah sich in ihrer Expansion behindert. Der Verkehr auf einer Wasserstraße kann nur so zuverlässig und schnell sein, wie es die engste Stelle
erlaubte. 1925 bis 1931 wurden im zweiten Fahrwasser Untiefen abgetragen, Übertiefen durch Grundschwellen verbaut. In diesem zweiten
Fahrwasser verteilte sich das natürliche Gefälle (etwa 80 Zentimeter) auf
einen Kilometer; die Strömungsgeschwindigkeit betrug hier 2,3 Meter je

Sekunde. Im Binger-Loch-Fahrwasser dagegen betrug die Gefällestrecke nur 300 Meter. Entsprechend war die Strömungsgeschwindigkeit des Wassers höher; sie betrug 3 Meter je Sekunde.

Das Binger-Loch-Fahrwasser blieb seit den ersten Baumaßnahmen das Sorgenkind der Schiffahrt und der Wasserbauingenieure, trotz fester Wahrschaustationen und strenger Verkehrsregeln, trotz fortdauernder Nachbesserungen. Diese Strecke blieb die unfallträchtigste deutsche Binnenwasserstraße.

Nach dem Zweiten Weltkrieg nahm der Schiffsverkehr auf dem Rhein erneut stark zu. Die einzelfahrenden Motorgüterschiffe wurden häufiger; Schubeinheiten lösten die Schleppschiffahrt ab. Immer noch betrug die Fahrrinnentiefe in der Gebirgsstrecke bis St. Goar 1,70 Meter, von St. Goar abwärts dagegen 2,10 Meter, ab Köln 2,50 Meter. Am Oberrhein war die Fahrrinnentiefe mit dem Ausbau gar auf 3,0 Meter und 4,5 Meter gebracht worden. 1964 begannen erneut die Ausbauarbeiten in der Gebirgsstrecke mit dem Ziel, die Fahrrinne auch oberhalb St. Goar auf 2,10 Meter unter GlW[124] zu bringen und die schwierigen Fahrwasserverhältnisse dort nachhaltig zu verbessern, sie den gestiegenen Ansprüchen der Schiffahrt anzupassen. Nach gründlichen Planungen, nach Versuchen am Modell in der Bundesanstalt für Wasserbau in Karlsruhe wurden 1966 bis 1969 und 1972 bis 1977 die folgenden Verbesserungen für die Schiffahrt erreicht[125]: Die vorhandenen Fahrrinnen wurden zu einer einzigen, 120 Meter breiten Fahrrinne im Binger Riff vereinigt. Seither ist der durchgehende Verkehr mit 4-Leichter-Schubverbänden auch in der Gebirgsstrecke möglich. Ferner wurde die Gefällestufe im Binger Riff gestreckt und ausgeglichen. Dadurch konnten die Strömungsgeschwindigkeiten im Riff-Bereich vermindert und den tückischen Querströmungen entgegengewirkt werden, die oberhalb und unterhalb der Engstellen die Schiffe aus dem Ruder zu drehen drohten. (Abb. 45)

Wie gefährlich die Durchfahrt am Binger Loch tatsächlich war, zeigte sich noch einmal während der laufenden Bauarbeiten. Im Juli 1972 kam es zu einer schweren Havarie, als ein Schubverband bei der Passage durch das alte (damals noch 30 Meter breite) Binger Loch kurz oberhalb des Riffs querabfiel und gegen das dort arbeitende aufgestelzte Bohrschiff «Koblenz» trieb. Die starke Strömung, als wollte sie noch einmal ihre Überlegenheit zeigen, drückte beide Einheiten auf das damals noch vorhandene Riff und setzte sie auf den Fels. Der quer im Strom liegende Schubverband konnte erst nach mehreren Tagen durch sieben gleichzeitig vorgespannte Schlepper und Motorschiffe gegen die Strömung freigeschleppt werden.[126]

Zwei Jahre später, am 5. September 1974, befuhren die ersten Schiffe die neue, 120 Meter breite Fahrrinne. Und seit 1977 stand der Schiffahrt auf der Strecke zwischen Mainz und St. Goar eine einheitliche Fahrrinne von 1,90 Meter Tiefe unter GlW zur Verfügung. Nach 200 Jahren Bau-

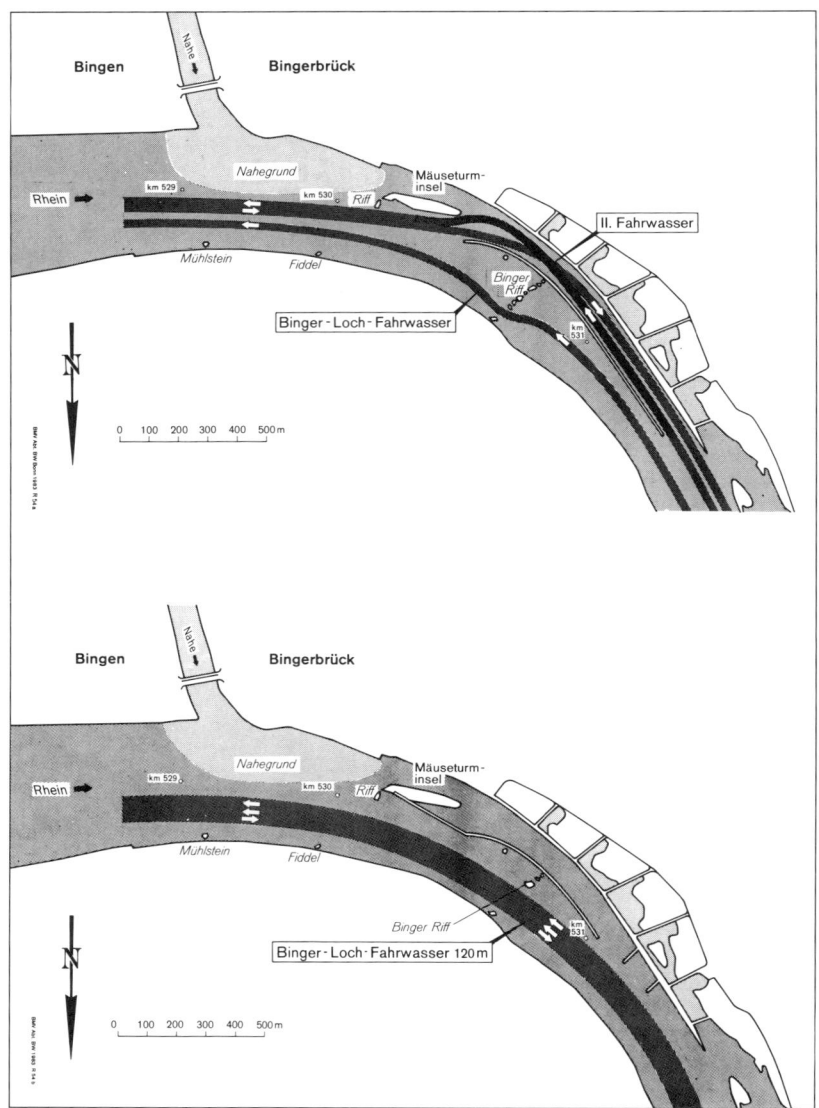

Abb. 45: Binger-Loch-Strecke, Zustand vor dem Ausbau mit dem zweiten Fahrwasser (oben) und Zustand nach dem Ausbau 1966–1974 (unten): Ein einheitliches, auf 120 Meter verbreitertes Fahrwasser ist hergestellt worden.

zeit waren die Gefahren der Binger-Loch-Strecke entschärft; nun hätten die Wasserbauer stolz auf ihr Werk blicken können. Aber sie waren keineswegs zufrieden: An der ursprünglich angestrebten Fahrrinnentiefe von 2,10 Meter unter GlW fehlten 20 Zentimeter!

Die Ingenieure beschlossen eine Nachregelung im Bereich des Binger Lochs mit dem Ausbauziel, die angestrebte Fahrrinnentiefe von 2,10 Meter unter GlW zu erreichen. Dabei sollte keine Absenkung des Niedrigwassers eintreten (was durch das gleichzeitige Absinken des Grundwassers zu Schäden geführt hätte). Sodann durfte die Hochwassersituation an Rhein und Nahe sich nicht verschärfen, die Strömungsgeschwindigkeit sich nicht erhöhen, das Fließverhalten der Nahe nicht gestört werden, was unliebsame Ablagerungen im Mündungsbereich hätte eintreten lassen.

Die Wasserbauer standen vor einer außerordentlich schwierigen Aufgabe und niemand kann ihnen vorwerfen, daß sie sich die Lösung leicht gemacht hätten. Ihr aus über achtzig Varianten ermittelter Vorschlag ging dahin, durch ein Leitwerk von 1700 Metern Länge den Fluß einzuengen und auf diese Weise den Wasserspiegel anzuheben. Begleitende Maßnahmen (Baggerungen längs des Nahegrundes und der Bau einer Überlaufschwelle) sollten eine Hochwasser-Entlastungsrinne entstehen lassen; das Leitwerk an der Mäuseturminsel und der alte Trenndamm im ehemaligen zweiten Fahrwasser sollten abgetragen werden.

Dieser Vorschlag war nach allen Regeln des Wasserbaus abgesichert, durchgerechnet und am Modell erprobt. Aber er hatte einen Mangel: Er war ausschließlich an hydromechanischen Gesichtspunkten orientiert. Die Wasserbauer hatten nicht über ihren Tellerrand hinausgeblickt.

In der Bevölkerung erhob sich Protest. Aus Bingen meldete sich eine Bürgerinitiative. Das Binger Rathaus erlebte unversehens eine Allparteienkoalition. Landtagsabgeordnete wurden wach und schlossen sich eilig den Protesten gegen die selbstherrlichen Ingenieure an. Die Proteste richteten sich gegen das geplante Leitwerk: Es werde das Landschaftsbild beeinträchtigen und den Fremdenverkehr schädigen (als ob die Umlegungen in den Weinberglagen zwischen Rüdesheim und Aßmannshausen das Landschaftsbild nicht auch beeinträchtigt hätten); es wurde vorgebracht, das Leitwerk behindere den Hochwasserabfluß des Rheins und insbesondere den der Nahe. Die Ingenieure, mit guten Argumenten ausgestattet, vermochten die Bedenken zu beschwichtigen, in manchen Punkten auch zu entkräften – aber der Strom hatte sich zu oft als eine in seinem Verhalten schwer zu berechnende Gewalt erwiesen. Man mochte den selbstgewiß daherredenden und -rechnenden Wasserbauern ihre Prognosen nicht abnehmen.

Die Wasser- und Schiffahrtsdirektion stellte den Planfeststellungsbeschluß zurück, überprüfte die Planung anhand der vorgetragenen Einwände und untersuchte weitere Alternativen. Gutachter wurden bestellt und die Argumente der Landschaftsplanung in die Überlegungen einbezogen.

Es zeigte sich, daß es möglich war, die Höhe des Leitwerks zu variieren, in mehrere Landschaftselemente aufzulösen und insbesondere die linke, Bingen zugewandte Seite des Dammes abwechslungsreich zu gestalten. Überhaupt konnte die Dauer der Sichtbarkeit des Leitwerks über dem Wasserspiegel auf die Hälfte verkürzt werden. Die Mäuseturminsel als Wahrzeichen der Stadt Bingen würde gar hervorgehoben und in ihrer ästhetischen Wirkung im Landschaftsbild betont. All dies war zur Überraschung der Beteiligten möglich ohne einen Verzicht auf die intendierte Verbesserung der Schiffahrtsverhältnisse. Die Kosten allerdings würden durch diese die Landschaft schonende Variante der Nachregelung der Binger-Loch-Strecke auf mehr als das Doppelte steigen – gut angelegtes Geld, erst recht, wenn die hochgemuten Wasserbauer auch für fernere Arbeiten aus diesen Erfahrungen mit dem Strom und seinen Menschen lernen.

Eine romantische Kopfgeburt: Die Loreley

Clemens Brentano war es, der die berühmteste der Rheinsagen erfand: Die Sage von der Loreley. Sie wurde in aller Welt bekannt. Das ist einer Betrachtung wert, denn hier handelt es sich nicht um eine der vielen im Volk überlieferten Sagen, wie sie damals gern gesammelt, bearbeitet und publiziert wurden – sondern um eine romantische Kopfgeburt, eben Clemens Brentanos. Er traf den Geschmack der Zeit so zielsicher wie zuvor Macpherson mit seinen Gesängen Ossians.

Mit den Augen des Geomorphologen betrachtet bietet der 132 Meter hohe Schieferfelsen keine außerordentlichen Merkmale, außer, daß er Teil des «antezedenten Durchbruchstals»[127] des Mittelrheins ist, das Flußbett an dieser Stelle (Stromkilometer 554,2) sehr eng ist (112 Meter) und in scharfer Biegung den Felsen umrundet. Talenge und Biegung haben in der Flußsohle zu Auskolkungen bis 15 Metern Tiefe geführt. Die Schiffahrt in dieser Flußstrecke galt von altersher als besonders gefährlich. Gefürchtet waren die Wirbel, die hier auftraten; beliebt dagegen war das Echo, das die Talenge hergab. Die «Topographia Palatinatus Rheni» von 1645 erwähnt beide, Wirbel und Echo, und bringt sie in einen Zusammenhang: das «sonderbar lustige Echo, oder Widerschall/…; item an einem Orth ein Zwirbel im Rhein / von welchen beiden vielleicht dieser Widerschall herrühret / als wenn daselbst der Rhein heimbliche Gäng vnder der Erden hätte …» Auch Ernst Moritz Arndt erwähnte 1799 das «seit Jahrhunderten berühmte» Echo; er erzählte: «Das Boot hielt an, Pistolen wurden geladen und abgeschossen, und fünfmal antwortete ihr Donner vernehmlich, wie ein Wort des Herrn aus Wolken; Gesänge schallten … und ich selbst ward für den Tag und für die Gesänge des schönen Abends heiser. Aber alles verstummte und horchte, als zwei unsrer Virtuosen ihre Hörner ergriffen und die herrliche Tochter des Schalls aus den Höhlen antworten ließen. Das waren einige himmlische Minuten …»[128]

Frances Trollope berichtete 1833: «Alle, die den Rhein bereist haben, werden sich erinnern, daß an diesem Punkt gewöhnlich geschossen und auf einem Waldhorn geblasen wird. Dieses geschieht durch einen Mann, der sein Leben, oder vielmehr jeden Sommer, in dieser Grotte zubringt, um die Reisenden das wunderbare Echo des Lurleyberges hören zu lassen.»[129]

Seit den vierziger Jahren des 19. Jahrhunderts kam das Echo an der Loreley aus der Mode. Es wurde übertönt vom wachsenden Verkehrslärm. Das Stampfen der Dampfschiffe ließ ihm keine Chance mehr, nicht der Lärm und die Eile der Eisenbahnen. Straßenbauten, die Trassen der Bahn und die Anlage der Tunnel, die auch den Loreleyfelsen nicht schonten, mögen den Hallraum, den eine Laune der Natur ausgebildet hatte, zerstört haben.

Clemens Brentano waren der Felsen und das berühmte Echo seit seiner Kindheit vertraut. Von 1780 bis 1787 wurde er bei seiner Tante Möhn in Koblenz erzogen, und bis 1789 besuchte er dort das Gymnasium. Oft wird er auf dem Weg zu seinem Elternhaus in Frankfurt hier vorbeigefahren sein und die alten Sagen von Zwergen und elbischen Wesen gehört haben, mit denen man sich den Berg und das «Hanselmannsloch» bevölkert dachte. Das Hanselmannsloch soll sich dort befunden haben, wo einer der beiden Eisenbahntunnel in den Felsen eintritt. Clemens Brentano hat den alten Namen des Felsens (Lurley; Ley oder Lei, Leie: Fels, Stein[130]) personifiziert und die Zauberin «Lore Ley» erfunden. 1801 erschien die Ballade in seinem Roman «Godwi». Diese Ballade ist eine Kompilation antiker Motive (der Nymphe Echo aus Ovids «Metamorphosen»), deutscher mittelalterlicher Sagengestalten (aus der Tristansage) und christlicher Legenden.[131]

Brentanos Loreley-Erfindung regte viele Dichter, Maler, Musiker an. Der Stoff übte eine merkwürdige Faszination aus: über Generationen hinweg und in vielen Nationen. Niklas Vogt, Otto Heinrich von Loeben, Joseph von Eichendorff, Aloys Schreiber, Eduard Mörike, Gottfried Keller, Emmanuel Geibel, Julius Wolff – sie alle verwendeten den Loreley-Stoff. Keine Gestaltung aber wurde so berühmt wie die von Heinrich Heine, dessen Gedicht 1823/24 in dem Liederzyklus «Heimkehr» erschien und in der Vertonung von Friedrich Silcher die volkstümlichen Liederbücher eroberte.

> «Ich weiß nicht was soll es bedeuten,
> Daß ich so traurig bin;
> Ein Mährchen aus alten Zeiten,
> Das kommt mir nicht aus dem Sinn (…)»

Silchers Melodie von 1838 trug das Lied um die Welt – obwohl die Vertonung durchaus ihre Mängel hat. Silcher hat jeweils zwei der sechs Strophen des Gedichts unter einem Melodiebogen zusammengefaßt; die Me-

lodie wiederholt sich also dreimal. Der Komponist übersah, daß die erste
und die letzte Strophe eine Art Rahmenerzählung sind; nur in diesen beiden Strophen taucht das «Ich» des Erzählers auf, und zwar gleich am Anfang: «Ich weiß nicht was soll es bedeuten …», und am Ende: «Ich glaube,
die Wellen verschlingen …». Dieses «Ich» schafft Distanz zwischen dem
Erzähler und der Geschichte, die er vorträgt, der Geschichte vom Schiffer
und dem Gebilde aus Wahn und Weh «dort oben wunderbar». Es ist die
Geschichte eines Hans-Guck-in-die-Luft», die bei aller Tragik auch Komik und Ironie erlaubt. Zumal das Ende offen bleibt: Der Erzähler berichtet nicht vom Untergang. Er «glaubt» es nur, daß «am Ende» die Wellen Schiffer und Kahn verschlingen (könnten). Friedrich Silcher fehlt die
Distanziertheit und die Prise leichten Spotts, die Heine eingemischt hat;
der Komponist hat mit seinem Andante im 6/8-Takt das Ganze unter
einen süß-sentimentalen Bogenstrich genommen.[132]

Auch den Malern und Bildhauern, die sich an dem Stoff versuchten,
geriet lediglich ein Rührstück.[133] Ihre Versuche, der Loreley als deutsches
Inbild von Liebe, Lockung und Tragik eine meist üppige Gestalt zu geben, blieben dem Zeitgeschmack verhaftet und entgingen nicht immer un-
freiwilliger Komik. Ob Begas (1835), Hopfgarten (1850), Sohn (1858),
Steinle (1864), Keller (1875) oder Kray (1875–1878): Sie alle lieferten mit
ihren bemalten Leinwänden, was man einen «Ölschinken» nennt. (Abb. 46)

Diese Kritik geht unter in der Woge der Zustimmung, die das Heine-
Lied fand.[134] Es ist Höhepunkt jeder Schiffsreise auf dem Rhein. Solch eine
Rheinreise bedeutete für den japanischen Premierminister Yasuhiro Na-
kasone die «Erfüllung eines Traums». Kanzler Kohl lud den Staatsgast
(1985) zu einer Fahrt mit dem Schiff ein. Als die Gesellschaft die Loreley
passierte, erklang Heinrich Heines Lied. Der japanische Premier sang mit,
die erste Strophe sogar in Deutsch. Kohl erinnerte sich: der Tenno habe
bei seinem Besuch 1972 sogar alle Strophen gekannt.[135]

Nicht nur die Maler, auch die Opernkomponisten sind an der Loreley
gescheitert. Die Versuche, den (lyrischen) Loreley-Stoff zu dramatisieren,
mißrieten alle. Unter den rund fünfzig Loreley-Opern, die seit 1840 entstanden, ist nicht eine, die auf den Bühnen sich hätte halten können.[136]
Selbst Paul Lincke, sonst mit einer Witterung für volkstümliche Stoffe und
Melodien begabt, scheiterte, als er 1900 die Operette «Das Fräulein Loreley» herausbrachte. Die Dutzendware verschwand schnell aus den Spiel-
plänen. Nicht mehr zum Ruhm, sondern zum Ruin der Rheinromantik
tragen Karnevalsschlager unserer Tage bei wie «Lore leih mir dein Herz
und sei lieb zu mir» oder die seit 1977 auf der Freilichtbühne neben der
Loreley stattfindenden Rockkonzerte.

Nach all den Loreley-Gedichten, -Liedern, -Opern, -Gemälden ließ
der Vorschlag nicht auf sich warten, der Loreley ein Denkmal zu errichten.[137] Um 1850 gab der Herzog Adolf von Nassau in einer romantischen
Anwandlung dem Wiesbadener Bildhauer Emil Alexander Hopfgarten

Abb. 46: Eduard Jakob von Steinle: Die Loreley und der betörte Schiffer.
München, Bayerische Staatsgemäldesammlungen, Schackgalerie.

den Auftrag, ein Modell für die Loreley anzufertigen. Ein gütiges Schicksal nahm dem Bildhauer den Meißel aus der Hand. Er starb bereits 1856.

Erst 1871, nach den eindrucksvollen Siegen der verbündeten Heere in Frankreich, kam der Loreleyfelsen wieder ins Gespräch, diesmal als Standort für eine in Erz gegossene Germania, welche die «Wacht am Rhein» verkörpern sollte. Auch der Drachenfels oder die Höhe des Niederwalds wurden erwogen. Die Wahl fiel, wie man weiß, auf den Niederwald. Erneut war die Gelegenheit vorbei, der Loreley ein Denkmal zu bescheren.

Dennoch blieb die Denkmalfrage virulent. Um 1920 wollten deutschamerikanische Sängerbünde dem deutschen Lied auf der Loreley einen Sagentempel weihen. Auch dieser Plan zerschlug sich. «Und nun», schrieb 1921 der Publizist Victor Auburtin,«befindet sich auf der Loreley ein Platz für Kniebeugen.» Der Turngau Süd-Nassau hatte dort oben einen Turnplatz mit Reck und Barren angelegt, eine Turn- und Festhalle errichtet, dazu Wirtschaftsgebäude, Erfrischungshalle und Bedürfnisanstalt. Eine Gedenktafel für die im Weltkrieg 1914–18 gefallenen Turnbrüder ergänzte die Anlage. Eines Tages packte einen Turner der Übermut. Er versuchte einen Handstand an der Felsenkante. Erich Kästner schrieb ihm (1932) einen Nachruf:

> «Er stand, verkehrt, im Abendsonnenscheine.
> Da trübte Wehmut seinen Turnerblick.
> Er dachte an die Loreley von Heine.
> Und stürzte ab. Und brach sich das Genick.
>
> Er starb als Held. Man muß ihn nicht beweinen.
> Sein Handstand war vom Schicksal überstrahlt.
> Ein Augenblick mit zwei gehobnen Beinen
> ist nicht zu teuer mit dem Tod bezahlt!»[138]

Dann kamen die Nazis. Ihre Rassen- und Germanenideologie forderte eine Thingstätte. Nach den Plänen eines Frankfurter Architekten baute der Reichsarbeitsdienst zwischen 1935 und 1937 auf dem Plateau ein Freilichttheater für 5000 Personen.

1970 hatte ein listiger Bürgermeister der Loreley-Stadt St. Goarshausen die Eingebung, die Denkmalfrage in aller Öffentlichkeit zu erörtern. Es hagelte Zuschriften und gleich auch praktische Vorschläge. Die Stadtväter von St. Goarshausen waren gut beraten, als sie gegen ein Denkmal auf dem Felsen stimmten.

Seit 1977 finden auf der Freilichtbühne des Plateaus sommers Rock- und Pop-Musik-Veranstaltungen statt. Der Impresario hatte sich verpflichten müssen, die verfallende Anlage zu renovieren. Die Kapazität des Loreleytheaters beträgt heute immerhin 15 000 Plätze. Wenn das Programm «stimmt», ist das Theater an warmen Sommerabenden ausverkauft, der Lärm der schweren Motorräder und der Musik allerdings beträchtlich.

Das Denkmal auf der Loreley aber konnte, wenn schon nicht gänzlich abgewendet, so doch «abgedrängt» werden: von der Höhe des Felsens weg nach unten und seitab auf die Spitze der Mole des Winterhafens. Dort sitzt seit dem 6. August 1983, drei Meter hoch, 20 Zentner schwer, zum Pin-up-Girl reduziert, die bronzene Loreley von der Hand der betagten Natascha Alexandrovna Prinzessin Jusopov.

Poeten, Maler, Musiker

Angesichts der deutschen Rheinbegeisterung des 19. Jahrhunderts fragte sich Simrock: «Was ist es, das diese magische Wirkung auf die Gemüther übt?» Er vergegenwärtigte sich: «Heute noch (um 1840), wenn es ... in dem Rheinweinliede des trefflichen Claudius an die Stelle kommt, wo es heißt: Am Rhein, am Rhein! wie stimmen alle Kehlen vollkräftig mit ein, wie klingen alle Römergläser an, wie schüttelt der Deutsche dem Deutschen die Hand, wie fühlen sich alle Theilnehmer des Festes, so zufällig sie zusammengekommen seien, in dem Gedanken an den geliebtesten unserer Ströme befreundet und verbrüdert!» Einst war das romantische Fühlen und Schwärmen am Rhein auf den engen Kreis erlesener Geister der jüngeren Romantik beschränkt gewesen; nun bemächtigte sich eine popularisierte Rheinromantik breiter Schichten. Damit aber verloren die Poesie, die musikalische Inspiration, die malerische Phantasie ihren Rang. In der Nachfolge Brentanos und Arnims hatten die fleißigen Sammler und Kompilatoren von Rheinsagen, Rheinmärchen, Rheinlegenden, Rheinliedern, Rheingedichten ihre große Zeit. «... was man heute allgemein mit dem Begriff Rheinromantik verbindet, die billige Ruinen- und Rebenromantik, ... sie war das Gebiet des biederen und belesenen Geschichtsprofessors Niklas Vogt aus Mainz, den Bettina als ‹launigen Rheinbegeisterten› belächelt», – in seinem Testament verfügte er, seinen Körper auf dem Johannisberg zu bestatten, Hirn und Herz aber in einer Kapsel in den Rhein bei Rüdesheim zu versenken.[139] Er gab Sagensammlungen und die Zeitschrift «Rheinisches Archiv» heraus, «in das die kleineren romantischen Geister brav das Ihre hineintrugen ...»[140] Auf der gleichen Woge der Rheinromantik segelten: «Aloys Schreiber, Professor der Ästhetik in Heidelberg und früher mit Vogt in Mainz, wo er ein kritisches Theaterblatt herausgab, Johannes Weitzel aus dem Dorf Johannisberg, dem Gehilfen Vogts an seiner Zeitschrift, und der Rheinependichter Georg Christian Braun aus Weilburg. Schon tief im Biedermeier folgte der zweite Aufguß der Rheinromantik mit Adelheid von Stolterfoth, die sich das Winkel der Brentanos als Wohnsitz auserkor, mit Simrock, Kinkel und Wolfgang Müller von Königswinter, ... und schließlich die lärmenden Dichter an den Stammtischen der Vormärzzeit und damit auch schon die Zecherpoesie, die in den heutigen Schlagern endete.»[141]

Die wohl bekannteste und beste Sammlung von Rheinsagen und -dichtungen ist die Karl Simrocks aus dem Jahre 1837[142]; die Sammlung kam 1891 in der 10. Auflage heraus. Simrocks anderes Werk, «Das malerische und romantische Rheinland», 1838 bis 1840, «... eine umfassende Schilderung von Land und Volkstum, Sitte und Brauch, Sage und Lied, Altertümern und Kulturentwicklung, eine Gesamtschau aus der innigsten Liebe des geborenen Rheinländers»,[143] erschien noch in unseren Tagen in einer Neubearbeitung. Simrock, aus der philologischen Schule Karl Lachmanns stammend, legte auch dessen Ausgabe des Nibelungenliedes in einer ersten vollwertigen Übersetzung vor. Alles, was der Verherrlichung der geschichtlichen Größe der rheinischen Landschaft diente, konnte der begeisterten Aufnahme sicher sein.

Gottfried Kinkel, ein geborener Rheinländer, Theologe, Kunsthistoriker, Poet, der in der 48er Revolution aufrecht seinen Mann stand, der Todesurteil, Kerkerhaft und Verbannung trug und der unbedingte Glaubwürdigkeit verdient, schrieb am Rhein ergreifende Dichtwerke edelster Sentimentalität. Mit seiner Gattin Johanna war er der Mittelpunkt des Bonner «Maikäferbundes»[144]. Sein Versepos «Otto der Schütz» machte seinen Dichter, noch dazu politischen Märtyrer, zu einem der berühmtesten Männer der Zeit.[145] «Otto der Schütz» ist das hohe Lied vom aufrechten Mann und von der Minne Sitte und Seligkeit. Das Epos erlebte mehr als hundert Auflagen.

Die volkstümliche Rheinromantik bevorzugte Klischees: «Spaziergänge bei Nacht am Ufer des rauschenden Stromes, Gesang und Guitarre, fröhliches Geschwätz mit Brüdern und Freunden, Rebenduft und Träumerei – so etwa stellte man sich in der Folge das Leben am Rhein vor.»[146] Die Mondnächte, die Burgen, der Wein, die Mädchenaugen, das Vaterland – diese Versatzstücke kehren fortan immer wieder und zieren belangloses Reimgeklingel: für den Gebrauch der Gesangvereine, die es nun in jedem deutschen Städtchen gab und die sich die Pflege des vaterländischen Liedgutes angelegen sein ließen, für den studentischen Kommers und für den Wanderer, für den sangesfrohen Touristen auf dem Rheindampfer.

Die zeitgenössische deutsche Malerei hat der romantischen Rheinlandschaft vergleichsweise wenig Aufmerksamkeit geschenkt. Das ist um so verwunderlicher, als dieses Sujet für die Landschaftsmaler der Düsseldorfer Akademie vor der Haustür lag. Auch hätte es dort an tüchtigen Talenten nicht gefehlt.[147] Vermutlich hatte sich das Thema in der unübersehbaren Flut der Veduten erschöpft, die in großer Zahl und hohen Auflagen für die Reisebücher und Illustrationswerke gefordert und geliefert wurden. So blieb die romantische Rheinlandschaft das Metier der kleineren Meister, die allerdings gelegentlich respektable Leistungen vorlegten[148]: Maler wie Johann Anton Rambaux, Johann Adolf Lasinsky und Kaspar

Abb. 47: Wie in Christian Böttchers Gemälde «Sommernacht am Rhein» von 1862 (Köln, Kölnisches Stadtmuseum) stellte man sich die «Rheinromantik» vor: «... bei Nacht am Ufer des rauschenden Stromes, Gesang und Gitarre, fröhliches Geschwätz mit Brüdern und Freunden, Rebenduft und Träumerei ...» (Ricarda Huch).

Scheuren, alle drei immerhin Rheinländer. Ramboux ging 1807 in das Atelier Davids nach Paris, um dort zu lernen; 1843 wurde er in Köln Konservator der Wallraf'schen Sammlung, später des Wallraf-Richartz-Museums. In seinen Rheinlandschaften, wie auch in denen Lasinskys, überwiegt eine freundliche, liebliche Stimmung, die sie von den ernsten, schwermütigen Landschaften Caspar David Friedrichs abhebt. Ramboux und Lasinsky sind auch mit Ansichtenwerken vom Rhein und von der Mosel hervorgetreten. Der liebenswürdige Kaspar Scheuren wurde dem Zauber der Rheinlandschaft mit ihrer Burgen- und Weinpoesie am eindrucksvollsten gerecht. Seit 1840 lieferte er reizvolle romantische Rheinlandschaften – zu einer Zeit, als die eigentliche Romantik längst vorüber war und nur noch in ihren Epigonen weiterlebte. Ein anderer, Johann Heinrich Schilbach, gab seinen Rheinlandschaften eine zarte, in Sonnenlicht getauchte Stimmung; Adolf Schroedter und Christian Eduard Boettcher verbanden die Rheinlandschaft mit dem Genre und malten in Bildern, die zu ihrer Zeit berühmt waren, silberne Mondnächte am Rhein und fröhliche Kneipszenen. (Abb. 47) Sie entsprachen dem Reimgeklin-

gel gleichzeitiger Rheinweinpoeten. Sie erreichten nicht Carl Gustav
Carus, dessen «Wernerkapelle» ausdrückte, was die frühe Rheinromantik
einst in der Rheinlandschaft sah und empfand.

Mit der Zeit mag sich der Maler ein gewisser Überdruß an der Rheinromantik bemächtigt haben. Dafür steht die Geschichte, die von Moritz
von Schwind erzählt wird. König Ludwig I. von Bayern hatte den Künstler in eine lange Diskussion darüber verwickelt, ob in dem Gemälde «Der
Rhein mit seinen Nebenflüssen» Vater Rhein als Flußgott die Leier schlagen oder die Violine spielen solle. Als der König zu insistieren geruhte,
verlor der Künstler die Geduld: «Wenn Majestät befehlen», entgegnete er,
tief sich verbeugend und nur mühsam die Contenance wahrend, «will ich
den Vater Rhein Klavier spielend malen.» Schwind fand sich daraufhin aus
allerhöchster Gunst entlassen und erhielt vom Hof keinen Auftrag mehr.

Die Loreley kämmt nicht nur ihr goldenes Haar, sondern sie «… singt
ein Lied dabey; / Das hat eine wundersame / gewaltige Melodey». Und
geht es gar um's liebe Vaterland, dann regen sich in allen Herzen «… viel
vaterländ'sche Lust und Schmerzen, / Wenn man das deutsche Lied beginnt / Vom Rhein …» (Max von Schenkendorf)[149].

Die Liederproduktion schwoll gelegentlich an, so 1840, als die politische Lage sich zuspitzte und die nationale Begeisterung der Befreiungskriege wieder erwachte. Nikolaus Beckers Text erfuhr binnen kurzem
etwa 200 Vertonungen für verschiedene Besetzungen, darunter alleine 80
für Singstimme und Klavier oder Gitarre. Unter den Komponisten des er-
folgreichen Textes waren Robert Schumann, Carl Löwe, Johanna Ma-
thieux und viele, die in der Musikgeschichte keinen Namen haben.[150]
Durchgesetzt hat sich allein die Vertonung Conradin Kreutzers. 1840 entstand auch der Text zu dem anderen patriotischen Rheinlied, das im Krieg
1870/71 die Deutschen mitriß: Max Schneckenburgers «Wacht am
Rhein». Es erhielt 1854 von Carl Wilhelm, viele Jahre Dirigent der Krefelder Liedertafel, die zündende Melodie.[151]

Auch Robert Schumann hat eine Reihe romantischer Rheinlieder vertont. Sein bekanntestes «rheinisches» Werk aber ist die 3. Symphonie
Es-Dur Opus 97, die sogenannte «Rheinische», die im Spätherbst 1850
entstand und 1851 unter Schumanns eigener Leitung in Düsseldorf urauf-
geführt wurde.[152] Interpreten sprachen von «einem Stück rheinischen
Lebens in frischer Heiterkeit»; den 2. Satz wollten sie als «Rheinfahrt»
überschrieben wissen und den 4. Satz «Im Dom zu Köln». Aber eine Pro-
grammusik hat Schumann gewiß nicht schreiben wollen.

Zu den Großen der Musikgeschichte des 19. Jahrhunderts, die ebenfalls
Rheinlieder schufen, gehört Franz Liszt. Er wohnte in den Sommermonaten 1841, 1842 und 1843 auf Nonnenwerth. Aus seinem Erlebnis der
Rheinlandschaft entstanden in jenen Jahren drei Rheinlieder: «Im Rhein
im schönen Strome» nach einem Text von Heinrich Heine, «Die Lorelei»
gleichfalls nach Heine, und «Nonnenwerth» nach einem (eher belang-

losen) Text von Felix von Lichnowsky. Gerade dieses Lied aber hat Liszt immer wieder beschäftigt: er hinterließ es in neun Fassungen, was vielleicht durch die in den Nonnenwerther Jahren tragisch endende Liebe zu Marie d'Agoult zu erklären ist.[153]

Das eigentlich «Rheinromantische» erklang damals nicht in den Konzertsälen, sondern auf den rheinischen Musikfesten deutscher Chöre und Sangesbrüder, die nach der Auflösung der Hofmusiken die Musikpflege sich angelegen sein ließen.[154] Seit 1817 fanden in Düsseldorf, Köln, Aachen vielbesuchte Rheinische Musikfeste statt. In der Zeit der Restauration erhielten sie eine wichtige soziale und politische Funktion für das Bürgertum. H. J. Moser schrieb über die Gründung der Zelterschen Liedertafel: «Das sich so entwickelnde Gesangvereins- und Musikfestwesen erlangte solche patriotische Bedeutung, daß nicht zu Unrecht gesagt worden ist, Deutschlands Einigung 1871 sei vor allem ‹zusammengeturnt und zusammengesungen› worden.»[155]

Die lautesten Lieder aber sangen dem Rhein die Herren Scholaren auf ihren Kommersen und Kneipen. Das ‹Allgemeine Deutsche Kommersliederbuch› erschien 1858; 1978 kam es in der 160. Auflage heraus. Ein rheinromantisches Kommersliederbuch, zugleich eine Quelle für romantische Liedgeschichte und überhaupt für die Bonner Studentengeschichte, ist das Aennchen-Kommersliederbuch der «Lindenwirtin» Aennchen Schumacher (1860–1935).[156] Als Achtzehnjährige hatte sie nach dem Tod ihres Vaters das «Gasthaus zum Godesberg» übernehmen müssen. Das hübsche und intelligente Mädchen war sowohl in allen häuslichen Tugenden, im Kochen, Backen, Nähen, geschickt, als auch im Singen und im Klavierspiel. Vor allem aber verstand sie sich, ein gesitteter und fester Charakter, auf den rechten Umgang mit Menschen. Sie wußte mit leichter Hand die Herren Studenten zu regieren, das Schlagen von Mensuren zu verhindern und Prügeleien mit der Godesberger Jugend zu unterbinden. Sie blieb zeitlebens unverheiratet; ihr ländliches Gasthaus war Mittelpunkt der Bonner Studentenverbindungen, alsbald das bekannteste Studentenlokal Deutschlands. Ihre Studenten nannte sie ihre «Musensöhne». In jedes der Kneipenzimmer hatte sie ein Klavier gestellt, spielte selbst und begleitete zum Singen; dazu hatte sie sich ein «Kommerslieder-Potpourri in zwei Abteilungen» zusammengestellt, eine für den Nachmittag, die andere für den Abend. «Sie spielte die Melodien auf dem Klavier und sang sie vor, solange, bis sie gelernt waren.» Später ließ sie Text- und Notenbücher drucken und veröffentlichte sie im Selbstverlag. Die Lindenwirtin hatte auf diese Weise nicht nur überkommenes Liedgut jungen Studentengenerationen weitergegeben, sondern auch «zu neuen Texten und Melodien mannigfache Anregungen gegeben …», sogar eigene Lieder komponiert, wie die «Filia Hospitalis» nach dem Text von Otto Kamp. Wie aber Aennchen Schumacher in ihrem «Gasthaus zum Godesberg» zur heute legendären «Lindenwirtin» wurde, hat sie selbst in ihren Lebens-

erinnerungen berichtet. Eines Tages flatterte ihr «... das Lied der Lindenwirtin ins Haus: ‹Keinen Tropfen im Becher mehr›, gedichtet im Jahre
1878 von Rudolf Baumbach und komponiert 1884 von Franz Abt. Das
Lied hatte eine anregende und recht einschmeichelnde Melodie, so daß
ich mich selbst dafür begeisterte, und es machte mir besondere Freude,
dasselbe den Musensöhnen beizubringen»[157]. Es blieb nicht aus, daß die
«Musensöhne» die Lindenwirtin des Liedes mit ihrer Wirtin im «Gasthaus
zum Godesberg» identifizierten. Aennchen Schumacher war das nicht
recht, denn sie mißbilligte das Verhalten der Wirtin des Liedes, die vom
durstigen, aber zahlungsunfähigen Zecher nicht nur Ränzel, Mantel, Stab
und Hut zum Pfande nimmt, sondern gar noch dessen Herz verlangt.
Dann aber erschien eine später berühmt gewordene siebte Strophe zum
Lied. Aennchen begriff, daß sie die Rolle der Lindenwirtin spielen mußte,
daß sie selbst zur Legende geworden war, gegen die alles Sträuben nichts
half. Sie hat schließlich ihr Lokal «Gasthaus zur Lindenwirtin» benannt.
Die siebte Strophe zum Lied lautet:

> «Wißt ihr, wer die Wirtin war,
> Schwarz das Auge, schwarz das Haar?
> Aennchen war's, die Feine.
> Wißt ihr, wo die Linde stand,
> Jedem Burschen wohlbekannt?
> Zu Godesberg am Rheine,
> Zu Godesberg am Rheine.»

Ansichtenwerke, Panoramen, Reiseführer

Zur rechten Zeit boten sich für den gestiegenen Bedarf an Veduten vom
Rhein neue Reproduktionsverfahren an. Aus England, das eine so große
Zahl von Touristen an den Rhein schickte, das zugleich auch die technischen Voraussetzungen für deren Beförderung entwickelte – Dampfschiffe
und Eisenbahnen –, aus England stammt auch ein Reproduktionsverfahren, das für die Veduten der Ansichtenwerke Massenauflagen erlaubte: der
Stahlstich. Er ermöglichte es, die von den Reisenden zur Unterrichtung
oder zur Erinnerung gewünschten Reisebeschreibungen, Sagensammlun-
gen, Ansichtenwerke, Panoramen in immer größerer Zahl zu drucken.
Das in England entwickelte Verfahren wurde schon 1826, ein Jahr vor der
Aufnahme des regelmäßigen Dampfschiffverkehrs zwischen Köln und
Mainz, für Robert Batty's «Scenery of the Rhine, Belgium and Holland»
verwendet. Batty hatte für sein Werk die Zeichnungen geliefert, die dann
für den Buchdruck in Stahl gestochen wurden. Mehrere der an diesem
Werk beteiligten Stecher waren durch die Schule Turners gegangen. Der
Maler stand im Ruf, hohe Anforderungen zu stellen, was der Qualität der
frühen Stahlstiche zugute kam. Die Stahlstichwerke erschienen in schnel-

ler Reihenfolge. William Tombleson's «Views of the Rhine», eines der umfangreichsten, kam 1832 heraus und erlebte mehrere Auflagen. 1833 erschienen die «Travelling Sketches on the Rhine» mit Stichen und Zeichnungen von Clarkson Stanfield und einem Text von Ritchie in der Reihe «Heath's picturesque Annuals».

Die deutschen Stahlstecher, die den Engländern die zunächst geheimgehaltene Kunst des Stahlstechens absahen, pflegten meist die englischen Vorlagen nachzustechen, häufig mit großem Geschick. Karl Simrocks «Das malerische und romantische Rheinland», 1838–1840, wurde mit Stahlstichen ausgestattet, die in Deutschland hergestellt und nach Zeichnungen von Karl Ludwig Frommel u. a. gestochen waren. Ein berühmtes Stahlstichwerk, das ebenfalls mehrere Auflagen erlebte, war das von dem Verleger Georg Gustav Lange mit über 170 Stahlstichen herausgegebene Werk «Der Rhein und die Rheinlande». Die Vorlagen stammten von Ludwig Lange und wurden eigens für den Verlag angefertigt. Die stimmungsvollen, «romantischen» Ansichten der frühen Stahlstiche sind hier zugunsten einer realistischen Wiedergabe des Gegenstandes aufgegeben. Dieser Realismus ging so weit, daß in neuen Auflagen die inzwischen eingetretenen Veränderungen des Landschaftsbildes nachträglich in die Platten eingraviert wurden.

Um 1860 war die große Zeit des Landschaftsstahlstiches vorbei. Neue technische Verfahren lösten den teuren und in der Herstellung mühsamen Stahlstich ab.

Eine besondere Erwähnung verdient noch das «Rheinpanorama». 1811 begann Elisabeth von Adlerflycht, die beiden Rheinufer zwischen Bingen und Koblenz aus der Vogelperspektive durchlaufend zu zeichnen, so daß sich ein lückenloser Prospekt des gesamten Ufers ergab. Die Zeichnungen wurden von Nachahmern im Großformat gestochen oder lithographiert. Aber ihnen allen war wegen des unhandlichen Formats kein rechter Erfolg beschieden. Dieser stellte sich erst ein, als 1818 ein Kölner Verleger das Panorama in Leporellofaltung zwischen zwei festen Deckeln herausgab. Zum Marktführer solcher Rheinpanoramen wurde F. W. Delkeskamp in Frankfurt, der es bis 1860 auf mehr als 40 Auflagen brachte, die er stets auf dem letzten Stand hielt.[158] Noch heute beobachtet man in der Hand der Touristen auf den Rheindampfern die leporellogefalzten, grellbunten Nachfahren von Delkeskamps Rheinpanorama.

Der Erfolg des Rheinpanoramas wiederum brachte die Bühnenbildner auf den Gedanken, die berühmten Ufer auch auf der Bühne darzustellen. 1826 war zum erstenmal in London im Covent Garden zu Carl Maria von Webers «Oberon» im Hintergrund der Bühne über zwei senkrecht stehende Rollen eine Wandeldekoration abgerollt. Diese technische Neuerung machte sich das Leipziger Theater 1839 bei der deutschen Erstaufführung von Aubers Oper «Le Lac des Fées» zunutze. Die Handlung der Oper spielt im Mittelalter und am Rhein. Die Begeisterung war groß, als die Heldin im wiegenden Kahn vor dem abrollenden Rheinpanorama eine Rheinreise machte. Oper und Bühnenbild mit dem Rheinpanorama wurden von vielen Theatern übernommen.

Außerhalb des Theaters gab es in Berlin das von Carl Ferdinand Langhans erfundene «Pleorama», das 1833 Schaulustigen die Illusion einer Rheinreise von Mainz bis St. Goar mittels synchron ablaufender Wandelbilder zu beiden Seiten des Betrachters bot.[159] Die Erinnerung an Besuche des romantischen Stroms hielten Rheinansichten auf Tassen und Tellern, Gläsern, Bierkrügen, Weinpokalen, Vasen, Medaillen, Brillenetuis, Pfeifenköpfen fest.

Außer Veduten, Panoramen und Souvenirs hatten seit 1814 Reisebeschreibungen und Reiseführer vom Rhein ihre große Zeit. Bis zum Jahre 1856 erschienen nach Wilhelm Engelmanns «Bibliotheca geographica»[160] 120 Rheinreisebücher. In dieser Zahl sind nicht einmal alle nennenswerten Titel und auch nicht die Panoramen und Karten enthalten. Demgegenüber verzeichnet Engelmann für den gleichen Zeitraum nur 40 Donau-, 25 Elbe- und 6 Weserreisen.

Niklas Vogt verband 1804 die Reisebeschreibungen mit der Erzählung von Sagen und Legenden, er reihte – ein glücklicher Gedanke – die alten Geschichten am Faden seiner Reiseroute auf.[161] In die Zukunft aber wies der Versuch Aloys Schreibers. Seine «Anleitung, den Rhein und die Mosel und die Bäder des Taunus zu bereisen» aus dem Jahre 1812[162] gab praktische Anweisungen für die Reise, Angaben über Post- und Zollverhältnisse, statistische Nachrichten, Mitteilungen über das Gewerbe und ein unterhaltendes Kapitel mit Volkssagen. Zu diesen auf das Praktische gerichteten Reise-Anleitungen zählt auch J. A. Demians «Neuestes Handbuch für Reisende auf dem Rhein und in den umliegenden Gegenden» aus dem Jahre 1820. Das Handbuch gibt nicht nur Beschreibungen der Landschaften und Bauten und erzählt ihre Geschichte, es nennt auch die Abfahrtszeiten und Fahrpreise der Wasser-Diligencen, vergißt die Weinsorten und besten Lagen nicht, führt zu Aussichtspunkten, verzeichnet Gasthöfe, Manufakturen, Bodenschätze und alles Wissenswerte, das dem Reisenden nützlich ist. Die Ich-Erzählung ist aufgegeben; in seinem sachlichen Bericht nähert sich Demian dem modernen Reiseführer. Im Jahre 1828 erschien dann das Reisehandbuch, dem eine große Zukunft beschieden sein sollte, die «Rheinreise von Mainz bis Köln» des Johann August Klein. In seinem Untertitel nannte es sich: «Handbuch für Schnellreisende», denn im Jahr zuvor war ja der regelmäßige Dampfschiffverkehr auf dem Mittelrhein aufgenommen worden. Die historischen Exkurse stammten vom Verfasser, eine Reihe sentimentaler Naturschilderungen von seiner Frau. Dieses Unternehmen erwarb Karl Baedeker. Er bearbeitete es und brachte 1835 den ersten «Baedeker» heraus: eine Rheinreise. Alle Angaben des «Baedeker» waren erwandert und wurden in jeder neuen Auflage ergänzt. Seine Präzision und Zuverlässigkeit brachte dem

«Baedeker» Weltruhm ein. Es folgten bald weitere Ausgaben für andere Reiseziele.

Den Reiseberichten der Jahrhundertmitte sind gelegentliche Klagen zu entnehmen. Das Personal der Gasthöfe und Ausflugslokale, der Dampfschiffe und Eisenbahnen zeigte sich dem Massenandrang nicht immer gewachsen. Die Reisenden bemängelten die Unhöflichkeit der Bediensteten, die verschmutzten Hotels, die Gefahren der Schiffspassage. Einige Unsitten der Kapitäne und Steuerleute wurden genannt: das gefährliche Abschneiden von Biegungen, der Dampfer «Leopold» verunglückte dieserhalb bei Lorch; eine zu große Hast beim An- und Ablegen; es fehlte an Landebrücken, die kleinen Boote mit den ausgestiegenen Passagieren gerieten durch die Schaufelräder der fahrtaufnehmenden Schiffe in Gefahr. Besonders getadelt wurden die Wettfahrten, welche die Kapitäne der Kölner und der konkurrierenden Düsseldorfer Gesellschaft immer wieder einmal unternahmen.

Zu Rüdesheim in der Drosselgasse

Was in den vergangenen fast zweihundert Jahren aus der Romantik des Rheintals wurde, führt, wie wenige andere Orte, Rüdesheim vor Augen. Hier begann 1802 die Rheinromantik, als Achim von Arnim und Clemens Brentano am Rhein schwärmten und seine Landschaft romantisierten; hier ist die «Rheinromantik» zu einem lärmigen Spektakel ausgeartet.

In den Briefen des Clemens Brentano, des Achim von Arnim, der Bettina, auch Goethes ist von Feiertagen, Wallfahrten, Ausflügen ins Rheingau im Nachen und mit der Kutsche oft die Rede: Der Kalender reihte im Sommer die Feste wie Girlanden durch das Rheingau. Die Feierlichkeiten begannen stets erbaulich, mit Gebet und frommem Lied, und sie endeten fröhlich und ausgelassen mit den Begleiterscheinungen, die bis heute solchen Gelegenheiten folgen. Über eine Wallfahrt schrieb Bettina an Goethes Mutter: «… ich hab' grad keinen empfindsamen Respekt vor der Natur, aber ich kann's doch nicht leiden, wenn sie so beschmutzt wird mit Papier und Wurstzipfel und zerbrochenen Tellern und Flaschen, wie hier auf dem großen grünen Plan, wo das Kreuz zwischen Linden aufgerichtet steht …»[163]. Im Rheingau wußte man zu leben, der täglichen Arbeit und der des Betens und Segnens die Wohltaten eines gesegneten Tropfens folgen zu lassen.

Das fröhlichste aber (und große Literatur gewordene) dieser Feste und Feiern am Rhein war das «Sankt-Rochus-Fest zu Bingen», das Goethe am 16. August 1814 miterlebt hatte. 1816 publizierte er im zweiten Heft von «Kunst und Altertum» das «Sankt-Rochus-Fest zu Bingen» mit der berühmten Fastenpredigt, die vor dem übermäßigen Genuß des Weines warnt, gleichzeitig aber den grundgütigen Gott lobt, daß er dem Prediger selbst die besondere Gnade verliehen habe, «acht Maß trinken zu dürfen»,

ohne daß er je «in ungerechtem Zorn auf irgend jemand losgefahren
sei ... oder gar ... die ... geistlichen Pflichten und Geschäfte verabsäumt
hätte ...», und also schließt, daß er, der Fastenprediger, auch fernerhin seiner acht Maß «mit gutem Gewissen und mit Dank dieser anvertrauten
Gabe» sich erfreuen dürfe.

Des Weines erfreuen sich auch heute die Rheintouristen; der «Fasten-
Predigt» bedürfen sie weniger, wohl der Animation. Sie wollen wissen,
was «Rheinromantik» sei, wenn schon Landschaft und Kirchenfeste ihnen
nicht mehr viel sagen. Sie wollen es konzentriert geboten bekommen, für
ein paar Stunden, allenfalls zwei Tage. Für drei Millionen Besucher jährlich konzentrieren sich Rheinromantik, Rheingau, Rüdesheim in der
Drosselgasse. Die Drosselgasse ist 144,5 Meter lang und zwei bis drei Meter breit. Auf ihrem Kopfsteinpflaster drängen und schieben sich an Sommertagen bis zu 35 000 Menschen. Andenkenläden machen mit kunter-
buntem Kitsch satte Umsätze; Weinschenken oder -keller laden zu Speise,
Trank und meist lärmender Unterhaltung. Das Ambiente besteht aus
falschem Fachwerk, Leuchtschriften, Weinlaub und Blumen aus Kunststoff. Die «fröhlichste Gasse der Welt» mündet rheinwärts auf die Rheinstraße. Wer dort in den Hotels, Gaststätten und Terrassen das Glück hat,
einen freien Tisch am Fenster oder unter den Sonnenschirmen zu finden,
dem bietet sich folgendes Panorama: Vor ihm breitet sich ein Verkehrschaos aus. Tausende Touristen schieben sich an seinem Tisch vorbei. Zwischen ihnen fahren Autobusse im Schrittempo, zusammen mit dem
Autoverkehr der rechtsrheinischen Bundesstraße 42. Auf dem Bahndamm
dahinter donnern über zwei Gleise die Eisenbahnzüge, 15 in der Stunde,
meist Güterzüge. Mit jedem Öffnen und Schließen der Bahnschranken
schwillt die Dichte des Verkehrs an oder kommt zum Stillstand. Die Bahnschranken sind täglich insgesamt acht Stunden geschlossen. Einen Blick
über das Gewühle und über den Bahndamm hinweg auf den Rhein er-
hascht nur, wer auf seinen Stuhl klettert. Er erblickt die dritte Hauptverkehrsstraße Rüdesheims, den Rhein mit seinem lebhaften Schiffsverkehr,
den Bergfahrten und Talfahrten der Personen- und der Güterschiffe, dazu
den Querverkehr der Autofähren, Fährboote, Ausflugsschiffe zwischen
den Ufern. (Abb. 48)

Der Rummelplatz, in den sich Rüdesheim vom Mai bis in den Oktober verwandelt, ernährt seine Betreiber: das ist der halbe Ort. Darum stört
der Rummel wenige. Der Verkehr aber stört alle, weil er das gute Geschäft
stört. Schlimmer aber: er zerstört den Ort. Er ist in dieser Massierung un-
menschlich.

Seit dem 19. Jahrhundert haben Bahngleise und Straße den Ort vom
Fluß getrennt, von dem Element, von dem er sein Leben hat. Seit Anfang
des 20. Jahrhunderts gab es vergebliche Bemühungen, dieses Übel zu beseitigen und Rüdesheim wieder an den Rhein zu legen. Die Verlegung
des Durchgangsverkehrs vom Rhein weg und durch den nördlichen Teil

Abb. 48: *Das übliche Verkehrschaos auf der Rheinstraße in Rüdesheim. Von links mündet die Drosselgasse ein. Gleich werden die Bahnschranken wieder schließen und Güterzüge vorbeidonnern. Rechts neben dem Bahndamm fließt der Rhein, die dritte Hauptverkehrsstraße.*

der Stadt hätte dort, insbesondere in der Obergasse, älteste Bausubstanz zerstört. Eine Verlegung noch weiter nördlich hätte kostbare Weinbergslagen angegriffen und das empfindliche Kleinklima beeinträchtigt. Eine Untertunnelung unter den Weinbergen hindurch lehnte die Eisenbahnverwaltung ab und machte Kostengründe geltend. Kostengründe standen auch einer vierten Lösung entgegen: der Tieferlegung von Bundesbahn und Bundesstraße 42 auf der bisherigen Trasse am Rheinufer. In den achtziger Jahren gedieh eine fünfte Variante zur Beschlußreife. Sie sah die Verlegung der Bundesstraße auf die Rheinseite des Bahndammes vor.[164] Das bedeutete eine etwa 60 Meter breite Aufschüttung in den Rhein hinein, also eine Verengung des Strombettes. Für diese Variante sprachen einige Vorzüge, insbesondere dieser: Der Durchgangsverkehr verschwände aus der Stadt. Ferner wäre vor den Gaststätten und Hotels in der Rheinstraße eine Freifläche entstanden, die in Garten- und Parkanlagen hätte umgewandelt werden können. Eine willkommene Verbesserung also, die noch dadurch für sich einnahm, daß die Bundesbahn sich bereit erklärte, ihren Gleiskörper um 20 Meter rheinwärts zu verlegen – was allerdings bedeutete, daß die Straße noch weiter in den Strom hinein hätte gebaut werden müssen. Diese Entwicklung der Planungen wurde von der Wasserbaubehörde begrüßt, der die Verengung des Flußquerschnitts für ihre eigenen

Pläne gelegen kam, weil sie, mit den Arbeiten der Nachregelung in der
Binger-Loch-Strecke befaßt, ohnehin eine Erhöhung des Wasserspiegels
anstrebte. Aber es gab Nachteile, und zwar gravierende: Rüdesheim wäre
endgültig vom Rhein abgeschnitten gewesen, gleichsam landeinwärts verlegt worden. Es hätte das Schicksal des Nachbarorts Aßmannshausen geteilt, wo ein breites Betonband das Ufer beherrscht. Aßmannshausen liegt
seither nicht mehr am Rhein, sondern an der B 42. Das geplante Ver-
kehrsbauwerk in Rüdesheim verhieß also nichts Gutes, schon gar keine
Schonung des weltberühmten Landschaftsbildes. Sogleich kam denn auch
Protest von gegenüber, aus Bingen: Dort kündigte die Stadt eine Klage
gegen die Rüdesheimer Flußaufschüttung an.

Die beste Lösung im Falle Rüdesheims kann nur die sein, die eine wei-
testgehende Beruhigung und Schonung des alten Ortes verspricht. Diese
Lösung aber ist die oben als vierte Variante bezeichnete: die Absenkung
des Bahnkörpers und der Straße in einen Tunnel auf der bisherigen Trasse.
Sie bedeutet die Wiedergewinnung des Rheinufers.[165] Eine solche Lösung
wurde in Köln ein Erfolg. In Düsseldorf tut man's den Kölnern gleich und
anderwärts regt das Kölner Beispiel zu neuem Nachdenken an. Auch in
Rüdesheim? Die kleinlichen Bedenkenträger und ängstlichen Kosten-
rechner sind allerdings selten diejenigen, die Lösungen über das Jahrzehnt
hinaus und zum Nutzen der Menschen zu finden imstande sind. Allen
Verantwortlichen und am Entscheidungsprozeß Beteiligten muß bewußt
sein, daß Rüdesheim, wie es sich heute darbietet, kein Ort ist, in dem der
Gast zur besten Jahreszeit gern verweilte, der Ruhe böte und Erholung. In
den Hotels überwiegen seit Jahren die Kurzaufenthalte. Niemand mag hier
länger bleiben.

Natürlich kann man auch die Meinung vertreten, alle Planungen für
Rüdesheim seien vertane Liebesmüh: «Die Art Besucher, die Rüdesheim
frequentieren, stört die Bahn nicht. Laut ist es überall. Die Autos, die
Busse, die Betrunkenen, die Musik, die johlenden Jugendlichen, alles
macht Krach. Wer hört da noch die Züge?»[166] Daran ist richtig, daß eine
Lösung der Verkehrsprobleme allein dem Ort nicht wieder auf die Beine
hilft. Solange Rüdesheim sich nicht entschließt, den Rummelplatz Dros-
selgasse/Rheinstraße zu beseitigen und sich zu «sanftem» Tourismus be-
kehrt, solange es fortfährt, die Vorzüge seiner geographischen Lage und
seiner historischen Denkmäler zu mißachten, diese gar auszubeuten, solange sind alle Investitionen in die Lösung der Verkehrsprobleme hinaus-
geworfenes Geld.

Wein vom Rhein: Riesling oder Miesling?

Der Wein sei «die allerbeste Produktion des lieben Teutschland», so
ließen sich, wohl von einem guten Tropfen animiert, kurkölnische Räte
im 17. Jahrhundert bei Gelegenheit von Zollverhandlungen verneh-

men.[167] Damals suchten die Holländer, kluge Kaufleute wie heute die Japaner, den florierenden Handel mit Wein an sich zu ziehen. Das um die Pflege des Weins verdiente Kloster Eberbach im Rheingau unterhielt schon im 15. Jahrhundert für den Vertrieb eine kleine Flotte von drei Schiffen. Die Qualität des «Rheingauers» sicherte ihm beste Reputation und eine anhängliche Kundschaft. Er war fürstliches Getränk: In Shakespeares «Hamlet» ist Rheinwein das Tischgetränk des Königs Claudius. «Good Hock keeps off the doc»:[168] «Guter Hochheimer bewahrt vor dem Doktor» – diese Redensart galt in England und anderswo. Mit Rhein und Wein ließ sich nicht nur ein Reim, sondern auch ein gutes Geschäft machen.

Jahrhundertelang gaben die alten Weinberge dem engen Mittelrheintal das eigene Gesicht. Sie wurden ein Markenzeichen der Landschaftsveduten. Die Anpflanzungen der Rebstöcke, die Stützmauern, Wege paßten sich der Landschaft an; deren geologische Struktur mit ihren Schichtungen, Faltungen, Schieferbändern und Schutthängen trat deutlich hervor. Im Sommer bedeckte grünes Weinlaub diese Linien und Strukturen; der Herbst verfärbte die Weinhänge mit dem Gelb und Gold der Reifezeit. Im Winter aber, wenn die Stöcke für das kommende Weinjahr versorgt wurden, wenn die ersten Fröste in die Böden drangen und eine dünne Schneedecke auf den Hängen lag, dann zeigte die Landschaft am Rhein ihren Charakter, diese glückliche Symbiose der gestaltenden Kräfte der Natur und der ordnenden Hand des Menschen.

Die Winzer im Weinberg hatten schwere körperliche Arbeit zu leisten. Es gab wenig maschinelle Hilfsmittel; bis in die sechziger Jahre waren Pferde, Ochsen und – in Nebenerwerbsbetrieben – zweirädrige Zugmaschinen gebräuchlich. In den Steillagen waren sie unbrauchbar. Die Arbeit dort erforderte außer Kraft auch besonderes Geschick; sie glich in Extremlagen der eines Dachdeckers. Dünger und Schüttgut mußten in Kiepen hinaufgetragen werden; für Rationalisierungen gab es wenig Ansatzpunkte. Aber in den Steillagen wachsen Spitzenweine. Sie sind der Sonne hingebreitet, erfreuen sich langer Vegetationszeit und guter Reife, einer günstigen Wasserführung im Weinberg. Stützmauern und Terrassen verhindern Abschwemmungen der Böden; sie formen und stützen einen guten Wein, und auch das jahrhundertealte Landschaftsbild.

In diese alten Weinbergslandschaften griff seit den dreißiger Jahren die «Flurbereinigung» ein, die umfassende Neuordnung der Weinbergslagen. (Abb. 49) Ziel war auch hier, wie im Kaiserstuhl, durch Arrondierung des zersplitterten Grundbesitzes, Anlage eines zweckmäßigen Wegenetzes und Bodenverbesserung die Arbeit im Weinberg zu vereinfachen, den Einsatz moderner landwirtschaftlicher Maschinen zu ermöglichen und insgesamt die Produktion zu erhöhen.

Die Flurbereinigung «räumte» die Landschaft auf, indem sie abräumte, indem sie verstreute Kleinflächen zwar zusammenlegte, aber Kleinterras-

Abb. 49: Umlegungsarbeiten in den Weinbergen am Binger Loch. Es entstehen breite Hänge und neue Zufahrtsstraßen. In der Mitte die Ruine Ehrenfels.

sen planierte, Großterrassen mit günstigen Neigungen und gewaltigen Stützmauern anlegte, ein Wegenetz mit geringen Steigungen schuf und dem Wasser in Rinnen und Röhren schnellen Abfluß verschaffte. Die Rebzeilen liefen nun einheitlich in der Fallinie, das erleichterte die Bearbeitung und ermöglichte den Einsatz von Maschinen.

Die Folgen der Flurbereinigung für das rheinische Landschaftsbild sind am Kaiserstuhl, der zur «Rebenfestung» wurde, in den öden Monokulturen der rheinhessischen Anbaugebiete, ebenso in der Rheinpfalz und am Mittelrhein zu besichtigen. Der Landschaft wurde die Geometrie eines Katasterplanes aufgezwungen. Die kleinteilige Vielfalt der Uferhänge am Rhein war langweiligen Großflächen gewichen.[169]

Hielt die Flurbereinigung, was sie versprach? War es richtig, statt des singulären Riesling, der zwar geringeren Ertrag, aber hohe Qualität bot, nun widerstandsfähigere Rebsorten mit großer Ausbeute anzubauen? In flacheren Weingärten der Pfalz und Rheinhessens wurden fortan auch weniger geeignete, aber leicht zu bearbeitende Böden mit Reben bepflanzt. Sie boten ideale Bedingungen für die völlige Mechanisierung der Lese. Die «Vollernter» schlagen nur mit einem Drittel der Kosten zu Buche, die eine Lese mit der Hand erfordert. Innerhalb von nur zehn Jahren war die bestockte Rebfläche von 67 000 Hektar (1975) auf 100 000 Hektar (1985) gewachsen. Pflanzen und Böden wurden intensiv mit Chemikalien behandelt. Entsprechend wuchs die Produktion; aber sie wuchs sich zur Überproduktion aus. Das wiederum löste einen Preisverfall aus. Als dann auch noch Superernten wie in den Jahren 1982, 1983 und 1989 eine Übermenge an Wein in die Keller schwemmte, gerieten die Preise immer mehr unter Druck. Bei vielen Winzern fuhr der Wein seine Produktionskosten nicht mehr ein. Die Versuchung war groß, die Weine dem Verbrauchergeschmack anzupassen. Es war die Zeit, als es sogenannte «Spätlesen» für DM 2,99 in den Regalen der Supermärkte zu kaufen gab. Die Skandale der achtziger Jahre brachten üble Machenschaften ans Tageslicht. Berühmte Namen waren in diese Affären verstrickt: Die Pieroths in Burg Layen/Nahe, als Weinhändler Großunternehmer, oder der Herr Tyrell, Eigner des Weinguts Karthäuserhof an der Mosel, seines Zeichens Ehrenpräsident der deutschen Winzer. Diese Skandale stürzten den deutschen Weinbau in eine tiefe Krise. Kabarettisten hatten einen Heiterkeitserfolg mit dem Wiener Lied: «Es wird ein Wein sein, und wir wer'n nimmer sein ...». Auch aus dem bei Kennern beliebten, einst berühmten Riesling war ein Miesling geworden. In einem Ermittlungsverfahren brachte die Landeszentralstelle für Weinstrafsachen in Mainz heraus, daß 50 Millionen Liter deutschen Weins verfälscht worden waren.

Angefangen hatte das alles mit der Flurbereinigung, die Rationalisierung, Technisierung, Kostensenkung, höhere Erträge und Gewinne bringen sollte. Nun aber hatte nicht nur die Landschaft den Schaden davongetragen, sondern auch der Wein. Damit nicht genug: In den gerade erst flurbereinigten Weingärten wurden Schäden gemeldet. Einst hatten die Böden in den alten, durch viele Kleinterrassen und Stützmauern befestigten Hanglagen das Regenwasser gespeichert. Jetzt aber führten die Asphaltierung der Wege, die Beseitigung der stützenden Querwerke, die Anpflanzungen in der Fallinie und die Anlage von drainierenden Rohr- und Rinnensystemen nach einem Schlagregen zu einem Abfluß von sechzig bis siebzig Prozent des Niederschlags. Menge und Schnelligkeit des Abflusses lösten unterschiedlich starke Abschwemmungen des durch die Erdbewegung der Umlegungsarbeiten gelockerten und in seiner Bodenstruktur zerstörten Erdreichs aus. Wenn nun gar der Winzer in seinen Steilhängen auch noch mit der chemischen Keule hantiert hatte, wuchs im Weinberg zwischen den Rebstöcken kein Kraut mehr, das mit seinem Wurzelwerk den Boden hätte halten können. In manchen Fällen traten Abschwemmungen von 50 Prozent der Muttererde auf.[170] Es dauert 80 bis 100 Jahre, bis sich ein bis zwei Zentimeter Mutterboden neu bilden. Zusätzlich bescherten die nach den Empfehlungen und (Über-)Dosierungsanleitungen der Industrie und der staatlichen Beratungsstellen versprühten Herbizide und Düngemittel Grundwasserprobleme, deren Beseitigung

dem Steuerzahler neue Kosten aufbürdeten. Obendrein verfiel das Preisniveau – erst recht, als ausländische Weine auf den Markt drängten. Die
europäischen Landwirte hatten einen «Butterberg», die Winzer einen
«Weinsee» produziert.

Nun wurde das Ruder herumgelegt. Das Heil sollte in der Beschränkung der Produktion liegen; Mengenbegrenzung, Abbau der Überproduktion waren die neuen Schlagworte. Administrative Maßnahmen sollten diesen Effekt herbeiführen – was auch nicht im Sinne einer freien
Marktwirtschaft ist. Aber kaum ein Politiker hatte den Mut, das Problem
der Überproduktion dem Markt zu überlassen. Das deutsche Weinrecht
von 1971 wurde 1989 novelliert. Aber just dieses Jahr 1989 bescherte den
Winzern wieder eine Prachternte. Statt des erhofften Minderertrages von
zehn Prozent lag die Ernte um 5 Millionen Hektoliter über dem langjährigen Mittel von 9 Millionen Hektoliter. Die Mengenbegrenzung wurde
zur Farce und ist dennoch 1989 im Lande Rheinland-Pfalz eingeführt
worden.

Die absurde Situation zwang zu neuem Nachdenken. Statt zu weiterer
dirigistischen Maßnahmen restriktiven Charakters wurde nun zur Qua-
litätssteigerung des einst berühmten deutschen Weins geraten. Das Umdenken ließ sich nicht mehr aufschieben. Schon drängten die Großver-
diener in den deutschen Weinbau – die mit den Strategien für den
Weltmarkt.

Die Kellereien von Schloß Johannisberg, Schloß Vollrads und des Klosters Eberbach sind mit der Geschichte und der Qualität des deutschen
Weinbaus eng verbunden. Sie liegen im Rheingau. Von hier aus wurde
der Riesling zur herrschenden Rebsorte an Rhein und Mosel, wurden
neue Methoden der Weinbehandlung erprobt und die Begriffe «Edel-
fäule», «Cabinet – Wein» (1728 in Schloß Vollrads, 1730 in Kloster Eberbach) und «Auslese» kreiert. Das ist Geschichte. Die Realität sieht so aus:
Die Kellerei von Schloß Johannisberg ist samt der Mehrheit am Weingut
Mitte der siebziger Jahre in den Besitz des Konzerns von Dr. Rudolf Oet-
ker in Bielefeld übergegangen.[171] 1106 als Benediktinerkloster gegründet,
befanden sich Schloß Johannisberg und seine Weingärten seit 1816 im Besitz der Fürsten Metternich; deren letzter war Paul Alfons Fürst von Met-
ternich-Winneburg, viele Jahre Botschafter deutschen Qualitätsweins.

Nicht weit vom Schloß Johannisberg liegt das Schloß Vollrads, das
gleichfalls auf eine alte Geschichte und auf 775 Jahre Weinbau verweisen
kann. Hausherr ist Erwein Graf Matuschka-Greiffenclau, Besitzer auch des
zum Feinschmeckerrestaurant ausgebauten «Grauen Hauses» in Oestrich-
Winkel.[172] Der Graf hat mit dem größten japanischen Getränkekonzern,
Suntory Ltd. in Osaka, eine Finanzholding zum Kauf von deutschen
Weingütern gegründet.[173] Matuschka-Greiffenclau ist zu 25 Prozent beteiligt und leitet als Geschäftsführer das Unternehmen. Das Weingut
Dr. R. Weil in Kiedrich/Rheingau war das erste Objekt, das die Japaner

sich einverleibten: Sie werden den Vertrieb der Weine in Japan und auch wohl in den Vereinigten Staaten übernehmen.

Ein anderes japanisches Unternehmen, die Getränkeimporteure Toyohiro Tokuoka und Suesada, pachteten das traditionsreiche Weingut Reichsrat von Buhl in Deidesheim /Rheinpfalz.[174] Die beiden japanischen Kaufleute wollen den deutschen Weinexport intensivieren und, um Preisanhebungen zu rechtfertigen, die Qualität steigern. Offensichtlich wissen die beiden Japaner, wo die Glocken hängen. Auf ihrer Liste stehen weitere deutsche Weingüter.

Weniger der Anblick der flurbereinigten Weinbergslagen, als vielmehr die ökologischen Probleme haben Richard Nägler, Weingutsbesitzer in Oestrich-Winkel, und seine Söhne nachdenklich werden lassen. Und sie haben Konsequenzen gezogen. Seit 1989 haben sie nur noch wenig «gespritzt», und wenn, dann gezielt, nicht prophylaktisch wie früher und gleich sechs- bis achtmal. «Die Dosierung hängt vom Wetter und vom Kleinklima in den Weinbergslagen ab.» Die Erntemenge müsse nicht einmal zurückgehen; gewiß aber würden Böden und Grundwasser weniger belastet. Gegen das Gras und die Kräuter zwischen den Rebzeilen sei nun nicht mehr die «Chemie» die ultima ratio. Das Gras wird gemulcht und bleibt liegen, bis es verrottet. So bildet sich eine neue Humusschicht; die Pflanzen erhalten Dünger. Das Weingut vermarktet selbst: Man solle sein Licht nicht unter den Scheffel stellen, wenn man Qualität anzubieten habe.

In Winkel läuft ein Pilotprojekt auf acht Versuchsflächen. Richard Nägler, Vorsitzender des örtlichen Weinbauvereins, und ein rundes Dutzend andere Winzer arbeiten mit der Forschungsanstalt Geisenheim, mit der agrarmeteorologischen Forschungsstelle in Geisenheim und mit dem Weinbauamt Eltville zusammen. In Forschung und Praxis sollen Erfahrungen mit umweltschonendem Weinbau gesammelt werden. Allmählich wächst die Einsicht auch bei den Fachbehörden und den verantwortlichen Verbänden, die Einsicht nämlich, daß monokausales Denken den komplizierten Zusammenhängen in der Natur nicht gerecht wird. Mit Eingriffen in die Natur lassen sich zwar erwünschte Wirkungen erzielen, aber zugleich treten folgenschwere, weil unkalkulierbare Nebenwirkungen auf. Mit einer jüngeren Winzergeneration kämen nicht nur betriebswirtschaftliches Denken, sondern ein ernstes Umweltbewußtsein in den Weinbau.[175]

Richard Nägler gießt mir seinen «Winkeler Jesuitengarten» nach. «Die Böden brauchen ihre Ruhe», sinniert er. «Auch der Riesling braucht Ruhe. Diese Flasche hat zwei Jahre gelegen. Jetzt ist der Wein reif und rund. So wie in Rheinhessen geht's jedenfalls nicht. Wir müssen beim Riesling bleiben. Und geringere Erträge durch bessere Qualität ausgleichen.» Ich trinke ihm zu: «Damit der Wein wieder ‹die allerbeste Produktion des lieben Teutschland› werde!»

Auf hohem Sockel

Der Kunsthistoriker Hermann Beenken nannte die Epoche von der Französischen Revolution bis zum Ersten Weltkrieg ein «Jahrhundert der Denkmäler». Damals, so Klaus Lankheit, seien «mehr öffentliche Monumente geplant und errichtet worden, als jemals sonst in der Geschichte. Das architektonische Denkmal trat geradezu an die Stelle von Kirche und Palast, die im Ancien Régime die vornehmsten Begabungen auf sich vereinigt»[176] hätten. Das «Jahrhundert der Denkmäler» hat am Rhein eine Beispielsammlung dieser «Male» hinterlassen.

Preußische Burgen

Zwei Kronprinzen, beide begabt und begeisterungsfähig, fühlten sich in der Aufbruchsstimmung jener Jahre zu hochsinnigen Bauten gedrängt: Ludwig von Bayern und Friedrich Wilhelm von Preußen.[177] Ludwig plante, den Großen der Nation zu Ehren, die Walhalla und später die Kehlheimer Befreiungshalle, beide an der Donau gelegen. Der junge Friedrich Wilhelm von Preußen erlebte tiefbewegt auf einer Rheinfahrt 1815 den Rhein und seine Burgen. Die Landschaft, die vor seinen Augen vorüberzog, überwältigte ihn. Stammelnd suchte er des Andrangs seiner Gefühle Herr zu werden. Er tauchte seine Rechte in den Rhein und bekreuzigte sich. «Auf dem Rhein!!! ... Diese Seligkeit hier!!! ... O Dio – dies ist die schönste Gegend von allen deutschen Landen!!!!! !!!!!»[178] Im Kölner Dom, wo er, «von Boisserée geführt, zum ersten Male durch das Steinlaubwerk des Chorumgangs gewandert war»[179], bekannte er: «Ich war entzückt, ganz hin»[180]. Die Rheinländer mochten ihn sofort, während die biedere bürokratische Art des königlichen Vaters, des schweigsamen Friedrich Wilhelm III., ihnen gründlich mißfallen hatte.

1823 hatte die Stadt Koblenz dem Kronprinzen die Burg Stolzenfels geschenkt. Mit der ausdrücklichen Weisung, alte Bausubstanz zu erhalten, wurde die Ruine seit 1835 wieder aufgebaut. Schinkel selbst und nach ihm Stüler hielten ihre Hände über den Ausbau.

Schloß Stolzenfels wurde ein Zeugnis nicht nur der romantischen Gefühle des Kronprinzen, seiner Verehrung des deutschen Mittelalters, sondern auch ein Symbol der veränderten politischen Lage und des Triumphs Preußens über den französischen Rivalen. Die Franzosen hatten die Burg im Pfälzischen Erbfolgekrieg 1689 zerstört; die Preußen bauten sie nun wieder auf. Stolzenfels stand am linken Rheinufer, das noch 1795, im Geburtsjahr des Kronprinzen, an Frankreich abgetreten worden war; nun aber, seit 1815, war dieses linke Ufer wieder frei, die Schmach getilgt. Weit über die Bedeutung einer fürstlichen Wohnung hinaus erhielt Schloß Stolzenfels den Rang eines politischen Denkmals.

Bemerkenswert ist der Wunsch des königlichen Bauherrn, das alte Gemäuer, seine historischen Grundlagen, nicht anzutasten, es vielmehr zu bewahren: er wollte im Mittelalter wohnen. Nach Aufnahmen und Entwürfen J. C. von Lassaulx' ordnete Schinkel die Reste der alten Zollburg mit den Wohngelassen und den neuen Räumen um den Innenhof herum zu einer der Symmetrie sich nähernden Baugruppe: Die Anlage erhielt mit ihren axialen Bezügen (dem Innenhof, Pergolagarten mit Brunnenbecken und Adjudantenturm) einen repräsentativen, in Details dekorativen Charakter; sie wirkt wie historisierende Bühnenarchitektur. Sie ist Fond für den Auftritt des Fürsten. Zur Eröffnung 1842 zog der König mit großem Gefolge, in altdeutscher Tracht, geleitet von einem Fackelzug, auf Schloß Stolzenfels ein.[181]

Zuvor (1825) hatte Prinz Friedrich Ludwig von Preußen, ein Vetter des Kronprinzen, Burg Rheinstein erworben. Auch hier lagen dem Wiederaufbau der Ruine Pläne J. C. von Lassaulx' und Korrekturen Schinkels zugrunde, auch hier trugen Restaurierung und Neubauten im gotischen Stil unverkennbar Züge des englischen Gothic Revival.[182] 1829 war Burg Rheinstein fertiggestellt; 1835 besuchte Carl Gustav Carus die Anlage. Er schloß seinen Bericht: «Ich hatte auch diese Pracht betrachtet und wollte zu meinem lieben Rhein wieder hinabsteigen, als mir noch im Burghofe der mich so weit geleitende Preuße einen dort hängenden modern-altertümlichen Knappenrock zeigte und mir selbstgefällig versicherte: ‹Wenn der Prinz da sind, gehen wir alle im Mittelalter!›»[183]

Nationaldenkmal Kölner Dom

Der Kölner Dom «wurde zum Sinnbild für vieles Große, was die Nation im Jahrhundert ihres Zusammenschlusses bewegte»[184]. Seit Johann Georg Forsters Klage von 1790, «daß ein so prächtiges Gebäude unvollendet bleiben muß», war der Wunsch lebendig, die Ruine, wenn nicht zu vollenden, so doch zu erhalten. Joseph Görres lieh nun seine Stimme dem Wiederaufbau: «Wir können nicht mit Ehren ein ander prunkend Werk beginnen, bis wir dieses zu seinem Ende gebracht und den Bau vollends ausgeführt haben», schrieb er 1814: «In seiner trümmerhaften Unvollendung, in seiner Verlassenheit, ist er ein Bild gewesen von Teutschland seit der Sprach- und Gedankenverwirrung; so werde er denn auch ein Symbol des neuen Reiches, das wir bauen wollen.» Das war der Zungenschlag, der verstanden wurde. Jedermann fühlte national. Dies war die Stunde der Poeten und aller, die sich für große Ziele zu begeistern vermochten. Die Domdichtung begann.[185] Bereits 1823 hatte Johann Baptist Rousseau seine Sammlung «Lieder vom Kölner Dom» erscheinen lassen. Sie enthielt neben vielen heute längst vergessenen Namen auch die von Friedrich Rückert, Zacharias Werner, Heinrich Heine, Max von Schenkendorf, Ferdinand Franz Wallraf. Jetzt ging es nicht mehr nur darum, ein

Gotteshaus vor dem Verfall zu retten – die Dichter wollten ein Nationalheiligtum.

Im rechten Augenblick erhob ein Begeisterter seine Stimme, dem die
Gotik die deutsche Kunst schlechthin bedeutete: August Reichensperger.
Ihm war der Kölner Dom der «strahlendste Edelstein im reichen Schmuck
des Mittelalters», und die Gotik sei es, in der deutscher Geist «sein inner-
stes Leben sinnbildlich offenbare»[186], ja, Reichensperger verstieg sich zu
der Behauptung, die Gotik sei überhaupt germanischen Ursprungs – ein
Irrtum. Die Gotik entstand im innersten Frankreich, in der Isle de France,
und der Kölner Dom wiederholt in zahlreichen Einzelheiten sein Vorbild,
die Kathedrale von Amiens.

Überall im Lande entstanden Dombauvereine; die preußische und die
bayerische Krone vereinigten sich zur Vollendung des Baus. Ein Anony-
mus schrieb, der Dom sei «ein allgemeiner Tempel deutscher Eintracht,
ein Werk des Lichtes»; nunmehr bauten «die Söhne des Hauses ein Denkmal der Bruderliebe auf rheinischem Boden; Fürsten und Völker zeigen
dem Auslande, daß in der Tat ein einiges Deutschland existiert»[187]. Ein
weiterer Irrtum! Denn die Kräfte der Restauration und der Reaktion hatten sich längst formiert; von Einheit war keine Rede mehr, die erhoffte
neue Verfassung blieb aus; der preußische König sollte die ihm angetra-
gene Kaiserkrone ablehnen, weil sie aus den Händen der in der Paulskir-
che Versammelten kam, weil sie also aus «Dreck und Letten» war und mit
des Königs Vorstellung von Legitimität, Gottesgnadentum und Heer-
königtum nicht vereinbar war.

Derselbe König Friedrich Wilhelm IV. aber, der als Kronprinz am
Rhein geschwärmt hatte, der so viele Hoffnungen wecken und dann ent-
täuschen sollte, rief bei der Grundsteinlegung für den Weiterbau des Domes am 4. September 1842, von der Stunde ergriffen, aus: «Dies ist kein
gewöhnlicher Prachtbau. Es ist der Dom ein Werk des Brudersinns aller
Deutschen, aller Bekenntnisse …» Für den «Brudersinn aller Deutschen»
aber war dieser König nicht unbedingt ein glaubwürdiger Repräsentant,
und auch mit dem «Brudersinn» der beiden Religionen war es nicht weit
her. Die Katholiken hatten Vorbehalte gegen die Hochstilisierung ihres
Gotteshauses zum Nationalheiligtum, die in ihrem Verständnis Profanisierung, Abwertung des Sakralen bedeutete. Die Kölner Ereignisse von 1837
waren noch in frischer Erinnerung.[188] Die Protestanten wiederum, und
erst recht die Jung-Hegelianer und Freireligiösen, mußten den Dom als
Denkmal des Pfaffentums, der Orthodoxie und Intoleranz verstehen.
F. Th. Vischer und Heinrich Heine fanden für diese Überzeugung scharfe
Formulierungen. Der König selbst, als Protestant, hatte, bevor er zu seinem Auftritt beim Dombaufest aufbrach, einem protestantischen Gottesdienst in Köln beigewohnt, um es allen recht zu machen.[189]

Unbeirrt fuhr der König in seiner Rede fort: «Der Geist, der diese Tore
baut, ist derselbe, der vor neunundzwanzig Jahren unsere Ketten brach, die

Schmach des Vaterlandes, die Entfremdung dieses Ufers wandte ... Es ist der Geist deutscher Einigkeit und Kraft. Ihm mögen die Kölner Dompforten Tore des herrlichsten Triumphes werden!»[190] Ihre Preußische Majestät gaben der Liturgie eine neue Deutung. Die Domgeistlichkeit wird sich vergegenwärtigt haben, daß es im Introitus des Kirchweihfestes hieß: «Gottes Haus ist hier und die Pforte des Himmels». Nun aber sprach der hochgeborene Laienprediger und preußische Protestant von Triumphtoren, von deutscher Einigkeit und Kraft! Als der König am Schluß seiner Rede, «mit der Sicherheit des geborenen Redners die Empfindungen seiner rheinischen Hörer richtig heraushifühlend», das «tausendjährige Lob der Stadt: Alaf Köln!» rief, folgte unbeschreiblicher Jubel diesen Worten. «Die helle Freude herrschte; alte Männer fielen einander weinend in die Arme.»[191]

Mit dem Ausbau des Kölner Doms war für viele Kirchenneubauten des 19. Jahrhunderts die Frage des rheinischen Baumeisters Heinrich Hübsch, «In welchem Style sollen wir bauen?» (1828), beantwortet. Die Neugotik setzte sich durch und blieb bis über das Ende des Jahrhunderts herrschende Stilrichtung im Kirchenbau. Die Dombauhütte, der seit 1833 Ernst Zwirner, ein Schüler Karl Friedrich Schinkels, vorstand, bestimmte fortan den baukünstlerischen Geschmack.

Berühmtes Beispiel der Neugotik wurde die Apollinariskirche über dem Rhein bei Remagen. Ernst Zwirner hat sie in den Jahren 1839 bis 1843 erbaut. Der klar gegliederte Baukörper atmet mit seinen großen Flächen und dem sparsam und wirkungsvoll verteilten gotischen Zierat klassizistische Kühle. Er fügt sich mit seinen zierlichen Turmgruppen, mit dem Reigen der Wimperge und Fialen heiter und leicht in die rheinische Landschaft.

Die Kirchenbautätigkeit des 19. Jahrhunderts im Rheinland war umfangreich. Ein einzelner Baumeister, Vinzenz Statz, hatte, als er 1863 in der Nachfolge Zwirners Dombaumeister wurde, bereits über hundert neugotische Kirchen gebaut. Im ländlichen Umkreis von Köln wurden in wenigen Jahrzehnten von 36 meist mittelalterlichen Kirchen 29 neu gebaut. In Düsseldorf entstanden um die Jahrhundertwende 20 meist neugotische Kirchen.

Von der Hohenzollernbrücke zur Remagener Brücke

Der Vorstellung von Triumphpforten entsprach die Inszenierung der Portale der Kölner Eisenbahnbrücke über den Rhein von 1859. Sie war die erste feste Brücke über den Rhein seit der Römerzeit. Auf allerhöchsten Wunsch mußte sie in die verlängerte Achse des Domes gelegt werden, der seit 1842 zum Nationaldenkmal ausgebaut wurde. Diese Anordnung des Ensembles verrät einen hohen Anspruch und deutet auf den Willen hin, an dieser Stelle ein Denkmal der Dynastie, des Staates und des technischen

Fortschritts zu errichten. Wichtigster Protektor war wiederum König Friedrich Wilhelm IV. von Preußen. Dieser Monarch ritt denn auch auf seinem hohen, neugotischen Denkmalsockel zwischen den beiden Fahrbahnen der Brücke und flankiert von mächtigen neugotischen Portaltürmen auf den Dom zu. Beim Neubau der Hohenzollernbrücke 1911 wurde eine dritte Fahrbahn hinzugefügt. Damit aber war zugleich die Idee des dreitorigen Triumphbogens wiederbelebt. Das Motiv der Wächtertürme zuseiten blieb auch in der modernisierten, klotzigen Form beim Neubau von 1911 erhalten. Jetzt ritten, ein neues Arrangement, Friedrich III. und Wilhelm II. vor der Brücke auf den Dom zu. Die Brücke wurde zur Via triumphalis der Hohenzollern.[192] Das Bauwerk des gotischen und neugotischen Doms wirkte nun noch monumentaler, in seinem Anspruch gesteigert.

Der Schloßbau und die Anlage von Parks, Standespflicht adliger Familien des 18. Jahrhunderts, schien mit der Französischen Revolution beendet. Dem Schloß als Herrschaftszeichen fehlte im beginnenden bürgerlichen Zeitalter zunächst die Legitimation. Mit der Industrialisierung und der Ansammlung großer Vermögen aber traten alsbald Bürger die Nachfolge des Adels an. Sie ahmten dessen Repräsentations- und Lebensformen nach. Diese Entwicklung kulminierte in der Gründerzeit. Der Bonner Gastwirtssohn Stephan Sarter, als Börsenmakler und Mitbegründer des Panamakanal-Unternehmens zu Vermögen gekommen, begann 1881, im Jahr seiner Nobilitierung, nunmehr Baron von Sarter, mit dem Bau von Schloß Drachenburg im Siebengebirge bei Königswinter (1884 vollendet).[193] Der vieltürmige Schloßbau hält den Vergleich mit bayerischen Königsschlössern aus. Drei Jahre nach Fertigstellung der Drachenburg hatte Sarter, der als waghalsiger Spekulant galt, in dem Pariser und Berliner Börsenkrach einen großen Teil seines Vermögens wieder verloren. Gleichwohl hielt er bis zu seinem Tod 1902 sein Schloß im Siebengebirge in gutem Stand. Er hat es nie bewohnt. Aber als Basis seiner Selbstdarstellung und Solvenz schien es ihm unentbehrlich.

Damals wurde es Mode, am Rhein zu wohnen. Das Großbürgertum baute Chalets am Flußufer und auf den nahen Rheinhöhen und bevorzugte Hausnamen wie «Villa Loreley», «Zur Rheinlust» oder «Vater Rhein». Die Bonner und Kölner Geistes- und Geldaristokratie bezog im Frühjahr ihre Sommerwohnungen am Rhein zwischen Bonn und dem Siebengebirge. Die Mainzer und Frankfurter hatten ihre Dependancen in Wiesbaden, Eltville, an den Taunushängen und im Rheingau. Diese anspruchsvolleren oder geringeren Bauwerke hatten einen «altdeutschen», gotischen oder barocken, Zuschnitt – wie es der Butzenscheibenromantik gefiel. Sie mögen alle ein wenig jenem Vaterhaus des «Felix Krull» geglichen haben, das Thomas Mann in seinem Roman beschrieb.

Das Niederwalddenkmal[194] wurde am 28. September 1883, einem regnerischen Tag, eingeweiht. Das Fest glich einer Opernpremiere; Pomp und Pathos bordeten über – und fast hätte es in einer Katastrophe geendet. Kaiser Wilhelm I. höchstselbst mit dem Hofstaat und die Fürsten des endlich geeinten deutschen Reiches waren gekommen. Weißgekleidete Ehrenjungfrauen traten auf. Die Chöre der Handwerker ertönten, die Honoratioren standen würdig versammelt, die Fahnenabordnungen, die Krieger- und Gesangvereine, die Studenten im Wichs schritten heran, dazu Wimpel, Eichenlaub und Lorbeer, Festgezelt und viele Uniformen, Ordensbrüste, Schärpen, wehende Helmbüsche. Der Festtrunk wurde dem Kaiser aus einem kostbaren, silbernen, reich vergoldeten Becher gereicht, den Ludwig I. von Bayern, Pfalzgraf bei Rhein, dem Dichter des Liedes «Sie sollen ihn nicht haben ...» Nikolaus Becker, 1841 geschenkt hatte.[195] Der Regen strömte, aber im rechten Augenblick umfloß ein Sonnenstrahl «des Kaisers hohe Gestalt». Da wollten «heller Jubel und Tücherschwenken der vielen Tausende nicht enden. In diese Erregung setzten die Musikcorps wieder ein und mächtig erscholl das Lied, das im Jahre 1870 zum Sieg geführt hatte, das am Sockel des Denkmals eingemeißelt stand: Die ‹Wacht am Rhein›, von Tausenden mitgesungen.»[196]

Sie standen im Regen, zu ihrem Glück, denn das feuchte Wetter löschte die Zündschnur der Attentäter. Der Kaiser und seine Paladine, die Germania, auch die Bombe, blieben unversehrt. Die Täter wurden gefaßt und zum Tode verurteilt. Der Anarchistenführer Friedrich August Reinsdorf und der Verschwörer Reinhold Küchler wurden mit dem Beil enthauptet, der dritte, Franz Rupsch, vom Kaiser zu lebenslänglichem Zuchthaus begnadigt.

Das Fest aber nahm an jenem Regentag auf dem Niederwald seinen Verlauf. Die zu Rang und Reichtum aufgestiegenen Bürger, die dieses Denkmal angeregt, seinen Bau mit Spenden gefördert – die ersten 1000 Goldmark kamen vom Kanonenkönig Krupp –, es mit ihren Komitees durchgefochten hatten, fanden mit der festlichen Einweihung sich selbst gefeiert und auf den Sockel erhoben. Der Kaiser und die Großen des Reichs hatten ihnen die Ehre gegeben. Ferdinand Hey'l, Schauspieler, Wiesbadener Kurdirektor und Initiator des Niederwalds als Standort, nannte das Denkmal «den Altar der gemeinsamen Vaterlandsliebe», und Botho Graf zu Eulenburg, Oberpräsident der Provinz Hessen-Nassau, erfaßte ziemlich genau den Geist, der dieses Weihemal hervorgebracht hatte, eben den «Volksgeist», als er bei der Eröffnung emphatisch ausrief: «An Kaiser und Reich richtet sich der Volksgeist auf und Germania beut die lorbeerumwundene Krone ihrem Kaiser».[197]

Die freistehenden Figuren des Krieges und des Friedens an den Ecken des Denkmals wurden von französischen Journalisten als «Fastnachtsengel» beschrieben, die aus der Requisitenkammer des Theaters ausgestattet worden seien. Die Franzosen wunderten sich über die Ananas im Füllhorn des pausbäckigen Friedensengels[198], und zur Germania trugen sie die Anmerkung bei, daß eine Französin graziös zu schreiten wisse, daß aber dort, wo

das Riesenweib Germania den Fuß hinsetze, kein Grashalm mehr
wachse.[199] Überhaupt sei die Germania ein Werk militärischer Eitelkeit
und «nicht die mystische Dame, an die wir allein glauben sollen»[200]. Wer
ist Germania, wen stellt sie dar? In der germanischen Mythologie gab es
sie nicht. Sie ist, wie die Bavaria, eine Phantasiegestalt, eine Erfindung.
Die Franzosen wollten die Statue nach dem letzten Weltkrieg herunter-
reißen. Die amerikanischen Waffenbrüder waren dagegen. Die Rüdesheimer Gastronomie weiß das zu schätzen. Noch immer besuchen fast zwei
Millionen Menschen jährlich das Niederwalddenkmal – als Kontrastpro-
gramm zur Drosselgasse. (Abb. 50)

Dem Niederwalddenkmal antwortete seit 1897, stromabwärts, am Zusammenfluß von Rhein und Mosel, jener «Faustschlag aus Stein», jener
«gigantische Tortenaufsatz» (Kurt Tucholsky)[201], der noch hundert Jahre
später ein Ärgernis blieb: das «Deutsche Eck» mit dem Denkmal für Kaiser Wilhelm I. Nach dem Tod des «Heldenkaisers» 1888 schien es Män-
nern des Provinzial-Landtages der Rheinprovinz tunlich, der Monarchen-
familie eine Ergebenheitsadresse zu widmen. Ein Denkmal Wilhelm I.
sollte es sein. Kopfzerbrechen bereitete die Standortfrage.[202] Eine Höhe am
Rhein oder eine Insel im Rhein waren in Erwägung gezogen worden. Die
Diskussionen wogten hin und her; der Standort wurde zur Herzensange-
legenheit der Rheinländer. Viele erklärten sich für die Gegend des Siebengebirges, andere für Koblenz. S. M. in Berlin votierten für Koblenz:
causa finita.

1897 wurde das «Wilhelm dem Großen» geweihte und von der Rheinprovinz errichtete Denkmal am Deutschen Eck enthüllt. Es bestand aus
der eigens angeschütteten und ausgebauten Landzunge am Zusammenfluß
von Mosel und Rhein, aus dem gewaltigen Sockel mit der rückwärtigen,
halbrund geschwungenen Exedra, und aus dem Kaiser. Der Kaiser (14 m
hoch) sitzt zu Roß; das Roß wird von einem Genius (9 m hoch; Flügel-
spannweite etwa 10 m) geführt. Die Denkmalarchitektur stammte von
Bruno Schmitz, das kupfergetriebene Reiterstandbild von Emil Hundrieser; diese beiden hatten auch das Denkmal auf dem Kyffhäuser zu verant-
worten.[203] Übrigens wendet der Kaiser sich nicht, wie die Germania auf
dem Niederwald, triumphierend nach Westen, gegen den Erbfeind, nein,
er reitet in östlicher Richtung, nach Berlin also, nach Hause. Das Denkmal am Deutschen Eck mißfiel nicht nur Tucholsky, sondern, verständlich, auch dem General Eisenhower, Oberkommandierender der alliierten
Streitkräfte im Zweiten Weltkrieg. Er veranlaßte General Patton, das
Denkmal vom Sockel zu holen.

Bundespräsident Heuß fand 1953 eine Verwendung für den leeren
Sockel am Deutschen Eck: Er bestimmte ihn zu einem «Mahnmal zur
Deutschen Einheit». Seither wehte die Bundesfahne oben auf dem Sockel.
Auf die Dauer mißfiel dies dem Koblenzer Verleger der Rhein-Zeitung.
Er wollte seinen alten Kaiser Wilhelm wieder haben. Sein Drei-Millio-

Abb. 50: Das Niederwalddenkmal, wie es sich heute dem Besucher darbietet.

nen-Mark-Präsent brachte die Stadt Koblenz und den Grundstücks-
eigentümer, das Land Rheinland-Pfalz, in beträchtliche Verlegenheit. Der
Ministerpräsident von Rheinland-Pfalz war standhaft und berief sich auf
die Umwidmung des Denkmals durch Heuß, auf die 1988 nicht vollendete Einheit des Deutschen Landes. Mit dem Fall der Mauer aber verlor der Torso in Koblenz seine Bedeutung als Mahnung für die Deutsche
Einheit. Im September 1990 stimmte der Ministerrat in Mainz einer Wiederherstellung am angestammten Platz zu. Eine Zweitausfertigung war inzwischen in Auftrag gegeben. Ein Kommentator schrieb: «Man faßt es
nicht – welch eine Wende durch Gottes Fügung ...» Ausgerechnet dem
«Sieger von Sedan» werde sein Denkmal wiedererrichtet: Das sei geradezu
«ein martialisches Signal gegen Europa, gegen eine neue Ordnung ...»[204]

Der Historiker Wolfgang Mommsen schlug vor, den «Sieger von Sedan» nicht wieder aufs Postament zu heben, sondern neben seinen Sockel
zu stellen. Dieser Vorschlag könnte es erleichtern, mit dem Denkmal zu
leben: Wenn man es also einbände in den «historisch verdichteten Raum
um das Deutsche Eck», wovon der rheinland-pfälzische Landtagspräsi-
dent sprach,[205] wenn ein Weg gefunden würde, Preußentum und Hurra-
Patriotismus des 19. Jahrhunderts aus der historischen Entwicklung heraus
zu verstehen und zu relativieren. Diese Diskussionen sind inzwischen ge-
genstandslos. Roß und Kaiser stehen wieder auf ihrem Sockel. Seit dem
2. September 1993. Ausgerechnet seit diesem Datum. Es war einst der Ge-
denktag des Sieges bei Sedan.

Noch 1911, zur Zeit der Bismarckdenkmäler, Bismarcktürme, Bis-
marckfeierstätten, wollte man auf der Elisenhöhe bei Bingerbrück, dem
Niederwalddenkmal gegenüber, ein «Bismarck-Nationaldenkmal» erbauen. Eine Elite der deutschen Architekten beteiligte sich am Wettbewerb: Hans Poelzig, Mies van der Rohe, Wilhelm Kreis, Hermann
Bestelmeyer und andere. Das Projekt in Bingerbrück wurde nicht verwirklicht.[206] Der Erste Weltkrieg verhinderte es. Die Niederlage Deutschlands ließ fortan auch die Denkmalsockel schrumpfen.

Gegen Ende des Zweiten Weltkrieges erlangte die Eisenbahnbrücke bei
Remagen einige Berühmtheit. Nachdem zwei Sprengversuche der deutschen Verteidiger gescheitert waren, fiel die Brücke im März 1945 unversehrt in die Hände der zum Rhein vorstoßenden amerikanischen 9. Pan-
zerdivision. Die Eroberung durch eine kleine Vorhut galt als «Wunder von
Remagen»; General Eisenhower rief aus, die Brücke sei ihr Gewicht in Gold
wert! Hitler ließ in maßloser Wut fünf Offiziere von einem Schnellgericht
zum Tode verurteilen. Über die Brücke rollte pausenlos der Nachschub der
alliierten Truppen. Am 17. März 1945 stürzte die überlastete Brücke ein.

Dem Remagener Bürgermeister Hans Peter Kürten kam der Gedanke,
das westliche der immer noch stehenden Brückenportale in eine Gedenkstätte umzuwandeln, welche an die schlimmen Ereignisse des Zweiten Weltkriegs erinnern und zum Frieden mahnen sollte. Der mit Phantasie und

Tatkraft begabte Bürgermeister richtete in einem der Brückentürme eine Begegnungs- und Gedenkstätte ein. 1980 wurde sie eröffnet. Bilder und Dokumente erzählen in schlichter Form von der Geschichte der Brücke; sie erinnern an den Bau, an die Kämpfe und an die Eroberung der Brücke. Sie gedenken der an den Kämpfen beteiligten und gefallenen deutschen, amerikanischen, belgischen und englischen Soldaten. Das schlichte Motto im «Friedensmuseum Brücke von Remagen» lautet: «Laßt uns jeden Tag mit Geist und Verstand für den Frieden arbeiten. Beginne jeder bei sich selbst.»

Quer-Denk-Male

1977 sah der Rhein eine denkwürdige Aktion, ein Happening, einen modernen Denkmalversuch: «Ungläubig bestaunt, glitt wie eine Vision ein riesiger Katafalk mit einer zwanzig Meter langen mumiengleichen Figur auf einem Floß von Ludwigshafen aus den Rhein abwärts, vorbei an der Loreley, an Städten, Dörfern, Burgen, Industrieanlagen, umgeben von Lastkähnen, Ausflugsdampfern … seinem kühlen Grabe zu. Neun Tage dauerte diese totenstille Zeremonie, bis die geheimnisvolle Fracht in der See vor Rotterdam entzündet wurde. Die Asche verflog in die Elemente; das Floß wurde einem Sägewerk als Nutzholz überlassen …».[207] An seinem Ende löste sich das Werk in seinen Anfang auf, verwehte hinüber in die Elemente, aus denen es entstanden war. Hannsjörg Voth, ein Münchner Künstler, wollte ein Sinnbild des Vergänglichen und doch zugleich Beständigen, wollte die heimatlos gewordene Gegenwart an uralte Mythen erinnern, die zu den Menschen einst von der Heimat alles Seienden sprachen, Mythen, deren Botschaft wir nicht mehr verstehen. Voths «Reise ins Meer» war ein «Denkmal auf Zeit gegen die Zeit.»

Nicolas Uriburu, 1937 in Buenos Aires geboren, wählte die direkte Aktion, um auf die Gefährdung der Lebensgrundlagen hinzuweisen. In seiner «Aktion grüner Rhein» demonstrierte er 1981 nach ähnlichen Aktionen in Venedig, Paris, London, New York gegen die Verschmutzung des Rheins, indem er den Fluß gemeinsam mit Joseph Beuys grün färbte, mit harmlosen, biologischen Farben, wie er versicherte.[208]

In Köln gab 1989 der Aktionskünstler H. A. Schult einem Auto goldene Flügel und erhöhte es in eine sakrale Umgebung am Rheinufer, bei Groß St. Martin und nahe dem Dom. Lange stand der Fetisch eines Jahrhunderts hoch erhoben auf dem Turm des Zeughauses: das heilige Blech auf hohem Sockel, ein Denkmal des Wohlstands, ein Gegenstand der Anbetung. Die Kölner nahmen es mit Humor, wenige verstanden die in Ironie verpackte, deutliche Kritik. Sponsor der Aktion übrigens war ein unmittelbar Betroffener, ein Rheinanlieger: die Fordwerke AG in Köln. Deren damaliger Vorsitzender des Vorstandes, ein in der Branche gefürchteter Querdenker, Daniel Goeudevert, hatte die Aktion ermöglicht.

Am Ende des 20. Jahrhunderts hat der Sockel ausgedient; was darauf stand, ist auf den Boden zurückgeholt. Für Voth, Uriburu oder Schult sind Marmor, Granit und Erz als Symbole der Ewigkeit, einst das dem Denkmal angemessene Material, unbrauchbar geworden. Die jungen Künstler mißtrauen großen Taten, berühmten Namen. Sie drücken sich gern in vergänglichen Materialien aus. Oder sie treiben ihre Aussage buchstäblich auf die (Turm-)Spitze; sie entlarven die fragwürdigen Idole ihrer Zeit, und sie wählen dazu die flüchtige, gleichwohl spektakuläre Aktion. Alle diese Male beherrschen die Landschaft nicht mehr; ihre Lebensdauer ist begrenzt; niemand ruft Hurra bei ihrer Enthüllung. Sie wollen mahnen, sie provozieren Widerspruch, sie legen sich quer. Sie sind, nach all den fragwürdig gewordenen Denkmälern des 19. Jahrhunderts, das Quer-Denk-Mal.

Rettung der Rheinromantik?

Im Siebengebirge: Naturschutz und Naturverbrauch

Der früheste Akt staatlichen Landschaftsschutzes in Preußen galt dem Rheinland: der Erhaltung des Drachenfelskegels und seiner Ruine. Die preußische Regierung erließ 1828 eine einstweilige Anordnung, die Arbeiten im Steinbruch am Drachenfels einzustellen. Das schien an der Zeit, denn dort war ein Teil des Felsmassivs eingestürzt. Bei fortdauernden Steinbrucharbeiten standen weitere Schäden, insbesondere an der Burgruine, zu befürchten. Das Steinhauergewerbe im Siebengebirge hat eine lange Tradition. Seit der Römerzeit ist hier Gestein für Befestigungen, Burgen, Kirchen und Dome gebrochen worden. Den Fuß des Drachenfels umspült der Rhein: man mußte nur den Fels brechen und ihn den Hang zum Ufer hinunter und zu den Schiffen rutschen lassen. Diese bequeme Rutsche ist auf der ältesten Ansicht des Siebengebirges vom Ende des 15. Jahrhunderts deutlich zu erkennen; auch Matthäus Merian hat sie beobachtet und in seinem Kupferstich von 1646 wiedergegeben.[209] (Abb. 51) Der Stich zeigt auch, daß der Steinbruch am Drachenfels damals schon der Kuppe mit der Burg bedrohlich nahekam. Zu jener Zeit ist die Burg aufgegeben worden und verfiel. Die Steinhauer hatten freie Hand; 1827 stürzte die Umfassungsmauer der Burg ein. Prinz Friedrich von Preußen nahm 1828 Anstand von den Vorgängen um den Drachenfels, der ihm, so schrieb er an den rheinischen Oberpräsidenten, durch «Spekulationsgeist dem Vandalismus des 19. Jahrhunderts zu verfallen» schien.[210] 1836 kam der Drachenfels in preußischen Staatsbesitz.[211]

Dieser frühe Akt staatlichen Naturschutzes begründete das erste deutsche Naturschutzgebiet. In den folgenden Jahren wurden alle Steinbruchbetriebe im Siebengebirge stillgelegt. 1869 begann der «Verschönerungs-

Abb. 51: Der Drachenfels im Siebengebirge bei Königswinter, 1646. Kupferstich von Matthäus Merian. Der Steinbruch ist der Ruine schon bedrohlich nahegekommen.

Verein für das Siebengebirge» (VVS) seine Arbeit. Er setzte sich den Schutz des Siebengebirges und die Herstellung und Unterhaltung von Fahr-, Reit- und Fußwegen zum Ziel. Eine erste amtliche Verordnung über das Naturschutzgebiet Siebengebirge wurde 1922 erlassen; sie ging dem Reichsnaturschutzgesetz von 1935, das 1965 durch eine neue Verordnung ersetzt wurde, voraus. Den Charakter eines Naturparks erhielt das Siebengebirge 1958, und 1971 wurde es durch das Diplom des Europarats in die Kategorie «der geschützten Landschaften von europäischer Bedeutung» eingereiht.

Heute unterhält der Verschönerungsverein für das Siebengebirge im 4200 Hektar großen Naturpark rund 820 Hektar Waldbesitz, 200 Kilometer Wanderwege mit 21 Parkplätzen, 31 Rastplätze und Liegewiesen, 6 Teichanlagen, 31 Schutzhütten, rund 500 Ruhebänke, 60 größere Hinweistafeln, über 200 Wegweisersteine und, nicht zu vergessen, über 400 Nistkästen. Das ist eine beeindruckende Leistung des VVS. Diese Bilanz aber belegt auch, wie beliebt das Siebengebirge bei den Erholungsuchenden und Naturfreunden ist. Und das seit mehr als 200 Jahren: 1787 bereits ärgerte sich der Abbate Bertola über andere Rheinreisende, die ihm vor seiner Nase einen Fremdenführer ins Siebengebirge wegengagiert hatten.

Der Steinbruchbetrieb am Drachenfels zog damals bereits einen zusätzlichen Gewinn aus den Eintrittsgeldern für das Besteigen der Felsenkuppe mit ihrer guten Aussicht. 1834 kamen 750 Taler ein; bei einem Eintrittspreis von fünf Silbergroschen müssen 4700 Neugierige den Drachenfels

besucht haben.[212] Es gab bereits ein kleines Wirtshaus unterhalb der Burgruine. Die Pächter wechselten. 1836 zog der Gastwirt Moritz Mattern mit
Frau und fünf Kindern, einer Magd und einem Knecht, mit Esel, Kuh,
Schwein und Federvieh auf dem Drachenfels ein. Nach Jahren harter Arbeit hatte er es geschafft: er wurde ein reicher Mann. Er vertrieb seinen
eigenen Schaumwein, einen «Drachenblut mousseux»; 1888 richtete er
seinem Sohn das «Hotel Mattern» in Königswinter ein. Der Andrang
oben auf dem Berg muß also lebhaft gewesen sein. Man gelangte zu Fuß
durch das berühmte Nachtigallental hinauf, oder auf dem Esel. 1872 baute
der VVS die erste Fahrstraße für Kutschen; das erleichterte auch die Bewirtschaftung erheblich. 1883 erhielten die Eseltreiber und Droschken-
fahrer Konkurrenz: Die Zahnradbahn von Königswinter hinauf zum Gipfel wurde eröffnet. Die 1480 Meter lange Strecke überwindet mit ihrer
Zahnstange einen Höhenunterschied von 219,6 Metern. Als die Bergbahn
ihr hundertjähriges Bestehen feierte, hatte sie 1,8 Millionen Kilometer
zurückgelegt und 25 Millionen Fahrgäste befördert. Jedes Jahr kommen
rund 600 000, in einer guten Saison auch wohl 750 000 Fahrgäste hinzu.
Das Erstaunliche: Obwohl sie ein öffentliches Verkehrsmittel ist, braucht
sie dennoch keine Subventionen. Sie schüttet sogar Dividenden aus. Und:
die Drachenfelsbahn ist die einzige Eisenbahn, deren Konkurrenz Esel
sind. (Abb. 52)

    Da schien auch noch für ein weiteres Verkehrsmittel hinauf ins Sieben-
gebirge eine Rendite gesichert zu sein: für eine Seilbahn. Der pfiffige
Bäckermeister Peter Profittlich in Rhöndorf dachte sich die Talstation auf
dem Platz vor seinem Café. Aber einem seiner Nachbarn paßte dieser Plan
nicht: dem Bundeskanzler Konrad Adenauer. Der wollte im Haus am
Zenningsweg seine Ruhe haben und Touristen nicht von oben herab in
seinen Rosengarten blicken lassen. Rhöndorf sollte die Stille eines vornehmen Villenortes erhalten bleiben. Aus dem Bau der Seilbahn ist nichts
geworden; sie hätte das Landschaftsbild erheblich beeinträchtigt.[213] Nicht
verhindern konnte der Alte von Rhöndorf, daß sein Haus und seine letzte
Ruhestätte im Rhöndorfer Waldfriedhof zu einer Touristenattraktion
wurden.

    Oben auf dem Drachenfels reichte das 1937 erweiterte Hotelrestaurant
für den Ansturm der Besucher nicht mehr aus. Ein Neubau schien erforderlich. Geologische Untersuchungen des Baugrundes ergaben jedoch,
daß das klüftige Trachytgestein, dem der schützende Humus fehlte, durch
die Witterung stark geschädigt war. Bevor an den Neubau eines neuen und
größeren Ausflugsrestaurants zu denken war, mußte der Felsen saniert
werden. 1971 bis 1973 erhielt die Kuppe eine Art Kragen aus Stahlbeton.
Inzwischen war unterhalb der Kuppe auf dem südlich vorgelagerten Plateau der Altbau aus den 30er Jahren umgebaut worden. Nach den Fels-
sicherungsarbeiten begann der Neubau des Drachenfelsrestaurants. 1976
war er vollendet. Fortan können in den Restaurants, auf der überdachten

Abb. 52: Die Drachenfelsbahn vor der Drachenburg im Siebengebirge um 1890.

Terrasse, dem Ostbalkon, in der Schenke und im Biergarten rund 800 Gäste gleichzeitig bewirtet werden.

    Es wird geschätzt, daß an sonnigen Wochenenden 25–35 000 Ausflügler das Siebengebirge besuchen.[214] Die Rheinuferorte am Fuß des Siebengebirges sind dabei nicht berücksichtigt. Allein die Ausflugsschiffe liefern 750 000 Besucher im Jahr an. Ob die gerühmte «Erholungsfunktion» des Siebengebirges nicht doch Schaden leidet? Wann ist die Grenze des Zuträglichen erreicht? Diese Frage stellt sich nicht nur im Siebengebirge, sondern, in den Sommermonaten, im gesamten Mittelrheintal zwischen Bingen und Bonn.

Massentourismus und seine Folgen

Seit 1814/15 wurde der Rhein neben den Alpen und neben Italien, dem klassischen Reiseland, zu einem der ersten Paradiese des Tourismus,[215] die Rheinreise zur Vergnügungsreise. Diese Entwicklung hatte, wie gezeigt worden ist, mehrere Ursachen. Die Dichter der Romantik, patriotische Gefühle und die reisefreudigen Engländer ließen die Rheinreise zu einer touristischen Mode werden. Zur rechten Zeit erhielt der Rheintourismus das Verkehrsmittel, das die Reise nicht nur angenehmer machte, sondern auch die Beförderung einer großen Zahl von Reisenden erlaubte: das Dampfschiff. Die Zahl der Reisenden stieg sofort. Seit 1850 wurden die dem Strom parallel geführten Eisenbahnlinien gebaut. Auch sie transportierten immer größere Besucherscharen an die Ufer des berühmten Stromes.

Bemerkenswert ist der Wandel in der Motivierung für die Rheinreise. Die Romantiker romantisierten den Rhein. Sie brachten die Romantik zum Rhein. Die Touristen aber suchen Romantik am Rhein. Rheinreisen wurden eines der frühesten Beispiele des Massentourismus.[216] Mit seinem Erfolg aber ruiniert der Rheintourismus sich selbst. Die Zerstörung der eigenen Erholungsparadiese liegt in der Struktur des Massentourismus. Das Erscheinungsbild der Rheinromantik hat sich den touristischen Attraktionen in aller Welt angeglichen. Rheinromantik ist wie eine abgegriffene Münze, sie ist ein gealterter Star. Zu romantischen Empfindungen gibt der Rhein wenig Anlaß. Die Diktatur der steigenden Statistiken zwang die Organisatoren des Rheintourismus, neue Attraktionen zu erfinden und zu arrangieren. Mit diesen Attraktionen aber, wie den in allen größeren Orten stattfindenden Weinfesten (1988 waren es rund 700), mit Weinseminaren, Schützenfesten oder dem «Rhein in Flammen», die dem Tourismusgeschäft aufhelfen sollen, verliert die Rheinromantik vollends ihr Gesicht und nimmt die Züge eines allgemeinen Spektakels an. Dieses Spektakel sucht zwanghaft nach neuen Attraktionen; es bläht sich mit immer größeren Projekten und schreienden Superlativen auf.

1969 trat eine Düsseldorfer Finanzgruppe mit dem Projekt an die Öffentlichkeit, auf der Dörscheider Höhe oberhalb von Kaub das größte Vergnügungszentrum der Bundesrepublik zu bauen, eine Art «Las Vegas am Rhein». Die Pläne der Initiatoren sahen auf 900 000 Quadratmetern 70 Gaststätten in bunter Mischung vor: Saloons, Bars, ländliche Inns – amerikanischer Kolonialstil also oder angelsächsische Pub-Atmosphäre mit Spielkasinos, Bowling- und Gocart-Bahnen, Reitställen. Ein spezielles Angebot war ein Thailand-Zentrum mit ostasiatischen Tee- und Badehäusern. Auf einem künstlichen See sollte ein Missisippidampfer als Kaffeehaus schwimmen, von einem aufgeschütteten Berg ein Wasserfall herabstürzen, Hotels mit 1500 Betten aller Preisklassen, Kindergärten, Wechselstube, Apotheke, Flugplatz sollten das Ganze abrunden. Bei

2000 Besuchern täglich, rechneten die Veranstalter vor, trüge sich das Unternehmen – vorausgesetzt, die zuständige Landesregierung erteilte die Konzession für ein Spielkasino. Karl Korn hatte die Meinung aller Einsichtigen auf seiner Seite, als er in der FAZ befand: «Es besteht kein öffentliches Interesse daran, den engen Rhein mit Animierbetrieben im weitesten Sinn des Wortes auszustaffieren …», man brauche «keine amerikano-asiatische Gespensterstadt» auf der Dörscheider Höhe über Kaub am Rhein. Das Projekt zerschlug sich; die erhoffte Spielbank-Konzession blieb aus.

Am Beispiel des Rheintourismus erweist sich, daß die touristisch voll erschlossene Landschaft ihren Sinn gegen sich selbst kehrt: die Touristen, und zwar zuerst die Anspruchsvollen unter ihnen, meiden den Rummel. Der Rhein zählt schon seit 1960 nicht mehr zu den erklärten Zielen derjenigen Urlauber, die Erholung suchen. Die langfristigen Aufenthalte, zu denen die Kur- und reinen Erholungsaufenthalte gehören, sind zurückgegangen.[217] Charakteristisch wurden die kurzfristigen Aufenthalte des Tagesausflugs- und des Wochenendverkehrs. Das Siebengebirge registrierte 1965 als durchschnittliche Aufenthaltsdauer 3,3 Tage. In Bad Honnef waren es 9,5 Tage: Honnef ist (oder war) Heilbad. In Königswinter dagegen betrug die Aufenthaltsdauer nur 2,1 bis 2,2 Tage. Niemand mag hier länger bleiben. Der Tagesausflugverkehr mit seiner Unruhe verdrängt die Gäste, die Ruhe suchen. 1991 kamen neue Schreckensmeldungen: In Boppard, St. Goar und Oberwesel hatten die Übernachtungen seit 1981 um 18 Prozent abgenommen. Ein Konzept gegen diesen chronischen Gästeschwund glaubt die «Vereinigung Gast im Schloß» gefunden zu haben. Deren Mitgliedsbetriebe, meist Fünf-Sterne-Hotels, bieten Gastronomie auf höchstem Niveau. Sie arbeiten bei der Ausgestaltung ihrer Nobelherbergen eng mit der Denkmalpflege zusammen.

Massentourismus und Verkehr stehen in einem Wechselverhältnis. Sie verändern die Landschaft. Für das Lieblingskind des 19. Jahrhunderts, die Eisenbahn, mußte die Rheinlandschaft große Opfer bringen. Linz am Rhein ist eines dieser schlimmen Beispiele. Die Bahnlinie wurde dicht am Rheinufer und vor der Stadtmauer vorbeigeführt. Das schöne alte Stadtbild ist dadurch in halber Haushöhe von einem Viadukt durchschnitten: die Züge fahren wie eine Hochbahn an den Hausgiebeln vorbei. Ähnlich ist es in Kaub, Bacharach, Lorch, Oberwesel, Rüdesheim. In der schmalen Fahrrinne der Gebirgsstrecke fahren täglich 140 bis zu 210 Schiffe zu Berg oder zu Tal.[218] Auf beiden Ufern verlaufen zweispurige Eisenbahnlinien. Der Personenfernverkehr wird hauptsächlich auf den Gleisen am linksrheinischen Ufer geführt; der Güterverkehr poltert Tag und Nacht durch die rechtsrheinischen Orte. Für 300 bis 350 Züge täglich werden die Bahnschranken geschlossen und geöffnet. Die beiden schmalen Uferstreifen müssen zusätzlich stark befahrene Bundesstraßen aufnehmen, die, wie die Bahnlinien, hochwasserfrei geführt sind: am linken Ufer die Bundesstraße 9, am rechten die Bundesstraße 42. Der Autoverkehr bringt zwi-

Abb. 53: Beim Ausbau der B 9 auf der Höhe von Hirzenach haben Straßenplanung und Wasserbau eine für den Verkehr optimale Lösung gefunden. Aber die Natur mit ihren Lebensräumen blieb auf der Strecke.

schen 8000 und 15 000 Kraftfahrzeuge täglich, an Wochenenden weitaus mehr. Die schmalen, gekrümmten Straßen in den Rheinorten sind dann verstopft. Allein der Schiffsverkehr erzeugt einen Dauerschallpegel, der in 250 Metern Entfernung von der Fahrrinne immer noch 50 bis 55 dB(A) beträgt. Der Schienenverkehr trägt tags und nachts mit 62–67 dB(A) zu dieser Lärmbelastung bei. Das Durchbruchstal mit seinen Felswänden wirft den Schall zurück und verstärkt ihn. Auch das linke Ufer bekommt den Lärm vom rechten Ufer ab und umgekehrt.

Der Strom gleicht auf weiten Strecken einem mit dem Lineal und Zirkel gezogenen, von hohen (mit Bruchsteinen schamhaft verblendeten) Mauern eingeengten, betonierten Kanal. (Abb. 53) Der Treidelpfad, ein jahrhundertealter, dem Strom und seiner Schiffahrt verbundener schmaler Pfad, der heute ein besonders reizvoller Spazier- und Wanderweg sein könnte, ist bis auf Reste in den Ortslagen den modernen Verkehrsbauten geopfert worden.

Eltville läßt hoffen

Das mittelalterliche Eltville stand jahrzehntelang dem modernen Autoverkehr im Weg. Die Ortsdurchfahrt der B 42 mit ihrem Verkehrsaufkommen von täglich (1978) 20 477 Fahrzeugen hatte ihre Kapazität längst überschritten; in Spitzenzeiten waren 3800 Autos in der Stunde gezählt worden. Der Verkehrsstrom ergoß sich auf zwei schmalen Einbahnstraßen durch das enge Städtchen. Wohin mit dem Verkehr?

Aus mehreren Varianten für die «U 42» in der Ortslage Eltville schälten sich zwei Alternativen heraus: die A/B-Linie, eine Kombination aus zwei Lösungsvorschlägen, und die C-Linie. Die A/B-Linie[219] schlug die südliche Umgehung Eltvilles vor: über den schmalen Uferstreifen zwischen dem Ort und dem Rhein. Die Pläne sahen eine vierspurige, 21 m breite Autobahn vor. Sie sollte streckenweise auf einem 2,16 m hohen Damm geführt werden und eine 6 m hohe Auffahrtsrampe erhalten. Die Trasse mit ihren Aufschüttungen mußte zum Teil in den Strom hineingebaut, zum Teil über die Uferpromenade geführt werden. Die C-Linie dagegen wählte die nördliche Umgehung Eltvilles. Sie mied die Nähe der Ortschaften, schnitt zwar Weinbergslagen an, aber solche von minderer Qualität. Sie mußte Steigungen in Kauf nehmen, war länger und durchzog Gemarkungen der Nachbargemeinde Martinsthal, die bereits gegen die Inanspruchnahme ihres Grund und Bodens sich verwahrt hatte. Damit waren die Positionen abgesteckt; andere Lösungen des Problems wurden gleichfalls diskutiert, schieden aber im weiteren Verlauf der hin und her wogenden Auseinandersetzungen aus.

Eine weitere Öffentlichkeit wurde auf das seit 1949 einer Klärung harrende Projekt aufmerksam, als Karl Korn unter der Überschrift «Nur ein

Abb. 54: In Eltville gelang es, das Rheinufer vor den Planungsbehörden zu retten. Dies ist das Verdienst der ältesten Bürgerinitiative der Bundesrepublik. Das Rheinufer mit dem Turm der ehemaligen erzbischöflichen Burg sieht auch heute noch so aus, wie es die Ansicht von R. Püttner (um 1870) zeigt.

Stückchen Rhein?»[220] einen Appell veröffentlichte, «das Stromufer bei Eltville zu retten». Dieser Artikel aus der Feder eines großen Publizisten,
eines Rheingauers, hatte eine unerwartete Wirkung. Um was ging es?
«Eltville ist eine kleine und eine wunderschöne Stadt. Am Ufer des
Stroms bietet es hinter einer köstlichen dreireihigen Platanenallee einen
alten Baukomplex, der so schön und geschlossen wie kaum ein anderer in
unserem Land erhalten ist. Das alte Martinstor ist in den Herrensitz derer
von Eltz eingefügt. Das Haus zur Rose bildet gemächlich die Ecke, deren
schmaler Straßendurchlaß zu dem nahen Münster aufwärts führt. Die im
neunzehnten Jahrhundert hinzugebauten Villen haben Grazie und noble
Proportionen und Formen. Sogar das kleine Schalterhaus der Dampf-
schiffahrtslinie setzt mit einem kecken Schieferdach einen lustigen Akzent.
Stromaufwärts schließt sich, großartig erhalten, das Gemäuer der alten erz-
bischöflich mainzischen Burg und der unzerstörte gewaltige Wehrturm
an, dessen spätgotische Bekrönung mit einem hellglänzenden Schiefer-
zeltdach und vier eleganten fünfkantigen Ecktürmchen helles Entzücken
bereiten. In Burghaus und Burgturm hat der Mainzer Buchdrucker Gutenberg mit seinen Gehilfen Zuflucht gefunden und Druckerpressen aufgestellt. Das Münster aus rotem Sandstein und in ockerbrauner Tönung
der Wandflächen, die gotischen Giebel der Adelshäuser, deren schönstes,
das der Familie von Langwerth-Simmern, den Wundern der Dulcis Fran-
cia ebenbürtig an die Seite gestellt werden könnte, Trink- und Probier-
stuben, in deren Wandtäfelung Delfter Kacheln eingelegt sind – Eltville
hat der Kostbarkeiten genug, um den flüchtigen Besucher, falls der das
Glück hat, die Stadt etwa an einem schönen Spätherbst- oder frühen Win-
tertag zu sehen, zum Schwärmen zu verführen. Was man sonst nur noch
auf den begehrten Stahlstichen zu sehen bekommt – hier ist es wirklich
da, ein Stück alter, unzerstörter Kulturlandschaft am breit dahinfließenden
Strom. Der Blick geht auf eine grüne, von hohen alten Bäumen bestan-
dene Au im Strom. Die letzten Rosen hängen noch üppig und ver-
schwenderisch über alte Mauern. Hier ist Kontinuität, hier sind Geschichte und Natur in prachtvoller Harmonie vereint, hier ist das Land des
west-östlichen Divans. Und wenn es nun gar dem solcherart verzückten
Besucher einfällt, die Eltviller Uferpromenade entlang zu gehen und sich
ostwärts zu wenden, dann entdeckt er alsbald den köstlichsten Pfad am
Strom entlang. Zur Linken hat er in Richtung Niederwalluf die mit Reben und Rosen bepflanzten Hänge und Mauern eleganter Herrensitze,
rechts den Strom und vor sich den alten Lein- oder Treidelpfad aus der
Zeit, da die Schiffe am Ufer von Gespannen geschleppt wurden. Dies
alles soll nach einem neueren Plan (A/B-Linie) zu einer Autoschnellstraße
plattgewalzt werden.» (Abb. 54)
      Karl Korn bekannte sich entschieden zur C-Linie. Die Straßenbau-
behörde des Landes Hessen jedoch sprach sich trotz gewichtiger Gegengutachten für die A/B-Linie aus; der zuständige hessische Minister folgte

seiner Behörde. 1970 lag die Entscheidung in dem nun schon über 20 Jahre währenden Streit beim Verkehrsminister des Bundes, dem damals amtierenden Georg Leber. Dessen Dictum lautete, daß die «rheinseitige Umgehung von Eltville gebaut wird (A/B-Linie). Sie ist von allen Varianten die in straßenbaulicher, verkehrstechnischer und wirtschaftlicher Hinsicht unter Abwägung aller Umstände günstigste Lösung. Sie ist auch städtebaulich vertretbar».[221] An dieser Begründung ist die Rangfolge der Argumente interessant. Priorität besitzen ausschließlich die Gesichtspunkte des Straßenbaus, der seinerseits auf den Vorgaben der Verkehrsstatistik und den prognostizierten Zuwachsraten beruht. Es folgen an zweiter Stelle die Gesichtspunkte der Verkehrstechnik und an dritter die (Bau- und Betriebs-)Kosten. Argumente des Naturschutzes, der Denkmalpflege, des Umweltschutzes werden nicht zur Kenntnis genommen, oder mit dem dünnen Hinweis abgetan, die zum Beschluß erhobene Lösung sei «auch städtebaulich vertretbar». Die Priorität ist eindeutig und wird in der hier zitierten Erklärung des Bundesverkehrsministers unverhohlen ausgesprochen: «Das höherrangige Gut der Verkehrssicherheit» rechtfertigt den Bau der Umgehungsstraße am Rheinufer von Eltville.

Gegen diese Entscheidung erhob sich bundesweit ein Sturm der Entrüstung. Es hagelte Proteste. Schon früh hatte sich der «Verein zum Schutz der Eltviller-Niederwallufer Rheinuferpromenade e.V.» konstituiert. Er entfaltete mit seinem Sprecher Erich Kapitzke eine bis dahin beispiellose, in ihrer Argumentation durchschlagende Aktivität. Diese älteste Bürgerinitiative der Bundesrepublik erwarb sich weithin Respekt; angesehene Gremien, Denkmalpfleger, Landesplaner, Architekten, Hochschullehrer schlossen sich mit wirkungsvollen Protesten den Argumenten Karl Korns in der «FAZ» und Haug von Kuenheims in der «Zeit» an. Ungezählte Leserbriefe diskutierten die Kernfrage: Haben der Schutz der Natur und historischer Denkmäler Vorrang – oder der Verkehr und der Straßenbau?

Die geplante Trasse hatte nicht nur Emotionen geweckt, sondern auch die betroffenen Bürger und die ihnen zur Seite stehenden Gremien bestärkt, die Gerichte anzurufen und Rechtsmittel einzulegen. Sie versicherten sich des Beistands eines der besten Kenner der Materie, des Professors Dr. Konrad Redeker in Bonn. Der erkannte sogleich, «daß die Klage gegen einen Planfeststellungsbeschluß aussichtsreicher geworden ist, als sie es noch vor einigen Jahren war». Das Bundesverwaltungsgericht hatte in einem Urteil vom Februar 1975 den Straßenbauämtern auferlegt, zwischen den Interessen der Autofahrer und denen der Anwohner abzuwägen. Das bedeutete für die Planfeststellungsbehörde, daß der Straßenbau «nicht mehr ausschließlich auf eine möglichst verkehrsgerechte Trassenführung ausgerichtet sein kann». So kam es denn auch. 1975 bot der hessische Minister Karry an, alle laufenden Gerichtsverfahren einstweilen ruhen zu lassen und einen neuen Versuch zu unternehmen, eine Verständigung über die umkämpfte Straßenführung zu erreichen. Danach

brauchte es noch einmal neun Jahre, bis endlich mit dem Bau der Straße
begonnen werden konnte, und zwar mit dem Bau der C-Linie, der Nordumgehung. Zu guter Letzt, als der Kampf um die Trassenführung fast entschieden schien, hatte es auch hier Einsprüche gegeben, Einsprüche der
betroffenen Winzer, die der Nordumgehung Weinbergslagen opfern sollten, Einsprüche auch gegen den geplanten vierspurigen Ausbau. Wiederum bewährte sich die Bürgerinitiative. Winzer gaben 18 Hektar Land
für den Bau der Nordumgehung und zur Entschädigung für ihre Kollegen. Mit den gleichfalls angebotenen Ländereien der Gemeinden Eltville,
Walluf, Rauenthal standen schließlich über 40 Hektar Land zu Tausch-
zwecken und für den Straßenbau zur Verfügung – mehr als genug, um für
alle Betroffenen einvernehmliche Lösungen zu erzielen. «Dieser Sieg war
der zähen, geballten Kraft einer Bürgerinitiative zu danken, die einen solchen Aufschrei des Protestes entfacht hatte, wie ihn die Bundesrepublik
bis dahin noch nie erlebt hatte.»[222]

Die Orte am Rhein haben begonnen, sich auf ihren Fluß, auf ihr Ortsbild, auf ihre Geschichte zu besinnen. Ihre Zahl nimmt zu. Nicht nur in
Eltville, auch in Erpel und Rüdesheim kämpfen die Bürger um eine er-
trägliche Lösung für ihre Probleme, für die es auch dort kein Optimum,
nur eine Lösung mit möglichst wenigen Nachteilen gibt. Mainz hat ähnliche Sorgen. Dort überlegt man, wie das Monstrum einer Brückenauf-
fahrt mit seinem Straßengeschlinge an der Rheinallee, just zwischen Strom
und Kurfürstlichem Schloß, Landtag und Staatskanzlei plaziert, wenn
schon nicht beseitigt, so doch menschen- statt autofreundlich umgebaut
werden kann. Köln dagegen liegt mit seinem Dom und der Altstadt wieder am Rhein: es hat die vierspurige Autostraße am Ufer in einen (wenn
auch zu kurzen) Tunnel gelegt. Das ließ Düsseldorf nicht ruhen: Es führt
seine vierspurige Rheinuferstraße zwischen neuem Landtag und Hofgar-
ten/Städtischem Museum gleichfalls durch einen Tunnel und baut darüber
eine Promenade (eine Art Gartenrestaurant und Biergarten der vergnü-
gungssüchtigen Altstadt). Andernach hat zwar seine Uferzone gerettet und
die Innenstadt vom durgehenden Verkehr entlastet, aber es hat einen
Kompromiß schließen müssen: Die auf Betonpfeilern am Hang des Kra-
nenbergs hoch über den Dächern der Stadt und an der spätromanischen
Liebfrauenkirche vorbei geführte Brückenkonstruktion der B 9. Auch
Boppard litt lange unter dem durch den Ort rollenden Verkehr der B 9.
Als «relativ beste» Lösung entschied man sich, die Umgehungsstraße dicht
an den Gleisen der (den alten Ortskern umfahrenden) Bundesbahn entlang zu bauen. Römischer Mauerring und mittelalterliche Stadt blieben
verschont; die historischen Stadtmauern übernehmen (in gänzlich neuer
Funktion) den Lärmschutz der Innenstadt.

Wandern auf dem «Rheinhöhenweg»

Am Rhein von der Quelle bis zur Mündung zu wandern, dicht an seinem Ufer, das war mein Wunsch. In den Graubündner Alpen war es möglich gewesen, auch am Alpenrhein, Bodensee, am Hochrhein auf weiten Strecken, selbst am kanalisierten Oberrhein. Ausgerechnet auf dem romantischen Wegstück zwischen Bingen und Bonn, das nach Meinung aller Autoren seit Friedrich Schlegel am schönsten ist, im Rheindurchbruchstal, sollte ich gleich morgens vom Ufer weg und hinauf auf die Höhen, und oben zuweilen in weiten Bögen landeinwärts, rheinfern wandern, um erst abends wieder am Stromufer zu stehen.

Der klassische Wanderweg ist seit bald hundert Jahren der «Rheinhöhenweg», nicht der Talweg. Das weiße «R» leitet verläßlich zu allen lohnenden Aussichtspunkten. Nur die ihre Ordnung liebenden Schweizer bieten eine vergleichsweise penible Wegemarkierung. Die weißen «R»- und «RV»- Zeichen (RV für Verbindungswege zwischen den Orten im Tal und dem Wanderweg auf der Höhe) und die hilfreichen «Laufschilder» an irritierenden Gabelungen und Kreuzungen sind den Hauptwegewarten der örtlichen Wander- und Gebirgsvereine zu danken. Sie sind, gemeinsam mit dem Fremdenverkehrsverband Rheinland-Pfalz, für die Instandhaltung der Wege zuständig. Schon drei Generationen Wanderer sind diese ausgesucht schönen Wege gewandert. Sie folgen den Spuren des Kölner Gymnasiallehrers Hans Hoitz, der 1906 mit dem Vorschlag hervortrat, am Rhein, so seine Worte, «Touristenwege auf den Höhen zu bezeichnen und wenn nötig zu bauen, die nach kleiner Tagesreise zum Rhein zurückführen». Der Rheinische Verkehrsverein stimmte zu und übertrug dem schon nicht mehr jugendlichen Hans Hoitz die Ausführung seines Planes.[223] Dies waren seine Überlegungen: «Gewiß hat ... die Wanderung auf der Landstraße am Rhein ihre Reize durch die Nähe des Stromes und der Schiffe. Aber die Freude daran wurde dem Wanderer vergällt durch die staubenden und stinkenden Automobile.» So entstand 1906/07 der älteste deutsche Weitwanderweg, der Rheinhöhenweg, am rechten Ufer von Wiesbaden bis Bonn-Beuel (236 Kilometer), am linken Ufer von Oppenheim bis Bonn (186,5 Kilometer). Seit Hans Hoitz' erster Begehung wurde der Weg immer wieder korrigiert, sorgfältig markiert und instandgehalten. 1907 erschien Hans Hoitz' erstes «Rheinwanderbuch».

Am Mittelrhein also schlägt sich der Wanderer seit dem Monitum Hoitz' am besten seitwärts in die Büsche. Dies um so leichteren Herzens, als alle erfahrenen Wanderer vom «Rheinhöhenweg» schwärmen, von hinreißend schönen Ausblicken hinunter ins Tal und auf den Fluß. Dabei ist zu bedenken: Der Rhein legt zwischen dem Binger Riff und der Reede Koblenz 62 Stromkilometer zurück. Auf dieser Strecke mißt der

Wanderweg auf dem linksrheinischen Höhenweg 78 Kilometer, auf dem rechtsrheinischen gar 89 Kilometer. Doch das verdrießt den Wanderer nicht. Er sieht sich reichlich entschädigt. Auf dem Plateau des Hunsrücks, oder drüben des Westerwalds, durchquert der Weg einsame Dörfer. Hier ist es gut zu rasten und die weite Hochfläche zu betrachten. Über sie ist der Rhein einst geflossen, in breitem, die Ufersäume flach überspülendem Bett. Allmählich hat er sich in einer Rinne gesammelt und eingetieft. Das geübte Auge erkennt auf dieser Hochfläche des Rheinischen Schiefergebirges die alten Terrassenstufen des Urstromtals, nördlich Bacharach zum Beispiel, am linken Ufer, oberhalb der Weinlage «Bacharacher Hahn».

Zwischen Wiesbaden und Lorch erstreckt sich weit nach Osten ein großes zusammenhängendes Waldgebiet, der Naturpark Rhein-Taunus. Hier gibt es noch den Uhu, die Wildkatze, das Haselhuhn. An den Bächen leben Wasseramseln und Eisvögel. Wenn dann durch das Gezwitscher der Vögel und das Rauschen der Bäume hindurch das gleichmäßige Stampfen der Schiffsdiesel, das Gepolter von Eisenbahnzügen, das Singen von Autoreifen zu hören ist, nähert sich der Weg wieder der Geländekante der Höhenterrasse. Der Wanderer tritt aus dem Wald heraus und erfreut sich am Blick ins Rheintal hinunter. Eine Weile, bis zur nächsten Einmündung eines Nebentals, folgt der Weg der Terrassenkante oder dem oberen Rand der mit Rebzeilen bepflanzten Hänge. Das Panorama wandelt sich mit fast jedem Schritt. An den Biegungen des Flusses treten Ortschaften, Burgen und Weinlagen ins Blickfeld. Zwischen den flurbereinigten Weinbergslagen am Hang und der anschließenden Hochfläche mit Niederwald oder den weit sich dehnenden Äckern stehen Streifen dornigen, undurchdringlichen Gestrüpps mit wilden Brombeeren, mit Ginster, Gänsedisteln, wilden Kirsch- und Apfelbäumen. In aufgelassenen alten Rebhängen haben sich «Weinbergslauchgesellschaften» gebildet. Sie sind ein Vogelparadies. Eidechsen huschen über den Weg; in den verbuschten Flächen flattern Schmetterlinge: An einigen Stellen sind 150 Falterarten registriert worden. Die Landschaftspfleger widmen diesen Standorten mit den alten Trockenmauern, Felspartien, offenen und gehölzbestandenen Flächen, den sogenannten «Xerotherm-Biotopen», zunehmend ihre Aufmerksamkeit. Sie möchten die Reste der noch naturnahen Mittelrheinlandschaft nicht nur erhalten und konservieren, sondern fördern und eine naturverträgliche Bewirtschaftung finden, zum Beispiel als Schafsweide. Das wird nicht nur dem Landschaftsbild wohltun.

Störend sind die wie mit dem Lineal gezogenen Begrenzungen der flurbereinigten Weinbergslagen oben an der Hangkante. Diesen Tort, den die Beamten der Umlegungsbehörde der Landschaft antaten, wollen die Landespfleger künftig nicht mehr zulassen, vielmehr Sorge tragen, daß der Übergang vom Weinberg zur anschließenden Xerotherm-Vegetation oder zum Niederwald naturnäher gestaltet wird.

Verärgert stehe ich am Teufelskadrich (Stromkilometer 535), der zwar eine gute Aussicht bietet auf Trechtingshausen und den Binger Wald gegenüber, aber auch auf eine Schutthalde diesseits. Bis ich erfahre, daß auf diesen Halden, auf denen einst Schiefer oder Baumstämme zum Ufer hinunter transportiert wurden, eine für das Mittelrheintal typische Flora und Fauna sich angesiedelt hat, die schutzwürdig ist.

Einen anderen lehrreichen Ausblick schenkt der Rheingau-Riesling-Pfad hinter Rüdesheim. Er führt unter dem Niederwalddenkmal her, bleibt aber oberhalb der Ruine Ehrenfels und berührt große Weinlagen. Hier läßt sich das Ergebnis des Rheindurchbruchs mit Muße betrachten, bei günstigem Wasserstand der Verlauf der Quarzitschwelle des Binger Riffs verfolgen, die geschickte, ihrem Zweck, der Zolleinnahme, dienliche Lage der Ehrenfels und des Mäuseturms bewundern, auch die anhaltende Bemühung der Wasserbauer beurteilen, der Schiffahrt eine ungefährdete Durchfahrt zu ermöglichen.

Gleichfalls am rechten Ufer, hinter Dörscheid, wo einst das Projekt «Las Vegas am Rhein» drohte, verläßt man den Rheinhöhenweg und wählt eine Variante, den «Rheinweinpfad» («RP»). Dieser ist zwar länger und strapaziöser als der auf dieser Etappe besonders rheinferne Rheinhöhenweg, aber ungleich schöner, denn der Aussichtspavillon an der Hangkante über dem Rheintal wartet mit einem neuen Erlebnis auf, mit dem Blick auf Oberwesel. Drüben liegen die Schönburg und, umschlossen von der mittelalterlichen Befestigung, das Städtchen mit der Liebfrauenkirche, mit St. Martin und dem auf die Stadtmauern aufgesetzten Chor der Werner-kapelle, die nicht mit jener in Bacharach zu verwechseln ist. Ein sorgenvoller Blick streift das Michelsfeld über der Stadt, das bebaut zu werden droht; womit ein geschlossenes Denkmälerensemble gestört und vielleicht zerstört werden würde. Der Blick fällt auf den «Goldenen Pfropfenzieher», wo Ferdinand Freiligrath oft einkehrte, wo Hoffmann von Fallersleben in patriotischer Runde sein Deutschlandlied sang und Adolf Schroedter dem Wirt, dem Herrn d'Avis, seine umfangreiche Zeche mit dem gemalten Wirtshausschild bezahlte.

Nur mit Mühe löse ich mich von diesem Panorama. Flußaufwärts reicht der Blick bis Kaub; flußabwärts, noch vor der scharfen Flußbiegung, hinter dem alten Wahrschauposten am Ochsenturm (Stromkilometer 550,57) liegt das Tauberwerth, dann verschwindet der Fluß hinter dem Roßstein: Nur noch vier Flußkilometer sind es bis zur Loreley. Dieser Ausblick und der nachfolgende vom Aussichtspunkt «Roßstein» sind dem von der Loreley vorzuziehen. Die kleine Kletterpartie bergab sollte man sich zumuten; allerdings sind Trittsicherheit und festes Schuhwerk erforderlich.

Es gibt noch viele lohnende Aussichtspunkte auf den beiden Rheinhöhenwegen – die gedruckten Wanderführer leiten zu ihnen hin. Es ist der Ehrgeiz der Verfasser, dem Wanderer auf dem Rheinhöhenweg «die Schönheiten des Mittelrheintales» zu erschließen; sie führen nicht nur auf

ausgesucht schönen Wegen zu den immer wieder überraschenden Aussichten, sondern gehen auch «auf geologische und naturräumliche Erscheinungen, auf Zeugen der Geschichte und Kultur» ein.[224] Da ist es verständlich, daß die Autoren Waldschäden, Verschmutzungen der Luft und
des Wassers meist stillschweigend übergehen, daß sie die zunehmende Bedrohung der Denkmäler und Ensembles beiseite lassen. Meine Wanderung
am Rhein galt gerade dem Wandel der Landschaft, den natürlichen Veränderungen sowohl als auch den Eingriffen der Menschen, den die Natur
und die Gesundheit des Lebens bedrohenden Folgen.

Auf den ersten Blick besorgniserregend war die Meldung, Burg Katz
über St. Goarshausen wäre an einen Japaner verkauft worden. Der Spiegel
wußte zu berichten, der Käufer, Satoshi Kosugi, 52, ein «millionen-
schwerer Unternehmensberater aus der Touristikbranche»[225], habe als
Schüler, wie viele Japaner, Heinrich Heines Loreley-Gedicht gelernt und
einen unauslöschlichen Eindruck bewahrt. Als er von der Burg Katz aus
zur Loreley hinüberblickte, muß es ihn gepackt haben: Hier bietet sich
eine Aussicht auf den Sagenfelsen, wie von einem Logenplatz. Ein Hotel
der Spitzenklasse an dieser Stelle, mit dekorativer Verwendung des alten
Burggemäuers, mit Suiten für 50 Gäste und Badezimmern mit Whirlpool
und Loreleyblick, mit zwei Restaurants für französische und japanische
Küche würde das ganze Jahr hindurch ausgebucht sein. Die Denkmalpfleger und die Deutsche Burgenvereinigung, grundsätzlich an einer geeigneten Nutzung der ihrer Sorge anvertrauten Burgen interessiert, waren beunruhigt. Die Stadt St. Goarshausen hatte gehofft, der Bund, Eigentümer
der Burg, überließe ihr die Immobilie kostenlos. Das war aus haushalts-
rechtlichen Gründen nicht möglich; die Burg wurde zum Verkehrswert
verkauft. Bei dem Kaufpreis von 4,3 Millionen DM mußte die Stadt aufgeben. Weitere Millionen will Kosugi in den Ausbau stecken. Der Rhein
wird dort, wo er am deutschesten ist, immer japanischer. Der Verkauf der
Burg Katz löste bei den Behörden eine lebhafte Korrespondenz mit dem
neuen Besitzer aus. Dieser zeigte sich einsichtig. Die Rheinfront der Burg
wird nicht verändert werden; ein Anbau ist allenfalls auf der rückwärtigen,
der Bergseite, möglich. Auch die Denkmalpfleger lernten dazu: «Neu-
schwanstein ist für unsere japanischen Freunde nicht mehr der Maßstab»,
stellten sie erstaunt fest. Die Japaner wissen zwischen alter und historisie-
render, der Historie nur nachempfundener, Bausubstanz zu unterscheiden;
sie kennen sich in der europäischen Kunstgeschichte aus.

Das bewiesen sie auch im Fall der Marksburg bei Braubach. (Abb. 55)
Die Höhenburg (13. Jahrhundert) hat als einzige am Rhein die Zeiten
überdauert; sie blieb von Kriegsläuften unversehrt, selbst von den Heimsuchungen und Brandschatzungen durch die Franzosen um die Wende des
17. zum 18. Jahrhundert.[226] Seit neunzig Jahren ist der stattliche Trutzbau
Eigentum und angemessener Sitz der Deutschen Burgenvereinigung, die
sich die Dokumentation, wissenschaftliche Bearbeitung und denkmal-

Abb. 55: Die Marksburg ob Braubach, einzige nicht zerstörte Höhenburg am Rhein, Sitz der Deutschen Burgenvereinigung, wird, weil sie nun einmal unverkäuflich ist, in Japan originalgetreu nachgebaut werden.

pflegerische Betreuung von rund 30000 Burgen und Burganlagen im deutschsprachigen Raum zur Aufgabe gesetzt hat. Weil die Marksburg nicht zu kaufen war, beschlossen die Japaner, sie mit allen Schikanen der modernen Vermessungstechnik einschließlich Luftbildphotographie und Photogrammetrie zu vermessen, um sie daheim auf der Okinawa-Inselgruppe originalgetreu nachbauen zu können, als Blickfang auf einem Hügel, inmitten eines deutschen Dorfes.

Seit die Preußenprinzen im 19. Jahrhundert begannen, Burgruinen wie Rheinstein, Stolzenfels oder Sooneck zu romantischen Fürstensitzen auszubauen, beanspruchten auch Bürger, die es sich leisten konnten, Industriebarone wie die Puricelli oder Stinnes oder jener Herr von Sarter, der den Rhein um einen neuen Burgenbau, die Drachenburg, bereicherte, einen angemessenen Sitz auf den Rheinhöhen. Wirkliche Ruinen, Ehrenfels, Fürstenberg oder Drachenfels, sind heute am Rhein Raritäten, neu ausgebaute und einem modernen Zweck zugeführte Burgen das Normale.

Nichts gefruchtet haben alle Mahnungen und Vorstellungen der Denkmal- und Landschaftspfleger in einem anderen, die Uferhänge des Mittelrheintals betreffenden Fall, beim Quarzit-Tagebau hinter Trechtingshausen (Stromkilometer 537). Der Steinbruch hat sich aus kleinen, durchaus landschaftsverträglichen Anfängen zu einem Problemfall ausgewachsen.

Derzeit (1991) scheint es kaum möglich, den Tagebau zu begrenzen. Das rötliche Gestein wird in sieben Terrassenstufen abgebaut. Die Zufahrtsrampen führen durch ein Seitental hinauf. Wie eine offene Wunde liegt der riesige Steinbruch im bewaldeten Hang am Ufer des Stromes. Der Lärm der Kompressoren, Raupen, Muldenkipper ist beträchtlich. Staubwolken stehen über dem Gelände. Ein Förderband besorgt die Verladung aufs Schiff. Dem rheinland-pfälzischen Landesamt für Denkmalpflege liegt dieses Problem buchstäblich vor der Türschwelle: die benachbarte Burg Sooneck untersteht der staatlichen Schlösserverwaltung.

Auch die Deutsche Burgenvereinigung muß auf der Marksburg mit einem Problemfall leben: mit der Blei- und Silberhütte Braubach, die immerhin auf eine dreihundertjährige Geschichte verweisen kann. Die Bergbautradition reicht hier sogar bis in das Mittelalter zurück. Die Hütte ist eine fünfzigprozentige Tochter der Deutschen Metallgesellschaft. Rheintouristen kennen die drei Schornsteine auf der Kuppe hinter der Marksburg. Die Schornsteine sind durch einen Rauchkanal mit der Hütte verbunden. Sie sollen nicht etwa die Landschaft zieren, sondern die giftige Abluft aus dem Tal ableiten und in die weitere Umgebung verteilen. Dennoch ist Braubach nach amtlicher Bekundung «der am stärksten mit Blei belastete Ort der Bundesrepublik»[227]. Die Brüsseler EG-Kommission hat die Bundesregierung vor dem Europäischen Gerichtshof verklagt, weil in Braubach die EG-Richtlinien für den Bleigehalt in der Luft nicht eingehalten werden. Die Koblenzer Staatsanwaltschaft hat gegen die Hütte wegen des Verdachts der Gewässerverunreinigung, der umweltgefährdenden Abfallbeseitigung und des Betreibens einer nicht genehmigten Anlage ermittelt.

Immer noch beherrscht die Rochuskapelle wie zu Goethes Zeiten die Landschaft, aber der einst bewaldete Hang von der Höhe zum Rheinufer hinunter ist durch wilde Bebauung mit Eigenheimen verunstaltet worden. Nicht nur Bingen hat es versäumt, seinem Stadtbild einen Rahmen zu geben. Beispiele für eine ausufernde und die schöne Flußlandschaft aufzehrende Bebauung liefern auch kleinere Gemeinden wie St. Goarshausen, Kaub oder Lorchhausen. Dort wuchern die Eigenheime aus dem alten Ortskern hinaus und am Ufer entlang. Hinter und über ihnen, am Hang, im Weinberg zieht sich bereits eine zweite Häuserzeile. Diese Neusiedler nutzen die Rebflurbereinigung, die befestigten Wirtschaftswege als Erschließungsstraßen für die Wohnbebauung. Nun reihen sich am Rhein Kleinvillen, Schweizer Chalets und Landhäuschen im oberbayerischen Rustikalstil. Was ist schlimmer: solche kleinbürgerlichen Geschmacklosigkeiten, deren die lokale oder regionale Obrigkeit durch straff gehandhabte Bauordnungen nicht Herr zu werden imstande ist, oder gebaute Scheußlichkeiten, wie die Hochhäuser in Bingerbrück oder über Vallendar, wie das Schulgebäude über Aßmannshausen oder die Brauerei Königsbach (Stromkilometer 587,3), an deren einfallsloser blecherner Zigarrenkisten-Architektur nun wirklich Hopfen und Malz verloren ist?

1969 hatte das Projekt «Las Vegas am Rhein» von sich reden gemacht. Es konnte verhindert werden. Dafür aber bedrohte seit Ende der achtziger Jahre der Gran-Dorado-Freizeitpark eines niederländischen Investors die Rheinlandschaft in Oberwesel-Langscheid.[228] Dort sollten auf 30 Hektar Ackerland Ferienwohnungen und Wochenendhäuser mit 600 Wohneinheiten und 2025 Betten entstehen, mit allem, was dazugehört: Restaurants, Supermarkt, Geschäften, Kegelbahnen, Tennisplätzen, Erlebnisbad. In den alten Rheinstädtchen sind die Übernachtungszahlen rückläufig. Projekte wie dieses geben den Hotels und Gaststätten im Rheintal den Rest. Der Rheinische Verein für Denkmalpflege und Landschaftsschutz kommentierte: Es seien besonders solche verqueren, gigantischen Projekte, die alle Bemühungen um eine «Rheintalschutzverordnung», um die Eintragung des Mittelrheintals in die Liste des Weltkultur- und Naturerbes der UNESCO konterkarierten. Die zunehmenden öffentlichen Proteste entmutigten den Investor; er gab sein Projekt auf.

Der Wanderer auf dem Rheinhöhenweg vergleicht seine Eindrücke mit früheren, auf der gleichen Strecke gesammelten. Immer wieder registriert er Verluste, aber doch auch Erfreuliches. In Boppard zum Beispiel, keltische Siedlung, römisches Kastell bis 406/407, mit einer spätantiken Kastellmauer, deren gut erhaltene Reste zu bestaunen sind – das Ganze ein Denkmal von europäischem Rang –, in Boppard haben Bürgerschaft und Verwaltung ein Einsehen gehabt und darauf verzichtet, ein Stück der Südseite des Festungsgevierts mit den Türmen 8 und 9 durch ein Parkhaus und eine Polizeiinspektion zu überbauen.[229] Sie folgen damit dem Rat des Rheinischen Vereins für Denkmalpflege und Landschaftsschutz und dem Votum namhafter Fachwissenschaftler, insbesondere aber der eigenen guten Tradition: 1859 wurden die Gleise der Rheinischen Eisenbahn unter weitgehender Schonung der historischen Stadt und der Uferfront bergseitig um den Ort geführt. In unseren Tagen fand sich neben dem Gleiskörper auch noch Platz für die Umgehungsstraße der B 9. Boppard weiß mit seiner Geschichte etwas anzufangen, die der anderer Städte am Rhein verbunden ist. Der jüngste Fund einer Tonstatuette der keltischen Pferdegöttin Epona ist der einer Epona an die Stelle zu stellen, die in Bregenz (das römische Brigantium) ans Tageslicht kam. Und die unter der Bopparder Severuskirche im Bereich der spätantiken Kastell-Therme aufgedeckte frühchristliche Rundkanzel (Ambo oder Bema) und das Taufbecken (Piscina) haben ihre nächste Parallele auf dem Kölner Domhügel: Beide liegen unter bedeutenden Sakralbauten gleich an der Stadtmauer und nahe dem Strom, und beide Taufbecken haben ihr Vorbild im Baptisterium von San Giovanni in Laterano in Rom. Diese weitreichenden historischen Bezüge rufen ins Gedächtnis, in welche Tradition wir eingebunden sind.

Die Äbtissin Hildegard von Bingen (1098–1179) war nicht nur eine Seherin und Prophetin, sondern auch eine genaue Beobachterin von Tieren und Pflanzen ihrer Heimat. In der überreichen heimischen Vogelwelt der Auen und Inseln des Rheingaues entdeckte sie auch Kormorane und andere seltenere Schwimmvögel. Der Reichtum der Natur, der die Äbtissin am Rhein umgab, verging im 19. und 20. Jahrhundert gründlich. Strombaumaßnahmen, Trockenlegungen, Jagd, zunehmender Schiffsverkehr, Freizeitschiffahrt und Gewässerverschmutzung hatten ihren Preis: In den ehemaligen Feuchtgebieten Oberrhein und Mittelrhein, einst unberührte Paradiese aquatischer Flora und Fauna, ging die Artenvielfalt dramatisch zurück. Dafür wurden Massenvermehrungen einzelner Arten verzeichnet: Anzeichen für das verlorene ökologische Gleichgewicht. Als 1968 bis 1972 Schutzgebiete auf den Rheininseln zwischen Eltville und Bingen eingerichtet wurden, waren dies Rettungsmaßnahmen im letzten Augenblick. 1973 erhielten die Schutzgebiete den Status eines «Europa-Reservats». Die Maßnahmen hatten Erfolg. Im Januar 1973 wurden allein auf der Mariannenaue 16 500 in das Naturschutzgebiet einfallende Entenvögel gezählt. Ziehende Wasservögel nutzten die Flachwasserzonen der Rheingauinseln als Rast- und Schlafplatz auf ihrem Flug vom Norden in den Süden und zurück. Die nächsten Ruheplätze im Süden, am Oberrhein, liegen 250 Kilometer entfernt, nach Norden bis zum Niederrhein, sind es 300 Kilometer. Die meisten dieser alten Ruhezonen auf den Routen des Wasservögelzuges waren trockengelegt worden. Ohne sie aber gehen die Tiere zugrunde, weil sie nicht ungestört rasten, Nahrung aufnehmen und neue Kräfte sammeln können. 1975 wurde ein internationales Abkommen geschlossen, die sogenannte Ramsar-Konvention, die solche Stillwasserzonen, die als Rast- und Brutplätze für Wasservögel dienen, schützt.

Die Gruppe Bingen des Deutschen Bundes für Vogelschutz und die Mitarbeiter des Naturschutzzentrums Rheinauen haben für Naturfreunde eine Fahrt mit dem Schiff durch die Welt der Wasservögel im Europareservat organisiert. Ausgerüstet mit Fernglas und Bestimmungsbuch flüstern sich die Naturschützer ihre Entdeckungen zu: Die Graureiher haben sich vermehrt seit dem letzten Jahr. Sie brüten wieder in den Inselauen, auf der Rüdesheimer Aue sind es mindestens 30 Paare. Am stilliegenden Boot ziehen Graugänse vorüber. Samtenten, Krickenten, Eiderenten und andere Verwandte werden notiert. Haubentaucher unterhalten die Gruppe mit ihren Tauchkünsten. Aufgeregt werden ein Säbelschnäbler, eine Rarität hier, und drei Exemplare des der Ente verwandten seltenen Gänsesägers gemeldet. Und dann folgt eine kleine Sensation: Auf der Mariannenaue haben sich, wie im Vorjahr, Kormorane einen abgestorbenen Weidenbaum zu ihrem Ruheplatz ausgesucht. Auf dem Durchzug rasten sie dort und fischen. Zweie hocken nach dem Tauchen am Ufer und trocknen ihre weit ausgebreiteten Flügel. Auch Hildegard von Bingen würde dieser Anblick erfreut haben.[230]

Siebtes Kapitel

Der Niederrhein:
Schiffahrt, Industrie, Altlasten

Die Flußgeschichte

Vom Tertiär bis zur Römerzeit

Zu Füßen des Siebengebirges tritt der Rhein ins flache Land der Niederrheinischen Bucht. Von der Terrasse des Gasthauses auf dem Großen Ölberg (459,8 m) reicht der Blick weit zurück in den Westerwald und jenseits des Rheins in die Eifel bis zum Hunsrück. Nahebei liegen die Höhen des Siebengebirges mit den Talzügen, den Siefen dazwischen. Nach Nordwesten, hinter dem Ennert und den nördlichen Waldgebieten des Siebengebirges, breitet sich die Ebene. In ihr verliert sich der silbrig glänzende Rhein. An klaren Tagen sind in der Ferne die Türme des Kölner Doms zu erkennen.

Der Standort ist bemerkenswert; er liegt in einem Schnittpunkt geologischer Linien. Vom Siebengebirge aus öffnet sich das Becken der Niederrheinischen Bucht; diese erstreckt sich nach Nordwesten bis an den Waal, einen der Mündungsflüsse des Rheins. Bei Bonn setzt, in gleicher Richtung wie der Strom, das «Rheinische Lineament» mit seinen Verwerfungen und Bruchschollen ein. Entlang jener älteren Nahtlinie, die sich in nordnordöstlicher Richtung quer über den Kontinent zieht und die vor 50 Millionen Jahren am Oberrhein einen Grabeneinbruch zur Folge hatte, begannen etwa gleichzeitig im Rheinischen Schiefergebirge, dem 300 Millionen Jahre alten Sockel eines variskischen Gebirges, das Neuwieder Becken und die Niederrheinische Bucht einzusinken. In mehreren Vorstößen drang das Nordmeer in die Senkungszone ein. Gleichzeitig hob sich der variskische Sockel wieder. Diese gegenläufigen Schollenbewegungen halten bis heute an; der Oberrheingraben und die Niederrheinische Bucht sind tektonisch aktiv geblieben. Hier registrieren die Seismologischen Institute häufig schwächere Erdbeben mit der Magnitude 3 bis 4 auf der Richterskala. Das nächtliche Erdbeben vom 13. April 1992 allerdings rüttelte die Menschen aus dem Schlaf; es erreichte die Stärke von etwa 5,5; das Epizentrum lag bei Roermond; hundert Häuser wurden beschädigt, vom Kölner Dom stürzten fünf Kreuzblumen herab. Ein Beben gleicher Stärke hatte es am Niederrhein zuletzt 1756 gegeben. Die Geologen waren nicht überrascht.

Die Niederrheinische Bucht wurde in den vergangenen 50 Millionen Jahren in längsgerichtete Schollen zerlegt, die das «Rheinische Lineament» bilden. Manche der Schollen wurden wie Horste herausgehoben, andere brachen grabenartig ein. Die bekannteste der herausgehobenen Schollen ist die Ville-Scholle zwischen Bonn und dem westlichen Köln, die als Vorgebirge bezeichnet wird. Das geologische Landesamt Nordrhein-Westfalen in Krefeld widmet seine wissenschaftliche Aufmerksamkeit den Hebungs- und Senkungsvorgängen und dem Auseinanderdriften der Schollen in der Niederrheinischen Bucht. Bei Viersen, im Bereich der «Venloer Scholle», einem etwa 20 Kilometer breiten Geländestreifen, hat das Landesamt eine Sinkgeschwindigkeit von 0,3 Millimeter jährlich festgestellt, weiter südlich, im Westen Kölns, von einem Millimeter. Ein Vergleich: Am Oberrhein erreicht die Sinkgeschwindigkeit des Grabens an einigen Stellen 0,7 Millimeter im Jahr; sie gleicht also im Mittel der am Niederrhein. Wie im Oberrheingraben driften auch am Niederrhein die Ränder des Gebirges langsam auseinander, dergestalt, daß Aachen nach Westen, Köln und Bonn mit dem Rheinbett nach Osten sich bewegen. Allmählich klafft am Niederrhein ein Graben auf, und die ferne geologische Zukunft könnte in einigen Millionen Jahren auch hier so aussehen wie am Oberrhein.

Die Spannungen in der Erdkruste rissen im beginnenden Miozän die Verwerfungsspalten bis tief zu den Magmaherden auf und lösten im Siebengebirge, in der Hocheifel, im Westerwald heftigen Vulkanismus aus. Feuerflüssige Lava drang empor; Vulkane schleuderten ungeheure Mengen Asche empor und bedeckten das Land mit Trachyttuff. Im Siebengebirge vermochten nicht alle Vulkane mit ihren Basaltgeschossen die Tuffdecke zu durchbrechen; sie blieben stecken oder die Lava erstarrte zu Basaltnadeln. So entstanden die Baumaterialien des Siebengebirges: Tuff, hellgrauer Trachyt, dunkelgrauer Andesit und blauschwarzer Basalt. Der Vulkanismus kam lange nicht zur Ruhe; noch in der letzten Eiszeit brachen in der Eifel in der Gegend des Laacher Sees Vulkane aus. Gegenüber dem Siebengebirge, am anderen Rheinufer, wurde der Rodderberg-Vulkan aktiv; dessen junger Krater ist im Gelände gut sichtbar.

Nach einer verstärkten Einbruchphase der Niederrheinischen Bucht und Schollenbewegungen im Tertiär, nach erneuten Vorstößen des Meeres aus dem Nordseebecken zog sich das Meer im Jungtertiär allmählich zurück. Die Sedimentation durch die Flüsse des Festlandes nahm zu. In den flachen, breiten Küstenzonen am Nordrand des Schiefergebirges entstanden Lagunen, verlandende Seen und ausgedehnte Sümpfe. Das feuchtwarme Klima des Miozän begünstigte eine reiche tropisch-subtropische Vegetation mit Moor- und Schlingpflanzen, Sträuchern, Farnen, aber auch mit riesigen feuchten Wäldern. Die gewaltige Sequoia, der Mammutbaum, gedieh, der Amberbaum, die Sumpfzypresse, und viele Arten laubwerfender Pflanzen und Koniferen. Aus ihren Resten entstanden durch allmähliche Verlandung im Laufe von Jahrmillionen Torfmoore.

Von der Mitte des Tertiär an gingen die Temperaturen auf dem Kontinent zurück; das Quartär mit seinen Eiszeiten kündigte sich an. Im Jungtertiär lagerten sich in der Senkungszone der Niederrheinischen Bucht weitere Sedimentschichten der nach Norden ins Meer entwässernden Flüsse aus dem Schiefergebirge ab, auch des Ur-Rheins, der damals begann, sein muldenförmiges Tal auszubilden und sich ins aufsteigende Schiefergebirge einzusägen. Gewaltige Mengen Schlamm, Sand und Kies deckten die weitflächigen Torfmoore zu. Die massenhaft herantransportierten Sedimente preßten den Torf zusammen und verdichteten ihn zu Braunkohle. Deren Flöze sind heute (zum Beispiel bei Bergheim im Westen Kölns) bis zu 100 Meter mächtig. In einer zweiten Phase entstand im Karbontrog zwischen Südengland und Oberschlesien unter hohem Druck und Luftabschluß durch geochemische Umwandlungsprozesse die erdgeschichtlich ältere Steinkohle. Ihre Vorkommen im Ruhrgebiet sind sehr ergiebig.

Die Gletscher der Eiszeiten mit ihren Schmelzwässern schütteten noch einmal Schotter und Sande über die Niederrheinische Bucht. Erneute Moränenablagerungen und Flugsande erreichten stellenweise eine Mächtigkeit bis zu 20 Metern. Bei vorherrschenden Westwinden wurde der gelbe Löß auf der rechtsrheinischen Mittelterrasse am Bergischen Höhenrand abgelagert. Er ist Teil des Lößgürtels, der sich von Belgien am Rand der Mittelgebirge nach Osten zieht.

Die Kenntnisse vom Ur-Rhein des Jungtertiär und des Quartär sind gering[1]; von ihm läßt sich nur sagen, daß er vom Austritt aus dem Rheinischen Schiefergebirge an seine nordwestliche Richtung stets beibehalten hat. Der Fluß folgte der Richtung des Rheinischen Lineaments, hielt sich bis an die Ruhr nahe dem Gebirgsrand des Bergischen Landes und seiner nördlichen Ausläufer. Die Eiszeiten und die gemäßigten Zwischeneiszeiten mit ihren Sedimentationen verwischten und verdeckten alle Spuren, die der Landschaft von den Eiswasserströmen eingraviert worden waren. Das von Skandinavien her mehrmals vordringende Inlandeis erreichte mit seinem Maximum (vor 100 000–200 000 Jahren) etwa die Linie Themse–Rheinmündung/Rhein–Krefeld–Düsseldorf–Ruhr. Als die Gletscher nach dem Ende der Weichsel-Würm-Eiszeit tauten und sich zurückzogen, hinterließen sie feuchte Landflächen mit Sandhügeln und Moränenwällen. Der Rhein folgte dem zurückweichenden Eis und durchstieß die Aufschüttungen der Gletscher. Die Küstenlinie des unter dem Eis auftauchenden Kontinents mag vor etwa 12 000 Jahren zwischen England und Dänemark verlaufen sein. Der Rhein wird damals die Themse aufgenommen haben und in der Höhe der Doggerbank ins Meer gemündet sein.[2] Am Niederrhein bildeten die Schotterablagerungen der Kaltzeiten die heutige Niederterrasse. Der Rhein räumte in ihr mit geduldiger Seitenerosion die Talaue aus. Die Grundzüge des heutigen morphologischen Erscheinungsbildes der niederrheinischen Landschaft hatten sich am Ende der Eiszeit, um 8000 v. Chr., im Holozän/Mesolithikum, herausgebildet.[3] Um 2000 v. Chr. wird die Küstenlinie des Kontinents etwa bis auf die Höhe ihres heutigen Verlaufs zurückgewichen sein, das Rhein-Delta zwischen Antwerpen und Amsterdam sich ausgedehnt haben.

Mit den Römern trat der Rhein ins Licht der Geschichte; zu den Spuren, die der Boden konservierte, kamen schriftliche Zeugnisse. Diesen Vorzug verdankt der Rhein der Tatsache, daß er am Niederrhein Grenzfluß des Römischen Reiches war. Das gesamte, vom Vinxtbach (bei Brohl) nach Norden sich erstreckende linksrheinische Gebiet gehörte zur römischen Provinz Niedergermanien; die Provinz umfaßte die Niederrheinische Bucht mit den nach Westen anschließenden Gebieten der Eifel, der Voreifel, griff über die Maas hinaus und reichte bis zu den Mündungen von Schelde, Maas und Rhein.[4] Auf dem heutigen niederländischen Boden folgte die römische Grenze dem Nederrijn und dem Oude Rijn, der auf der Höhe von Leiden, bei Katwijk, in die Nordsee mündet. (Abb. 56) Das linke Rheinufer wurde zum Bereitstellungsraum und zur Nachschublinie; es war logistische Basis für Maßnahmen gegen die Germanen, die jenseits des Rheins in den unabsehbaren Wäldern wohnten. Am Ufer entlang zog sich eine Kette befestigter Garnisonen (castra und castella) für die Legionen und Hilfstruppen: die Garnisonen Bonna (Bonn), vielleicht Köln, Novaesium (Neuß), Asciburgium (Moers-Asberg), Vetera (Xanten), Nijmegen-Kops Plateau, vielleicht Fectio (Bunnik-Vechten am Kromme Rijn). In der Zeit des Tiberius und des Germanicus kamen der Stützpunkt der römischen Rheinflotte in Köln-Alteburg hinzu und am unteren Niederrhein Burginatium (Altkalkar). Zwischen diesen befestigten Plätzen wurden Kleinkastelle und bewehrte Posten eingerichtet; sie hatten Blick- und Signalverbindung untereinander.[5] Nach der Varusschlacht (9 n. Chr.) wuchs die Überzeugung, daß auf rechtsrheinische Eroberungen zu verzichten sei[6]; damit wurde, etwa ab 16 n. Chr., der Rheinlimes zur Verteidigungslinie gegen die von Osten andrängenden Germanen. Die Ubiersiedlung Oppidum Ubiorum, das heutige Köln, erhielt 50 n. Chr. das römische Stadtrecht; mit den älteren Kastellen am Niederrhein sicherten im Bataverland die Kastelle Traiectum (Utrecht) und Valkenburg Z. H. die Nordgrenze. Die Römer legten all diese festen Plätze mit ihrem einheitlichen Grundriß sowohl nach politisch-strategischen und militärisch-taktischen Gesichtspunkten an, als auch nach der örtlichen geographischen Situation. Die Standorte mußten sicher sein vor den Hochwassern des Rheins, also erhöht liegen. Vorteile des Geländes (Geländesporne, Bachläufe, Abhänge) wurden genutzt, feuchte und ungesunde Standorte gemieden. Quellen, die Trinkwasser spendeten, mußten vorhanden sein, oder aber gutes Wasser mußte mit dem nötigen Gefälle herangeführt werden können. Um die Versorgung mit gutem Wasser zu gewährleisten, bauten die Römer viele Kilometer lange Wasserleitungen. Eine Insel oder

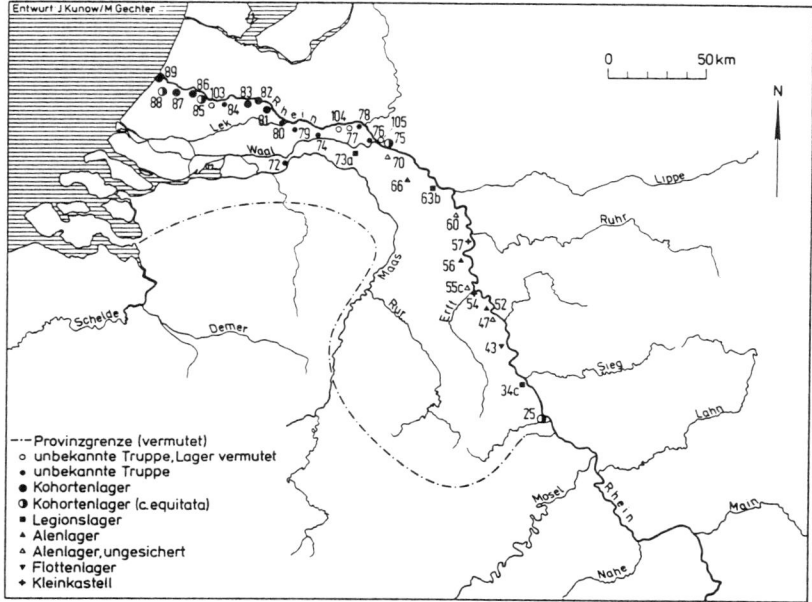

Abb. 56: Der niedergermanische Limes war die Verteidigungslinie der Römer gegen die Germanen; er markiert zugleich den ungefähren Verlauf des antiken Rhein. Er floß nördlich von Waal und Lek und mündete bei Katwijk in die Nordsee. Die Abbildung zeigt den niedergermanischen Limes in trajanischer Zeit (98–117 n. Chr.). Erläuterung: 25 Remagen, 34c Legionslager Bonn, 43 Köln-Alteburg, 54 Neuß-Reckberg, 56 Krefeld-Gellep, 63 b Xanten Vetera II, 73 a Nijmegen, 78 Arnheim-Meinerswijk, 82 Utrecht, 86 Alphen, 88 Valkenburg, 89 Katwijk.

Halbinsel galt als günstiger Platz für Hafenanlagen. Eine Lage im (möglichst erhöhten) Scheitelpunkt einer Flußbiegung wurde, wegen der guten Aussicht den Strom hinauf und talwärts, bevorzugt. Vermutlich also berücksichtigten die Römer geomorphologische Besonderheiten für die Wahl ihrer Standorte: Flußschleifen oder Mäanderbögen, eine Talenge, die Einmündung eines Nebenflusses.

Die römischen castra und oppida an der Ostgrenze der Provinz Niedergermanien markieren den Lauf des Rheins vor 2000 Jahren. Hinter der Mehlemer Enge, wo der Rhein aus dem Rheinischen Schiefergebirge austritt, verlagerte der Fluß seither kaum seinen Lauf, obwohl er nun, im Flachland, größere Freiheit genoß. In Bonn fließt er nahezu unverändert vor den Toren der Stadt; seinen gestreckten Lauf hielt er bei. Erst vor Köln, bei Wesseling und Weiß, schwingt er nach Westen, dann nach Osten aus, bevor er sich Köln nähert, das im Scheitelpunkt eines weiten Rheinbogens liegt, an bevorzugter Stelle also. Spätere Reisende sollten diese Lage der Stadt preisen: Das Stadtpanorama am Ufer breite sich hin wie ein Amphitheater. Auch hier behielt der Rhein sein Bett seit mindestens 2000 Jahren.

Hinter Köln, im Worringer Bruch, beginnt dann die windungsreiche niederrheinische Flußstrecke. In der gefällearmen Schwemmlandebene folgte der Fluß den Schwingungen des Stromstrichs und holte zu Mäanderbögen aus. Diese wanderten talwärts. Im Gelände und in den topographischen Karten sind viele der verlassenen, inzwischen verlandeten Flußschlingen herauszulesen. Vor Neuß jedoch, bei Üdesheim (lrh.) und Himmelgeist (rrh.), Stromkilometer 729, trifft er auf ein Hindernis. Hier treten die links- und die rechtsrheinische Niederterrasse dicht an den Fluß heran und beengten, fixierten ihn: Der Strom mußte zwischen ihnen hindurch seinen Weg finden.[7] Dies bewirkte eine Art Rückstau; nach links und rechts drängt er mit kräftigen Pendelschwingungen aus, bis er den Durchgang durch die Enge erreicht hat. Stau und Pendelschwingungen hatten zur Folge, daß in der Urdenbacher Kämpe bei einer Flußverlagerung (vielleicht durch ein starkes Hochwasser im 14. Jahrhundert) das Haus Bürgel, das auf den Resten einer römischen Festungsanlage steht, vom linken auf das rechte Rheinufer geriet.[8] Auch die Festung Zons war von dieser mittelalterlichen Flußverlagerung betroffen: Der Rhein floß hier ursprünglich im Süden nahe der Stadtmauer; heute fließt er im Osten der Stadt. Er hat die alte Landbrücke zwischen Haus Bürgel und Zons unterbrochen.

Neuß muß noch 1195 unmittelbar am Rhein gelegen haben. Die Erft mündete vor den Toren der Stadt in den Rhein. Heute liegt der mittelalterliche Stadtkern von Neuß etwa zwei Kilometer vom Rhein entfernt. Düsseldorf durfte die Gunst seiner Lage am Rhein behalten,[9] während Duisburg sie verlor. Aber Duisburg und Neuß haben es verstanden, den Verlust wett zu machen: Auf dem Alluvialland errichteten sie im 19. Jahrhundert Häfen und Industrieanlagen. Duisburg gar entwickelte sich zum größten Binnenhafen der Welt. Auch das römische Auxiliarkastell Asciburgium (Moers-Asberg), das der Ruhrmündung gegenüber angelegt worden war, verlor den Fluß.[10] Schon 200 n. Chr. muß der Rhein seinen engen Mäanderbogen bei Asciburgium verlassen und in der Gegend des heutigen Duisburger Parallelhafens den Mäanderhals durchbrochen haben. Bis vor 1200 behielt er die östliche Flußschlinge über dem späteren Hafengebiet. Nach 1200 schnitt er diesen östlichen Mäanderbogen ab.

Das römische Legionslager Vetera I auf dem Südhang des Fürstenbergs, einer Stauchmoräne bei Xanten-Birten, wurde 13/12 v. Chr. gegründet.[11] Es lag nahe der Stelle, wo gegenüber einst (bis um 1580) die Lippe in den Rhein mündete. Nach seiner Zerstörung wurde das neue Lager Vetera II (ab 71 n. Chr.) weiter östlich auf eine hochwasserfreie Stelle im Bereich der heutigen Bislicher Halbinsel verlegt; es bestand bis in die Zeit der großen Germaneneinfälle um 275/276. Im Mittelalter unterspülte der Rhein Vetera II und begrub die Reste des Lagers unter großen Kieselablagerungen; heute befindet sich an dieser Stelle ein Baggersee. Taucher holten römische Funde aus 10 Metern Wassertiefe ans Tageslicht. Die Bislicher Halbinsel ist heute Naturschutzgebiet und Vogelfreistätte. Der alte Rheinarm, der sie umschließt und den Fuß des Fürstenbergs berührt, führt heute noch Wasser. Er wurde 1788 bei einem künstlichen Durchstich vom Strom abgetrennt. Der von den Römern zur Zeit Trajans um 100 n. Chr. für germanische Neusiedler gegründete vicus, die spätere Colonia Ulpia Traiana (CUT), liegt im Norden von Xanten am Rand der Niederterrasse. An der Ostseite der Stadtmauer befand sich der Hafen, der vermutlich durch einen Altrheinarm oder Stichkanal mit dem Rhein verbunden war. Schon um 170 n. Chr. war dieser Altarm verlandet; heute bezeichnet der Bach Pistley seinen früheren Verlauf.

Das römische Xanten, die Colonia Ulpia Traiana, und Köln, die Colonia Claudia Ara Agrippinensium, bildeten die wichtigsten militärischen Stützpunkte der Provinz Niedergermanien. Die Kette der Legionslager und Auxiliarkastelle hielt über die hochwassersichere Römerstraße Verbindung. Die heutige Bundesstraße 9 folgt auf weiten Strecken dem Verlauf der Römerstraße. Von Xanten aus talwärts, nach Westen hin, an Nederrijn, Kromme Rijn und Oude Rijn, schon im Mündungsgebiet, folgte die Kette der Hilfstruppenlager. Xanten aber mit seinen festen Mauern, den Tempeln, dem Amphitheater, den Thermen und der Wasserleitung muß weithin den Rhein hinunter ins Land der Bataver und Usipeten ein Zeichen der Macht und Größe eines Weltreiches gewesen sein.

An der Grenze des Niederrheins dann, 33 Stromkilometer talwärts, hatten die Gletscher der Eiszeit Stauchmoränen zu einem Höhenzug aufgeschoben. Von ihm herab grüßen am rechen Ufer, vom Eltenberg, die ehemalige Stiftskirche Hochelten, vom linken Ufer Kleve mit der Schwanenburg. Zwischen beiden Punkten besteht über den Rhein hinweg eine Blickbeziehung, über die noch zu reden sein wird. Beide markieren den Eintritt des Rheins ins Mündungsgebiet und zugleich die politische Grenze zwischen Deutschland und den Niederlanden.

700 Jahre Strombau

Flußbaugeschichte ist Technikgeschichte; der Wasserbau ist eine 2000 Jahre alte Ingenieurwissenschaft. Der Niederrhein, auf deutschem Boden ein Pionierland des Wasserbaus, der Landgewinnung und Meliorationen, lernte vom Beispiel der Nachbarn, der erfahrenen niederländischen Ingenieure. Was war der Anlaß für die Eingriffe in das Stromregime?

Am Niederrhein, am linken Ufer des Griethauser Altrheins, sechs Kilometer vor der niederländischen Grenze, steht das Denkmal der Johanna Sebus. Es liegt neben dem Deich, nahe der Mündung des Spoykanals in

den Griethauser Altrhein, in einem vom Klevischen Heimat- und Verkehrsverein sorgsam gepflegten Hain. Eine Tafel am Eingang zitiert die
ersten Zeilen des Goethe-Gedichts: «Der Damm zerreist, das Feld er-
braust, die Fluten spülen, die Fläche saust ...» Napoleon ließ eine Stele
errichten; sie trägt die Inschrift: «Johanna Sebus, ein siebzehnjähriges
Mädchen, rettete im Jahre 1809 bei einem Deichbruch ihre kranke Mutter aus den Fluten des Rheins. Danach stürzte sie sich wieder in den Strom,
um eine Frau mit ihren Kindern dem Tod zu entreißen. Sie kam dabei um.
Dieses Denkmal wurde zu ihrem Andenken errichtet im Jahre 1811.» Die
Rückseite des Gedenksteins trägt den gleichen Text in französischer Sprache. Die Katastrophe in jener Winternacht macht die Eingriffe des Menschen in das Ökosystem des Flusses verständlich.[12]

Die Stadt Emmerich wurde bis ins 16. und 17. Jahrhundert von einem
gegen ihre Mauern drängenden Mäanderbogen bedroht; starker Wasser-
gang bedeutete eine erhebliche Gefahr für die Stadt. Bereits im 13. und
noch einmal im 14. Jahrhundert hatte der Rhein Westbau und Langhaus
der dicht an der rheinseitigen Stadtmauer liegenden Stiftskirche St. Martin zum Einsturz gebracht. Die Bürger suchten durch Aufschüttungen am
Ufer, durch Umlenkung des Flusses und Durchstiche der Gefahr Herr zu
werden – lange ohne anhaltenden Erfolg. Erst seit 1732 waren diese Schutzmaßnahmen erfolgreich, die Stadt vor der Gewalt des Flusses gesichert.

Im 16. und 17. Jahrhundert wanderte auch vor der Stadt Rees eine
Flußschlinge talwärts, auf die Stadt zu. Die Situation spitzte sich bei jedem
Hochwasser zu, besonders im Winter bei Eisgang. Die Eisschollen «stauten sich an den Mauern von Rees, türmten sich hoch auf und drückten
mehr als einmal die ganze Stadtmauer und die dahinter gelegenen Häuser
ein, obgleich ein fester Turm als Eisbrecher in die Mauern eingebaut worden war.»[13] 1654 begannen die Bürger, einen Entlastungskanal zu graben,
der aber nicht sachgemäß angelegt worden war, denn der Fluß nahm ihn
nicht an. Ein weiterer Versuch, verbunden mit einem Durchstich des
Mäanderhalses und einem neuen, 1677 ausgehobenen Kanal, brachte
Rees die Rettung. 1732 war das einst so gefährliche alte Flußbett verlandet; noch heute ist der Reeser Altrhein im Osten und Süden der Stadt im
Gelände zu erkennen, er berührt den Fuß der Stadtmauer.

Aber der Niederrhein war nicht nur eine Bedrohung für seine Anwohner – der Vater Rhein verhalf durchaus auch, im Sinne Hölderlins, zum
guten Geschäfte: Er baute das Land und nährte liebe Kinder «in Städten,
die er gegründet». Die Klever Grafen zum Beispiel waren schon im
12. Jahrhundert Nutznießer des Neulandes, das zuweilen ein Rheindurchbruch bescherte. Dieses Neuland nahm, ein altes Recht, der Landesherr an sich. Zwischen Orsoy und Arnheim gerieten so alle durch Veränderungen des Strombetts neugebildeten Inseln in den Besitz der Klever
Grafen.[14] Die Grafen trugen auch für die Trockenlegung und Bewirtschaftung Sorge. Von Graf Dietrich VIII. (1275–1305) ist bekannt, daß er

diese Gewinnung neuen Landes mit Sinn und System betrieb. Vorbilder für die Trockenlegung der Bruchgebiete waren holländische Lokatoren und Fachleute für Deichbauten. 1294 übertrug er «das Tillerbruch zur Urbarmachung an ein von zwei Holländern geführtes Konsortium», dessen Arbeit offensichtlich erfolgreich war, denn im Jahr 1295 wurde auch das Uedemer Bruch an holländische Spezialisten vergeben, trockengelegt und unter den Pflug genommen. «Die Erschließung und Sicherung neuen Lebensraums für eine wachsende Bevölkerung bleibt die eigentliche Leistung des spätmittelalterlichen Territorialstaats am Niederrhein.»[15] Was mit Dietrich VIII. begann, setzten seine Nachfolger fort.

Als der letzte der Landesherren von Jülich-Kleve-Berg, Herzog Johann Wilhelm, 1609 starb, teilten die Fürsten von Brandenburg und Pfalz-Neuburg sich in das Erbe. In diesen Jahren trat Brandenburg-Preußen erstmals als politischer Machtfaktor am Rhein auf, begann es seine Westpolitik. 1614 festigte es den Besitz seiner rheinischen Länder im Vertrag von Xanten: Der Kurfürst erhielt Kleve, Mark und Ravensberg.

Die Festung und Zollstätte Rheinberg, eine kurkölnische Enklave in klevisch-preußischem Gebiet, wurde während des Spanischen Erbfolgekriegs (1701–1714) vielfach durch Eroberungen und Kriegsnöte heimgesucht. Die Preußen, spätestens seit den Tagen des Großen Kurfürsten im Fluß- und Kanalbau nicht unerfahren, nutzten ihre Kenntnisse auf eine besondere Weise. Sie beobachteten, daß der Rhein seit langer Zeit seine bei Rheinberg liegenden Altarmschlingen zum Schaden Rheinbergs und Kurkölns allmählich nach Norden verlagerte. Sie halfen nach, indem sie einen Flußarm auf eigenem Territorium erweiterten und den bei Rheinberg liegenden verstopften, alte Schiffe darin versenkten und Weiden anpflanzten. Sie gruben Rheinberg buchstäblich «das Wasser ab». Rheinbergs politische, wirtschaftliche und militärische Bedeutung als kurkölnische Enklave war damit vernichtet.[16] Es hat sich von dieser politischen Ranküne nicht mehr erholen können.

Zwischen 1585 und 1673 ist der Niederrhein vom Spanisch-Niederländischen Krieg heimgesucht worden. Gegen die spanische Stützpunktpolitik richtete sich das Bestreben der niederländischen Generalstaaten auf die Beherrschung der Rheinlinie bis hinauf zur Ruhrmündung.[17] 1586 begann der niederländische Feldherr Martin Schenk von Nideggen auf der klevischen Rheininsel 's Grevenward, das Fort Schenkenschanz zu errichten. Die Wahl dieses Standorts war ein strategischer Geniestreich; für fast 150 Jahre beherrschte das Fort die Stromteilung und gemeinsam mit anderen, von den Niederländern besetzten Stützpunkten am Rhein (Emmerich, Rees, Wesel u. a.) den Weg zum Meer. Diese Blockademöglichkeit sollte die Spanier treffen, traf aber ebenso alle Rheinanlieger und die auf dem Fluß Handel Treibenden. Die Statthalterin der Spanischen Niederlande, Isabella Clara Eugenia, Tochter König Philipps II., sann auf einen Ausweg. Die Barriere der Niederländer war nur zu umgehen, wenn

der Rhein oberhalb und in sicherer Entfernung von den Niederlanden
durch einen Kanal mit der Maas verbunden würde. Also ließ die Statthalterin seit 1626 von Rheinberg aus, das 1603–1633 in spanischer Hand war,
einen Kanal auf Kamp und Geldern zu mit der Richtung zur Maas graben und ihn mit 25 starken Schanzen bewehren. Ende 1627 bereits befuhr
die Statthalterin ein Teilstück der «Fossa Eugeniana» bis Geldern. Der Kanal schien zum Ziel zu kommen. Das ärgerte die Niederländer; sie vertrieben die Spanier und hielten Rheinberg bis 1672 besetzt. Der Kanal
wurde wertlos und verfiel. Bis heute ist zwischen Rheinberg und Geldern
seine Anlage zu verfolgen. Bis Kloster Kamp begleitet die Bundesstraße
510 die Fossa Eugeniana; hinter dem Kamper Berg folgt ein Wanderweg
ihrem Verlauf bis Geldern.

Eine dauerhafte, bis heute schiffbare Verbindung zum Rhein herzustellen ist Kleve mit dem Spoykanal gelungen; dies ist zugleich der älteste der
Kanalbauten am Niederrhein.[18] 1428 wurde der Spoykanal bereits von
Schiffen befahren. Das alte, abseits gelegene Residenzstädtchen hatte eine
neue wirtschaftliche Grundlage gefunden.

1740 gab es am Rhein ein katastrophales Hochwasser, das die Deich-
und Wehrbauten am gesamten Niederrhein zwischen Duisburg und
Schenkenschanz überflutete oder wegriß. Der junge König Friedrich II.
von Preußen, der im niederrheinischen Katastrophenjahr den Thron be-
stiegen hatte, beschloß, zur Fixierung der preußischen Niederrheinstrecke
und zum Schutz der Anwohner, ein koordiniertes Vorgehen nach einem
einheitlichen Plan. An Weitsicht, Entschlossenheit und Kenntnissen stand
er seinem Vater, Friedrich Wilhelm I., nicht nach. Der hatte bereits holländische Ingenieure, die als Wasserbaumeister in Preußen hohes Ansehen genossen, in seine Dienste gezogen, hatte im Oderbruch Begradigungen, Trockenlegungen, Kanäle geplant, und, soweit die Staatsfinanzen
das erlaubten, zu bauen begonnen. Friedrich II. beschloß nun, am Niederrhein ähnlich vorzugehen, eine Bauverwaltung mit zehn Distrikten
einzurichten und nach einem Plan des Baumeisters Bilgen die Ufer zu
sichern und Neuland zu gewinnen.[19] Auch wenn der Beginn der Arbeiten, der kriegerischen Unternehmungen Friedrichs wegen, zunächst aufgeschoben werden mußte, so ist dieser Ausbauplan doch einer Würdigung
wert. Er entstand lange vor den ersten Überlegungen Tullas zur Korrektion des Oberrheins, lange auch vor den Meliorationsarbeiten am Alpenrhein. Diese späteren Unternehmungen zogen bereits Nutzen aus den niederrheinischen Plänen und Erfahrungen. Von Tulla ist bekannt, daß er die
Arbeiten auf der preußischen Stromstrecke am Niederrhein kennengelernt
und sich von ihrer Zweckmäßigkeit überzeugt hat.

Wie am Alpenrhein und am Oberrhein gab es auch am Niederrhein zuvor nur bescheidene, lokale Schutzmaßnahmen gegen den Strom; es fehlte
bis ins 18. Jahrhundert an Kenntnissen und an der Initiative zu gemein-
samem und koordiniertem Vorgehen. Das änderte sich unter dem großen

Friedrich. Bald nach dem Ende des Siebenjährigen Krieges begannen am Niederrhein die prospektierten Strombauten. «Der Ausbauplan zielte darauf ab, (zum schnelleren Abfluß der Wassermassen) in erster Linie die Vorflutverhältnisse zu verbessern, einen zusammengefaßten Stromschlauch herzustellen und diesen, sowie die von starken Wasserangriffen gefährdeten Ufer mit Deckwerken und Buhnen, einem damals völlig neuen Baumittel, zu sichern. Die als besonders schädlich erkannten zahlreichen Inseln wurden durch Absperren jeweils eines Stromarmes wieder mit dem Ufer verbunden (wodurch Neuland gewonnen, gesichert und bearbeitet werden konnte). Bei Stromschlingen, in denen die Ufer auch durch Buhnen nicht mehr gehalten werden konnten, wurden Durchstiche (an den Mäanderhälsen) angeordnet. Hier am Niederrhein wurde die Baumethode entwickelt, die später Vorbild für die Ausbauarbeiten am übrigen Rhein und anderen schiffbaren Flüssen war. Bis zu den Napoleonischen Kriegen konnten die meisten Inseln beseitigt und in das Ufergelände eingegliedert und zwei große Durchstiche bei Wesel und gegenüber von Xanten gebaut werden ...»[20]

Der Erfolg der preußischen Korrektionsarbeiten am Niederrhein bewies, daß bei einheitlicher Planung und konsequenter Ausführung die angestrebte Besserung der Zustände zu erreichen war. «Bis zur Mitte des 19. Jahrhunderts wurden in der gesamten Niederrheinstrecke nur noch kleinere, örtlich begrenzte Arbeiten – beispielsweise der Durchstich Grieth (vor Emmerich, Stromkilometer 845–848) – ausgeführt. Ein umfassender Ausbauplan mit genau festgelegten Ausbaugrundsätzen wurde erst nach Bildung der Rheinstrombauverwaltung am 1. Januar 1851 aufgestellt, der bei Mittelniedrigwasser eine Fahrrinnentiefe von 3 Metern (heute 2,50 Meter bei GlW) und einer Fahrrinnenbreite von 150 Metern vorsah.»[21] Erster und hochverdienter Chef der Rheinstrombauverwaltung war Edmund Adolph Nobiling.

Bis zur Jahrhundertwende waren die Regulierungs- und Ausbauarbeiten in allen wesentlichen Abschnitten beendet. Seither ist der Rhein unterhalb Kölns, wo die Deichbauten beginnen, reguliert. «Das Hochwasserabflußgebiet ist zwischen Deichen auf einen Bruchteil seiner ursprünglichen Breite zusammengepreßt, die schärfsten Mäander sind abgeschnitten worden, und der Wanderbewegung seiner Krümmungen wurde durch zahlreiche Buhnen Einhalt geboten.»[22]

Der einstige Wildstrom schien gebändigt. Aber auch am Niederrhein zeigte sich, daß der Strom nun keineswegs in einem Zustand des Gleichgewichts sich befand, sondern daß er mit Erosionen und Aufschwemmungen reagierte, ständig unter Aufsicht gehalten werden mußte und die zuständigen Wasser- und Schiffahrtsdirektionen weiterhin zu Gegenmaßnahmen zwang.

Ein Beispiel dafür ist eine von den Rheinschiffern gefürchtete Gefahrenstelle bei Bonn, der «Beueler Grund» (Stromkilometer 652 bis 653) und die «Beueler Platte» (Stromkilometer 654 bis 656). Hier lagert der Strom immer wieder Geschiebe ab, so daß Untiefen entstehen, die abgebaggert werden müssen, oder denen durch ein in den Rhein gebautes, etwa fünf Kilometer langes Parallelwerk, also durch eine Engführung des Abflusses, begegnet werden muß.[23]

Ähnliche Probleme hat die Bauverwaltung der Wasser- und Schifffahrtsdirektion in Köln. Auch dort, beim Stromkilometer 687,5, in der Stromverbreiterung zwischen den beiden Einfahrten zum Rheinau-Hafen und zum Deutzer Hafen, auf der sogenannten «Deutzer Platte», bilden sich, besonders nach Mittel- oder Niedrigwasser, gefürchtete Untiefen: Auch hier schwemmt der Strom Treibsand auf, der abgebaggert oder durch ein Leitwerk abgeschwemmt werden muß.[24]

Wiederum anders liegen die Probleme in den beiden engen Stromkrümmungen bei Düsseldorf. Hier ist es an den Außenbögen (bei Heerdt, Stromkilometer 741 bis 742, und bei Düsseldorf, 743,8 bis 744,8) zu beträchtlichen Auskolkungen bis zu 13 Metern Tiefe und zu Anlandungen an den jeweils gegenüberliegenden Ufern gekommen. Die Folge waren Verengungen der Fahrrinne. Die aber sind in Stromkrümmungen besonders gefährlich. Die Strombauverwaltung füllte den Düsseldorfer Kolk mit 230 000 Tonnen Kies auf und deckte ihn mit 85 000 Tonnen Basaltschotter ab zum Schutz vor der Strömung. Die Tiefenerosion ist so in eine Breitenerosion verwandelt worden. Anschließend (1975/76) wurden im Bereich des Mittelgrundes neun Buhnen verlängert oder neu gebaut. Bei Rees (Stromkilometer 820,4 bis 839,6) hatten sich in den Jahren 1936 bis 1950 ebenfalls Übertiefen gebildet, vermutlich durch ungeregelte Abbaggerungen zur Kiesgewinnung im Strombett. Die Übertiefen betrugen auch hier bis zu 13 Meter; sie lagen am Außenbogen. Von der gegenüberliegenden Innenseite engte ein breiter Kiesgrund die 150 Meter breite Fahrrinne bis auf 40 Meter ein. Die Unfallhäufigkeit war in diesem Streckenabschnitt überdurchschnittlich hoch. Zur Kolkverfüllung ist hier 1972 das am Innenbogen gewonnene Baggergut verwendet worden.[25]

All diese sorgsam geplanten, vielfach durchgerechneten, am Modell erprobten Arbeiten im Strom sind eindrucksvolle Ingenieurleistungen. Aber es bleibt offen, ob der Strom sich so verhält, wie es von ihm erwartet wird. Ihm wird viel zugemutet, und die Menge dieser Zumutungen summiert sich zu unberechenbaren Reaktionen. Der Steinkohlebergbau im Ruhrgebiet und der Vortrieb der Stollen unter der Flußsohle hindurch auf die andere Rheinseite löste Bergsenkungen aus, auch im Flußbett und in den Hafenbecken. Beim Pegel Duisburg (Stromkilometer 780,8) betrug die Absenkung des Niedrigwasserspiegels im Jahre 1972 gegenüber 1908 etwa 240 Zentimeter. Die Bergsenkungen treten nicht gleichmäßig auf; ihr Ausmaß ist schwer kalkulierbar – für den Wasserbau eine komplizierte Problematik. Hinzu kommen die Forderungen, welche die Schiffahrt an den Strom als Wasserstraße stellt. Die Dampf- und Motorschiffahrt fordert

Begradigungen, einheitliche Tauchtiefen und Fahrwasserbreiten, ganzjährige Fahrmöglichkeiten, Tag- und Nachtfahrt, Sicherheitshäfen, Uferbefestigungen, Beachtung der steigenden Verkehrsdichte. Der Übergang von der Schleppschiffahrt zur Schubschiffahrt brachte neue Probleme für den Stromausbau. Am Niederrhein ist die Fahrt im Sechserverband (Schubschiff mit sechs Leichtern) tägliche Praxis.[26]

Naturschutz und Fischsterben

An Sommertagen hat sich der Wanderer am Niederrhein, der dem Ufer des Stroms und den Altrheinarmen nahe bleiben möchte, auf starke Sonneneinstrahlung einzustellen. Schattenspendende Auwälder mit Weich- und Hartholzbeständen sind hier selten geworden. Die Talaue am Niederrhein ist weitgehend ausgeräumt, entwaldet. Am Rand der Altrheinarme fehlt die vielfältige Vegetation der Verlandungsgesellschaften. Die Nutzung als Weidefläche ist den Uferstreifen nicht bekommen; «Viehtritt und -verbiß haben sie zerstört»[27]. Einige Uferstreifen des Altrheins konnten als Naturschutzgebiete vor dem Landschaftsverbrauch bewahrt werden, wie die Bislicher Insel bei Birten. Sie «... verdankt ihre Entstehung dem Rheinstrom, der seinen Lauf mehrere Male verändert hat ... Wegen der Gefahr für das Dorf Birten wurde ein Mäanderbogen durch den sog. «Bislicher Graben» verbunden (abgeschnitten), der etwa dem heutigen Rheinbett entspricht. Durch diesen menschlichen Eingriff bildete sich der Altrhein, der heute nur noch über den Graben ‹Göt› oder bei Hochwässern mit dem Rhein in Verbindung steht. Der so entstandene, etwa 10 Quadratkilometer große, reich strukturierte Raum wird im Winter und im Frühjahr regelmäßig überflutet (und bietet dadurch gute Voraussetzung für die Entwicklung einer auentypischen Vegetation)[28] ... Die Bislicher Insel hat eine besondere Bedeutung für auf Feuchtgebiete angewiesene Vogelarten. Hier brüten, rasten und überwintern zahlreiche, teilweise sehr stark gefährdete, vom Aussterben bedrohte Arten. Neben den Vögeln bietet die Bislicher Insel als Teil des Feuchtgebietes mit internationaler Bedeutung ‹Unterer Niederrhein› auch vielen anderen gefährdeten Tier- und Pflanzenarten, die in Nordrhein-Westfalen sehr selten geworden sind, Schutz.»

Ein anderer Teil des ‹Feuchtgebietes von internationaler Bedeutung am unteren Niederrhein› liegt stromabwärts zwischen Rees und Emmerich: Das Naturschutzgebiet Altrhein Bienen. Es ist «Außenstelle der Universität Köln. Der Altrhein Bienen, etwa 5 Kilometer nördlich des Stadtkerns von Rees gelegen, entstand im 14./15. Jahrhundert. Im 16. Jahrhundert verlagerte der Rhein sein Bett weiter nach Westen. Im Bereich des Altrheins finden sich Pflanzengesellschaften, die für ein in starker Verlandung befindliches, nährstoffreiches Gewässer charakteristisch sind – Schwimmblatt- und Röhrichtpflanzengesellschaften, Großseggenrieder und Auenwald. Innerhalb des Altrheingebiets lebt eine Vielzahl von Vögeln, Fischen,

Lurchen, Muscheln, Schnecken, Egeln, niederen Krebsen, Libellen, Köcherfliegen, Kleinstlebewesen u. a. Eine herausragende Bedeutung hat die Vogelwelt. Arten wie Trauerseeschwalbe, Rohrdommel, Rohrweihe, Drosselrohrsänger, Wasser- und Wiesenralle, Löffel- und Knäkente, Zwerg- und Haubentaucher, Uferschnepfe und Rotschenkel nisten hier. Auf den Grünlandflächen am Westufer des Altrheins überwintern alljährlich Wildgänse, hauptsächlich Saat- und Bläßgänse.» Der Biener Altrhein, Kern des Naturschutzgebietes, ist 60 Hektar, das gesamte unter Schutz gestellte Gebiet 339 Hektar groß. Der Bund, das Land Nordrhein-Westfalen und der Kreis Kleve haben erfreuliche Pläne: Durch Grunderwerb oder Flächentausch sollen Teile des Einzugsbereichs des Altrheins extensiviert und vernäßt werden, um den dort lebenden gefährdeten Brut- und Zugvögeln optimale Existenzbedingungen zu schaffen. Das Naturschutzgebiet soll auf 500 Hektar erweitert werden.[29]

Meine Wanderung führt auf dem Rheindeich am Naturschutzgebiet entlang. Ich registriere das gewohnte «niederrheinische» Bild: Ein Altrhein mit Seitenrinnen, Schilfgürtel, Kopfweiden und Weidengebüsch. An einem der Altwasser zähle ich erfreut 35 Graureiher. Dann aber folgt eine erschreckende Entdeckung: Am jenseitigen Ufer des Altrheinarms zieht sich ein breiter Saum toter Fische hin. Möwen schwirren und kreischen aufgeregt. Der Westwind trägt Verwesungsgeruch herüber. Auf dem Deich starren ein paar Männer mit Ferngläsern hinüber. Der Altarm ist mit Brassen, Barschen, Weißfischen, einigen Hechten besetzt. Das anhaltende warme, trockene Wetter und das Niedrigwasser im Rhein haben auch den Wasserstand im Altarm gesenkt und noch dazu aufgewärmt. Jetzt steht das Wasser nur noch sieben Zentimeter hoch. Die Fische sind an Sauerstoffmangel eingegangen. Einer der Männer packt sein Fahrrad: «Ich hole den Trecker und ein paar leere Tonnen. Was noch lebt, können wir in einen anderen Teich umladen.» Ein junger Mann mischt sich ein. Er hat Feldstecher, Kameratasche und Kartenmaterial dabei und gibt sich als Ornithologe vom Zoologischen Institut der Universität Köln zu erkennen. Er rät, nichts zu unternehmen. In der Natur regelt sich alles von selbst. Der Bestand werde sich schon im nächsten Jahr wieder auffüllen. Naturschutz könne nicht Erhaltung kreatürlichen Lebens um jeden Preis bedeuten, sondern vielmehr, der Natur einen Freiraum zu sichern. Natur könne eben auch grausam sein. «Naturschutzgebiete sollen nicht wie liebevoll gepflegte und beschnittene Hausgärtchen aussehen!»[30]

Residenzen am Rhein

Am Rhein reihen sich die Residenzen, Parlamente, Hauptstädte. Vaduz ist Hauptstadt des Fürstentums Liechtenstein und das Bergschloß Hohen-Liechtenstein die Residenz des regierenden Fürsten. Der Sitz des europäischen Parlaments, das Palais de l'Europe, liegt in Straßburg; aus seinen Fenstern blickt man auf die Ill, die nördlich von Straßburg in den Rhein mündet. Karl-Wilhelm, Markgraf von Baden-Durlach, gründete 1715 seine neue Residenz Karlsruhe. Speyer war bis 1725 Residenz der Fürstbischöfe, seit 1816 (bis 1945) Sitz der Regierung der bayerischen Pfalz. Mannheim war von 1720 bis 1778 Residenz des kurfürstlichen Hauses Pfalz-Neuburg. Mainz, einstmals erzbischöfliche und kurfürstliche Residenz, wurde 1950 Hauptstadt des Bundeslandes Rheinland-Pfalz. Am gegenüberliegenden Ufer liegt Wiesbaden, Hauptstadt des Bundeslandes Hessen, wie Mainz Sitz von Landesregierung und Parlament. Bonn, am Ausgang des Mittelrheintals, einst fünfeinhalb Jahrhunderte lang Residenz der Erzbischöfe und Kurfürsten von Köln, dann, seit 1949, Sitz des Bundestages, des Bundespräsidenten, der Bundesregierung und des Bundesrates. Die Bundeshauptstadt erhielt sogleich das Epitheton «vorläufig»: Bonn sollte Provisorium sein und nur bis zur «Wiedervereinigung» Deutschlands Hauptstadtfunktionen wahrnehmen. Düsseldorf ist Hauptstadt des Bundeslandes Nordrhein-Westfalen. Kleve war Residenz der Grafen und Herzöge von Kleve.

Kein anderer europäischer Fluß kann an seinen Ufern eine ähnliche Liste wichtiger politischer Plätze aufzählen. Zwei dieser Plätze allerdings drohen dem Gang der Ereignisse zum Opfer zu fallen: Straßburg ist besorgt, den Parlamentssitz an Brüssel zu verlieren, Bonn wird seinen Rang an Berlin ab- und zurückgeben müssen.

Der Bundestag hatte 1949 die damalige Pädagogische Akademie, am Rheinufer gelegen, zu seinem «provisorischen» Sitz gewählt. Das Gebäude war zwischen 1930 und 1933, also noch in der «Weimarer Zeit», von dem Regierungsbaumeister Witte errichtet worden. Die schlichte, sachliche Formensprache des Hauses war dem Bauhaus verpflichtet. Der Architekt Hans Schwippert (1899–1973), gleichfalls in der Bauhaustradition stehend, fügte den Akademiegebäuden einen quadratischen Plenarsaal, ein Restaurant und Büros hinzu. Auch bei diesen, in nur fünf Monaten ausgeführten Bauten war die Formensprache unaufdringlich und bescheiden, das Ganze aber angemessen und würdig.[31] In diesem Gehäuse versuchte die junge Republik, nach der Großmannssucht des Dritten Reichs, nach Naziterror, Krieg und erbärmlicher Niederlage, einen neuen Anfang. Heute, nach mehr als vierzig Jahren, wird man sagen dürfen, daß dieser Anfang gelungen ist; die Bundesrepublik ist in die demokratische Völkergemeinschaft zurückgekehrt. Das weiße Haus des Bundestages wurde für die Geschichte des jungen Staates ein Denkmal allererstem Ranges.

Das Denkmal aber erhielt alsbald Anbauten und Einbauten; es mußte, bei bedrängender Enge, unterteilt werden. Tribünen für Diplomaten und Presseleute wurden in den Plenarsaal eingezogen – ausgerechnet vor die hohen, lichtspendenden Glaswände. Das beeinträchtigte sehr die Weite

und Offenheit des Raumes. Das so im Laufe der Jahre entstandene Labyrinth von An- und Umbauten, «jenes wirr und billig aneinandergestückte
Gehäuse», bezeichnete Adolf Arndt schon 1960 als «das Elendeste, was
man sich nach 1945 leistete»[32].
Die angestrebte, 1981 beschlossene «kleine Lösung» sollte diese Miß-
lichkeiten beseitigen. Den Auftrag erhielt das hochangesehene Büro
Günter Behnisch und Partner. Die Vorgaben lauteten: Renovierung und
vorsichtige Erneuerung des Bestehenden. Die Untersuchung des «Bestehenden» aber hatte ein niederschmetterndes Ergebnis; Behnisch nannte
die Bausubstanz des Plenarsaals katastrophal. Durch all die Umbauten
stimmte die Statik nicht mehr. Decken, Böden, Stützen waren feuer-
gefährdet, die elektrischen Leitungen überlastet. Es fehlten Fluchtwege.
Baupolizei und Feuerwehr drohten, von Rechts wegen müßten Plenarsaal
und Anbauten geschlossen werden. Da war sie denn, die drohende Frage:
Sanierung oder Abriß und Neubau?
Das «Hohe Haus» war plötzlich keines mehr, sondern eine «Bruch-
bude». Die Tatsache seiner Baufälligkeit verlangte Abriß und Neubau.
Kein Stein würde auf dem anderen bleiben. Dagegen erhoben sich lautstarke Bedenken: Erst jüngst war das bauliche Ensemble des Bundeshau-
ses in die Liste der schutzwürdigen Denkmäler des Landes Nordrhein-
Westfalen eingetragen worden – mit Fug und Recht. Aber die Chance,
aus jahrzehntelanger Enge, aus Provisorien ausbrechen zu können, schuf
Begehrlichkeit. Alles brauchte nun mehr Platz. Alles sollte größer und
schöner werden. Unstrittig waren alsbald: der Plenarsaal mit einem Ein-
gangsbauwerk, der Präsidialbau, das Restaurant. Aus einem schlichten
Umbau im Kernbereich des Parlaments wurde auf diese Weise ein Kahlschlag von der Görresstraße bis zum Rhein, aus der Rettung die Zerstörung.
Die Denkmalschützer richteten nichts mehr aus. Ein maßstabgetreuer
Wiederaufbau wäre auf eine billige Replik hinausgelaufen: Da stülpt sich
einem Denkmalpfleger der Magen um. Der Bundestag benutzte das
Schlupfloch, das die nordrhein-westfälischen Denkmalschutzgesetze für
den Fall lassen, «... wenn öffentliche Interessen überwiegen». Der Bundestag reklamierte diese unabweisbaren «öffentlichen Interessen», die in
der Erhaltung und Verbesserung der Funktionsfähigkeit des Parlaments be-
ständen.
Der Bundestag zog im September 1986 in das als Provisorium gedachte
«alte Wasserwerk». Um guten Willen zu zeigen, sollte wenigstens die vom
Fernsehen her bekannte Stirnwand des Plenarsaals mit dem Bundesadler
nicht angetastet werden.[33] 1949 hatte der Bildhauer Ludwig Gies den Bundesadler gestaltet – nicht ohne Grund gerade Ludwig Gies: Er wurde von
den Nationalsozialisten verfolgt; er war ein «entarteter Künstler». Auch
diese Geste, der Auftrag an Ludwig Gies, hatte den Charakter eines Be-
kenntnisses. Nicht daß der Adler allen gefiel. Manchen war der Bundes-

vogel zu dick geraten; eine «fette Henne» nannten sie ihn. Selbst guter Wille mußte ihm völlige Fluguntauglichkeit bescheinigen. Schon gar nicht war er ein Preußenaar, asketisch und aggressiv, auch kein Senkrechtstarter, wie die vielen Wohlstandsbürger des deutschen Wirtschaftswunders. Ludwig Gies hatte ihn in Bronze gießen lassen wollen, aber es hatte damals nur zu Gips und Draht gereicht – auch das machte das bundesdeutsche Wappentier vielen ungeheuer sympathisch. Nun aber, bei all dem Einreißen ringsum, war auch er im Weg. In 25 Teile zersägt landete er in irgendeinem Fundus. Nicht einmal für das Provisorium im Wasserwerk taugte er; dort wurde eine kleinere Version benötigt. Dennoch stimme ich Benedikt Erenz zu, der in der «Zeit» den Vogel der Nation «erstaunlich inoffiziell, unerhört zivil, irgendwie praktisch und sehr selbstbewußt» fand. Jawohl, Benedikt Erenz: «So ein Staatstier brauchen wir, so ein kleines dickes. So eine Kreuzung aus Habicht und Truthahn – Ludwig Gies sei Dank. Und wenn der neue Plenarsaal fertig ist, muß auch er wieder rein: Unser Adler. In Bronze.»[34]

Mit knapper Mehrheit war 1987 die kreisförmige Anordnung der Sitze beschlossen worden. Die Parlamentsreformer und der Architekt atmeten auf. Unversehens aber rundete das Rund der Sitzordnung auch die Probleme der Reformer: Im innersten Zirkel der Staatsmacht wird es eng, außen können sich die Hinterbänkler zum Schlafen ausstrecken. Einer der wichtigsten Bedenkenträger war der Bundesrat, dessen Bänke traditionell zur Linken des Bundestagspräsidenten angeordnet sind. Die Ministerpräsidenten entdeckten, daß nicht genügend Platz für sie alle (damals zwölf) in der ersten Reihe wäre, einige müßten in die zweite Reihe. Offensichtlich «eine grauenhafte Vorstellung für die Länderfürsten»[35]. Wohl auch für die Regierungsbank auf der anderen Seite des Präsidenten. Und erst die Abgeordneten. Einer entsann sich des alten Vorschlags des Abgeordneten Jakob Mierscheid (einer gern zitierten Phantasiefigur): «Alle Abgeordneten sind gleich; also müssen alle in der ersten Reihe sitzen.»[36]

In Bonn brachen 1988 Planungswut und Baufieber aus. Das Regierungsviertel wurde Großbaustelle.

Von der ursprünglich dekretierten Bescheidenheit konnte keine Rede mehr sein. Bonn sah das Ende eines vierzigjährigen Provisoriums heraufziehen und war frohgemut ins Planen geraten, in eine Abriß- und Neubaueuphorie. Jetzt kam es nicht mehr darauf an.

Die Pläne bezogen nun auch das Hotel auf dem Petersberg ein. Die flache basaltische Kuppe des Petersbergs tritt beherrschend aus dem Siebengebirge zum Rheinufer hin vor.[37] Mit dem benachbarten, schroffen Trachyt-Gestein des Drachenfels markiert der Petersberg das Landschaftsbild am Austritt des Stromes in die niederrheinische Bucht. 1912–1914 wurde auf der Kuppe das Hotel Petersberg von Ferdinand Mülhens aus der 4711-Dynastie erbaut (Architekt Müller-Erkelenz). Es muß in den zwanziger Jahren glänzend gegangen sein. Die Hotelchronik berichtet von

8000 Kännchen Kaffee, die oft an einem einzigen Tag auf den berühmten
«Rheinterrassen» an Ausflügler ausgeschenkt worden seien. 1938 wohnte
der englische Premier Chamberlain in der berühmten Suite 109, um sich
von seinen (am Ende vergeblichen) Friedensbemühungen auszuruhen.
Nach dem Zweiten Weltkrieg residierten dort oben die alliierten Hochkommissare. Hier trat 1949 das «Petersberger Abkommen» in Kraft, das
die Souveränität der deutschen Nachkriegsrepublik einleiten sollte. Im
Marmorsaal lag jener rote Teppich, auf dem die drei Hochkommissare
standen und auf den, protokollwidrig, gleichfalls der Bundeskanzler Adenauer trat, um zu demonstrieren, daß er fortan Gleicher unter Gleichen
sein wolle. Nach dem Auszug der Hochkommissare 1952 bezogen die
Bonner Staatsgäste auf dem Petersberg Quartier, unter ihnen Königin
Elisabeth II. von Großbritannien, der Schah von Persien, König Hassan
von Marokko, der sowjetische KP-Chef Leonid Breschnew und viele andere Prominente. Der Petersberg, beliebt bei Gästen und Einheimischen
wie eh und je, war auf dem Weg, eine historische Stätte zu werden. Das
Land Nordrhein-Westfalen stellte ihn unter Denkmalschutz. Aber der
Bundesrepublik, zu Wohlstand und Ansehen gekommen, mangelte es an
einem Gästehaus. 1978 wurde man handelseinig: Für 17,36 Millionen
Mark wechselten Hotel und Grundstück den Besitzer.

Im Frühjahr 1986 trauten die Bonner ihren Augen nicht: Stück für
Stück verschwand auf der Kuppe des Petersbergs die langvertraute Sil-
houette des Hotels. Nur ein kläglicher Rest, der Südflügel, ein Drittel der
alten Substanz, blieb stehen. Zur gleichen Zeit stand der Abriß des Plenarsaals des Bundestags zur Diskussion. Auf dem Berg droben und im Tal
drunten demonstrierte der Staat, was er als Bauherr unter Denkmalpflege
versteht.

Im Dezember 1987 war Richtfest des Neubaus; im Sommer 1990
wurde das Gästehaus der Bundesrepublik auf dem Petersberg seiner Bestimmung übergeben. In der Presse kamen der Neubau und seine Einrichtung nicht gut weg: das Mittelmaß regiere; die Innenarchitektur mit
ihrem Marmor-Hochglanz, blankem Messing, dem Schleiflack und der
Ton in Ton abgestimmten milden Farbigkeit erhebe die Stillosigkeit zum
Stilprinzip, der Kompromiß regiere.[38] Haushaltsausschuß des Bundestages
und Bundesrechnungshof stellten Unregelmäßigkeiten fest.[39] Als diese bekannt wurden, erstattete der Bund der Steuerzahler Anzeige wegen der
Kostenüberschreitungen, die Staatsanwaltschaft ermittelte. Den Verantwortlichen wurde Täuschung des Parlaments vorgeworfen. Das Bonner
Bautheater hatte beträchtlichen Unterhaltungswert.

Die Ereignisse des Jahres 1989, die Vereinigung der beiden deutschen
Teilstaaten, veränderten die Bonner «Sachstände» grundlegend. Begonnene Neubauten sollten vollendet, laufende Planungen abgeschlossen
werden. Darüber hinausgehende Ausbaupläne wurden gedrosselt. Der
Umzug nach Berlin beherrschte nun die Diskussionen.

Am 30. Oktober 1992 ist der neue Plenarsaal eingeweiht worden. Er erhielt fast einhelliges Lob. Bis sich herausstellte, daß die Akustik nicht stimmte und obendrein Teile der Deckenverkleidung den Abgeordneten auf den Kopf zu fallen drohten. Der Bundestag zog (bis September 1993) wieder ins Wasserwerk um. Das fiel nun nicht mehr ins Gewicht. Das Interesse richtete sich auf den Umbau des Berliner Reichstags.

Bonn verliert nicht zum ersten Mal seine Hauptstadtwürde. 1794 war Kurfürst Max Franz vor den Franzosen über den Rhein retiriert. Ahnungsvoll hatten die Vedutenzeichner Janscha und Ziegler, damals noch vom Fürsten selbst beschäftigt, zu ihrer Ansicht von Bonn geschrieben: «Ohne den Wohnsitz des Hofes würde diese Stadt eine traurige Figur machen (...)»[40]

Neandertaler und Separatisten, «Pfaffengasse» und «Rheinschiene»

Ausgerechnet ein Rheinländer, der «Neandertaler», Homo sapiens neandertalensis, scheint die These Darwins zu bestätigen, daß der Vorfahr des modernen, in Europa und Vorderasien lebenden Menschen ein halbaffenähnlicher, auf Bäumen wohnender Primat sei. Ruhte die Geschichte der Menschheit ausgerechnet auf den Schultern des flachschädligen, behaarten Gesellen aus einem Nebental des Rheins? Nein; und es ist unzulässig, den Neandertaler als Rheinländer zu bezeichnen: Zu seiner Lebenszeit, vor vielleicht 50 000 Jahren, in der Weichsel-Kaltzeit, gab es den Rhein als einheitliches Stromsystem noch nicht. Der Neandertaler, ein Jäger und Sammler, der Werkzeuge aus Quarzit und Feuerstein herzustellen verstand, lebte oder wurde bestattet in einer Höhle des späteren Rheinlands, in der Feldhofer Grotte oder Neanderhöhle im Düsseltal östlich von Düsseldorf. Dort sind die Knochenfunde 1856 entdeckt worden, und der Elberfelder Gymnasialprofessor Dr. Johann Carl Fuhlrott erkannte sie als Skelettreste eines eiszeitlichen Menschen. Eine Weile wurde die Bedeutung des Fundes für die Argumentationskette zur Herkunft des Menschen überschätzt. Eine kleine Forschergruppe hält zwar noch an der Auffassung, der Neandertaler sei der Vorläufer des modernen Menschen, fest und belegt dies mit Funden, die in den achtziger Jahren in vier Höhlen in Israel bekannt wurden. Aber die meisten Paläanthropologen neigen der Ansicht zu, der Neandertaler vertrete einen Seitenzweig der Evolution, eine Hominidengruppe, die um 100 000 v. Chr. auftrat und um 35 000 v. Chr. wieder verschwand. Es ist dem Rheinland also doch nicht beschieden, Wiege der Menschheit zu sein. Die stand vermutlich auf dem afrikanischen Kontinent.[41]

Das Rheinland, im Spannungsdreieck zwischen Frankreich, Habsburg
und Preußen, mit Traditionen ausgestattet, die es von Frankreich ebenso
abgrenzten wie von Habsburg und Preußen, dennoch diesen Ländern und
ihrer Geschichte verbunden, zu eigenständigem Handeln in seiner terri-
torialen Zersplitterung nicht mehr fähig, mußte seine Haut zu retten
suchen, durch Taktieren, durch Bündnisse, Verträge, Rückversicherun-
gen. Einen eigenen Staat zu gründen und sicher durch die Wechselfälle der
europäischen Geschichte hindurch zu steuern war es, seit seiner großen
Zeit im hohen Mittelalter, nie mehr fähig gewesen. Als die Reichseinheit
sich auflöste, die Zeit des Interregnums heraufzog, wurde (1254) der
«Rheinische Städtebund» gegründet. Seinen Mitgliedern wollte er Freiheit und Sicherheit in unsicherer Zeit schaffen. Den Bund beschworen die
Städte Mainz, Köln, Worms, Speyer, Straßburg, Basel, die Erzbischöfe
von Mainz, Köln und Trier, zahlreiche rheinische Grafen und Herren. Der
Bund hatte nicht lange Bestand, aber er hat bis ins 15. Jahrhundert das
Vorbild abgegeben für ähnliche, meist kurzfristige «Landfriedensbünde»
rheinischer Territorien. Nach dem Dreißigjährigen Krieg sahen sich die
rheinischen Fürsten genötigt, angesichts der Rivalität Frankreich–Habsburg ihre Interessen zu wahren. 1654 vereinbarten sie in Köln eine
«Katholische Liga». Die vorsichtige Anlehnung an das Frankreich Ludwigs XIV. schien ihnen nicht untunlich. So auch 1658, als die Kurfürsten
von Mainz und Köln und andere Fürsten den «Rheinbund» gründeten,
dem Frankreich gern beitrat, weil es seinen Einfluß in Deutschland
ausdehnen konnte. 1806 schlossen sich abermals west- und süddeutsche
Fürsten zu einem «Rheinbund» zusammen, wiederum zum Wohlgefallen
Frankreichs; Napoleon I. war der Protektor. Der Wunsch also, sich her-
auszuhalten, sich zu separieren, war immer vorhanden. Es gab das Phänomen des «rheinischen Separatismus». So zuletzt noch nach den beiden
Weltkriegen. Am 1. Februar 1919 hatten rheinische Separatisten versucht,
eine rheinisch-westfälische Republik zu gründen; vier Monate später
wurde sie in Wiesbaden proklamiert, bestand aber nur ein paar Tage. Ihre
Tendenz war antipreußisch und antizentralistisch, und nicht ohne Gründe
wurden frankophile Neigungen vermutet. Die Diskussion um diesen
Rheinstaat wurde mit außenpolitischen Argumenten geführt: Hans Adam
Dorten und seine Freunde um die «Kölnische Volkszeitung» wollten «los
von Berlin» und zwischen Preußen und Frankreich einen rheinischen Pufferstaat, eine «Friedensrepublik» bilden. Die französische Besatzungsmacht war von solchen Bestrebungen angenehm berührt und förderte sie,
mit der Billigung der Pariser Regierung. Konrad Adenauer stand mit den
«Separatisten» in Kontakt, hielt sich informiert, entwickelte eigene Vorstellungen. Seine Haltung wird man so umschreiben können: Einen sou-
veränen, von Preußen unabhängigen Rheinstaat mit bekömmlichen In-
dustriegebieten und fruchtbarem bäuerlichen Hinterland rechts und links
des Rheins war er zugetan, aber ob er diesem Ziel die Zugehörigkeit zur

föderalistischen Weimarer Republik geopfert hätte, ist fraglich. Die Frage stellte sich nicht mehr; Dorten scheiterte, als er 1923 in Koblenz erneut die Rheinische Republik ausrief. Wiederum bestand sie nur kurze Zeit.[42] 1925 feierte das Rheinland mit großem Aufwand seine 1000jährige Zugehörigkeit zum Deutschen Reich. Das war eine politische Demonstration mit Ausstellungen, Festzügen, Gottesdiensten. Mit dem Gedenken an die Reichsteilung 925, an die Begründung des Ostfrankenreichs, des «regnum Theutonicorum», bekannte sich das Rheinland zum Deutschen Reich.

Der Gedanke an einen «Rheinstaat» tauchte nach dem Ende des Zweiten Weltkriegs noch einmal in den Überlegungen Adenauers auf. Wiederum entwickelte er Vorstellungen über die politische Zukunft Deutschlands. In einem für die französische Regierung gedachten Memorandum sprach er sich für die Bildung eines Territoriums aus, «das die ganzen Rheinlande und dazu das wirtschaftlich dazugehörende ganze Industriegebiet, möglichst einschließlich Münster, sowie das Siegerland umfaßt»[43].

Das Staatengebilde, das dann im Westen des früheren deutschen Reichs entstand, war ein föderalistischer Staat, die Bundesrepublik Deutschland, dessen Hauptstadt, für eine Weile, nicht mehr Berlin, sondern Bonn wurde. Der junge Staat mußte für seine Souveränität einen hohen Preis zahlen. Seine Anerkennung durch die westlichen Siegermächte schloß die Integration in westliche Bündnisse ein. Er erfuhr eine separate Behandlung in der strategischen Planung der NATO: «Im Rahmen der NATO-Verteidigung hat die Bundesrepublik als ‹Frontstaat› einen zentralen Stellenwert; auf ihrem Territorium liegen daher auch die stärksten Kampfverbände der NATO. Das gesamte Gebiet der Bundesrepublik ist Kampfzone (Combat Zone), bzw. Gefechtsfeld (War Theater).»[44] In der Zeit des Kalten Krieges war das Land Rheinland-Pfalz zum größten Waffenlager der westlichen Welt hochgerüstet worden; diese Landschaft starrte vor Atomsprengköpfen, Kampfflugzeugen, chemischen Waffen und riesigen Bunkern.

Eine einheitliches Staatengebilde «Rheinland» hatte es nie gegeben[45], kein Bewußtsein rheinischer Zusammengehörigkeit, kein «Landesgefühl» – nur den steten Wechsel der Dynastien, Herrschaften, Grenzen. Nach vernichtenden militärischen Niederlagen Deutschlands in zwei selbstverschuldeten, schrecklichen Weltkriegen, nach den politisch-moralischen Katastrophen zweier brutaler Diktaturen von deutscher Gründlichkeit war, wie nach einer Katharsis, ein neues, vertrauenerweckendes, zunehmend geachtetes Staatengebilde entstanden, in dem nun die Frage eines rheinischen Pufferstaats keinen Rang mehr besaß, wohl aber die Einbettung in eine neue, friedliche, brüderliche Völkergemeinschaft.

Dem Grimmschen Wörterbuch, Stichwort «Pfaffengasse», ist (mit Quellenangabe) zu entnehmen, daß Kaiser Maximilian «den Rheinstrohm … wegen der vielen bistummen, stift und beiserseits daran gelegenen Klö-

ster die pfaffengasz ... nennet ...». Des «heiligen römischen Reiches Pfaffengasse» wurde eine «scherzhafte benennung des landstriches am Rhein»,
eine nichtsdestoweniger zutreffende Benennung, denn beginnend in Disentis und Chur bis hinunter in die Niederlande sind die Klöster, Stifte,
Kirchen, Bischofssitze kaum zu zählen, ist ihr politischer Einfluß bis an die
Schwelle des 19. Jahrhunderts nicht zu überschätzen. Eine historische Tatsache, die den Berufspreußen Heinrich von Treitschke grollend von den
rheinischen «Krummstabslanden» sprechen ließ.

Dem zu Ende gehenden 20. Jahrhundert fiel eine neue Bezeichnung des
«Landstrichs am Rhein» ein. Kaum war 1991 das Provisorium Bonn beendet, der Traum von der Bundeshauptstadt zerstoben, da tauchte ein Begriff wieder auf, der vor Jahrzehnten schon einmal eine Rolle gespielt
hatte, der Begriff «Rheinschiene». Eine Untersuchung der Bundesanstalt
für Vegetationskunde, Naturschutz und Landespflege, die den schutzwürdigen Bereichen im Rheintal gewidmet war, ging noch 1975 von folgenden Voraussetzungen aus: «In den achtziger Jahren unseres Jahrhunderts
werden vermutlich etwa 85% der Bevölkerung der Bundesrepublik
Deutschland in Verdichtungsgebieten leben. Vor allem dürften sich entlang von Verkehrslinien Verdichtungsbänder entwickeln. Das gilt in erster
Linie für die Küsten und die schiffbaren Wasserläufe und hier besonders
für den Rhein ...», der in der zitierten Untersuchung als «Verdichtungs-
band Rheinschiene» bezeichnet wurde[46]. Die «Rheinschiene» ist ein in
sich disparater Begriff, der Gegensätzliches zu verbinden sucht: Die Vorstellung des Rheins als eines frei fließenden, in die Natur eingebetteten
Gewässers mit der Vorstellung eines am Reißbrett geplanten, der Landschaft aufgenötigten Schienen- und Schotterwegs.

Die Entwicklungsplanung griff ins Große, sah die rheinischen Großstädte zu einer «Bandstadt» zusammenwachsen. Am Niederrhein sollten
Duisburg/Rheinhausen – Düsseldorf/Neuß – Leverkusen/Dormagen –
Köln – Bonn zusammenwachsen, wie im Rhein-Main-Gebiet die Regionen Mainz/Wiesbaden – Frankfurt – Darmstadt, im Rhein-Neckar-
Gebiet die Regionen Mannheim/Ludwigshafen – Heidelberg – Karlsruhe, im Süden der Großraum Basel, das Dreiländereck, die Euregio.
Diese Verdichtungsräume sollten gemeinsam die «Rheinschiene» bilden,
auf der Wachstum und Fortschritt rollen, die Megastadt der Zukunft, die
mitteleuropäische Profitopolis entstehen sollte: Rhein 2000. Die Planer in
den Parlamenten und Verwaltungen hatten Visionen. Die Rheinschiene
wurde nach Norden verlängert, erfaßte den niederländischen Raum mit
Rotterdam, Den Haag und Amsterdam, sprang über den Kanal nach London und zu den mittelenglischen Ballungsgebieten. Zwischen Basel und
London wurde auf den Landkarten am Rhein entlang ein entwicklungs-
trächtiger Großraum abgesteckt. Ein ebenso produktionsstarkes wie un-
wirtliches Städteband drohte, mit einem Rest Niederrhein und Mittelrhein als «grünen Trittsteinen» oder «grüner Lunge» dazwischen. Die

Energiekonzerne erkannten Handlungsbedarf, wenn nicht im Jahre 2000 die Lichter ausgehen sollten.

Die hochfliegenden Planungen scheiterten an der albernen Wirklichkeit, daß die Bevölkerung nicht mit den erwarteten Zuwachsraten behilflich sein wollte. Über der «Rheinschiene» wurden die Akten erst einmal geschlossen. Nachdem aber die Bonner Hauptstadtträume zerplatzt waren, griffen aufgeregte und ratlose Kommunal- und Landespolitiker wieder nach der «Rheinschiene» wie nach einem Strohhalm. Aus den Schubladen und Plankammern wurden alte Entwicklungskonzepte hervorgezogen und alsbald enttäuscht wieder zur Seite gelegt. Die alten Planungsziele und Richtwerte stimmten nicht mehr. Gleichwohl wurden, wie stets in solchen Situationen, zunächst einmal Milliarden gefordert.

Industrie an Rhein und Ruhr

Kohlenpott und Emscherpark

Die Suche nach den Quellen der Emscher blieb ergebnislos. Ortkundige behaupteten, die Quellen hätten einst in einem Waldstück zwischen Dortmund-Aplerbeck und Holzwickede gelegen. Andere zeigten augenzwinkernd nach Westen: «Quellen? Hoesch, Krupp, Thyssen und die anderen!» Die Emscher war einst, durch Wiesen und Äcker in der Bruchlandschaft der Emscherniederung sich schlängelnd, die feineren Schwestern Ruhr und Lippe zu ihren Seiten, geruhsam talwärts geflossen und bei Duisburg-Beek in den Rhein gemündet. Sie lag mitten im Ruhrgebiet – das wurde ihr Schicksal. Ihre Geschichte ist die des Industriereviers an Rhein und Ruhr.

Das Industriegebiet liegt über einem der bedeutendsten Steinkohlevorkommen der Erde. Im südlichen Ruhrgebiet liegt die Steinkohle fast zutage oder ist leicht zugänglich. Hier begann einst der Abbau. Dazu genügten Gräben oder flache Stollen, die von Uferhängen aus vorgetrieben wurden. Nach Norden hin nahmen Absenkung und Sedimentation zu; die flözführenden Schichten tauchen von der Ruhr aus in nördlicher Richtung unter der Emscher und Lippe immer tiefer ab: die Mächtigkeit des Deckgebirges nimmt zu.

Die im frühen 19. Jahrhundert beginnende Industrialisierung brachte eine starke Nachfrage nach Steinkohle.[47] Diese bot bei der Gewinnung von Eisen aus Erz eine bessere Energieausbeute als die bis dahin verwendete Holzkohle. Die Hochöfen erschmolzen immer mehr Roheisen zur Weiterverarbeitung für Schienen, Brücken, Werkzeuge aller Art und besonders für die neuen Dampfmaschinen; die Steinkohleförderung kam kaum nach. 1837 durchstieß Franz Haniel die Mergeldecke, die bis dahin den Zugang zu den nördlichen, tieferliegenden Kohleflözen versperrt

hatte. Tiefbohrverfahren wurden entwickelt, erste Drahtseile kamen in
Gebrauch; nun war die Förderung auch aus größeren Tiefen möglich. Die
Nachfrage nach Kohle stieg weiter. Dem Bergbau an der Ruhr schlossen
sich alsbald ganze Industriefamilien an, außer der Eisen- und Stahlindustrie die Kohlechemie, Kraftwerke, metallverarbeitende Industrie, zulie-
fernde Mittel- und Kleinindustrie. All diese Unternehmen «saßen» buchstäblich auf den Kohlefeldern an der Ruhr: Dieser Standortvorteil und die
günstige Verkehrsanbindung, die sowohl auf dem Wasserweg als auch auf
dem Schienenweg den Transport von Massengütern ermöglichten, begründete den wirtschaftlichen Aufstieg des Ruhrgebiets in der zweiten
Hälfte des 19. Jahrhunderts.[48] Die bergrechtliche Unabhängigkeit der
Gruben, die Gründung des Deutschen Zollvereins, der einen einheitlichen deutschen Markt schuf, das Entstehen kapitalkräftiger, unterneh-
mender Aktiengesellschaften, an denen auch ausländisches Kapital sich
beteiligte, begünstigten das Wirtschaftswunder des 19. Jahrhunderts im
Ruhrgebiet.[49] 1838/39 hatte Friedrich Krupp sich in England umgesehen;
nach seiner Rückkehr begann der Aufstieg seines Unternehmens, das zu
einem Begriff für die Qualität deutscher Erzeugnisse wurde, allerdings
auch zu einem Synonym für deutsches Sendungsbewußtsein. Neue Verfahren der Stahlerzeugung, der Stahlveredlung und der -verarbeitung
schufen den hohen technischen Standard, für den das Ruhrgebiet ein Begriff wurde. Die Erzeugnisse von der Ruhr galten weltweit als Marken-
artikel. Großunternehmen mit riesiger Kapitalkraft entstanden und entwickelten sich zu wirtschaftlichen und politischen Machtpotentialen. Die
Kohlesyndikate und die Kartellpolitik der Eisenindustrie beherrschten den
Markt.

Die Landschaft zwischen Ruhr und Lippe hatte sich gewandelt. Aus
Streusiedlungen und Einzelhöfen entwickelten sich Großstädte; der einstige ländliche Charakter verlor sich zwischen städtischen Agglomera-
tionen. Die Attraktivität der Arbeitsplätze im Revier wirkte weit über
die preußischen Grenzen hinweg. Der Menschenbedarf des lärmenden,
dampfenden, rußigen Reviers schien unerschöpflich; Krupp beschäftigte
im Jahre 1832 nur 10 Arbeitskräfte; 1852 waren es 340, 1873 bereits
12 000, am Ende des Ersten Weltkrieges 167 000. Menschen aus vielerlei
Nationen wuchsen zusammen mit der hier lebenden ursprünglich ländlichen Bevölkerung; sie entwickelten ein neues, besonderes Heimatbe-
wußtsein. Der Typ des «Ruhrkumpels» entstand, der in den werkseigenen
Arbeitersiedlungen wohnte, in knapper Freizeit seinen Schrebergarten be-
baute, eine Ziege (die «Bergmannskuh») hielt oder Brieftauben züchtete
(es gibt 45 000 «Duwenvadders» im Revier). Ein dem Ruhrgebiet eigenes Idiom bildete sich: «Morgens, da muß ich erssma raus ausse Bude un
anne Luft.»

Der Himmel über Ruhr und Emscher wurde immer dunkler und ver-
qualmter. Die Fördertürme der Kohlegruben, die Hochöfen und Walz-

werke der Stahlindustrie, die Kokereien, Rohrleitungen, Gasbehälter, die
Arbeitersiedlungen und «Trinkhallen» bestimmten das Landschaftsbild.
Zwischen den Industrieanlagen, Abraumhalden, den Schienen, Straßen,
Kanälen und den grauen Häusern floß die Emscher, ein Aschenputtel, das
Schwerarbeit zu leisten hatte: Sie mußte den Dreck der Städte und Fabri-
ken fortschaffen. Sie wurde Vorfluter und zentraler Hauptwassersammler
des Ruhrgebiets. Die geringer verschmutzten Flüsse Ruhr und Lippe er-
hielten die Aufgabe, Frischwasser für die Industrie und Trinkwasser für die
Bevölkerung zu spenden.

Zur Regelung der Vorflut und zur Abwasserreinigung im Emscher-
gebiet wurde 1904 die Emschergenossenschaft gegründet. Die Emscher ist
etwa 109 Kilometer lang[50]; zusammen mit den Nebenläufen und Bächen
ergibt sich eine Länge von rund 280 Kilometern fließenden Wassers. Aber
das Wasser fließt träge, weil nur wenig Gefälle zur Verfügung steht. Außerdem führt die Emscher nicht viel Wasser; sie erhielt im Unterlauf das Wasser zumeist aus den zahlreichen Sümpfen des Emscherbruchs. In dieser
feuchten Niederungslandschaft wurden die Bergsenkungen ein kompli-
ziertes Problem. Die unter Tage abgebaute Kohle hinterläßt Hohlräume,
die nach und nach einbrechen. Das darüber liegende Deckgebirge sinkt
ein. Bei Dortmund-Deusen sank das Gelände zwischen 1920 und 1980
um 24 Meter ab, einmal innerhalb von nur 6 Wochen um 1,90 Meter.
Das Wasser sammelt sich und stagniert in den Senkungssümpfen. Allein
zwischen Bottrop und Hamm waren bis 1990 durch Bergsenkungen
127 Feuchtgebiete entstanden. Die vordringlichste Aufgabe der Emschergenossenschaft mußte es sein, zunächst den Entwässerungsnotstand durch
einen schnellen, ungestörten, geregelten Abfluß zu beheben. Sodann mußten die Emscher und die zuleitenden Wasserläufe in die Lage versetzt werden, die extreme Überfrachtung mit Schmutzstoffen zu bewältigen und in
die Klärwerke zu führen. Anderswo hätte ein unterirdisches Kanalsystem
diese Arbeit übernommen, nicht aber im Ruhrgebiet: Hier würden
solche Rohrleitungen von den Bergsenkungen geknickt oder abgerissen
werden; Schlamm würde sich ablagern und in Fäulnis übergehen; das Abwasser würde gedrosselt und gestaut werden. Man entschied sich für oberirdische, offene Schmutzwasserläufe: Sie waren leichter zu kontrollieren
und auszubessern. Die starke Geruchsbelästigung nahm man in Kauf.
Über Senkungsmulden hinweg wurden das Emscherbett, die Deiche und
Brücken immer wieder angehoben, die Polder durch Pumpwerke (137
sind es inzwischen) entwässert. Auf langen Strecken liegt der Hochwas-
serspiegel der Emscher hoch über dem abgesunkenen Gelände; die Deiche überragen benachbarte Häuser. Eine andere Folge der Senkungen:
Die Mündung der Emscher in den Rhein mußte seit 1910 schon zweimal,
um Gefälle zu behalten, nach Norden verschoben werden: von Duisburg-
Beeck (Alte Emscher) über Altenrade (Kleine Emscher) nach Dinslaken.

Die Emschergenossenschaft betreut heute ein Entwässerungsnetz von

365 Kilometern Länge. Die Gerinnebetten sind mit Betonplatten ausgekleidet und gedichtet. Im Interesse eines schnellen Abtransports des
Schmutzwassers wurde der Abfluß begradigt und auf langen Strecken
gradlinig geführt. 10 Kubikmeter Emscherwasser enthalten 8 Kubikmeter
Abwasser und salziges Grubenwasser.

Die Emschergenossenschaft begann den Bau von Bach- und Flußklär-
werken sowie von Entphenolungsanlagen, die durch chemische Verfahren
das übelriechende Phenol aus den Kokereiabwässern entfernten. Als die
biologische Reinigung zum Standard wurde, erwiesen sich diese Anlagen
als unzureichend. In den sechziger Jahren erreichte die Rheinverschmutzung einen kritischen Stand. Damals war die Emscher der einzige Nebenfluß des Rheins, der in voller Länge, von Dortmund bis zum Rhein,
den höchsten Verschmutzungsgrad besaß, die Stufe IV. Eine ähnlich
schlechte Wasserbeschaffenheit wiesen damals nur die untere Wupper (von
Wuppertal bis zur Mündung), die Lippe und der Main (auf kürzeren Teil-
strecken) auf. 1984 war die Emscher immer noch «übermäßig verschmutzt» (Stufe IV); nur auf der letzten Strecke bis zur Mündung hatte
sie eine Verbesserung um eine halbe Stufe erfahren: dort war sie «sehr stark
verschmutzt». Heute arbeitet an der Emschermündung ein zentrales biologisches Klärwerk nach neuem technischen Stand. Die gesamte Emscher
wird durch diese Großanlage geschickt. Zwei weitere biologische Kläranlagen reinigen das Abwasser an den beiden ehemaligen Emschermün-
dungen.

1959 erlebte der Kohlebergbau an der Ruhr seine erste Absatzkrise. Billige Importkohle machte ihm zu schaffen. Erdöl und Erdgas drängten ins
Geschäft. Auch die Stahlkonjunktur flaute durch die Billigimporte aus Japan ab. Synthetische Produkte der Chemie wurden zu einer ernsten Konkurrenz für die Stahlkocher. Das Revier hatte viele Jahrzehnte erfolgreich
Kohle und Stahl produziert, aber es hatte eine wirtschaftliche Mono-
struktur entwickelt. Als die Überproduktion von Kohle und Stahl auf dem
Weltmarkt einen Preisverfall auslöste, geriet das Ruhrgebiet in eine Struk-
turkrise. Das Zechensterben begann. Ein Hochofen nach dem anderen
erlosch; die Montanindustrie schrumpfte; immer mehr Arbeitsplätze gingen durch die Rezession verloren. In den achtziger Jahren war das Ruhrgebiet, das einst als Muster für Fortschrittlichkeit und wirtschaftliche Pro-
sperität galt, zum Armenhaus der Nation geworden.

Die Emscher durchfloß eine veränderte Landschaft: Neben den gewohnten Abraumhalden entstanden Kohlehalden. Auf leeren Fabrikhöfen
wuchs Gras. Die Räder auf den Fördertürmen standen still. Nur wenige
Schornsteine qualmten noch. Das Ruhrgebiet hatte sich auf weiten
Strecken in eine Industriebrache verwandelt. Landesregierung und Kommunen suchten neue Industrien ins Revier zu holen, Ansiedlungen zu
fördern. Technologieprogramme sollten die krisengeschüttelte Wirt-
schaftsstruktur verändern und auf lange Sicht verbessern. Die heimische

Schwerindustrie sollte allmählich durch Investitionsgüterindustrie ersetzt, die Produktionspalette des Ruhrgebiets bereichert und damit krisensicherer werden. Der Stadt Bochum gelang es, auf nicht mehr beanspruchtem Zechengelände ein Zweigwerk des Automobilkonzerns Opel anzusiedeln. Auch Rheinhausen hatte sich um die Ansiedlung bemüht. Aber Krupp weigerte sich, das erforderliche Grundstück herzugeben. Als die Ford-Werke 1960 in Herten gleichfalls einen Zweigbetrieb errichten wollten, legte sich der Unternehmensverband Ruhrkohle quer und verhinderte die Schaffung von immerhin 6000 neuen Arbeitsplätzen. In Essen hatte Ford ebenfalls angeklopft. Auch dort wußten die allmächtigen Bergbaukonzerne die Ansiedlung zu hintertreiben. Die Ford-Werke wichen nach Belgien aus. Kenner der Verhältnisse wissen: Gegen den Willen der Montanindustrie läuft im Ruhrgebiet nichts.[51] Sie ist der größte Grundeigentümer. Die Kommunen haben mit ihrer Stadtplanung und Wirtschaftsförderung das Nachsehen. In Duisburg sitzen fünf Eigentümer auf 70 Prozent des Industriegeländes. Im Jahresbericht 1987 des «Grundstückfonds Ruhr» wurde beklagt, daß man es im Ruhrgebiet zwar mit einer großen Zahl für neue Industrieansiedlungen geeigneter Flächen, aber nur mit wenigen Eigentümern zu tun habe; das Ärgerlichste sei, daß das geltende Bodenrecht einen «Zwang zur Aktivierung von Brachflächen durch den jeweiligen Eigentümer» nicht hergebe. Angesichts der «Massierung von Industriebrachen im nördlichen Ruhrgebiet entlang der Emscherzone» könne man wohl davon sprechen, daß die Montanindustrie die regionale Entwicklung behindere – und das auf demselben Grund und Boden, den sie ausgebeutet hatte und der ihr eine wirtschaftliche und politische Machtposition verschafft hatte. Hinter diesem Machtmißbrauch der Montanindustrie steckte Methode. Die an der Ruhr allgegenwärtigen Großgrundbesitzer befürchten die Abwanderung von Fachkräften in Wachstumsbranchen und eine Störung des ihnen genehmen Lohnniveaus.

Dieses Verhalten behindert die Zukunft des Reviers, es drückt die schönen Hoffnungen, die seit 1989/90 die «IBA Emscherpark» eröffnet. Die IBA (Internationale Bauausstellung) Emscherpark versteht sich als eine «Werkstatt zur Erneuerung alter Industriegebiete». Träger der IBA Emscherpark sind das Land Nordrhein-Westfalen und 17 Städte der Emscher-Region. Zur Disposition steht ein etwa 60 Kilometer langer und 0,2 bis 15 Kilometer breiter Geländestreifen von Bergkamen bis an den Rhein bei Duisburg mit der Emscher in der Mitte. Ziel ist der Wiederaufbau dieser Landschaft, die Entwicklung einer grünen und zugleich wirtschaftlich gesunden Region als neuer Lebensgrundlage. Das setzt einen Leitbildwandel in den Köpfen voraus: Weg von der industriellen Nutzung der Landschaft und hin zu einer urbanen Kulturlandschaft, zur ökologischen, sozialen und ästhetischen Qualifizierung. Man will nicht träumen und schwadronieren, sondern konkret werden, Termine setzen: 1998/99 soll die Abschlußpräsentation im Emscherpark sein.

Die IBA hat eine Reihe von Leitprojekten für die Rekultivierung brachgefallener Industrieflächen entwickelt. Erste Priorität erhielt die Rettung der Natur. Die Pflege und Gesundung grüner Restbestände und behutsame, aber entschiedene Wachstumshilfen sollen Vorrang haben. Eine alte Bauhaus-Idee wird aufgegriffen, die Vorstellung eines «industriellen Gartenreichs». Dazu sollen vorhandene regionale Grünflächen (städtische Parks, Kleingärten und Vorgärten, Sportanlagen) verknüpft werden mit Äckern, Wiesen, Gehölzen zwischen den Städten, den Resten der alten vestischen Agrarlandschaft der Emscherniederung. Die kulturhistorisch bedeutsamen Siedlungsgebiete – im Ruhrgebiet gibt es 2400 Zechensiedlungen und Arbeiterkolonien mit Gärtchen, Ziegenstall und Laube, z. B. Eisenheim, Mausegatt, Dickebank u. a. - sollen im Rahmen des sozialen Wohnungsbaus saniert und zu den sich entwickelnden Grünzügen in Verbindung gesetzt werden. Mit dem Auslaufen des Bergbaus und der Aufgabe von Stahlstandorten haben sich in sumpfigen Senkungsmulden, auf trockenen Abraum- und Schlackenhalden, an Kanalufern, auf alten Bahndämmen und aufgelassenen Gleisanlagen «Lebensräume aus zweiter Hand» mit Trocken- und Ruderal(Schutt-) standorten gebildet. Sie sollen möglichst in einen Biotop-Verbund einbezogen werden, durch geeignete Gehölzanpflanzung unterstützt und miteinander «vernetzt» werden. Alte Bahntrassen, Bach- und Kanalufer bieten sich zur öffentlichen Nutzung als Rad- und Fuß-Wanderwege an, die um so einladender sein können, wenn Bahndämme, Teiche in Senkungsgebieten und Bachläufe renaturiert und von Wiesen begleitet sein werden.

Allerdings belastet die Böden im Emscherpark eine doppelte Hypothek: sie sind durchweg Eigentum der Kohle- und Stahlkonzerne und stehen nicht zur freien Verfügung – davon war die Rede – und sie bergen unbekannte und nicht abschätzbare Risiken durch industrielle Altlasten und Verschmutzungen des Grundwassers. Um so mehr setzen die Planungsgruppen auf den Ersatz der Schwerindustrie durch sanftere Technologien; sie wünschen sich Mittel- und Kleinbetriebe mit öffentlichen und privaten Investoren.

Der Strukturwandel im Ruhrgebiet soll jedoch nicht einen Bruch mit der Geschichte dieser Landschaft herbeiführen; die Erinnerung soll nicht von Biotopen überwuchert und verdeckt werden. Im Gegenteil. Die Industriearchitektur des Reviers soll mit ihren vorzüglichsten Denkmälern erhalten, vom Rheinischen Industriemuseum betreut und in die Planung für den Emscherpark einbezogen werden. In vielen Fällen bietet sich eine «Umnutzung» an: In die filigrane Jugendstilhalle des Verwaltungsgebäudes der ehemaligen Zeche Arenberg Fortsetzung haben sich bereits ein Restaurator alter Musikinstrumente und eine Werkstatt für Bilderrahmen und Vergoldungen eingenistet. Und die großartigen Fördertürme der ehemaligen Schachtanlage XII der Zeche Zollverein in Essen-Katernberg, erbaut 1927 bis 1932 von Fritz Schupp und Martin Kremmer, und andere

Fördertürme, Wassertürme, Maschinenhallen, Bahnhöfe, Brücken, Mala-
kowtürme, Kräne sind Denkmäler, die dem Verständnis der Geschichte
und der Struktur dieser Landschaft dienen – die Trinkhallen und Tauben-
schläge nicht ausgenommen.[52]

Der Landschaftspark Duisburg-Nord, eine ältere Planung, soll als inte-
grierter «Trittstein» im Rahmen des Emscher-Landschaftsparks seine Rea-
lisierungschance erhalten.[53] Eine Bürgerinitiative hatte sich für den Erhalt
des früheren Hochofenwerks Meiderich der Thyssen AG eingesetzt – ganz
im Sinne der IBA, die ihrerseits die Chance sah, einen Parktypus des
21. Jahrhunderts, ein Muster für die Gestaltung von Landschaft in Indu-
strieregionen, zu liefern. Das Muster könnte Schule machen, denn die
Situation ist ungewöhnlich (aber in der Region nicht einmalig): Auf dem
Gelände von etwa 200 Hektar Größe standen ursprünglich eine Schachtanlage und eine Kokerei, die dreimal eingeebnet und nach neuem technischen Stand wiedererrichtet wurden. Zuletzt stand hier ein Hochofen-
werk. Es wurde 1985 betriebsbereit und «besenrein» verlassen. Im Betrieb
befinden sich noch ein Manganeisenerzlager und eine Masselgießerei. Im
Boden sind die üblichen kokereispezifischen Altlasten und Verunreinigungen des Grundwassers zurückgeblieben, die eine unmittelbare
Nutzung verbieten. Das Gelände wird durchschnitten und zerteilt von
Werksbahnen, Autobahnen, Straßenzügen, Schutzwällen und dem schnurgeraden Abwasserkanal «Alte Emscher». Trotzdem haben die Natur und
der Mensch diese abgenutzte und vergiftete Industriebrache zurückerobert:
Eine Ruderalvegetation mit über 300 Blüten- und Farnpflanzen und mehr
als 60 Vogelarten, Falter, Reptilien haben sich angesiedelt.[54]

Der Duisburger Innenhafen ist der älteste der Duisburger Häfen; hier
floß bis um 1270 der Rhein in einer Schleife an den Mauern der mittelalterlichen Stadt vorbei. Im alten Holzhafen, einer Ausbuchtung des
Innenhafens, landeten die vom Oberrhein kommenden Flöße an und
wurden zur Weiterverarbeitung der Stämme aufgelöst. Heute wenden
dort gelegentlich Schiffe, ansonsten wird der Innenhafen nur wenig genutzt. 1988 aber zogen die alten Mühlenspeicher die Aufmerksamkeit der
Planer und Investoren der Londoner Docklands auf sich. In Anlehnung an
die Intentionen der IBA soll hier ein internationaler Bürostandort entstehen. Die Verkehrsanbindungen sind ideal. Sechs handverlesene internationale Architekturbüros machten sich an die Arbeit. Den ersten Preis erhielt Norman Foster (GB) mit einem sichelförmigen Gebäudetrakt, der
dem Rund des Ufers am Holzhafen folgt.[55] High-Tech-Ideen sollen um-
gesetzt werden: Das Sonnenlicht wird zur Stromerzeugung genutzt und
luzide Fassaden sollen vorgeblendet werden. Der elegante Schwung der
Dachlinie steht in belebendem Kontrast zu den alten Speicherbauten in
der Nachbarschaft.

Das IBA-Projekt aber, das der Gesundung des Rheins unmittelbar
dienen wird, ist die Sanierung der Emscher. Die Sanierung sieht zwei

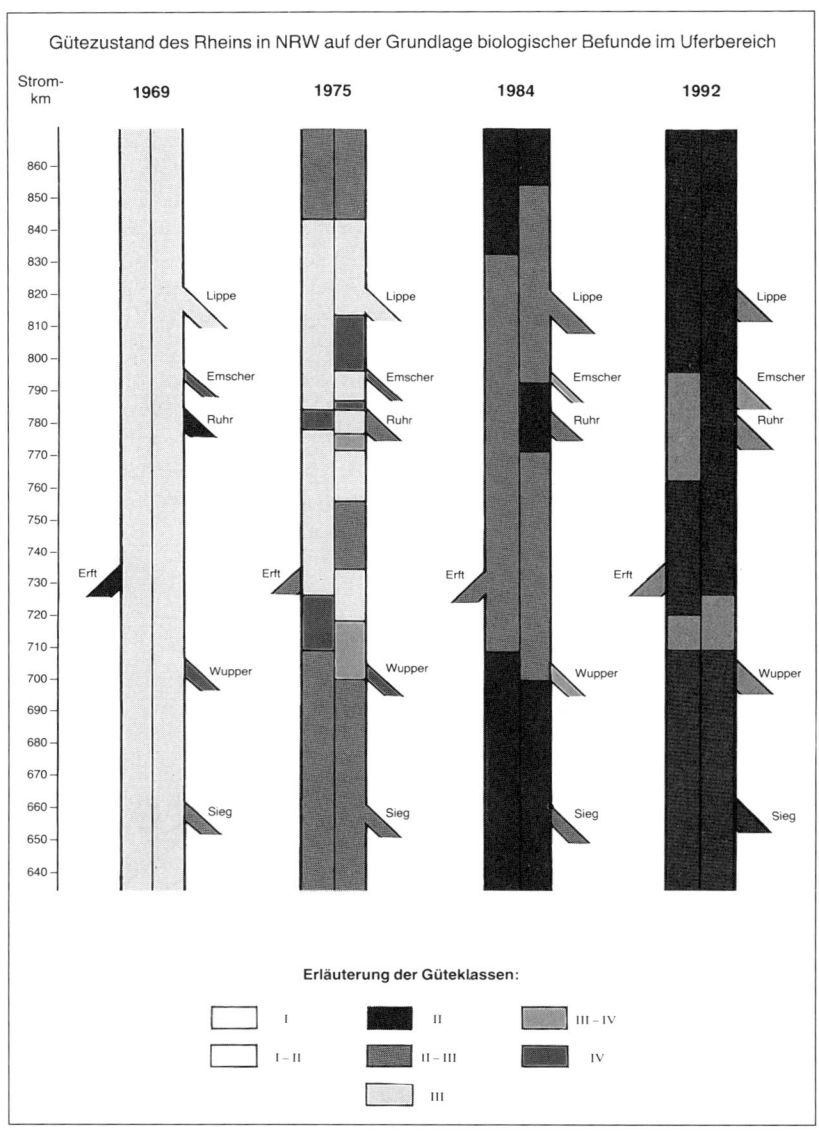

Abb. 57: Der Rheingütebericht des Landes Nordrhein-Westfalen weist nach, wie der ohnehin 1969 stark verschmutzte Rhein unter den Abwassern seiner Nebenflüsse Wupper und Emscher zu leiden hatte. Erkennbar wird aber auch, daß seither die Wasserqualität verbessert wurde.

Arbeitsschritte vor: Zunächst das Fernhalten des Schmutzwassers und des stark verschmutzten Teils des Regenwassers durch den Bau von nunmehr unterirdischen, parallelgeführten Abwasserkanälen und von Regenüberlaufbecken, sodann die Renaturierung der Emscher und ihrer Nebenläufe durch Herstellung eines naturnahen Bachbettes und die Zuführung natürlichen Wassers aus unverschmutzten Nebenflüssen.[56] Die Aussichten der Emscher, rehabilitiert und in Ehren wieder aufgenommen zu werden in den Kreis der Rheintöchter, sind gestiegen. (Abb. 57)

Altlasten der chemischen Industrie

An der alten Wuppermündung (Landschaftsschutzgebiet) sehe ich einem Angler zu. Das Wasser ist ruhig, es steht. Die alte «Wuppermündung» ist keine Mündung mehr. In Sichtweite verschließt ein Steindamm das frühere Flußbett. Die Mündung der Wupper ist mit der Dhünn nach Norden verlegt worden; sie berührt in weitem Bogen großdimensionierte Kläranlagen und den Tafelberg, einer mit Gebüsch bewachsenen Mülldeponie, die sich auf der Landkarte (auf der Höhe von Stromkilometer 702) als großer weißer Fleck darstellt. Ich frage den Angler, ob er hier, neben der Deponie, etwas fängt. Ja, Hechte, Zander, sogar Forellen. Und die Qualität sei gut! Die Fische seien schmackhafter als die aus einem Kiesloch. Sogar Salmen, die vier Jahre bis zur Geschlechtsreife brauchten, seien neulich eingesetzt worden: «Ein gutes Zeichen!» Es sei anders als noch vor zehn Jahren: «Es wird 'was getan!» Ich wünsche «Petri Heil!» und denke: Bayer hat ihn hierher gesetzt, um eine heile Welt zu demonstrieren. Ein paar hundert Schritte weiter, an der neuen Wuppermündung (Stromkilometer 703,3), liegt im Acker allerhand verborgen; Rohre ohne Aufschrift ragen einen Meter aus der Wiese auf, Kanaldeckel liegen über Schächten. Was hier unter meinen Füßen fließt, mündet unterirdisch in den Rhein. Das Luftbild zeigt es. Und was aus der Wuppermündung quillt und tintenschwarz am Ufersaum mich begleitet – wird es wirklich den Fischen des Anglers bekömmlich sein?

Von der anderen Rheinseite, gegenüber der Wuppermündung, grüßen Osttürme und Apsis der romanischen Kirche St.Amandus in Rheinkassel. Sie überragt den Deich und wendet ihre festliche, St.Gereon in Köln nachempfundene Ostanlage ganz und ausschließlich dem Rhein zu. Gegenüber, am rechten Ufer, nur zwei Kilometer stromaufwärts, wendet sich eine Monstrosität gleichfalls dem Rhein zu: die Altlast in der Dhünn-Aue. Mitte der 80er Jahre wurden hier, nahe dem Rheinufer, in einem Wohnviertel, hohe Konzentrationen kanzerogener Gifte gefunden. Das Gift steckte im Boden, in Wiesen, Wegen, Sandkästen. Es war in die Keller der Wohnhäuser und eines Jugendheims eingedrungen. Auch im Hausstaub wurde es nachgewiesen. Das Gift war durch die Betonfundamente hochgestiegen. Erste Proteste der Betroffenen wurden laut. Jetzt nahm man die Sache offiziell zur Kenntnis. Freiflächen wurden eingezäunt, unbefestigte Wege geteert, Häuser abgerissen. Das Betreten der Spielwiesen wurde verboten. Nach und nach kam es heraus: Im Boden der Dhünn-Aue steckte ein 68 Hektar großer «Deponiekörper von ungeheurer Toxizität», mit meterdicken Schichten von Abfällen, ohne Beispiel in der alten Bundesrepublik, ein «apokalyptisches Gemisch von chemischen Substanzen aus 76 Produktionsjahren der Firma Bayer» (Prof. Othmar Wassermann). Die Stadt Leverkusen und die Bayer AG, die miteinander und voneinander zu leben gelernt hatten, gaben Untersuchungen und Gutachten zur «Gefährdungsabschätzung» in Auftrag. Sie füllten im Laufe der Jahre einen Aktenschrank. Eines der Ergebnisse: In Leverkusen hat jedes 4. Kind ein krankes Blutbild. Ein Gegengutachten beruhigte: nur jedes 6. Kind. Das aber sei in Leverkusen nicht außergewöhnlich, das gehöre zu den normalen Risiken «industrienahen Wohnens». Die «Gefahrenabschätzung» stellte immerhin klar: Seit Jahrzehnten gefährdet die Altlast Dhünn-Aue Mensch und Tier. Trotzdem baute die Stadt hier ein Wohnviertel. Es wird die Vorstandsetage der Bayer AG erleichtert haben, daß der Landschaftsverband Rheinland die Autobahn 1 und das Autobahnkreuz Leverkusen-West über die Deponie baute, gleichsam einen Deckel über die Altlast legte. Bayer und die Stadt Leverkusen verhandelten miteinander in gewohnt angenehmen Formen über das unangenehme Problem. Nach zwei Jahren, 1989, schlossen beide einen Vertrag. Die Häuser auf der Altlast sollten abgerissen und die Bewohner umgesiedelt werden. Anschließend sollte der Boden abgedichtet werden, um einen Kontakt mit dem Gift zu verhindern. Von den Kosten, 50 Millionen, wollte Bayer 40, die Stadt sollte 10 Millionen tragen. Über der Deponie sollte ein Rheinpark entstehen. Das Übel würde nicht etwa beseitigt, sondern verdeckt und mit etwas Grün garniert werden. Der als «historische Leistung» gepriesene Vertrag war das Papier nicht wert, auf dem er stand. Denn die Gifte sickerten ins Grundwasser, verseuchten das Umland und den Rhein, und das seit Jahrzehnten. Die Situation wurde bei hohem Wasserstand noch kritischer: das Grundwasser stieg nach oben in die Altlast und wusch sie aus. Mit dem Wasser drang das Gift ins Landesinnere und in Wohngebiete, wurde in die Fundamente und Keller bis dahin nicht kontaminierter Häuser gedrückt. Hier halfen keine kosmetischen Maßnahmen, keine oberflächlichen Abdeckungen, hier half nur das tiefe Herausschneiden des Giftherdes oder eine solide isolierende Abdichtung und weiträumige Sanierung. Bayer stellte sich taub oder spielte herunter, behauptete in Werbebroschüren weiterhin, weder Mensch noch Tier würden gefährdet, man verhalte sich mit der Stadt «höchst verantwortungsbewußt». Bei Protesten und Gegendarstellungen blieb Bayer halsstarrig, behauptete, Gutachten seien eine Sache der Bewertung. Der zuständige städtische Beigeordnete für Umweltschutz verlautbarte, die Gutachten-Basis sei noch nicht breit genug, um neuen «Handlungsbedarf» zu erkennen.

Das ungeheure Gefahrenpotential der Altlast Dhünn-Aue, die sträf-
lichen Versäumnisse der Firma Bayer und der Einfluß des Chemiegigan-
ten auf Rat und Verwaltung «ihrer» Stadt Leverkusen waren offenkundig
geworden. Hier lief nichts ohne Bayer.

Inzwischen hatte der WDR-Reporter Gerd Monheim in der Sache zu
recherchieren begonnen, hatte in der Chefetage des Bayer-Werkes und im
Rathaus vor laufender Kamera lästige Fragen gestellt, hatte den Vertrag
zwischen Stadt und Werk durchleuchtet und Fachleute ihre Meinung
sagen lassen. Der Film war fertig, Monheim stand bereits am Schneide-
tisch, als ihn im Dezember 1989 die Einladung zu einer Pressekonferenz
erreichte. Auf ihr gab Bayer bekannt, daß das Unternehmen die Verantwortung für das verseuchte Grundwasser übernehme. Das Auslaufen von
Giften und die Kontaminierung des Grundwassers solle durch umfangreiche Baumaßnahmen verhindert werden. Eine Sperrwand von 6,5 Kilometer Länge solle 25 Meter tief als Grundwasserbarriere rund um die Altlast gezogen werden. Die weiter nördlich gelegene neue Deponie solle in
zwei Jahren ebenfalls abgedichtet werden. Die Kosten, ca. 150 Millionen
Mark, übernehme der Konzern. Das Gespräch mit dem Reporter habe
dem Konzern das völlig andere Denken der Öffentlichkeit gezeigt. Fortan
wolle man in diesen Dingen andere Maßstäbe anlegen. Der Film «Die
Stadt, das Gift und der Bayer-Konzern» von Gerd Monheim wurde am
8. Januar 1990, zur besten Fernsehzeit, um 20.30 Uhr, von WDR 3 aus-
gestrahlt. Er zeigte eine hervorragend recherchierte und ins Bild gesetzte
Reportage über einen Umweltskandal. Und er zeigte, was immerhin
selten ist, dessen gutes Ende.[57]

Bei Licht besehen, dachte ich, haben sie alle, nicht nur Bayer, Dreck am
Stecken. Die Katastrophenorte Seveso[58], Bhopal[59] oder Schweizerhalle[60]
haben sich ins Gedächtnis eingenistet. Es waren Katastrophen in Frie-
denszeiten. An der Giftgasproduktion im Ersten Weltkrieg, im Zweiten
Weltkrieg, war die ehemalige IG Farben beteiligt. Im Vietnamkrieg wurde
das dioxinhaltige Entlaubungsmittel «Agent Orange», eine teuflische Chemikalie, von der US-Army in großen Mengen versprüht. Auch daran hatte
eine rheinische Giftküche bedeutenden Anteil: C. H. Boehringer in
Ingelheim. Unbegreiflich die Chuzpe, mit der die Hoechst (Frankfurt) und
ihre Tochter Kalle (Wiesbaden) viele Jahre lang giftige Schlämme, Säuren
und Laugen in Main und Rhein abließen, gar mit Duldung hessischer
Behörden. Staatsanwaltliche Ermittlungen wurden eingeleitet; ein Minister trat zurück (1980). Bayer fand lange nichts dabei, Dünnsäure in der
Nordsee, 20 Seemeilen vor Hoek van Holland, zu verklappen; Gift-
schlamm auf hoher See zu verbrennen, bis die beunruhigte Öffentlichkeit
eine Änderung dieser Praxis erzwang.

Die chemische Industrie saß auf hohem Roß. Sie sah sich gern als
Wohltäter der Menschheit. Sie ließ sich feiern als Träger des Fortschritts,
zeigte stolz die Galerie ihrer Nobelpreisträger vor, trug ihre Patente und

Warenzeichen wie Orden an der Brust, ließ sich auf den Hauptversammlungen Girlanden winden für die glänzenden Bilanzen und reichlichen Gewinnausschüttungen.

Nach Sandoz wandelte sich die Einstellung der Bevölkerung zur chemischen Industrie. Vor der Katastrophe hatten noch 53 Prozent eine positive Meinung von «der Chemie», nachher waren es nur noch 23 Prozent. Die Geschäfte gingen nicht mehr so gut wie in den Jahren zuvor. Es gab Gewinneinbrüche. Die chemische Industrie war in die Defensive geraten und stand mit dem Rücken zur Wand. Und sie stand da als der Umweltverschmutzer Nr. 1. Eine Anzeige des Chemieverbands gab sich kommod: «Haben Sie fünf Minuten Zeit für das Thema Chemie und Umwelt? Wir beweisen Ihnen, daß es uns in den letzten 15 Jahren gelungen ist, die Umweltbelastung durch die chemische Industrie drastisch zu senken.»

Das stimmte, trotz Sandoz. Der Zustand des Rheins hatte sich gebessert. Daran war nicht zu rütteln. Und Bayer hatte sich im Fall der Altlast Dhünn-Aue zu dieser Untat bekannt und Abhilfe versprochen; ein erstaunlicher Vorgang. Auch ist anzuerkennen, daß die Chemie «täglich mehr als 10 Millionen DM für Umweltschutzanlagen und deren Betrieb ausgibt»[61]. Bayer hat die Verklappung von Dünnsäure in der Nordsee 1982 aufgegeben. Seit Ende 1988 eine weitere Klärschlamm-Verbrennungsanlage in Leverkusen den Betrieb aufnahm, wurde auch die Verbrennung auf hoher See eingestellt.

Ein Umdenken kündigt sich an, vielleicht auch eine Änderung der Unternehmensleitlinien, eine Neuorientierung der Forschung. Ein aus der Natur gewonnenes neues Produkt muß ohne Schaden für die Umwelt wieder aufgelöst und der Natur zurückgegeben werden können. «Auch das Harmlose und zunächst durchaus Umweltfreundliche kann (wie das Beispiel der FCKW lehrt) unerwartet gefährlich werden, wenn es massenhaft angewandt wird.»[62] Die Chemie dient dem Menschen, nicht ausschließlich dem technologischen Fortschritt oder der Gewinnmaximierung.

Reaktorruine Kalkar

Ohne Wyhl ginge das Licht aus, hatte Hans Filbinger mit der Autorität eines baden-württembergischen Ministerpräsidenten gedroht. Aus dem Kernkraftwerk Wyhl ist nichts geworden, aber das Licht brennt dennoch. Auch aus den Kernkraftwerken in Schwörstadt und Kaiseraugst (CH), in Gambsheim (F), Wörth, Neupotz, Bad Breisig/Sinzig, Vahnum (NL), die alle einst als neue Standorte am Rhein im Gespräch waren, wurde nichts. Mülheim-Kärlich ist zwar gebaut worden, mußte aber stillgelegt werden. Und Kalkar, das gemeinsame europäische Unternehmen, wurde ein europäisches Trauerspiel. Das Licht brennt immer noch. Für welchen Bedarf ist hier geplant worden? Und warum, fragen sich Autor und Leser dieses Buchs, sollten die Kernkraftwerke alle am Rheinufer stehen?

Der Wasserbedarf der Schwerindustrie, der chemischen Industrie und auch der Unternehmen der Primärenergieversorgung ist groß, zusammengenommen ungleich größer als der privater Haushalte, obwohl Industrie und Kraftwerke das Wasser in geschlossenen Kreisläufen mehrfach nutzen. Die von den Branchen der Schwerindustrie und der chemischen Industrie für die Produktion und Kühlung unmittelbar benötigte Wassermenge wird um fast das Doppelte übertroffen von der Wassermenge, die Kraftwerke als Kühlwasser benötigen. Ein modernes Kohlekraftwerk mit 700 Megawatt Leistung und Durchlaufkühlung benötigt je Stunde rund 90 000 Kubikmeter Frischwasser. Ein Kernkraftwerk mit einer Leistung von 1300 Megawatt braucht in jeder Betriebsstunde sogar 200 000 Kubikmeter Wasser und mehr. Solche riesigen Wassermengen sind am einfachsten und billigsten von einem Fluß mit ganzjährig ausreichender Wasserführung zu bekommen. Der Rhein ist solch ein Fluß mit günstigem Wasserdargebot.[63] An seinem Ufer wird angenehm kühles Wasser von der Natur ständig nachgeliefert. Und der Fluß nimmt das im Kraftwerksbetrieb anfallende, meist temperierte Abwasser auch wieder mit. Allerdings belastet das erwärmte Wasser den Fluß. Zusammen mit den anderen Industrieabwässern senkt es den Sauerstoffgehalt; es begünstigt Abbauprozesse, die nun ihrerseits noch mehr Sauerstoff verbrauchen. In der Folge entstehen Fäulnisprodukte, die zu Fischsterben, zu Geruchs- und Geschmacksbeeinträchtigungen führen. Überdies wird die Trinkwasseraufbereitung aus dem Uferfiltrat gestört. Eine den Flußlauf begleitende Reihe von Kraftwerken kann also – zusammen mit anderen Industrieableitern – zu einer erheblichen thermischen Belastung des Flusses und zu einer Bedrohung seines Ökosystems führen. Deshalb sind heute Kühltürme, die das aufgewärmte Kühlwasser in einem Frischluftstrom vor der Einleitung rückkühlen, für Kraftwerke obligatorisch, für Kernkraftwerke sowohl als auch für Wärmekraftwerke, die Energie aus fossilen Brennstoffen gewinnen.

Am Rheinufer sind folgende Kernkraftwerke in Betrieb: Leibstadt (CH), Fessenheim (F), Karlsruhe, Philippsburg, Biblis (alle D), Dodewaard (NL). Kaum eines darunter, das außer Energie nicht auch immer wieder einmal beunruhigende «Vorfälle» produziert hätte. Fessenheim, Philippsburg, Biblis stehen voran. Alle aber wurden übertroffen von der Investitionsruine Kalkar, obwohl dieser Reaktor nie «ans Netz» gegangen ist.

Das leitet zu der anderen, eingangs gestellten Frage zurück: Für welchen Bedarf sind diese Kraftwerkskapazitäten geplant und mit Milliardenbeträgen aufgebaut worden?

Ich besuche den Schnellen Brüter im Sommer 1991. Von einer der Buhnen am rechten Ufer aus gesehen, beim Stromkilometer 842, sieht er häßlich, aber harmlos aus. Die Anlagen des Kraftwerks füllen mein Blickfeld aus. Die Kirchtürme von Hönnepel, Wissel, von St. Nikolai in Kal-

kar sind verdeckt. Über dem hellgrauen Beton des Kraftwerks wölbt sich
tiefblau und wolkenlos der weite Himmel des Niederrheins. Der Sommer
ist trocken und beschert der Schiffahrt extremes Niedrigwasser; die Schiffe
fahren dicht am jenseitigen Ufer entlang. Hinter mir, in einem der Kieslöcher, rasselt ein Eimerkettenbagger. Drüben aus dem Kraftwerk kommt
kein Laut. Über dem Kühlturm fehlt die Fahne dichten weißen Dampfs.
Die Anlage liegt still. Schwer zu begreifen. Denn der Reaktor, wenn er
hätte in Betrieb gehen können, wäre ein technisches Wunderwerk gewesen, eine Art Perpetuum mobile. Er besaß die Fähigkeit, nicht nur aus dem
spaltbaren Anteil des Natururans, dem Uran 235, Nutzenergie zu erzeugen, sondern gleichzeitig aus dem nicht spaltbaren Anteil des Natururans,
dem Uran 238, neuen Spaltstoff, das Plutonium, zu erbrüten. Mit dieser Brennstoffökonomie des Brutreaktors wäre es möglich gewesen, das
Energiepotential des natürlichen Urans vollständig zu nutzen. Im Reak-
torkern ist die innere Spaltzone, die den größten Teil der thermischen Leistung erzeugt, von einem Brutmantel umgeben. Dieser liefert durch Kern-
umwandlung den neuen Brennstoff Plutonium. Der Schnelle Brüter hätte
also seinen eigenen Brennstoff erbrütet! Und zwar in der Gesamtbetriebs-
dauer der Reaktors (ca. 30 Jahre) noch etwa 10 bis 30 Prozent mehr als
der Kalkarer Reaktor selbst verbrauchte! Aber wozu, fragten die Kritiker
des Konzepts. Uran sei vorerst in ausreichenden Mengen vorhanden; die
Trumpfkarte mit dem Plutonium sollte man in der Hinterhand behalten,
bis der Energiebedarf tatsächlich die Produktion von Plutonium erforderlich erscheinen ließe. Denn die Brütertechnologie berge erhebliche Risiken, zum Beispiel durch das Natrium-Kühlsystem. Flüssiges Natrium reagiert explosiv, wenn es mit Wasser in Berührung kommt. Um diese Gefahr
zu begrenzen, führten die Ingenieure einen zusätzlichen Zwischenkreis-
lauf ein: Wenn im Dampferzeuger ein Leck entstünde, wäre daran nur das
inaktive Natrium des Sekundärkreislaufs beteiligt, nicht aber das kontami-
nierte des Primärkreislaufs. Außerdem würden alle Räume des Containments mit Stickstoff gefüllt. Dann aber tauchte eine neue beunruhigende
Frage auf: Könnte im Beton des Containments Feuchtigkeit stecken, das
bei Erhitzung als Schwitzwasser austritt? Käme es mit dem Natrium in
Berührung, wäre eine verheerende Katastrophe die Folge. Allein 1984 und
1985 waren drei Natrium-Brände bekannt geworden.[64] Weitere Bedenken
galten der Befürchtung, daß die Kettenreaktion im Schnellen Brüter
offensichtlich schwieriger zu steuern war als in einem konventionellen
Leichtwasserreaktor, daß also die Gefahr des «Durchgehens» bedacht werden mußte. Das Gefahrenpotential des Schnellen Brüters schien nicht
unerheblich. Zusätzliche Sicherheitssysteme mußten eingebaut, immer
neue Abschaltvorkehrungen getroffen und Verschlußmechanismen nachgeliefert werden.

1972 war der Grundstein gelegt worden; statt von 300 Millionen war
jetzt von 1,5 Milliarden DM Kosten die Rede. Bei Fertigstellung 1986 wa-

ren es 6,5 Milliarden geworden. Nun hätte eigentlich nach der ersten Ladung der Probebetrieb anlaufen können. Aber es gab neue Sicherheits-
bedenken. Außerdem lautete die neueste Erkenntnis: Eigentlich besteht
für den Schnellen Brüter kein Bedarf. Die vielbeschworene Energielücke
gab es nicht. 1979 war der Anstieg des Energieverbrauchs abgeflacht. Und
billigen Strom würde der Schnelle Brüter auch nicht liefern. Der Strom
aus dem französischen 1200 Megawatt-Brüter Superphénix I war doppelt
so teuer wie der Strom aus einem Leichtwasserreaktor.[65] Einen Wert hätte
der Brüter nur noch als Experiment, als Forschungsreaktor, und, für die
Energiewirtschaft, als Demonstrationsobjekt. Fünf Jahre lang kümmerte
die Forschungsruine am Niederrhein vor sich hin, bei monatlichen Pflege-
kosten von 15 Millionen DM. 1991, als das «Aus» kam, hatten sich die
Kosten auf 10 Milliarden summiert. Was aus der Ruine werden soll, bleibt
offen. Es gibt Überlegungen, den Schnellen Brüter zu einem «Entsorger»
für Atommüll umzubauen. Wenn es nach den Kalkarer Bürgern ginge,
sollte der Brüter sich selbst entsorgen, also abgerissen und das Gelände
wieder als Viehweide genutzt werden.

Der Rhein zieht seine Bahn am Kraftwerk Kalkar vorbei. In den Alpen,
noch ein Bergbach, hat er bereits Kraftwerke getrieben, und hernach viele
Laufwasserkraftwerke. Er hat Wärmekraftwerke und Kernkraftwerke mit
seinem Wasser gekühlt. Das Monstrum in Kalkar ist ihm erspart geblieben.

In Gottes Namen: Gute Fahrt!

Auf der Haniel Kurier 60 von Mannheim bis Mainz

«Haniel Kurier 60 mit einem Leichter talwärts», meldet sich der Schiffs-
führer über Funk ab. «Gute Fahrt» kommt es vom Kontor Mannheim der
Haniel-Reederei zurück. Das Motorgüterschiff Haniel Kurier 60 hat beim
Großkraftwerk Mannheim Kohlengries gelöscht, hat einen Leichter längs-
seits genommen und fährt, ohne Fracht, zurück nach Ruhrort. Einzige
Ladung, Gast der Reederei, ist der Autor. Auf der Höhe der Autofähre
Altrip (Stromkilometer 416) fädelt sich unser Verband[66] in den Talverkehr
ein und nimmt Fahrt auf. Der Himmel ist bedeckt, aber die Sicht klar.
Vorsorglich läßt sich der Schiffsführer nochmals den Pegelstand Mainz
durchgeben. In Mainz sollen wir zwei Leichter, die dort leer auf der
Reede liegen, vorspannen und mit nach Ruhrort nehmen.

Vor zwei Stunden, um 10^{30}, hat mich der Disponent der Reederei an
Bord gebracht und mit dem Schiffsführer, Josef Bell, bekanntgemacht. Ich
erhielt eine Kajüte angewiesen mit Bett, Schreibtisch, Sessel, Einbau-
schrank, hatte mich installiert und dann draußen den letzten Löscharbei-
ten zugesehen. Im offenen Laderaum wurden die Kohlenreste aus den

Ecken gefegt, eine Raupe schob sie zusammen, damit der Kran sie packen konnte. Zuletzt hievte der Kran auch die kleine Raupe an Land. Die Matrosen spritzten den Laderaum aus und lenzten das Wasser. Während des Ablegens und der Koppelmanöver saß ich im Gemeinschaftsraum beim Mittagessen, allein, denn alle waren draußen beschäftigt. Beim Nachtisch-Joghurt drehten die Schiffsdiesel kräftig auf. Ich spülte, räumte das Geschirr weg und stieg zum Steuerhaus hinauf. Josef Bell schlug die Schiffsglocke. «In Gottes Namen gute Fahrt», sagte er. Das war der alte Schiffergruß bei Antritt der Fahrt. Ich hatte ihn eingerahmt über dem Niedergang gesehen. Im Steuerhaus besprachen die beiden Schiffsführer und die Mannschaft die Arbeit für den Nachmittag; dann stiegen die Männer nach unten zum Mittagessen.

Josef Bell sitzt im Steuerstuhl und erklärt mir seinen Arbeitsplatz. Ich vermisse das große, hölzerne Steuerrad, die «Haspel». Josef Bell hebt statt einer Antwort die rechte Hand und legt sie auf einen kleinen Hebel, den Hauptruderhebel. Er läßt sich mit zwei Fingern der rechten Hand bedienen; mit ihm steuert Josef Bell die Schiffsbewegungen, während er bequem im Steuerstuhl sitzt und den Verkehr beobachtet. «Die Haniel Kurier 60 hat optimale Steuereigenschaften», erklärt er mir. «Und sie besitzt zusätzlich ein Bugstrahlruder; das gibt Seitenschub, hilft beim An- und Ablegen, kann sogar die Fahrt bremsen und das Schiff auf der Stelle wenden.» Er zeigt auf den Bildschirm vor seinen Knien: «Das ist das Flußradar; es wurde speziell für kurze Distanzen, für die Binnenschiffahrt entwickelt.» Unmittelbar in seinem Blickfeld liegen Ruderlagenanzeige, Wendeanzeiger, Windmesser, Echolot, Drehzahlmesser, Maschinenkontrolldaten. Auf dem Schaltpult zu seiner Linken sind die Hauptmaschinenfahrhebel, der «joy-stick», sagt Josef Bell, die Schaltung für die Hilfsdiesel, Alarmtableau, Telefon (UKW) und Radio angeordnet. Auf dem Schaltpult rechter Hand sind außer Hauptruderhebel und Bugrudersteuerung der Ruderpilot, die hydraulische Mast- und Steuerhausabsenkung, die Schalter und Knöpfe für Signal- und Lichterführung, Ankerfall, Rheinfunk (Schiff–Schiff) und Bord-Wechselsprechanlage untergebracht. Über seinem Kopf blinken an der Decke des Steuerhauses weitere Kontrolleuchten und Anzeigen. Technische Hilfen erleichtern die Führung des Schiffes und die Arbeit an Bord wesentlich. Josef Bell bestellt über die Gegensprechanlage eine Kanne Kaffee. «Es stimmt, die körperliche Arbeit an Bord ist leichter geworden. Aber der Streß hat zugenommen. Einen großen Schubverband zu steuern, das geht an die Nerven. Ich merke es am Kaffeeverbrauch.» Am rechten Ufer passieren wir die Neckarmündung. Auf diesem Abschnitt stehen die Radar-Reflektoren am linken und rechten Rand der Fahrstraße schnurgerade ausgerichtet. «Jetzt können Sie den Autopiloten einschalten», getraue ich mich vorzuschlagen. «Das wäre möglich», sagte Josef Bell, «tatsächlich gebrauchen wir ihn selten. Einmal der vielen Flußkrümmungen wegen, dann auch, weil Strömungsverlauf

Wassertiefe und Wasserbreite sich fortwährend ändern. Obwohl der Fluß reguliert ist und die Wasserbaubehörden durch Gesetz gehalten sind, der Schiffahrt eine Fahrrinne zu garantieren, verändern Wasserführung und Strömungsdruck die Fahrverhältnisse täglich. Das Wasser fließt nicht gradlinig, sondern schwingt hin und her. Es nimmt Sand oder Kies mit und lagert ihn auf Sandbänken wieder ab. Der Schiffsführer muß diese Bänke kennen, er muß wissen, ob sich die Fahrrinne verändert hat und wo eine Durchfahrt gefährlich wird. Auf dem vor uns liegenden Flußabschnitt liegen die Kiesbänke abwechselnd am linken und rechten Ufer. Zwischen ihnen pendelt die Fahrrinne. Strömung und Wassertiefe ändern sich ständig, besonders nach einem Hochwasser. Außerdem sind für die Talfahrt der Strömung wegen bestimmte Steuerbewegungen riskant.»

Die Crew hat zu Mittag gegessen und kommt mit einem Tablett Kuchen herauf. Der zweite Schiffsführer übernimmt das Ruder: «Josef, laß mich mal ran; wir haben dein Essen warmgestellt.»

Durch das Stimmengewirr im Funkverkehr kommt ein Ruf. «Haniel Kurier 60! Wir gehen auf Kanal acht.» Nach dem Umschalten ist der Ruf deutlich und ohne Nebengeräusche zu hören: «Siegfried Schulze auf MS Toppenberg. Habt Ihr den Josef Bell dabei?» «Der sitzt unten beim Mittagessen.» «Ihr habt's gut. Immer Freizeit.» Gelächter im Steuerhaus. «Wollen wir tauschen?» «Um Himmels willen, nein», tönte es von der ‹Toppenberg› herüber. «Grüßt den Josef! Und gute Fahrt!» «OK. Gute Fahrt!» An Backbord rauscht die Toppenberg, 850 Tonnen, vorüber. Von hüben und drüben wird ein Handgruß getauscht.

Josef Bell kommt herauf, versorgt sich mit Kaffee und erhält die Grüße ausgerichtet. «Der Siegfried gibt nicht auf», erzählt er, «auf der Toppenberg ist schon sein Vater gefahren.» Ich erfahre, daß Siegfried Schulze freier Partikulier ist; er fährt auf eigene Rechnung und unter eigener Flagge.[67] Frachtaufträge besorgen ihm Kontore. Im Drei-Stunden-Rhythmus stehen abwechselnd er, seine Frau, die auch als Steuermann eingetragen ist, und der Matrose am Ruder. Wenn es sich einrichten läßt, liegen sie nachts vor Anker. «Lieber auf dem eigenen Schiff ein kleiner Herr, als auf fremdem Schiff ein großer Knecht», hat der Siegfried einmal gesagt und seinem Freund auf die Schulter geklopft. Aber solche Familienbetriebe wie der auf der Toppenberg werden immer seltener. Viele Partikuliere haben sich in Genossenschaften organisiert (40 Prozent), andere haben Mietverträge mit Reedereien und Speditionen geschlossen: Das ist die größte Gruppe (55 Prozent). Viele geben auf, sind endgültig an Land gegangen.

Für Josef Bell ist die Sache klar gewesen; er ist Angestellter der Reederei geworden. Er hat zwar auf ein Stück Freiheit verzichtet, aber dafür geregelte Freizeit, festes Gehalt und weniger Sorgen. Er fährt auf einem modernen Schiff, das mit allen technischen Hilfsmitteln ausgerüstet ist. «Der Siegfried steuert noch mit einem Haspel, einem hölzernen Steuerrad. Er

wünscht sich ein neues Schiff, Europanorm (1350 Tonnen). Aber woher
soll er die zwei Millionen nehmen? Und wenn er die Investition voll nutzen, Gewinn erwirtschaften will, muß er rund um die Uhr fahren. Dann
aber braucht er zwei Mannschaften. Das geht sofort wieder in die Kosten.
Das kann nur ein Großbetrieb, eine Reederei schaffen!»

Das Kernkraftwerk Biblis ist am rechten Ufer zurückgeblieben; in der
scharfen Biegung beim alten Floßhafen Gernsheim überholt uns das
schnellfahrende Motorschiff eines Stahlunternehmens aus dem Ruhrgebiet. «Das ist eine andere Betriebsform der Binnenschiffahrt: der Werks-
verkehr. Auch dort hat der Schiffsführer mit der Auslastung des Laderaums
keine Sorgen. Das übernehmen, wie bei uns, Disponenten der Firma; die
sorgen für Fracht und kurze Liegezeiten.»

An Backbord kommt die Helvetia entgegen, eines der älteren Kabinen-
schiffe der Köln-Düsseldorfer, sie ist auf der Fahrt von Rotterdam nach
Basel. Draußen an unserem Steuerhaus putzt der Schiffsjunge die Fenster.
Josef Bell winkt ihm zu, reckt den Daumen hoch und zeigte hinüber.
Marcus schüttelte den Kopf: kein Arbeitsplatz für ihn. Er will nach der
Ausbildung und der Matrosenzeit Schiffsführer werden, aber als Selbstfahrer, auf dem Schiff des Vaters, der sich zur Ruhe setzen will. In der vierten Generation fährt seine Familie auf dem eigenen Schiff. In Homberg
wird er auf das Wohn-Schulschiff Rhein wechseln und dort die Ausbildung abschließen.[68]

Josef Bell ist wieder in den Steuerstuhl gewechselt. Der Tag neigt sich,
die Sicht wird schlechter. Er schaltet das Radargerät ein. Der Antennen-
balken über dem Achterschiff beginnt zu rotieren. Auf dem Bildschirm erscheint das aus ungezählten grünen Punkten zusammengesetzte Bild der
Stromstrecke, mit dem Schiffsstandort (Steuerhaus) als Mitte. Josef Bell
erklärt mir, was er sieht: den Niederländer hinter uns und den entgegen-
kommenden Schubverband in 1500 Meter Entfernung. Die Autofähre
Oppenheim vor uns wechselt zum rechten Ufer hinüber. Am Hafenmund
Oppenheim steigt ein Vogelschwarm auf. Ich kann mich nur wundern.
Josef Bell lacht: «Dafür gibt es Lehrgänge.» Vor Mainz konzentriert er sich
auf das Fahrwasser und den Verkehr. Hinweise für die Talfahrt sind zu beachten: Beim Nackenheimer Werth, Kilometer 486, an der Engstelle beim
Sändchen, rechtes Ufer anfahren. Beim Kilometer 487,5 Mitte Fahrwasser anfahren. Kilometer 488,5: Langsamfahrt; linkes Ufer ansteuern. Kilo-
meter 490: langsam rechtes Ufer anfahren. Ab 492 langsam Mitte anfahren, dann durch die Mainzer Brücken. Hinter der ersten Brücke, der
Straßenbrücke Mainz-Weisenau, hält Josef Bell Ausschau nach den beiden
Leichtern, die dort backbord voraus, auf der Mainzer Reede, liegen sollen und die morgen vorgespannt werden müssen. Hinter der nächsten, der
Eisenbahnbrücke, und der Mainspitze entdeckt er sie, gibt in einem günstigen Augenblick die Wendezeichen, dreht auf (wendet) und macht in der
Nähe der Leichter fest. Ich bewundere die Präzision des Manövers. «Das

ist heute nicht mehr so schwierig», behauptet er. «Früher, wenn es beim Aufdrehen schnell gehen mußte, ließen wir den Klippanker fallen und uns von der Strömung herumdrücken.»

Mein erster Tag an Bord ist beendet. Während Matrose und Schiffsjunge das Abendessen richten, verschaffe ich mir auf dem Gangbord, dem schmalen Seitendeck beiderseits des Laderaums, Bewegung. Josef Bell kommt dazu, prüft die Lichter für die Nacht und holt mich zum gemeinsamen Abendbrot. Der Fernseher wird eingeschaltet. Ich verschwinde alsbald, mit Lesestoff aus der kleinen Bordbibliothek ausgestattet, in meiner Kabine. Beim Durchblättern des «Binnenschiffahrtsreports» lese ich, daß die Binnenschiffahrt im Jahr 1960 noch 32 000 Mann Bordpersonal beschäftigte. Diese Zahl war 1984 bereits auf 10 000, weniger als ein Drittel, zurückgegangen – mit weiter sinkender Tendenz. Für die Verkehrsleistung, die 1984 mit 10 000 Beschäftigten erbracht wurde, hätten im vorigen Jahrhundert, so ergab eine überschlägige Berechnung, 500 000 Menschen eifrig ihre Hände rühren müssen. Noch zu Anfang des 19. Jahrhunderts war die gemächliche Fortbewegung auf dem Rhein durch Treideln, Segeln, Staken die Regel gewesen. Dann waren zuerst die Dampfer und mit ihnen die Schleppschiffahrt aufgekommen. Ein kurzes Zwischenspiel hatten die «Rheintauer» gegeben.[69] Dann setzten sich der Dieselmotor und das einzeln fahrende Motorschiff durch. Letzte Neuerung war die Schubschiffahrt. Die Urkunden erzählten, daß um 1800 die Bergfahrt von Köln nach Mainz Wochen, bei widrigem Wind und Wasserstand auch wohl Monate brauchte. Die Haniel Kurier 60 würde für die gleiche Strecke, mit dem Vielfachen an Fracht, kaum einen Tag fahren müssen. Und sie wäre von Wind, Wetter und, bis zu einer gewissen Grenze, vom Wasserstand unabhängig. Josef Bell meinte, die Entwicklung liefe darauf hinaus, daß immer weniger Schiffe immer mehr Fracht beförderten. Ein Verdrängungswettbewerb drohte dem Berufsstand.

Ich stoße auf den Bericht von einer Fachtagung, die 1984 unter dem Thema «Der Mensch in der Binnenschiffahrt» stattfand. «Früher», hatte dort eine Volkskundlerin berichtet, «gab es Schiffer, die konnten kaum ihre Kontrakte unterschreiben; aber den Strom, den kannten sie. Und rechnen konnten sie auch, und das genügte. «Heute», hatte sie hinzugefügt und die Schubschiffahrt gemeint, «heute ist das alles anders; als richtige Schiffahrt läßt sich das nicht mehr bezeichnen; die Pausen an Bord dienen allein dem Essen und Schlafen.» Ein Vertreter des Arbeitgeberverbandes hatte das bestätigt: Die berufliche Tätigkeit des Binnenschiffers liefe noch eindeutiger als bisher schon auf den nautischen Sektor mit seinen Steuerungs-, Kontroll- und Korrekturfunktionen hinaus. Die Akquisition (das Gewinnen von Ladung und das Aushandeln von Frachtkosten), das Lade- und Löschgeschäft, die Maschinenwartung würden ihm abgenommen. Zugleich sei der Wunsch nach stärkerer Angleichung an die Lebens- und Freizeitgewohnheiten an Land, nach Teilhabe am allgemeinen

gesellschaftlichen Leben gestiegen. Die kleine Welt an Bord würde als be-
engend empfunden. Das hatte ein Mann von der Gewerkschaft auf seine
Weise bestätigt: Die alte Definition von «Freizeit an Bord», nämlich, Freizeit sei dann, wenn es gerade keine Arbeit gäbe (die aber gäbe es immer),
wäre doch wohl überholt! Die ÖTV wollte feste, geregelte Freizeit an
Bord und garantierte Urlaubszeit an Land, bei gerechtem Lohn. Das hatte
Leben in die Diskussion gebracht! Der Arbeitgebervertreter hielt dagegen:
Die Krise der Binnenschiffahrt wäre eine Krise der Kosten: «Wenn wir
nicht wettbewerbsfähig sind, dann können wir über den Menschen soviel
reden, wie wir wollen – es nützt ihm nichts.» Ein Pfarrer von der Bin-
nenschifferseelsorge hatte von seinen Erfahrungen berichtet. Er fühle sich
mehr als Sozialarbeiter denn als Pfarrer, bekannte er. Der starke Wandel
der Betriebsformen, die Abhängigkeit vom sogenannten technischen
Fortschritt, die Reduzierung der Arbeit auf das «Funktionieren», der Termindruck habe die Tätigkeitsmerkmale des Binnenschiffers, dessen Väter
und Großväter einst ihre eigenen (und machmal große) Herren waren,
verändert. Allein die Fahrt bei Nacht und Nebel mit Radar und Sprechfunk bedeutete eine bis dahin unbekannte nervliche und psychische Belastung. «Wer als Seelsorger an Bord geht», berichtete der Pfarrer, «spürt
oft eine tiefe Resignation; sie grübeln über den Sinn ihrer Tätigkeit, sie
sehen schwarz für die Zukunft.» Viele Binnenschiffer, hatte er hinzuge-
setzt, wären starke Raucher; nicht wenige griffen regelmäßig zur Flasche.
      Draußen schlägt das Wasser an die Bordwand, das Schiff schwankt und
ruckt, die Stahlseile und Taue knarren. Ein Nachtfahrer ist uns zu nahe
gekommen, denke ich und erinnere mich, daß der Sog schon stilliegenden Schiffen die Ankertrossen zerrissen hatte. Aber Josef Bell hat ja bei seinem Kontrollgang alles in Ordnung befunden. Ich lösche das Licht.

Von Mainz bis Duisburg; Probleme der Binnenschiffahrt

Das Motorengeräusch weckt mich. Die Schiffsdiesel laufen warm. Nachdem ich geduscht, meine Kabine aufgeklart und gefrühstückt habe, liegt
die Haniel Kurier 60 nach erneutem Wendemanöver («Kopfvornehmen»)
in Richtung Talfahrt. Die beiden leeren Schubleichter werden vorgekop-
pelt, «aufgepackt». Spannwinden ziehen die Stahldrähte an, so daß eine
starre Verbindung entsteht. Die Verständigung zwischen Steuerhaus und
den Matrosen läuft über Gegensprechanlage und Außenlautsprecher. An
der Spitze des Verbandes werden drei Lichter als Kennzeichen gesetzt: der
«Christbaum». Wir nehmen Fahrt auf, und der Schiffsführer meldet über
Funk: «Haniel Kurier 60 mit drei Leichtern talwärts.» Vom Steuerhaus
blicke ich in vier riesige, aber leere Laderäume, und ich frage, ob denn
diese Leerfahrt für die Reederei wirtschaftlich sei. Das hätte sich kürzlich
auch eine niederländische Reederei gefragt, erhalte ich zur Antwort.
90 Prozent der gesamten Fracht der EWT Europeese Waterweg Trans-

porten auf dem Rhein gehe von Rotterdam nach Deutschland, aber nur 10 Prozent zu Tal. Ein solcher Überhang an Leerfahrten sei nicht zu vertreten. Die niederländischen Kollegen hätten sich entschlossen, Laderaum stillzulegen. «Endlich!», setzt Josef Bell hinzu, «das war an der Zeit, denn die europäische Stahlkrise der achtziger Jahre hat auch die Binnenschiffahrt getroffen. Mehrere Jahre stagnierte das Ladungsaufkommen, war beim Erz sogar rückläufig. Wir in der Schubschiffahrt sind nun einmal auf Massentransporte spezialisiert und müssen, je nach Marktlage, Leerfahrten in Kauf nehmen.»

Wir haben die Reede Mainz und die Stelle, wo einst, der Mainmündung gegenüber, die von Goethe so geliebte Favorite stand, zurückgelassen, haben die Petersaue an Steuerbord, die Rettbergsaue an Backbord passiert. Eltville kam in Sicht und die Stromteilung an der Mariannenaue. Ich hole mir aus meiner Kabine den Rheinschiffahrtsatlas herauf und sehe, daß der feuchte Aufnehmer vor meiner Kabinentür schon wieder erneuert worden ist. Auch der draußen vor dem Niedergang. Vor den Türen zum Wohnbereich stehen Arbeitsschuhe in Reihe; man wechselt vor dem Betreten der Wohnkabinen, des Steuerhauses, der Messe das Schuhwerk. Die Dusche wird nach jeder Benutzung geputzt. Fenster, Böden und Regale blitzen vor Sauberkeit; in den Geschirr- und Vorrats-Schränken der Einbauküche herrscht peinliche Ordnung. Das scheint nicht nur an Bord der Kurier 60 die Regel zu sein, das gehört zur Binnenschiffahrt. In seiner Ausbildung lernt der Schiffsjunge, daß gegebenenfalls am Tag Wäsche und Kleidung mehrmals zu wechseln seien. Draußen spritzt ständig einer der Matrosen die Decks ab oder ist mit Pinsel und Farbtopf unterwegs. Ich steige zum Steuerhaus hinauf. Der Schiffsführer hat es hochgefahren, um einen besseren Überblick über den Schubverband zu bekommen, der nun auf 185 Meter Länge gewachsen ist. Drinnen putze ich sorgfältig meine Schuhe auf dem Aufnehmer ab. Die Haniel Kurier 60 ist ein tüchtiges, ein blitzsauberes Schiff; mit ihren Farben Grün, Weiß und Schwarz, den Reedereifarben, bietet sie auf dem Rhein einen erfreulichen Anblick. Später, wenn ich ihr bei meinen Wanderungen am Rheinufer begegnete, habe ich wie zu einer Freundin hinübergewunken und «Gute Fahrt» gerufen. An diesem Morgen aber stört mich der traurige Kontrast zwischen dem Motorschiff und den rostenden, verschrammten Leichtern. Sie sind bis auf die Poller und Haspeln ohne jeden Anstrich und mit ihrem eckigen, abgeplatteten Bug häßlich anzusehen. «Diese Pontonbauweise», erklärt mir Josef Bell, «nutzt den Schiffsraum für die Ladekapazität voll aus. Sie ist für die Fahrt im Schubverband sehr praktisch; sie spart Platz. Die Pontons lassen sich leicht zu einem Verband zusammenbauen und vertäuen. Sie fahren ohne eigenen Antrieb, ohne Rudergänger und sonstige Mannschaft, ohne Aufbauten. Und ohne Farbe. Also sind sie äußerst wirtschaftlich. Weil sie pflege- und wartungsfrei sind. Ihre Bauweise ist billig. Wenn sie auseinanderzufallen drohen, werden sie verschrottet.»

Oestrich-Winkel und das Weingut von Richard Nägler bleiben zurück; darüber, an den Taunushängen, liegt Schloß Johannisberg, dem die
Rheingauer Riesling-Weine viel verdanken. Das Schloß tritt in den Hintergrund der Rheingaulandschaft zurück und scheint doch die Taunus-
hänge und den Strom zu beherrschen. Hier an Bord ist die Landschaft kein
Thema. Die Aufmerksamkeit gilt dem Fahrwasser und den Schiffsbewegungen auf dem Rhein. Die Pfeiler der alten Eisenbahnbrücke an der Rüdesheimer Aue kommen in Sicht; das Fahrwasser wechselt zum linken
Ufer hinüber. Im Funkverkehr hören wir die knappen Verständigungen
zwischen einem Bergfahrer, der für die Strecke Kaub–Bingen Schlepphilfe
braucht, und dem Vorspannboot. Nun wird es ernst, denke ich. Was ich
über die Gefährlichkeit der Binger-Loch-Passage gelesen habe, reicht, um
Besorgnisse aufkommen zu lassen. Wieviel Stoßgebete mochten hier gesprochen worden sein! Im Steuerhaus herrscht gelassene Ruhe, und die
Aufforderung des zweiten Schiffsführers: «Josef, binde Dir die Kravatte
vor!», war nur eine spaßige Anspielung darauf, daß früher Rheinschiffer
vor dieser Gefahrenstelle den Sonntagsrock angezogen und sich bekreu-
zigt haben. Die Kelten und Römer, denke ich, würden jetzt dem Flußgott ein paar Silbermünzen geopfert haben. Im Kemptener Fahrwasser,
beim Schutzhafen Bingen, wird es eng, Berg- und Talfahrt müssen ihren
Kurs genau aussteuern. Hinter dem Pegel Bingen, kurz vor der Nahe-
mündung, läuft die Fahrrinne zum rechten Ufer hinüber, um die Untiefen des Nahegrundes zu umgehen. Wir nehmen Richtung auf das eingeengte Fahrwasser im Binger Loch. Die Breite der Durchfahrt beträgt
120 Meter. Es herrscht Rechtsverkehr. Am rechten Ufer, in der Innenseite der engen Flußbiegung, ist die Kilometrierung «gerafft» und beträgt
zwischen Kilometer 529 und 530 nur 500 Meter. Auf der Höhe des
Mäuseturms, Kilometer 530,2, zweigte früher das «Neue Fahrwasser» ab,
das seit der jüngsten Regulierung dieser Stromstrecke, seit 1974, gesperrt
ist. Der Motorschlepper Pilot, dessen Funkverkehr wir mitgehört haben,
kommt uns entgegen. Er ist mit seinen 1000 PS eines der stärksten Vorspannboote auf dem Rhein. An seiner Zugtrosse hängt ein Motorschiff,
das in Ruhrort 1700 Tonnen Kraftwerkskohle für Heilbronn geladen
hatte. Beider Schiffsmotoren laufen mit voller Kraft, um die Gegenströ-
mung zu bewältigen, die hier bei normalem Wasserstand 3,4 Meter in der
Sekunde beträgt, aber auch 6 bis 7 Meter erreichen kann. Die Ruine
Ehrenfels bleibt zurück. Hinter der Flußbiegung kommt Aßmannshausen
in Sicht. Beim Stromkilometer 531,5 hat die Haniel Kurier 60 es geschafft.
   «Von 531,5 ab Mitte anfahren und Mitte halten bis 534» erklärt Josef
Bell dem Schiffsjungen und mir seine Steuerbewegungen. Wir fahren jetzt
«im Gebirge»; das heißt für den Schiffsführer weiterhin erhöhte Aufmerksamkeit. Wir passieren Gefahrenpunkte, deren Klang und Namen ich
mir merke, weil sie noch den Respekt anzudeuten scheinen, den die Schiffer ihnen einstmals zollten: «Wirbelley» (Kilometer 543 am rechten Ufer),

die (längst entschärften) Reste vom «Floßenrisser» beim Bacharacher
Werth am linken Ufer, gleich darauf, nach scharfer Linksbiegung, beim
Kilometer 544,5 zwischen «Diebsteine» und «Wegstein» hindurch ins
«Wilde Gefähr» und am Kauber Werth vorbei. An der Pfalz bei Kaub
drohten die zum Teil weggesprengten «Büttensteine». Kein Wunder, daß
auf den Stromabschnitten zwischen Bingen und Kaub, zwischen Oberwesel und St. Goar früher Lotsen an Bord genommen werden mußten. Als
noch Schleppzüge gebräuchlich waren, fuhr nicht nur auf dem Schlepper,
sondern auf jedem Kahn ein Lotse mit! Auf der 27 Kilometer langen
Stromstrecke zwischen Binger Riff und Loreley waren nahezu 80 Gefahrenpunkte, Felsenriffe, Untiefen zu bestehen. Ich sehe vom Steuerhaus
auf die Schubleichter, die wir vorgespannt haben. Lastkähne zu schleppen
müßte in diesem schwierigen Fahrwasser leichter sein als sie zu schieben.
Josef Bell beruhigt mich. «Das ist Routine. Die Strombauverwaltung hat
in den letzten Jahrzehnten das Fahrwasser freigeräumt. Da drüben am Kauber Ufer bei der alten Lotsenstation saßen früher die Lotsen und warteten
auf Kundschaft. Wir kannten sie alle. Eines Tages wurden sie nicht mehr
gebraucht.»

An der scharfen Flußbiegung hinter Oberwesel, am Ochsenturm
(550,7) kommt die Signalstelle A in Sicht. Ihr folgen, alle am linken Ufer,
die Signalstelle B am Kammereck, die Signalstelle C am Betteck, die
Signalstelle D gegenüber der Loreley und die Signalstelle E an der Bank.
Sie zeigen der Bergfahrt die Annäherung von Talfahrern an. Auch unser
Schubverband und das vor uns fahrende Tankschiff werden der Bergfahrt
durch entsprechende Lichtzeichen «gewahrschaut». Bei der Umrundung
der Loreley erzähle ich von dem einst berühmten Echo und von der Ruhe
des Wassers hinter dem Felsen, wo die Salmenfischer lagen, von aufsteigenden Wirbeln in der Mitte. Josef Bell wird lebhaft: «Aber das gehört
auch heute noch zum Erfahrungswissen des Binnenschiffers! Eine spiegel-
glatte Oberfläche deutet auf eine Flachwasserzone: Man sollte also schleunigst zum gegenüberliegenden Ufer hin abdrehen. Sehr unruhiges und
kreiselndes Wasser zeigt große Tiefe an. Hier an der Loreley hat der Rhein
mit 23 Metern seine größte Tiefe überhaupt. Kurz vor Düsseldorf werden
wir abermals ein ähnlich tiefes Kolk überfahren. Aber die Auskolkung bei
der Loreley liegt im Fels, die vor Düsseldorf in Kies und Sand. Sie ist pro-
blematischer, weil ihre Tiefe und Lage wechseln.»

Wir haben St. Goar erreicht; die Autofähre kreuzt vor uns nach St. Goarshausen hinüber. Josef Bell läßt sich ablösen und setzt sich zu mir.

Kestert, Bad Salzig und Kamp-Bornhofen gleiten vorüber; wir nähern
uns Boppard. In der Rechtskurve hinter Boppard wechselt der Schiffsführer ans linke Ufer hinüber. «Talfahrer nutzen die stärkere Strömung; die
liegt am Prallhang in der Außenkurve», erfahre ich. «Die Bergfahrt dagegen meidet das ‹schwere Wasser›, den Stromstrich, und hält sich an die
schwache Strömung in der Innenseite einer Flußkrümmung. So sparen

beide Kraft.» Josef Bell schränkt ein: «Diese Regel gilt auf unserer Route allerdings nur zwischen Lorch und Duisburg. Für die Flußstrecke davor, von der Neckarmündung bei Mannheim bis Lorch, und für die Flußstrecke dahinter, von Duisburg, Homberger Brücke bis zur deutsch-niederländischen Grenze, Spijksche Fähr, gilt die ‹geregelte Begegnung›.[70] Das heißt, daß bei der Begegnung Bergfahrer und Talfahrer ihren Kurs so weit nach Steuerbord richten, daß die Vorbeifahrt ohne Gefahr Backbord an Backbord stattfinden kann.» – «Paragraph 9.02 der Rheinschiffahrtspolizeiverordnung» ruft Marcus, der mit dem Aufwischen im Steuerhaus beschäftigt ist, dazwischen. «Richtig», sagt Josef Bell, «Rechtsverkehr wie beim Autofahren.[71] Bis Duisburg also dürfen wir uns die günstigste Strömung suchen, müssen aber beachten, daß nach § 6.04 der Bergfahrer das Kursweisungsrecht hat. Er kann dem Gegenverkehr anzeigen, ob er rechts oder links vorbeifahren will.[72] Der Talfahrer hat dieser Kursweisung zu folgen und durch Zeichengebung und eventuell zusätzliche Schallsignale zu bestätigen. Dazu gibt es eine umfangreiche Rechtsprechung.» Der Schiffahrtsrichter am Oberlandesgericht Köln, Dr. Wilfried Bemm, erzählte mir später folgende Geschichte: «Die frühere Fassung der Rheinschiffahrtspolizeiverordnung sah (für das Begegnen) noch keine blaue Tafel vor. Man zeigte zur Kursweisung eine blaue Seitenflagge. Derartige Zeichen konnten zu Mißverständnissen führen. Die Flagge konnte sich im Fahrtwind um den Stock wickeln. Die blaue Seitenflagge konnte auch mit anderen Flaggen, zum Beispiel mit der damals noch geltenden Überholflagge oder mit der grünen Zollflagge verwechselt werden. Darauf beruhte folgender Unfall: Ein Fahrzeug der Bundesmarine, die Forelle, wollte seinerzeit zur Bundesgartenschau nach Bonn fahren. Sparsam wie man nun einmal ist, hatte man als Seitenflagge ein blaues Tuch an einem Besenstiel befestigt, den ein Matrose auf ein Kommando des Rheinlotsen zeigen sollte. Es kam, wie es kommen mußte. Ein niederländisches Motorschiff verstand nicht, was die Forelle wollte und welchen Kurs man für die Begegnung wies. Der Holländer fragte über Sprechfunk: ‹Bundeswehr, was machst Du?› Diese Frage wurde nicht verstanden und gleich darauf kam es zur Kollision. Natürlich gab jeder dem anderen Kollisionspartner die Schuld. Die Gerichte wurden bemüht, die dem Holländer recht gaben, weil das Kriegsschiff keine unmißverständlichen Zeichen zur Kursverständigung gegeben hatte.»

Bei Koblenz, am Deutschen Eck, gehe ich in die Messe und freue mich auf den Eintopf. Als ich nach kurzer Mittagsruhe wieder zum Steuerhaus hinaufsteige, passieren wir die ehemalige Eisenbahnbrücke bei Remagen. Hinter Erpel rückt das Panorama des Siebengebirges ins Blickfeld. Zwischen Nonnenwerth und Grafenwerth hindurch, am Drachenfels vorbei haben wir lebhaften Gegenverkehr, viele Tankschiffe darunter. Fast alle führen am Mast als Warnzeichen einen, zwei oder drei blaue Kegel mit der Spitze nach unten: Hinweise darauf, daß gefährliche Güter befördert werden. Ich erfahre, daß jährlich rund 30 Millionen Tonnen Erdölprodukte und 10 Millionen Tonnen Chemikalien berg- und talwärts auf dem Rhein unterwegs sind. Zwar werde der Sicherheit Rechnung getragen: die «Doppelhüllenbauweise», eine Art «Knautschzone», schütze bei einer Kollision den Tank vor dem Leckschlagen, aber das Zeug, das da transportiert werde, sei entweder leicht entflammbar, explosiv oder giftig – oder alles zusammen. Gegen eine Giftgaswolke, die sich mit den Flußnebeln verbindet, oder gegen eine Feuerwalze durch Funkenschlag nach einer Havarie gäbe es kaum einen Schutz. – Das Unglück der Tina Scarlett sei eine schlimme Lektion gewesen. Eine Kölner Werft hatte ein Fährschiff, die Tina Scarlett, für den Fährverkehr zwischen Kopenhagen und Landskrona gebaut. Der Neubau sollte im Oktober 1960 in die Niederlande verbracht, dort fertiggestellt und auf See übergeben werden. Weil Maschinen und Steueranlage noch nicht ausreichend erprobt waren, wurde die Tina Scarlett von zwei Schleppern, einer vorn, der andere achtern, überführt. Während der Fahrt gab die Tina bei langsam mitdrehenden Maschinen den beiden Schleppern Steuerhilfe; auf der Reede von Emmerich jedoch blockierte das Ruder in Backbordlage. Die Tina Scarlett lief aus dem Kurs des Schleppzuges und rammte das stilliegende Tank-Motorschiff Diamant. Das Tankschiff hatte eine Million Liter Leichtbenzin geladen. Das Benzin lief aus, explodierte, hüllte die beiden Havaristen in Flammen, verwandelte den Rhein in ein Inferno; fünf weitere Schiffe gerieten in Brand. Fähre und Tankschiff trieben wie eine brennende Fackel zu Tal, bis das Fährschiff auf Grund geriet und ausbrannte, das Tankschiff weiter talwärts sank. Mehrere Menschen kamen ums Leben; die Schäden beliefen sich auf sieben bis acht Millionen Mark. Mit der Klärung der Schuldfrage waren das zuständige Rheinschiffahrtsgericht in Duisburg, das Schiffahrtsobergericht Köln und der II. Zivilsenat des Bundesgerichtshofs befaßt. Die Schuld wurde der Werft und dem Lotsen der Fähre zuerkannt.[73] Ein anderer schrecklicher Unfall war der eines mit Cyclohexan beladenen Rheinschiffs. Dabei war Cyclohexan ausgelaufen und «trieb den Rhein hinunter, ohne daß jemand um die damit verbundenen Gefahren wußte. Ein anderes Schiff lief ahnungslos in die Lösung. Es gab eine furchtbare Explosion und fünf Menschen waren tot.»[74]

Während wir das Bonner Bundeshaus passieren, fragt Josef Bell halblaut: «Ob die da drinnen wissen, welche Bomben hier unter ihren Fenstern vorbeifahren?» Trotzdem verteidigt er die Binnenwasserstraßen als umweltfreundliche Verkehrswege. Die Vorschriften seien streng. Beim Laden oder Löschen gefährlicher Güter zum Beispiel müßten Schiffsführer und Verlader gemeinsam eine vierseitige Checkliste ausfüllen und dafür einstehen, daß alle Sicherheitsmaßnahmen getroffen und kontrolliert worden seien. Für solche Fahrzeuge gäbe es eigene, abgesonderte Liegeplätze. Die Schiffe seien mit modernsten navigatorischen und rudertechnischen Anlagen ausgerüstet. Die Fahrstraßen der Binnenschiffahrt wären durch Tonnen mit Radarreflektoren, durch Wahrschausignale an Engstellen, an Schleusen, Brücken, Hindernissen gut bezeichnet. Es müßte schon mit dem Teufel zugehen ... Aber im Vergleich zu Straße und Schiene gäbe es auf den Wasserstraßen wenig Unfälle. Und die Luftverschmutzung durch die Binnenschiffahrt sei sogar geringer als bei der elektrifizierten Eisenbahn, die für ihren Fahrstrom Kraftwerke betreiben müsse. «Und Raserei mit heulenden Motoren gibt es schließlich bei uns auch nicht. Wir fahren jetzt mit etwa 18 km/h zu Tal; die Bergfahrt bringt es auf 6 bis 8 km/h.» Josef Bell ist gleichfalls «in Fahrt» gekommen. Er schickte den Schiffsjungen nach unten, eine Statistik zu holen. «Den Vergleich mit Schiene und Straße brauchen wir nicht zu scheuen, weder bei der Verkehrssicherheit, noch bei der Transportleistung! Die von der Binnenschiffahrt erbrachten Transportleistungen erreichten 1986 fast 90 Prozent der Leistungen der Deutschen Bundesbahn im Güterverkehr.[75] Die Schiffahrt hat ihre Leistungen jedoch auf einem Wasserstraßennetz erbracht, das nur ein Siebtel der Länge des Schienennetzes der Bahn beträgt! Aber an den Verkehrsleistungen gemessen beträgt der Anteil der Zuschüsse des Bundes für die Bundeswasserstraßen 1986 (1,8 Milliarden) nur gut ein Siebtel der Zuschüsse für die Bundesbahn (13,1 Milliarden)![76] Und die Bundesbahn ist hochdefizitär! Die Binnenschiffahrt nicht! Schweigen wir vom Straßenverkehr! Er ist nicht nur der größte Umweltverschmutzer! Von seiner Sicherheit kann keine Rede sein; er ist lebensbedrohlich. Aber er wird von denen da hinter uns im Bundestag gehätschelt. Er erbringt mit 95,9 Milliarden Tonnenkilometern (1986) noch nicht einmal das Doppelte der Binnenschiffahrt (52,2 Milliarden Tonnenkilometer 1986).[77] Aber der Straßenverkehr bekommt das Fünffache (ca. 8 Milliarden) an Zuschüssen vom Bund!» Der Gesprächsstoff geht uns bis Düsseldorf nicht aus. Allmählich ist es dunkel geworden, und wir sezten unsere Lichter. Wir gleiten durch die sieben Kölner Brücken und an der erleuchteten Rheinfront mit dem Dom und St. Kunibert vorbei. Gegen 21 Uhr, nach 14 Stunden Fahrt, liefern wir am Hafenmund Ruhrort unsere Leichter ab und machen in einem der Hafenbecken fest.

Auf dem Schubboot Haniel 15 von Duisburg bis Rotterdam

Ein Wagen der Reederei fährt mich zum Hafen Schwelgern, wo das Werkstattboot wartet. Das kleine Motorboot, eine schwimmende Maschinenschlosserei, setzt Lichter, läuft zum Hafen hinaus, quert den Strom hinüber zur Liegestelle Orsoy. Im Osten, über den Hochöfen der Thyssen-Hütte, rötet sich der Himmel. Vor uns auf dem Fluß vermag ich nur Positionslichter und dunkle, hohe Bordwände zu erkennen. Der Handscheinwerfer tastet sie ab und erfaßt das Schubboot, die Haniel 15. Der Schiffsführer begrüßt mich und zeigt mir die Gastkabine, gleich neben der seinen. Alles ist großzügiger, bequemer als auf der Kurier 60. Die Motoren laufen, aber sie sind nur als sanftes Brummen zu vernehmen. Später erfahre ich, daß für die Isolierung des Wohnteils vor dem Lärm und den Vibrationen der drei Motoren mit zusammen 5200 PS viel technischer Aufwand betrieben worden war. Kein unnötiger Aufwand, denn die Maschinen laufen fast pausenlos. Das Schubboot arbeitet im «Continue-Betrieb»; es fährt rund um die Uhr; zwei Mannschaften an Bord (zwei Schiffsführer, zwei Steuermänner, zwei Matrosen) lösen sich ab; eine dritte hat Landurlaub. Ein Maschinist und ein Koch fahren mit.

Im Steuerhaus ist Hochbetrieb. Der Schiffsführer ist mit den Koppelmanövern beschäftigt. Ich habe den Eindruck, daß beide Mannschaften eingesetzt sind. Ich erfahre, daß eine Leerfahrt mit zweimal zwei Leichtern («Baks», sagt man hier) bevorsteht: Fahrziel Rotterdam. Dort sollen wir vier Baks mit Erz übernehmen und hierher zum Hafen Schwelgern der August-Thyssen-Hütte bringen. Voraussichtliche Fahrdauer für die Talfahrt 18 bis 20 Stunden, für die Bergfahrt mit randvoll beladenen Leichtern etwa 24 bis 30 Stunden.

Der Koppelverband ist bis auf einen Leichter zusammengestellt; wir liegen mit dem Bug zu Tal. Die Mannschaft kommt ins Steuerhaus hinauf, zieht die Schuhe aus und streift die Schutzhandschuhe ab. Auch auf der Haniel 15 herrscht penible Sauberkeit. Im Sprechfunk meldet sich das Bugsierboot von der Liegestelle «Homberger Ort» mit dem vierten Leichter. Nach einer Weile kommt das Bugsierboot den Fluß herauf. Es hat den Leichter längsseits genommen, wendet, setzt sich vor uns und verhält. Der Schiffsführer dirigiert unseren Verband auf den Zentimeter genau hinter und neben den Leichter; die Lücke vorn ist gefüllt, der Leichter angekoppelt; das Bugsierboot wirft die Leinen los; ein kurzes Winken; wir sind fertig zur Abfahrt. Eine der beiden Crews unter dem Schiffsführer Dieter Heim tritt ihren Dienst an; die andere hat Freizeit.

Während wir Fahrt aufnehmen, sehe ich mich draußen auf dem Schubboot um. Es gleicht einer rechteckigen, schwimmenden Insel. Das Steuerhaus liegt vorn und kragt vor; zum Heck hin stufen sich die Aufbauten über die beiden Schornsteine mit dem grün-weiß-schwarzen Band der Reederei ab. Von Schiffsbaukunst oder formaler Ästhetik kann keine Rede sein; die Haniel 15 besitzt keine Laderäume; sie ist auf ihre technische Funktion reduziert, zwei, vier oder sechs Leichter zu schieben. Sie hat den Charme eines Gewichthebers. Ein Kraftpaket ist sie mit einer stumpfen Nase und mit zwei mächtigen Hörnern, den Puffern für die Schubleichter. Sie besitzt, was sie für ihre Arbeit braucht: große Maschinenkraft, optimale Steuereigenschaften, moderne Navigationsmittel und Kommunikationsmöglichkeiten. Für das Bordpersonal muß sie ein idealer Arbeitsplatz sein. Ich habe den Stolz herausgehört, mit dem Schiffsführer und Maschinist von ihrer Haniel 15 sprechen. Das Schubboot ist in bestem Zustand. Das makellose Weiß des Anstrichs steht allerdings auch hier in Kontrast zu dem schmutzigen Rostbraun der Leichter. Die Haniel «schiebt»

Abb. 58: Schubboot Haniel 16, das Schwesterschiff der Haniel 15, mit Leichtern.

in der Achse des Viererverbandes. Am Heck bleibt von den drei Motoren eine breite Bahn aufgewühlten Wassers zurück. (Abb. 58)

1957 waren die ersten Schubboote auf dem Rhein erschienen. Die Neuerung setzte sich durch und löste die bis dahin übliche Schleppschifffahrt ab. 1985 wurden auf dem Niederrhein versuchsweise 270-Meter-Verbände mit sechs Leichtern gefahren. Es gab Bedenken der staatlichen Flußaufsicht der Niederlande, des Rijkswaterstaat, auch der Berufsverbände. Die Sechserverbände schieben, vollbeladen, 15 000 Kubikmeter Wasser beiseite. Wenn sie mit ihren 5200 PS volle Kraft voraus fuhren, klatschte es rechts und links nur so gegen die Buhnen, gegen Steiger und gegen vor Anker liegende Schiffe. Rijkswaterstaat fragte sich besorgt, ob die Deich- und Uferbefestigungen verstärkt werden müßten. Aber die Fahrt im Sechser-Verband setzte sich durch; sie war wirtschaftlich, nutzte Maschinen und Tonnage aus und senkte die Personalkosten; sie «rechnete» sich. Die Kosten der Stahlhütten für den Nachschub an Erz konnten um 10% gesenkt werden.

Im Steuerhaus besprachen Schiffsführer und Steuermann die Wetterlage, den Wasserstand und die Windstärke. Die zwei Meter hoch aus dem Wasser aufragenden Bordwände der Leichter bieten dem Wind eine 191 Meter lange Angriffsfläche. Der Verband ist seitenwindempfindlich. Das niederländische Wetteramt hatte eine Windstärke von vier Beaufort angekündigt. Aber diese Auskunft nutzt Dieter Heim nicht viel; der Wind kann plötzlich über den Deich oder aus der Einfahrt zu einem Baggersee mit mehr als vier Beaufort kommen und den Schubverband aus dem Kurs drücken. Der Steuermann bringt die beiden Schubschiffe ins Gespräch, die im Juni 1987 gegen den Pfeiler der Eisenbahnbrücke Karlsruhe-Maxau gedrückt worden waren und die Brücke fast zum Einsturz gebracht hatten. Eine längere Diskussion schließt sich an: War es der Winddruck gewesen? Oder ein Steuerfehler? Oder Maschinenschaden? Einmal bei den Tücken der Binnenschiffahrt, kommen die Fahrensleut ins Erzählen. Was alles passieren kann: Kürzlich hatte es einem Selbstfahrer bei kleinem Wasser den Schiffsrumpf aufgeschlitzt. Die Ursache: ein abgerissener Anker, dessen Verlust der Schiffahrtsverwaltung nicht gemeldet worden war. Einer weiß: Allein im Jahr 1986 waren 134 Schiffsanker abgerissen.

Die niederrheinische Landschaft bietet, vom Schiff aus betrachtet, wenig Abwechslung. Deiche begleiten den Fluß. Dahinter ducken sich niedrige Häuser. Ein paar Weiden und Erlen, ein kleines Wäldchen im herbstlichen Laub beleben das Bild. Der Himmel wölbt sich über dem Fluß und dem weiten Land. Um so lebhafter geht es auf dem Strom zu. Im Steuerhaus reicht mir der Schiffsführer eine Statistik des Bundesverkehrsministeriums herüber. (Abb. 59) Der Schiffsverkehr zwischen Duisburg und Rotterdam übertraf mit der Berg- und Talfahrt die Zahl der Schiffsbewegungen auf der Bergstrecke zwischen Mainz und Koblenz um mehr als das Zweieinhalbfache. An Emmerich wurden 1985 im Tagesdurchschnitt mehr als 357 000 Tonnen Fracht vorbeigeführt.[78] Auch auf dem Niederrhein überwog die Einfuhr, also die Bergfahrt, insbesondere der Massengüter wegen: Eisenerz, Sand, Mineralöl.

In flotter Fahrt kommt uns ein Schiff mit hochgezogenem Bug und hohen Aufbauten entgegen. Dieter Heim sieht meine Neugier: «Das ist ein Küstenmotorschiff, ein ‹Kümo›, oder Rhein-See-Schiff, wie Sie wollen. Etwa 1000 BRT. Es ist seetüchtig und rheintauglich. Es verkehrt zwischen den großen Rheinhäfen und den Seehäfen in Deutschland, Skandinavien, England oder Portugal. Vorteil der Kümos ist der Direktverkehr. Sie sparen das Umladen aufs Binnenschiff, bzw. aufs Seeschiff. Wie die Binnenschiffahrt hat auch die Rhein-See-Schiffahrt eine ehrwürdige Tradition. Schon zur Zeit der Hanse gingen Koggen von Köln aus bis zu den Hansestädten an Nord- und Ostsee. Zum Ärger der Niederländer. Auch heute ist der Hafen Rotterdam nicht erfreut, wenn die Rhein-See-Schiffe vorbeifahren, ohne umzuladen, und noch dazu im Linienverkehr.»

Vor der Reede Emmerich geht bei einem Partikulier ein gelbgestrichenes Motorboot längsseits. Es führt eine gelbe Flagge mit schwarzem Kreis. «Das ist der ‹Bilgenentöler 8›, erklärte Dieter Heim, «ein Partikulier hat ihn gerufen, um sein Altöl loszuwerden. Eine Bilge nennen wir die Ölwanne unter dem Schiffsdiesel zwischen Schiffsboden und Flurplatten im Maschinenraum. Dort sammelt sich Lecköl aus Treibstoff- und Schmierölleitungen, ein Gemisch aus Altöl und Leckwasser. Pro Schiff fal-

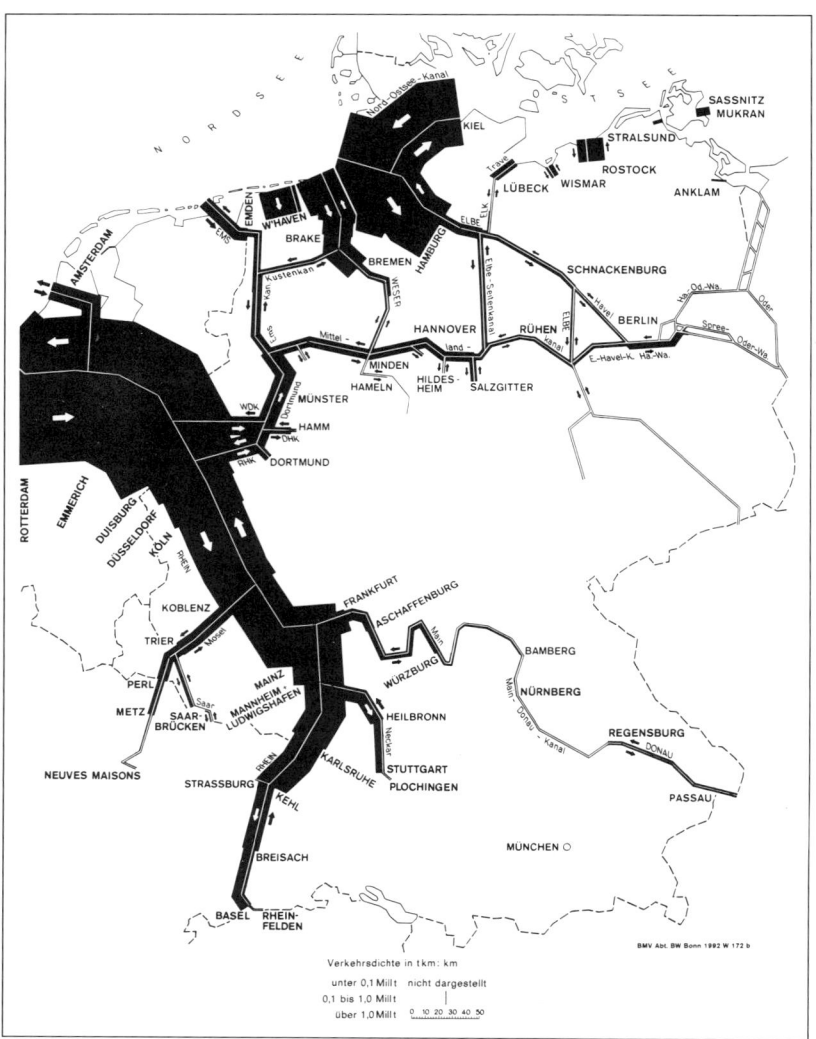

Abb. 59: Güterverkehr auf dem Rhein zwischen Basel und Rotterdam im Jahre 1983. Der Schiffsverkehr auf dem Niederrhein übertrifft den in der unteren Elbe oder im Nord-Ostsee-Kanal.

len im Jahr über 1000 Liter Altöl an. Früher machten wir uns die Entsorgung einfach. Wir ließen das Zeug einfach in den Fluß ab.» Der Steuermann löst Dieter Heim ab und nimmt im Ruderstuhl Platz. «Schwarze Schafe gibt es immer noch!», brummt er. «Bei Nacht und Nebel pumpen die ab. Immer wieder sieht man Ölfilme auf dem Wasser. Bis sie erwischt werden. Der Nachweis der Täterschaft ist heute kein Problem mehr. Das Landesamt für Wasser und Abfall in Düsseldorf kann mit den Methoden der Spektralanalyse und der Gaschromatographie feststellen, ob eine dem Rheinwasser entnommene Probe mit dem Bilgenwasser eines Schiffes übereinstimmt. Die Schiffsführer sind verpflichtet, Ölrückstände an die Bilgenentöler abzugeben. Gegen Quittung im Ölkontrollbuch. Eine gute Sache! Denn das Lenzen der Schiffsbilge durch den Bilgenentöler ist kostenlos! Und ein Beitrag zur Reinhaltung des Wassers.» Die «gelbe Flotte» mit ihren inzwischen acht Booten hat auf dem Rhein 1985 fast 10 900 Lenzeinsätze gefahren und 3953 Schiffe erfaßt. Die Schweiz, Frankreich und die Niederlande sind dem deutschen Beispiel gefolgt und haben inzwischen gleichfalls die kostenlose Bilgenentölung eingeführt. Der größte Teil des Altöls wird in Altölraffinerien wiederaufbereitet und zu Schmieröl guter Qualität verarbeitet.[79]

Hinter der Emmericher Waard (rrh.), bei Kilometer 875,6, beginnt die deutsch-niederländische Grenze. Sie verläuft bis hinter Bimmen (lrh.), bei Kilometer 865,5, in der Strommitte. Der Rudergänger hat zu beachten, daß auch in den Niederlanden der Rechtsverkehr mit dem Kursweisungsrecht der Bergfahrt gilt.

Hinter der deutsch-niederländischen Grenze beginnt mit mehreren Verzweigungen des Flusses das Mündungsgebiet des Rheins, das Rheindelta. Hinter der Grenze heißt der Rhein in den topographischen Karten der Niederlande erst «Boven Rijn», dann «Bijlandsch Kanaal». Bei Pannerden gabelt er sich in einen nördlichen Arm, der erst «Pannerdens Kanaal», dann «Nederrijn», dann «Lek» heißt, sowie in einen südlichen Arm, der «Waal» heißt. Die «Waal» – es wird immer komplizierter – steht in den Karten auf ihrem letzten Stück als «Boven Mervede» verzeichnet und trennt sich alsbald in «Nieuwe Mervede» und «Beneden Mervede». Diesem Flußarm «Beneden Mervede» werden wir bis Dordrecht folgen und dort in einen südlichen Arm, die «Oude Maas», einbiegen. Ein nördlicher Arm, «Noord» genannt, vereinigt sich vor Rotterdam mit dem Lek, der nun «Nieuwe Maas» hieß. Hinter Rotterdam mündet auch die «Oude Maas», auf der wir fahren werden, wieder in den «Lek» bzw. die «Nieuwe Maas». Auf dem letzten Stück bis zur Mündung ins Meer bei Hoek van Holland heißt der Rhein «Scheur» und «Nieuwe Waterweg». Das alles ist nur mit den Schiffahrtskarten zu verfolgen. Obendrein erschweren Verzweigungen und Kreuzungen mit Kanälen den Überblick. Wo fließt das Wasser des Rheins nun wirklich? Flußarme und Kanäle stehen im Mündungsdelta alle miteinander in Verbindung. Ich helfe mir mit der revidierten Rheinschiffahrtskarte von 1868, der sogenannten «Mannheimer Akte», die in ihrem Artikel 1 den Lek und die Waal «als zum Rhein gehörig betrachtet». Die Mannheimer Akte ließ zwar den alten, den römischen Rhein, meinen Wanderweg, außer acht, weil sie sich nur der Großschiffahrtsstraße annahm, aber ihre Definition von Lek und Waal als Mündungsarme und konventioneller Rhein ist dafür unbestritten geblieben.

Als ich kurz vor Mitternacht wieder ins Steuerhaus trete, haben wir die T-förmige Flußgabelung hinter Dordrecht bereits passiert, haben nach links gehalten und fahren nun in der Oude Maas nach Westen. Die Oude Maas fließt im Süden um Rotterdam herum. Vier Kilometer von den südlichen Vorstädten Rotterdams entfernt, bietet sich an Steuerbord ein eindrucksvolles Bild. Der Himmel über der Stadt ist hell erleuchtet. Weiter nach Westen liegt ein ganzes Meer von Lichtern, dehnt sich in die Ferne, ich weiß, bis ans Meer, 20 Kilometer lang: der Hafen Rotterdam. Wir werden an seinem Südrand entlang durch den Hartelkanaal fahren, bis ans Meer, nach Maasvlakte. Der zweite Schiffsführer, Bernd Wagner, nimmt über Funk Kontakt mit der Schleuse am Vorhafen zum Hartelkanaal auf. Dort sind wir avisiert. Wir passieren den Stromkilometer 1000 (Oude Maas). Auf dem Radarschirm zeigt mir der Schiffsführer zwei Maasbrücken und zwischen ihnen links die Einfahrt zur Hartelkanaal-Schleuse. Wir nähern uns mit verlangsamter Fahrt, halten zwischen die beiden Lichter an der Einfahrt und gleiten in die Schleusenkammer. Die für die Maße von Schubeinheiten gebaute Schleuse trennt den Hartelkanaal, der gleichmäßigen Wasserstand braucht, vom Mündungs-Flußwasser, das vom Gezeitenhub der Nordsee abhängig ist. Als wir aus der Schleuse hinausfahren, haben wir auf Steuerbord, zum Greifen nahe, von tausend Lampen erleuchtet, die Anlagen des 3. Petroleumhafens. Wir fahren im Hartelkanaal gleichsam im Rücken der Löschanlagen, Speichertanks und Raffinerien vorbei; die Seeschiffe und Großtanker laufen die Häfen vom Nieuwe Waterweg aus an. Seeschiffahrt und Binnenschiffahrt haben getrennte Fahrstraßen, zwischen beiden erfolgt der Umschlag, liegen die Produktionsstätten der Petrochemie und die Speicher für flüssiges Massengut, den «nassen Bulk» (Öl- oder Chemieerzeugnisse) und für den «trockenen Bulk»: trockene Schüttgüter (Eisenerz, Kohlen, Agrarprodukte). Rotterdam betreibt den Ausbau seines Hafens weitsichtig und mit System. Die Stadtväter haben erkannt, daß die guten Zeiten des Stückguts mit seinem Kraft und Zeit zehrenden Umschlag zu Ende gehen. Sie stellen sich auf die neuen Transportsysteme um und richten den hochtechnisierten «Non-bulk-Markt» ein, zu dem die Containerterminals gehören, die Auto-Umschlagbetriebe, der spezialisierte Umschlag für Obst, Holz, Papier. Im Rotterdamer Hafen spielt der Fahrgastschiff- und der Fährverkehr kaum eine Rolle, wohl in Hoek van Holland. Für den Güterumschlag aber kleckern die Rotterdamer nicht, sie klotzen. Sie heben mit riesigem technischen und finanziellen Aufwand im Nieuwe Waterweg und bis ins Meer hinaus eine Fahrrinne aus, die Eurogeul, die es auch vollbeladenen Großtankschiffen mit 400 000 BRT und bis zu 22 Metern Tiefgang (was einem achtstöckigen Wohnhaus entspricht) ermöglichen soll, den Seehafen Rotterdam anzulaufen. Sie schütten und spülen in der Maasniederung einen neuen Vorhafen auf, den «Europoort», und statten ihn mit letzten technischen Raffinessen für den Umschlag von Massengütern aus. Hier können aus den Schiffsbäuchen 48 Lastwagen gleichzeitig mit Tausenden von Paletten beladen werden. Öltanker werden mit einer Geschwindigkeit von 16 000 Kubikmetern Öl je Stunde geleichtert. Hier liegen die Kopfstationen zahlreicher Pipelines nach Amsterdam, Antwerpen und Deutschland. In den Containerterminals in Rotterdam schlägt eine neun Mann starke Crew in einer einzigen Schicht 1700 Tonnen Container-Ladung um. 1950 schaffte eine doppelt so starke Mannschaft in der gleichen Zeit nur 18 Tonnen Stückgut. Solch ein Massenumschlag bei hohem Tempo läßt sich, wenn die Lösch- und Ladeeinrichtungen optimal ausgenutzt werden sollen, nur mit einer ausgefeilten Logistik bewältigen. Auch daran fehlt es im Hafen Rotterdam nicht. Jedes der 32 000 Seeschiffe, die jährlich Rotterdam anlaufen, wird weit draußen im Kanal erfaßt und von Radar-Leitsystemen in Empfang genommen. Die «Central-Information and Control» (CIC) in Hoek van Holland gibt laufend Daten über die hydrographischen Zustände der Nordsee, über Wasser- und Luftkräfte an die Hafenverkehrsleitung (HCC) in Rotterdam, wo die Informationen in einem Computer mit den Verkehrsdaten der aus- und einlaufenden Schiffe koordiniert und als Fahrdaten-Programm an das sich nähernde Schiff gefunkt werden. Auf die Minute und den Punkt genau sind Einlaufen und Liegeplatz im Hafen festgelegt, steht das Geschirr für den Umschlag bereit. Für solche Präzision sorgt in jeder Phase einer Lieferung seit 1986 INTIS, das rechnergestützte International Transport Information System. Auch wir mit der Haniel 15 sind in dieser Nacht ein Posten in diesem System: unsere Schiffsdaten waren gespeichert, unsere Fahrt wird verfolgt, die Schleuse ist gewahrschaut worden, in Maasvlakte kennt man unsere Ankunft und bereitet sich darauf vor, unsere leeren Leichter zu übernehmen und die mit Erz beladenen Baks zusammenzukoppeln, damit wir umspannen und sie nach Duisburg bringen können.

Wir laufen rückseitig am 7. Petroleumhafen vorbei: Ein Meer von Lichtern und Scheinwerfern erhellt den Dunst, der über den Öltanks, den Kränen, Auslegern, Brücken und Rohren liegt. Dahinter glaube ich eindrucksvolle Hochhäuser mit langen Reihen von erleuchteten Fenstern zu erkennen. «Das sind die Großtanker mit ihren Deckaufbauten», lacht Bernd Wagner. «Sie liegen selten länger als einen Tag, dann machen sie Platz für den nächsten, der jetzt vielleicht schon im Eurogeul herankommt.» Eines dieser Superschiffe hat drüben in der Seewasserstraße auch das Erz angeliefert, das wir übernehmen und hier in der Binnenwasser-

straße landeinwärts weitertransportieren sollen. «Der Hafen Rotterdam
beschränkt sich inzwischen nicht mehr nur aufs Umladen Schiff–Schiff,
Schiff–Straße oder Schiff–Schiene», erzählt Bernd Wagner, während wir
den fünften und den vierten Petroleumhafen passieren, «er bietet sich auch
als Zwischenlager an und vor allem als Dienstleistungsbetrieb, der mit
Rechnerprogrammen das Ordern von Waren, das Finanzieren und Versichern der Lieferung, das Kontrollieren der Fristen, die Weiterbearbei-
tung, das Etikettieren der Ware einschließlich dem Beilegen der Ge-
brauchsanweisung, dem Verpacken und Adressieren und der pünktlichen
Zustellung, also die gesamte Distribution übernimmt. Rotterdam ist Marktführer. Es besitzt nicht nur den bedeutendsten Containerhafen überhaupt,
sondern, an der Menge des Gesamtumschlags gemessen, den größten Hafen der Welt.[80] Und Rotterdam ist», fährt Bernd Wagner fort, nachdem er
sich mit dem Erzhafen Maasvlakte verständigt hat, «der größte ‹deutsche›
Hafen: Hier werden mehr Güter für Deutschland umgeschlagen als in sämt-
lichen deutschen Häfen zusammen.» Ich sehe zu, wie wir in langsamer
Fahrt, vom Seehafen eine Weile lang nur durch einen Deich getrennt, in das
Hafenbecken im Erzlager Maasvlakte einbiegen. Auf den Kaimauern sehe
ich Riesenkräne, Transportbänder und eine ganze Berglandschaft Eisenerz.
    Unsere Mannschaft steht draußen an den Winden bereit; wir haben die
Arbeitslampen und Scheinwerfer eingeschaltet. Dann geht alles sehr
schnell und läuft gleichzeitig ab. Während wir die Drähte lösen, übernimmt auch schon ein Bugsierboot die Baks. Eine Weile ist das Schubschiff frei. Wir wenden und legen am anderen, dem seeseitigen Ufer des
Hafenbeckens an. Koch und Maschinist bringen unsere Müllsäcke in be-
reitstehenden Abfall-Containern unter. Unterdessen werfe ich einen Blick
auf die Karte. Maasvlakte liegt bereits vor der Küste, ist in die See hinaus-
gebaut worden. Auf dem aufgeschütteten und mit einem Seedeich gesicherten Gelände ist ein Kraftwerk gebaut, der Erzhafen, der achte Petroleumhafen und der Slufter, die Deponie für den Baggerschlick aus dem
Europoort, angelegt worden. (Abb. 62) Einst ragte am anderen Ufer des
neuen Wasserwegs, wo die Fährschiffe nach Harwich und Hull anlegten,
die Hafenmole von Hoek van Holland stolz ins Meer hinaus. Dort, beim
Stromkilometer 1032,85 endete früher der Rhein. Jetzt hat durch den Bau
von Maasvlakte die Rheinmündung weiter ins Meer hinaus gelegt werden
müssen. Die neue Mündung liegt beim Stromkilometer 1035. Auf seinem
letzten Wegstück ins Meer, von der Mündung der alten Maas an auf dem
Nieuwe Waterweg und auch auf dem parallel verlaufenden Calandkanaal,
der den Seeschiffsverkehr für die Häfen im Europoortgebiet aufnimmt, ist
der Rhein für die Binnenschiffahrt gesperrt. Auf seine alten Tage, auf den
letzten 22 Kilometern, ist er zur Fahrstraße für Seeschiffe, für die Hoch-
seegiganten avanciert. Rotterdam versteht mit diesem Pfund zu wuchern,
mit seinem unschätzbaren Wettbewerbsvorteil gegenüber den anderen
Nordseehäfen: Es liegt am Kopf der westeuropäischen Wirtschaftsachse,

der «Rheinschiene»; es ist im Besitz sowohl bester See-, als auch, über den Rhein, bester Binnenlandverbindungen.

Im Steuerhaus und an Deck geht es jetzt lebhaft zu. Das Koppelmanöver beginnt. Zusätzliche Scheinwerfer erfassen die Schubleichter, die bereits von den Bugsierern zu Zweiergruppen zusammengestellt und mit Drähten verbunden sind. Sie liegen, vollbeladen, tief im Wasser. Wir setzen uns hinter die Leichter und machen, bei ständigem Gegensprechverkehr, fest. Die Winden ziehen an. Der Steuermann übernimmt das Ruder; der Schiffsführer geht nach vorn und kontrolliert Kupplungen und Spannung der Drähte bis zur Spitze des Verbandes. Dort gibt er Order, die Lichter zu setzen. «OK!» kommt es knapp von vorne. Im Steuerhaus zurück, meldet er der Hafenverwaltung Rotterdam, daß wir umgespannt und mit vier Leichtern Erz zu Berg nach Duisburg gehen. Diese Meldung wird an alle Kontrollstationen unserer Fahrroute gehen.

Mit 10 000 Tonnen Erz 230 Kilometer gegen den Strom

Nach kaum einer Stunde in Maasvlakte sind wir bereits wieder auf der Rückfahrt. Das braunrote Erz in den Laderäumen der vier Leichter ist zu einer Reihe spitzer Kegel aufgeschüttet. Die Erzmenge würde sechs Eisenbahnzüge mit je 40 Waggons füllen. Unsere Haniel 15 hat diese 10 000 Tonnen Erz 230 Kilometer weit und gegen den Strom zu schieben. Der Schiffsführer muß bei den Steuermanövern die erhöhte Massenträgheit beachten.

In Dordrecht soll das Proviantboot längsseits kommen. Ich gebe einen Kasten Bier in Auftrag. In den letzten Nachtstunden gönne ich mir noch etwas Schlaf.

Als ich dann wieder zur Brücke hinaufsteige, ist es zwar hell geworden, aber die Sicht hat sich verschlechtert. Der Radar-Antennenbalken rotiert. Die Wache hat gewechselt. Dieter Heim schaltet das zweite Radargerät ein, damit ich die Fahrt verfolgen kann. Er hat die Geschwindigkeit herabgesetzt und den Kanal 10 der Sprechfunkanlage auf Empfang geschaltet. Auf dem Radarschirm nähert sich ein dicker grüner Punkt. «Das ist ein Containerschiff. Es fährt zu schnell! Es steckt wohl in Termindruck.» Die Containerschiffe hätten auf dem Rhein eine Revolution ausgelöst wie zuvor die ersten Schubverbände, erzählt Dieter Heim. Die riesigen Investitionen, die seit Ende der sechziger Jahre in diese neue Umschlagtechnik getätigt worden sind, haben im Frachtgeschäft, in der Schifffahrt, in den Häfen, auf Schiene und Straße einen Anpassungsdruck erzeugt. Die «genormte Kiste» verdrängte das Stückgut, einst «Herzstück des Hafenumschlags». Der Container wird auf Seeschiffen und Binnenschiffen, auf Lastwagen und Eisenbahnwaggons mit ebenfalls genormten Ladeflächen transportiert und in speziellen Containerterminals von genormten Containerbrücken, -kränen, -staplern umgeladen. Der Containerumschlag ist durchrationalisiert, spart Zeit und Personalkosten. An Backbord taucht das hochbeladene Containerschiff auf und rauscht vorbei. «Das Containerge- schäft ist ein Wachstumsmarkt», sinniert Dieter Heim. Die niederländische Firma Rinecontainer rechnet mit Zuwachsraten von 10 bis 15 Prozent. Und der Rotterdamer Hafen, hieß es, hätte sich am neuen Terminal in Germersheim am Oberrhein beteiligt. Das sagt genug. Und es wären ei- gentlich erfreuliche Aussichten. Denn die Binnenwasserstraßen und die Binnenschiffahrt hätten freie Kapazitäten. Wichtig wäre eine gute Infra- struktur bei den Terminals. Die Häfen müßten sich mit ihren Dienstlei- stungen zwischen Produzent und Endverbraucher einklinken. Der Hafen Rotterdam hätte das kapiert. Die anderen neuen Transportsysteme hätten es schwer, mit dem Container zu konkurrieren. Die Roll-on/Roll-off- Schiffe zum Beispiel, eine Art «schwimmender Landstraße» nach dem Muster der «rollenden Landstraße» der Eisenbahn, wären auch eine gute Sache. Denn bei diesem «Huckepack-Verkehr» entfiele das Umladen. Die LKWs rollten mit ihrer Fracht einfach auf das Schiff und am Zielhafen wieder herunter, um die restlichen Kilometer zum Kunden mit eigener Kraft zurückzulegen. Aber man sähe die Ro-Ro-Schiffe seltener auf dem Rhein.

Die Sicht verschlechtert sich weiter. Dieter Heim berät sich mit dem Steuermann und nimmt noch mehr Fahrt weg. Die beiden Männer be- obachten mit gespannter Aufmerksamkeit das Radarbild und verfolgen den Sprechverkehr Schiff–Schiff. Diese Nebelfahrt bringt das Gespräch auf die Existenzsorgen der Männer. Die Überkapazitäten der Binnenschiffahrt beunruhigen sie. Die EG in Brüssel hat verlauten lassen, die Binnenflotte wäre zu groß, zu alt und ihre Schiffe wären zu klein. Tatsächlich gibt es ein Überangebot an Schiffsraum in der Größenordnung von 25 Prozent. Dadurch werden die Frachtpreise unterspült und die Erträge der Schiffs- eigner sinken. Die Krise von Kohle und Stahl verursacht einen zusätz- lichen Nachfragerückgang. Außerdem sind die Kleinbetriebe der Kon- kurrenz der kapitalstarken Reedereien nicht gewachsen. Leerfahrten und Liegezeiten nehmen zu. Das Gebot der Stunde heißt: Abwracken von überflüssigem Schiffsraum. Dafür gibt es Prämien, die diesen schweren Entschluß erleichtern sollen. Von 1969 bis 1990 wurden in der Bundes- republik ca. 5600 Einheiten aus dem Verkehr genommen.[81] 80 Prozent der stillgelegten Schiffe gehören Kleinunternehmern. Der alte Berufsstand der Partikuliere schmilzt zusammen. Hin und wieder hört man auch von Schlaumeiern, die ihren alten Kahn abgewrackt und mit der Prämie ein neues, modernes Schiff gekauft haben. Das ist nicht der Sinn der Sache. Der eigentliche Grund für die Aufregung im Berufsstand aber ist das Ver- halten der Niederländer, die ohnehin mit der größten Flotte auf dem Rhein vertreten sind. Auch dort sollte eine Abwrackaktion beschlossen werden. Aber die Kleinschiffer, in den Niederlanden angesehene Leute, blockierten lange den entsprechenden Parlamentsbeschluß. Sie konnten

auf die Dauer zwar das Abwracken überflüssiger Tonnage nicht verhindern, aber sie bestanden erfolgreich auf Investitionshilfen und staatlichen
Bürgschaften. Die deutschen Kollegen argumentierten verärgert, das seien
versteckte Subventionen. Unser Steuermann, Dieter Heim unterbre-
chend, bringt es auf den Punkt: «Wo wir abwracken, fahren die Holländer in die Lücken hinein! Und zwar mit modernen, noch leistungsfähige-
ren Schiffen!» «Und was soll werden», setzt Dieter Heim hinzu, «wenn
1992 der Main-Donau-Kanal eröffnet wird und zusätzlicher Schiffsraum von der Donau auf den Rhein drängt! Diese Konkurrenz kommt
zur eigenen und zu der von Schiene und Straße noch hinzu! Ist das
die in der Mannheimer Akte garantierte ‹Freiheit der Schiffahrt›?»[82]
«Dann», tröstet der Steuermann, «fährst Du als Donaudampfschiffahrts-
kapitän ‹auf großer Fahrt› von Rotterdam nach Wien und bis ins Schwarze
Meer!»

Inzwischen sind einige Jahre vergangen. In die Binnenschiffahrt ist
keineswegs Optimismus zurückgekehrt. Die Niederländer blieben ihrem
Ruf treu, die Transportnation Europas zu sein. 1990 stellten sie von den
8983 Motorschiffen auf dem Rhein 4347, fast die Hälfte. Unter deutscher
Flagge fuhren 2217, unter belgischer Flagge 1535 Motorschiffe. Frankreich stellte 728, die Schweiz 156 Einheiten. Die Fachleute beurteilen
(1993) die Aussichten der Binnenschiffahrt skeptisch. Von einem Abbau
der Kapazitäten könne nicht gesprochen werden.[83]

Bei letztem Tageslicht, aber besserer Sicht passieren wir das niederländische Atomkraftwerk Dodewaard. Hinter Nijmegen melden wir der
Kontrollstation Lobith unsere Annäherung und bedanken uns für die
guten Wünsche zur Heimfahrt. Eine Weile hören wir amüsiert dem Ge-
schimpfe zweier niederländischer Schiffsführer zu, die beim Überholen
einander zu nahe gekommen waren. Dieter Heim kommentiert: «Manchmal denkt man, hier ist Wild-West. Zu dicht begegnende oder über-
holende Schiffe bringen sich aus dem Kurs. Das Begegnen und Überholen
ist nur dann gestattet, wenn das Fahrwasser unter Berücksichtigung aller
örtlichen Umstände und des übrigen Verkehrs Raum für die Vorbeifahrt
gewährt.»

Wir passieren die niederländisch-deutsche Grenze. Die Lichter von
Emmerich tauchen an Backbord auf, zehn Kilometer weiter an Steuerbord die des Schnellen Brüters Kalkar. In Duisburg-Ruhrort ist der Hafen Schwelgern auf unsere Ankunft nach Mitternacht eingerichtet. Beim
Wachwechsel gehe ich mit der abgelösten Crew nach unten in die Messe
zu einem Abschiedstrunk. Wir stoßen auf die Haniel 15 an. In der Kabine
lege ich meine Sachen zusammen und mache «Rein Schiff». Es ist dann
doch weit nach Mitternacht, ehe die Lichter der Reede Duisburg-
Ruhrort in Sicht kommen. Auf der Höhe der Einfahrt zum Nordhafen
Walsum gehen wir mit der Fahrt herunter, passieren langsam die stillgelegte Schiffswerft Walsum und steuern den Hafenmund Schwelgern an.

Ich sehe eine Weile zu, wie unser Schubverband aufgelöst, die Leichter zum Löschen an die Kaimauern bugsiert werden, dann bringt mich das Beiboot an Land. Der Schiffsführer hat eine Taxe geordert; sie wartet beim Nachtwächter der Hafenverwaltung und fährt mich ins Hotel.

Duisburg: Größter Binnenhafen der Welt

1991 feierte der Rhein-Ruhr-Hafen Duisburg das Jubiläum seines 275jährigen Bestehens: 1716 hatte die Stadt Ruhrort begonnen, ein kleines Hafenbecken in einem Altarm der Ruhr auszuheben. Aus diesen Anfängen entwickelte sich nach der Vereinigung der Ruhrorter mit den aufstrebenden Hafenanlagen des Nachbarorts Duisburg (1905) der größte Binnenhafen der Welt.

Die Feier des Jubiläums des Rhein-Ruhr-Hafens Duisburg 1991 stand im Zeichen neuer Zuversicht. Seit 1974 hatte es bedrohlich ausgesehen. Der Hafen, der wie das Ruhrgebiet auf Kohle und Stahl gesetzt hatte, verlor, als beide Massengüter in eine Krise gerieten, seine Basis. In dieser gefährlichen Situation bewies der Rhein-Ruhr-Hafen seine Lebenskraft. Er steckte neue Ziele und änderte sein Programm. Vom monostrukturierten Massenguthafen wandelte er sich zum multifunktionalen Hafen. Die Hafenverwaltung investierte in aufwendige Modernisierungs- und Umstrukturierungsmaßnahmen und hatte den Mut, sich wieder des Stückgutumschlags anzunehmen, einst tägliches, wenn auch mühsames, dafür aber sicheres Brot aller Hafenplätze. Nun aber sollten Stückgüter, Kaufmannsware, Konsumartikel auf rationelle Weise umgeschlagen werden: in Containern, Trailern, Wechselbehältern. Die Hafenverwaltung baute einen Terminal, baute spezielle Siloanlagen und Allwetter-Verladehallen, unter deren Dach die Binnenschiffe anlegen und witterungsempfindliche Güter umschlagen konnten. Die Anlage eines neuen Bahnhofs soll helfen, den Rhein-Ruhr-Hafen zu einer Schnittstelle für den kombinierten Ladungsverkehr Schiene–Straße–Wasser zu entwickeln. Die Jubiläumsfeierlichkeiten wurden wirkungsvoll eingeleitet, als der Freihafen im Januar 1991 seinen Betrieb aufnahm. An ihn knüpfen sich große Hoffnungen der krisengeschüttelten Stadt. Der Freihafen wird dem Umschlag und der Lagerung von Außenhandelsgütern dienen. Zu seinen Vorteilen zählen die Vereinfachung von Einfuhrformalitäten, Zollerleichterungen und die Möglichkeiten uneingeschränkter Lagerung und die Minimierung bürokratischer Barrieren. Die einfache Bearbeitung oder Veredlung von Importware ist erlaubt. Im Freihafen hat sich bereits ein Textilunternehmen angesiedelt und das größte Textil-Finishing-Center Europas errichtet, in dem jährlich etwa 3,7 Millionen Textilien aus Südostasien aufgearbeitet und konfektioniert werden. Der Freihafen wird die Leistungsfähigkeit des Standortes Duisburg steigern. Nimmt man die Maßnahmen des ZIM-Programms (Zukunfts-Initiative Montanregion) des Landes Nordrhein-

Westfalen und die Aktivitäten der IBA Emscherpark hinzu, dann hat der Rhein-Ruhr-Hafen Duisburg gute Aussichten, eine Drehscheibe im zukünftigen europäischen Binnenmarkt zu werden.[84]

«Duisburger Hafen wandelt sich zum Güterverkehrszentrum» und «Binnenschiffahrt gewinnt mehr und mehr an Boden» lauteten die Überschriften über einem Artikel in den VDI-Nachrichten vom 30. August 1991, in dem über ein Gespräch mit einem Vorstandsmitglied der Duisburg-Ruhrorter Häfen AG berichtet wurde. Die Argumente für diese optimistische Einschätzung der Binnenschiffahrt gegenüber dem Straßenverkehr lauteten: Ein Binnenschiff von 1000 Tonnen Tragfähigkeit biete nun einmal andere Partiegrößen als ein LKW. Ferner: Der Rhein und seine Nebenflüsse nähmen ohne Not eine Verdoppelung des Güteraufkommens auf. Außerdem: Logistikkonzepte wie Just-in-time (JIT) ließen sich mit entsprechend erweiterten Transportzeiten auch auf das Binnenschiff übertragen. Schlagend schließlich schien das Argument, daß der Transport von Stückgut und Massengut auf dem Wasser allein schon deswegen immer zwingender werde, weil Straßenverkehr, Schienenverkehr und Luftverkehr vor dem Kollaps stünden und die Umwelt zerstörten, die Binnenschiffahrt aber nicht nur über freie Kapazitäten verfüge, sondern dazu auch noch umweltfreundlicher und sicherer sei.

Mythen und Mystiker

Colonia sacra

Im mittelalterlichen Köln bildete die Linie vom Dom über St. Laurenz, St. Alban nach St. Maria im Kapitol, und quer dazu, in west-östlicher Richtung, die Linie von St. Columba über St. Laurenz zu Groß St. Martin, ein Kirchenkreuz. Nach den theologisch-kosmologischen Vorstellungen des Mittelalters bedeuteten die vier Kreuzarme die vier Himmelsrichtungen: das Kreuz umspannt die Welt, war Symbol und Siegel der Herrschaft Christi und der verheißenen Erlösung.[85] Ein Kranz von zweimal sechs Kirchen umschloß das heilige Kirchenkreuz in der Mitte der Colonia sacra: ein innerer Halbkreis, angedeutet von den Kirchen St. Andreas, St. Caecilien mit St. Peter, St. Georg mit St. Jakob, St. Maria Lyskirchen, und ein äußerer Halbkreis mit St. Kunibert, St. Ursula, St. Gereon, St. Aposteln, St. Pantaleon und, im Süden, St. Severin. In kaum mehr als hundert Jahren, zwischen 1150 und 1250, entstand die festliche Versammlung der Kölner romanischen Kirchen. Seit 1180 umschloß die Große Stadtmauer das heilige Kirchenkreuz und den Kranz der zwölf romanischen Hauptkirchen, auch sie am Rhein, nördlich von St. Kunibert, beginnend und im Süden, bei St. Severin, an den Rhein zurückkehrend. Zwölf Torburgen und 52 Türme trug die mächtige Mauer: Die Stadt Köln war Symbol des himmlischen Jerusalem, wie es in der Offenbarung des Johannes (21, 10–12) geschildert wird. Die Colonia sacra wurde erbaut zu Ehren Gottes und seiner Heiligen: Köln hatte reichen Besitz an Reliquien und Heiligtümern; die Gräber vieler Heiliger und Märtyrer wurden in den Kirchen, Klöstern, Stiften und Kapellen verehrt; unter ihnen nahmen die heiligen Stadtpatrone Gereon mit den Märtyrern der thebaischen Legion, Ursula mit ihren Jungfrauen und allen voran die Heiligen Drei Könige die ersten Plätze ein. 1164 hatte Erzbischof Rainald von Dassel die ehrwürdigen Reliquien der Drei Könige nach Köln und in seine Bischofskirche überführt. Damit waren der Kölner Stuhl, seine hohe Domkirche und die Stadt vor der ganzen Christenwelt erhoben. «Coellen eyn Croyn – boven allen steden schoyn» pries die «Cronica van der hilliger stat van Coellen» (1499) die Stadt. Die Kölner Mirabilien und Heiligtümer fanden frommen Zulauf an Wallfahrern und Pilgern; die Gebeine der drei Weisen aus dem Morgenlande erfuhren die Huldigung von Fürsten und Königen. Die der Verehrung dargebotenen Reliquien verlangten nach kostbarer Fassung in Schreinen und Reliquiaren. Für den ehrwürdigsten Reliquienbesitz, für den Schrein der Heiligen Drei Könige, wurden edle Metalle und Steine bestimmt und die besten Goldschmiede aufgeboten (vollendet um 1220). Über dieser schimmernden Lade wölbte sich ein noch höherer Schrein, der Chor des gotischen Doms (1248–1322), getragen von Pfeilern mit den zwölf Apostelgestalten, mit Christus und Maria in ihrer Mitte, eine capella vitrea, erleuchtet durch kostbare gemalte Fenster mit der Darstellung von 24 Ältesten und Gekrönten, die um den Altar und den Schrein sich feierlich versammelt hatten. Heilige Zahlen und Maßverhältnisse lagen dem Bauwerk zugrunde, Kreise und Zwölfecke, und den Grundriß des Doms bestimmte wiederum das Kreuz. Die Colonia sacra war ein mittelalterliches Stadtkunstwerk geworden.

Über sechs Jahrhunderte stand die Stadt unversehrt im Schutz ihrer Mauern und der heiligen Reliquien; sie ist nicht von Feinden überwunden oder beschädigt worden. Die Kölner selbst begaben sich dieses Schutzes, als sie 1794 den Franzosen kleinmütig die Schlüssel der Stadt auslieferten und sich einer neuen, einer «aufgeklärten» Zeit öffneten. Der Domschatz war über den Rhein gerettet worden. Denkmäler wurden verschleppt oder eingeschmolzen, viele Kirchen und Kapellen abgerissen, gemalte Altäre um ein Geringes verkauft, Gräber beraubt. 1881 begannen die Kölner mit dem Abriß der mittelalterlichen Stadtmauer – es war ihnen zu eng geworden in der Colonia sacra. In den Feuerstürmen und Bombardements des Zweiten Weltkriegs blieben kaum ein Haus und keine der Kirchen unversehrt. Im Wappen aber führt Köln immer noch die Zeichen seiner Stadtpatrone: drei Kronen und elf Flämmchen, Hinweise auf die drei Könige und auf Ursula mit ihren Gefährtinnen. In der Kapelle des Rathauses stand lange, bis zu deren Abriß, die wohl anrührendste Darstellung der Schutzheiligen Kölns: Stefan Lochners Altar der Stadtpatrone.[86] Der gemalte Flügelaltar war zu seiner Zeit so berühmt, daß Albrecht Dürer 1520 auf seiner Reise in die Niederlande nicht versäumte, sich den Altar aufsperren zu lassen. Die Gebühr, die er zu entrichten hatte, vermerkte er sorgfältig in seinem Reisebuch.

Nur Kundige erkennen im Gewirr mittelalterlicher Gassen und moderner Straßenschluchten das 2000 Jahre alte römische Straßenkreuz der Colonia Claudia Ara Agrippinensium. Auch das heilige Kirchenkreuz wird kaum noch als Siegel und Symbol der verheißenden Erlösung verstanden. Dem Bewußtsein des modernen Menschen haben sich im Stadtgrundriß die Autobahnringe und die Zufahrten zu den Parkhäusern eingeprägt, die Stadtautobahn, die Nord-Süd-Fahrt, die Ost-West-Achse. Der Verkehrsknotenpunkt. Das Verkehrskreuz.

Mythen, Legenden, Heilige

Die Legenden der Heiligen und Märtyrer sind am Niederrhein in Erzählungen und gemalten Tafeln, im Brauchtum erhalten geblieben; ihre Feste im Kirchenjahr werden mit Fürbitten, Messen und Wallfahrten begangen. Die Verehrung der hl. Ursula vereint das ganze Rheinland; die Stätten ihres Gedenkens begleiten den Strom von den Alpen bis zum Meer. Die britannische Königstochter, weiß die Legende, fuhr nach dem Abschied von ihren Eltern zu Schiff mit den Gefährtinnen den Rhein hinauf nach Köln, und dann über Mainz nach Basel, wo ihre Schiffe zurückblieben, und pilgerte weiter nach Rom. Bei der Rückkehr nahm die Schar, seit Rom durch den Papst und in Mainz durch den Verlobten der Ursula vermehrt, den gleichen Weg. In Köln erlitten alle miteinander das Martyrium. Dies soll sich in der ersten Hälfte des dritten Jahrhunderts ereignet haben. Die Kirche St. Ursula in Köln gilt als Grabstätte der heiligen Jungfrauen.[87]

Ganz anders dagegen Gereon und die thebaische Legion, tapfere Soldaten im Dienst des römischen Kaisers, denen Achtung und Verehrung gebührte, weil sie den Gehorsam gegen Gott höher achteten als den Treueschwur für den Kaiser, für den sie manche Schlacht geschlagen und gewonnen hatten. Als Christen weigerten sie sich, Christen zu verfolgen und zu töten. Diese aufrechten Befehlsverweigerer erlitten für ihre Überzeugung den Märtyrertod. Die Stätten ihrer Verehrung reichen von der Schweiz den Rhein hinunter bis zum Niederrhein. Die Legion war unter Diokletian und Maximian in den Norden des römischen Reichs befohlen worden mit dem Auftrag, die kaiserliche Zentralgewalt zu stärken und das Verbot des christlichen Kults durchzusetzen. Teile der Legion unter Mauritius sollen bei Octodurum (St. Martigny) in der Schweiz das Martyrium erlitten haben. In Zürich steht die Felix- und Regula-Legende, am Hochrhein in Zurzach die Verena-Legende mit dem Martertod der Thebäer in Zusammenhang. Andere Teile der Legion erlitten unter ihren Anführern Cassius und Florentius in Bonn den Tod, wieder andere unter Gereon in

Köln und die unter Viktor in Xanten. Auch in Trier wird von thebaischen Märtyrern erzählt. All diese Zentren der Reliquien-Verehrung liegen an römischen Heerstraßen – und die meisten von ihnen am Rhein.[88]

Am Niederrhein durchtränken alte Überlieferungen geradezu den Boden, und sie wirken fort. Im «Kunebertspötz» in Köln leben, wie erwähnt, keltisch-römische Traditionen fort. Sie blieben bis in die Neuzeit in Gebräuchen erhalten. Petrarca berichtete in einem Brief an den Kardinal Colonna, daß er am Johannisabend des Jahres 1333 am Rheinufer in Köln eine Schar junger Frauen sah, die sich «in fröhlichem Durcheinander die weißen Hände und Arme im reißenden Strom» wuschen in dem Glauben, «jedwedes für das ganze Jahr etwa drohende Unheil werde reinigend weggespült und durch die Waschung im Strome an diesem Tage (der Sommersonnenwende und des Festes Johannes des Täufers) und im Verfolge werde nur Erfreuliches eintreffen». In manchen Orten am Niederrhein wird heute noch die Brunnen- und Pumpennachbarschaft gefeiert – am Johannistag, dem Fest des Täufers am 24. Juni, wie jenes Fest der jungen Frauen in Köln, von denen Petrarca berichtete. Auch die Martinsumzüge und Nikolaustage blieben erhalten, ebenso die Fastnachtsbräuche, wenn heute auch an die nachfolgende Fastenzeit mit ihren Enthaltsamkeitsgeboten meist nur noch das Violett liturgischer Gewänder erinnert. Unentbehrlich dagegen scheinen die vielen Prozessionen und Wallfahrten nicht nur am Fronleichnamstag, wie die Mülheimer Schiffsprozession, sondern auch die zu Ehren der Heiligen und Märtyrer, die St. Viktors-Tracht in Xanten, die Quirinusprozession in Neuß, die Gotthardus-Wallfahrt in Vorst. Alle aber übertrifft die Anhänglichkeit an die Muttergottes von Kevelaer, die seit den Notzeiten des Dreißigjährigen Krieges ihren Trost spendet.[89]

Der Schriftsteller Otto Brües, am Niederrhein geboren, nennt seine Heimat eine ernste Landschaft, ja, geradezu eine Landschaft des Nebels, der selbst im Sommer als feiner, bläulicher Schimmer über den Dingen hinge und die Umrisse verwische. «Baum, Busch, Hof und Hecke sind nicht mehr sie selbst, können etwas anderes bedeuten, Geistergestalten, Unwesen, Überwesen – und selbst, wenn sie dem Auge bleiben, was sie sind, erscheinen sie doch verwandelt. Sie werden fragwürdig … Die Freude am Schaubaren und Greifbaren, an der sinnlichen Farbe und der handfesten Form schlägt um, die Farben und Dinge leuchten nur noch gedämpft unterm Nebelschleier, und das mystische Selbstgespräch beginnt … Stammen doch drei der größten Mystiker unseres Volkes vom Niederrhein: Thomas von Kempen, Friedrich von Spee und Gerhard Tersteegen.»[90]

Mystiker am Niederrhein: Von Seuse bis Beuys

Hier am Niederrhein begegnen wir auch den Spuren Heinrich Seuses wieder. Zwischen 1325 und 1329 oblag er in Köln dem Studium generale. Wenige Jahre zuvor war der Chor des gotischen Doms geweiht worden; dessen Mysterien des Lichts, der Zahlen und der Geheimen Offenbarung werden tief in die Seele des jungen Mönchs gesunken sein. Dieser Same, den die Mystiker des 14. Jahrhunderts auch in den niederrheinischen Boden senkten, wirkte fort. Ihn vermochten der Verfall des kirchlichen Lebens am Ende des Mittelalters, die Lockerung der Klosterzucht, die Abwertung geistlicher Ämter zur Pfründe nicht zu ersticken. Im Gegenteil, je mehr die allgemeine Unsicherheit, die politische Zersplitterung und die Heimsuchungen durch Kriege und Pestepidemien Stadt und Land mit ihren Schrecken überzogen, um so mehr keimte in den Menschen das Bedürfnis nach Geborgenheit und Zuflucht, nach stiller Einkehr. Diese Einkehr lehrte eines der meist gelesenen Bücher des Mittelalters, das Buch von der «Nachfolge Christi», dessen Verfasser vielleicht Thomas Hemerken von Kempen war. Die Mystiker lebten eine neue Frömmigkeit, die in Askese und Meditation eine tiefere, persönliche Gotteserfahrung suchte. Sie fanden sich in der Devotio moderna des Geert Grote aus Deventer und des Thomas Hemerken von Kempen oder in den Bruderschaften der Brüder vom gemeinsamen Leben zusammen.[91] Später wuchs sich die religiöse Inbrunst zur Bigotterie aus. Der Ablaßhandel blühte; Reliquienhandel und die unaufhörlichen Wallfahrten brachten die Kölner Ursulakirche zu Reichtum. Die Fabulierlust der Erzähler und der Maler von Märtyrerlegenden wuchs ins Ungemessene.

Der Wunsch, das religiöse Leben zu erneuern, die Kirche zu reformieren, verdichtete sich im 16. Jahrhundert am Niederrhein an zwei Orten: in der konservativ-katholischen Stadt Köln und am herzoglichen Hof in Düsseldorf mit seinen Erasmianern. Köln, das am Reich und an der alten Kirche festhielt, hat «niemals eine ernste Glaubenskrise durchgemacht». In Jülich-Kleve-Berg aber verband sich «die innig-fromme Haltung der Devotio moderna ... mit dem ... erasmischen Humanismus».[92] Aus der Kelchbewegung, aus dem Wunsch, unter beiden Gestalten zu kommunizieren, entwickelten sich am Niederrhein die ersten protestantischen Gemeinden. In der zweiten Hälfte des 16. Jahrhunderts spannte der rheinische Protestantismus bereits ein «Netz religiös-politischer Beziehungen und Wechselwirkungen von der Schweiz über die gesamten Rheinlande, Frankreich und die Niederlande bis hinüber nach England»[93].

In diesem Zeitalter der religiösen Wirren ist der Niederrhein das Land gewesen, in dem der herzogliche Hof den Versuch unternahm, eine Kirchenspaltung zu vermeiden und im Sinne des Erasmus eine Kirchenreform zu beginnen. Vom Niederrhein sollte Erneuerung ausgehen. Herzog Wilhelm V. schwebte «das friedliche Nebeneinander der verschiedenen Bekenntnisse als Ideal vor Augen». Der Versuch ist gescheitert. Die Katholiken wiesen die Kommunion unter beiden Gestalten zurück; die Protestanten schufen sich ihre eigene Abendmahlform.[94] Der Reichstagsabschied 1555 bestätigte, daß es in Deutschland fortan zwei getrennte konfessionelle Lager gab. In Köln, dem «Rom des Nordens», gründeten alsbald die Jesuiten ihre erste Niederlassung in Deutschland. Die alten Heiligengeschichten aber lebten im Volk trotz aller theologischen Disputationen und Verdikte fort. 1639 schrieb der niederländische Dichter Joost van den Vondel die Tragödie «Maeghden», deren Gegenstand das Leben und Sterben der heiligen Ursula ist, eine Huldigung an Köln, des Dichters Geburtsstadt. Auch den anderen großen Niederländer, der gleichfalls in Köln Jugendjahre verlebte, Peter Paul Rubens, ließ das Thema der Ursula-Legende nicht los; eine Ölskizze in Brüssel stellt ihr Martyrium dar.[95] Für seine alte Pfarrkiche St. Peter in Köln malte er das legendenhaft verklärte Martyrium Petri. Der Kapuzinermönch Martin von Cochem, einer der ersten deutschen Volksschriftsteller, erzählte die alten Heiligengeschichten in der zweiten Hälfte des 17. Jahrhunderts neu und hatte mit seinen volkstümlichen Erzählungen einen beachtlichen Erfolg. In der evangelischen Bevölkerung hatte ein anderer geistlicher Schriftsteller und pietistischer Prediger lebhaften Zulauf, Gerhard Tersteegen. Er nahm keinen Anstand, seinen Zuhörern auch das Leben katholischer Heiliger vor Augen zu stellen, bestrebt, durch ein «inwendiges Leben mit Christo in Gott» zu frommer Erneuerung zu führen. Mit den in seinem «Geistlichen Blumengärtlein inniger Seelen» vereinigten Liedern (1729) riet er mit schlichten Worten zu Einkehr und Betrachtung: «Verlier dich selbst samt Welt und Zeit, / Und senk dich in die Ewigkeit.»

Die Menschen der niederrheinischen Landschaft fanden sich in dieser mystischen Lyrik wieder. Es ist bezeichnend, daß weder die profane barocke Gesellschaftslyrik noch der höfisch-galante Roman oder die barocke Tragödie in Köln und am Niederrhein vertreten sind. Aufgeklärte Köpfe mochten in diesen niederrheinischen Zuständen finstere Mittelalterlichkeit und unaufgeklärte Rückständigkeit erblicken. Tersteegen dagegen distanzierte sich von der skeptischen Philosophie Voltaires und des Preußenkönigs.

Je mehr die offizielle Kirche in den letzten Jahrhunderten in ein religiöses Ghetto geriet und sich hinter dogmatische Definitionen zurückzog, desto mehr entfremdete sie sich auch den Künstlern. Viele Jahrhunderte war die Kirche Auftraggeberin, Inspiratorin und Heimstatt aller Künste gewesen, der Musiker und Dichter, der Baumeister, Maler, Bildhauer, Goldschmiede. Nun schien ihre Ikonographie erstarrt, wie verstummt; die tradierten Formen der Verehrung und Devotion wirkten entleert. Die Künstler, wollten sie christliche Themen gestalten, gingen ihre eigenen Wege, suchten ihre subjektiven Ikonologien. Heinrich Böll dazu: «Da kommt die Kunst in eine Position, die sie eigentlich nicht rechtfertigen kann; sie wird wirklich zur Religion.»[96]

Wie Bölls Familie stammte auch Joseph Beuys vom Niederrhein und war im katholischen Milieu aufgewachsen. Er studierte an der Kunstakademie Düsseldorf von 1947–1952 Bildhauerei. Er war Meisterschüler Ewald Matarés, der damals an den Bronzetüren für das Portal am Südquerhaus des Kölner Doms arbeitete. Beuys begann seinen künstlerischen Weg mit christlichen Motiven; sein Frühwerk kreiste um das Thema Christus, um den Gekreuzigten, den Schmerzensmann, den siegreich Auferstandenen. Er wollte handwerklich prüfen, «ob es überhaupt noch eine Möglichkeit gibt, so etwas darzustellen»[97]. Dann bekannte er: «Ich wollte das nicht mehr machen. Dieses Anknüpfen an das Traditionelle hat mich nicht befriedigt, ganz besonders nicht im Zusammenhang mit der Idee des Christlichen.» Andererseits vermochte auch die Kirche mit Beuys' frühen tastenden Versuchen nichts anzufangen; sie erwartete die üblichen Devotionalien und liturgischen Gebrauchsgegenstände.

Beuys schob den hergebrachten kirchlichen Formenvorrat beiseite. Er griff weiter aus: im Spirituellen, Inhaltlichen sowohl als auch in der Form der Mitteilung. Stein, Holz, Bronze, Leinwände als herkömmliche Träger einer künstlerischen Aussage widerstanden ihm; er brauchte neue, gemäßere Formen für seine Botschaft: Er fand sie in der Aktion, in der zu einer Aussage sich entwickelnden Bewegung.

Beuys erweiterte sein Verständnis des Christlichen um die Mythologien der Vergangenheit, des Keltischen, Römischen, Germanischen – sie alle sind am Rhein gegenwärtig in Zeugnissen, Bildern, Geschichten. Ihn interessierten die Religionen und Weisheitslehren des Ostens; ihn faszinierten die Ergebnisse der modernen Naturwissenschaften und die Anthroposophie Rudolf Steiners. In diese Kraftfelder der Weltbeschreibung eingespannt sah er den heutigen Menschen, in ihnen erkannte er die Heilkräfte, die den Menschen vor Katastrophen, die er selbst herbeizuführen im Begriff ist, retten können. Christus verstand er nun nicht mehr nur als die menschgewordene Offenbarung Gottes, als das Kind in der Krippe, das Opferlamm, das für die Verstrickungen der Menschheit büßt und am Ende alles richten wird; er sträubte sich, Christus als einen erstarrten Gott, als die papierene Autorität theologischer Begrifflichkeit zu akzeptieren. Er erlebte Christus als Kraft, als die «Christus-Kraft». Sie wirkt in der Schöpfung: in der unbelebten, mineralischen Natur, in der belebten, der pflanzlichen und der Tiernatur, im Menschen, in den großen Entwürfen und Mythologien der Völker und Religionen, in den Kosmogonien. Ein Kraftfluß, ein Wärmestrom, den man ‹Christus› nennen mag, wirkt in allem – nur nicht im Erkalteten, im Erstarrten, in der Selbstzufriedenheit. Er erlebte die Christuskraft, wie er sich ausdrückte, «in der bewegten Form einer für das äußere Auge unsichtbaren Substanz. Das heißt, er (Christus) durchweht jeden einzelnen Raum und jedes einzelne Zeitelement substantiell. Also ist er ganz nah da ... wie nie in der Geschichte.» Christus ist Wärme, ist der Beweger, der Heilung bringt, der Erstarrtes löst, der den erlöst, der in den Kraftstrom eintaucht. Eine Weile besiegelte Beuys seine Arbeiten mit einem Stempel: «Hauptstrom». Fortan betonte er in seinen Arbeiten das Element der Bewegung, der Aktion, des Durchgangs, auch des Vorläufigen, Unvollendeten. Wenn er in Kassel 1982 zur documenta VII begann, 7000 Eichen zu pflanzen und dazu Basaltblöcke zu stellen, wollte er das sich Bewegende, Entfaltende neben das Erstarrte (und einst doch Glutflüssige) stellen. Der Stein ruhte, aber der Baum daneben veränderte sich, entfaltete sich, der Wind wehte durch seine Zweige; der Baum «ist anfällig, auch hinfällig gegenüber höheren Einflüssen. Wichtig ist vor allem das Bewegungselement. Die Form, wie diese Verkörperung Christi sich in unserer Zeit vollzieht, ist das Bewegungselement schlechthin». Beuys Gegenstand war seit den ersten Aktionen (1964), seit er die Versuche, sich in überkommenen Materialien und Formen auszudrücken, abgebrochen hatte, fortan die Bewegung, die Lösung aus der Erstarrung, die heilende Entwicklung, die Metamorphose aus der Kraft der fortwirkenden Christus-Substanz. Das war sein «erweiterter Kunstbegriff». Er wollte die Menschen aus ihrer Befangenheit wecken, sie aus ihrer geistigen Ohnmacht erlösen.

Beuys war ein Mystiker. Er stand in mystischen Traditionen, die am Niederrhein seit Jahrhunderten einen Wurzelgrund haben. Ihn beeindruckten die Visionen Jakob Böhmes und Emanuel Swedenborgs, er verehrte den Eremiten Nikolaus von der Flüe, den schlichten Bauern und Gottsucher, der einer der Stillen im Lande war.

1961 wurde Beuys an die Staatliche Kunstakademie in Düsseldorf berufen. Seine offene, unkonventionelle Art zu lehren, jedermann zur «Kreativität» zu ermuntern, führte zum Dissens mit Kollegen und mit dem Ministerium. 1972 wurde Beuys als Hochschullehrer vom damaligen Kultusminister und späteren Ministerpräsidenten Johannes Rau fristlos entlassen. Der anschließende Rechtsstreit ging bis zum Bundesarbeitsgericht in Kassel und endete mit der Feststellung, daß die Kündigung unrechtmäßig war. Johannes Rau durchlebte übrigens, ganz im Sinne Beuys'scher Intentionen, eine Metamorphose und gab 1990 die Gründung einer Stiftung für ein Beuys-Museum bekannt. Es soll bedeutende Teile der Kunstsammlung der Brüder Hans und Franz Joseph van der Grinten, die mit Beuys seit Jugendtagen befreundet waren, und ein Beuys-Archiv aufnehmen. Das Land stellte das nahe Kleve liegende Schloß Moyland zur Verfügung, das auf eine hochmittelalterliche Burganlage zurückgeht und im 19. Jahrhundert vom Kölner Dombaumeister Ernst Friedrich Zwirner umgestaltet worden war. Das im letzten Krieg schwer beschädigte und seither verfallene Schloß wird restauriert und umgebaut. Die ästhetische Radikalität, die utopische Kraft der erweiterten, sozialen Kunst des Joseph Beuys soll weiterwirken, hinwirken auf eine bessere Gesellschaftsordnung, die Beuys als Gesamtkunstwerk verstanden wissen wollte.

Achtes Kapitel

Die Mündung:
Kampf ums Überleben

Sintfluten

Die Niederlande: Überflutetes Land

Die Flußlandschaft Jan van Goyens von 1652 im Kölner Wallraf-Richartz-Museum habe ich — damals einer der Kustoden des Museums — meinen Zuhörern als einen Inbegriff niederländischer Landschaft, aber auch niederländischen Lebensbewußtseins des 17. Jahrhunderts zu erklären versucht. Das Gemälde kommt mir auch jetzt wieder in den Sinn, wenn ich die Eindrücke meiner Wanderung durch die niederländische Rheinlandschaft bedenke: Flüsse, Bäche, Kanäle in flacher Landschaft, und darüber der weite Himmel mit ziehenden Wolken. (Abb. 60)

Wasser ist die (flüchtige) Basis des Bildes; es dehnt sich in die Ferne. Das Land mit dem Stückchen Menschenwelt darauf scheint auf dem Wasser zu schwimmen. Der Kahn und seine drei Insassen steuern auf die kleine Anlegestelle zu. Es scheint ein bescheidener Fährbetrieb zu sein; am Ufer warten Fahrgäste aufs Übersetzen. Dort, über der Böschung, sind zwei Wagen mit Reisenden vor einem Wirtshaus zu erkennen. Am Ufer entlang reihen sich Hausgiebel und Dächer; sie überragt der ferne Kirchturm. Drei Viertel der Bildfläche gehören dem Himmel. Zwischen seinen hohen Wolkengebirgen eröffnet er Ausblicke in die blaue Unendlichkeit. Dunst ist wie ein leichter Nebel über das Bild gebreitet, er mildert die Konturen, gleicht die Farben einander an, löst Widersprüche, bindet die Erscheinungen, relativiert das scheinbar Verläßliche, die irdische Dingwelt.

Gegenstand dieses Gemäldes ist nicht nur ein Stück Landschaft aus den Niederlanden, wo van Goyen geboren wurde, sein Handwerk erlernte, wo er lebte und starb. Gegenstand ist die Daseinserfahrung von Menschen, die in einem Grenzbereich leben, in einem den Elementen, dem Meer, dem Gezeitenwechsel, den Stürmen ausgesetzten Küstengebiet.

Die Geschichte dieser Landschaft ist die Geschichte eines seit Jahrtausenden anhaltenden Kampfes gegen das Wasser, oft um das nackte Überleben. Einst, nach dem Ende der Eiszeiten, hatte die Küstenlinie des europäischen Kontinents England und Skandinavien verbunden, sie mochte in der Höhe der Doggerbank gelegen haben. Die gewaltigen Schmelzwasser der folgenden Warmzeit hoben den Spiegel des Meeres allmählich; das Nordmeer drang ins trockene Binnenland bis etwa zur heutigen Küstenlinie vor; die Themse mündete nicht mehr in den Rhein, sondern unmittelbar ins Meer. Die Unterläufe des um 300 Kilometer verkürzten Rheinstroms spülten im flachen niederländischen Schwemmland Mündungsschläuche und zum Meer hin offene Trichter aus, gleichzeitig trugen sie aus dem Binnenland Sand heran und lagerten diesen ab. Die Landbildung schritt fort. Der zweimalige Gezeitenhub am Tag, das auflaufende und mächtig wieder abströmende Meerwasser half, die später der Seeschiffahrt günstigen, tiefen Fahrrinnen aus dem trockenen, festen Land auszulösen. Wind und Wellen, die gegen die Küste anstürmten, schütteten entlang der Küstenlinie einen Wall auf, eine Dünenreihe, die von der niederländischen Kanalküste bis nach Dänemark reichte und heute noch in der Kette der friesischen Inselgruppen zu verfolgen ist. Das Stromdelta von Rhein, Maas und Schelde erstreckte sich von Zeeuws-Vlaanderen/Antwerpen im Süden bis nach Hoek van Holland/Katwijk im Norden und nach Osten weit ins Landesinnere, bis Gorinchem etwa; es bestand aus einem Mosaik von Inseln und Wattflächen. Dordrecht, heute von festem Land umgeben, wurde durch Überflutungen immer wieder eine Insel. Die meisten dieser Inseln hatten fruchtbare Böden, lagen aber unter dem Meeresspiegel, waren also von häufiger Überflutung bedroht und in ständiger Gefahr, von hochgehenden Sturmfluten weggerissen zu werden.

Für Hippolyte Taine sollten im 19. Jahrhundert die Niederlande ein willkommenes Beispiel für seine Theorie sein, daß Landschaft und Milieu den Menschen und die Kultur eines Volkes formen, determinieren.[1] Er beschrieb «die Gefahren, die sich für die Menschen ergaben, wenn die Flüsse über die Ufer traten und das Meer hereinbrach, zu Zeiten, als Dämme, Deiche und Kanäle erst noch gebaut werden mußten und dennoch immer wieder brachen, als das Land eine neblige Sumpflandschaft mit entwurzelten Eichen und streunenden Wölfen war. Unermeßlich waren die Schwierigkeiten, und man wurde voll davon in Anspruch genommen, sie zu überwinden».[2]

Die Niederländer schütteten Hügel auf, Warften, welche die Fluten überragten und ihren Wohnstätten Schutz boten, auch als Zuflucht für das Vieh dienen konnten. Wenn die Flut sich verlaufen hatte, zogen sie Gräben, um das Land zu entwässern. Aus dem 7. Jahrhundert sind erste Schutzdeiche bekannt. Schon im 8. Jahrhundert begannen die Niederländer, ganze Inseln einzudeichen. «Die Kette der Deiche entlang der gesamten Küste wurde zwischen 1000 und 1200 geschlossen. Nun mußten die Marschen entwässert und entsalzt werden … Die Landwirtschaft blühte in den Marschen auf.»[3] Um 1300 aber brach bei schwerem Unwetter die Zuidersee ein. Seit dem 14. Jahrhundert berichten die Quellen von immer neuen folgenreichen Katastrophen. Es schien, als hätten die Schutzbauten das Meer zu noch heftigeren Angriffen gereizt. Die schlimmste Überflutung ereignete sich am 18. und 19. November 1421, «als ein gewaltiger, aus dem Westen kommender Sturm gleichzeitig Breschen in die Dämme bei Broek riß und die inneren Deiche am Zusam-

Abb. 60: Jan van Goyen: Flußlandschaft, 1652. Köln, Wallraf-Richartz-Museum.

menfluß von Waal und Maas zertrümmerte. Am Tag der heiligen Elisabeth waren 500 Quadratkilometer vom Meerwasser überschwemmt, bis hinauf nach Heusden (rund 90 Kilometer landeinwärts); Dordrecht war einmal mehr in eine Stadtinsel verwandelt. Frühe Schilderungen berichten von 100 000 Toten und 72 verlorenen Dörfern – eine maritime Apokalypse; glaubwürdigere neuere Darstellungen reduzieren die Zahlen auf 10 000 Tote und 20 überflutete Dörfer, auch das immer noch ein schrecklicher Tribut. Die ganze fruchtbare und dichtbesiedelte Groot Hollandse Waard war ... untergegangen und zu jenem unheilvollen Binnenmeer geworden, aus dem zwischen Schilf und den Nestern von Sumpfvögeln die Turmspitzen überfluteter Kirchen ragten ...»[4] Diese Katastrophe nistete sich ins Gedächtnis vieler Generationen ein, in schriftlichen und mündlichen Überlieferungen war von ihr die Rede. Es brauchte Jahrzehnte, bis die Weiler und Dörfer wieder besiedelt, die Äcker unter den Pflug genommen werden konnten und die Weiden fruchtbar wurden. Damals prägte sich überall «die Vorstellung von Holland als einem überfluteten Land» ein; so auch stellte ein Holzschnitt die Niederlande in der weit verbreiteten Cosmographia universalis des Sebastian Münster (1552) dar. Aus seiner reichen Quellenkenntnis konstatierte Simon Schama, daß «die von den Gezeiten abhängigen Überschwemmungen im späten Mittelalter ... in der kollektiven Volkserinnerung der Südholländer und Seeländer denselben Platz (einnahmen), wie die Heimsuchungen des Schwarzen Todes in einigen anderen Teilen Europas. Mehr als zwei Jahrhunderte später

stellte Romeyn de Hooghe auf einem Kupferstich die Sturmflut am Elisa-
bethstag 1421 immer noch als die furchtbarste Katastrophe der niederländischen Geschichte dar.» Der Andrang des Meeres war gewaltig und wahrhaft furchterregend.
Die Chroniken sind voll schrecklicher Berichte. In den Jahren 1502, 1509,
1530, 1532 und 1551/52 wiederholten sich die Heimsuchungen. «Seit
den 1560er Jahren wurden sie besonders schlimm. 1565 war der Diefdijk,
der die Betuwe (das Land zwischen Lek und Waal), die ‹Bataver-Aue› ...
zwischen Nijmegen und Rotterdam der Länge nach in zwei Teile trennt,
gebrochen und hatte das Wasser in den fruchtbaren Alblasserwaard (nördlich der Waal zwischen Dordrecht und Gorinchem) fließen lassen. Fünf
Jahre später stellte jedoch ein ungeheurer Nordweststurm all diese Schick-
salsschläge in den Schatten; er fegte die Schutzvorrichtungen an der Nordsee auf einer überaus breiten Front von Flandern bis zur dänischen Küste
hinweg. Der zeitgenössische Historiker P. C. Hooft berichtete, das Ausmaß des Unglücks mitfühlend, von den Dorfbewohnern, die im Schlaf
von der Flut überrascht wurden, von dem in den Ställen ertrunkenen Vieh
und dem meterhohen Wasser in der Kirche von Scheveningen sowie in
den Straßen von Dordrecht und Rotterdam. 5000 Seelen, schrieb er, seien
allein auf den seeländischen Inseln umgekommen.[5] Die Serie der Katastrophen setzte sich fort. 1610 war Amsterdam von der Zuidersee aus
bedroht; 1624 traf es die Ijssel, 1626 ganz Nordholland; 1638 brach der
Lekdijk, 1651 der St. Antoniesdijk. 1653 und 1658 folgten weitere Deichbrüche. In der Nacht zum 30. Januar 1658 überschwemmte die Flut erneut den Alblasserwaard. «In den Städten und Dörfern wurden Gebets-
und Fastentage angeordnet; auf den Plätzen Rotterdams und Dordrechts
sang man Psalmen für die Rettung der Bevölkerung ...»

Das heimgesuchte Volk nahm Zuflucht zu Gebet und Anrufung; es
flehte seinen Herrgott an, die Sintfluten fernzuhalten, dem Wasser zu gebieten. Zugleich aber ergriff es, mit praktischem Verstand begabt, sinn-
volle Gegenmaßnahmen, traf Vorkehrungen, plante, koordinierte. Jan van
Goyens Flußlandschaft zeigt ein scheinbar nebensächliches, aber für die
Niederländer wichtiges, sogar lebensrettendes Detail: Häuser und Kirche
liegen erhöht, auf einem Damm oder auf flachen Aufschüttungen, auf
Warften. In der Wasserlinie sind sie geschützt durch Pfähle und Flechtwerk
aus Weiden. Es sind bescheidene Schutzmaßnahmen, aber mit ihnen begann die Großtat der Niederländer: Die Gewinnung fruchtbaren Landes
gegen die Übermacht des Meeres. Der große Andries Vierlingh lobte
diese kluge Verwendung einfacher Materialien und bestärkte das diesen
Vorkehrungen zugrunde liegende Vertrauen auf die Hilfe Gottes: «Schau
dir die dammekens (kleinen Uferbefestigungen, Buhnen) an: Sie bestehen
nur aus Weidenflechtwerk, beschwert mit Lehm, aber welchen Segen bedeuten sie für die niedrigen Küstenstriche.»[6] Dieser Andries Vierlingh,
berühmter Wasserbauingenieur, frommer und kenntnisreicher Deichmei-

ster des Hauses Oranien, hatte erkannt, daß der übermächtige Feind, das Meer, nur zu überwinden war, wenn einer befahl und alle zusammenstanden.[7] Rationales und gemeinsames Handeln konnten der Gefahr Herr werden – das war früh schon eine fest verankerte Erfahrung dieser Küstenbewohner. Die Deichgenossenschaften («Waterschappen») ordneten das Zusammenwirken, das einmütige und zugleich sachkundige Füreinander-Einstehen. Andries Vierlingh schärfte seinen Landsleuten ein, daß «Brabant, Holland, Seeland, Flandern, der Hennegau und das Artois gemeinsam besser widerstehen können als ein Land allein …» – eine Erkenntnis, die am Oberrhein erst 350 Jahre später sich durchsetzte. Ganz im Sinne humanistischer Philosophie und Pädagogik vertrat Vierlingh die Auffassung, daß die wilden Elemente zu erziehen, zu zivilisiertem Verhalten gleichsam zu «überreden» seien – Gezeitenströme etwa seien «wie grüne Zweige, die gebändigt werden können, wenn sie jung sind», schrieb er, oder «wie schlimme Kinder, die erzogen werden müssen, solange sie klein sind». Er entwarf eine Wasserbautechnik, die auf der Beobachtung der hydrologischen und meteorologischen Vorgänge beruhte, die Zweckmäßigkeit und Vernunft paarte, und: die auf Gottes Beistand baute. Er beschwor Bürgersinn, Gemeinschaftsgeist und Frömmigkeit der Niederländer.

Vierlingh, dem «gottesfürchtigen Kommandeur und Erzieher der Elemente», stand Jan A. Leeghwater zur Seite, «ein überaus begabter Ingenieur, der durch das Zusammenwirken von Tugend und Erfindungsgabe in der Lage war, aus Schlamm und Salzwasser Wohlstand zu erzeugen». Die Niederländer nannten Leeghwater liebevoll und dankbar «Jan Wind»; er bereits wollte «die holländische Großtat der Landgewinnung in dem anspruchsvollsten aller Projekte vollendet sehen: der Trockenlegung des Haarlemmer Meeres. Dieses riesige Binnenmeer – auf einem Teil davon liegt heute der Flughafen Schiphol – war ungefähr fünf Meter tief und bedeckte eine Fläche von 18 000 Hektar …». Es mußte bis zum Aufkommen der Dampfkraft im 19. Jahrhundert warten, bevor es trockengelegt und «mit betriebsamen Bauernhöfen und fettem Vieh bevölkert wurde».[8]

Unverdrossen und mit Gottvertrauen schlossen die Niederländer nach jedem der ungezählten Deichbrüche die Lücken, erhöhten die Deiche und entwässerten das Land. Die Insellandschaft im Rheindelta wuchs im Laufe der Jahrhunderte, dem Meere zum Trotz, zu fruchtbarem Ackerboden und zu saftigen Weiden zusammen. Durch einfache, aber konsequente, technische Maßnahmen fielen die Wattgebiete allmählich trocken, nachdem das Wasser abgepumpt war. Schöpfräder, später Wasserschrauben (archimedische Schrauben), die von Windmühlen getrieben wurden, hoben das Wasser in Gräben; diese leiteten es auf hohen Dämmen ins Meer. «So verschwand ein See nach dem anderen, um Kulturen Platz zu machen. Schon Mitte des 17. Jahrhunderts war Holland wegen seiner Gemüse und seiner Blumen, besonders wegen der Tulpen, berühmt.»[9]

1726 und 1728 kam es, trotz der neuen Schutzdeiche, zu katastrophalen Überschwemmungen. Aus dem Winter des Jahres 1731 wird ein breiter Einbruch der Dämme in Nordholland überliefert. 1740 wiederholte sich das Unglück. Die Deichmeister mußten in den vom Wasser weggerissenen Schutzdämmen eine fatale Entdeckung machen. Ein unbekannter Bohrwurm hatte die Pfahlgründungen der Deiche befallen, hatte das Holz der Stämme buchstäblich ausgehöhlt und ihre Standfestigkeit zerstört. Die Arbeit ganzer Generationen von Deichgenossenschaften war bedroht, das Land erneut in höchster Gefahr. Die Erschütterung über diese Erkenntnis saß tief. Aber die Niederländer durften sich nicht mit Lamentationen aufhalten; schon die nächste Sturmflut konnte die Katastrophe bringen. Die Nutzanwendung lautete, daß fortan Steine und Felsmaterial für die Gründung der neuen Schutzdämme zu verwenden waren. Diese Steine mußten in großen Mengen eingeführt werden, und das bedeutete eine Erhöhung der Steuerlasten. Aber die Niederländer faßten abermals Mut und bauten fortan ihre Deiche noch besser als sie es ohnehin schon verstanden.

1825 tötete eine Flut 800 Menschen und 46 000 Stück Vieh. Im gleichen Jahr aber pumpten die Niederländer, nun schon mit der Hilfe von Dampfmaschinen, das Haarlemmermeer trocken. Um die Jahrhundertwende wurden noch größere Pläne erwogen: die Eindeichung der Zuidersee. Ein 32 Kilometer langer, starker Deich sollte die Zuidersee gegen das Meer abschließen und zugleich eine Straßenverbindung zwischen Nordholland und Friesland bilden. Binnendeiche sollten mehrere Polder schaffen, die von Süßwasser umgeben sein sollten. Der Rhein sollte dieses Süßwasser in einen großen Binnensee, das neue Ijsselmeer, einspeisen. Auf diese Weise würden die eingedeichten Polder (Wieringermeerpolder, Noordoostpolder, Östliches und Südliches Flevoland und später Markerwaard) mit Trinkwasser versorgt und mit Süßwasser durchspült werden. Der Abschlußdeich war 1932 geschlossen worden. Ein stolzes Wort machte die Runde: Gott schuf die Welt, wir Niederländer schufen die Niederlande.

Dann aber, am 31. Januar 1953, brach die jüngste Sturmflut über die Niederlande herein. Sie kostete 1835 Menschen das Leben. Viele Zehntausende von Haustieren starben. Landflächen in Zuidholland und Zeeland, die seit 800 Jahren mühsam eingedeicht worden waren, also die Mündungsgebiete des Rheins mit Lek und Waal, von Maas und Schelde standen unter Wasser. Die Niederländer gaben nicht auf. Sie entwickelten den Deltaplan, ein gigantisches Projekt, und machten sich 1960 ans Werk.[10] (Abb. 61) Nicht Landgewinn besaß Priorität, sondern die Verkürzung der Angriffsflächen, gegen die das Meer an den vielen Inseln und an den tief ins Binnenland reichenden Trichtermündungen anrannte. Schwere Dämme, der Haringvlietdam, der Brouwersdam, der Oosterscheldedam, der Veersedam sollten das Meer schon auf der Höhe der Küstenlinie abriegeln, diese um 700 Kilometer verkürzen und das Salz-

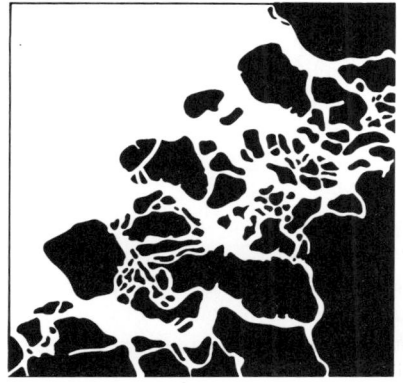

Um 1300

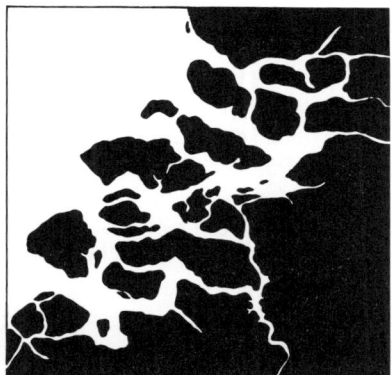

Um 1800

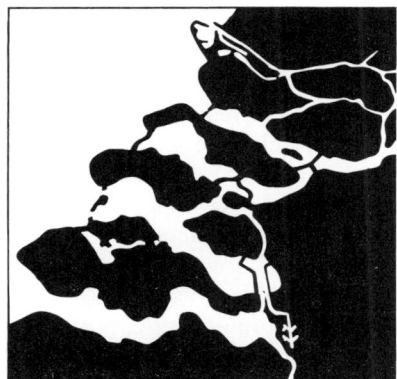

1980

Abb. 61: Die Geschichte der Niederlande ist ein unablässiger Kampf gegen Hochwasserkatastrophen und um fruchtbaren Boden. Erst das 1958 begonnene Delta-Bauwerk mit seinen Abschlußdeichen und Sturmflutwehren sicherte die Küstenlinie im Mündungsdelta von Rhein, Maas und Schelde und verkürzte sie zugleich um Hunderte von Kilometern. – Die drei Abbildungen zeigen den Landgewinn der Niederlande von 1300 bis 1980.

wasser aus dem Binnenland fernhalten. Nur die Wasserwege, die Rotterdam und Antwerpen mit dem Meer verbinden, sollten offen bleiben. Am 4. Oktober 1986 wurde dieses größte Wasserbauprojekt der Geschichte vollendet. Eine Elite niederländischer Ingenieure hatte es geplant und ausgeführt; die Niederländer hatten ihren bewährten Sachverstand als Wasserbauer erneut bestätigt. Noch während des Baufortschritts waren neue Überlegungen angestellt worden. Der Oosterscheldedam wurde nicht wie die anderen Deltawerke als fester Damm ausgeführt, sondern erhielt ein gewaltiges, dreiteiliges Sturmflutwehr, das mit seinen beweglichen Elementen die Gezeiteneinflüsse und die Salzwasserbiotope in der Oosterschelde erhält, so daß dort weiterhin Fischerei, Austern- und Muschelzucht betrieben werden können.

Im gleichen Jahr, in dem die niederländische Königin im Beisein der Staatsoberhäupter benachbarter Länder das Delta-Bauwerk einweihte, tag-

ten in Delft Klimaforscher, die, als Folge des Treibhauseffekts, des wachsenden Ozonlochs, ein Abschmelzen der Polkappen befürchteten und damit ein Ansteigen des Meeresspiegels. Anzeichen dieser Entwicklung gab
es bereits. Waren Auswirkungen für das Delta-Bauwerk zu befürchten?
Das bisher schwerste an der niederländischen Küste gemessene Hochwasser von 1953 erreichte die Höhe von 3,6 Metern über Normalnull. Die
Statistiker errechneten bei Einbeziehung der historischen Wasserstände,
daß sich solch ein Ereignis alle 400 Jahre einmal wiederholen wird. Das
Deltawerk war für Fluten bis 4,2 Meter Höhe über Normalnull ausgelegt
worden. Diese Höhe würde die Flut statistisch einmal in 4000 Jahren er-
reichen. Die Berechnungen fußten auf historischen Daten. Unbekannte
Faktoren aber, die in der Zukunft auftreten konnten, wie die möglichen
Auswirkungen des Treibhauseffekts, entzogen sich jeder Berechnung. Ein
Vorgeschmack davon, was die Zukunft an unangenehmen Überraschun-
gen bereithält, gab es schon wenige Wochen nach der Inbetriebnahme des
Oosterscheldedams. Im Hinterland der Oosterschelde waren «stärkere
Strömungen aufgetreten, als man vorausberechnet hatte. Vor allem im
Rhein-Schelde-Kanal kam es durch starke Gezeitenströmungen zu
Schwierigkeiten für die Schiffahrt und zu unerwarteten Ufererosionen.
Die Wasserbaubehörde reagierte, indem sie die Fluttore in eine Position
fuhr, die den Gezeitenhub auf zwei Meter begrenzte. Damit war allerdings
eine Verminderung des Wasseraustauschs verbunden und diese mußte zu
einer für die Austern- und Muschelkulturen nicht zuträglichen Aussüßung
der Oosterschelde führen; sie würde gerade die Umweltveränderungen
bewirken, die man mit dem teuren Bauwerk verhindern wollte.»[11] Außerdem verschlickten durch die veränderten Strömungsverhältnisse die
Austern- und Muschelbänke. Ein weiterer Nachteil stellte sich heraus: Bei
Niedrigwasser waren die trockengefallenen Sandbänke von Sonne durch-
wärmt worden. Die Sandbänke hatten diese gespeicherte Wärme bei der
Flut ans Wasser abgegeben. Die Temperaturänderung gefährdete die hier
lebende spezialisierte Fauna und Flora. Auch da ließ sich nicht voraus-
sagen, welche Folgen das Delta-Bauwerk zeitigen würde. Als ich im Oktober 1987 das Delta-Bauwerk besuchte, versicherte der Ingenieur, der
mich führte, alle anfänglichen Schwierigkeiten seien «gemeistert». Daß es
Schwierigkeiten gäbe, auch nicht kalkulierbare Überraschungen, mochte
er nicht abstreiten. Der Wasserbau habe in seinen Planungen verstärkt die
Forderungen des Umweltschutzes einbezogen; er habe also nicht mehr nur
das Meer zurückzudrängen, was schwer genug wäre, sondern gleichzeitig
dessen Binnenland- und Küstenbiologie zu erhalten. Diese Probleme aber
seien eine ungeheure, bisher unbekannte Herausforderung. Der Ingenieur
verwies mich auf einen Film, den er mir anschließend vorführen ließ; er
begann mit den Worten: «In den Niederlanden sehen Sie ungewohnte Bilder: Schiffe fahren hoch über dem Umland vorbei. Häuser stehen unter
dem Wasserspiegel. In den Niederlanden ist alles anders.»

Die calvinistischen Prediger des 16. und 17. Jahrhunderts wurden nicht müde, die Wiedergewinnung des Landes, der Lebensgrundlagen, mit biblischen Zitaten auszuschmücken und den gerechten Gott zu preisen, ihren Zuhörern aber ins Gewissen zu reden. Andries Vierlingh schrieb: «Die Schaffung neuen Landes liegt allein in Gottes Hand, denn Er gibt einigen Menschen den Verstand und die Kraft dazu.»[12]

Es war dies eine Zeit des Aufbruchs, der Entdeckung neuer Perspektiven in der Kunst und in der Wissenschaft wie auch der Ausweitung des geographischen Horizonts. Dieses kleine Land hat berühmte Maler hervorgebracht und Männer des Geistes wie Erasmus oder Spinoza, und es war ein Niederländer, Hugo Grotius, der mit seinen Werken ‹Mare librum› und ‹De iure belli ac pacis› Grundlagen des Völkerrechts schuf. Niederländische Seefahrer haben einen großen Beitrag zur Entdeckung unbekannter Weltgegenden geleistet, sie haben die Bedeutung der Seefahrt und des Fernhandels richtig eingeschätzt. Nach Ernest Zahn hatten die sieben Provinzen der Niederlande «zu Anfang des siebzehnten Jahrhunderts kaum anderthalb Millionen Einwohner ... Die Handelsflotte wird zwischen den Jahren 1608 und 1610 mit 16 289 Schiffen und 159 825 Seeleuten angegeben. Rund die Hälfte aller Welthandelsgüter wurde in niederländischen Häfen umgeschlagen. Das niederländische Steueraufkommen des Habsburgerreiches betrug vor dem Aufstand ein Vielfaches dessen, was aus allen anderen Teilen des Imperiums eingebracht wurde.»[13] Diese wenigen Zahlen und Einschätzungen geben eine Ahnung von dem ungeheuren Reichtum, den der Seehandel dem kleinen Land einbrachte. Er fußte auf den Erträgnissen der Niederländisch-Ostindischen Kompanie (1602–1798), insbesondere auf dem Handel mit Gewürzen, aber auch auf Zöllen und Tributen. Damals begründeten die Niederländer ihr Kolonialreich – ein historischer Vorgang, der lange und wesentlich zum Nationalstolz beitrug. Wohlstand und zunehmende Weltgeltung der Niederlande, die Blüte der Kultur und der sozialen Errungenschaften, das erstarkende politische Selbstbewußtsein waren ohne Zweifel das Verdienst der Patrizierfamilien, der städtischen Magistrate und ihres Wirkens für das Gemeinwohl.

Jedoch blieben die Warnungen der Prediger vor Ausschweifungen und vor dem Tanz um das goldene Kalb den Niederländern allzeit gegenwärtig. Sie wußten sich von den Wasserfluten bedroht, aber ebenso vom Überfluß (overvloed), und ihre Prediger standen nicht an, dessen Gefahren als weitaus schrecklicher und folgenreicher hinzustellen. Nicht nur gegen die Fluten des Meeres, auch gegen die Versuchungen des Reichtums galt es Dämme zu errichten, Tugend und Standhaftigkeit (standvastigheid) zu beweisen.

Literatur und Kunst des Goldenen Zeitalters der Niederlande stecken voller Hinweise auf die tiefsitzende Erfahrung, daß alles menschliche Tun eitel, daß alles Leben ein vergänglich Ding ist und in jedem Augenblick hinweggenommen werden kann. Die üppigen Blumenstilleben der niederländischen Maler zeigen eine leuchtende, sommerliche Pracht; niemand aber möge sich täuschen: Diese Blüten und Früchte sind bereits geschnitten; sie sind ein Topos: Der Keim des Todes steckt in ihrer Fülle und Schönheit, schon fallen welke Blüten und Blätter herab. «Vanitas vanitatum!» war die Botschaft solch eines Bildes, auch die der Flußlandschaft des Jan van Goyen. Der Fährmann, der mit seinem Boot zum anderen Ufer übersetzt, erinnert an Charon, der in der Unterwelt die Schatten der Toten über den Styx geleitet. Das Schifflein war Symbol der von Gefahren bedrohten Lebensfahrt und war zugleich Zeichen der Hoffnung, der Rettung durch Christus.

Den Predigern kann angesichts der häufigen Deichbrüche und Überflutungen der Stoff nicht ausgegangen sein, zumal schier Unbegreifliches ans Tageslicht getreten war: sodomitische Umtriebe, homosexuelle Verirrungen waren aufgedeckt worden. Die moralische Empörung löste so etwas wie eine Hexenjagd aus. Eine Flut von Anklagen und Gerichtsverfahren gegen die sogenannten «Sodomitenkonventikel» brach 1730/31 herein. Der hysterische Eifer der Sodomitenjäger sah sich bestärkt von den schweren Überschwemmungen jener Jahre. Gleichzeitig suchten Viehseuchen die Niederlande heim und vernichteten die Herden in Südholland. Die Viehkrankheit breitete sich anschließend bis nach Fries. land aus. Dann aber mußten sie jene Entdeckung machen, bei der es alle schauderte: Das Holzwerk der Pfahlgründungen war morsch, zerfressen, von rätselhaften Würmern durchlöchert, an den Wurzel verdorben! Die Standfestigkeit der Seedeiche, dieses ausgeklügelte System der Schutzbauten, war in höchster Gefahr! Die Prediger brauchten nicht viel Phantasie, um in dem Wurm (der heute als Schiffs- und Pfahlbohr-Wurm bekannt ist) ein Werkzeug göttlicher Züchtigung zu erkennen.[14] Das Bild der Sintflut, selbst der Vernichtung von Sodom und Gomorrha konnte nicht so eindrucksvoll und wirkmächtig sein wie die Heimsuchung durch diesen rätselhaften Sendboten Gottes, der unmittelbar an der Sicherheit ihres Daseins und an den Grundlagen des Wohlstandes der Niederländer nagte. «Metanoeite!» – Kehrt um! – donnerte es von den Kanzeln auf die erschreckten, bußfertigen Gemeinden herab.

Die niederländische Freiheit und ihre Unterdrücker

«Eine der merkwürdigsten Staatsbegebenheiten, die das 16. Jahrhundert zum glänzendsten der Welt gemacht haben, dünkt mir die Gründung der niederländischen Freiheit ...» – mit diesen Worten beschrieb Friedrich Schiller die «Geschichte des Abfalls der Niederlande» (1788) und bewunderte den Aufstieg dieses kleinen Landes unter die großen Mächte Europas: «Europa empfing seine vermehrten Bedürfnisse größtenteils aus den Händen der Niederländer, die den Handel der ganzen damaligen Welt beherrschten und den Preis aller Waren bestimmten.»

Der Freiheitskampf der Niederlande gegen die Spanier dauerte 80 schwere Jahre, von 1568 bis 1648. Hernach mußten die Niederlande um ihre Geltung als Seehandelsmacht mit England drei Kriege führen: von 1652–1654 und von 1664–1667; der dritte niederländisch-englische Seekrieg 1672–1674 brachte die Niederlande noch zusätzlich in schwere Bedrängnis, weil sie sich zugleich im niederländisch-französischen Landkrieg 1672–1678 der Eroberungslust Ludwigs XIV. zu erwehren hatten, und das, während ganze Serien schwerer Sturmfluten gegen die Küstengebiete anbrandeten. Nach dem Katastrophenjahr 1570 brachte P. C. Hooft den Aufruhr der Elemente in einen Zusammenhang mit dem Freiheitskampf der niederländischen Patrioten gegen das katholische Spanien-Habsburg, seit 1527 ungeliebter Landesherr. Die Calvinisten, Stütze der niederländischen Freiheitsbewegung, riefen in dieser neuen Heimsuchung dazu auf, sich einmütig nicht nur gegen das Meer, sondern auch gegen die spanische Sintflut zu erheben.[15] Der Kampf gegen das Wasser aber und zugleich gegen die Unterdrücker würde nur mit Gottes Hilfe zu bestehen sein, nur im demütigen Bewußtsein, daß der Mensch allein nichts vermag, daß er sündig und schwach ist und des Beistandes des Allmächtigen bedarf. Wenige Jahre darauf, 1574, flehten sie diesen Beistand herab, als die Spanier unter Alba die Stadt Leiden belagerten und ihre Lage immer bedrohlicher wurde. Wilhelm von Oranien wußte sich und seinen Landsleuten nur dadurch zu helfen, daß er die Seedeiche durchstechen ließ. Ein gewaltiger Sturm kam den Niederländern zu Hilfe. Als das Wasser um die Belagerer herum stieg, gaben sie auf und zogen ab. Die Niederländer priesen den Allmächtigen: Er hatte sich mit den Gewalten des Meeres und des Windes auf die Seite der Gerechten gestellt. Fast hundert Jahre später, 1672, griffen die Niederländer in äußerster Not abermals zu dieser Waffe: als die Truppen Ludwigs XIV. vorrückten und ihre Unabhängigkeit bedrohten. Ein letztes Mal setzten die Niederländer im Weltkriegsjahr 1940 rund 85 000 Hektar Land unter Wasser. Rund 100 000 Menschen mußten evakuiert werden. Diesmal waren es die Deutschen, die diese verzweifelte Maßnahme herausforderten. Abermals erwies sich, daß das Wasser als Hilfe zum Entsatz von feindlicher Bedrohung eine zweischneidige Waffe ist, die nur als letztes Mittel und in höchster Not anzuwenden war: Sie zerstörte zugleich und auf lange Zeit die Lebensgrundlagen der Verteidiger. Aber die Niederländer, indem sie zu diesem letzten Mittel griffen, bewiesen in der einen, ihnen wichtigsten, Sache ihre standvastigheid: Sie wollten lieber untergehen, als ihre Unabhängigkeit zu verlieren.

In Rotterdam steht Ossip Zadkines Denkmal «Die zerstörte Stadt» (1950). Es erinnert an den Überfall deutscher Truppen auf die Niederlande 1940 und an die verheerenden Bombardements, welche die Innenstadt von Rotterdam auf einer Fläche von 260 Hektar in wenigen Tagen vernichteten. Das Denkmal zeigt eine in ihrer Leibesmitte zerspaltene menschliche Gestalt, die, mit gespreizten Beinen Halt suchend, verzwei-

felt und klagend die Arme in den Himmel reckt, aus dem herab der Tod
kam. An diese Untat, die Deutsche ihren niederländischen Nachbarn 1940
zufügten, ist zu erinnern, und an viele Verbrechen, die deutsche Besatzer
an den Niederländern begingen. Sie sind dokumentiert in dem zehn-
bändigen Werk von L. de Jong: Nederland in de Tweede Wereldoorlog
(Den Haag 1969–1982). Wir stimmen Ernest Zahn zu, wenn er diese
Schreckensherrschaft der Deutschen in der Geschichte der Niederlande
einmalig nennt, «weit grausamer noch als die des Herzogs Alba». Er belegt dies: «Mehr als 107 000 niederländische Bürger wurden von der deutschen Besatzungsmacht im Zweiten Weltkrieg deportiert, nur etwa 5200
kehrten zurück.»[16] Das Schicksal der Anne Frank wurde der ganzen Welt
bekannt. Nach der Sowjetunion und Polen waren die Niederlande der von
den Nazis am schwersten geschädigte Staat Europas.[17]

Auch diese traurige Bilanz der rheinischen Nachbarschaften gehört
zur Bestandsaufnahme einer Flußlandschaft Westeuropas. Mit feudaler
Anmaßung sind hier im 17. und 18. Jahrhundert in grausamen Feldzügen
Gebietsansprüche beim Nachbarn erhoben worden, die zum Teil sprichwörtlich wurden: «Nimm-weg», «Reiß-weg», «Unrecht» sind im Volksmund die «Friedensschlüsse» von Nijmegen (1678/79), von Rijswijk
(1697) und Utrecht (1713) genannt worden. Der Fluß wurde Streitobjekt
der «Erbfeindschaft» zweier Uferstaaten. Und zuletzt noch, um das Maß
vollzumachen, haben hier Rassismus und brutale Besatzer-Mentalität
traurige Triumphe gefeiert.

Das Beispiel, das die beiden Staaten an der Quelle und an der Mündung
des Rheins bieten, hätte ihren großen, aber unangenehmen Nachbarn
Deutschland und Frankreich ein Vorbild zunehmend sich stabilisierender,
alsbald eingeübter Demokratien sein können. Die Schweiz und die Niederlande waren beide 1648 aus dem deutschen Reich ausgeschieden, hatten als Gemeinschaften freier Bürger ihre Angelegenheiten selbst in die
Hand genommen und sich zu kollegialen Gesellschaften entwickelt.
Deutschland und Frankreich dagegen fanden lange an feudalen und mon-
archischen Strukturen Gefallen, sie hielten, als sie, nicht ohne Blutver-
gießen, zu Demokratien sich wandelten, an zentralistischen Strukturen
fest, die in Deutschland von föderalistischer Staatsform gemildert wurden.
In der Geschichte der beiden kleinen, aber in ihren sanfteren demokratischen Tugenden größeren Völkern gibt es Beeindruckendes, ja Tröst-
liches. In der Schweiz und in den Niederlanden hatten sich Rangstufen
geistigen oder geistlichen Anspruchs und Positionen wirtschaftlicher
Macht entwickelt, aber mit dem Einverständnis der Gesellschaft, ja, zu deren Bewunderung. Welche andere Aristokratie, fragte Johan Huizinga, hat
so lange, so gut, mit so wenig Gewalt einen Staat regiert wie die niederländischen Patrizier und städtischen Magistrate? Dieses Lob darf auch den
Eidgenossen gelten. Beide Völker haben in gesellschaftlichen Krisen stets
aus Eigenem die Kraft zum Wandel und zur Erneuerung gefunden, ohne

gleich ringsum die politischen Systeme des halben Erdteils zu belästigen oder gar zum Einsturz zu bringen. Der Rhein verbindet zwei europäische Demokratien, deren Wohlstand beträchtlich und auch zu Hochmut und Selbstgefälligkeit zu verführen geeignet ist. Beiden Völkern aber auch führt die Natur, die Lage im Hochgebirge und die am Meer, ständig vor Augen, wie vergänglich alles ist, was das Leben dem Menschen gewährt. Und dann war da der große Erasmus, geboren in den Niederlanden, am Rhein zu Hause, gestorben in der Schweiz, der zwischen den Konfessionen, den Völkern, den alten und den neuen Sprachen zu vermitteln wußte, die via media wies. Die wahrhaft aristokratischen erasmischen Tugenden wurden Leitbilder des Kulturerbes beider Nationen. Was Helmuth Plessner 1951 in seiner Abschiedsvorlesung an der Universität Groningen über die Niederlande sagte, schien mir auch für die Schweiz zu gelten: «Ein Land, das auf Erasmus und Wilhelm von Oranien stolz ist, glaubt an die Verträglichkeit, anders als Frankreich und Deutschland, in denen die Philosophie zu Hause ist, die immer bis zum Äußersten geht.»[18]

Schmutzfluten

«Anreicherungen» im Mündungsgebiet

Die Mündung des Rheins in die Nordsee beginnt dort, wo er sich «in mehrere heutige oder frühere Mündungsarme auflöst und zugleich der eigentliche Schwemmkegel einsetzt», also nur wenige Kilometer hinter der deutsch-niederländischen Grenze. Die Geomorphologen unterscheiden zwei Formen von Flußmündungen: Ästuare und Deltas. «Ästuare greifen als breit sich öffnende Mündungstrichter tief landeinwärts, Deltas schieben sich umgekehrt in das Meer hinaus.» Zwischen beiden Mündungstypen gibt es viele Übergangsformen; eine dieser Übergangsformen hat die Rheinmündung gebildet. Dies ist durch den geringen Tidehub in der südlichen Nordsee und die «Interferenz (Überlagerung) des durch den Kanal laufenden Gezeitenstroms» zu erklären. Flut- und Ebbeströme schwemmen Meeressedimente an die Küste und spülen sie wieder fort. Der stärkere Tidehub bei den nordfriesischen Inseln hat zum Beispiel die Folge, daß Sylt schrumpft; Hörnum Odde, die Südspitze der Insel, verliert ihren Strand. Das niederländische Wattenmeer dagegen erhält als freie Gabe des Meeres Sand geliefert, der freilich zum Teil auch wieder ins Meer zurückgeschwemmt wird. Gleichzeitig schaffen hier Ebbe und Flut tiefe Rinnen. Die Bilanz der wechselnden Erosion und Akkumulation durch das Meer wird kompliziert durch den Rhein. Er schafft, einem Transportband gleich, aus dem Binnenland gewaltige Sedimentmengen heran, die er teils in seinen flachen Mündungsarmen zurückläßt, teils auch mit der

Ebbe draußen im Meer absetzt. Dort lagern sich die der Schiffahrt gefährlichen Untiefen, die «Sände» ab. Ästuare und Deltas verändern sich
schnell, wenn sie sich selbst, das heißt dem Gezeitenwechsel und den Stürmen des Meeres, bzw. dem Fluß und seiner wechselnden Wasserführung,
überlassen bleiben. Diese Dynamik läßt Wasserflächen versanden und
trocknen, aber sie durchfeuchtet auch Landflächen und spült sie fort. In
den Deltaschüttungen akkumulieren marine und fluviale Sedimente.[19] Die
komplizierten, vielschichtigen Vorgänge der Gerinnehydraulik im Mündungsgebiet des Rheins beschreibt der Ökologe Günther Reichelt vereinfachend: «Dort, wo der schlammbeladene Rheinstrom auf das Meer
trifft, verliert er seine Transportkraft; die Schlammassen sinken zu Boden
und setzen sich halbkegelförmig ab. Mit der auflaufenden Flut wächst dieser Halbkegel stromaufwärts. Besonders schnell setzt sich der Schlamm,
wenn der Strom kentert, das heißt, wenn der Flutstrom vom Ebbestrom
abgelöst wird. Der Ebbestrom kann anschließend nur dort wieder viel Material mitnehmen, wo der Rhein vom Land her nachdrängt».[20]

Sedimentationen, Deltaschüttungen, Schlammfrachten einerseits, Abspülungen und Ausräumungen andererseits bestimmen das hydrologische
Wechselspiel im Mündungsgebiet des Rheins. Geomorphologen beschreiben die «daraus resultierenden Gestaltungsprozesse der Flußmündungen (als) so komplex, daß es dafür bis heute keine allseits befriedigende
Theorie gibt»[21].

Nun bestehen die Sedimentationen des Rheins im Mündungsgebiet
keineswegs nur aus blanken Kieseln, leichtem Quarzsand und fruchtbaren
organischen Schwebstoffen, sondern aus üblen Schmutz- und Giftfluten
kommunaler und industrieller Einleiter und aus diffusen Quellen. Diese
Anschwemmungen und Ablagerungen kehren die (quantitativ) positive
Sedimentationsbilanz der Rheinmündung ins (qualitativ) Negative, zumal
die Schadstoffe nach den eben geschilderten hydromechanischen Vorgängen sich im Mündungssediment anreichern. Durch diese schädlichen
«Anreicherungen» verarmt die Lebenswelt im Mündungsdelta.

In jahrhundertelangen Anstrengungen hatten die Niederländer sich
gegen das Meer behauptet, hatten seine Angriffe eingedämmt, ihm Land
abgetrotzt. Ihr Blick war stets «meerwärts» gerichtet, hatte Ernest Zahn
geschrieben.[22] Nun traf es sie hinterrücks: Gegen die Schmutzflut aus dem
Binnenland waren sie zunächst einmal schutzlos.

Der Rhein verdankt diese «Anreicherungen» den Landschaften, die er
durchfließt. Sie sind die Begleiterscheinung des nach den beiden Weltkriegen verstärkt einsetzenden materialistischen Fortschrittsdenkens, der
gedanken- und rücksichtslos auf Leistung und Zuwachs fixierten Konsum-
und Wegwerfgesellschaft. In den sechziger Jahren war die Selbstreini-
gungskraft des Flusses erschöpft. Die Schmutzflut aber schwoll weiter
an und wurde, nicht nur für die Niederlande, zu einer tödlichen Bedrohung.

Die Thiodan-Katastrophe und ihre Folgen

Zwanzig Millionen Menschen trinken Wasser aus dem Einzugsgebiet des Rheins.[23] Sie trinken es mehrfach. In Vergleich zu Flüssen ähnlicher Größe stehen im Einzugsgebiet des Rheins etwa hundertmal mehr Chemie-Unternehmen.[24] Von den landwirtschaftlich intensiv genutzten Flächen an den Rheinufern werden von der Schweiz bis in die Niederlande Düngemittel und Schädlingsbekämpfungsmittel in den Rhein geschwemmt. Verbrauchtes Wasser fließt unaufhörlich, beladen mit den Ausscheidungen und Abfällen der Menschen, der Industrie, der Landwirtschaft, in den Rhein. Grund genug, sich im Mündungsgebiet, rückblickend, noch einmal mit den Nutzungen und der Qualität des Rheinwassers zu beschäftigen.

Wasser muß zum Trinken geeignet sein, denn es ist das wichtigste Lebensmittel. Deshalb muß es bestimmte Gütemerkmale besitzen: Es soll appetitlich aussehen und schmecken, kühl, farblos und geruchlos sein, es soll in genügender Menge und mit ausreichendem Druck aus der Leitung kommen. Es darf keine Krankheitserreger, keine gesundheitsschädigenden Eigenschaften enthalten; es darf (nach der Norm DIN 2000) nur einen geringen Gehalt an gelösten Stoffen enthalten. Die Unternehmen der Wasserversorgung haben Mühe, diesen Forderungen gerecht zu werden. Denn das zur Verfügung stehende oberirdische und unterirdische Wasser dient nicht nur der Trinkwasserversorgung, sondern auch anderen Nutzungen: als Schiffahrtsstraße; zur Bewässerung landwirtschaftlicher Nutzflächen; zur Energiegewinnung (durch Aufstauen und Absenken des Wassers); zur Produktion von Gütern, für die sauberes Wasser erforderlich ist; als Brauchwasser für die industrielle Nutzung; als Kühlwasser; zur Erholung, zum Sport, zur Fischerei; als Vorfluter für Abwasser aus kommunalen und industriellen, aus diffusen Quellen.

Diese vielfältige Inanspruchnahme des Rheins muß freilich Zielkonflikte in Kauf nehmen. Die wichtigste Nutzung des Rheins als Spender von Trinkwasser läßt sich schlecht in Einklang bringen mit der Nutzung als Abwasserkanal. Dieser taugt auch nicht als Fischgewässer. Gemüsekulturen und Blumenzüchtungen brauchen ebenfalls gesundes Wasser, und eine stinkende Kloake ist der Erholung wenig zuträglich. Hingegen vermögen Schiffahrt und Kraftwerke sich mit verschmutztem Wasser leichter abzufinden. Auch bei der Entnahme industriellen Brauchwassers und Kühlwassers werden begrentze Verschmutzungen toleriert.

Am Mittwoch, 18. Juni 1969, in den Mittagstunden, wurden bei Geisenheim (Rheingau), Stromkilometer 524,5, in der Strommitte an der Ilmen-Aue, tote Fische entdeckt. Das Fischsterben wuchs sich im Laufe der nächsten Stunden zu einer Katastrophe aus, wie sie in diesem Ausmaß noch nie beobachtet worden war. Fünf Tage lang krepierten die Rheinfische, trieben den Fluß hinunter, schwappten als silbrig glänzende, stin-

kende Masse an die Ufersäume; etwa 40 Millionen toter Fische sollen es
gewesen sein. Nahezu alle Wasserpflanzen und der gesamte Fischbestand
schienen vernichtet. Ein zunächst unbekanntes, trotz Verdünnung hoch-
wirksames Gift war in den Rhein gelangt. Es wäre die schwerste Katastrophe überhaupt, die den Rhein bisher heimgesucht hätte, konstatierten
offizielle niederländische Stellen. Dort mußte drei Wochen lang die Entnahme von Rheinwasser zur Trinkwasseraufbereitung eingestellt werden.
Die Niederländer hatten allen Grund, sich zu beschweren: Sie waren von
ihrem deutschen Nachbarn und Oberlieger am Strom zu spät gewarnt
worden; erst fünf Tage nach den ersten Katastrophenmeldungen ging die
offizielle Warnung in Den Haag ein. Peinlich genug für die deutschen Verschmutzer; noch peinlicher, daß die Niederländer es waren, die bereits
nach 24 Stunden entdeckten, um welches Gift es sich handelte. Dazu
schienen die deutschen Chemiker auch nach fünf Tagen noch nicht fähig.
Das Reichsinstitut für Volksgesundheit in Bilthoven bei Utrecht übermit-
telte per Fernschreiben dem Bundesgesundheitsministerium die Formel:
es war das Insektizid Endosulfan, von dem bereits Bruchteile eines Milli-
gramms in einem Liter Wasser für Insekten tödlich sind. Jetzt erst bestätigte
Hoechst, Hersteller des Insektengifts, die Diagnose. Das hochwirksame
Endosulfan, damals unter dem Handelsnamen «Thiodan» geführt, gehört
zu den nichtchlorierten Kohlenwasserstoffen. Es vernichtet beißende und
saugende Insekten, soll Bienen aber nicht schaden; es wurde in der Landwirtschaft, im Weinbau, in der Forstwirtschaft gegen Käfer, Raupen,
Laub- und Nadelläuse eingesetzt. Es besaß, wie sich nun erwiesen hatte,
auch gegen Wasserorganismen hochtoxische Eigenschaften. Seines Bio-
akkumulationsvermögens und seiner schweren Abbaubarkeit wegen
kamen Produktionsverbote ins Gespräch.

Die Staatsanwaltschaft in Koblenz nahm die Ermittlungen auf. Die niederländische Polizei wurde um Hilfe ersucht, Interpol eingeschaltet. Der
Täter mußte mit riesigen Entschädigungssummen rechnen – wenn er zu
ermitteln gewesen wäre. Er konnte beim Hersteller vermutet werden, bei
den Binnenschiffern, bei der großen Zahl der Verbraucher in der Land-
und Forstwirtschaft. Die Regierung in Den Haag glaubte den Schuldigen
zu kennen und informierte Anfang Februar 1970 die zuständigen Stellen
in Bonn. Ihr Verdacht richtete sich auf den Konzern Hoechst, der in seinem Werk Griesheim Endosulfan herstellte. Noch Anfang 1970 habe
Hoechst täglich 40 bis 50 Kilogramm des hochgiftigen Thiodan in einen
in den Main mündenden Kanal gepumpt. An dem Katastrophentag 1969
wäre eine weit höhere Menge abgelassen worden. Die Farbwerke Hoechst
wiesen die Beschuldigungen der niederländischen Regierung sofort und
entschieden zurück. Sie bestritten nicht, daß im Werk Griesheim seit 1963
Endosulfan hergestellt würde und daß durch Produktionsabwässer «gegenwärtig (1970) stündlich 150 bis 400 Gramm Endosulfan in den Main»
gelangten. Diese Menge sei «für Menschen, Säugetiere, Fische und Pflan-

zen bereits im Main-Wasser unschädlich».[25] Die Staatsanwaltschaft in Koblenz mochte sich dem in den Niederlanden geäußerten Verdacht nicht anschließen. Nach einer ganztägigen Überprüfung an Ort und Stelle glaubte der ermittelnde Staatsanwalt ausschließen zu können, daß «Thiodan oder thiodanhaltige Rückstände absichtlich in das Kanalsystem abgepumpt» worden seien: «Davon konnten wir uns überzeugen.»[26] Außerdem habe die tödliche Wirkung erst etwa 70 Kilometer unterhalb des Griesheimer Werks eingesetzt. Dort und stromabwärts sei auch die Pflanzenwelt vernichtet worden. Thiodan aber werde selbst in starker Konzentration von Pflanzen vertragen.

Die Thiodan-Vergiftung von 1969 hatte ein ebenso großes Echo in den Medien und in der Bevölkerung wie siebzehn Jahre später der Störfall bei Sandoz in Schweizerhalle. Dort waren Ursache und Hergang eindeutig zu ermitteln, die Thiodan-Katastrophe von 1969 dagegen blieb ungeklärt. An die Erhebung einer Anklage war nicht zu denken. Resignierend schrieb der niederländische De Telegraaf in einem Schlußbericht: «Der vergiftete Rhein bleibt ein Mysterium.» Plötzlich waren einer breiten, bis dahin gleichgültigen Öffentlichkeit Ursachen und Folgen rücksichtslosen Naturverbrauchs demonstriert worden. An einer unerwarteten und nicht erklärbaren Reaktion der Natur mit katastrophalen Folgen war deutlich geworden, wo die Grenzen der Belastungen der Gewässer liegen.

Zur Zeit der Katastrophe schien die organische Verschmutzung des Rheins bereits bedenklich. Die ständige Einleitung schädlicher Stoffe, wie der Abfallsalze der elsässischen Kaligruben oder der Produktionsabwässer des Werks Griesheim der Hoechst AG – nur zwei Beispiele von gewiß vielen tausend –, hatte die Selbstreinigungskräfte des Flusses gelähmt. Ein See mit stehendem Wasser wäre längst «umgekippt» und zu einem toten Gewässer geworden. Im Rhein aber war dies durch dessen kräftige Wasserführung ein schleichender Prozeß. Als Mitverursacher der Thiodan-Vergiftung durften sich alle Einleiter an die Brust klopfen. Die Vermutung der Staatsanwaltschaft, daß Thiodan nicht allein zu dem Fischsterben geführt haben konnte, sondern daß weitere toxische Substanzen beteiligt gewesen sein müßten, hatte viel für sich.

In den Jahren nach der Thiodan-Katastrophe galt die höchste Aufmerksamkeit diesem Insektizid. Bei verschiedenen Bestandsaufnahmen und Meßprogrammen stellte sich heraus, daß die Endosulfanbelastungen des Rheins aus sogenannten diffusen Quellen, in diesem Falle der Landwirtschaft, stammten. Im Jahr 1985 wurden 400 Kilogramm Endosulfan im Rhein festgestellt; 99 Prozent stammten aus der Landwirtschaft, ein Prozent aus industriellen Einleitungen.[27] 1976 war Endosulfan zwar in die schwarze Liste des Chemieübereinkommens aufgenommen, seine Nutzung in den Rheinanliegerstaaten untersagt worden. Ein Anwendungsverbot aber bedeutet noch nicht, daß die diffusen Einträge in den Rhein nun beendet seien; die im Boden akkumulierten Stoffe werden noch viele

Jahre vom Regen ausgewaschen werden. Sie werden flußabwärts transportiert und am Unterlauf, in den Niederlanden, dauergelagert werden, oder in der Nordsee.

Der Schreck über die Thiodan-Vergiftung 1969 saß tief. Jetzt wurden strengste Maßstäbe gefordert. Ausgleichsabgaben für kommunale und industrielle Verschmutzer fanden Zustimmung, Initiativen für neue Reinhaltungsgesetze, für die Ergänzung des Wasserrechts hatten Befürworter. Finanzausschüsse beugten sich höheren Einsichten und bewilligten zusätzliche Ausgaben für eine bessere Umwelt, zum Beispiel für Kläranlagen. Endlich auch wurde das altertümliche, uneinheitliche Kontroll-, Melde- und Alarmverfahren am Rhein vereinheitlicht und verfeinert. Die letzten Rheinfische als Giftmelder erhielten Unterstützung und Entlastung durch die Entwicklung eines internationalen Meßprogramms und einen verbesserten Warn- und Alarmdienst. Seither wird kontinuierlich die Verschmutzung des Rheinwassers gemessen.

Die deutsche Bundesregierung antwortete am 25. 11. 1983 auf eine Anfrage des Bundestages: «Die heutige Situation des Rheins und seine deutlich verbesserte Wasserqualität ist das Ergebnis großer Anstrengungen von Gemeinden und Industrie in guter Zusammenarbeit von Bund und Ländern sowie aller Rheinanliegerstaaten.»[28] Dennoch bliebe das Problem der halogenierten Kohlenwasserstoffe und polyzyklischen Aromate. Von diesen vermutlich kanzerogenen Stoffen seien ca. 4500 im Handel. «Die Beurteilung ihrer Auswirkungen auf die Rheinwassergüte erfordert eine differenzierte Betrachtungsweise. Nähere Ergebnisse liegen jedoch erst seit wenigen Jahren vor, da die Konzentrationen dieser Stoffe in den Gewässern im allgemeinen sehr niedrig sind (im Bereich von milliardstel bis millionstel Gramm pro Liter) und analytische Methoden erst seit kurzem mit ausreichender Zuverlässigkeit zur Verfügung stehen, z. T. sogar noch entwickelt werden müssen. Angesichts der Stoffvielfalt und noch großer Wissenslücken lassen sich Aussagen über die Belastung des Rheins mit organischen Halogenverbindungen und mit polyzyklischen Aromaten hier nur in stark vereinfachter Form machen.» Hieß das, daß es bei der Entwicklung solcher Stoffe durch die chemische Industrie keine oder keine ausreichende Folgenabschätzung gab?

Die Niederländer, die es anging, werden es vernommen haben, und das Unbehagen der Rotterdamer, die in ihrem Hafen die Probe aufs Exempel machen konnten, wird nicht geringer geworden sein. Es kann sie nicht beruhigt haben, daß die Bundesregierung versicherte, «akute Gefahren durch das Vorkommen der vorgenannten Stoffe im Rhein für die menschliche Gesundheit, z. B. über den Weg der Trinkwasserversorgung, wurden bisher nicht bekannt. Da sich die Stoffe bevorzugt an Schwebstoffe und Sedimente anlagern, gelangen sie nur in geringen Mengen ins Rohwasser der Trinkwasserversorgung, Restwerte werden bei der Trinkwasseraufbereitung weitgehend eliminiert.[29]

Die Thiodan-Vergiftung 1969 und der Brandunfall bei Sandoz 1986 hatten in der Öffentlichkeit eine wachrüttelnde, alarmierende Wirkung. Allerorten wurde Empörung laut. Gefährlicher als die sensationellen Störfälle aber ist die hohe Dauerbelastung des Rheinwassers.[30] Diese schleichende Vergiftung ist die eigentliche Bedrohung. Dieser Bedrohung ist schwerer beizukommen als der Beseitigung und Regulierung eines Störfalls, und sei er noch so alarmierend.

Ein Nachbericht zur Thiodan-(Endosulfan-)Katastrophe 1969. Zur Erinnerung: Das Insektizid stand seiner schweren Abbaubarkeit wegen auf der schwarzen Liste des Chemieübereinkommens (1976). 1985 wurden im niederländischen Nordostpolder vier Fälle von Fischsterben bekannt. Tausende Fische starben durch den unsachgemäßen Gebrauch von Endosulfan.[31] Auf der Lagerliste des Sandoz-Baus 956 in Schweizerhalle, der am 1. November 1986 in Brand geraten war, stand in der Schreckensliste von Pestiziden, Fungiziden, Herbiziden an der Position 10 auch Endosulfan verzeichnet. 1974 Kilogramm waren penibel registriert. Inzwischen wußte man: Eine Konzentration von 0,0014–0,012 Milligramm je Liter Wasser führt bei 50 Prozent von Versuchsfischen zum Tode.[32] 1990 wurde Endosulfan im Rheineinzugsgebiet immer noch «in einem in der Bundesrepublik Deutschland gelegenen Betrieb hergestellt und weiterverarbeitet. Die Hauptmenge der Produktion (war) für den Export in Staaten außerhalb der EG bestimmt». Zwei Betriebe in der Schweiz, einer in Deutschland und einer in den Niederlanden verarbeiteten weiterhin das Insektizid. Erst nach langwierigen Verhandlungen konnte 1990 in der Internationalen Kommision zum Schutz des Rheins ein Konsens über die Grenzwerte von Endosulfan erreicht werden.[33]

Ein «nationaler Umweltplan»

In den achtziger Jahren muß es den Niederländern gereicht haben. Die Grenze des Erträglichen war überschritten. Das Bild, das ihr Land den Nachbarn und seinen Gästen bot, stimmte nicht mehr. Dabei hätten sie Anlaß gehabt, stolz zu sein. Sie hatten die weltweit höchste Auto- und Autobahndichte.[34] Sie waren der in der Welt zweitgrößte Exporteur landwirtschaftlicher Produkte (nach den USA). Ihre Tomaten waren immer größer geworden, sahen immer prächtiger aus; aber plötzlich bemerkten sie, daß ihre eigenen Tomaten ihnen weder gut schmeckten, noch eigentlich schlecht schmeckten, vielmehr nach gar nichts schmeckten. Der Spiegel meldete: «Sogar die Freude an den Tulpen … ist den Niederländern vergangen, seit sie wissen, daß die Züchter 40 Kilogramm Pestizide pro Hektar versprühen.»[35] Konnten sie sich allen Ernstes damit brüsten, daß in ihrem Land mehr Schweine und Kühe (19 Millionen) als Menschen (14 Millionen) lebten, daß der Selbstversorgungsgrad bei Butter über 440 Prozent betrug? Dafür erstickten sie fast am Ammoniakgestank der

Gülle aus ihren Massentierhaltungen. Zwei Drittel der niederländischen Grundfläche werden agrarisch genutzt.

Die Niederländer erinnerten sich an einen «Kleinen Giftatlas der Niederlande», den die Wochenzeitung «Vrij Nederland» 1983 veröffentlichte. Kopfschüttelnd hatten sie von verseuchten Böden gelesen; fast die Hälfte der verseuchten Flächen hatten die Redakteure in der Nähe der Rheinmündung ausgemacht. Als das niederländische Umweltministerium 70 000 illegale Giftlagerplätze in der dem Meer mühsam abgerungenen niederländischen Polderlandschaft vermutete[36], war das Maß voll. Die Hälfte der Niederländer lebte in Poldergebieten, unterhalb des Meeresspiegels also – was wäre, wenn bei einer neuen Flutkatastrophe das Gift mit dem Wasser hochkäme? Schon 1989 enthielten die Äcker durch das fast ohne Pause versprühte Gemisch von Harn und Kot aus den Großtierhaltungen so viel Schwermetalle und Mineralien, daß erwogen werden mußte, 70 Pumpstationen wegen des zu hohen Nitratgehalts des Rohwassers zu schließen. Es bedurfte kaum noch des Eingeständnisses, daß auch unter dem neuen Naherholungsgebiet «Zegersloot» nahe Utrecht und Alphen aan den Rijn, unter den Kinderspielplätzen, dem Kinderbauernhof, dem Golfplatz und dem See 150 000 Tonnen Giftmüll einer alten Deponie schlummerten, der zum Teil radioaktiv verseucht war. Den Niederländern dämmerte: ihr Land, dieses adrette Tulpen- und Windmühlenidyll, war das «am stärksten verseuchte Land Westeuropas» – so stand es wörtlich in einer amtlichen Studie ihres Reichsinstituts für Volksgesundheit und Umweltschutz (RIVM). Eine Arbeitsgruppe des Ministeriums für Verkehr und Wasserwirtschaft lieferte ihren Anteil an all diesen Hiobsbotschaften zum Thema Rheinverschmutzung: «Die Niederlande erhalten nicht nur verschmutztes Rheinwasser, sie tragen auch erheblich zur weiteren Belastung des Flusses bei. Bei bestimmten Substanzen sind sie sogar die größten Verschmutzer des Rheins ... So leiten die Niederländer zum Beispiel jedes Jahr fast 200 Tonnen organischer Halogenverbindungen in den Rhein – so viel wie alle anderen Rheinanlieger zusammen. Allein rund 4000 Kilogramm Schädlingsbekämpfungsmittel gelangen auf dem Gebiet der Niederlande in den Fluß. Aus den anderen Ländern bringt der Rhein dagegen nur wenig Pestizide mit. Die jährlichen Frachten an den Mitteln Endosulfan und Parathion, die der Rhein aus der niederländischen Landwirtschaft erhält, belaufen sich auf 2000 Kilogramm; an der niederländischen Grenze sind diese Stoffe kaum meßbar. Außerdem gelangen jedes Jahr 200 Kilogramm der Insektizide Aldrin, Dieldrin, Endrin und Isodrin von den Äckern in den Rhein; hinzu kommen 32 Kilogramm von der Industrie. Zusammen entspricht das dem Sechsfachen der Menge, die bei Lobith in die Niederlande fließt. Die petrochemische Industrie der Niederlande belastet den Rhein mit 62 Tonnen Benzol im Jahr. Auch die Cadmium-Einleitung ist in den Niederlanden am höchsten: Kunstdünger- und Farbstoffunternehmen geben jährlich 15 Tonnen des giftigen Schwermetalls in den Rhein ab. Insgesamt stammen fast 30 Prozent der Schwermetalle – Quecksilber, Cadmium, Chrom, Kupfer, Nickel, Zink und Blei – im Rhein aus den Niederlanden. Jedes Jahr gelangen 423 Tonnen davon in den Fluß. Auch 15 400 Tonnen Phosphate kommen aus den Niederlanden; das entspricht fast der Hälfte der Menge, die der Fluß aus den anderen Ländern mitführt.»[37]

Königin Beatrix sagte in ihrer Weihnachtsansprache 1988: «Langsam stirbt die Erde, und das Unvorstellbare – das Ende des Lebens selbst – wird nun vorstellbar.» Die Niederländer hörten den Worten ihrer Königin beklommen zu; das war keine frohe Botschaft, aber eine buchstäblich notwendige. Diese Ansprache markierte «für Professor Lucas Reijnders, seit Anfang der siebziger Jahre in der ökologischen Bewegung aktiv, die ‹Wende in der Umweltpolitik›». Jetzt setzte sich der Regierungschef selbst, der Christdemokrat Lubbers, an die Spitze der Umweltsanierer – und trat zurück, als er für seinen Sanierungsplan keine breite Mehrheit fand: «Eine politische Premiere in Europa», kommentierte der Spiegel: «Erstmals demissionierte eine Regierung wegen eines ökologischen Konflikts.»[38] Hauptthema des nachfolgenden Wahlkampfs: Die Umwelt. Der liberale Umweltminister Ed Nijpels regte den «Nationalen Umweltplan» an; dieser beherrschte fortan die Diskussionen. 71 Prozent der Niederländer wollten lieber persönliche Opfer und einen niedrigeren Lebensstandard hinnehmen als eine weitere Belastung ihrer Umwelt. Bis zum Jahr 2010 sollten 300 Milliarden Gulden aus Steuergeldern, von Verbrauchern und insbesondere von den Verschmutzern aufgewendet werden; es sollten strenge Gesetze und Vorschriften die heraufziehende Katastrophe abwenden helfen. 1991 wurde eine schrittweise Halbierung der Anwendung chemischer Mittel bis zum Jahr 2000 und die Förderung des biologischen Landbaus beschlossen. Der Umweltschutz erhielt hohe politische Priorität. Wenn die Niederländer etwas anpacken – wie einst das Delta-Bauwerk – tun sie es ganz und gründlich.

Rotterdam: Der letzte beißt die Hunde

Den Aufstieg zum größten Hafen der Welt dankt Rotterdam seiner Lage an der Mündung der wichtigsten und meistbefahrenen Wasserstraße Europas. Pausenlos langen hier Warenströme von Übersee und aus dem Binnenland an, werden umgeschlagen, verarbeitet, weitertransportiert. Pausenlos aber auch liefert der Rhein riesige Sedimentmengen an, und das Meer lädt mit dem Gezeitenwechsel Schlick im Mündungsdelta ab. Überließe Rotterdam diese Anladungen der Natur, wären seine Häfen nach wenigen Jahren versandet. Will es für die von See hereinkommenden Großtanker erreichbar bleiben, muß es die erforderlichen Tauchtiefen erhalten. Jährlich sind rund 23 Millionen Kubikmeter Baggerschlick aus den

Wasserstraßen und Hafenbecken zu entfernen. Rotterdam muß die Vorteile seiner Lage an der Rheinmündung mit erheblichen Nachteilen erkaufen. Besonders der vom Rhein abgelagerte Schlick bringt Probleme mit, weil er stark verschmutzt ist. «Den letzten beißen die Hunde», brummte bei der Besichtigung der Schlickdeponie «Slufter» draußen in Maasvlakte einer der Ingenieure und zuckte die Achseln.

Anfang der siebziger Jahre ergaben Untersuchungen, daß der Rotterdamer Hafenschlick stark mit Giften kontaminiert war. Viele der vom Strom herangebrachten Schmutzstoffe waren in Wasser löslich und wurden mit dem Flußwasser ins Meer geführt. Andere Stoffe jedoch, die Schwermetalle zum Beispiel, verbanden sich mit den Schwebstoffen und Sedimenten des Rheins und sanken mit diesen auf den Hafengrund. Dort reicherten sich die Schadstoffe an. Es fand sich keine die Umwelt schonende Lagermöglichkeit, schon gar keine Verwendung für die Problembrühe. Der schwarze Pulp aber mußte weg; die Baggerarbeiten konnten keinen Augenblick gestoppt werden. Der Ingenieur vom Städtischen Hafenbetrieb versuchte, mir eine Vorstellung von der Menge des jährlich zu entfernenden Schlicks, von 23 Millionen Kubikmetern Sand und Schlamm, zu geben: Jeder Niederländer hätte jedes Jahr 150 Eimer Baggerschlick übernehmen und in seinem Gärtchen lagern müssen.

Die Schwierigkeiten «häuften» sich derart, daß 1975 eine Arbeitsgruppe «Deponierung Baggerschlick» (S.G.B.B.) einberufen wurde; beteiligt waren die Stadt Rotterdam, Rijkswaterstaat und die Provinzen Südholland und Gelderland. Die Arbeitsgruppe empfahl die Suche nach einer Möglichkeit kontrollierter Deponierung an Land oder in einem Binnensee. 1982 legte die S.G.B.B. den Plan «Verarbeitung von Baggerschlick aus Häfen und Fahrtrinnen im unteren Flußdelta» vor. Er enthielt eine definitive und eine vorläufige Lösung der Probleme. Definitiv wäre das Problem nur zu lösen, so das Gutachten, wenn die Quellen der Kontaminierung am Rhein entlang bis hinauf nach Basel verstopft und saniert würden. Das schien, wenn überhaupt, nur langfristig möglich. Vorläufig und mittelfristig wäre die Anlegung einer Groß-Deponie die beste Lösung. Die Deponie müßte den Niederländern 15 Jahre lang die Sorgen um die Aufhaldung des Hafenschlicks abnehmen können.[39]

Ein qualifiziertes Team von Wissenschaftlern, Ingenieuren, Juristen und Verwaltungsfachleuten ging an die Arbeit. Zunächst wurde der Baggerschlick in vier Deponieklassen unterteilt. Der aus den seenahen westlichen Hafenbecken und der Flußmündung aufgenommene Baggerschlick war relativ sauber. Er stammte aus Nordseesedimenten und konnte ins Meer zurückgegeben werden. Dieser erhielt die Güteklasse 1. Es blieb der Schlick der Klasse 1–2, 2 und 2–3, der aus einer Mischung von Nordsee- und Flußsedimenten bestand und schwach bis unterschiedlich stark kontaminiert war; er sollte auf die neue Groß-Deponie. Schlick, der die Klasse 3–4 überschritt, durfte nicht mehr dorthin, sondern gehörte auf eine Sondermülldeponie, die zusätzlich anzulegen wäre. Eine besondere Regelung wurde für den schwer kontaminierten Baggerschlick der Klasse 4 getroffen. Dieser sollte erst dann ausgebaggert und als Sondermüll deponiert werden, wenn die Ursache der Kontaminierung, die zur Klasse 4 führte, beseitigt wäre und keine Nachlieferung an Giften mehr zu befürchten stünde.

Mengenberechnungen des in 15 Jahren anfallenden Hafenschlicks der Groß-Deponieklassen 1–2, 2 und 2–3 ergaben, daß die Kapazität der Deponie 150 Millionen Kubikmeter betragen mußte. 1982 begann die Suche nach einem geeigneten Standort. Sie wurde begleitet von umfassenden Prüfungen der Umweltverträglichkeit und Ökotoxikologie, der Küstenmorphologie, des geologischen Aufbaus des Untergrundes und seiner Tragfähigkeit, der zu erwartenden physikalisch-chemischen Prozesse und der vermutlichen Veränderungen innerhalb der Deponie, der technischen Fragen des Schlicktransports und der Füllung der Groß-Deponie, nicht zuletzt der Eingliederung in die Landschaft und der Auswirkungen auf das menschliche Erleben. Unter mehreren Standort-Alternativen fiel 1985 die Entscheidung für die Groß-Deponie «Slufter» am Küstensaum der Maasebene, in Maasvlakte. Am 14. Mai 1986 begannen die Bauarbeiten; am 24. September 1987 wurde der Slufter in Betrieb genommen. Der Slufter ist eine 260 Hektar große Grube, deren Grund 28 Meter unter dem Wasserspiegel des Meeres liegt. Mit den 37 Millionen Kubikmetern Sand, die beim Aushub freikamen, wurde ein 24 Meter hoher Deich um die Grube herum angelegt und sogleich zur Vorbeugung gegen Verwehungen mit Helmgras bepflanzt. Die niederländischen Gesetze schreiben die Überwachung der Qualität des Grundwassers unter der Deponie vor, ein sogenanntes Monitoring, sowie ein hydrologisches Verwaltungssystem, das Eingriffe ins Innere der Deponie für den Fall erlaubt, daß kritische Kontaminierungen in den Untergrund oder in die Umgebung dringen.

Der Schlick in den Häfen und Wasserstraßen Rotterdams wird von Schleppsaugbaggern aufgenommen und unter Wasserzusatz über eine drei Kilometer lange Rohrleitung zum Slufter gepumpt. Das mit dem Schlick eingespülte Wasser und das Wasser, das durch die Konsolidierung des Schlicks freikommt, muß entfernt, zuvor aber auf Kontaminierung überprüft und geklärt werden. Nicht nur ein ausgefeiltes Monitoring-System überwacht den Slufter, auch dessen Umgebung bleibt unter Kontrolle. Die Deponie wurde in einem Gebiet angelegt, in dem, wie in jedem dynamischen biologischen System, fortwährend Veränderungen stattfinden. Dort gingen durch die Deponie 400 Hektar Meeresgebiet verloren. Salzpflanzen (Halophyten), Kleinlebewesen wie Würmer, Hohltiere, Seesterne und Fische verloren Lebensraum. Die Umweltverträglichkeitsprüfung hatte den Rückgang des Bestandes an Herzmuscheln (Cardium) vorausgesagt. Das hatte Rückwirkungen auf den Bestand an Taucherenten. Um ein Brut- und Ruhegebiet für Vögel zu schaffen, wurde nahe dem Slufter im Meer eine Insel aufgespült, die im Volksmund bereits «Vogelinsel» heißt

Abb. 62: Großdeponierung von kontaminiertem Baggerschlick aus dem Europoort
Rotterdam im Slufter in Maasvlakte.

und zum Naturschutzgebiet erklärt worden ist. Im Sluftergebiet finden
monatlich Vogelzählungen statt. Alljährlich von März bis Juli wird der Bestand der Brutvögel aufgenommen. Im Dünengebiet wird alle drei Jahre
der Stand der Vegetation kartiert. (Abb. 62)

Hochkontaminierter Baggerschlick der Stufe 3–4 darf nicht im Slufter
gelagert werden. Für diese problematischen Abfälle wurde eine Sonder-
mülldeponie gebaut. Auf einer Landzunge in Maasvlakte zwischen dem
Beerkanal und dem Achten Petroleumhafen wurde, wiederum nach sorg-
fältigen Prüfungen der Umweltverträglichkeit, ein rund 29 Hektar großes
Gebiet ausgewählt. Es erhielt, seiner eigenartigen Form wegen, den
Namen «Papegaaiebek» (Papageienschnabel). Die Deponie dort hat eine
Kapazität von etwa 1,3 Millionen Kubikmetern. Sie wird von einem
3,30 Meter hohen Damm umschlossen. Der Deponieboden und die
Böschungen des Ringdamms sind der gefährlichen Gifte wegen mit dicker
Folie aus Kunststoff abgedichtet. Unter der Folie wurde zur Sicherheit ein

Drainagesystem angelegt. Auch hier wird laufend kontrolliert, ob Verunreinigungen ausgetreten sind. Druck- und Porenwasser wird durch eine Nachsinkanlage abgeführt. Auch diese ist mit Folie ausgekleidet. Das Wasser wird gereinigt und durch einen Überlauf in den Beerkanal eingeleitet, der abgesetzte Schlick in den Papageienschnabel zurückgeführt.

Die Anlage der Groß-Deponie Slufter hat das Problem der Lagerung des Rotterdamer Baggerschlicks mittelfristig gelöst. Ihre Kapazität wird im Jahre 2002 erschöpft sein. Planung und Bau des Slufter gingen von vornherein davon aus, daß gleichzeitig eine langfristig angelegte, aber definitive Lösung angestrebt wurde, nämlich die Sanierung der Quellen der Verunreinigungen. Der Ingenieur der Gemeentewerken Rotterdam sagte es unverblümt: «Wir wollen nicht mehr mit unseren Baggern auslöffeln, was unsere Oberlieger und EG-Partner uns einbrocken» – und er schob mir eine Broschüre herüber, in der er den Satz angestrichen hatte: «Die langfristige Rotterdamer Politik zielt darauf hin, daß 2002, wenn der Slufter voll ist, der Baggerschlamm so sauber sein muß, daß seine Verklappung auf See oder die Verwendung an Land wieder in großem Maßstab möglich ist.»[40]

Um dieses Ziel zu erreichen, mußte die Stadt Rotterdam ihre Aktivitäten über die Stadtgrenzen und die Landesgrenzen hinaus ins ganze Einzugsgebiet des Rheins ausdehnen. Was sie sich da vorgenommen hatte, war keine Kleinigkeit. Sie ging generalstabsmäßig vor und bildete drei Arbeitsgruppen, eine technische, eine juristische und eine publizistische. Jede Gruppe erhielt ihre Zielvorgabe. Die technische Arbeitsgruppe sollte rheinaufwärts im gesamten Stromgebiet mit wissenschaftlichem Rüstzeug, mit Laborschiffen und Analyseprogrammen die Einleiter von fünf Schwermetallen (Cadmium, Blei, Kupfer, Zink und Chrom) ermitteln und die Einleitungen quantifizieren. In dieser frühen Phase sollten Punkteinleitungen identifiziert werden und diffuse Quellen vorerst beiseite bleiben. Die juristische Gruppe sollte die rechtliche Position der Stadt Rotterdam prüfen. Diese vertrat den Standpunkt, daß sie den ihr entstandenen Schaden bei den Verursachern geltend machen könnte. Sie erwog gerichtliche Verfahren gegen die Einleiter. Die Arbeitsgruppe Publizistik sollte die Öffentlichkeit mobilisieren und durch geeignete Aktionen in der Presse, bei Behörden, in Betrieben, bei Umweltorganisationen auf die Baggerschlickproblematik aufmerksam machen. Es stellte sich heraus, daß in den Rheinanliegerstaaten weder der Bevölkerung noch der Industrie oder offiziellen Stellen bekannt war, was die Schmutzfluten im Hafen Rotterdam anrichten.

Selbstverständlich kehrten die Rotterdamer auch vor der eigenen Tür: Sie suchten die in den Hafenbecken häufigen Ölleckagen zu reduzieren und schließlich ganz zu verhindern; sie ermittelten gegen Einleitungen der niederländischen Industrie; sie suchten diffuse Quellen einzudämmen und eine «saubere Hafenumwelt» anzustreben; die Regierung in Den Haag drängten sie zu einer verschärften Gesetzgebung hinsichtlich der Emissionen.

1988, nach Abschluß der ersten und der zweiten Phase des Projekts, waren von allen wesentlichen Einleitern die Kontaminierungsfrachten festgestellt. Auch die Nebenflüsse Neckar, Main und Mosel waren einbezogen worden. Die juristischen Gutachten (unter Beteiligung der Erasmus-Universität Rotterdam) hatten ergeben, daß sich die Stadt Rotterdam durchaus in einer starken Position befindet. Gleichzeitig hatten PR-Aktionen in Deutschland, Frankreich und der Schweiz nicht nur die Kenntnis der Rotterdamer Sorgen verbreitet, sondern auch die Meinung bestärkt, daß es ein Unrecht ist, was Rotterdam zugemutet wird. Auf der Grundlage der ermittelten technischen Daten, der juristischen Gutachten und der gewandelten öffentlichen Meinung begann ein mit Meßergebnissen der Intoxikationen, mit hieb- und stichfesten wissenschaftlichen Beweismitteln und mit Expertisen bestens gerüstetes Verhandlungsteam der Stadt Rotterdam Besprechungen mit 34 großen Einleitern, mit dem Ziel, Vereinbarungen über eine Reduktion ihrer Einleitungen zu treffen. Mit der Höhe der Schadenssumme hielten die Rotterdamer Sendboten nicht hinter dem Berg, auch nicht mit Hinweisen auf die Rechtslage und zu erwartende Regreßansprüche. Die Rotterdamer betonten, daß die Probleme nicht am Ende der Pipeline zu lösen sind, sondern nur oberhalb. Dieser Einsicht vermochte gesunder Menschenverstand sich nicht zu verschließen. «Der letzte beißt die Hunde!», sagte mein Ingenieur, auf der Dammkrone des Slufter stehend, und grinste über das ganze Gesicht.

Das Verhandlungsteam legte es jedoch nicht auf Konfrontation an, sondern versuchte es mit freundlicher Überredung, mit Appellen an die Einsicht der Großverschmutzer. Die Rotterdamer suchten den Abschluß eines Vertrages über die Verminderung der Kontaminierungen zu erreichen. Als Gegenleistung boten sie den Verzicht Rotterdams auf Schadensersatzansprüche gegenüber dem Einleiter an. Die Rotterdamer konzentrierten ihre Demarchen zunächst auf zehn Einleiter, die meisten den Lesern dieses Buches sattsam bekannt.

1991 konnte das Verhandlungsteam erste Erfolge melden. In der Schweiz garantierte Sandoz die Reduzierung seiner Kupfer- und Chromeinleitungen bis 1995; 1994 würden Vereinbarungen über weitere Reduzierungen folgen. Der französische Betrieb Rhône-Poulenc in Chalampé gab es schriftlich, daß er sich zu einem Sanierungsprogramm bei den Kupferemissionen entschlossen habe. In Deutschland wurde mit der Zinkhütte Berzelius in Duisburg ein Abkommen zur Verringerung der Metalleinleitungen getroffen. 1991 konnte auch mit dem Verband der deutschen chemischen Industrie, dem 100 potentielle Einleiter angehörten, ein Abkommen geschlossen werden. Als uneinsichtig dagegen erwiesen sich die elsässischen Kaliminen. Sie spülen nicht reines Salz, sondern Salzschlamm in den Rhein. Die technische Arbeitsgruppe errechnete, daß dadurch jährlich zusätzlich 250 000 Kubikmeter Schlamm ausgebaggert werden müssen. Schlimmer: Der elsässische Abraum nimmt Schwermetalle auf; er reinigt auf diese Weise

zwar das Wasser, wird aber kontaminiert. Die Rotterdamer versuchten vergeblich, zu einer gütlichen Regelung zu kommen. Die juristische Arbeitsgruppe reklamierte vor Gericht eine Schadensvergütung von 100 Millionen Gulden. Skeptiker vermuten, daß erst dann, wenn die elsässischen
Schächte nichts mehr fördern, die Salzstöcke erschöpft, die letzten «Kalimandscharos» im Elsaß abgetragen sind und der Rhein auch dieses Salz-
gebirge abtransportiert haben wird, im nächsten Jahrtausend, der Rhein
und die Rotterdamer auch dieses Problems ledig sein werden.

Dennoch sahen sich die Rotterdamer in ihrer Zielsetzung bestärkt: Es
mußte langfristig möglich sein, den Rhein und den Hafenschlamm so weit
von Schadstoffen zu befreien, daß er wieder ohne Bedenken dem Meer
zurückgegeben oder mit Nutzen an Land verwendet werden konnte. Die
Strategie, auf drei Marschrouten gleichzeitig sich dem Ziel zu nähern, hatte
sich bewährt. Und ihr Instrumentarium, das von milder Überzeugung über
die wissenschaftliche Argumentation bis zum massiven Druck und dem
Einlegen von Rechtsmitteln reichte, hatte sich als hinreichend flexibel und
wirkungsvoll erwiesen. Es bestand berechtigte Aussicht, daß weitere Anstrengungen Erfolge zeigten, daß bis zum Jahre 2002, wenn die Kapazität
des Slufter erschöpft sein würde, die Häfen und Fahrstraßen Rotterdams
von giftigen Schadstoffen befreit sein würden und Rotterdam hinfort keine
Verschmutzung mehr zu gewärtigen hätte. Zum Nutzen nicht nur der Rotterdamer Häfen, sondern des ganzen Rheins und der Nordsee.

Er endet, wie er beginnt: kanalisiert

Am alten, dem römischen Rhein entlang zu wandern ist kein Vergnügen.
Aber ich hätte es wissen müssen: Das Fahrrad ist das angemessene Verkehrsmittel für den, der das Auto ablehnt, der an der frischen Luft sein und
dem Fluß nahe bleiben will. Fietsers (Radfahrer) und leider auch Brom-
fietsers (Mopedfahrer) waren auf den Uferwegen und Deichen zuhause,
die ich benutzte, und diese Wege waren fast alle asphaltiert, betoniert oder
mit roten Ziegeln in schönen Mustern gepflastert. Es gab keine Hinweise
auf Fußpfade oder Wanderwege. Ich war ein Verkehrshindernis und mehr
noch als am deutschen Niederrhein bin ich von den Hofhunden bekläfft
worden, für die ein Wanderer ein Störenfried sein mußte. In diesem von
Flüssen, Kanälen, Bächen überreich durchzogenen Land wäre ich nicht
einmal mit dem Boot, ohne Landbrücken zu überwinden, ans Ziel gelangt. Denn ich wollte ja am historischen, am römischen Rhein entlang
ans Meer gelangen, nicht neben der modernen Großwasserstraße. Die
hatte ich mit dem Schubverband befahren.

Der Verlauf des römischen Rheins im alten Bataverland läßt sich einerseits durch die von antiken Schriftstellern genannten oder durch Ausgrabungen bekannten einstigen Truppenstandorte ermitteln, andererseits

durch Altwasser oder flache Rinnen im Gelände noch erkennen, bzw. in den Landkarten verfolgen. Ein südlicher Rheinarm (heute Waal) hatte Noviomagus (heute Nijmegen) berührt, das als Legionslager im Hinterland die weiter nach Norden vorgeschobenen römischen Kastelle und Standorte stützte, und war nach Westen zu ins Meer geflossen. Diese Stützpunkte lagen an einem nördlichen Mündungsarm, der gleich hinter Elten abzweigte (heute Oude Rijn, Oude Rijnstrang, Pannerdens Kanaal) und an Arnhem vorbei in vielen Mäanderbögen (heute Neder-Rijn) die Richtung auf Wijk bij Duurstede nahm. Dort hatte sich um die Zeitenwende eine Abzweigung des Rheins gebildet, der heutige Lek. Der Kromme Rijn war noch ein paar Jahrhunderte der Hauptstrom geblieben. Der Lek aber nahm immer mehr Wasser auf, bis er zum Hauptstrom, der alte Rhein zum Kromme Rijn wurde. Dessen altes Flußgebiet versumpfte und verlandete. Bald nach 1122 schloß ein Damm in Wijk bij Duurstede den alten Flußlauf vom Lek ab. Utrecht aber, das römische Trajectum, lag nun nicht mehr am Rhein; es hatte seine Schiffahrtsverbindung verloren. Erst im 13. Jahrhundert stellte ein Kanal, der Vaartse Rijn, wieder eine schiffbare Verbindung her.[41] Der Damm, der den Kromme Rijn vom Neder-Rijn in Wijk bij Duurstede abtrennte, hatte auch sein Gutes: Er gewährleistete dem alten Stromgebiet einen gleichmäßigen Wasserstand. Das Land am Ufer konnte bewirtschaftet werden. Den Damm gibt es auch heute noch; eine ungehinderte Durchfahrt nach Utrecht auf dem Kromme Rijn ist auch mit einem Paddelboot nicht möglich. Dessen einstige Fortsetzung ist in der Landschaft mit einiger Mühe zu verfolgen; die niederländische Wasserkarte verzeichnet ihn als einen Bachlauf von drei bis fünf Metern Breite, der sich nördlich des Lek und des Amsterdam-Rijnkanaal durch eine Landschaft mit vielen schönen Wasserburgen schlängelt auf das römische Bunnik-Vechten und auf Utrecht zu. Vor Utrecht umrundet er das Amelisweerd mit den Häusern Oud und Nieuw Amelisweerd und dem Fort Rhijnauwen.[42] Das Amelisweerd, einst eine Rheininsel, ist heute eine Parklandschaft mit Sandwegen, mit alten Buchen, Eichen, Kastanien. Sie bot mir den einzigen Waldspaziergang auf meinem Weg am römischen Rhein, wenn er auch beeinträchtigt war durch die neue Autobahn und durch Ausblicke auf unschöne Neubauten der nahen Universität Utrecht. Alte Karten und Ansichten von Amelisweerd aus der Zeit um 1600 zeigen eine baumlose, kahle Landschaft. Man wird aber vermuten dürfen, daß die feuchten niederländischen Auengebiete mit reichem Bewuchs an auentypischen Bäumen und Büschen gesegnet waren. Der anhaltende Bedarf der Niederlande an großen Mengen von Pfählen, Zweigen, Flechtwerk für die Uferbefestigungen und Deichgründungen wird jedoch zu einem allmählichen Kahlschlag geführt haben; am Ende des Mittelalters spätestens wird das Land kahl gewesen sein. Das Holz mußte seither aus dem Schwarzwald und anderen Waldgebieten mit Flößen importiert werden.

Feierlich empfängt Utrecht den Kromme Rijn an der Bijlhouwerbrug; dahinter aber verliert sich seine Spur in der Stadt. Sein einstiger Lauf war Gegenstand der Diskussion der Historiker; vermutlich hatte der Rhein den Dom und den Pieterskerkhof umrundet und die Stadt in westlicher Richtung, im Bett des Leidse Rijn, wieder verlassen. Dieser Leidse Rijn ist heute ein Kanal, der die Mäanderbögen des alten Flußlaufs bis Harmelerwaard abschneidet. Hinter Harmelerwaard behält der Fluß seinen natürlichen Verlauf durch Woerden und Bodegraven bei und heißt nun Oude Rijn.

An beiden Ufern begleiten Straßen oder befestigte Radwege den Oude Rijn. Der Schiffsverkehr ist gering, der Autoverkehr lebhaft. Dennoch gibt es Stellen am Ufer, die an Jan van Goyens Gemälde erinnern: Unter Weiden liegen kleine Gehöfte dicht am Wasser; Teichrosen und Schilfdickicht säumen das Ufer. Die Böschungen sind mit Planken befestigt. Längsbalken dienen als Befestigung und Scheuerleiste für Kähne der Anrainer. In einem kleinen Backsteinhaus mit weit geöffneten Fensterläden liegen auf Regalbrettern über- und nebeneinander viele goldgelbe Käseräder. Ihr Duft erfüllt die Gasse. Hinter Bodegraven fließt der Oude Rijn in 1,6 Meter Höhe über dem umliegenden Land; größere Motorschiffe kommen mir entgegen. Graureiher am jenseitigen Ufer lassen sich nicht stören. Weit geht der Blick nach Norden in die Poldergebiete des Haarlemmermeer, und voraus nach Westen, zur Nordsee. Vor Leiden, wo der Fluß auch für große Binnenschiffe tauglich ist, reihen sich am Ufer Lagerhallen, Handwerksbetriebe, Höfe, kleine Einfamilienhäuser, Reparaturwerften, Kiesverladestellen. Ich beschließe, mich in Leiden, das ich von früheren Besuchen kenne, nicht aufzuhalten, sondern dem Oude Rijn und dem Galgewater durch die Stadt hindurch zu folgen und sogleich am alten Rhein weiter nach Katwijk zu wandern. Meine Unruhe wächst, wie damals, als ich in Graubünden zu den Quellen des Rheins hinaufstieg.

Hinter Leiden, hinter der Autobahn A 44 's-Gravenhage–Amsterdam, begleiten mich wieder die vertrauten Flußufer mit den dicht ans Wasser gebauten kleinen Gehöften, die von Gebüsch und alten Weiden umstanden sind, und die schmalen, rechtwinklig an den Fluß stoßenden, von Bächen gesäumten Streifen Weidelands. Am Horizont, im Westen, vor mir, glaube ich die Dünen bei Katwijk zu erkennen. Schwere Wolken kommen vom Meer. Der Wind ist stärker geworden, er biegt die Pappeln und streut ihre Blätter aus. Der Herbst kündigt sich an. Über dem Ufer des Oude Rijn liegt leichter Dunst, eine Stimmung wie auf Jan van Goyens Flußlandschaft. Paul Claudel kommt mir in den Sinn; ihm hatte sich als ein Charakteristikum dieser weiten Landschaft das Fließende, das Unscharfe, ihr Wandel eingeprägt.[43] Die Begrenzungen scheinen zu zerfließen. Land, Wasser und Himmel verändern sich fortwährend. Claudel schienen sie ein Bild für die Vergänglichkeit der Welt zu sein, gleichsam wie eine Vorbereitung, wie eine Einmündung alles Seienden ins Meer, in die Unendlichkeit.

Am Flußufer liegen Gewächshäuser, so weit das Auge reicht. Gärtnereigroßbetriebe reihen sich aneinander. Der Ort Rijnsburg scheint vom Gartenbau zu leben. Über mir sinken Flugzeuge durch die Wolken und nehmen Kurs nach Norden auf die Landebahnen in Schiphol. Kurz vor Katwijk gabelt sich der Oude Rijn noch einmal und umfließt ein Werth. Wo er sich wieder vereinigt, heißt er in den Karten Uitwaterings-Kanaal. «Geen Doorvaart» (Keine Durchfahrt) steht ebenfalls in den Karten vermerkt. Bei Katwijk steige ich vom Flußufer weg in die Dünen hinauf, überquere einen riesigen, um diese Jahreszeit leeren Parkplatz, – und höre das Meer rauschen. Ja, da liegt es; die Flut kommt herein, die Wellen rollen den Strand herauf und in einen schmalen Mündungsarm. Ich stehe an der Mündung des Rheins, des Oude Rijn. Mehr als 1320 Kilometer weit bin ich sein Begleiter gewesen. Es fällt mir schwer, mich nun von ihm zu verabschieden, ihn ins Meer zu entlassen, zu seiner Bestimmung. Aber der Oude Rijn erreicht diesen Ort seiner Bestimmung gar nicht; er «mündet» nicht eigentlich, das Meer ist ihm vielmehr verschlossen durch ein Bauwerk: «Rijnlands Uitwatering», ein Stauwehr, das den Auslaß schließen soll, den sich der Rhein einst durch den Schutzwall der Dünen hindurch geschaffen hatte. Bei hochgehender Flut bestand Gefahr, daß die See an dieser Stelle ins Binnenland eindrang, das gleich hinter dem Dünenwall bis zu 0,7 Meter unter NN liegt. Das Abschlußbauwerk besteht aus der Außenschleuse und der etwa 400 Meter flußabwärts gelegenen Innenschleuse. An der Außenschleuse ist ein Relief eingemauert, das offensichtlich von einem Vorgängerbau stammt. Der Text lautet: «De Vereeniging van den Rhijn met de Noordzee. Aangevangen op den 7den Augustus 1804 en voleindigt op den 21sten October 1807»: Die Vereinigung des Rheins mit der Nordsee. Angefangen am 7. August 1804 und vollendet am 21. Oktober 1807. Von einer Vereinigung des Rheins mit der Nordsee kann bei diesem modernen Bauwerk nicht die Rede sein, wohl aber von ihrer Verhinderung. Die allerdings, das muß bedacht werden, eine Notwendigkeit ist, eine Maßnahme zum Schutz des bedrohten Hinterlandes.

Sein «Lied vom Rhein» hatte Max von Schenkendorf einst mit den beiden Zeilen ausklingen lassen: «Von Felsen kommt er frei und hehr,/ Er fließe frei in Gottes Meer!»

Ich setze mich in eines der Cafés an der Strandpromenade und suche meine Empfindungen zu ordnen. Einerseits: Ich bin ernüchtert über dieses banale Ende des alten, berühmten Stroms. Andererseits stelle ich mir vor Augen: Ich habe es wirklich geschafft! Ich bin, einer Krankheit zum Trotz, mit dem Rhein von dessen «Quellen» bis zur «Mündung» gewandert! Nun werde ich «nur» noch nachlesen, recherchieren, bedenken, niederschreiben müssen, was ich gesehen, erlebt, notiert habe. An meinen Lektor im Verlag schreibe ich eine Grußkarte mit der Ansicht von Katwijk: «Weder an der Quelle noch an der Mündung fließt der Rhein, wie er möchte. Er endet, wie er beginnt: kanalisiert.»

Abb. 63: Auf der Höhe von Hoek van Holland verläßt ein Seeschiff bei sinkender Sonne den Europoort Rotterdam. Auf dem Nieuwe Waterweg, seinem letzten Wegstück ins Meer, ist der Rhein Seewasserstraße und trägt Seeschiffe mit einem Tiefgang bis zu 22 Meter. Er endet, wie er beginnt: kanalisiert.

Nachwort

Die Zukunft hat begonnen

1971, als die Verschmutzung des Rheins ihren Höhepunkt erreichte, versuchte Vilma Sturm einen besorgten Blick in die Zukunft. Sie beschrieb die «aufgeputzte Wohlgepflegtheit des Mittelstandes ... das Bild des heiteren Wohlstands, dargeboten auf der sonntäglichen Rheinpromenade» Kölns.[1] Sie sprach von der «braunen Brühe, die einmal ein Strom war», und vom pestilenzialischen Gestank. «Wer hier bummelt, satt, sauber, gepflegt und wohlbehaust, der sieht, hört und riecht die Folgen einer Lebensweise, die hauptsächlich auf Sättigung, Gepflegtheit und Wohlbehaustheit aus ist, ohne daß bis jetzt die Folgen ernsthaft bedacht worden sind.» Das sonntägliche Bild wurde ihr «zum sinnfälligen Modell für die Vertracktheit der gesamten Situation». Vilma Sturm schloß: «Wir haben anscheinend nur die Wahl zwischen der Kargheit der privaten Umstände bei intakter Umwelt – oder Komfort, ja Überfluß für den einzelnen bei Zerstörung der öffentlichen Güter Luft, Erde und Wasser. Entweder bleibt Natur, was sie ist: das große Gegenüber des Menschen, werden die Elemente, auch Tiere und Pflanzen, als Wesen geschont und geachtet, und wir leben bescheiden bis dürftig – oder es werden zum Zweck ständig steigenden Lebensstandards die Natur und ihre Ressourcen in Waren verwandelt ... Waren zum schnellen Konsum, zum Wegwerfen, Waren zu keinem anderen Zweck, als Maschinen auf dem laufenden zu halten.»

Seit die Ingenieure den Rhein korrigieren, korrigiert der Rhein die Ingenieure.[2] Nichts bleibt ohne Rückwirkung. Die alten Einfach-Systeme, die Kosten-Nutzen-Relationen, die Folgen-Abschätzungen stellen sich als kurzsichtig heraus. Wir wissen: Das eingleisige monokausale Denken hilft nicht mehr bei der Suche nach den Ursachen und Wirkungen der Umweltveränderungen. Dieser Gesichtskreis ist zu eng; das ist wie mit den Stupf- und Schupfwuhren im 18. Jahrhundert am Alpenrhein. Die Spezialisierung und Marginalisierung der Fächer kann kommende Katastrophen nicht verhindern. Wir haben gelernt, in vernetzten Systemen zu denken. Über Synergie-Effekte aber, über additive toxische Wirkungen unterschiedlicher Schadstoffe im Rhein oder in der Altlast Dhünn-Aue, über ihre Langlebigkeit, den möglichen Abbau zu noch gefährlicheren Stoffen, wissen wir wenig.[3] Kennen die Chemiker die Einzelheiten? Sie lassen sich nicht in die Karten sehen.

Am 6. Mai 1968 schon verkündete die «Europäische Wasser-Charta des Europarates» folgende Grundsätze:

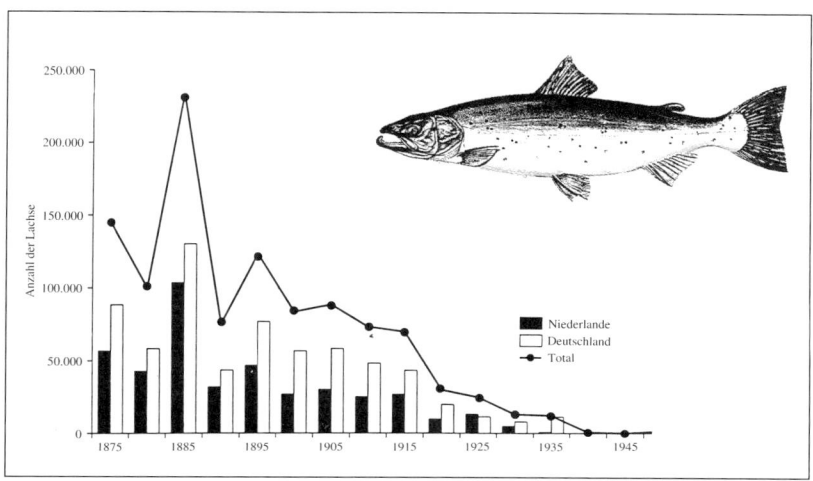

*Abb. 64: Noch um 1885 wurden im deutschen und niederländischen Rhein 230 000
Lachse gefangen. Alle höheren Fischarten waren im Rhein heimisch. Seit 1945 fanden
sie durch Strombaumaßnahmen und zunehmende Verschmutzung keine Lebens-
möglichkeit mehr. Der Ruf des Rheins als «Abwasserkanal Europas» schien befestigt.*

I   Ohne Wasser gibt es kein Leben, Wasser ist ein kostbares, für den
Menschen unentbehrliches Gut.

II Die Vorräte an gutem Wasser sind nicht unerschöpflich. Deshalb
wird es immer dringender, sie zu erhalten, sparsam damit umzugehen und, wo immer möglich, zu vermehren.

III Wasser verschmutzen heißt, den Menschen und allen anderen Lebewesen Schaden zufügen.

IV Die Qualität des Wassers muß den Anforderungen der Volksgesundheit entsprechen und die vorgesehene Nutzung gewährleisten.

V   Verwendetes Wasser ist den Gewässern in einem Zustand wieder
zurückzuführen, der ihre weitere Nutzung für den öffentlichen wie
für den privaten Gebrauch nicht beeinträchtigt.

VI Für die Erhaltung der Wasservorkommen spielt die Pflanzendecke,
insbesondere der Wald, eine wesentliche Rolle.

VII Die Wasservorkommen müssen in ihrem Bestand erfaßt werden.

VIII Die notwendige Ordnung der Wasserwirtschaft bedarf der Lenkung
durch die zuständigen Stellen.

IX Der Schutz des Wassers erfordert verstärkte wissenschaftliche Forschung, Ausbildung von Fachleuten und Aufklärung der Öffentlichkeit.

X   Jeder Mensch hat die Pflicht, zum Wohl der Allgemeinheit Wasser
sparsam und mit Sorgfalt zu verwenden.

XI   Wasserwirtschaftliche Planungen sollten sich weniger nach den ver-
waltungstechnischen und politischen Grenzen, als nach den natürlichen Wassereinzugsgebieten ausrichten.

XII Das Wasser kennt keine Staatsgrenzen; es verlangt eine internationale
Zusammenarbeit.

Diesen Erklärungen von 1968 folgten wenige Taten. Nun hätten Ziele
vorgegeben, Termine genannt, Richtwerte formuliert und die Hauptver-
schmutzer unter den Industriebetrieben und Kommunen vorgeführt werden müssen. Die Thiodan-Katastrophe des folgenden Jahres weckte zwar
Regierungen und Parlamente, führte zu Anfragen und Protesten, aber es
geschah wenig Hilfreiches. Das «Sondergutachten des Rates von Sachverständigen für Umweltfragen» von 1976 empfahl der Bundesregierung[4], bei
der Entgiftung des Stromes den anderen Uferstaaten voranzugehen, ein
Zeichen zu setzen, nicht zuletzt sei es die Bundesrepublik, die das Rheintal sowohl am intensivsten nutze, als auch am stärksten verschmutze. Aber
gegen eine zunächst unwillige Industrie und gegen schwerfällige Kommunen war nicht viel auszurichten, auch standen anderweitige Interessen
der Rhein-Anlieger-Staaten einem Besserung schaffenden Rheinschutz-
Abkommen entgegen. Die Formulierungen wurden immer unverbind-
licher. Es kam nur ein «Chemie-Übereinkommen» zustande, zu nichts
verpflichtend, das aber auf hohem moralischem Niveau. Das «Übereinkommen gegen Verunreinigung durch Chloride» von 1976 trat durch den
hinhaltenden Widerstand der Franzosen erst 1985 in Kraft und blieb
nahezu wirkungslos.

Dennoch gab es in den siebziger Jahren schwache, um 1980 deutliche Anzeichen einer Verminderung der Rheinverschmutzung. Die Meßergeb-
nisse berechtigten zu vorsichtigen Hoffnungen. Diejenigen, die es wissen mußten, die gleichsam die Hand am Puls des Patienten hatten, waren
die Wasserwerke im Rheineinzugsgebiet. Ihnen obliegt die wenig benei-
denswerte Aufgabe, aus den Uferfiltraten des Rheins und aus dem Grundwasser gutes Trinkwasser zu filtern. Sie meldeten Fortschritte bei den
Bemühungen, dem Rhein aufzuhelfen. 1973 hatte die Internationale
Arbeitsgemeinschaft der Wasserwerke im Rheineinzugsgebiet (IAWR)
Forderungen zur Sanierung des Rheins veröffentlicht. Seither hatten sich
das Sauerstoffdefizit, die Belastungen durch Schwermetalle und die sicht-
baren Verschmutzungen erheblich vermindert; Fracht und Konzentration
schwer abbaubarer organischer Substanzen aber waren immer noch zu
hoch. Die IAWR aktualisierte daher ihre Forderungen 1986 in einem
neuen Memorandum.

Das Jahr 1986 war das Jahr der Sandoz-Katastrophe. Bei all dem Scha-
den, den sie anrichtete, hatte sie doch das Gute, daß die Parlamente und
Regierungen die allgemeine Empörung zu spüren bekamen und zu neuen
Anläufen sich gedrängt sahen.

Die 1963 gegründete «Internationale Kommission zum Schutz des Rheins gegen Verunreinigung» (IKSR) mit Sitz in Straßburg hatte nun weniger Mühe, binnen Jahresfrist in ihren Gremien das «Aktionsprogramm ‹Rhein›» durchzusetzen. Es wurde am 30. September 1987 verabschiedet. Erstmals blieb es nicht bei diplomatisch gemilderten, sanften Bekundungen, vielmehr faßte das Programm Ziele ins Auge und konkretisierte sie. Problemstoffe, soweit bekannt, wurden beim Namen genannt; ein Inventar der Verschmutzungsquellen in verschiedenen Industriebereichen wurde angelegt und eine Liste erforderlicher Maßnahmen aufgestellt. Das Programm wollte sogar die Reihenfolge des Vorgehens festgeschrieben wissen, dazu die Organisation und die finanziellen Aspekte. Der wirkliche Fortschritt: Der gesamte Rhein wurde als ein einheitlicher Lebensraum verstanden.

Dies sind die Hauptpunkte des «Aktionsprogramms ‹Rhein›», das bis zum Jahre 2000 folgende Ergebnisse bringen soll[5]:
– Früher vorhandene höhere Fischarten (z. B. der Lachs) sollen im Rhein wieder heimisch werden können;
– die Nutzung des Rheinwassers für die Trinkwasserversorgung muß möglich sein;
– die Sedimente des Flusses sollen von Schadstoffen entlastet werden.

Der 1987 verabschiedete Text enthielt bereits ein Mandat für eine Adhoc-Arbeitsgruppe, eine Liste zu reduzierender Stoffe, biologische Parameter, die Industriebereiche, für die der «Stand der Technik» in der Abwasserbehandlung eingeführt werden sollte und eine Definition des Begriffs «Stand der Technik».

Eine Publikation der IKSR vom Ende der Jahres 1991 unter dem Titel «Ökologisches Gesamtkonzept für den Rhein. ‹Lachs 2000›» stellte fest: «Der Ruf des Rheins als ‹Kloake Europas› ist noch tief in der öffentlichen Meinung verankert. Dennoch haben vielfältige internationale und nationale Anstrengungen, die Wasserqualität zu verbessern, fühlbare Erfolge gezeigt. (Abb. 65) Den Kritikern zum Trotz: die Untersuchungsergebnisse sind ermutigend. Die immensen und aufwendigen Sanierungsmaßnahmen haben in vielen Bereichen bereits gegriffen. Die deutliche Verbesserung der Sauerstoffverhältnisse im Rhein, die starke Abnahme der organischen Belastung sowie die klare Rückläufigkeit der Schwermetallgehalte sind dafür Beweis genug. Probleme bereiten heute die organischen Mikroverunreinigungen, deren Nachweis z. T. sehr schwierig ist, und der Transport großer Nährstoffmengen (Phosphor und Stickstoff) in die Nordsee ... Die Biologie des Rheins (spiegelt) die deutliche Verbesserung der Verhältnisse bereits wider. Fast alle früher im Rhein heimischen Fische leben wieder im Strom. Auch die schon vor Jahrzehnten verschwundenen Wanderfische wie Meerforelle, Maifisch und Meerneunauge konnten als Einzelexemplare wieder beobachtet werden. Im Dezember 1990 wurde ein erster Lachsfang bekanntgegeben. Dieser Lachs wurde in der Bröl, einem Ne-

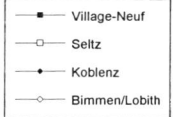

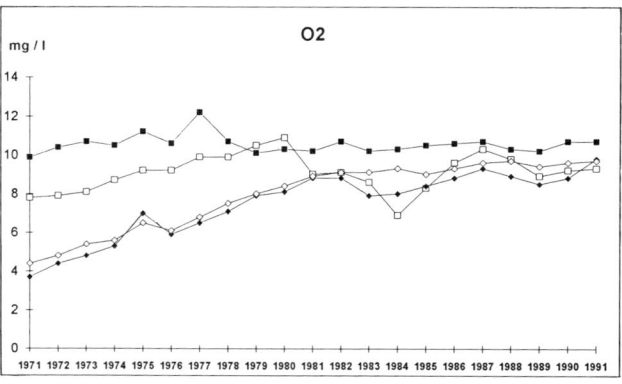

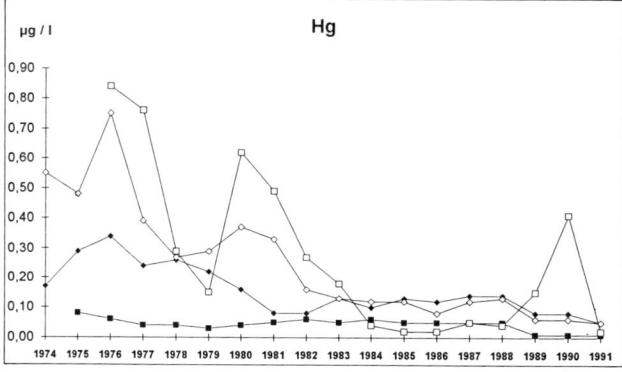

*Abb. 65: Seit der
stärksten Rhein-
verschmutzung um
1970 haben «viel-
fältige internatio-
nale und nationale
Anstrengungen,
die Wasserqualität
zu verbessern,
fühlbare Erfolge
gezeigt», urteilte
1991 die Inter-
nationale Kommis-
sion zum Schutz
des Rheins gegen
Verunreinigung:
«Den Kritikern
zum Trotz:
Die Unter-
suchungsergebnisse
sind ermutigend.»*

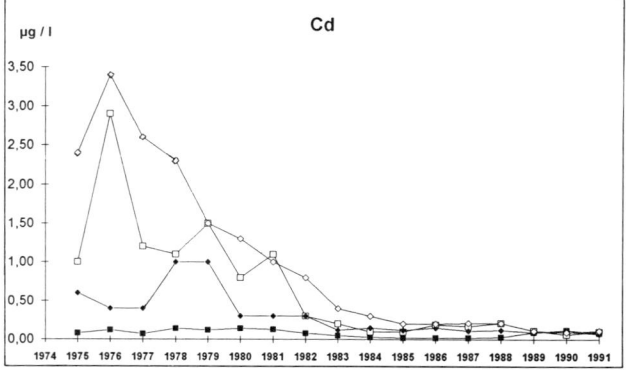

*Die Sauerstoffsättigung (O₂) hat seit 1971 zugenommen. Sie lag 1991 über 90%.
Die Schwermetallgehalte, z. B. Quecksilber (Hg) und Cadmium (Cd), sind seit 1974
gesunken und halten sich auf niedrigem Niveau.*

benfluß der Sieg, gesichtet ...» – naja, denkt der Leser, ein Lachs macht noch keinen Sommer. Dennoch, liest er erfreut, sind auch Kleintiere, die auf und im Sediment und an den Ufern leben, Insektenlarven, Egel, Muscheln, Schnecken wieder nachgewiesen worden. 1990 waren es 103 verschiedene Arten und Gruppen. «Als Vergleich dazu: Zur Zeit der stärksten Rheinverschmutzung Anfang der siebziger Jahre waren nur 27 Arten zu identifizieren ...»[6]

Es gibt Anzeichen einer Wandlung. Nach einer dpa-Meldung vom 31. 3. 92 leben im Rhein wieder so viele Fische, wie zuletzt 1920 gezählt worden sind. Ein anderes Anzeichen: Die Ciba-Geigy AG, 90000 Mitarbeiter (1992), legte 1993 nicht nur ihren üblichen Geschäftsbericht, sondern auch einen Umweltbericht vor. Darin wird offen geredet: Kohlendioxyd-Ausstoß und Energieverbrauch haben sich erhöht, aber der Wasserverbrauch wurde gesenkt und gar über 80 Prozent der Sonderabfälle werden wieder in die Kreisläufe zurückgeführt. Anstelle der alten Klärtechnik am «end of the pipe» will das Unternehmen künftig Abfälle an der Quelle vermeiden, also einen in die Produktion integrierten Umweltschutz betreiben.

In der Zeitschrift Nature[7] war zu lesen, daß Flüsse sich schneller als erwartet von Umweltkatastrophen erholen. Dies jedenfalls ergaben mehrjährige Untersuchungen nach dem Unfall bei Sandoz 1986. Weitaus schädlicher wären die Stauanlagen der Energiewirtschaft. Ivan Tomka von der Universität Fribourg resümierte die Forschungen: «Es ist schlimmer, einen Fluß zu blockieren, als ihn zu vergiften.»

Der weiteren Gesundung der Lebensräume des Stroms, seiner Wiederbesiedlung mit höheren Fischarten, stehen als Haupthindernis, so auch die IKSR, entgegen 1. der Flußausbau zur Großschiffahrtsstraße, der den Schiffen freie Fahrt verschaffte, den Fischen aber die Laichgebiete und Ruheplätze genommen hat; 2. der Kraftwerksbau mit seinen Staustufen, der die Aufwärtswanderung der Fische zu ihren Laichplätzen unterbrochen hat und die Jungfische bei ihrem Abstieg zum Meer in den Turbinen zerstückelt; 3. das Überfischen und die fehlende Bewirtschaftung, die zum Erlöschen des restlichen Fischbestandes beigetragen hat.

Die Internationale Kommission für die Hydrologie des Rheingebiets (KHR) betont demgegenüber, daß die Eingriffe des Menschen «gesellschaftlich begründet» waren und daß sie «technisch gelungen» seien. Es sei heute undenkbar, «im dichtbesiedelten Mitteleuropa Talländereien ... der Willkür der Naturgewalten zu überlassen ...» Die KHR räumt jedoch ein, daß «beträchtliche Werte der Naturlandschaft verloren gegangen» seien. Das aber ließe sich ändern: «... viele Naturwerte können zurückgewonnen werden. Hierin liegt eine wichtige Zukunftsaufgabe – nicht die einzige – für den Flußbau und die Landschaftspflege im Rheingebiet.»

Die IKSR schlägt vor, die noch vorhandenen Laichplätze und Jung-
fischlebensräume zu inventarisieren und wieder herzustellen, an Staustufen den Fischen die Wanderung durch den Bau funktionstüchtiger Fisch-
pässe und -schleusen zu ermöglichen und eine fischereibiologische
Bewirtschaftung im internationalen Rahmen festzulegen.

Ihre besondere Aufmerksamkeit hat die IKSR dem Erhalt und dem
Schutz der Rheinauen, den Ufer- und Vorlandbereichen zugewandt. Vor-
handene Auen sollen überwacht, weitere unter Schutz gestellt werden. Die
IKSR schlägt vor, zugunsten der Auen das EG-Programm zur Stillegung
landwirtschaftlich genutzter Flächen anzuwenden. Für die einzelnen
Stromabschnitte vom Bodensee bis zur Mündung benennt die IKSR besonders wertvolle, die zukünftige Renaturierung des Rheins stützende
Auengebiete. Als Beispiel hier die Vorschläge für die Niederlande: «In den
Niederlanden soll der Rhein (Niederrhein und Mündungsarme) wieder
eine naturnähere Flußdynamik aufweisen. Naturnaher Uferschutz, der
ökologische Belange berücksichtigt, muß Vorrang haben; verbaute Ufer
sind entsprechend naturnah umzugestalten. Dem Fluß soll freieres Spiel
gegeben weren, als es z. Z. der Fall ist. Die Ufer müssen so umgestaltet
werden, daß sich vielfältige Pflanzen- und Tiergesellschaften entwickeln
können. Mit dem Durchstich einiger Sommerdeiche sind wieder Auengebiete zu regenerieren, da die für Auen typischen und notwendigen
Überflutungen wieder auftreten würden. In diesen Überschwemmungs-
gebieten entstehen vielfältige, besiedelbare Lebensräume für gefährdete Vogelarten (z. B. Wachtelkönig, Nachtreiher) und für Säugetierarten
wie Fischotter und Dachs. Außerdem ist aus ökologischer Sicht in den
Überflutungsgebieten eine möglichst extensive Landwirtschaft (Wiesen-
nutzung) zu betreiben. – In den Niederlanden soll in fünf größeren
Gebieten die Natur besonders entwickelt werden. Diese sind: 1. Fort-
mond/Duurse Waarden (an der IJssel), 2. Nordufer Nederrijn/Lek,
3. Gelderse Poort (Gabelungspunkt Rhein), 4. Fort St. Andries (Waal/
Maas), 5. Biesbosch.»[8]

Leonardo da Vinci, der dem Wasser, seinen Wirbeln und Geschiebeab-
lagerungen zugesehen und deren Gesetze zu ergründen gesucht hatte, der
zugleich ein Praktiker und tüchtiger Ingenieur war, hat eine naturfreund-
liche Weise beschrieben, wie eine Befestigung der Ufersäume zu erreichen
sei: «Die Wurzeln der Weiden lassen die Böschungen der Kanäle nicht zer-
fallen, und die Zweige der Weiden, die in der Querrichtung, also auf die
Breite der Böschung gesetzt und später unten beschnitten werden, werden
jedes Jahr dicker, und so bekommst du ein lebendiges Ufer aus einem
Stück.»[9] Ein «lebendiges Ufer» wurde, angesichts all der kanalisierten und
verrohrten Bäche und Flüsse (in der alten Bundesrepublik flossen nur noch
zehn Prozent der Fließgewässer in einem natürlichen Bett), der Ehrgeiz
der Umweltminister. «Renaturierung» der Bachläufe war, im besten Pla-
nerdeutsch, die Parole, «Rückbau» und «naturnahe Umgestaltung». Als

erstes Bundesland hatte Nordrhein-Westfalen 1980 entsprechende Richt-
linien erlassen und seit 1985 begonnen, 200 Projekte mit Landeszuschüs-
sen zu fördern. Die anderen Länder folgten.

Einstweilen ist die Internationale Bauausstellung (IBA) Emscherpark
das ehrgeizigste und respektabelste Projekt, das für die Heilung kranker
und heruntergewirtschafteter Industrielandschaften Maßstäbe setzen wird.
Das Aufregende daran ist die Sanierung industrieller Altlasten, die aus der
Krisenregion an Rhein und Ruhr ein Großlabor für internationale Re-
cyclingtechniken werden lassen wird. Zur IBA Emscherpark gehören der
Rückbau der Bach- und Flußläufe, die Verknüpfung von Grünflächen, die
Einbindung regionaler Landschaftsparks, die Erhaltung und/oder Umwidmung von Industriedenkmälern, die Erneuerung und zeitgemäße Ergänzung von Werkssiedlungen. An solch mutigen und in die Zukunft wei-
senden Projekten herrscht am Rhein Bedarf.

Ein Sanierungkonzept braucht das Mittelrheintal. Es war 150 Jahre lang
dem Massentourismus ausgesetzt, hat sich prostituiert und ist mit seinen
malerischen Ruinen selbst zu einer Landschaftsruine geworden. Es ist von
Lärm erfüllt. Zwei Wissenschaftler[10] schlagen vor, die Straßenverbindun-
gen zwischen den Gemeinden am Rheinufer für den Durchgangsverkehr
zu sperren und sie zu Rad- und Wanderwegen umzubauen, die Rheinorte künftig von den beiden Autobahnen A 3 und A 61 her durch (vorhandene) Stichstraßen zu erschließen. Gleichzeitig sollen die Rheinorte
auf den bestehenden Trassen durch den «leichten S-Bahn-Verkehr» verbunden werden. Die Gastronomie sollte sich mit ihren Angeboten auf Er-
holungs- und Kuraufenthalte umstellen; sie sollte den neuen Wandertou-
rismus fördern. So könnten, wenn gleichzeitig das Mittelrheintal mit
seinen Kulturdenkmälern, mit seinen Inseln, den Resten natürlicher Uferstreifen und den Uferhängen zwischen den Weinbergen unter entschiede-
nen Schutz gestellt wird, die Bemühungen um eine Rheintalschutzverordnung gestützt werden. Ziel muß die Eintragung des Mittelrheintals in
die Liste des Weltkultur- und Naturerbes der UNESCO sein. Nur so
würde das Mittelrheintal gerettet werden können – durch eine Art «IBA
Rheinromantik».

Solche Vorschläge brauchen «Pilotprojekte», die vorgewiesen werden
können und Erfolg haben. Erfolg hat die «Insel Hombroich» am Niederrhein zwischen Neuß und Grevenbroich. In einer Auenlandschaft,
umflossen von der Erft, nicht weit von der Mündung in den Rhein, ist auf
Initiative des Kunstsammlers Karl Heinrich Müller ein Museumspark entstanden. Der Landschaftsplaner Dr. Bernhard Korte hat ihn aus einer ver-
fallenen Gartenanlage des 19. Jahrhunderts entwickelt. Im Park liegen
sechs Gebäude, die begehbare Skulpturen sind, «Erlebnisräume»; der Bildhauer Erwin Heerich hat sie entworfen. Zwei ältere Häuser wurden einbezogen; in ihnen sind frühgeschichtliche Dokumente und ein Kabinett
mit Aquarellen von Paul Cézanne untergebracht. Der Beuys-Schüler Ana-

tol Herzfeld hat sich, versteckt unter alten Bäumen, ein Atelierhaus nach eigenen Vorstellungen gebaut. Man kann ihm bei der Arbeit zusehen. Mitte des Parks ist das «Labyrinth», in dem die Kunstsammlung des Besitzers, Objekte aus verschiedenen Kulturen und kunstgeschichtlichen Epochen, vornehmlich der klassischen Moderne, zu einem spannungsreichen Miteinander vereinigt wurde. Motto der Insel Hombroich ist «Kunst parallel zur Natur». Bernhard Korte entdeckte alte Bachläufe und legte sie frei; aus der Nachbarschaft sammelte er auentypische Wildblumensamen und säte sie aus; er fand sogar «verlorene» Pflanzen wieder und fügte sie sorgsam seinem Konzept einer «idealisierten Natur» ein, die auf der Insel in ein Gespräch mit modernen künstlerischen Produktionen tritt.[11]

Die Synthese von Natur und Kultur, von Landschaftspflege und Denkmalpflege ist keine neue Idee: barocke Schloßanlagen haben sie mit ihren prachtvollen Parks, mit ihrem Ausgreifen in die Landschaft zur Blüte gebracht, ebenso die englischen Landschaftsgärten des 18. und 19. Jahrhunderts, und längst vor ihnen die Antike.[12]

Die Denkmalpflege hat sich allzu lange auf Architekturdenkmäler kapriziert, damit allerdings, bei nur beschränkten Möglichkeiten, vollauf beschäftigt. Angesichts zunehmender Anstrengungen zur Rettung der Natur, der Atemluft, des Wassers, der Wälder und Auen, auch eines immer noch reichen, wenn auch verwilderten, Bestandes alter Parks ist es nun aber an der Zeit, zu energischer Gartendenkmalpflege aufzurufen, sich der Gärten zu erinnern, die Michael Stürmer «eine fast vergessene Idee» nannte.[13] Der alte Denkmalbegriff ist zu erweitern, auf Industriedenkmäler nicht nur, sondern auf Land-Denkmäler und Denkmal-Landschaften, bis hin zur Land-Art der Gegenwartskunst.

Im Schloß und Garten Moyland, nahe Kleve, wird sich die nächste Gelegenheit bieten, Natur und Kultur zu einer Einheit zu verbinden. Das Schloß, wiederhergestellt, wird Museum mit einer Sammlung auf den Niederrhein bezogener Kunst sein; es wird Altes und Modernes zeigen, voran die Kollektionen der Brüder van der Grinten und ihre Beuys-Sammlung. Park und Garten von Schloß Moyland werden behutsam freigeschnitten und neu angelegt werden. Die Blickbeziehungen zum Schloß sind in der Landschaft alle noch vorhanden, wenn auch seit dem letzten Krieg verwildert und zugewachsen. Geschichte und eine Gegenwart, die selbst schon wieder Geschichte wird, werden beim Schloß Moyland in der Natur und der Kultur der niederrheinischen Landschaft sichtbar bleiben.[14]

Die Rheinlandschaft war wie wenige andere ein Beispiel der grandiosen Einheit von Natur und Kultur; Friedrich Schlegel hat das als erster erkannt. Kirchen, Dome, Schlösser stehen an seinen Ufern. Die Birnau auf ihrem Hügel am Bodensee krönt die Landschaft, vollendet sie. Auf die Birnau hin scheinen Ufer und Landschaft geordnet; von ringsumher am See ist sie ein «Point de vue». Barocke Schloßanlagen wie die in Karlsruhe, Mannheim, Mainz, Bonn, Brühl oder Benrath besaßen Blickachsen, die

nicht nur die Zufahrten, Alleen und die Broderien im Gartenparterre auf
das Schloß bezogen, sondern auch die Umgebung, den Park, die freie
Landschaft, die nahe Stadt. Diese Blickachsen sind am Flußufer und in
rheinischen Städten wiederzuentdecken, freizulegen und bei neuen Bauten zu betonen. In Kleve gibt es vom Sternberg aus in den Gartenanlagen
des Johann Moritz von Nassau gleich zwölfmal einen «Point de vue»; am
eindrucksvollsten ist der vom Amphitheater über die Kanalachse und über
den Rhein zur Kirche Hochelten.[15] Osteins Felsenburg im Niederwald
über dem Binger Loch bot Blickverbindungen zu nahen und fernen
Punkten. Die Achse des Schlosses Bensberg ist auf den Kölner Dom ausgerichtet; Schloß und Dom korrespondieren über den Rhein hinweg miteinander. Der Preußenkönig Friedrich Wilhelm IV. bestand darauf, die
neue Kölner Eisenbahnbrücke von Deutz her in die Achse des Doms zu
legen, was für die Eisenbahn und ihren Bahnhof denkbar unpraktisch war,
den Hohenzollern, dem Nationaldenkmal Dom und der Dampfeisenbahn
aber eine Via triumphalis bescherte. Jüngst schuf Dani Karavan mit seiner
Gestaltung des Heinrich-Böll-Platzes am Kölner Wallraf-Richartz-Mu-
seum/Museum Ludwig eine Blickbeziehung zwischen Dom (Südturm),
dem Museum und dem anderen Rheinufer.[16] Wo Ufer bebaut oder
Brücken über den Rhein geschlagen werden, sollen nicht einfach nur
Uferbebauungen mit Häuserzeilen und Brückenzufahrten dazwischen
entstehen, sondern Tor-Häuser, Brücken-Tore, wie sie Gottfried Böhm
für Köln plante und Oswald Mathias Ungers für Neuß. In Ludwigshafen,
Rheinufer-Süd, könnte mit dem «Tor zur Pfalz» eine ebenfalls markante
Eingangssituation vom Fluß zur Stadt und zur Landschaft entstehen.

Tore, wohin? In eine friedliche, geheilte Stromlandschaft, in eine bessere Zukunft. In den Garten Europa vielleicht. Keine weltfremde, sondern
eine notwendige Träumerei. Und nicht ohne Realitätsbezug. Neben die
Internationale Kommission zum Schutz des Rheins ist 1990 das Abkommen zwischen den Regierungen der Tschechoslowakei, Deutschlands und
der Europäischen Gemeinschaft über die Gründung der Internationalen
Kommission zum Schutz der Elbe getreten.[17]

Die Archäologen und Bodendenkmalpfleger sollten ihre Aufmerksamkeit verstärkt den alten Quellen und Brunnen zuwenden, die einst Heiligtümer waren und Verehrung genossen; sie sollten sie aufgraben, fassen
und der Gegenwart neu schenken. Es gibt, außer in St. Kunibert in Köln,
in Werden oder in Zillis noch viele «Wasserkirchen» zu entdecken. Sie und
die geheimnisvollen Brunnen und Quellen werden helfen, die mythischen
Tiefen alter Ströme besser zu verstehen. Am Ende des Jahrtausends sehen
wir die Geschichte der Flüsse mit anderen Augen. Wir erschrecken über
die Verluste, die wir erlitten, über Schäden, die wir den Flüssen zugefügt
haben. Wir erkennen die Segnungen, die sie uns schenkten.

Rhein 2000 – möge er ein Modell sein für Europa und darüber hinaus.

Anmerkungen

Die hier abgekürzt, weil häufig zitierte Literatur wird in dem nachfolgenden Verzeichnis (S. 444 ff.) aufgeschlüsselt.

Erstes Kapitel
Die Quellen des Rheins: Mythos und Wirklichkeit

1 Zitiert nach Muthmann S. 25, Anm. 1.
2 Pfannenschmid S. 23.
3 Der hl. Clemens war Papst und dritter Nachfolger Petri von 92–101; auch Clemens Romanus genannt. Nach der Legende entsprang auf sein Gebet hin eine Quelle; er soll mit einem Anker um den Hals ins Schwarze Meer geworfen worden sein.
4 Machat 1985 S. 3, 17.
5 Pötz, Pötzje, Pütz von lat. puteus, Brunnen. Bedeutungsgleich mit Quelle, auch Born. Vgl. Adam Wrede: Neuer Kölnischer Sprachschatz. 2. Bd., 7. Aufl., Köln 1978, S. 116, 312.
6 Weinhold S. 27; Ninck S. 21, Anm. 5; Muthmann S. 404. Muthmann zeichnet in seiner materialreichen Untersuchung insbesondere (S. 332 ff.) die Ablösung heidnischer Brunnenkulte durch die christliche Gottesmutter nach.
7 Bei Wiesbaden wurde eine Inschrift gefunden, die sich auf einen Tempel bezog, den der Curator C. Julius der Sirona weihte. Ein anderes dem Apollo und der Sirona gewidmetes und besonders eindrucksvolles Quellheiligtum brachte eine Grabung in Hochscheid (Bernkastel/Mosel) zutage. Vgl. den Fundbericht von W. Dehn in der Trierer Zeitschrift 15, 1940, S. 71, Taf. 19–23. Dazu auch Muthmann S. 62–64, 108, 156, Taf. 9, 1 und 3. Muthmann zählt S. 61, Anm. 158 eine Reihe von Fundorten mit Denkmälern und Inschriften der Sirona auf.
8 Pfannenschmid S. 94; ausführlicher Poeschel S. 255.
9 H. Lehner: Die antiken Steindenkmäler des Provinzialmuseums Bonn, Bonn 1918, Nr. 199; ders.: Rhenus bicornis, ein römisches Bild des Rheins, in: Beiträge zur Rheinkunde 6, 1930, S. 24–27; ferner Doppelfeld S. III.
10 F. Imhoof-Blumer: Fluß- und Meergötter auf griechischen und römischen Münzen, in: Revue Suisse Numismatique 23, 1924, S. 173–421, Nr. 541.
11 J. B. Bauer: Fluß I (Naturelement) und Fluß II (ikonographisch), in: RAC Bd. VIII, 1972, Sp. 76; Ovid, Tristia 4,2, 1 ff.
12 Martial X, 7,6.
13 Homer: Ilias XX, 7; XXI, 196 f.; Hesiod: Theogonie 337 f.; Pauly/Wissowa Bd. 6, 1909, Sp. 2774–2815, zählt fast 200 Flußgottheiten auf; das Lexikon nennt, ohne Vollständigkeit beanspruchen zu wollen, nur die durch Inschriften, auf Münzen oder in der Literatur überlieferten Namen; vgl. auch Klaus Oettinger: Der Rhein – ein Mythos der Vergangenheit, in: Rijn Rhein Rhin S. 16–21; über Wassersymbole in den Religionen der Menschheit vgl. Mircea Eliade: Die Religionen und das Heilige, Frankfurt am Main ²1989, S. 221–248.
14 Opera et dies, 737–739.
15 Vgl. O. Waser: Flußgötter, in: Pauly/Wissowa Bd. 6, 1909, Sp. 2774–2815. Ferner RAC Bd. VIII, 1972, Sp. 68–100.

16 Herodot 1,138; 1,189; 2,111.
17 H. W. Haussig (Hrsg.): Wörterbuch der Mythologie, 1. Abt., Bd. V, Stuttgart 1984, S. 175–176.
18 Pfannenschmid S. 16.
19 Platon: Phaidros, 238 D; bei Homer (Odyssee IV, 450 ff.) verwandelt sich Proteus, der ägyptische Meeralte und Wahrsager, vom heimkehrenden Menelaos gepackt, in dessen Händen nacheinander in einen Löwen, eine Schlange, einen Pardel, einen Eber, in fließendes Wasser, in einen Baum. Menelaos aber läßt nicht los, bis Proteus sein Wissen um die Zukunft preisgibt; Ninck S. 47–99, bes. 138 ff.
20 Pauly/Wissowa Bd. 21, Sp. 2436.
21 Vgl. Ninck S. 97/98.
22 Zur Ikonographie der Flußgötter in der Antike vgl. Pauly/Wissowa Bd. 6, 1909, Sp. 2780 ff.; RAC Bd. 8, Sp. 73 ff.
23 Hans Straub: Die Geschichte der Bauingenieurkunst. 2., neubearb. Aufl., Basel 1964, S. 20–23, 35.
24 Weinhold S. 36/37.

Zweites Kapitel
Vorderrhein, Hinterrhein, Alpenrhein: Eine Urkraft wird gebändigt

1 Der Begriff «Grundgebirge» wird hier im Sinne des Bergmanns gebraucht. Vgl. Henningsen S. 1; Wilhelmy Bd. 1, S. 50; Labhart S. 130.
2 Benannt nach Curia Variscorum, einem römischen Hof in Bayern.
3 Wilhelmy Bd. 1, S. 50.
4 Die Mineralien der Schweiz. Von Max Weibel u. a., Basel 1990.
5 Vgl. René Hantke: Die Entstehungsgeschichte des Alpenrheintals, in: Alpenrhein S. 20–30; zum Einzugsgebiet und Abflußregime des Rheins vgl. Karl Rainer Nippes, in: KHR S. 13–36.
6 Albrecht Penck und Eduard Brückner: Die Alpen im Eiszeitalter. 3 Bde., Leipzig 1901–1909; Wilhelmy Bd. 3, S. 73.
7 Gutersohn Bd. 2, 1. Teil, S. 361–375.
8 Hürzeler S. 81–82; zu den Veränderungen in der Wasserführung vgl. Horst Gerhard, in: KHR S. 69/70. Es gibt Überlegungen, am Vorderrhein weitere Wasserkraftwerke zu bauen. Vgl. A. Kruck: Die regionalwirtschaftliche Bedeutung des Projekts Ilanz I und II, Zürich 1982. Die Zentrale Ilanz I nahm 1990 den Betrieb auf; ferner Schnitter a. a. O.
9 In Disentis haben neue Forschungen und Grabungen im Klosterbereich genauere Kenntnis über die karolingischen Dreiapsidenkirchen St. Maria III und St. Martin II sowie ihre Folgebauten gebracht. Vgl. Anm. 21; Iso Müller: Benediktinerkloster Disentis. 9. neubearb. Aufl., München, Zürich 1984 (Kleine Kunstführer. Nr. 655).
10 Labhart S. 128–129.
11 Gutersohn Bd. 2,1, S. 299–310; Heinrich Jäckli: Das Tal des Hinterrheins, Zürich 1980.
12 Zur Geschichte des Kraftwerkbaus im Hinterrheintal vgl. Gian Andri Töndury: Die Entstehungsgeschichte der Kraftwerkprojekte am Hinterrhein, ca. 1957, (Kopie beim Verf.); Gutersohn Bd. 2,1, S. 323–325; s. a. Schnitter a. a. O.
13 Das vom Reno di Lei durchflossene Tal gehörte zum Einzugsgebiet des Averserrheins. 1956 begannen die Baumaßnahmen, 1963 waren sie abgeschlossen. Die Kraftwerke Hinterrhein umfassen in ihren drei Stufen nunmehr folgende Anlagen:

den Stausee Valle die Lei (Nutzinhalt 197 Mio Kubikmeter) mit der Kavernenzentrale Ferrera, den Stausee Sufers (Nutzinhalt 18,3 Mio Kubikmeter) mit der
Zentrale Bärenburg und die Zentrale Sils. Die durchschnittliche Energieproduktion der KHR liegt höher als die der älteren, abgelehnten Projekte.

14 Zu dieser, nicht nur den Alpenraum bedrohenden Entwicklung vgl. Aurel
    Schmidt: Die Alpen – schleichende Zerstörung eines Mythos, Zürich 1990. – Fer-
    ner Bätzing a. a. O. zu diesem Thema.

15 Die Oleodotto del Reno hat eine Gesamtlänge von 650 Kilometern. Die Schweiz
    durchquert sie in einer Länge von 130 Kilometern auf der Linie Chiavenna–Splü-
    genpaß (höchster Punkt der Leitung mit 1968 m ü. M.)–Hinterrhein- und Alpen-
    rheintal–St. Margarethen am Mündungsdelta des Alpenrheins–Bregenz–Ingol-
    stadt.

16 Ende Oktober 1987 meldete die Tagespresse ein Erdbeben in der Ostschweiz. Es
    erreichte die Stärke 4,2 auf der Richterskala. – Anfang Mai 1991 waren aus einem
    Riß in einer Rohrleitung bei Dinslaken/Niederrhein rund 200 000 Liter Nor-
    malbenzin ausgetreten und ins Erdreich gedrungen (FAZ 7. 5. und 8. 5. 91). – Der
    in Konstanz erscheinende Südkurier (23. 3. 91, Nr. 70) berichtete vom Einspruch
    der Stadt Lindau und der Internationalen Arbeitsgemeinschaft der Wasserwerke im
    Rheineinzugsgebiet (IAWR) gegen die Betriebserlaubnis der Oleodotto del
    Reno. Die IAWR listete 1991 in ihrem «Rheinbericht '88–'90» neun Störfälle
    auf. – In den achtziger Jahren betrieb die Schweiz die Anlage eines Ölkaver-
    nenspeichers im Calanda-Felsmassiv bei Chur. Dort sollten ohne Felsabdichtung,
    zusammengehalten durch den Druck des Grundwassers, 400 Millionen Liter
    Heizöl gelagert werden. Das Calanda-Massiv ist durch Erdbeben gefährdet; es liegt
    im Einzugsgebiet des Bodensees. Die Bodenseegemeinden, die Kantone Grau-
    bünden und St. Gallen erhoben Protest. Das Calanda-Projekt wurde nicht reali-
    siert.

17 Ernst Murbach: St. Martin in Zillis, 16. erw. Aufl., Bern 1984 (Schweizerische
    Kunstführer. Serie 2, Nr. 20) mit weiterer Literatur. St. Martin in Zillis ist die Mut-
    terkirche des Schams. Ein karolingisches Urbar von 830 führt sie als Königsgut auf
    und nennt sie «ecclesia plebeia», Bürgerkirche. Die knappe Kennzeichnung trifft
    den Eindruck gut, den heute das schlichte Äußere der ländlichen romanischen Kir-
    che hervorruft. Das Langhaus ist schmucklos, nur den Turm gliedern Lisenen, eine
    Blendarkadenreihe und rundbogige Schallfenster in den oberen Geschossen. Der
    gotische Chor und der lustige Turmhelm sind spätere Zutaten.

18 Die 153 fast quadratischen gemalten Tafeln sind in 17 Reihen zu je 9 Tafeln ge-
    ordnet. Ornamentstreifen trennen die Einzelszenen. Die 48 am Rand der Decke
    umlaufenden Felder bilden mit ihrem das gestaltlose Wasser symbolisierenden Wel-
    lenband einen Rahmen für die 105 Tafeln des Innenfelds.

19 Offenbarung des Johannes 7,1 und Psalm 104,4.

20 Dargestellt ist das Leben Christi bis zur Dornenkrönung. Kreuzigung, Auferste-
    hung, Himmelfahrt und die anderen, diese Hauptereignisse begleitenden Szenen
    aus dem Leben Christi fehlen: ein Rätsel, das die Decke ihren Interpreten aufgibt.
    Das Viereck der Decke steckt voller Sinnbezüge und Anspielungen. Eine nicht
    geringe Rolle spielt die Zahlensymbolik. Das Mittelalter gab ihr große Bedeu-
    tung, denn alle Dinge sind nach Maß und Zahl und Gewicht geordnet (Weis-
    heit 11,21). Vier Engel stehen auf den Ecken der Erde. Es gibt vier Himmelsrich-
    tungen, vier Elemente, vier Jahreszeiten; die Vier gilt als Zahl des Kosmos der ge-
    schaffenen Welt (Paul von Naredi-Rainer: Architektur und Harmonie. Köln 1984,
    S. 67). Das Kreuz und seine vier Enden deuten auf den mundus tetragonus hin und
    symbolisieren die Weltherrschaft Christi. Das Christentum kennt vier Evangelien,

vier Kardinaltugenden und vier Paradiesströme. Je 9 Felder in 17 Reihen ergeben 153 Bilder. 153 Fische fingen die Jünger im See Tiberias (Johannes 21,11), und 153 ist die Summe aller Zahlen von Eins bis Siebzehn (Walter Myss: Kirchendecke von St. Martin in Zillis. Bildwelt als Weltbild, 3. Aufl., Beuron 1980).

21 Günther Binding: Quellen in Kirchen als fontes vitae, in: Festschrift für Heinz Ladendorf, Köln 1970, S. 9–21; ders.: Quellen, Brunnen und Reliquiengräber in Kirchen, in: Zeitschrift für Archäologie des Mittelalters, 3, 1975, S. 37–56.

22 Goethe antwortete am 12. 6. 1829 aus Weimar: «... Merkwürdig war nur, daß noch eine ziemlich deutliche Skizze von der Via Mala und eine ausgeführtere eines Felsens im Höllenthal sich unter meinen Blättern findet ...» Dies ist ein Hinweis darauf, daß Goethe auf seiner italienischen Reise (1786–1788) in der Via Mala gezeichnet hat. Tatsächlich findet sich im «Corpus der Goethezeichnungen» Bd. II, Leipzig 1960, S. 126, Nr. 401 ein entsprechendes Blatt, 194 × 143 Millimeter, Bleistift, Feder mit Sepia.

23 Gutersohn Bd. 2,1, S. 355.

24 Die Integralmelioration in der Talebene Domleschg, Zürich 1945 (Schriften der Schweizerischen Vereinigung für Innenkolonisation und industrielle Landwirtschaft. Nr. 74.); Lichtenhahn S. 150. Vgl. auch Schnitter a. a. O.

25 Gutersohn Bd. 2,1, S. 407–409; Wilhelmy Bd. 2, S. 64–65.

26 Guido Vasella: Die Kathedrale von Chur. 8. Aufl., München, Zürich 1982 (Kleine Kunstführer Nr. 600).

27 Hannes Jenny: Lebensgemeinschaften, auf Sand gebaut, in: Terra Grischuna Graubünden 44, 1985, Heft 3, S. 26–29.

28 KStA 7./8. 12. 85, Nr. 284, S. 48.

29 Barbara Greene: Liechtenstein. Das Tal des Friedens, Vaduz 1948. Es war Johannes II., Fürst von und zu Liechtenstein (1840–1920), «Der Gute» genannt, der 1868 die Wehrpflicht in Liechtenstein abschaffte.

30 Vgl. zum Folgenden u. a. Gutersohn Bd. 2,1, S. 438–451; Bd. 2,2: S. 333–334, 397, 407–409; Lichtenhahn S. 147–149.

31 Rheinnot in Liechtenstein. Gedenkschrift zum 50. Jahrestag der Rheinüberschwemmung von 1927, Vaduz 1977; neuerdings Karl Rainer Nippes, in: KHR S. 27, ferner Horst Gerhard S. 38–39, 55–69.

32 Charles Bowlus, in: Rolf Peter Sieferle (Hrsg.): Fortschritte der Naturzerstörung, Frankfurt 1988 (edition suhrkamp. NF 489).

33 Lichtenhahn S. 149–150; Hans Rohner: Baragas Plan von 1792 und Korrektionsvarianten im Vorfeld des Staatsvertrages von 1892, in: Alpenrhein S. 144–151. Zur Alpenrheinkorrektion auch Schnitter a. a. O.

34 Mit den Flußbauten waren Grenzkorrekturen verbunden, Eigentumsfragen zu klären – schwierige Gegenstände. Noch heute liegen schweizerische Grundstücke auf österreichischem Boden und umgekehrt.

35 Zum Folgenden vgl. Ferdinand Waibel: Die Werke der Internationalen Rheinregulierung, in: Alpenrhein S. 206–235.

36 Energie aus der Region für die Region. Das Projekt ‹Rheinkraftwerke Schweiz/Liechtenstein›. Eine Informationsschrift für die Bevölkerung der Region. (Faltblatt, hrsg. vom Studienkonsortium Rheinkraftwerke Schweiz-Liechtenstein, ca. 1984); Peter E. Schaufelberger: Fünf neue Rheinkraftwerke? In: Bodensee-Hefte 43, 1992, 3, S. 14–21; Werner Wolgensinger: Der Rhein – Strom oder Strom? In: Bodensee-Hefte 43, 1992, 3, S. 23–25.

37 Die Umweltverträglichkeitsprüfung ergab, daß dem Bau fast keine Bedenken entgegenständen. Vgl. Bericht über die Umweltverträglichkeit. Hrsg.: Studienkon-

sortium Rheinkraftwerk Schweiz-Liechtenstein (1991?). Dazu Bodensee-Hefte 47, 1993, 3, S. 8–9.

38 Rettet unsern Rhein! Argumente gegen die geplanten Flußkraftwerke Schweiz-Liechtenstein. (Hrsg.:) Vereinigung zum Schutze des Rheins, Trübbach 1984.

39 Die Renaturierung des Altrheins zwischen St. Margrethen und Alter Rheinmündung ist in Angriff genommen. Vgl. Leo Kalt, in: Alpenrhein S. 266–272. Ferner an gleicher Stelle die Aufsätze von Margit Schmid (S. 372–374), Walter Krieg (S. 375–377), Heinz Schurig (S. 378–381), Vinzenz Blum, Alwin Schönenberger (S. 382–386), Rolf Eyer (S. 387–391) und Reto Zingg u. a. (S. 392–399). Verwiesen sei insbesondere auf den Schlußaufsatz von Mario Broggi: Zukunftsperspektiven – der Rhein als naturnahe Lebensader – Utopie oder Vision? (S. 408–413), der auf einen Sanierungsvorschlag «Rhein-Renaturierung» von Franco Schlegel hinweist.

Drittes Kapitel
Der Bodensee: «Wo sich der Rheinstrom westwärts wendet»

1 Geyer/Gwinner S. 167, 177–178. – Henningsen S. 69, 79. – Wolf-Dieter Sick: Oberschwaben und Bodenseegebiet, in: Geographische Landeskunde von Baden-Württemberg, hrsg. von Christoph Borcherdt, Stuttgart 1983, S. 340–346.

2 Franz Hofmann: Die geologische Vorgeschichte der Bodenseelandschaft, in: Bodensee S. 35–67; René Hantke: Die Entstehungsgeschichte des Alpenrheintals, in: Alpenrhein S. 20.

3 Zusammenfassend und allgemeinverständlich Armin Ratusny: Erdgeschichte und Landschaften am Rhein, in: Rhein Mythos Realität S. 147–156.

4 Bodensee: Rehabilitation einer Kulturlandschaft, in: Bild der Wissenschaft 13, 1976, Heft 10, S. 56–68; Elster S. 207–215; Hubert Lehn: Der Bodensee – ein Ökosystem im Wandel, in: Bodensee S. 69–98. Mit ausführlichen Literaturangaben.

5 Elster S. 209.

6 Elster S. 209.

7 R. Demoll: Düngung des Bodensees, Langenargen 1925.

8 Elster S. 213.

9 Elster S. 213.

10 Elster S. 214.

11 Hans Gässler: Aus der praktischen Arbeit der Internationalen Gewässerschutzkommission für den Bodensee, in: Wasser- und Energiewirtschaft 67, 1975, Nr. 5/6, S. 211–216; Schutz dem Bodensee. 25 Jahre Internationale Gewässerschutzkommission für den Bodensee, o. O. um 1984 (Faltblatt); Benno Wagner, Rudolf Ott: Gewässerschutzmaßnahmen im Rheintal, in: Alpenrhein S. 346–349; Karl-Ernst Orbig: Bodensee. Bedeutung als Lebensraum und als Quelle für die öffentliche Trinkwasserversorgung, in: IAWR 13, S. 65–74.

12 Zum Rheinspitz, früher eine der schönsten und größten Riedlandschaften Mitteleuropas, die nicht nur von der Alpenrhein-Korrektion beeinträchtigt und fast zerstört wurde, sondern in den Restbeständen vom Ausbau des Flugplatzes Alpenrhein bedroht wird, vgl. Bruno Würth, in: Bodensee-Hefte 41, 1990, 9, S. 6–11 und 42, 1991, 2, S. 7–11.

13 Ludwig Pauli: Die Alpen in Frühzeit und Mittelalter. Die archäologische Entdeckung einer Kulturlandschaft. 2. erg. Aufl., München 1981, S. 91–95.

14 Das Pfahlbauproblem, Basel 1954.

15 125 Jahre Pfahlbauforschung, in: Archäologie der Schweiz, Basel, 2/1, 1979.

16 Helmut Schlichtherle, in: Denkmalpflege Baden-Württemberg, 1985; KStA

11. 4. 86, Nr. 84 (Harald Steinert über Uferbegrünung und Taucharchäologie); Andreas Dittrich: Zivilisation auf Kosten der Natur. Ursachen der Ufererosion, in: Leben am See a. a. O.; Helmut Schlichtherle, Barbara Wahlster: Archäologie in Seen und Meeren. Den Pfahlbauten auf der Spur, Stuttgart 1986. Im Juni 1993 stellte das Land Baden-Württemberg ein «Umweltprogramm für den Bodensee» vor, das sich das Renaturieren des Seeufers, die Rettung des Schilfgürtels, den weiteren Abbau des Phosphatgehalts im Wasser und die Sanierung der Zuflüsse zum Ziele setzt.

17 Vilma Sturm hat in ihren Artikeln die Bodenseelandschaft mit Liebe und in großer Sorge beschrieben. Sie hat vor der Zerstörung der Ufer gewarnt, hat gegen die Autobahnprojekte gekämpft. Sie ist mit Rucksack und Bodensee-Wanderkarte «Zu Fuß um den Bodensee» gewandert (FAZ 1. 7. 71, Nr. 148).

18 Peter E. Schaufelberger: Wir werden immer ärmer, in: Bodensee-Hefte 39, 1988, 10, S. 5 über Landschaftsverbrauch und zunehmende Verstädterung am Bodensee.

19 Überlingen, Bild einer Stadt. Hrsg. von der Stadt Überlingen in Rückschau auf 1200 Jahre Überlinger Geschichte, Weißenhorn 1970, S. 62–63, 140.

20 Bert Hauser: Der Konstanzer Brücken-Torso sucht den Anschluß, in: FAZ 7. 3. 85, S. 3. Vgl. auch Leben am See S. 74–76.

21 Walser S. 75–83.

22 Borst S. 246–263, Literaturangaben S. 553–554.

23 Hugo Schnell: Birnau am Bodensee, München 1971 (Große Kunstführer. 10); Hermann Ginter: Birnau, Basilika, 17. Aufl., München 1974; Arnold Knoepfli: Birnau am Bodensee, Königstein i. T. 1984. – Borst S. 10–13; Knapp a. a. O.

24 Oswald Burger: Schatten in schöner Landschaft. Das KZ in Überlingen, in: Konstanzer Trichter. Lesebuch einer Region, Konstanz 1983, S. 18–25.

25 Ulrike Zeuch: Ein vergessener Ort. Pflegefall: Soll das Konzentrationslager Osthofen erhalten bleiben? In: FAZ 21. 1. 88, Nr. 17, S. 23.

26 Adam Puntschart: Die Heimat ist weit ... Erlebnisse im Spanischen Bürgerkrieg, im KZ, auf der Flucht. Hrsg. von Oswald Burger, Weingarten 1983, S. 103–146 (Leben in der Region. 2.).

27 Ich danke Oswald Burger und Werner Rummel, daß ich an dieser Wiederbegegnung teilnehmen durfte.

28 Südkurier, Lokalausgabe Überlingen, 24. 10. 92, Nr. 247 und 26. 10. 92, Nr. 248; Stuttgarter Zeitung 26. 10. 92, Nr. 248, S. 8.

Viertes Kapitel
Der Hochrhein: Eine Grenze, die verbindet

1 Reise in die Schweiz 1797. Aus dem Nachlaß bearbeitet von Johann Peter Eckermann, Eintrag zum 18. September.

2 Peter Noll: Diktate über Sterben und Tod, mit Totenrede von Max Frisch, Zürich 1984.

3 Gutersohn Bd. 3,2, S. 314–318; Friedrich Metz: Der Hochrhein (1931), in: F. M.: Land und Leute. Gesammelte Beiträge, Stuttgart 1961, S. 1041–1050.

4 Während der Eiszeiten floß der Rhein zwischen Schaffhausen und Waldshut durch den Klettgau, nördlich von seinem heutigen Bett. Gleich hinter Schaffhausen behielt er damals die Westrichtung bei, zwängte sich nördlich des heutigen Rheinfalls durch eine Talenge, die heute «Engi» heißt, und gewann den breiten Talzug des Klettgau, um bei Waldshut sein heutiges Bett zu erreichen. Vgl. Gutersohn Bd. 3,2, S. 329–334.

5 Reise in die Schweiz 1797.

6 Die Rheinfallbrücke über der Entstehung des Katarakts, in: NZZ 22.7.85, Nr. 167, S. 17 (Wsp.).
7 Wittmann 1962, S. 10–21.
8 Kurt F. J. Sauer, M. Schnetter (Hrsg.): Die Wutach. Naturkundliche Monographie einer Flußlandschaft, Freiburg 1971 (Die Natur- und Landschaftsschutzgebiete Baden-Württembergs. 6.); Fritz Hockenjos: Die Wutachschlucht, 3. Aufl., Konstanz 1977; Bernhard Mohr: Der Schwarzwald, in: Geographische Landeskunde von Baden-Württemberg, Stuttgart 1983, S. 164–165.
9 Geyer/Gwinner S. 155–156; Wilhelmy Bd. 3, S. 29; Henningsen S. 55. Die Versickerung des Donauwassers ist 1869 erstmals durch Farb- und Salzversuche nachgewiesen worden. Das Wasser braucht 55 Stunden bis zum Aachtopf.
10 Schneider S. 28–29; über den Wasserkraft- und Speicherausbau des Hochrheins neuerdings Horst Gerhard, in: KHR S. 63–70.
11 Schwing S. 3.
12 Schneider S. 33 f. Zur Wasserkraftnutzung des Hochrheins vgl. Schnitter a. a. O.
13 Ein Modell steht im Museum Allerheiligen in Schaffhausen.
14 Lichtenhahn S. 150.
15 Schwing S. 1–20; 90 Jahre Kraftübertragungswerke Rheinfelden AG, o. O. (1984); Kraftübertragungswerke Rheinfelden AG. Kraftwerk Wyhlen. (Faltblatt, o. O. u. J.).
16 Lichtenhahn S. 150; Grenzkraftwerke a. a. O.; Schneider S. 33–34. – Als Beispiel eines mit dem Hochrein verbundenen Pumpspeicherwerks vgl.: Das Schluchseewerk. Eine Hochdruck-Kraftwerksgruppe mit Jahresspeicher und Pumpspeicherung. (7. Aufl. 1951), Freiburg 1976.
17 Grenzkraftwerke a. a. O.; 75 Jahre Kraftwerk Laufenburg 1908–1983, Laufenburg 1983; Kraftwerk Laufenburg (Beschreibung, Geschichte; Faltblatt), ca. 1983.
18 Hans Zbinden, Charly Clerc, Hans Fischer, Oskar Bek: Die Rettung der Rheinau – ein Kampf fürs Recht. Bern 1954.
19 Grenzkraftwerke a. a. O.
20 Der Spiegel 1986, Nr. 3 und 1989, Nr. 36, S. 80–82.
21 Den geplanten Bau des Kernkraftwerks Kaiseraugst verhinderten Schweizer Bürgerinitiativen seit 1975. Nach Tschernobyl war der Bau nicht mehr durchzusetzen. 1988 kam das endgültige «Aus» für Kaiseraugst. Dies bedeutete zugleich das Ende des Atomkraftwerkbaus in der Schweiz. 1990 stimmten die Schweizer über ihre Atompolitik ab. Sie votierten mit knapper Mehrheit für einen Mittelweg: Kein Ausstieg, aber vorerst auch keine neuen KKW, vielmehr eine Denkpause bis zum Jahr 2000. Die Schweizer verordneten sich ein Energie-Sparprogramm.
22 Schneider S. 29–30.
23 Gutersohn Bd. 3,2, S. 334; Schneider S. 30–32.
24 «Das glückhaft Schiff von Zürich» brachte die Zürcher in einem Tag zum Schützenfest nach Straßburg, und der Hirsebrei war heiß geblieben, berichtete Johann Fischart 1576.
25 Schneider S. 32.
26 Entwurf für den Ausbau der Rheinschiffahrtsstraße Basel–Bodensee, Bern 1942 (Mitteilungen des Eidgenössischen Amtes für Wasserwirtschaft. 35.); H. Krucker: Die Rheinschiffahrt Basel–Bodensee. Ihre volkswirtschaftliche Bedeutung für die Schweiz, St. Gallen 1945 (Nordostschweizerischer Verband für Schiffahrt Rhein–Bodensee. Verbandsschrift Nr. 48.), S. 14.
27 Karl August Walther: Vom Meer zum Bodensee. Der Hochrhein als Großschifffahrtsweg, Olten 1957; Wer hat Angst vor leisen Kähnen? Fortführung der Schifffahrt von Rheinfelden bis Full (Aaremündung) o. O. ca. 1986; Der Ausbau der

schweizerischen Binnenschiffahrt: eine Notwendigkeit, (Mappe) o. O. ca. 1986. Gegen den Ausbau des Hochrheins: Justinus Bendermacher (Bearb.): Der Umbau des Rheinfalls von Schaffhausen. Zur Frage der Industrialisierung, Schiffahrt und Stromerzeugung an Hochrhein und Bodensee, Neuß 1962 (Schriften des Deutschen Heimatbundes. 1. Mit Literatur); Vilma Sturm: Wird das Paradies kanalisiert? Der Streit um die Schiffbarmachung des Hochrheins, in: FAZ 30.1.65, Nr. 25, Beilage Bilder und Zeiten.

28 Das beschauliche Bild wird allerdings beeinträchtigt durch den Wellenschlag von privaten Booten und Kursschiffen. Kursschiffe verursachen Wellen bis zu 70 Zentimetern Höhe. Der Wellenschlag schwemmt feine Bodenbestandteile aus den Uferbestockungen und Schilfwurzeln aus; Sträucher und Bäume verlieren ihren Halt. Die «Aktion Rhy» fordert strenge Beschränkung der Fahrgeschwindigkeit und eine Verkleinerung des Motorbootbestandes. Vgl. Christa Edlin-Sutz: Bedrohte Rheinufer – Wellenschlag als Ärgernis, in: Bodensee-Hefte 38, 1987, Heft 10, S. 7–13.

29 Garbrecht S. 184–185; Wasser. Eine Einführung in die Umweltwissenschaften. Hrsg. von Hans Reiner Böhm, Michael Deneke, Darmstadt 1992.

30 Lothar Schäfer: Wandlungen des Naturbegriffs, in: Jörg Zimmermann (Hrsg.), Das Naturbild des Menschen, München 1982, S. 11–44, bes. S. 24–25.

31 Über die Grundgesetze der Gerinnehydraulik vgl. Mangelsdorf/Scheurmann S. 21–38.

32 Mangelsdorf/Scheurmann S. 27–32; Wilhelmy Bd. 2, S. 97–100. Dort auch Literaturangaben.

33 Zum Folgenden vgl. Wilhelmy Bd. 2, S. 48–51.

34 Die heute meist verwendete Formel für den Widerstandsbeiwert gibt Garbrecht S. 183–184.

35 Mangelsdorf/Scheurmann S. 111.

36 Wilhelmy Bd. 2, S. 126; Mangelsdorf/Scheurmann S. 129.

37 Emil Mosonyi: Wasserkraftwerke, 2. deutsche, bearb. u. erg. Aufl., Düsseldorf 1966; Bd. 1: Niederdruckanlagen; Bd. 2: Hochdruckanlagen, Kleinstkraftwerke und Pumpspeicheranlagen.

38 Mosonyi S. 115; über den Rhein unter der Einwirkung des Menschen die Aufsätze in: KHR, u. a. Schlußbetrachtung und Zusammenfassung von Heino Kalweit S. 199–204, 205–212..

39 Vgl. dazu, etwas abweichend, Mangelsdorf/Scheurmann S. 106; ferner Wilhelmy Bd. 3, S. 167.

40 Daniel Vischer: Der Rhein und sein Geschiebe, in: Alpenrhein S. 45.

41 Ingeborg Krummer-Schroth: Land der Klöster, Kirchen und Burgen. Geschichte und Kultur am Hochrhein, in: Der Hochrhein, Fotos von Leif Geiges, Stuttgart 1984, S. 17–26.

42 Gutersohn Bd. 1, S. 204–211; Felix Auer: Probleme der Schweizer Wirtschaft. Die Entwicklung Basellands vom Bauern- zum Industriekanton. Standortfragen der Basler Chemie. Separatdruck aus der Sondernummer «150 Jahre unterwegs» des «Doppelstab», Basel 1982.

43 Labhart S. 148.

44 Sandoz 1986 S. 6, 29.

45 dpa-Meldung, nach KStA, 6./7.6.87.

46 Über Ursachen und Folgen der Brandkatastrophe bei der Sandoz AG Basel u. a.: Eidgenössische Technische Hochschulen. Eidg. Anstalt für Wasserversorgung, Abwasserreinigung und Gewässerschutz EAWAG. Erster Zwischenbericht an die Regierung des Kantons Basel-Landschaft über Bestandsaufnahme, ökologische Beurteilung, empfohlene Maßnahmen und Absichten für weitere Untersuchungen

nach dem Schadenfall Sandoz im Rhein bei Basel, Dübendorf 1986. Der 2. Zwischenbericht (über das Verhalten der Chemikalien im Rhein, den biologischen Zustand und die Wiederbelebung des Rheins) erschien August 1987; Folgen des Brandunfalls am 1.11.86, in: IKSR 1986 S.32–52, 142–151; Bundesminister für Umwelt, Naturschutz und Reaktorsicherheit. Rhein-Bericht. Bericht der Bundesregierung über die Verunreinigung des Rheins durch die Brandkatastrophe bei der Sandoz AG Basel und weitere Chemieunfälle. Bonn 1987 (Umweltbrief Nr.34.); IKSR 1987 S.30–36, 96; IAWR. Rheinbericht S.8, 61–62; IAWR 11, S.17–18, 243–256; Alfred Rest: The Sandoz Blaze and the Pollution of the Rhine in Regard to Public International Law, Private International Law and National Liability Issues, in: Tijdschrift voor Milieu Aansprakelijkheid, 1, 1987, Nr.3, S.59–65.

47 Landesamt für Wasser und Abfall Nordrhein-Westfalen. Brand bei Sandoz und Folgen für den Rhein in NRW. November 1986. Düsseldorf 1986, S.11 (LWA-Sonderbericht).

48 FAZ 19.8.91, S.23.

49 Sandoz 1986 S.57.

50 Verena von Hammerstein: Großmutter und die Basler Chemie, in: Die Zeit 26.6.87, Nr.27, S.63.

51 Erasmus von Rotterdam. Vorkämpfer für Frieden und Toleranz. Ausstellung zum 450. Todestag, veranstaltet vom Historischen Museum Basel (Katalog), Basel 1986; Léon Halkin: Erasmus von Rotterdam. Eine Biographie, Zürich 1989; seit 1993 ist Johan Huizingas meisterhafte Biographie des Erasmus in einer Übersetzung Werner Kaegis als Rowohlt-Taschenbuch wieder erhältlich..

52 Augustijn S.31–32.

53 Augustijn S.40.

54 Augustijn S.98.

55 Augustijn S.95, 96.

56 Augustijn S.112.

57 Augustijn S.114.

58 Eduard Grob: Die schweizerisch-deutsche Zusammenarbeit im Bereiche der Elektrizitätserzeugung, Separatdruck aus: CH-D Wirtschaft 1985, 10.

Fünftes Kapitel
Der Oberrhein: Zwei Länder, zwei Ufer

1 Illies S.32.

2 Henning Illies: Ein Grabenbruch im Herzen Europas. Erdgeschichte und Relief der Landschaft am Oberrhein, in: Geographische Rundschau 19, 1967, S.281–293; ders.: Die großen Gräben: Harmonische Strukturen in einer disharmonisch strukturierten Erdkruste, in: Geologische Rundschau 59, 1970, S.528–552.

3 Hans Cloos: Zur experimentellen Tektonik, in: Naturwissenschaften 18, 1930, Heft 34, S.741–747; ders.: Zur Mechanik großer Brüche und Gräben, in: Centralblatt für Mineralogie 1932, Abt. B, Nr.6, S.273–286.

4 Henningsen S.74–77. – Wilhelmy Bd.1, S.56–64. – Stadelbauer a.a.O. 1983. – Reinhard Pflug: Bau und Entwicklung des Oberrheingrabens, Darmstadt 1982 (Erträge der Forschung. 184.).

5 Illies S.17.

6 Der Oberrheingraben und die Niederrheinische Bucht sind tektonische Schwächezonen geblieben; sie stehen unter Spannung. Bei plötzlichem Span-

nungsausgleich entstehen Erdbeben; sie sind naturgemäß häufig. Ein besonders schweres Beben zerstörte im 14. Jahrhundert Basel; leichtere Beben werden etwa alle zwei Jahre registriert, zuletzt am 29. Mai 1990 zwischen Karlsruhe und Frankfurt, am 13. 4. 1992 am Niederrhein.

7 Alfred Wegener: Die Entstehung der Kontinente und Ozeane, Braunschweig 1915, 4. Aufl. 1929, Nachdrucke 1962 und 1980; Wilhelmy Bd. 1, S. 38–47.

8 Wilhelmy Bd. 1, S. 61; Henningsen S. 2.

9 Illies S. 30–32.

10 Rheinische Geschichte in drei Bänden. Hrsg. von Franz Petri und Georg Droege. Düsseldorf 1980 ff. (Zitiert: Rheinische Geschichte), Bd. 1, S. 46–57.

11 Rheinische Geschichte Bd. 1, S. 57–63.

12 Vgl Lauterborn S. 11–15.

13 Vgl. den Abschnitt «Ansichten vom Rhein» im Kapitel 6.

14 Rheinische Geschichte Bd. 1.2 und 1.3.

15 Rovan S. 49. – Rheinische Geschichte Bd. 1.3. – Hans Boldt: Deutschlands hochschlagende Pulsader. Zur politischen Funktion des Rheins im Laufe der Geschichte, in: Rhein Mythos Realität S. 27–34.

16 Carlrichard Brühl: Deutschland – Frankreich. Die Geburt zweier Völker. Köln 1990.

17 François Bondy und Manfred Abelein: Deutschland und Frankreich. Geschichte einer wechselvollen Beziehung, Düsseldorf 1973, S. 90.

18 Rovan S. 16; Hedwig Hintze: Staatseinheit und Föderalismus im alten Frankreich und in der Revolution, Frankfurt 1989.

19 Ilja Mieck: Deutschlands Westgrenze, in: Deutschlands Grenzen in der Geschichte. Hrsg. von Alexander Demandt, München 1990, S. 191–233; Irmgard Hantschke: Der Rhein als Grenze und Verbindung, in: Duisburg Rhein S. 101–134.

20 Rheinische Geschichte Bd. 2; Robert J. W. Evans: Das Werden der Habsburgermonarchie 1550–1700. Gesellschaft, Kultur, Institutionen, Wien 1986.

21 Paul Sethe: Schicksalsstunden der Weltgeschichte. Die Außenpolitik der Großmächte von Karl dem Fünften bis Churchill. 3. Aufl., Frankfurt 1954, S. 82.

22 Rovan S. 55–56.

23 Rovan S. 59 und 62.

24 Poidevin/Bariéty S. 26. Vgl. auch Wilhelm Kreutz: Der umkämpfte Rhein. Zur deutschen und französischen Rheinideologie zwischen 1870 und 1930, in: Mythos Rhein Kitsch S. 43–58.

25 Poidevin/Bariéty S. 47 f.

26 Poidevin/Bariéty S. 72; Wilfried Pabst: Das Jahrhundert der deutsch-französischen Konfrontation. Ein Quellen- und Arbeitsbuch für deutsch-französische Geschichte von 1866 bis heute, 1986.

27 Poidevin/Bariéty S. 85–87.

28 Poidevin/Bariéty S. 106; Franz Knipping, Ernst Weisenfeld (Hrsg.): Eine ungewöhnliche Geschichte. Deutschland–Frankreich seit 1870, Bonn 1988.

29 Poidevin/Bariéty S. 108–115; Philippe Levillain, Rainer Riemenschneider (Hrsg.): La Guerre de 1870/71 et ses conséquences. Bonn 1990. (Pariser Historische Studien. Hrsg. v. Deutschen Historischen Institut Paris.).

30 Poidevin/Bariéty S. 121.

31 Poidevin/Bariéty S. 124.

32 Poidevin/Bariéty S. 144–150.

33 Poidevin/Bariéty S. 150; Hartmut Kaelble: Nachbarn am Rhein. Entfremdung

und Annäherung der französischen und deutschen Gesellschaft seit 1880, München 1991.
34 Poidevin/Bariéty S. 168–169.
35 Poidevin/Bariéty S. 249.
36 Poidevin/Bariéty S. 254.
37 Poidevin/Bariéty S. 295.
38 Poidevin/Bariéty S. 296–307.
39 Irmgard Grünewald: Elsaß-Lothringen im Reich 1918–1933. Frankfurt 1984, S. 8 (Europäische Hochschulschrift. Reihe 3. Bd. 232.).
40 Poidevin/Bariéty S. 335; vgl. zur Ruhrkrise auch Klaus Schwabe (Hrsg.): Die Ruhrkrise 1923. Wendepunkt der internationalen Beziehungen nach dem Ersten Weltkrieg, Paderborn 1985.
41 Poidevin/Bariéty S. 335–337; ferner E. Bischoff: Rheinischer Separatismus 1918–1924. Hans Adam Dortens Rheinstaatbestrebungen, Bern 1969; K. D. Erdmann: Adenauer in der Rheinlandpolitik nach dem Ersten Weltkrieg, Stuttgart 1966.
42 Poidevin/Bariéty S. 341–364.
43 Poidevin/Bariéty S. 363.
44 Poidevin/Bariéty S. 413/414.
45 Poidevin/Bariéty S. 424; Alfred Grosser: Frankreich und seine Außenpolitik 1944 bis heute, München 1989 (dtv Zeitgeschichte. 11022.).
46 Poidevin/Bariéty S. 435; ferner die dreibändige Biographie von Jean Lacouture, Paris 1984–1986; Ernst Weisenfeld: Charles de Gaulle. Der Magier im Elysée, München 1990.
47 Poidevin/Bariéty S. 451–455.
48 Den nachstehenden Bericht über das Veteranentreffen auf dem Soldatenfriedhof Lörrach verdanke ich Dieter Wenz: Nie wieder ganz dafür oder dagegen. Schicksale zwischen Rhein und Vogesen, in: FAZ 7. 6. 86, Nr. 129, Beilage Ereignisse und Gestalten. – Vgl. auch die Leserzuschrift von Dr. Rüdiger Klein, in: FAZ 29. 9. 86, Nr. 225, S. 8. – Zahlreiche Reportagen für die FAZ hat Dieter Wenz in Buchform herausgegeben; vgl. Wenz/Ungerer S. 40–49.
49 Stadelbauer 1983 S. 83.
50 Stadelbauer 1983 S. 84–87.
51 Honsell S. 2.
52 Honsell S. 2.
53 Hügin S. 78–91.
54 Hügin S. 81.
55 Huber S. 42; Scheifele S. 44.
56 Scheifele S. 44.
57 Musall S. 100–105, 234–236.
58 Zum Folgenden vgl. Götz Kuhn: Die Fischerei am Oberrhein, Stuttgart 1976 (Hohenheimer Arbeiten. 83.); Hans-R. Fluck: Die Fischerei im Rhein und seinen Nebenflüssen, in: Land um Rhein und Schwarzwald. Hrsg. von Kurt Klein. 2. Aufl., Kehl 1978, S. 277–283.
59 Der letzte Aalschokker am Oberrhein zog 1989 die Netze ein.
60 C. Lepper: Die Goldwäscherei am Rhein. Geschichte und Technik, Münzen und Medaillen aus Rheingold, Heppenheim 1980; Albert Spycher: Rheingold. Basel und das Gold vom Oberrhein, Basel 1983.
61 Doppelfeld S. 7.
62 Badisches Goldfieber … in: Badische Neueste Nachrichten, 7. 12. 87; Rheinischer Kies birgt Goldspuren, in: KStA 23. 5. 89.

63 Musall S. 106–107, 234–236.
64 Musall S. 97.
65 Holländerstämme waren starke Schwarzwaldtannen, die 24 Meter lang sein mußten und deren Durchmesser am schwächeren Ende 40 Zentimeter betrug. Sie hatten einen Rauminhalt von mindestens fünf Festmetern.
66 Musall S. 151–155.
67 Johann Gottfried Tulla: Die Rectification des Rheines. Denkschrift. Karlsruhe
   1822, S. 7; Einen Überblick über den Strombau am Rhein von Basel bis Emmerich gibt Berger S. 55–86; Wichtige «wasserbautechnische Maßnahmen zur Regelung eines natürlichen Flußlaufes» erklärt allgemeinverständlich Hannelore
   Hapke, in: Duisburg Rhein S. 161–170; vgl. besonders die den Oberrhein betreffenden Artikel, in: KHR S. 40–42, 70–97 (Werner Buck), S. 42–44, 97–115
   (Heino Kalweit).
68 Honsell S. 5; Wittmann Tulla S. 9; Johann Gottfried Tulla: Die Grundsätze, nach
   welchen die Rheinbauarbeiten künftig zu führen seyn möchten. Denkschrift vom
   1. 3. 1812; ders.: Über die Geschwindigkeit des fließenden Wassers in regelmäßigen Kanälen und Flüssen, Karlsruhe 1821; ders.: Über die Rectification des
   Rheins von seinem Austritt aus der Schweiz bis zu seinem Eintritt in das Großherzogtum Hessen, Karlsruhe 1825.
69 Honsell S. 4–9.
70 Honsell S. 47–52; Musall S. 199.
71 Honsell S. 9–20.
72 Wittmann Tulla S. 14.
73 Honsell S. 71–75.
74 Honsell S. 42.
75 G. Schneider: Die Rheinregulierung Straßburg/Kehl – Istein 1930–1962, in: Zeitschrift für Binnenschiffahrt 90, 1963, S. 165–170; Vogel Nr. 9, S. 410–412; Nr. 11,
   S. 473–488.
76 Herbert Schwarzmann: War die Tulla'sche Oberrheinkorrektion eine Fehlleistung
   im Hinblick auf ihre Auswirkungen? In: Die Wasserwirtschaft 54, 1964, Heft 10,
   S. 279–287; Felkel 1969 S. 803; Vogel Nr. 9, S. 410; vgl. zu dieser Frage auch die
   Aufsätze in: KHR.
77 Knäble S. 20; Hügin S. 81 ff.; Graf Lennart Bernadotte: Stellungnahme des Deutschen Rates für Landespflege zum Ausbau des Oberrheins zwischen Basel und
   Karlsruhe, in: Landespflege am Oberrhein, Bonn–Bad Godesberg 1968, S. 5–8
   (Schriftenreihe des Deutschen Rates für Landespflege. Heft 10.). – Die Donau
   widersetzte sich ihrer Umleitung nach Gabčikovo 1992.
78 Wein S. 16–23.
79 Knäble S. 21.
80 Dieter Kuhl: Der Ausbau des Oberrheins, in: Land um Rhein und Schwarzwald.
   Hrsg. von Kurt Klein, 2. Aufl., Kehl 1978, S. 193–203.
81 Wilhelm Martens, Hasso Klose: Die Staustufe Iffezheim, in: Wasserwirtschaft 65,
   1975, Heft 9, S. 222–225.
82 Felkel 1969 a. a. O.; Felkel 1977 S. 363–375; Hans-Peter Tzschucke: Verhinderung der Sohlenerosion unterhalb der Staustufe Iffezheim. Untersuchte Alternativen und derzeitige Maßnahmen, in: Wasserbau-Mitteilungen der Technischen
   Hochschule Darmstadt 1985, Nr. 24, S. 57–69; Hapke, in: Duisburg Rhein
   S. 169–170.
83 Bundesminister für Verkehr: Untersuchungen zur Frage, ob die Sohlenerosion des
   Oberrheins unterhalb der Staustufe Iffezheim durch Geschiebezugabe, weitere
   Staustufen oder Grundwellen verhindert werden kann. Schlußbericht, Bonn 1981;

Bundesanstalt für Gewässerkunde: Großräumige Untersuchung der erosionsgefährdeten Oberrheinstrecke. Teilbericht 5: Umweltverträglichkeitsprüfung, Koblenz 1981.

84 Dietrich Kuhl: Naturversuch mit einer Geschiebezugabe im Rhein unterhalb der Staustufe Iffezheim, in: Zeitschrift für Binnenschiffahrt und Wasserstraßen 1980, Nr. 2, S. 59–64.

85 Emil Dister: Taschenpolder als Hochwasserschutzmaßnahmen am Oberrhein, in: GR 37, 1985, Heft 5, S. 241–247; Dister 1986 S. 194–203; Heinz Engel: Hochwasser; Begriff, Entstehung, in: Beiträge zur Rheinkunde 42, 1990, S. 5–27; Horst Steidle: Hochwasserschutz und Ökologie am Beispiel des Integrierten Rheinprogramms, in: IAWR 13, S. 185–198. Über die Wasserbeschaffenheit an einem Retentionsstandort am Oberrhein M. Gengnagel, IAWR 13, S. 199–210; ferner D. Maier S. 211–219. – Alle kanalisierten Flüsse neigen zu nicht kalkulierbaren Reaktionen. Dies bewies zuletzt noch (im Sommer 1993) der Mississippi.

86 Dister 1986 S. 196/197.

87 Hochwasser-Studienkommission für den Rhein: Schlußbericht …, Bonn 1978, u. a. S. 48.

88 Dister 1986 S. 197.

89 Dietrich Kuhl: Das Kulturwehr Kehl/Straßburg und die Seitenpolder des Rheins bei Altenheim, in: Wasserwirtschaft 74, 1984, Nr. 7/8, S. 361–365.

90 Dister 1986 S. 197.

91 Dister 1986 S. 198.

92 Wenz/Ungerer S. 84–87.

93 Einwohnergleichwert (EGW): Einheit zum Vergleich von industriellem Schmutzwasser mit häuslichem Schmutzwasser.

94 Briefliche Mitteilung von Dr. Anton Mariacher (Verband der Chemischen Industrie) an die FAZ. Dr. Mariacher wies darauf hin, daß die deutsche chemische Industrie allein 1987 rund 2,4 Milliarden Mark für den Gewässerschutz aufgewendet habe.

95 Wenz/Ungerer S. 86.

96 Rhin-Meuse. Informations. Journal du Comité et de l'Agence de l'Eau Rhin-Meuse, Nr. 36, Septembre 1986.

97 Dieter Wenz hat seine Aufmerksamkeit immer wieder einmal den Fessenheimer Vorfällen gewidmet: FAZ 6. 10. 88, Nr. 231, S. 3; FAZ 11. 4. 87, Nr. 92, S. 1; FAZ 16. 11. 87, Nr. 266, S. 5: Ein Artikel unter der provokanten Überschrift «Die sind verrückt! Neue Blöcke für den rissigen Reaktor?» rief Proteste des Leiters des Kernkraftwerks (FAZ 17. 12. 87, Nr. 292, S. 9) und des Nuklearattachés der französischen Botschaft (FAZ 4. 1. 88, Nr. 2, S. 6) hervor. Ferner FAZ 4. 10. 88, Nr. 231, S. 6; FAZ 16. 9. 89, Nr. 215, S. 6. Vgl. auch Wenz/Ungerer S. 134–138. – Sodann: Analyse comparative des impacts économics du site nucléaire de Fessenheim et des actions de maîtrise de l'énergie en Alsace entre 1976 et 1988, Breitenbach 1989.

98 Jan M. van Dunné: Die Anwendung des Internationalen und Nationalen Umweltrechts bei den Prozessen um die Einleitungen der französischen Kaligruben, in: IAWR 11, S. 129–139.

99 Dieter Wenz, in: FAZ 12. 6. 86, Nr. 133, S. 3; ders., in: FAZ 16. 10. 86, Nr. 240, S. 12.

100 FAZ (Reuter) 30. 6. 86, Nr. 147, S. 4.

101 IAWR 11, S. 23; vgl. auch: IAWR. Salz im Rhein – Rost im Rohr, Amsterdam 1988.

102 Greenpeace: Die Rheinfahrt der «Beluga» 1985: Ein Bericht, Hamburg 1986.

103 Greenpeace a. a. O. Anm. 5; 102.
104 Dieter Wenz, in: FAZ 5. 2. 88, Nr. 30, S. 3; ders.: «Vergiftete Freundschaft» heißt es in Straßburg, in: FAZ 28. 8. 89; ders.: Es raucht schon genug in Straßburg, in: FAZ 9. 4. 90, Nr. 84, S. 5; Alfred Behr: Immer Ärger mit dem Müll, in: FAZ 2. 5. 91, Nr. 101, S. 4.
105 Annik Schnitzler-Lenoble: Le Ried de l'Andlau. 7000 ans d'histoire naturelle et humaine aux portes de Strasbourg, Strasbourg 1989.
106 François Steimer: Eine wirkliche Naturlandschaft. Die letzten Auwälder des Rheins, in: Naturopa Nr. 38, 1981, S. 10–12.
107 Wein S. 23; Ermittlung 1975 S. 55–60.
108 Wein S. 22.
109 Ermittlung 1975 S. 39.
110 Ermittlung 1975 S. 58.
111 Vgl. u. a. Rolf Zundel: Die Gestaltung des Kaiserstuhls als Mehrzwecklandschaft, in: Natur und Landschaft 50, 1975, Nr. 7, S. 197–200. – Stadelbauer 1978 S. 143–171.
112 Stadelbauer 1978 S. 151.
113 Loni Skulina: Vogtsburg alias Kaiserstuhl, in: FAZ 14. 11. 91, Nr. 265, S. R4.
114 FAZ 20. 12. 85, Nr. 295, S. 1–2 (fr); Friedrich Karl Fromme, in: FAZ 21. 12. 85, Nr. 296, S. 8.
115 FAZ 22. 5. 86, Nr. 116, S. 19 (hof).
116 Dieter Wenz: Bekannte Gesichter aus Wyhler Zeiten, Pfarrersleute und Bauern, in: FAZ 17. 5. 86, Nr. 113, S. 3.
117 Taubergießengebiet S. 1 – Bruno P. Kremer: Die Auengebiete des südlichen Oberrheins, in: Beiträge zur Rheinkunde 41, 1989, S. 56–67.
118 Taubergießengebiet S. 43–53. – Über die Problematik der oberirdischen Gewinnung von Bodenschätzen (wie Sand, Kies, Braunkohle) und über einen natürlichen, schonenden Ausgleich der Schäden geben Hinweise und Anregungen Hans Altmeyer: Rheingerölle und ihre Herkunft; Martin Woike: Kiesgruben und Naturschutz; beide in Heft 22 der Reihe «Rheinische Landschaften», Neuß 1982.
119 Taubergießengebiet S. 68–71.
120 Taubergießengebiet S. 55, vgl. auch S. 53–68; Gelegentlich hörte ich vom Mais als der «Syphilis der Landwirtschaft» sprechen.
121 Ciba-Geigy hat die Produktion des hochgefährlichen, in der Nahrungsmittelkette sich anreichernden Atrazin seit November 1986 eingestellt. Vgl. Henning Engeln (über das Herbizid Atrazin) in: Die Zeit 22. 5. 87, Nr. 22, S. 82; Pflanzenschutzmittel Atrazin wird verboten, in: FAZ 8. 8. 90, Nr. 182, S. 10 (hal.).
122 Dorothee Rohde-Arndt: Orchideen, Besonderheit in unserer Pflanzenwelt, in: Museen der Stadt Freiburg 1985, Nr. 23, S. 1.
123 Taubergießengebiet S. 53–68; Gerhard Olschowy: Deutsch-französisches Naturreservat am Oberrhein (Schutzgebiet Taubergießen), in: Landespflege S. 52–54.
124 Dichtung und Wahrheit, 3. Teil, 11. Buch.
125 Wanderungen durch die Mark Brandenburg. Das Oderland, Abschnitt Der Oderbruch und seine Umgebungen.
126 Johannes Winter: Die Lage ist ernst, in: Die Zeit 5. 6. 87, Nr. 24, S. 39.
127 Werner Breuning: Schnakenbekämpfung auf biologische Art, in: FAZ 7. 6. 88, Nr. 130, S. 10; vgl. auch Mathias Schreiber, in: FAZ 13. 11. 87, Nr. 264, S. 27.
128 Ermittlung 1975 S. 55–60.
129 Johann Georg Reißmüller: Was wird aus der deutschen Sprache im Elsaß? In: FAZ 22. 1. 86, Nr. 18, S. 12.

130 Dieter Wenz, in: FAZ 19. 4. 86, Nr. 91, S. 12.
131 Dieter Wenz, in: FAZ 6. 8. 88, Nr. 181, S. 3.
132 Dieter Wenz, in: FAZ 19. 8. 86, Nr. 190, S. 3.
133 Karl-Otto Sattler, in: KStA 17. 1. 92, Nr. 14, S. 4.
134 Dieter Wenz, in: FAZ 25. 4. 86, Nr. 96, S. 5.
135 Stadelbauer 1983 S. 97; Der Spiegel 30. 5. 88, Nr. 22, S. 54–55.
136 Dieter Wenz, in: FAZ 10. 5. 90, Nr. 108, S. 9.
137 Dieter Wenz, in: FAZ 9. 1. 91, Nr. 7, S. 10.
138 Abgedruckt in: FAZ 21. 7. 86, Nr. 165, S. 17. Vgl. auch Rudolf von Thadden, in: Die Zeit 3. 10. 91, Nr. 41, S. 14.
139 Nach Dieter Wenz, in: FAZ 10. 9. 87. – Der Europagedanke ist eine Geburt der Neuzeit, stellte John Lukacs fest (FAZ 15. 12. 90. Nr. 292, Beilage). Erst im 17. Jahrhundert bezeichnet das Adjektiv «europäisch» die Bewohner eines bestimmten Kontinents. Und ein «europäisches Bewußtsein» gar ist noch viel jünger; erst zu Beginn des 20. Jahrhunderts tauchte dieser Begriff auf. Vgl. zu diesem Gegenstand die Untersuchung von Carlrichard Brühl: Historische Anfänge des europäischen Einigungsgedankens, 1993.
140 Dieter Wenz, in: FAZ 4. 4. 89, Nr. 78, S. 3; ders., in: FAZ 6. 6. 89, Nr. 128, S. 11.
141 Dieter Wenz, in: FAZ 5. 9. 89, Nr. 205, S. 3. – ders., in: FAZ 8. 2. 90, Nr. 33, S. 9. – ders., in: FAZ 9. 1. 91, Nr. 7, S. 10.
142 Stadelbauer 1983 S. 97–98; Wenz/Ungerer S. 238–242.
143 Henri Ulrich: Probleme des Naturschutzes und der Landschaftspflege am Oberrhein, in: Landespflege S. 47–49; Auen am Oberrhein. Les plaines alluviales du Rhin supérieur. Ökologie und Management. Écologie et gestion, Rastatt 1988, S. 57–61; Georg Rast: Thema Flußauen, in: Rijn Rhein Rhin S. 72–75.
144 Martin Stieghorst: Aspekte der Regional- und Landschaftsplanung am Oberrhein, in: Rijn Rhein Rhin S. 40–47; ferner die Ausführungen von Horst Steidle, M. Gengnagel und D. Maier, in: IAWR 13, S. 185–219; neuerdings auch KHR S. 35–36.
145 Zweiter Teil, 9. Buch.

Sechstes Kapitel
Der Mittelrhein: Romantik und Patriotismus

1 Vgl. Horst Johannes Tümmers: Rheinromantik, Romantik und Reisen am Rhein, Köln 1968, zitiert: Rheinromantik; Norbert Oellers: Geschichte der Literatur in den Rheinlanden seit 1815, in: Rheinische Geschichte Bd. 3, S. 567–570, Literaturangaben S. 684.
2 Rheinromantik S. 61, Anm. 161.
3 Dischner S. 45–47.
4 Zehnder a. a. O. – Tümmers 1984, S. 31–71.
5 Arno Borst: Religiöse und geistige Bewegungen im Hochmittelalter, in: Propyläen-Weltgeschichte, Berlin 1960–1964, Bd. 5, S. 495; vgl. auch: Reisekultur. Von der Pilgerfahrt zum modernen Tourismus. Hrsg. von Hermann Bausinger u. a., München 1991.
6 Rheinromantik S. 149, Anm. 168; Hans-Joachim Possin: Reisen und Literatur. Das Thema des Reisens in der englischen Literatur des 18. Jahrhunderts. Tübingen 1972.
7 Rheinromantik S. 62, Anm. 170; Irene Haberland: Auf der Suche nach der pittoresken Schönheit, in: Vom Zauber des Rheins ergriffen S. 41–58; an gleicher Stelle William Vaughan: Die Engländer und rheinische Sagen (S. 107–120); Gregory

M. G. Rubinstein: ‹Liebliche Hügel und fruchtbare Täler›? Rheinansichten im Großbritannien des 17. und 18. Jahrhunderts (S. 169–180).

8 Dischner S. 40, 49, 51.

9 Dischner S. 126.

10 Dischner S. 133–158.

11 Dischner S. 201–203, 245.

12 Zitiert nach: Lord (George Gordon) Byrons sämtliche Werke in zwölf Büchern. Vollständige Ausgabe … neu bearb. von Walter Heichen, Bd. 1, Berlin 1902, S. 112 ff.

13 J. M. William Turner. Köln und der Rhein. Ausstellung im Wallraf-Richartz-Museum Köln 1980. Katalog: Agnes von der Borch, Köln 1980; Cecilia Powell: Turner und der Rhein, in: Vom Zauber des Rheins ergriffen S. 219–232.

14 Seit wann ist es am Rhein so schön? In: Mit dem Auge des Touristen. Zur Geschichte des Reisebildes. Ausstellung des Kunsthistorischen Instituts der Universität Tübingen 1981, Tübingen 1981, S. 103–110; John Gardnor: Views Taken on and near the River Rhine (1787; 32 Aquatintablätter), London 1791.

15 Dischner S. 168–191.

16 Thomas Hood: A schoolmistress abroad (An extravaganza), in: The Works, London 1862; vgl. auch Gsundbrunn S. 29, 70.

17 Dischner S. 253.

18 Dischner S. 282–286; Grünewald S. 683–684.

19 Grünewald S. 738.

20 Vergil: Ecclogarum X, 47–48: «Alpinas, oh dura, nives et frigora Rheni / me sine sola vides, ah te ne frigora laedant …» Übersetzung nach Rudolf Alexander Schröder: Vergil, Hirtengedichte (Bucolica), Leipzig 1939, S. 38. Den «Rhein in Mythologie und Dichtung» hat Josef Ruland dargestellt, zuletzt in: Duisburg Rhein S. 135–148; Richard W. Gassen: Der Rhein – ein Mythos, in: Mythos Rhein S. 13–17.

21 Lucan: Pharsalia II 570.

22 La Gerusalemme liberata XIV, 34.

23 Os Lusiadas, Canto III, 11.

24 Vgl. Rheinromantik S. 15–16; Susanne Pfleger: Reisebilder vom Rhein. Die Sehnsucht nach einer idealen Landschaft, in: Mythos Rhein S. 21–28.

25 Die Textstelle lautet in der Übersetzung: «Öffne jetzt weit deine blauen Buchten, den glasgrünen Mantel / Rhein breite aus, gib Raum dem neu ankommenden Flusse …/ wunderschöner Rhein, du brauchst den Vergleich nicht zu scheuen, / Neid ist dem neuen Gesellen fremd. Du wirst dir für ewig / Namen und sicheren Ruhm erwerben …» (Ausonius, Mosella 417 ff., 428 ff.)

26 Francisci Petrarcae Epistolae de rebus familiaribus et variae. Ed. Guiseppe Fracassetti. Vol. 1, Firenze 1859, Epistolae IV, S. 44–48; Wilhelm auf der Haar: Petrarca am Rhein, in: Der schaffende Rhein. Beiträge der Rheinfreunde, N. F. 5, 1941, S. 19–20.

27 Heinrich Michow: Caspar Vopell und seine Rheinkarte vom Jahre 1558, in: Mitteilungen der Geographischen Gesellschaft in Hamburg 19, 1903, S. 217–241. Der Holzschnitt (ein Exemplar befindet sich in der Landesbibliothek Schwerin) mißt 150,4 × 37,6 Zentimeter, mit Randleisten und Text 155,3 × 55 Zentimeter.

28 Hierzu und zu den anderen frühen Rhein-Autoren Lauterborn S. 30–121; zu Moller S. 100–103; vgl. auch: Ausführliche und grundrichtige Beschreibung des ganzen Rheinstroms … mit einer bewährten Land-Karten, wie auch anderen Kupffern … Nürnberg (um 1685). Exemplar im Besitz des Rheinischen Amtes für Denkmalpflege, Pulheim-Brauweiler.

29 Rheinische Geschichte Bd. 1, S. XXII–XXVIII.

30 Rheinromantik S. 16–19, Anm. 33 und 34.
31 Rheinromantik S. 23; Barbara Eschenburg: Landschaft in der deutschen Malerei. Vom späten Mittelalter bis heute, München 1987.
32 Überblicke über gemalte Rheinlandschaften geben u. a.: Der romantische Mittelrhein. Ölbilder und Aquarelle aus Koblenzer und rheinischem Privatbesitz. Ausstellung im Mittelrhein-Museum Koblenz 1983, Koblenz 1983; Margitta Buchert: Bilder vom Rhein zwischen Ideal und Wirklichkeit, in: Rhein Mythos Realität S. 229–246; im gleichen Band S. 247–258 der Aufsatz von Gabriele Lohberg: Ansichten vom Rhein; Klaus Weschenfelder: Rheinströme, in: Vom Zauber des Rheins ergriffen S. 13–32.
33 Günter Binding: Köln- und Niederrhein-Ansichten im Finckenbaum-Skizzenbuch 1660–1665, Köln 1980, S. 5; Wolfgang Schulz: Die Rheinreise niederländischer Künstler im 17. Jahrhundert, in: Vom Zauber des Rheins ergriffen S. 147–156; an gleicher Stelle Patricia Stahl: Die Saftleven-Renaissance. Bürgerlicher Kunstgeschmack des 18. Jahrhunderts in Deutschland S. 195–206.
34 Rheinromantik S. 13, 19, 37, bes. Anm. 11–17.
35 J. J. von Gerning: Die Rheingegenden von Mainz, Cölln, Wiesbaden 1819, S. 154.
36 Janscha/Ziegler Bl. 40.
37 Zitiert nach Max Braubach S. 20–21.
38 Rheinische Geschichte Bd. 2, S. 296 f, 298 f.
39 Braubach S. 23.
40 Braubach S. 29.
41 Janscha/Ziegler Text zu Abb. 3.
42 Klaus Lankheit: Revolution und Restauration, Baden-Baden 1965, S. 5–14 (Kunst der Welt. Bd. 23.); Herbert von Einem: Die Symbollandschaft der deutschen Romantik, in: Klassizismus und Romantik in Deutschland. Gemälde und Zeichnungen aus der Sammlung Georg Schäfer, Schweinfurt. Ausstellung im Germanischen Nationalmuseum Nürnberg 1966. Katalog, Schweinfurt 1966, S. 28–37; Eschenburg S. 147–164.
43 Ludwig Schiedermair: Musik am Rheinstrom, Köln 1947; Theodor Anton Henseler: Das musikalische Bonn im 19. Jahrhundert, Bonn 1959 (Bonner Geschichtsblätter. 13.); Willi Kahl: Bilder und Gestalten aus der Musikgeschichte des Rheinlandes, Köln 1964 (Beiträge zur rheinischen Musikgeschichte. 59.); Max Braubach: Die Mitglieder der Hofmusik unter den vier letzten Kurfürsten von Köln, in: Colloquium Amicorum. J. Schmidt-Görg zum 70. Geburtstag, 1967.
44 Schiedermair S. 201–202.
45 Kritische Friedrich-Schlegel-Ausgabe. Hrsg. von E. Behler, J. Anstett und H. Eichner, 1959, Bd. 4,1, S. 172, 186–192.
46 Novalis' Schriften, im Verein mit Richard Samuel hrsg. von Paul Kluckhohn, Leipzig 1928, Abt. VI, S. 100.
47 Huch S. 368–369.
48 Bach S. 357–380.
49 «Die blaue Blume» versinnbildlicht in Novalis' Roman «Heinrich von Ofterdingen» die Sehnsucht des Titelhelden.
50 Gemeint ist die «Rossel», eine künstliche Burgruine oberhalb von Burg Ehrenfels (bei Rüdesheim), erbaut 1774 für Karl Maximilian Graf von Ostein.
51 Zitiert nach: Der deutsche Rhein. Wanderungen und Fahrten der Romantik. Einleitung von Paul Ortwin Rave, Berlin 1938, S. 103–104.
52 Aus der Literatur zur Entstehung der Rheinromantik vgl. besonders Walzel; Heinz Stephan: Die Entstehung der Rheinromantik, Köln 1922. (Rheinische Sammlung. 3.). Mit ausführlicher Bibliographie; Rheinromantik Anm. 120, S. 143–144;

Detlef Haberland: Eine Gegend wie ein Dichtertraum! Aspekte der deutschen literarischen Rheinromantik, in: Vom Zauber des Rheins ergriffen S. 135–146; Thomas Grosser: Der romantische Rheinmythos. Die Entstehung einer Landschaft zwischen Politik und Tourismus, in: Mythos Rhein Kitsch S. 11–39.

53 Enders S. 309; Gisela Fleckenstein: Warum ist es am Rhein so schön? Aspekte der Rheinromantik von etwa 1800 bis zur Gegenwart, in: Rhein Mythos Realität S. 189–201.

54 Carl Gustav Carus: Paris und die Rheingegenden. Tagebuch einer Reise im Jahre 1835, Leipzig 1836; Marianne Prause: Carl Gustav Carus. Leben und Werk, Berlin 1968.

55 Wilhelm Buchner: Der Rhein, der Deutschen Lieblingsstrom, Berlin 1876; vgl. Helmut Mathy: Der «Heilige Strom». Politische und geistesgeschichtliche Voraussetzungen der Rheinromantik, in: Beiträge zur Rheinkunde 36, 1984, S. 3–21. – Horst Johannes Tümmers: Die patriotische Rheinromantik, in: Vom Zauber des Rheins ergriffen S. 91–106.

56 Rheinische Geschichte Bd. 2, S. 326.

57 Rheinische Geschichte Bd. 2, S. 333.

58 Hansgeorg Molitor: Die Juden im französischen Rheinland, in: Köln und das rheinische Judentum. Festschrift Germania Judaica 1959–1984, Köln 1984, S. 92.

59 Josef Abt, Wolfgang Vomm: Der Kölner Friedhof Melaten, Köln 1980, S. 14–19.

60 Rheinische Geschichte Bd. 2, S. 344.

61 Rheinische Geschichte Bd. 2, S. 338.

62 Die folgenden Angaben nach Gothein S. 25.

63 Ursula Lewald: Vor hundertfünfzig Jahren, in: Walter Först (Hrsg.): Das Rheinland in preußischer Zeit, Köln 1965, S. 32.

64 Rheinische Geschichte Bd. 2, S. 346.

65 Hansen Bd. 1 S. 268.

66 In «Briefe auf einer Reise durch die Niederlande, Rheingegenden …», 1805, hat Friedrich Schlegel die Gedanken Arndts vorweggenommen: «Uns scheint es durchaus nicht tunlich, einen Fluß als natürliche Grenze behandeln zu wollen, der doch vielmehr ein Medium des lebhaftesten gegenseitigen Verkehrs und der verdoppelten Vereinigung ist, da es keine andere natürliche Grenze gibt, als eine unter den Menschen, die Sprache …» Seine Empfindungen für den Rhein kleidete Schlegel 1803 in der Zeitschrift «Europa» in die Worte: «Nirgends werden die Erinnerungen an das, was die Deutschen einst waren, und was sie sein könnten, so wach als am Rheine. Der Anblick dieses königlichen Stromes muß jedes deutsche Herz mit Wehmut erfüllen. Wie er durch Felsen mit Riesenkraft in ungeheurem Sturz herabfällt, dann mächtig seine breiten Wogen durch die fruchtreichsten Niederungen wälzt, um sich endlich in das flachere Land zu verlieren; so ist er das nur zu treue Bild unseres Vaterlandes, unserer Geschichte und unseres Charakters.»

67 Max von Schenkendorfs sämmtliche Gedichte. Erste vollständige Ausgabe, Berlin 1837, S. 174–176.

68 Treitschke Bd. 1, S. 511; vgl. dazu auch Vierhaus S. 154; Rheinische Geschichte Bd. 2, S. 349.

69 Treitschke Bd. 1, S. 512.

70 Hansen S. 272.

71 Petri S. 43–44.

72 Vierhaus S. 159 u. a.

73 Petri S. 41.

74 Hansen S. 274.

75 Treitschke Bd. 1, S. 512.

76 Cohnen S. 33–61.

77 Die französische Dichtung des 19. und des frühen 20. Jahrhunderts, soweit sie sich mit dem Rhein beschäftigt, hat einen politischen Akzent und nimmt in der Rheinfrage Partei. Entweder tritt sie in patriotischer Gesinnung für die Zugehörigkeit des Rheins zu Frankreich ein (Victor Hugo, Alfred de Musset, Maurice Barrès, Paul Claudel), oder sie stimmt für den Brückenschlag der Freundschaft und Versöhnung (Madame de Staël, Alphonse de Lamartine, Romain Rolland, André Suarès). Vgl. die Zusammenstellung bei Cohnen a. a. O. Zu Victor Hugo vgl. Günter Metken: Dichter und Maler, Victors Rheinfahrt, in: Vom Zauber des Rheins ergriffen S. 127–134.

78 Enders S. 363; Treitschke Bd. 5, S. 86–89; W. Deetjen: Sie sollen ihn nicht haben! Tatsachen und Stimmungen aus dem Jahre 1840, o. O. 1920.

79 Zu den Vertonungen von Beckers Rheinlied vgl. unten den Abschnitt «Poeten, Maler, Musiker».

80 Die «Marseillaise» entstand im April 1792 in Straßburg als Gelegenheitslied, ursprünglich als «Kriegslied für die Rheinarmee» und in der Begeisterung, die Frankreichs Kriegserklärung an Österreich auslöste. Gedichtet und komponiert hatte das Lied der junge Pionierhauptmann Claude Joseph Rouget de Lisle. Ein Marseiller Freiwilligenbataillon machte es populär; es hieß alsbald «Das Lied der Marseiller», «La Marseillaise». Goethe nannte es ein «revolutionäres Te Deum»; bis hin zu Berlioz' prunkhafter (und von de Gaulle bevorzugter) Fassung erlebte es zahlreiche Vertonungen. Der Song der Beatles «Love, Love, Love» beginnt mit den ersten Takten der Marseillaise. 1879 wurde die Marseillaise Nationalhymne; ihr Schöpfer fand 1915 im Invalidendom in Paris seine Ruhestätte. Wenn man will, ist die Marseillaise also – ein Rheinlied. Victoria Langelott: Ein Lied für den Krieg, in: Die Zeit 7. 4. 89, Nr. 15, S. 80; Thankmar von Münchhausen: Allons enfants, in: FAZ, 5. 3. 92, Nr. 55, S. 3. Die Zahl der Franzosen ist nicht gering, die anstelle des «blutigen» Textes sich einen friedlicheren wünschen.

81 Die Hessen-Darmstädter und die Mainzer mißgönnten den Hessen-Nassauern ihren florierenden Rheinhafen in Bieberich bei Wiesbaden. Im März 1841 spielten sie dem Konkurrenten einen Streich, indem sie mit 103 Neckarschiffen voller Steine die Hafeneinfahrt von Bieberich zuschütteten.

82 Im nördlichen Rheinland erwachte das Interesse an der eigenen Geschichte, das in anderen deutschen Ländern schon seit 1819 blühte. 1841 wurde in Bonn der «Verein von Altertumsfreunden im Rheinland» gegründet; 1853 folgte der «Christliche Kunstverein für die Erzdiözese Köln», 1854 der «Historische Verein für den Niederrhein». Vgl. Max Braubach: Landesgeschichtliche Bestrebungen und historische Vereine im Rheinland. Überblick über ihre Entstehung und Entwicklung, Düsseldorf 1954.

83 Die Kölnische Zeitung druckte das Lied, «das jetzt wieder aus allen Kehlen schallt», in ihrer Ausgabe vom 18. 7. 1870, Nr. 197; K. Hundeshagen: Max Schneckenburger, der Dichter des Liedes «Die Wacht am Rhein», in: Kölnische Zeitung 14. 8. 1870, Nr. 224; vgl. auch die Ausgaben der Kölnischen Zeitung vom 9. 8. 1870, 22. 8. 1870, 7. 9. 1870, 16. 9. 1870; über Karl Wilhelm, Komponist, in: Kölnische Zeitung 18. 8. 1870, Nr. 228; Georg Scherer, Franz Lipperheide: Die Wacht am Rhein, Berlin 1871; Jörg von Uthmann in der Frankfurter Anthologie der FAZ 21. 7. 90, Nr. 23, Beilage.

84 Das Denkmal zitiert an seinem Sockel den Text nicht vollständig; es läßt die vierte Strophe aus, die mit der Zeile beginnt: «Und ob mein Herz im Tode bricht ...». Max Schneckenburger: Deutsche Lieder. Auswahl aus seinem Nachlaß ... von

Karl Gerock, Stuttgart 1870; Hans Jürgen Wünschel: Die Wacht am Rhein. Ein Fluß als Politikum, in: Mythos Rhein S. 297–320.

85 Rheinische Geschichte Bd. 2, S. 348.

86 Taddäus Troll: Portrait des Rheins, in: Beiträge zur Rheinkunde, Folge 2, 10, 1959, S. 7.

87 Das Gedicht «Die andere Möglichkeit» erschien 1930 in Kästners Gedichtsammlung: Ein Mann gibt Auskunft. Wieder abgedruckt in: Gesammelte Schriften für Erwachsene, Bd. 1, Gütersloh 1969, S. 169–171.

88 Es war «The Defiance», die als erstes Dampfschiff den Rhein befuhr, und nicht der «Prinz von Oranien», wie in Rheinromantik S. 67 angegeben. Vgl. B. Herzog: The Defiance, das erste Dampfschiff auf dem Rhein im Jahre 1816, in: Technikgeschichte 39, 1972, Nr. 4; Sylvie Lachard: Die Rhein-Dampfschiffahrt in Preußen im 19. Jahrhundert von ihren Anfängen bis zum Ende der 1850er Jahre am Beispiel der Köln-Düsseldorfer Gesellschaft. Magisterarbeit, Straßburg 1985; Rindt S. 8 und Anm. 2 und 3; über die Entwicklung der Rheinschiffahrt und den Stromausbau Karl Felkel, in: KHR S. 118–126 und folgende Seiten.

89 Beurtschiffahrt (aus dem Ndl.), auch Börtschiffahrt, Rang- oder Reihenschiffahrt: die nach festem Rang, an bestimmten Tagen also, (möglichst) nach Fahrplan abgehende Schiffahrt.

90 Dresemann S. 19; Rindt S. 8.

91 Conrady Bd. 2, S. 391–419.

92 Rübberdt S. 27–30; Rheinromantik a. a. O., Anm. 84, 86 und 319; Werner Böcking: Die Geschichte der Rheinschiffahrt. Schiffe auf dem Rhein in drei Jahrtausenden. Textband, Bildband, Moers 1980/81. Mit Anhängen und ausführlichem Literaturverzeichnis; Richard Boos, Rüdiger Krüpganz: Historisches vom Strom. Ein nautischer Streifzug von Emmerich nach Basel. Bd. 1. 4. Aufl., Duisburg 1984; Elfriede Rehbein: Zu Wasser und zu Lande. Die Geschichte des Verkehrswesens von den Anfängen bis zum Ende des 19. Jahrhunderts, München 1984; Heinz Weber: Aus der Jugendzeit der Rheindampfschiffahrt (Gerhard Moritz Roentgen), in: Beiträge zur Rheinkunde 36, 1984, S. 32–37; Scholl a. a. O.; Tilmann Bechert: Zu den Anfängen der Rheinschiffahrt, in: Duisburg Rhein S. 23–46.

93 Gothein S. 171–198.

94 Dresemann S. 25; Rindt S. 8–10.

95 Dresemann S. 28–32.

96 Dresemann S. 49; Rindt S. 10.

97 Dresemann S. 51.

98 Rindt S. 10–11.

99 Dresemann S. 53–55.

100 Dresemann S. 97 ff., hier besonders S. 100.

101 Josef Wilden: Hundert Jahre Düsseldorfer Dampfer. Die Entwicklung der Personendampfschiffahrt auf dem Rhein. Zum hundertjährigen Bestehen der Dampfschiffahrts-Gesellschaft für den Nieder- und Mittelrhein, Köln 1936; A. F. Napp-Zinn: Hundert Jahre Köln-Düsseldorfer Rheindampfschiffahrt, insbesondere Zerstörung und Wiederaufbau 1939–1953, Köln 1953; Lothar Jolmes: Geschichte der Unternehmungen in der deutschen Rheinschiffahrt, Köln 1960, S. 13–18 (Buchreihe des Instituts für Verkehrswissenschaft an der Universität Köln. 17.); Treue a. a. O.; Eduard Bündgen: Die Personenschiffahrt auf dem Rhein, vom Schaufelraddampfer zum Kabinenschiff, Freiburg 1987.

102 Gothein S. 104, 184.

103 Dresemann S. 104 ff.

104 Gothein S. 197.
105 Gothein S. 29–62.
106 Gothein S. 297–306; Vgl. auch Bemm/Kortendick S. 18–20.
107 Treue S. 11–25; Rindt S. 13–21; Heinz Weber: Prominente auf dem Rhein, in: Beiträge zur Rheinkunde 37, 1985, S. 5–30.
108 Heinz Weber: Die Anfänge der Motorschiffahrt im Rheingebiet, Duisburg 1978 (Kleine Binnenschiffahrtsbücherei. Bd. 1.).
109 Zur Entwicklung der Schienenwege und der Schiffahrt im Rheintal: Karl Wilhelm Koch, Gustav F. Röhr: Der Rhein. The Rhine. Verkehrsweg im Herzen Europas. Schienenwege und Schiffahrt, Krefeld 1985.
110 Acta betr. Cöln-Coblenzer Eisenbahn, 1846, im Historischen Archiv der Stadt Köln (1028 Nr. 368).
111 Vgl. die Netzkarte bei F. W. Putzger: Historischer Weltatlas, 91. Aufl., Bielefeld 1969, S. 99, Taf. II; Konrad Fuchs: Eisenbahnprojekte und Eisenbahnbau am Mittelrhein 1836–1903, in: Nassauische Annalen 67, 1956, S. 158–202.
112 Grünewald S. 735.
113 Gsundbrunn S. 149; Grünewald S. 733.
114 Winfried Löschburg: Von Reiselust und Reiseleid. Eine Kulturgeschichte, Leipzig 1977; bes. S. 126–138.
115 Dresemann S. 69.
116 Simrock 1851, S. 7. Zuerst u. d. T. «Die Rheinländer» erschienen in Leipzig (später Bonn) 1838–1840.
117 Bruno P. Kremer: Der Mittelrhein. Mittelrheinisches Becken und unteres Engtal, Neuß 1985 (Rheinische Landschaften. Heft 26.).
118 Beispiele von Durchbruchstälern in Europa sind außer dem Mittelrheintal das Eiserne Tor der Donau im Karpatenbogen und der Ebro-Durchbruch durch das katalonische Küstengebirge. Vgl. Wilhelmy Bd. 2, S. 119–122 mit Literaturangaben.
119 J. Birkenhauer: Zur Chronologie, Genese und Tektonik der pliopleistozänen Terrassen am Mittelrhein und seinen Nebenflüssen, in: Zeitschrift für Geomorphologie NF 17, 1973, S. 489–496; ders.: Die Entwicklung des Talsystems und des Stockwerkbaus im zentralen rheinischen Schiefergebirge zwischen dem Mitteltertiär und dem Altpleistozän, Bonn 1973 (Arbeiten zur rheinischen Landeskunde. 34.).
120 C. Mordziol: Ein Beweis für die Antezedenz des Rheindurchbruchstales nebst Beiträgen zur Entwicklungsgeschichte des Rheinischen Schiefergebirges, in: Zeitschrift der Gesellschaft für Erdkunde 1910, S. 77–92, 159–173.
121 Torbrügge S. 65; vgl. Jürgen Driehaus: Urgeschichtliche Opferfunde aus dem Mittel- und Niederrhein, in: Abhandlungen der Akademie der Wissenschaften Göttingen, Phil.-Hist. Klasse 3, F. 74, 1970, S. 40–54; Jürgen Driehaus und Martin Last: Symposion Vorgeschichtliche Opferplätze und Heiligtümer in Mittel- und Nordeuropa. 14.–16. 10. 1968, Reinhausen bei Göttingen, in: Prähistorische Zeitschrift 45, 1970, S. 98–102; Maringer 1973, S. 705–776; Maringer 1974, S. 309–318; Ullrich Schädler: Silber- und Bronzegefäße aus dem Altrhein bei Xanten, in: Archäologie in Nordrhein-Westfalen. Römisch-Germanisches Museum der Stadt Köln, Köln 1990, S. 219–222.
122 Torbrügge S. 65; zur Klassifizierung der Funde vgl. Torbrügge S. 99.
123 Karl Felkel: Strombau-Geschichte der Binger-Loch-Strecke des Rheins, in: Beiträge zur Rheinkunde 12, 1961, S. 26–44; Rudolf Engelhardt: Das Binger Loch, Bingen 1971; ein Schiffsunglück am Mäuseturm 1831 schildert Josef Kläser, in: Beiträge zur Rheinkunde 43, 1991, S. 5–8; über den Mittelrhein unter der

Einwirkung des Menschen zuletzt noch, eindrucksvoll und ausführlich, Karl Felkel, in: KHR S. 44–47, 116–140.

124 GlW = Gleichwertiger Wasserstand; ein statistisch ermittelter Wasserstand, der an 20 Tagen im Jahr erreicht oder unterschritten wird. Er wird am gesamten freifließenden Rhein den Angaben über die Fahrrinnentiefe zugrunde gelegt.

125 Claus Rost: Schiffahrt und Wasserbau am Binger Loch, in: Bingen. Geschichte einer Stadt am Mittelrhein, Bingen 1989, S. 511–530, Literaturangaben S. 619. Vgl. hier S. 527; Ausbau 1977 S. 12–17; Wasser- und Schiffahrtsdirektion Südwest: Nachregelung der Binger-Loch-Strecke, Mainz 1987.

126 Ausbau 1977 S. 13.

127 Lat. antecedere: vorhergehen. Zu antezedenten, früheren Durchbruchstälern vgl. Wilhelmy Bd. 2, S. 121–122.

128 Zitiert nach: Loreley S. 19–24.

129 Zitiert nach: Loreley S. 54, 72, 78.

130 Nach Grimms Deutschem Wörterbuch, Bd. 12, Sp. 681/2.

131 Vgl. Rheinromantik S. 153 (Anm. 231 und 232 ds.); Loreley S. 288–289; Ulrike Fuß: Die Loreley. Die Geschichte einer legendären Frau, in: Mythos Rhein S. 267–291.

132 Die Melodie zum Gedicht von Heinrich Heine schuf Silcher 1838. Sie wurde erstmals gedruckt im Heft III der Volkslieder für Singstimmen mit Klavier- oder Gitarrenbegleitung, op. 28. – Hermann Josef Dahmen: Friedrich Silcher, Stuttgart 1989.

133 Vgl. Die Loreley. Faszination und Fortleben einer Legende. Ausstellungsverzeichnis (Ausstellung im Landesmuseum Mainz 1988), Mainz 1988.

134 Das Lied wurde seit 1884 in japanische Schulbücher in der Übersetzung von Sakuhukondo aufgenommen.

135 Auch Kaiser Akihito und seine Gattin erwiesen bei ihrem Staatsbesuch 1993 dem Felsen ihre Reverenz.

136 Dirk Schortemeier: Loreley von Max Bruch und anderen, in: Musikalische Rheinromantik S. 106–112.

137 Tümmers 1970; Auswertung des Loreley-Wettbewerbs, hrsg. v. Städt. Verkehrsamt, St. Goarshausen 1970; über neue Pläne für das Loreley-Plateau vgl. Josef Heinzelmann, in: Rheinische Heimatpflege NF 30, 1993, S. 202; sein Kommentar: «Die Über-Nutzung des Gebietes (muß) beendet werden.»

138 Erich Kästner: «Der Handstand auf der Loreley», in: Gesang zwischen den Stühlen, Zürich 1985.

139 Auf einer Tafel an der linken Seitenschiffwand der Kirche beim Schloß Johannisberg las ich: «Hier wählte seine Ruhestätte Nikolaus Vogt, geb. zu Mainz 6. Dezember 1756, gestorben zu Frankfurt 19. Mai 1836. Dem treuen Verfechter des alten Rechtes, dem begeisterten Freunde des deutschen Vaterlandes, dem eifrigen Förderer der heimatlichen Geschichte widmet diesen Grabstein sein Freund und dankbarer Schüler C. W. L. Fürst von Metternich. R. I. P.»

140 Niklas Vogt: Rheinische Geschichten und Sagen. Bd. 1–4, 1817–1836.

141 Doderer S. 23–24.

142 Karl Simrock: Rheinsagen aus dem Munde des Volkes und deutscher Dichter, 1837.

143 Enders S. 338.

144 Jacob Burckhardt stand in seiner Bonner Zeit diesem Kreis sehr nahe; zum «Maikäferbund» vgl. Ottendorf-Simrock S. 157–168.

145 Gottfried Kinkel: Otto der Schütz. Eine rheinische Geschichte in Zwölf Aben-
    teuern, Stuttgart 1846; vgl. u. a. Edith Ennen: Gottfried Kinkel, in: Rheinische
    Lebensbilder 1, 1961, S. 168–188.
146 Huch S. 392.
147 Christmut Präger: Natur und Vision. Der Rhein und die romantische Malerei, in:
    Mythos Rhein S. 49–73. An gleicher Stelle Roland Scotti: Rheinklänge ohne
    Romantik. Zwischen Abbild und Zeichen: Der Rhein im 20. Jahrhundert
    (S. 115–167).
148 Über die Rheinlandschaft als Motiv der niederländischen, englischen und deut-
    schen Maler informierten zuletzt Ausstellung und Katalog «Vom Zauber des
    Rheins ergriffen», 1992.
149 Helmut Schanze: Rheinromantik. Zwischen literarischer und musikalischer Ro-
    mantik, in: Musikalische Rheinromantik S. 14.
150 Günther Massenkeil: Rheinromantik im deutschen Sololied um die Mitte des
    19. Jahrhunderts, in: Musikalische Rheinromantik S. 156–159.
151 Die Kölnische Zeitung vom 7. 7. 1871, Nr. 186, meldete, daß Bismarck dem
    Komponisten Karl Wilhelm einen Ehrensold von tausend Talern jährlich ausge-
    setzt hätte.
152 Eva Weißweiler: «Sonntags am Rhein» – Robert Schumann und die Rhein-
    romantik, in: Musikalische Rheinromantik S. 72–83; S. 84–92: Norbert Jers:
    Über das «Rheinische» in Robert Schumanns Werken.
153 Massenkeil in: Musikalische Rheinromantik S. 151–153.
154 Ich danke Konzertmeister cand. phil. Martin Wulfhorst für Korrekturen, Ergän-
    zungen und Hinweise.
155 H. J. Moser: Geschichte der deutschen Musik, Berlin 1926, Bd. II/2, S. 133.
156 Günther Noll: Aennchen Schumacher, die «Lindenwirtin», und ihre Kommers-
    lieder. Ein Beispiel für die Liedpflege in der Rheinromantik, in: Musikalische
    Rheinromantik S. 125–144.
157 Zitiert nach Noll in: Musikalische Rheinromantik S. 129–130.
158 Die Kartenabteilung der Staatsbibliothek zu Berlin erwarb 1990 eine Sammlung
    von 360 Rheinlaufkarten und Panoramen, darunter zahlreiche und seltene Bei-
    spiele von leporello-gefalzten Rheinpanoramen. Ich danke Dr. Winfried Lösch-
    burg, Staatsbibliothek zu Berlin, für den freundlichen Hinweis. – Margitta Buchert
    in: Rhein Mythos Realität S. 229–246; Gisela Albrod: Der Rhein im illustrierten
    Reisebuch des 19. Jahrhunderts. Diss. Aachen 1984; Anne Peters: Rheinansichten
    vor der Erfindung der Photographie. Der Beginn der Massenproduktion, in: Vom
    Zauber des Rheins ergriffen S. 241–252; ebd. Brigitte Schlüter: Auf Motivsuche
    mit der Kamera (S. 261–270); Klaus Honnef: Rhein-Ansichten. Thesen und Ge-
    danken zu den Bildern vom Rhein (S. 319–322); vgl. auch den Katalog zur Aus-
    stellung «Rheinpanoramen. Reisehilfen und Souvenirs» der Universitäts- und
    Stadtbibliothek Köln, Mai–Juli 1993.
159 Günther Hansen: Der Rhein und die Wandeldekoration des 19. Jahrhunderts, in:
    Maske und Kothurn. Vierteljahresschrift für Theaterwissenschaft 11, 1965,
    S. 134–150.
160 Leipzig 1858.
161 Niklas Vogt: Ansichten des Rheins, Frankfurt/M. 1804.
162 5. Aufl. 1841 u. d. T.: Handbuch für Reisende am Rhein.
163 Doderer S. 39–40, 43–44, 149, 162–163.
164 Beatrice Flad-Schnorrenberg: Umgang mit der Landschaft. Ein Modellfall bei
    Rüdesheim, in: FAZ 7. 7. 80.
165 Karl Korn: Rüdesheim – nicht mehr am Rhein? Kampf um eine Uferfront, in:

FAZ 23. 4. 88, Nr. 95, Beilage Bilder und Zeiten; Bernd Erich Heptner: Rüdesheim – wieder am Rhein? In: FAZ 27. 5. 88, Nr. 122, S. 10.

166 Leserzuschrift in der FAZ 21. 5. 88, Nr. 118, S. 8.

167 Rheinische Geschichte Bd. 2, S. 236; Cornelia Ehmke: Rheinland-Weinland. Von Traubenmadonnen, Weinheiligen und rheinischer Trinkfreudigkeit, in: Mythos Rhein S. 331–349.

168 Der Begriff «Hock» (von Hochheim im Rheingau) stand in England für guten Rheingauer Wein.

169 P. Knapp: Entwicklung des Weinbaus nach 1948 am Beispiel des Rheingauer Weinbaues, in: Deutsches Weinbau-Jahrbuch 20, 1969, S. 7–12; H. Kees: Flurbereinigung und planmäßiger Wiederaufbau an Mittelrhein-Ahr-Untermosel, in: Deutsches Weinbau-Jahrbuch 23, 1972, S. 21–29; F. Schneckenburger, H. Rühle, H. Wöhrle: Auswirkungen der Flurbereinigung auf die Rebflächenbewirtschaftung, in: Wein-Wissenschaft 30 (I), 1975, S. 36–53; Michael Geisthardt: Weinbau am Rhein zwischen Mainz und Koblenz, in: Museum Wiesbaden, Heft 4, April 1975, S. 8–12; Reichelt S. 42–45. – Ein positives Beispiel bietet das ehemalige Flurbereinigungsgebiet bei Oberwesel-Urbar (Stromkilometer 552). Hier wurde versucht, die Bereinigung schonend und naturverträglich vorzunehmen. Zwischen bereinigten Großflächen blieben kleinere Flächen naturbelassen. Diese können miteinander kommunizieren, so daß eine Vernetzung der Biotope entsteht und ein eintöniges Landschaftsbild vermieden wird. Für den Wegebau wurde statt einer Asphaltdecke eine natürliche Befestigung gewählt.

170 Günter Otten: Wald am Drachenfels rutscht ab, in: KStA 21. 7. 83.

171 FAZ 15. 6. 87, Nr. 136, S. 10.

172 FAZ 17. 11. 86, Nr. 267, S. 17.

173 FAZ 4. 10. 88, Nr. 231, S. 15.

174 FAZ 2. 8. 89, Nr. 176, S. 12.

175 Das Weingut Richard A. Nägler hat in einem Faltblatt «Weinbau, Umwelt, Verantwortung» die Prinzipien des umweltbewußten, naturnahen Weinbaus dargestellt. Anschrift: Hauptstr. 157, 65375 Oestrich-Winkel. Ein anderes Beispiel für naturnahen, biologischen Anbau im Rheingau ist das Weingut Graf von Kanitz in Lorch, Anschrift: Rheinstr. 49, 65391 Lorch.

176 Zitiert nach Eberhard Schulz: Denkmale für Freund und Feind, in: FAZ 16. 6. 75, Nr. 137, Beilage; Klaus Lankheit: Friedrich Weinbrenner und der Denkmalkult um 1800, Basel 1979; Margitta Buchert, in: Rhein Mythos Realität S. 157–170. Im gleichen Band Dorothee Lange und Gabriele Lohberg (S. 171–187) über Denkmale und Denkmalschutz am Rhein im 19. und 20. Jahrhundert; Peter Springer: Monument und Sockel nach dem Ende des traditionellen Denkmals, in: Wallraf-Richartz-Jahrbuch 48/49, 1988.

177 Ludwig Dehio: Friedrich Wilhelm IV. von Preußen. Ein Baukünstler der Romantik, München 1961; Walter Bußmann: Zwischen Preußen und Deutschland. Friedrich Wilhelm IV., Berlin 1990.

178 Zitiert nach Radtke S. 47–48; Hans M. Schmidt: Burgenromantik im Rheinland und zum Einfluß englischer Architektur im 19. Jahrhundert, in: Vom Zauber des Rheins ergriffen S. 307–318.

179 Treitschke Bd. 5, S. 173.

180 Rheinromantik Anm. 264.

181 Werner Bornheim gen. Schilling: Schloß Stolzenfels, 3. Aufl., Mainz 1980, S. 12.

182 Andere Beispiele im Rheinland: Schloß Moyland bei Kleve, der erste Bau des Wallraf-Richartz-Museums und der Festsaal des Gürzenich in Köln.

183 Vgl. Johann Jakob Hässlin: Rheinfahrt, München 1963, S. 101.

184 Der Kölner Dom im Jahrhundert seiner Vollendung. Hrsg. Hugo Borger. 1.: Katalog zur Ausstellung 1980, 2.: Essays, Köln 1980; Die neuere Literatur zum Kölner Dombau wird fortlaufend verzeichnet in: Kölner Domblatt, 2. Serie, 1 ff., 1949 ff.

185 Tümmers 1980, S. 28–31.

186 August Reichensperger: Einige Worte über den Dombau zu Cöln, Coblenz 1840, S. 12.

187 Der Kölner Dom und Deutschlands Einheit, Magdeburg 1842, S. 5, 7, 40.

188 Der Kölner Erzbischof von Droste-Vischering hatte Bonner Theologieprofessoren, immerhin preußische Beamte, zu reglementieren gesucht; überdies nahm er in der «Mischehenfrage» eine starre Haltung ein. Darüber geriet er in Konflikt mit dem Staat. Preußen forderte seinen Rücktritt; 1837 wurde er verhaftet und in die Festung Minden überführt.

189 Treitschke Bd. 5, S. 175.

190 Zitiert nach Rheinromantik S. 89.

191 Treitschke Bd. 5, S. 174.

192 Thomas Parent: Die Hohenzollern in Köln, Köln 1981.

193 Theo Hardenberg: Gerühmte – geschmähte Burg. Schloß Drachenburg bei Königswinter, in: Rheinische Heimatpflege NF 1971, Nr. 4, S. 265–292; Angelika Schyma: Schloß Drachenburg in Königswinter, Köln 1990 (Rheinische Kunststätten, Heft 357.).

194 Der Architekt war Karl Weißbach, der Bildhauer Johannes Schilling. Ein Entwurf von Paul Wallot, dem Erbauer des Berliner Reichstagsgebäudes, fand keine Gnade; Weiler (1963); Günther Kleineberg: Die Wacht am Rhein, in: Museum Wiesbaden 3. April 1975, S. 8–16; Lutz Tittel: Das Niederwalddenkmal 1871–1883, Hildesheim 1978; Wolfgang Bickel: Die Germania des Niederwalddenkmals, in: Mythos Rhein Kitsch S. 61–75.

195 Der Becher wurde 1895 vom Städtischen Museum Bonn erworben.

196 Zitiert nach Weiler S. 12.

197 Weiler (Typoskript) S. 12.

198 Weiler S. 15.

199 Nach Lothar Baier, in: Wallfahrtsstätten der Nation, Frankfurt 1971, S. 99.

200 Weiler S. 15.

201 Gesammelte Werke 3, 1961, S. 330–333.

202 Deutsche Bauzeitung, Jahrgang 1989–1990. – Uwe Westfehling, in: Rheinische Heimatpflege NF 1971, Heft 4, S. 278–279.

203 Peter Bloch hat das Denkmal am Deutschen Eck eines der «herausragenden Zeugnisse unserer Kunstgeschichte um 1900» genannt. Dieses Votum eines Kenners der Denkmäler und Skulpturen des 19. Jahrhunderts wird beachtet werden müssen. Hans Haibach: Der Kaiser am Deutschen Eck, in: FAZ 18. 10. 86, Nr. 242, Beilage, und die nachfolgende Diskussion in den Leserbriefspalten.

204 Werner Strodthoff, in: KStA 13. 9. 90, Nr. 214, S. 9. – René Wagner, in: Frankfurter Allgemeine Magazin 29. 1. 1993, Heft 674, S. 20–26.

205 In: FAZ 10. 2. 89, Nr. 35, S. 10.

206 Dirk Reinartz, Christian Graf von Krockow: Bismarck. Vom Verrat der Denkmäler, Göttingen 1991.

207 Christa von Helmolt: Denkmäler auf Zeit, in: FAZ 28. 3. 87, Nr. 74, S. 25; Hannsjörg Voth: Reise ins Meer. Ausstellungen Bonn, Rotterdam, Arnheim, Duisburg, Ludwigshafen, Freiburg, München 1978/79; Buchert, in: Rhein Mythos Realität S. 229–246; Lohberg, in: Rhein Mythos Realität S. 247–258; – Richard W. Gassen: Das Wasser des Rheins. Sinnbild für Leben – Metapher für Tod, in: Mythos

Rhein S. 171–201; an gleicher Stelle Hans Werner Schmidt: Anselm Kiefer – Klaus
Rinke. Der Rhein und andere Bilder vom Wasser (S. 205–220); Alfred Pointner:
Vater Rhein. Der personifizierte Fluß (S. 225–239).

208 Wilfried Wiegand: Grüner Rhein. Uriburus ökologische Aktion, in: FAZ
15. 8. 81, Nr. 187, S. 19.

209 Meister der Verherrlichung Mariens: Anna selbdritt und die Heiligen Christo-
phorus, Gereon und Petrus, Wallraf-Richartz-Museum Köln, WRM 120. Vgl.
Frank Günter Zehnder: Katalog der Altkölner Maler, Köln 1990, S. 413–414 (Ka-
taloge des Wallraf-Richartz-Museum. 11.); Ruland Abb. 2; Hermann Josef Roth:
Das Siebengebirge. 2. Aufl., Neuß 1979 (Rheinische Landschaften. Heft 13.);
Schutzwürdige Natur und Landschaft im Bonner Raum, Neuß 1979 (Rheinische
Landschaften. Heft 16.); Bruno P. Kremer, Norbert Caspers: Die Siegniederung,
Neuß 1986 (Rheinische Landschaften. Heft 27.).

210 Zitiert nach Radtke S. 150.

211 Radtke S. 151; Theo Hardenberg: Der Drachenfels. Seine «Conservation vermit-
telst Expropriation», in: Rheinische Heimatpflege NF 1968, 4, S. 274–310 (Behandelt den Rechtsstreit um die Erhaltung des Drachenfelskegels mit seiner Ruine
als frühesten Akt staatlichen Landschaftsschutzes in Preußen 1828–1832.).

212 Dies und das Folgende nach Artikeln in der Honnefer Volkszeitung vom 10. 8. 75
und 10./11. 4. 76.

213 Im Café Profittlich (1. Stock) ist das Modell des Seilbahnprojekts ausgestellt.

214 Ruland S. 222; Herbert Offner: 32 Jahre Naturpark Siebengebirge, in: Rheinische
Heimatpflege 28, 1991, 1, S. 62–64; Naturschutz im Rheinland S. 243–245.

215 Die Motivationen und die Begleiterscheinungen des modernen Massentourismus
hat meines Wissens als erster Hans Magnus Enzensberger beschrieben: Vergebliche Brandung der Ferne. Eine Theorie des Tourismus, in: Merkur 12, 1958,
S. 701–720; wiederabgedruckt in: Einzelheiten I, Frankfurt 1962, S. 179–205;
Winfried Löschburg: Von Reiselust und Reiseleid, Leipzig 1977; Jost Krippen-
dorf: Die Landschaftsfresser. Tourismus und Erholungslandschaft – Verderben oder
Segen? Bern 1975; Klemens Ludwig, Michael Has, Martina Neuer: Der neue
Tourismus. Rücksicht auf Land und Leute. München ²1990; Reisekultur – Von
der Pilgerfahrt zum modernen Tourismus. Hrsg. Hermann Bausinger u. a., Mün-
chen 1991.

216 D. Schaake: Der Fremdenverkehr in den linksrheinischen Kleinstädten zwischen
Bingen und Koblenz, Bonn 1971 (Arbeiten zur Rheinischen Landeskunde. Heft
31.); Christoph Sening: Bedrohte Erholungslandschaft. Überlegungen zu ihrem
rechtlichen Schutz, München 1977; Angelika Riemann: Rheinlust und Reisefie-
ber, in: Rhein Mythos Realität S. 203–222.

217 Arndt Schulz: Verschönerungsverein für das Siebengebirge. Der Erholungsverkehr
im Naturpark Siebengebirge, in: Rheinische Heimatpflege NF 1967, 4,
S. 300–307; ders.: Der Erholungsverkehr in rheinischen Naturparken, in: Rheini-
sche Heimatpflege NF 1967, 4, S. 380–385; J. G. von Hajdu: Königswinter. Ent-
wicklung und wirtschaftliche Basis einer Fremdenverkehrsstadt, Bonn 1969
(Arbeiten zur Rheinischen Landeskunde. Heft 27.); Hermann-Josef Bauer:
Die Konfliktsituation des Naturschutzes, in: Naturschutz im Rheinland S. 11–26.
Vgl. dort (S. 75–90) auch Herbert Offner: 36 Jahre Deutsche Naturparke.

218 Die folgenden Angaben nach Reichelt S. 43.

219 Edmund Gassner: Die Bundesstraße 42 im Raum Eltville und die Zukunft der
Rheinuferlandschaft im Rheingau, Bonn 1964 (Schriftenreihe des Deutschen
Rates für Landespflege. Heft 1.); Strack S. 1–11; ders.: Gutachten zur Verkehrs-
planung der Stadt Eltville, Bonn 1970.

220 FAZ 24. 12. 64.

221 Zitat der ministeriellen Verlautbarung, nach FAZ 16. 7. 70.

222 FAZ 21. 1. 87, Nr. 17, S. 7 und 23. – Die Stationen dieses denkwürdigen Streits resümierte die FAZ am 27. 9. 74. An der Rheinmauer der kurfürstlichen Burg brachten Eltviller Bürger eine Gedenktafel an: «Erich Kapitzke, Dr. Karl Korn, Prof. Dr. Ed Gassner für ihre großen Verdienste um die Erhaltung des Rheinufers 1989.» Das Eltviller Rheinufer schien kaum gerettet, da droht ihm bereits neues Ungemach: Die Umbauung der Burg Craß durch einen Hotelneubau. Vgl. Frithjof Schwartz: Burg Craß in Eltville. Zur Problematik des Strukturwandels und der Denkmalpflege im Rheingau, in: Rheinische Heimatpflege NF 30, 1993, 3, S. 191–195.

223 Hans Hoitz: Rheinwanderbuch. 20 Tage auf den Rheinhöhen und im Rheintal. 4. Aufl., Bonn 1914/15, S. 4 f. Beigegeben waren ein Verzeichnis der Schülerherbergen, der Verbindungswege, die Beschreibung einer Dampferfahrt von Mainz nach Bonn, ein Ortsverzeichnis und 26 Seiten Hotelanzeigen. Die Angaben hatten durchweg die Qualität und Verläßlichkeit des Baedeker. – Verläßlich auch die Hinweise und Anregungen von Manfred Hanke zum 75. Geburtstag des Rheinhöhenwegs, im WDR II, Zeitzeichen, 11. 8. 82. Sein Typoskript durfte ich einsehen, von seinen Kenntnissen auf vielen gemeinsamen Wegen zehren.

224 Hermann-Josef Hucke: Rhein-Höhenweg I Oppenheim-Bonn, Stuttgart 1980, S. 7 und 9; ders.: Rhein-Höhenweg II Bonn-Wiesbaden, Ostfildern 1982.

225 Der Spiegel 17. 4. 89, Nr. 16, S. 116–118.

226 Dagegen hat die Festung Rheinfels bei St. Goar im 17. und 18. Jahrhundert siebzehn Belagerungen durchstehen müssen. Dreimal hat sie den Franzosen standhalten können. Als 1796 das linke Rheinufer französisch wurde, verfügten die neuen Herren sogleich die Sprengung. Vgl. Karl Ernst Demandt: Rheinfels und andere Katzenelnbogener Burgen als Residenzen, Verwaltungszentren und Festungen 1350–1650, Darmstadt 1990 (Arbeiten der Hessischen Historischen Kommission, NF Bd. 5.).

227 Eckhart Kauntz, in: FAZ 16. 7. 80, 25. 7. 80 und 9. 9. 81; Der Spiegel 1981, Nr. 43 und 1989, Nr. 35, S. 75–79.

228 Heino Rönneper: Landschaftsschutz und Erholungsansprüche, in: Rheinische Heimatpflege 29, 1992, 3, S. 171–177; Ulrike Zeuch, in: FAZ, 28. 12. 92, Nr. 300, S. 24; Josef Heinzelmann, in: Rheinische Heimatpflege NF 30, 1993, 3, S. 202, 214.

229 Rheinische Heimatpflege 28, 1991, 2, S. 126–127.

230 Zum Vorstehenden vgl. Knut Haarmann und Peter Pretscher: Naturschutzgebiete im Rheingau und in Rheinhessen, Neuß 1985 (Rheinische Landschaften. Heft 38.); Beatrice Flad-Schnorrenberg, in: FAZ 25. 4. 80, Nr. 97; Naturschutz im Rheinland S. 247–251, 253, 294–296, 338–341, 344–346.

Siebtes Kapitel
Der Niederrhein: Schiffahrt, Industrie, Altlasten

1 F. J. Braun, K. N. Thome: Quartär, in: Geologie am Niederrhein, Krefeld 1978; Mangelsdorf/Scheurmann S. 207; Ratusny S. 147–156; Karl N. Thome: Die erdgeschichtliche Entwicklung des Rheins, in: Duisburg Rhein S. 9–22.

2 Reichelt S. 9; Ratusny S. 152–153.

3 Rheinische Geschichte Bd. 1, S. 21, 125; K. Brunnacker: Der Niederrhein im Holozän, in: Das Rheinische Schiefergebirge und die Niederrheinische Bucht im Jungtertiär und Quartär, Krefeld 1978, S. 399–440 (Fortschritte in der Geologie

von Rheinland und Westfalen. Bd. 28.). Bei der Definition des geographischen Begriffs «Niederrhein» folgen die Geographen den morphologischen Gegebenheiten. Sie bezeichnen als «Niederrhein» die Landschaft beiderseits des Flusses vom Beginn der tektonischen Einsenkung bei Bonn bis zur heutigen deutsch-niederländischen Grenze (Kurt Kayser: Kölner Bucht und Niederrhein. Ein Vorschlag zur landeskundlichen Terminologie, in: Berichte zur deutschen Landeskunde 23, 1959.). Die Hydrologen präzisieren: Der Niederrhein beginnt in der Mehlemer Enge, wo der Fluß aus dem Rheinischen Schiefergebirge austritt, und endet an der Flußteilung bei Pannerden.

4 Heinz Günter Horn: Das Leben im römischen Rheinland, in: Römer in NRW S. 139.

5 Rheinische Geschichte Bd. 1, S. 106; Horn, in: Römer in NRW S. 139–154; Michael Gechter: Das römische Heer in der Provinz Niedergermanien, in: Römer in NRW S. 110–138. Zum Thema der Römerstraßen vgl. J. Hagen: Erläuterungen zum geschichtlichen Atlas der Rheinprovinz. 8. Bd.: Römerstraßen der Rheinprovinz, Bonn 1931.

6 Rheinische Geschichte Bd. 1, S. 64.

7 Hoppe S. 4, 9–10; F. G. Lange: Die jungen Rheinverlagerungen zwischen Dormagen und Urdenbach, in: Erläuterungen zu Blatt C 5106 Köln. Hrsg. vom Geologischen Landesamt NW, Krefeld 1986.

8 Karlheinz Flinspach: Die Urdenbacher Kämpe bei Düsseldorf, Neuß 1991, S. 11 (Rheinische Landschaften. Heft 37.).

9 Hoppe S. 11–12, 16–17.

10 Hoppe S. 66–68, 70–72.

11 Römer in NRW S. 619–650.

12 Rainer Stahlschmidt: Die Domestikation des Rheins. Strombau, Schiffahrt, Brückenbau, in: Rhein Mythos Realität S. 83–90; ebd. Franz-Josef Keuck: Mythen vom Rhein S. 224–225; ferner die Aufsätze in: KHR.

13 Nach Hoppe S. 21–22, 60; F. G. Lange: Die Geschichte einer Stromschlinge des Rheins zwischen Rees und Emmerich, in: Das Rheinische Schiefergebirge und die Niederrheinische Bucht im Jungtertiär und Quartär, Krefeld 1978, S. 457–475 (Fortschritte in der Geologie von Rheinland und Westfalen. Bd. 28.).

14 Kastner S. 57–60.

15 Wilhelm Janssen nach Kastner S. 59; zu frühen Flußbauten am Niederrhein vgl. Walter Schmitz, in: KHR S. 47–49, für die Zeit nach 1800 S. 153–172.

16 Hoppe S. 17–18, 65–66.

17 Rheinische Geschichte Bd. 2, S. 96–100. Zu Schenkenschanz heute: Uli Hauser, in: Die Zeit 3. 5. 91, Nr. 19, S. 69. Zur Fossa Eugeniana Rolf-Günter Pistor, Henri Smeets: Die Fossa Eugeniana. Eine unvollendete Kanalverbindung zwischen Rhein und Maas, Köln 1979 (Arbeitshefte des Landeskonservators Rheinland. 32.).

18 Hoppe S. 74.

19 Das «Clevische Deichreglement» Friedrichs II. von 1767 legte die Höhe der Deiche einheitlich fest (ein Rheinischer Fuß über dem höchsten bekannten Hochwasser) und regelte die Unterhaltung und Finanzierung dieser Bauten. Information der Wasser-und Schiffahrtsdirektion West. Der Rhein und die westdeutschen Kanäle. Hrsg. von der Wasser- und Schiffahrtsverwaltung des Bundes, WSD West. Ausgabe 1987, Münster 1987, S. 25.

20 Berger S. 72. Die in Klammern gesetzten Ergänzungen vom Verfasser. Zu Wesel vgl. Werner Arand, Volkmar Braun, Josef Vogt: Die Festung Wesel. Darstellung ihrer Entwicklung anhand historischer Karten und Pläne, Köln 1981, S. 41 (Abb. 18), 78 (Abb. 124) (Weseler Museumsschriften. Bd. 3.).

21 R. Jasmund: Die Arbeiten der Rheinstrom-Bauverwaltung 1851–1900. Denkschrift anläßlich des 50jährigen Bestehens der Rheinstrom-Bauverwaltung, 1900;
Der Rhein. Ausbau, Verkehr, Verwaltung. Hrsg. von der Wasser- und Schiffahrtsdirektion Duisburg, Duisburg 1951; Berger S. 72. Die in Klammern gesetzten
Nachträge vom Verfasser.

22 Hoppe S. 78.

23 Bericht der Bundesanstalt für Wasserbau, Karlsruhe, in: Rheinische Heimatpflege
27, 1990, 4, S. 282–284 (Herbert Strack).

24 KStA 6. 12. 84, Nr. 284, S. 19; KStA 17. 10. 85, Nr. 241, S. 15; KStA 1. 10. 87,
Nr. 229, S. 20.

25 Ausbau 1977 S. 23–24; Hapke S. 164. Der Rhein hat sein natürliches Geschiebe-
Gleichgewicht verloren. Allein im Abschnitt zwischen Düsseldorf und Emmerich
gingen an der Rheinsohle in den vergangenen 50 Jahren über 45 Millionen Kubikmeter Sand verloren. Ursachen sind 1. Eindeichungen, die wie eine Düse wirken und Strömung und Erosion beschleunigen; 2. Versiegelung und Begradigung
von Uferzonen an Bächen und Zuflüssen, die den Geröllnachschub unterbinden;
3. Auskiesungen im Flußbett; 4. der Bergbau hat Sohlenabsenkungen zur Folge;
5. in engen Kurven bilden sich Kolke. (Walter Schmitz, Robert Kolf: Hochwasserschutz am Rhein im Regierungsbezirk Düsseldorf, in: Beiträge zur Rheinkunde 34, 1982, S. 11–21.) Bei Duisburg sank der Wasserspiegel seit 1900 um
2,5 Meter; er sinkt weiter jährlich um einen Zentimeter. Das hat teure Konsequenzen für die Hafenbecken: Neugründungen von Kaimauern und Bauwerken
sind erforderlich. Jeder Zentimeter Erosion an der Flußsohle kostet die Häfen
zwischen Bonn und Emmerich 6,3 Millionen DM. Eine umweltschonende
Sanierung und Stabilisierung des Rheins ist überfällig. (Nach der Zeitschrift Duisburg 5/90).

26 Ermittlung 1975 S. 100; Bruno P. Kremer: Schutzwürdige Lebensräume der Kulturlandschaft. Kiesgruben und Steinbrüche, in: Rheinische Heimatpflege 28,
1991, S. 111–117.

27 Ermittlung 1975 S. 100; Naturschutz im Rheinland S. 170–181, 187–190, 201 bis
205.

28 Zusatz vom Verfasser. Vgl. auch Dietrich Neumann und Armin Kureck: Der
Rhein als ökologisches System, in: Duisburg Rhein S. 83–100.

29 Wolfgang R. Müller; in: Rheinische Heimatpflege 27, 1990, 1, S. 58–59.

30 Das Fischsterben bei Rees habe ich auf meiner Wanderung am 13. 7. 89 beobachtet. Am gleichen Tag berichtete die Presse von ähnlichen Erscheinungen im Hafen Neuß, in Emmerich und anderen Orten am Niederrhein. Ursache war überall Sauerstoffmangel, Wärme, Niedrigwasser (KStA 13. 7. 89, Nr. 161, S. 32.).

31 Vgl. Werner Strodthoff, in: KStA 11. 4. 86, Nr. 84, S. 20.

32 Zitiert nach einer Leserzuschrift von Peter Conrady MdB, in: FAZ 7. 8. 86,
Nr. 180, S. 5.

33 FAZ 29. 3. 86, Nr. 74, S. 23. – FAZ 5. 6. 87, Nr. 129, S. 1.

34 Benedikt Erenz, in: Die Zeit 13. 1. 89, Nr. 3, S. 33. – Bei der Einweihung des
neuen Bonner Parlamentsbaus am 30. 10. 1992 zierte die Stirnwand eine von Architekt Behnisch entwickelte Reproduktion des Bundesadlers aus Aluminium.
Vgl. FAZ 6. 8. 92, Nr. 181, S. 29 (Regina Wyrwoll) und 20. 10. 92, Nr. 244, S. 3
(dpa).

35 Der Spiegel 15. 8. 88, Nr. 33, S. 46 ff.

36 Der Spiegel a. a. O. S. 50.

37 Über die Rettung der Bergkuppe des Petersbergs Lothar Schenkelberg, in: Rheinische Heimatpflege 27, 1990, 4, S. 292–295; Hans-Eckart Joachim: Der Peters-

berg im Siebengebirge bei Königswinter, Neuß 1991 (Rheinische Kunststätten. Heft 366.).

38 Brigitte Scherer: Bonn baut ein Gästehaus, in: FAZ 25. 8. 90, Nr. 197, Beilage.

39 Helmut Herles: Die Baugrube etwa mit Teakholz gesichert? In: FAZ 18. 12. 87, Nr. 293, S. 10. – FAZ 31. 10. 89, Nr. 253, S. 4. – KStA 2. 11. 89, Nr. 257, S. 3. – 1992 waren die Baukosten beim Bundestagsneubau von ursprünglich 87 Millionen auf 256 Millionen, beim Hotel Petersberg von 96 Millionen auf 137 Millionen gestiegen (Der Spiegel 28. 9. 92, Nr. 40, S. 75), – beim Bundestag, nach vielen Pannen, mit weiter steigender Tendenz.

40 Janscha/Ziegler Bl. 40.

41 Rheinische Geschichte Bd. 1,1 S. 15–20; Siegfried und Martin Woike: Das Neandertal, Neuß 1988. (Rheinische Landschaften. Heft 32.); Brian M. Fagan: Aufbruch aus dem Paradies. Ursprung und frühe Geschichte der Menschen, München 1991.

42 Rheinische Geschichte Bd. 2, S. 709–716; Henning Köhler: Adenauer und die rheinische Republik. Der erste Anlauf 1918–1924, Opladen 1986.

43 Hanns Jürgen Küsters, Hans Peter Mensing: Kriegsende und Neuanfang am Rhein. Konrad Adenauer in den Berichten des Schweizer Generalkonsuls Franz-Rudolph von Weiss 1944–1945, München 1986. Zitiert nach Henning Köhler: Adenauer wollte doch den Rheinstaat, in: Die Zeit 5. 12. 86, Nr. 50, S. 18; Torsten Mick und Michael Tretter: Der Rhein und Europa, in: Rhein Mythos Realität S. 35–46; vgl. auch: Rudolf Morsey: Die Deutschlandpolitik Adenauers, Opladen 1991; Rudolf Morsey, Hans Peter Schwarz (Hrsg.): Adenauer im Dritten Reich. Bearb. von Hans Peter Mensing, Berlin 1992.

44 Militarisierungs-Atlas 1986, S. 62.

45 Rheinische Geschichte Bd. 1,1, S. XX; Irmgard Hantsche: Der Rhein als Grenze und Verbindung, in: Duisburg Rhein S. 101–134.

46 Ermittlung 1975 S. 99; Elmar Sabelberg: Die Städteballungen am Rhein, in: Rhein Mythos Realität S. 139–146; Manfred Bachmayer: Zuwachs als Naturgesetz? Schwerpunktthema Verkehr, in: Rijn Rhein Rhin S. 48–57.

47 Rübberdt S. 6, 24–27, 68, 73–76.

48 Rheinische Geschichte Bd. 3, S. 35–37; Dietmar Petzina: Industrie und Verkehr am Rhein, in: Rhein Mythos Realität S. 47–70.

49 Das Bergbau-Handbuch. Hrsg. von der Wirtschaftsvereinigung Bergbau, Essen 1983, S. 61 ff.; Rheinische Geschichte Bd. 3, S. 36–37, 51.

50 Nach den Begradigungen sind es nur noch 70 Kilometer.

51 Zum Folgenden Marie-Luise Hauch-Fleck: Revier ohne Raum, in: Die Zeit 11. 3. 88, Nr. 11, S. 25–27.

52 Wolfgang Pehnt: Die Kohle stirbt im Park. Pläne für die Emscherzone, in: FAZ 20. 4. 91, Nr. 92, Beilage; «Das darf nicht weg!» Historische Industrieobjekte in Nordrhein-Westfalen. Ausstellung 1983, Köln 1983 (Schriften des Rheinischen Museumsamtes. Nr. 25.); Dieter Blase: Die Emscher – wieder ein Nebenfluß des Rheins? In: Arbeitsbericht 2. Deutscher Werkbund Hessen, Frankfurt 1990.

53 Jörg Foßmann: Der Landschaftspark Duisburg-Nord, in: Bauwelt 82 S. 1238 bis 1247.

54 Johannes Meßer: Naturkundlicher Führer, hrsg. von der Planungsgemeinschaft Duisburg-Nord, Duisburg 1990.

55 Elmar Wallerang: Attraktives Wohnen am Duisburger Innenhafen, in: VDI-Nachrichten 20. 9. 91, Nr. 38, S. 32.

56 Vorstehende Informationen wurden Broschüren der Emschergenossenschaft, Essen, entnommen: Pilotprojekt Dellwiger Bach (1984); Boye, Umgestaltung des Gewässersystems (1990); Renaturierung Läppkes Mühlenbach (1991); Umgestaltung des Emscher-Systems (1991). Zur IBA Emscherpark: Werkstatt Landschaft der IBA Emscherpark – eine Dokumentation. Hrsg. IBA Emscherpark, mit Beiträgen von Arno Sighart Schmid u. a., Gelsenkirchen 1990; Leitlinien für den Emscher Landschaftspark. Hrsg. Kommunalverband Ruhrgebiet (KVR) in Zusammenarbeit mit der IBA Emscherpark; Bearb. Arbeitskreis Emscher Landschaftspark. Redaktion KVR, Essen 1991.

57 Das gute Ende läßt auf sich warten. 1992 hatte die Sanierung kaum Fortschritte aufzuweisen. Vgl. KStA 28./29. 3. 92, Nr. 75, S. 3. Im Mai 1992 einigten sich die Stadt Leverkusen und die Firma Bayer wenigstens auf ein Sanierungskonzept, vgl. Matthias Bauschen, in: KStA 21. 5. 92, Nr. 118, S. 32; KStA 11. 9. 92, Nr. 212, S. 3. Eine hermetische Einkapselung und ständige Überwachung sind die beste Lösung.

58 Der 29. und schrecklichste Dioxin-Unfall nach 1949 mit Hunderten schwerster Vergiftungen. Ort: Seveso in Norditalien, 1976.

59 1984. Schwerste Industrie-Katastrophe in der Geschichte der Menschheit. Die genaue Zahl der Toten wurde nicht bekannt. Sie lag zwischen 2500 und 10 000. Verletzungen trugen 320 000 Menschen davon.

60 1986.

61 Umwelt-Leitlinien S. 8.

62 Hubert Markl: Die Natürlichkeit der Chemie. Über das modische Mißtrauen in die Chemie und die Sehnsucht nach sanfter Natürlichkeit, in: Die Zeit 6. 12. 91, Nr. 50, S. 94.

63 Das nutzbare Wasserdargebot ist die «für eine bestimmte Zeiteinheit ermittelte Süßwassermenge (Wasserzufluß)». Angaben nach: Was Sie schon immer über Wasser und Umwelt wissen wollten. Hrsg. Bundesministerium des Innern, Stuttgart 1984, S. 100–102, 165/6.

64 Nach die tageszeitung 21. 12. 85.

65 Dieter Seifried: Gute Argumente: Energie, München 1986, S. 60–61; SBK Schnell-Brüter-Kernkraftwerksgesellschaft mbH. Kernkraftwerk Kalkar, ca. 1986.

66 Eigentlich handelte es sich (im Sinne der RheinSchPV § 1.01.e) um ein «gekuppeltes Fahrzeug». Vgl. Bemm/Kortendick S. 113. – Meine Rheinfahrten als Gast der Haniel Reederei GmbH fanden Ende Oktober 1987 statt. Auch an dieser Stelle sage ich der Reederei meinen Dank.

67 Der Bundesverband der deutschen Binnenschiffahrt zählt etwa 1300 Partikuliere. Davon sind fünf Prozent freie Partikuliere.

68 Auf den beiden Schulschiffen Rhein I und Rhein II werden Schiffsjungen bei voller Verpflegung untergebracht, wenn sie (10 Wochen je Ausbildungsjahr) die Schifferberufsschule in Duisburg-Homberg besuchen. Beide Schiffe gehören dem Arbeitgeberverband der deutschen Binnenschiffahrt e. V. (Mitteilung von Dr. Wilfried Bemm).

69 Tauer- oder Ketten-, bzw. Seilschleppschiffahrt: Die Fortbewegung mittels Dampfkraft an einem im Strombett versenkten Seil oder an einer Kette. Vgl. Scholl a. a. O.

70 RheinSchPV § 9.02.

71 Vgl. Bemm/Kortendick S. 493–497.

72 Diese Anzeige erfolgt durch eine hellblaue Tafel, die mit einem Funkellicht gekoppelt ist. Vgl. Bemm/Kortendick S. 331–342.

73 Peter Havers, in: Rheinischer Merkur, 11. 5. 62, Nr. 19, S. 12; Werner Böcking:

Das Flammenmeer bei Emmerich, in: Beiträge zur Rheinkunde 41, 1989, S. 71–74.

74　Mitteilung Dr. Wilfried Bemm.

75　Im Jahre 1989 erzielte die Binnenschiffahrt die gleiche Transportleistung wie die Bundesbahn: Binnenschiffahrt S. 74.

76　Binnenschiffahrt S. 90.

77　1989 erbrachte der Straßenverkehr 113,4 Milliarden Tonnenkilometer, die Binnenschiffahrt 54 Milliarden Tonnenkilometer, lt. Binnenschiffahrt S. 75.

78　Binnenschiffahrt S. 52. Im Jahre 1990 waren es 393 000 Tonnen.

79　Heinz Klosterkemper: Die Bilgenentölung auf dem Rheinstromgebiet, in: Wasser- und Energiewirtschaft 67, 1975, 5/6, S. 223–226; Umweltschutz unter gelber Flagge. Hrsg. vom Bilgenentwässerungsverband, Düsseldorf 1986.

80　1991 wurden im Hafen Rotterdam 292,5 Millionen Tonnen umgeschlagen.

81　Schreiben des Bundesverbandes der deutschen Binnenschiffahrt vom 11. 12. 91.

82　Zu dieser Problematik der Ost-West-Verkehrspolitik vgl. Binnenschiffahrt 1990/91. Geschäftsbericht des Bundesverbandes der deutschen Binnenschiffahrt. 1991, S. 141–144: Die Binnenschiffahrt ist vorerst durch verkehrsrechtliche Maßnahmen vor ruinöser Konkurrenz durch östliche Schiffahrtsunternehmen geschützt. Das wird nicht so bleiben können. – Zur Geschichte der Zentralkommission für die Rheinschiffahrt (ZKR) Volker Orlovius: Die Mannheimer Rheinschiffahrtsakte, Geschichte und Wirkung, in: Rijn Rhein Rhin S. 58–63.

83　Laut Pressemitteilungen des Bundesverbandes der deutschen Binnenschiffahrt (BDB) Ende September 1993.

84　Werner Böcking: Geschichte der Rheinschiffahrt, Moers 1980, Text S. 172 bis 180; Fritz Wilhelm Achilles: Rhein-Ruhr Hafen Duisburg, Duisburg 1985; Joseph Milz, Hans Georg Kraume: Duisburgs Entwicklung als Handels-, Hanse- und Hafenstadt; Reinhold Trapp: Die Geschichte Ruhrorts und die Entwicklung der Duisburg-Ruhrorter Häfen, beide Aufsätze in: Duisburg Rhein S. 47–62, bzw. S. 63–82; Reinhold Trapp: 275 Jahre Rhein-Ruhr Hafen Duisburg. Die Geschichte des Hafens von 1716–1991, Duisburg 1991.

85　Günter Binding: Städtebau und Heilsordnung. Künstlerische Gestaltung der Stadt Köln in ottonischer Zeit, Düsseldorf 1986; Günter Binding und Barbara Kahle: 2000 Jahre Baukunst in Köln, Köln 1983; Hugo Borger: Die Abbilder des Himmels in Köln, 1, Köln 1979; Tümmers 1988, S. 5–12.

86　Der Altar befindet sich heute im Dom.

87　Zehnder a. a. O. – Tümmers 1984, S. 66 ff.

88　Fritz Geschwendt: Mineralquellen, Kultquellen und Heidenbekehrer, in: Jahrbuch der Schweizerischen Gesellschaft für Ur- und Frühgeschichte 54, 1968/69, S. 99–100; Karl-Josef Daverkausen: Auf den Spuren des hl. Gereon, in: Colonia Romanica 4, 1989, S. 30–34; Tümmers 1984, S. 24–30.

89　Willehad Paul Eckert: Der Niederrhein. Das Land und seine Städte, Burgen und Kirchen. 5. Aufl., Köln 1985, S. 270–271, 294–296.

90　Otto Brües: Der Niederrhein, in: Der Niederrhein, Neuß 1953, S. 12, 20.

91　Rheinische Geschichte Bd. 2, S. 16–22.

92　Franzen S. 12 ff., 17, 45.

93　Rheinische Geschichte Bd. 2, S. 71.

94　Franzen S. 76–78.

95　Brüssel, Koninklijke Musea voor Schoone Kunsten.

96　Querschnitte. Aus Interviews, Aufsätzen und Reden von Heinrich Böll. Zusammengestellt von Viktor Böll und Renate Matthaei, Köln 1977, S. 194.

97　Friedhelm Mennekes: Beuys zu Christus. Eine Position im Gespräch, Stuttgart 1989. Zitate sind diesem Band entnommen. Vgl. ferner im Katalog der Krefelder Beuys-Ausstellung 1991/92 den Aufsatz von Sabine Röder: Durch den Tod vollzieht sich das eigentliche Leben, in: Transit. Joseph Beuys, Plastische Arbeiten 1947–1985. Kaiser-Wilhelm-Museum, Krefeld 1991, S. 6–19.

Achtes Kapitel
Die Mündung: Kampf ums Überleben

1 Zahn S. 36 zitiert Hippolyte Taine: Philosophie de l'art, Paris 1921, Bd. 1, S. 245.

2 Zahn S. 36; Horst Lademacher: Geschichte der Niederlande, Darmstadt 1983; über die Veränderungen der niederländischen Landschaft unter dem Einfluß des Menschen: Bert Ploeger, in: KHR S. 49–53, 173–197. Der Verfasser gibt einen guten Überblick über die Strombaumaßnahmen im Flußsystem des Rheins in den Niederlanden.

3 Reichelt S. 31.

4 Schama S. 49. Dort auch Hinweise auf Quellen und Literatur zu den Überflutungen und Deichbrüchen.

5 Schama S. 50–52.

6 Andries Vierlingh: Tractaet van Dyckagie. Hrsg. von J. de Hullu und A. G. Verhoeven, 's-Gravenhage 1920. – Vgl. Schama S. 656, Anm. 44.

7 Nach Schama S. 57; Zahn S. 35.

8 Schama S. 57–59.

9 Reichelt S. 32.

10 G. Offringa: Das Sturmflutwehr in der Oosterschelde. Erhaltung der Natur und Küstenschutz. Hrsg.: De Oosterschelde Stormvloedkering Bouwcombinatie; Ministerie van Verkeer en Waterstaat, o. O. 1986; Ministerium für Verkehr und Öffentliche Arbeiten: Im Interesse des Umweltschutzes, der Wasserwirtschaft und der Schiffahrt. Die Aufteilung des Oosterscheldebeckens, o. O. 1986; über die Großwasserbauten der Niederländer im 20. Jahrhundert zusammenfassend: Bert Ploeger, in: KHR S. 183–197.

11 FAZ 25. 11. 86, Nr. 273, S. 9; zu den unabsehbaren Folgen einer Klimaveränderung auch für das Rheingebiet und die Deltabauwerke vgl. Heino Kalweit, in: KHR S. 200–201.

12 Andries Vierlingh, nach Schama S. 48.

13 Zahn S. 73.

14 Vgl. zum Vorstehenden Schama S. 636–644.

15 Schama S. 52.

16 Zahn S. 144.

17 Zahn S. 216.

18 Zum Vorstehenden Ernest Zahn S. 54–65.

19 Zum Vorstehenden Wilhelmy Bd. 2, S. 134–143.

20 Reichelt S. 27.

21 Mangelsdorf/Scheurmann S. 194.

22 Zahn S. 37.

23 Reichelt S. 7.

24 Lt. VGL Schweizerische Vereinigung für Gewässerschutz und Lufthygiene, Zürich.

25 Auskunft der Farbwerke Hoechst nach FAZ vom 7. 2. 70.

26 Die Welt vom 19. 2. 70, Nr. 42, S. 20.

27 IKSR Internationale Kommission zum Schutz des Rheins gegen Verunreinigung.

Aktionsprogramm «Rhein». Bestandsaufnahme der Einleitungen prioritärer Stoffe 1985, Brüssel 1989, S. 27, 43, 68.

28 Bundestag 10/679, S. 1–2; ferner Bundestag 7/5014; Deutscher Bundestag. 9. Wahlperiode. Große Anfrage ... Drucksache 9/1384. Februar 1982; Verband der Chemischen Industrie (Hrsg.): Rheinwasser. Eine kritische Bestandsaufnahme, Frankfurt 1983 (Schriftenreihe Chemie und Fortschritt. Heft 1.).

29 Bundestag 10/679, S. 10–11.

30 Werner Reh: Die ökologischen Folgen der Industrialisierung am Rhein (S. 117–130) und Beate Kretteck: Der Rhein – Kloake, Giftkanal oder Ökosystem. Dokumentation zur ökologischen Situation (S. 131–138); beide Aufsätze in: Rhein Mythos Realität.

31 RIWA Samenwerkende Rijn- en Maaswaterleidingbedrijven. Jahresbericht 1985, Teil A: Der Rhein, Amsterdam 1987, S. 46. Verläßlicher Beobachter der Qualität des Rheinwassers ist die IAWR, die Internationale Arbeitsgemeinschaft der Wasserwerke im Rheineinzugsgebiet. In der IAWR (das Sekretariat befindet sich in Amsterdam) arbeiten zusammen die AWBR Arbeitsgemeinschaft Wasserwerke Bodensee-Rhein (Sitz Karlsruhe), die ARW Arbeitsgemeinschaft Rhein-Wasserwerke (Sitz Düsseldorf), die RIWA Samenwerkende Rijn- en Maaswaterleidingbedrijven (Sitz Amsterdam). Die IAWR und ihre Mitgliedsverbände veröffentlichen Jahresberichte mit Analysen und Tabellen sowie Berichte der alle zwei Jahre stattfindenden IAWR-Arbeitstagungen.

32 RIWA Samenwerkende Rijn- en Maaswaterleidingbedrijven. Jahresbericht 1986, Teil A: Der Rhein, Amsterdam 1987, S. 10.

33 Rhein-aktuell. Kurzinformation der Internationalen Kommission zum Schutz des Rheins, September 1990.

34 Die Zeit 12. 5. 89, Nr. 20, S. 33 (Thomas Hanke).

35 Der Spiegel, August 1989, Nr. 36, S. 196 ff. – Die Umweltschutzorganisation Zuidhollandse Milieufederatie spricht von weitaus größeren Mengen an Pflanzenschutzmitteln: Einige hundert niederländische Blumenzüchter setzen sechsmal mehr Schädlingsbekämpfungsmittel ein als die gesamte Landwirtschaft des Landes. Die Tulpe ist zum Umweltpolitikum geworden. Kein leichtes Thema: Die Niederlande dominieren den Weltblumenmarkt zu zwei Dritteln. Vgl. KStA 2. 2. 92, Nr. 79, S. 48 (Helmut Hetzel).

36 Der Spiegel August 1989, Nr. 36, S. 196.

37 FAZ 3. 11. 88, Nr. 257, S. 10 (goe).

38 Der Spiegel August 1989, Nr. 36, S. 199.

39 Deponierung von Baggerschlick aus dem Flußmündungsgebiet, Rotterdam 1991. Vgl. auch eine ältere Ausgabe von 1986.

40 Rotterdam 1991, S. 1; K. Jurriëns, in: IAWR 13, S. 142–147.

41 Zum Vorstehenden vgl.: Utrecht aan de werf. De geschiedenis van de Utrechtse werven en werfmuren, Utrecht 1987, S. 9–16 (Historische reeks Utrecht. Deel 9.).

42 Lucia Albers, Hans Pemmelaar: Amelisweerd en Rhijnauwen. Geschiedenis en beheer van de landgoederen Oud- en Nieuw Amelisweerd en Rhijnauwen, Utrecht 1983 (Historische reeks Utrecht. Deel 2.).

43 Paul Claudel: L'oeil écoute, Paris 1960, S. 31 f. (Oeuvres complètes. 17.).

Nachwort
Die Zukunft hat begonnen

1 Vilma Sturm: Auf der Rheinpromenade, in: FAZ 15. 10. 71, wiederabgedruckt in Vilma Sturm: Gongschläge. Frankfurt 1992, S. 175–178.

2 Harald Steinert: Muß der Rhein in sein altes verschlungenes Bett zurück? Das Fiasko der Wasserbauer mit den Staustufen, in: FAZ 20. 1. 79, Nr. 17, S. 7–8.

3 Carl Graf Hohenthal, in: FAZ 22. 11. 88, Nr. 272, S. 10; ferner: Rhein-aktuell. Kurzinformationen der IKSR, August 1991.

4 Bundestag 7/5014.

5 Genauer Wortlaut in: IKSR. Aktionsprogramm ‹Rhein›, Straßburg 1987; IKSR. Aktionsprogramm ‹Rhein›. Bestandsaufnahme der Einleitungen prioritärer Stoffe 1985, Brüssel 1989; IKSR. Syntheseberichte über die z. Zt. laufenden und bereits geplanten Maßnahmen zur Verbesserung des Ökosystems «Rhein» inkl. seiner Nebengewässer, Brüssel 1989; J. R. H. Maij-Weggen: Rheinsanierung heute und morgen, in: IAWR 13, S. 17–24; ebd. F. Anders: Bericht zur Lage, S. 25–32.

6 Lachs 2000 S. 5–7; Ragnar Kinzelbach: Der Rhein als Ökosystem, in: Rijn Rhein Rhin S. 85–95; Rhein-aktuell. Kurzinformationen der IKSR, Juli 1992, Nr. 6; Hubert Hellmann: Die Verschmutzung des Rheins in den letzten Jahrzehnten, in: Beiträge zur Rheinkunde, Heft 45, 1993, S. 49–60.

7 Nature 359, 1992, S. 568; Forschungen Wiener Limnologen haben ergeben, daß die von Wasserkraftwerken verursachten starken Abflußschwankungen drastische Folgen für die Lebensgemeinschaften in Fließgewässern haben. Dazu Rüdiger Maier in FAZ 28. 7. 93, Nr. 172, S. N2; über die Eingriffe des Menschen in das Abflußregime des Rheins und deren Folgen neuerdings die Aufsätze in: KHR u. a. S. 35–36, 199–204.

8 Vgl. Lachs 2000 S. 13–22; Heino Kalweit, in: KHR S. 200.

9 Nach Garbrecht S. 172.

10 Peter Gwiasta und Hans-Jörg Thiemann trugen ihre Vorschläge in einer Veranstaltung der Ortsgruppe Köln des Rheinischen Vereins für Denkmalpflege und Landschaftsschutz am 23. 10. 90 vor. Inzwischen gibt es im Sommer zwischen Bingen und Koblenz für Wanderer und Radfahrer autofreie Sonntage.

11 Zitate nach Bernhard Korte: Insel Hombroich, Düsseldorf 1988; ferner auch Paul Good: Hermes oder die Philosophie der Insel Hombroich. Hermes or the Philosophy of the Island of Hombroich, Neuß 1987; Tomas Riehle: Die Bauten der Insel Hombroich, Fotografien: Tomas Riehle, Texte: Joachim Peter Kastner, Neuß 1992.

12 Geoffrey and Susan Jellicoe: The Landscape of Man, London 1975, dt. Die Geschichte der Landschaft, Frankfurt/M. 1986; zur Synthese von Landschaftspflege und Denkmalpflege vgl. die Aufsätze in: Naturschutz im Rheinland, u. a. S. 47–68, auch – am Beispiel des National Trust in England – S. 151–153.

13 Michael Stürmer, in: FAZ 15. 6. 89, Nr. 136, S. 33.

14 Karl-Heinz Hohmann: Schloß Moyland in Bedburg-Hau (Kreis Kleve), Neuß 1989 (Rheinische Kunststätten. Heft 346.).

15 Rose und Gustav Wörner: Der «Neue Tiergarten» und das «Amphitheater» in Kleve. Planungsvorschläge zur Erhaltung, Regenerierung und Neugestaltung der Parkanlagen. Gutachten im Auftrag der Stadt Kleve, Kleve 1979; dies.: Die Erhaltung und Wiederherstellung der historischen Parkanlagen des «Neuen Tiergartens» und des «Amphitheaters» in Kleve. Erläuterung zur Entwurfsplanung. Planung im Auftrag der Stadt Kleve, Kleve 1983; Wilhelm Diedenhofen: Gärten und Parks in Kleve. 2., neu bearb. Aufl., Neuß 1986 (Rheinische Kunststätten. Heft 202.).

16 Pierre Restany: Dani Karavan (anläßl. der Ausstellung Dani Karavan, Projekte im urbanen Raum, Köln, Museum Ludwig, 3. 6.–23. 8. 92), München 1992.

17 Deutsches Historisches Museum Berlin/Marie-Louise Plessen: Die Elbe. Ein Lebenslauf, Berlin 1992. Katalogband mit Beiträgen von zahlreichen Autoren zur Ausstellung in Dresden, Hamburg, Prag.

Verzeichnis der abgekürzt zitierten Literatur

Die übrigen Literaturhinweise finden sich ungekürzt in den Anmerkungen.

Alpenrhein: Der Alpenrhein und seine Regulierung. Internationale Rheinregulierung 1892–1992. Hrsg.: Internationale Rheinregulierung. (Dokumentation zur Ausstellung 9. 5.–31. 10. 1992 in den Werkhöfen Lustenau (A) und Widnau (CH)), Rorschach 1992.

Augustijn: Cornelis Augustijn: Erasmus von Rotterdam. Leben, Werk, Wirkung, München 1986.

Ausbau 1977: Ausbau des Rheins zwischen Neuburgweiser/Lauterburg und der deutsch-niederländischen Grenze, Mainz und Münster 1977.

Bach: Adolf Bach: Aus Goethes rheinischem Lebensraum. Menschen und Begebenheiten. Gesammelte Untersuchungen und Berichte, Neuß 1968 (Rheinischer Verein für Denkmalpflege und Heimatschutz. Jahrbuch 1967/68.).

Bätzing: Werner Bätzing: Die Alpen. Entstehung und Gefährdung einer europäischen Kulturlandschaft. Neufassung, München 1991.

Bauwelt 82: Bauwelt 82, 28. 6. 1991, 24 (Stadtbauwelt 110).

Bemm/Kortendick: Wilfried Bemm, Wolfgang Kortendick: Rheinschiffahrtspolizeiverordnung 1983. Kommentar. 2. Aufl., Duisburg 1983.

Berger: Werner Berger: Der Rhein – gestern, heute, morgen, in: Jahrbuch der Hafenbautechnischen Gesellschaft 34, 1974/75.

Binnenschiffahrt: Binnenschiffahrt in Zahlen 1991, Duisburg 1991.

Bodensee: Helmut Maurer (Hrsg.): Der Bodensee. Landschaft, Geschichte, Kultur, Sigmaringen 1982.

Borst: Arno Borst: Mönche am Bodensee 610–1525, Sigmaringen 1985.

Braubach: Max Braubach: Das Rheinland am Vorabend der französischen Revolution, Bonn 1939.

Bundestag 7/5014: Deutscher Bundestag. 7. Wahlperiode. 3. Sondergutachten des Rates von Sachverständigen für Umweltfragen. Unterrichtung durch die Bundesregierung. Umweltprobleme des Rheins. 9. 4. 76. Drucksache 7/5014, Bonn 1976.

Bundestag 10/679: Deutscher Bundestag. 10. Wahlperiode. Antwort der Bundesregierung auf die Kleine Anfrage (...) Situation des Rheins. 25. 11. 83. Drucksache 10/679, Bonn 1983.

Cohnen: Theodor Cohnen: Der Rhein in der französischen Literatur. Diss., Bonn 1926.

Conrady: Karl Otto Conrady: Goethe. Leben und Werk. 2 Bände, Königstein 1982, 1985.

Dischner: Gisela Dischner: Ursprünge der Rheinromantik in England. Zur Geschichte der romantischen Ästhetik, Frankfurt 1972 (Studien zur Philosophie und Literatur des 19. Jahrhunderts. 17.).

Dister 1986: Emil Dister: Hochwasserschutzmaßnahmen am Oberrhein. Ökologische Probleme und Lösungsmöglichkeiten, in: Geowissenschaften in unserer Zeit 4, 1986, Nr. 6.

Doderer: Otto Doderer: Brentanos im Rheingau. Am Urquell der Rheinromantik. 2. Aufl., Ratingen 1955.

Doppelfeld: Otto Doppelfeld: Der Rhein und die Römer, Köln 1970.

Dresemann: Otto Dresemann: Aus der Jugendzeit der Rheindampfschiffahrt, Cöln 1903.

Duisburg Rhein: Duisburg und der Rhein. Begleitband und Katalog zur Ausstellung 1991/92, Duisburg 1991.

Elster: H. J. Elster: Der Bodensee. Bedrohung und Sanierungsmöglichkeiten eines Ökosystems, in: Naturwissenschaften 64, 1977.

Enders: Carl Enders: Dichtung und Geistesgeschichte um den Rhein. Von den Anfängen bis zur Gegenwart. Mit Benutzung von Teilen der ‹Deutschen Dichtung am Rhein› von Walter Linden (1944), Ratingen 1957.

Endres/Schimmel: Franz Carl Endres, Annemarie Schimmel: Das Mysterium der Zahl. Zahlensymbolik im Kulturvergleich, Köln 1984.

Ermittlung 1975: Ermittlung und Untersuchung der schutzwürdigen und naturnahen Bereiche entlang des Rheins. (Schutzwürdige Bereiche im Rheintal). Von Hartmut Solmsdorf, Wilhelm Lohmeyer, Walter Mrass. Hrsg. von der Bundesanstalt für Vegetationskunde, Naturschutz und Landschaftspflege, Bonn–Bad Godesberg 1975. Textband mit Abbildungen und Tabellen, Kartenband mit Übersichtskarten und 160 Einzelkarten (Schriftenreihe für Landschaftspflege und Naturschutz. 11.).

Eschenburg: Barbara Eschenburg: Landschaft in der deutschen Malerei. Vom späten Mittelalter bis heute, München 1987.

FAZ: Frankfurter Allgemeine Zeitung.

Felkel 1969: Karl Felkel: Die Erosion des Oberrheins zwischen Basel und Karlsruhe, in: Das Gas- und Wasserfach 110, 1969, Heft 30.

Felkel 1977: Karl Felkel: Die Problematik der Sohlenerosion des Oberrheins, in: Zeitschrift für Binnenschiffahrt und Wasserstraßen 1977, Nr. 8.

Förster: Otto H. Förster: Entfaltung und Zerfall. Ein Versuch über Grundformen der deutschen Kunst, Berlin 1951.

Franzen: August Franzen: Die Kelchbewegung am Niederrhein im 16. Jahrhundert, Münster 1955 (Katholisches Leben und Kämpfen im Zeitalter der Glaubensspaltung. 13.).

Garbrecht: Günther Garbrecht: Wasser. Vorrat, Bedarf und Nutzung in Geschichte und Gegenwart, Reinbek 1985. Erschienen in der Reihe des Deutschen Museums München: Kulturgeschichte der Naturwissenschaften und der Technik.

Geiges: Leif Geiges: Die Regio. Landschaft am Oberrhein. Eine Kulturgeschichte in Bildern. Text von Hanns U. Christen, Köln 1986.

Geyer/Gwinner: Otto Franz Geyer, Franz und Manfred P. Gwinner: Einführung in die Geologie von Baden-Württemberg. 2. verb. Aufl., Stuttgart 1968.

Gothein: Eberhard Gothein: Geschichtliche Entwicklung der Rheinschiffahrt im 19. Jahrhundert, Leipzig 1903 (Die Schiffahrt der deutschen Ströme. 2.).

Grenzkraftwerke: Die Grenzkraftwerke am Hochrhein, Laufenburg 1983.

Grünewald: Werner Grünewald: Studien zum Deutschlandbild der englischen Romantik. Diss., Heidelberg 1958.

Gsundbrunn: Karl Gsundbrunn: Der deutsche Rhein, die rheinischen Sagen, Siedlungen und ihre Bevölkerung in der englischen nicht dramatischen Literatur des 18. und 19. Jahrhunderts. Diss., Erlangen 1928.

Gutersohn: Heinrich Gutersohn: Geographie der Schweiz, Bern 1958–1969.

Band 1: Jura.

Band 2: Alpen 1. Teil: (...) Graubünden.

Band 3: Mittelland 2. Teil: St. Gallen, Schaffhausen.

Hansen: Joseph Hansen: Von der französischen Revolution bis zur Gegenwart, in: Hermann Aubin u. a.: Geschichte des Rheinlandes von der ältesten Zeit bis zur Gegenwart. Band 1, Essen 1922.

Henningsen: Dierk Henningsen: Einführung in die Geologie der Bundesrepublik Deutschland. 2. Aufl., Stuttgart 1981 (dtv Wissenschaftliche Reihe Nr. 4182.).

Honsell: Max Honsell: Die Korrektion des Oberrheins von der Schweizer Grenze unterhalb Basel bis zur Großherzoglich-Hessischen Grenze unterhalb Mannheim. Mit Atlas, Karlsruhe 1885 (Beiträge zur Hydrographie des Großherzogtums Baden. 3.).

Hoppe: Christine Hoppe: Die großen Flußverlagerungen des Niederrheins in den letzten zweitausend Jahren und ihre Auswirkungen auf Lage und Entwicklung der Siedlungen, Bonn-Bad Godesberg 1970 (Forschungen zur deutschen Landeskunde. 189.).

Huber: Eugen Huber: Die forstwirtschaftlichen Probleme beim Ausbau des Oberrheins, in: Landespflege am Oberrhein, Bonn-Bad Godesberg 1968 (Schriftenreihe des Deutschen Rates für Landespflege. 10.).

Huch: Ricarda Huch: Die Romantik. Ausgabe Tübingen 1951.

Hübner: Kurt Hübner: Die Wahrheit des Mythos, München 1985.

Hübner Rhein: Paul Hübner: Der Rhein. Von den Quellen bis zu den Mündungen, Frankfurt 1974 (ungekürzte Taschenbuchausgabe 1982).

Hügin: G. Hügin: Die Auenwälder des südlichen Oberrheintals – ihre Veränderung und Gefährdung durch den Rheinausbau, in: Landschaft und Stadt 13, 1981, Heft 2.

Hürzeler: H. Hürzeler: Die Projekte der NOK für die Kraftwerke Vorderrhein, in: Wasser- und Energiewirtschaft WEW 48, Zürich 1956, Heft 4.

Hüttner: Rudolf Hüttner: Geologie, in: Kaiserstuhl, Rheinauen, Schwarzwaldvorberge, hrsg. von Emil Imm, Freiburg 1976 (Wanderbücher des Schwarzwald-Vereins. 9.).

Hunger: Herbert Hunger: Lexikon der griechischen und römischen Mythologie. 5. Aufl., Wien 1959.

IAWR (10–13): Internationale Arbeitsgemeinschaft der Wasserwerke im Rheineinzugsgebiet (IAWR). Bericht über die 10. Arbeitstagung 1985 (11/1987, 12/1989, 13/1991).

IAWR Rheinbericht: Internationale Arbeitsgemeinschaft der Wasserwerke im Rheineinzugsgebiet (IAWR). Rheinbericht 86/87 ff., Amsterdam 1987 ff.

IKSR (1986–1990): Internationale Kommission zum Schutze des Rheins gegen Verunreinigung. Tätigkeitsbericht 1986, Koblenz 1987 (1987/88; 1988/89; 1990/91).

Illies: Henning Illies: Der Oberrheingraben. Modell eines Prinzips von Bau und Bewegung der Erde, in: Fridericiana, Zeitschrift der Universität Karlsruhe 9, 1971.

Janscha/Ziegler: Lorenz Janscha, Johann Ziegler: Malerische Ansichten des Rhein-Stromes von Speyer bis Düsseldorf. Einleitung: Horst Johannes Tümmers, Köln 1971.

Jura Schwarzwald: Vom Jura zum Schwarzwald, Blätter für Heimatkunde und Heimatschutz der Fricktalisch-Badischen Vereinigung für Heimatkunde 59, 1985.

Kastner: Dieter Kastner: Die Grafen von Kleve und die Entstehung ihres Territoriums vom 11. bis 14. Jahrhundert, in: Land im Mittelpunkt der Mächte. Die Herzogtümer

Jülich, Kleve, Berg (Ausstellungen in Kleve 1984 und in Düsseldorf 1984/85.) 2. Aufl., Kleve 1984.

KHR: Internationale Kommission für die Hydrologie des Rheingebietes. Commission internationale de l'Hydrologie du bassin du Rhin (CHR/KHR): Der Rhein unter der Einwirkung des Menschen. Ausbau, Schiffahrt, Wasserwirtschaft. KHR-Arbeitsgruppe «Anthropogene Einflüsse auf das Abflußregime», Obmann: Heino Kalweit. Lelystad 1993 (Bericht I–11 der KHR.).

Knäble: Karl Knäble: Zur Frage des Kraftausbaus des Oberrheins zwischen Kehl/Straßburg und Lauterburg, in: Landespflege am Oberrhein, Bonn-Bad Godesberg 1968 (Schriftenreihe des Deutschen Rates für Landespflege. 10.).

Knapp: Ulrich Knapp: Die Wallfahrtskirche Birnau. Planungs- und Baugeschichte, Friedrichshafen 1989.

KStA: Kölner Stadt-Anzeiger.

Kullen: Siegfried Kullen: Baden-Württemberg. 2. Aufl., Stuttgart 1984.

Labhart: Toni G. Labhart: Geologie der Schweiz, Bern und Stuttgart 1982.

Lachs 2000: IKSR. Ökologisches Gesamtkonzept für den Rhein. «Lachs 2000», Koblenz 1991.

Landespflege: Landespflege am Oberrhein, Bonn-Bad Godesberg 1968 (Schriftenreihe des Deutschen Rates für Landespflege. 10.).

Lauterborn: Robert Lauterborn: Der Rhein, Naturgeschichte eines deutschen Stromes. 1. Bd.: Die erd- und naturkundliche Erforschung des Rheins und der Rheinlande vom Altertum bis zur Gegenwart. 1. Hälfte: Die Zeit vom Altertum bis zum Jahre 1800, Freiburg 1930.

Leben am See: Leben am See. Heimatjahrbuch des Bodenseekreises 7, 1989/90.

Lichtenhahn: Carlo Lichtenhahn: Hochwasserschutz und allgemeiner Wasserbau am Rhein. Schutzwasserbau am Alpen- und Hochrhein von den Quellen bis Basel, in: Wasser- und Energiewirtschaft WEW 67, 1975, Nr. 2/6.

Lingenhöle: Walter Lingenhöle: Der junge Rhein. Von den Quellen bis zum Bodensee, Karlsruhe 1980.

Link: Harald Link: Speicherseen der Alpen. Bassins d'accumulation des Alpes, in: Wasser- und Energiewirtschaft WEW 62, Zürich 1970, Heft 9.

Loreley: Die Loreley. Gedichte, Prosa, Bilder. Ein Lesebuch von Wolfgang Minaty, Frankfurt 1988.

Machat 1985: Christoph Machat: St. Kunibert in Köln. 2., völlig neubearb. Aufl., Neuß 1985 (Rheinische Kunststätten. 58.).

Mangelsdorf/Scheurmann: Joachim Mangelsdorf, Karl Scheurmann: Flußmorphologie, München 1980.

Maringer 1973: Johannes Maringer: Das Wasser in Kult und Glauben der vorgeschichtlichen Menschen, in: Anthropos 68, 1973.

Maringer 1974: Johannes Maringer: Flußopfer und Flußverehrung in vorgeschichtlicher Zeit, in: Germania 52, 1974.

Militarisierungs-Atlas: Militarisierungs-Atlas der Bundesrepublik. Streitkräfte, Waffen und Standorte. Kosten und Risiken. Hrsg. von Alfred Mechtersheimer und Peter Barth, Darmstadt 1986.

Mosonyi: Emil Mosonyi: Wasserbau, Technik oder Kunst? In: Technische Universität München. Jahrbuch 1976.

Müller: Richard Matthias Müller: Die deutsche Klassik. Wesen und Geschichte im Spiegel des Strommotivs, Bonn 1959.

Musall: Heinz Musall: Die Entwicklung der Kulturlandschaft der Rheinniederung zwischen Karlsruhe und Speyer vom Ende des 16. bis zum Ende des 19. Jahrhunderts, Heidelberg 1969 (Heidelberger Geographische Arbeiten. 22.).

Musikalische Rheinromantik: Musikalische Rheinromantik. Hrsg. von Siegbert Kross, Berlin 1989 (Beiträge zur rheinischen Musikgeschichte. 140.).

Muthmann: Friedrich Muthmann: Mutter und Quelle. Studien zur Quellenverehrung im Altertum und im Mittelalter, Basel 1975.

Mythos Rhein: Mythos Rhein. Ein Fluß – Bild und Bedeutung. Katalog zur Ausstellung im Wilhelm-Hack-Museum Ludwigshafen 1992. Hrsg. v. Richard W. Gassen und Bernhard Holeczek, Ludwigshafen 1992.

Mythos Rhein Kitsch: Mythos Rhein. Ein Fluß in Kitsch und Kommerz. Katalog zur Ausstellung im Stadtmuseum Ludwigshafen 1992. Hrsg. v. Richard W. Gassen und Bernhard Holeczek, Ludwigshafen 1992.

Naturschutz im Rheinland: Naturschutz im Rheinland. Hrsg.: Rheinischer Verein für Denkmalpflege und Landschaftsschutz, Neuß 1993 (Rheinischer Verein für Denkmalpflege und Landschaftsschutz, Jahrbuch 1989–1991.).

Ninck: Martin Ninck: Die Bedeutung des Wassers im Kult und Leben der Alten. Eine symbolgeschichtliche Untersuchung, Leipzig 1921 (Philologus. Supplementband 14,2).

Nipperdey 1983: Thomas Nipperdey: Deutsche Geschichte 1800–1866. Bürgerwelt und starker Staat, München 1983.

Nipperdey 1986: Thomas Nipperdey: Nachdenken über die deutsche Geschichte. 2. Aufl., München 1986.

NZZ: Neue Zürcher Zeitung.

Ottendorf-Simrock: Walther Ottendorf-Simrock: Die Stimme des Rheins. Der Strom im Spiegel der Dichter des 18. und 19. Jahrhunderts. Ein rheinisches Lese- und Bilderbuch, Bad Honnef 1956.

Pauly/Wissowa: Pauly/Wissowa: Realencyclopädie der classischen Altertumswissenschaft.

Petri: Franz Petri: Preußen und das Rheinland, in: Walter Först (Hrsg.): Das Rheinland in preußischer Zeit. Beiträge zur Geschichte der Rheinprovinz, Köln 1965.

Pfannenschmid: Heino Pfannenschmid: Das Weihwasser im heidnischen und christlichen Cultus, unter besonderer Berücksichtigung des germanischen Alterthums. Ein Beitrag zur vergleichenden Religionswissenschaft, 1869.

Pfannschmidt: Ernst-Erik Pfannschmidt: Wasserspiele. Brunnen, Quellen und Fontänen, Tübingen 1967.

Poeschel: Erwin Poeschel: Kunstdenkmäler des Kantons Graubünden. Band 5, Basel 1943.

Poidevin/Bariéty: Raymond Poidevin, Jacques Bariéty: Frankreich und Deutschland. Die Geschichte ihrer Beziehungen 1815–1975, München 1982.

RAC: Reallexikon für Antike und Christentum.

Radtke: Ursula Radtke: Preußische Burgenromantik am Rhein. Studien zum Wiederaufbau von Rheinstein, Stolzenfels und Sooneck (1823–1860), München 1979 (Studien zur Kunst des 19. Jahrhunderts. 42.).

Ratusny: Armin Ratusny: Erdgeschichte und Landschaften am Rhein, in: Der Rhein. Mythos und Realität eines europäischen Stromes, Köln 1988.

Reichelt: Günther Reichelt: Laßt den Rhein leben! Strom im Spannungsfeld zwischen Ökologie und Ökonomie, Berlin 1986.

Rhein Mythos Realität: Der Rhein. Mythos und Realität eines europäischen Stromes, Köln 1988.

Rheingütebericht NRW '90: LWA Landesamt für Wasser und Abfall Nordrhein-Westfalen. Rheingütebericht NRW '90, Düsseldorf 1991; die Ausgabe '92 erschien Oktober 1993.

Rheinische Geschichte: Rheinische Geschichte in drei Bänden. Hrsg. von Franz Petri und Georg Droege, Düsseldorf 1980 ff.
Band 1. Altertum und Mittelalter. 1.1 Harald von Petrikovits: Altertum. Mit einer Einführung in das Gesamtwerk von Franz Petri und Georg Droege. 2. Aufl., 1980. – 1.2 Eugen Ewig: Frühes Mittelalter, 1980. – 1.3 Hohes Mittelalter. Mit Beiträgen von Egon Boshof, Odilo Engels und Rudolf Schieffer, 1983.
Band 2. Neuzeit. Mit Beiträgen von Franz Petri, Max Braubach, Karl-Georg Faber und Horst Lademacher. 3. Aufl., 1980.
Band 3. Wirtschaft und Kultur im 19. und 20. Jahrhundert. Mit Beiträgen von Karl Düwell u. a. 2. Aufl., 1980.
Rheinische Geschichte. Bild- und Dokumentarband. 2. Aufl., 1984.

Rheinromantik: s. Tümmers.

RheinSchPV: Rheinschiffahrtspolizeiverordnung.

Rijn Rhein Rhin: Rhein-Kolleg. Internationale Tage in Speyer 1990 (in Mannheim 1991), Speyer 1992 (Werk und Zeit 40, 1992, Heft 3.).

Rindt: Hans Rindt: Die Schiffe der Köln-Düsseldorfer einst und jetzt, Stockstadt 1987.

Römer in NRW: Die Römer in Nordrhein-Westfalen. Hrsg. von Heinz Günter Horn, Stuttgart 1987.

Rotterdam 1991: Gemeentewerken Rotterdam. Städtischer Hafenbetrieb. Projekt Rheinuntersuchung nach sauberem Hafenschlamm. Vorschläge 4. Phase. Berichterstattung 3. Phase, Rotterdam 1991.

Rovan: Joseph Rovan: Zwei Völker – eine Zukunft. Deutsche und Franzosen an der Schwelle des 21. Jahrhunderts, München 1986.

Rübberdt: Rudolf Rübberdt: Geschichte der Industrialisierung, München 1972.

Ruland: Josef Ruland: Echo tönt von sieben Bergen, Boppard 1970.

Sandoz 1986: Sandoz. Geschäftsjahr 1986. Bericht und Rechnungsabschluß (zur Ordentlichen Generalversammlung am 5. 5. 87 in Basel), Basel 1987.

Schama: Simon Schama: Überfluß und schöner Schein. Zur Kultur der Niederlande im Goldenen Zeitalter, München 1988.

Scheifele: M. Scheifele: Aufforstungsfragen im Oberrheingebiet, in: Landespflege am Oberrhein, Bonn-Bad Godesberg 1968 (Schriftenreihe des Deutschen Rates für Landespflege. 10.).

Schiedermair: Ludwig Schiedermair: Musik am Rheinstrom, Köln 1947.

Schneider: Paul Gustav Schneider: Vom Nutzen und der Nutzung des Hochrheins, in: Der Hochrhein. Fotos von Leif Geiges, Stuttgart 1984.

Schnitter: Niklaus Schnitter: Die Geschichte des Wasserbaus in der Schweiz, Zürich 1992.

Scholl: Lars U. Scholl: Als die Hexen Schiffe schleppten. Die Geschichte der Ketten- und Seilschleppschiffahrt auf dem Rhein, Hamburg 1985.

Schwing: E. A. Schwing: Die Kraftübertragungswerke Rheinfelden AG und die Nutzung der Hochrhein-Wasserkräfte. Sonderdruck aus: Das Markgräflerland. Beiträge zu seiner Geschichte und Kultur, 1981, Heft 2.

Simrock 1851: Karl Simrock: Das malerische und romantische Rheinland. 3. Aufl., 1851.

Stadelbauer 1978: Jörg Stadelbauer: Der Weinbaukomplex Kaiserstuhl, in: Regio Basiliensis 19, 1978, Nr. 2.

Stadelbauer 1983: Jörg Stadelbauer: Das Oberrheinische Tiefland – ein Überblick, in: Geographische Landeskunde von Baden-Württemberg, hrsg. von Christoph Borcherdt, Stuttgart 1983.

Strack: Herbert Strack: Verkehr im Städtebau am Rhein und anderswo, in: Rheinische Heimatpflege NF 1973, 1.

Taubergießengebiet: Das Taubergießengebiet, eine Rheinauenlandschaft. Mit Beiträgen von Diedrich Backhaus u. a. Hrsg. von der Landesstelle für Naturschutz und Landschaftspflege Baden-Württemberg, Ludwigsburg 1974 (Die Natur- und Landschaftsschutzgebiete Baden-Württembergs. 7.).

Torbrügge: Walter Torbrügge: Vor- und frühgeschichtliche Flußfunde. Zur Ordnung und Bestimmung einer Denkmälergruppe, in: Bericht der Römisch-Germanischen Kommission (Frankfurt) 51–52, 1970–1971, S. 1–146, Beilagen 1–26.

Treitschke: Heinrich von Treitschke: Deutsche Geschichte im 19. Jahrhundert. Leipzig 1879–1894.

Band 1. Bis zum zweiten Pariser Frieden. 2. Aufl., 1879.
Band 2. Bis zu den Karlsbader Beschlüssen, 1882.
Band 3. Bis zur Julirevolution, 2. Aufl., 1886.
Band 4. Bis zum Tode König Friedrich Wilhelms III. 3. Aufl., 1890.
Band 5. Bis zur Märzrevolution, 1894.

Treue: Wilhelm Treue: 150 Jahre Köln-Düsseldorfer. Die Geschichte der Personenschiffahrt auf dem Rhein, Köln 1976.

Tümmers: Horst Johannes Tümmers: Rheinromantik. Romantik und Reisen am Rhein, Köln 1968; zitiert: Rheinromantik.

Tümmers 1970: Horst Johannes Tümmers: Ein Denkmal für die Loreley. Die Geschichte eines Kuriosums, in: WDR II, 13.12.70, Typoskript vervielfältigt.

Tümmers 1980: Horst Johannes Tümmers: Der Dom und die Dichter, in: Köln, Vierteljahresschrift, 1980, Heft 1, S. 28–31.

Tümmers 1984: Horst Johannes Tümmers: Die schönsten Sagen und Legenden aus Köln, nacherzählt und hrsg. von Horst Johannes Tümmers, Essen 1984.

Tümmers 1988: Horst Johannes Tümmers, Corneel Voigt (Luftbilder): Flug über Köln. Stadtgeschichte im Luftbild, Essen 1988.

Tümmers 1992: Horst Johannes Tümmers: Die patriotische Rheinromantik, in: Vom Zauber des Rheins ergriffen … Zur Entdeckung der Rheinlandschaft vom 17. bis 19. Jahrhundert. Katalog der Ausstellungen 1992 im Rheinischen Landesmuseum Bonn und im Mittelrhein-Museum Koblenz. Hrsg. von Klaus Honnef, München 1992.

Umwelt-Leitlinien: Umwelt-Leitlinien. Hrsg. vom Verband der Chemischen Industrie. Initiative «Geschützter leben», Frankfurt (ca. 1986).

Vierhaus: Rudolf Vierhaus: Preußen und die Rheinlande 1815–1915, in: Rheinische Vierteljahresblätter 30, 1965.

Vogel: Paul Vogel: Ausbau des Oberrheins zwischen Basel und Straßburg, in: Zeitschrift für Binnenschiffahrt und Wasserstraßen 1977, Nr. 9 und Nr. 11.

Vom Zauber des Rheins ergriffen: Vom Zauber des Rheins ergriffen … Zur Entdeckung der Rheinlandschaft vom 17. bis 19. Jahrhundert. Katalog der Ausstellungen 1992 im Rheinischen Landesmuseum Bonn und im Mittelrhein-Museum Koblenz. Hrsg. von Klaus Honnef, München 1992.

Walser: Martin Walser: Heimatlob, Friedrichshafen 1978. Als Insel-Taschenbuch (Nr. 645) 1984.

Walzel: Oskar Walzel: Rheinromantik (1901), in: Oskar Walzel: Vom Geistesleben alter und neuer Zeit. Aufsätze, Leipzig 1922.

Weiler: Clemens Weiler: Von der Loreley zur Germania. Die Geschichte des Niederwalddenkmals, Wiesbaden 1963. Gekürzte Fassung eines Vortrags, ohne Anmerkungen. Eine Kopie des vollständigen Typoskripts befindet sich in meinem Besitz.

Wein: Norbert Wein: Die Austrocknung der südlichen Oberrhein-Niederung, in: Geographische Rundschau 29, 1977, Nr. 1.

Weinhold: Karl Weinhold: Die Verehrung der Quellen in Deutschland, Berlin 1898 (Abhandlungen der königlich preußischen Akademie der Wissenschaften zu Berlin.).

WEL: Wasser, Energie, Luft. WEL 70, 1978, Heft 5.

Wenz/Ungerer: Dieter Wenz: Die Grenzen in den Köpfen. Deutschland, Frankreich und andere Probeläufe am Rhein mit vielen neuen Zeichnungen von Tomi Ungerer, Bühl-Moos 1992.

Wilhelmy: Herbert Wilhelmy: Geomorphologie in Stichworten. 4. Aufl., Kiel 1981, Band 1–3 (Hirt's Stichwortbücher.).

Wittmann 1962: Otto Wittmann: Die Entstehung des Rheintals vom Austritt des Flusses aus dem Bodensee bis zur Mündung. T. 1.: Hochrhein und Oberrhein bis Karlsruhe, in: Beiträge zur Rheinkunde 14, 1962.

Wittmann 1984: Otto Wittmann: Die Landschaft, in: Der Hochrhein. Fotos von Leif Geiges, Stuttgart 1984.

Wittmann Tulla: Heinrich Wittmann: Tulla, Honsell, Rehbock. Lebensbilder dreier Wasserbauingenieure am Oberrhein, Berlin 1949 (Bautechnik-Archiv. 4.).

Zahn: Ernest Zahn: Das unbekannte Holland. Regenten, Rebellen und Reformatoren, Berlin 1984.

Zehnder: Die hl. Ursula und ihre elftausend Jungfrauen. Katalog zur Ausstellung im Wallraf-Richartz-Museum. Text: Frank Günter Zehnder, Köln 1978.

Wanderkarten und Schiffahrtsatlanten

Den Rheinufer-Wanderungen und -Berichten dieses Buches liegen topographische Karten im Maßstab 1 : 50 000 oder 1 : 25 000 zugrunde. Ausgaben mit eingetragenen Wanderwegen habe ich bevorzugt. Die deutschen «Topographischen Karten» sind ein Gemeinschaftswerk der Landesvermessungsämter der Länder der Bundesrepublik Deutschland. Sie werden etwa alle fünf Jahre aktualisiert. Ihnen entsprechen auf der Schweizer Rheinstrecke die «Landeskarten der Schweiz», herausgegeben vom Bundesamt für Landestopographie. Das französische Rheinufer ist erfaßt in den Ausgaben der «Carte de France» des IGN Institut Géographique National. In den Niederlanden habe ich die «Topografische kaarten» 1 : 50 000 des Topografische Dienst, die einschlägigen «ANWB-Waterkaarten» (1 : 50 000) und die «ANWB Toeristenkaarten (1 : 100 000) met Fiets- en Bromfietskaarten» zu Rate gezogen.

Bei der Fahrt mit dem Schubverband habe ich benutzt die «Streckenbeschreibung des Rheins von Rotterdam bis Rheinfelden», 2. Aufl., Duisburg-Ruhrort 1985; den Schiffahrtsatlas «Le Rhin et la Moselle, Der Rhein und die Mosel, De Rijn en de Moezel», Leitfaden für die Schiffahrt von Rheinfelden und Neuves-Maisons bis zur See, 9. Aufl., Strasbourg 1988; ferner Rolf Karmineke: Großer Rhein-Radar-Atlas, Mettmann 1987/88.

Alle Karten und Atlanten sind im Fachbuchhandel oder unmittelbar bei den genannten topographischen Instituten zu beziehen.

Abbildungsnachweis

1: Internationale Arbeitsgemeinschaft der Wasserwerke im Rheineinzugsgebiet, Amsterdam / *2:* Photo L. Gensetter, Davos Dorf / *3:* H. J. Tümmers, Köln / *4:* Nordostschweizerische Kraftwerke AG, Baden / *5:* C. Koerber-Leupold, Köln / *6:* s. 3 / *7:* Rheinisches Landesmuseum, Bonn / *8:* F. Thorbecke, Lindau / *9:* Foto Geiger, Flims-Waldhaus / *10:* Beuroner Kunstverlag, Beuron / *11, 12:* s. 9 / *13:* Tiefbauamt Graubünden, Chur / *14:* s. 8 / *15:* Comet-Photo AG, Zürich / *16:* s. 8 / *17:* dpa, München / *18:* dpa, Frankfurt am Main / *19:* K. Wüstenberg, Schönaich / *20:* S. Lauterwasser, Überlingen / *21:* E. Pansegrau, Berlin / *22:* P. G. Schneider in: Der Hochrhein, Stuttgart (Konrad Theiss Verlag) 1984, S. 28 / *23:* J. Mangelsdorf/K. Scheurmann, Flußmorphologie, München (R. Oldenbourg Verlag) 1980, S. 149 / *24:* Archiv Gerstenberg, Wietze / *25:* Karlsruher Hochschulvereinigung e. V. / *26:* Wissenschaftliche Buchgesellschaft, Darmstadt / *27:* A. Demandt (Hrsg.), Deutschlands Grenzen in der Geschichte, München (C. H. Beck) 3. Aufl. 1993 / *28:* L. Geiges, Staufen/Breisgau / *29:* Öffentliche Kunstsammlung Basel, Kunstmuseum / *30:* J. Stadelbauer in: Geographische Landeskunde von Baden-Württemberg, Stuttgart (Kohlhammer Verlag) 3. Aufl. 1993, S. 90 / *31:* Vorlage und Aufnahme: Generallandesarchiv Karlsruhe, Inv. Nr. H. Rheinstrom/72 / *32:* Bundesministerium für Verkehr, Bonn / *33, 34:* s. 28 / *35,36:* Rheinisches Bildarchiv, Köln / *37:* L. Janscha/J. Ziegler, Der Rhein, Nr. 5, Bad Honnef 1954 / *38:* Sammlung Georg Schäfer, Schweinfurt / *39:* Bildarchiv Preußischer Kulturbesitz, Berlin / *40:* s. 35 / *41:* Lichtbildstelle der Bundesbahndirektion, Nürnberg / *42,43:* s. 35 / *44, 45:* Wasser- und Schiffahrtsdirektion Südwest, Mainz / *46:* Bayerische Staatsgemäldesammlungen – Schack-Galerie, München / *47:* s. 35 / *48:* s. 21 / *49:* Bavaria Bildagentur, Gauting / *50:* Städtisches Verkehrsamt, Rüdesheim / *51:* Bayerische Staatsbibliothek, München / *52:* s. 41 / *53:* s. 3 / *54:* Rheinfahrt, 1875, S. 207 / *55:* s. 21 / *56:* J. Kunow in: Die Römer in Nordrhein-Westfalen, hrsg. von H. G. Horn, Stuttgart (Konrad Theiss Verlag) 1987, S. 73 / *57:* Landesamt für Wasser und Abfall Nordrhein-Westfalen, Düsseldorf / *58:* Haniel Reederei GmbH, Duisburg / *59:* s. 44 / *60:* s. 35 / *61:* Rijkswaterstaat, Den Haag / *62:* Gemeentewerken, Rotterdam / *63:* s. 21 / *64, 65:* Internationale Kommission zum Schutze des Rheins, Koblenz.

Register
Personen, Sachen, Orte, Landschaften und Flüsse

Hechte 312, 329
Heerich, Erwin 405
Hegenheim 189
Heidelberg 135, 185, 211, 225, 227
Heiligtum, keltisch-römisches 21 f., 133
Heim, Dieter 346–358
Heine, Heinrich 199, 212, 223 f., 249,
 256, 272, 294
Heinrich III., deutscher Kaiser 119,
 133 ff.
Heinrich IV., deutscher Kaiser 119,
 133 ff.
Helvetia, Kabinenschiff 338
Helvetier 117
Helvetische Republik 125
Hennegau 371
Herakles 65
Herbizide 182, 183, 267
Herbsheim 170
Herodot 24, 27
Heron von Alexandria 94
Herwegh, Georg 223
Herzfeld, Anatol 405
Hesiod 24
Hessische Senke 116
Heusden 369
Heuß, Theodor 276
Hexa-Chlor-Benzol 159
Hey'l, Ferdinand 275
Hildegard von Bingen 297 f.
Himmelgeist 304
Hinterrhein 12, 14, 21–24, 28–31,
 38–51, 53, 57, 63
Hirschensprung 56
Hirzenach 286
Historismus 198
Hittorf, Jakob Ignaz 208
Hochdruckmetamorphosen 29
Hoche, General Lazare 222
Hocheifel 300
Hochelten 407
Hochgestade 139 f.
Hochkommissare 316
Hochrhein 12, 14, 57, 62, 65, 82–109,
 119, 173, 189, 291
hochtoxische Stoffe 169
Hochwald 49 f.
Hochwasser 48–51, 56–63, 87 f., 95 f.,
 117, 134, 137–158, 170, 192, 228,
 247, 285, 302, 304, 306, 308 f., 311,
 323, 337, 367–379

Hochwasser-Dämme 59, 61
Hochwasser-Rückhalte-(Retentions-)
 Becken 156 ff.
Hochwasserscheitel, -spitze 156
Hochwasserschutz 59, 61, 145, 155 ff.,
 285, 373
Hochwasser-Studien-Kommission
 (HSK) 156 f.
Hoechst AG, Frankfurt 104, 331, 382 f.
Hoeffken, W. 12
Hoek van Holland 351 f., 354, 368, 397
Hölderlin, Friedrich 306
Höllhaken 86
Hoesch AG 321
Hoffmann-La Roche 101, 104
Hoffmann von Fallersleben, August
 Heinrich 293
Hohenems 59
Hohen-Liechtenstein 312
Hoitz, Hans 291
Holbein d. J., Hans 106 f.
Holländerstämme 143
Hollar, Wenzel 202
Holzeinschläge 57, 62, 173
Holzwickede 321
Homberg 344
Homberger Ort 347
Hombourg 160
Hombroich, Insel 405 f.
Honsell, Max 139, 149
Hood, Thomas 200
Hooft, P. C. 370, 377
Hooghe, Romeyn de 370
Hopfgarten, Emil Alexander 250
Hornisgrinde 169
Hotzenwald 108
Huch, Ricarda 210, 255
Huckepack-Verkehr 356
Hübner, Paul 11
Hübsch, Heinrich 273
Hüningen, Hafen 110
Hüttendorf, Wyhl 179 f.
Hugo, Victor 222 f.
Huizinga, Johan 378
Hulsmann, G. W. 13
Humann, Anton 235
Humboldt, Alexander von 203
Humboldt, Wilhelm von 218
Hundrieser, Emil 276
Huningue, Port Rhénan de 110
Hunsrück 239, 292, 299

Natur – Kultur – Geschichte

Werner Bätzing
Die Alpen
Entstehung und Gefährdung einer europäischen Kulturlandschaft
Neubearbeitete und erweiterte Auflage. 1991.
287 Seiten mit 42 Abbildungen und 21 Karten.
Gebunden

Hartmut Kaelble
Nachbarn am Rhein
Entfremdung und Annäherung der französischen
und deutschen Gesellschaft seit 1880. 1991.
294 Seiten. Broschiert

Alexander Demandt (Hrsg.)
Deutschlands Grenzen in der Geschichte
3., durchgesehene Auflage. 1993.
304 Seiten. Leinen

Rainer Budde (Hrsg.)
Das Wallraf-Richartz-Museum Köln
1993. 128 Seiten mit 183 farbigen Abbildungen.
Kartoniert

Michel Mollat du Jourdin
Europa und das Meer
Aus dem Französischen von Ursula Scholz.
1993. 320 Seiten mit 2 Abbildungen und 18 Karten.
Leinen

Nick Hanna/Sue Wells
Das Greenpeace-Buch der Korallenriffe
Aus dem Englischen von Wolfgang Hensel.
1992. 161 Seiten mit 225 farbigen Abbildungen.
Gebunden

Josef H. Reichholf
Comeback der Biber
Ökologische Überraschungen 1993.
232 Seiten mit 20 Abbildungen.
Gebunden

Verlag C. H. Beck München